dtv

«Die viel Blut vergießen, stehen in der Acht der Götter.» Mit diesen bis heute gültigen Worten erinnert der antike Dichter Aischylos in seiner Tragödie ‹Agamemnon› alle, die sich berufen fühlen, Kriege zu führen, an ihre hohe Verantwortung. Gemeint sind damit nicht zuletzt diejenigen, die politische und militärische Führungspositionen in einer Hand vereinen – die Kriegsherren, die Letztverantwortlichen für gesamtstaatliche Kriegsanstrengungen. Die 22 biographischen Beiträge dieses Bandes beschreiben fundiert und kritisch die historischen Hintergründe von Kriegen und Schlachten, loten die jeweiligen Handlungsspielräume der Kriegsherren aus und analysieren den Zusammenhang zwischen persönlichen Eigenschaften, politischen und sozialen Gegebenheiten, kulturellen Voraussetzungen und wirtschaftlich-technischen Möglichkeiten.

Stig Förster ist Professor für Neuere Allgemeine Geschichte an der Universität Bern.
Dierk Walter ist Wissenschaftlicher Mitarbeiter im Arbeitsbereich «Theorie und Geschichte der Gewalt» des Hamburger Instituts für Sozialforschung.
Markus Pöhlmann ist Wissenschaftlicher Mitarbeiter am Historischen Institut der Universität Bern.

KRIEGSHERREN
DER WELTGESCHICHTE

22 historische Porträts

Herausgegeben von Stig Förster,
Markus Pöhlmann und Dierk Walter

Deutscher Taschenbuch Verlag

Die Beiträge von Evan Mawdsley, Alaric Searle und Dennis Showalter
wurden von Susanne Dahmann (Marbach am Neckar)
aus dem Englischen ins Deutsche übertragen.

Februar 2010
Deutscher Taschenbuch Verlag GmbH & Co. KG,
München

Umschlagkonzept: Balk & Brumshagen
Umschlagbild: ‹Schlacht bei Zama› (2. Punischer Krieg, 202 v. Chr.;
1521, akg-images)
Satz: Janß GmbH, Pfungstadt
Druck und Bindung: Druckerei C.H.Beck, Nördlingen
Gedruckt auf säurefreiem, chlorfrei gebleichtem Papier
Printed in Germany · ISBN 978-3-423-34578-1

Inhalt

Kriegsherren in der Weltgeschichte

Dies ist kein Buch über Feldherren, Marschälle, Generale, Admirale, Condottieri, Seeräuber, Raubritter, Revolutions-, Guerilla- und Bandenführer und sonstige assortierte Haudegen.[1] Noch ist es eines über *Warlords* – Gewaltunternehmer, wie sie sich etwa im Japan des 16. Jahrhunderts, in China bis ins 20. Jahrhundert sowie bis in die Gegenwart in Gebieten schwacher Staatlichkeit in Afrika und Asien finden. Nicht jeder, der die Kontrolle über organisierte, kriegerische Gewalt – zu welchem Ende auch immer – ausübt, ist für die Herausgeber und Autoren dieses Bandes deswegen schon ein Kriegsherr.

Es geht uns vielmehr um historische Persönlichkeiten, die zur gleichen Zeit politische und militärische Funktionen auf sich vereinigt haben, genauer gesagt *die* oberste politische und militärische Funktion: Fürsten, Regierungschefs und Staatsoberhäupter, die auch oberste militärische Befehlshaber waren und diesen Oberbefehl wenigstens punktuell tatsächlich, und nicht durch mittelbare Instanzen ausgeübt haben: Staatslenker die auch Kriegslenker waren. Der Begriff Kriegsherr (der mit dem englischen Wort *Warlord* nichts zu tun hat) ist der jüngeren deutschen Verfassungsgeschichte entlehnt, wo er die ultimative militärische Gewalt des konstitutionellen Fürsten, die Herrschaft des monarchischen Staatsoberhauptes über das Heer kennzeichnete. Kein anderer Begriff schien den Herausgebern adäquater, ließe sich so gut auf die verschiedensten Militärverfassungen und Epochen anwenden. Er ist kein Quellenbegriff, sicher nicht vor der Neuzeit; man mag seine Anwendung daher anachronistisch finden. Aber er fasst knapp und eindeutig ein Grundelement der Militärgeschichte zusammen: oberste militärische und politische Führung in einer Person, die Letztverantwortlichkeit eines Individuums für die gesamtstaatlichen Kriegsanstrengungen.

Am Anfang war der Streitwagen. Auf den Reliefs und Wandbildern der ersten großen Zivilisationen im Zweistromland, in Anatolien und in Ägypten treffen wir den wagenfahrenden Fürsten an. Mit Bogen, Lanze oder Streitkolben bewaffnet, beschirmt durch einen Diener, geschützt von einer Gottheit führt er sein Heer in den Kampf – kein Bild könnte die Vorstellung von Kriegsherrschaft besser veranschaulichen. Und doch wissen wir heute längst, dass es bei diesen Darstellungen oft eher um Legendenbildung und Herrschaftslegitimation als um die Abbildung historischer Kriegstaten ging. Die in den Begleittexten genannten Zahlen der vom Pharao angeblich persönlich erschlagenen Feinde dürften die tatsächlichen Heeresstärken manchmal sogar überschritten haben, und es sind wohl auch mehr Könige im Bett oder am Gift ihrer Rivalen gestorben als auf dem Schlachtfeld. Gleichwohl deuten diese gewalttätigen Imaginationen des Herrschers und ersten Kriegers seines Volkes auf einen Idealzustand hin, und das wiederum lässt zwei Vermutungen zu: Erstens, dass dieser Zustand in vorgeschichtlicher Zeit irgendwann einmal tatsächlich existiert und seither als erstrebenswertes Vorbild gegolten hat, oder zweitens, dass es ihn eigentlich nie gegeben hat und schon die Zeitgenossen die Organisation und Führung von Kriegen als eine furchtbar anstrengende, chaotische und blutige Tätigkeit vieler Beteiligter erlebt haben, die im Nachhinein dringend einer gewissen Idealisierung bedurfte. Schließlich wird auch deutlich, dass sich in der Darstellung der Kriegsherrschaft letztlich die despotische Herrschafts- und Gesellschaftsordnung spiegelte.

Stellen wir diesem Beispiel die Polis des antiken Griechenland gegenüber, so wird der Zusammenhang noch deutlicher: Es war eine Staatsordnung, die auf der demokratischen Mitbestimmung ihrer Vollbürger beruhte, wie gering auch immer deren Anteil an der Gesamtbevölkerung gewesen sein mag. Diese Vollbürger bildeten das Kontingent der Schwerbewaffneten im Heer. Landfremde Söldnertruppen waren bis zum Peloponnesischen Krieg (431–404 v. Chr.) die Ausnahme. Das Blut der eigenen Bürger galt also als teures Gut. Dass dieses Blut nicht für den eigenen Staat und seine gesellschaftliche Ordnung, sondern für die Eigeninteressen eines Machthabers vergossen werden sollte, war für die Bürger der antiken Demokratien undenkbar. Entsprechend organisierten sie den Oberbefehl über die Streitkräfte: Der durch Abstimmung bestimmte Feldherr in Athen, der «Stratege», war schon seit den Perserkriegen (500–479 v. Chr.) kein Offizier mehr, sondern ein Beamter, der die Arbeit zudem mit einem neunköpfigen Kollegium organisieren musste. In Theben, so berichtet der römische Schriftsteller Cornelius Nepos, habe es sogar ein Gesetz gegeben, das die Überschreitung der zeitlichen Beschränkung für den Oberbefehl mit der Todesstrafe sanktionierte. Das Beispiel des Perikles in Athen zeigt aber auch, dass die militärische Not manchmal den Oberbefehl des «Strategen» durch mehrfache Verlängerung auf Dauer stellte. Studiert man die wohl bedeutendste Darstellung antiker Feldherren, Cornelius Nepos' *De Viris Illustribus*, so drängt sich einem der Eindruck auf, dass Feldherr im klassischen Griechenland ein wenig erstrebenswerter Beruf gewesen sein muss: Durch strenge verfassungsrechtliche Rahmenbedingungen gebunden, zeitlich befristet, mit wenig Aussicht auf persönliche Bereicherung, stets misstrauisch beäugt durch die innenpolitischen Gegner. Ein geschlagener Feldherr hatte Glück, denn er wurde ins Zivilleben entlassen. Einen allzu siegreichen und damit populären Führer scheinen allerorten politische Rufmörder, Missgünstlinge und Tugendwächter erwartet zu haben. Miltiades starb verfolgt im Gefängnis; Themistokles erwartete ein Scherbengericht und die Verbannung; dasselbe Schicksal erlitt Alkibiades gleich zweimal. Der Kriegsherr galt hier bestenfalls als die militärische Variante des Tyrannen, einer Urangst der klassischen Griechen.

Dieses Unbehagen mag zwar unter den Politikern und Bürgern Roms nicht geringer gewesen sein. Doch handelte es sich bei dieser Republik um eine ausgeprägte Klientelgesellschaft, und die mächtigste Klientel bildete die Armee.[2] Sah ein Konsul seine eigenen politischen Ambitionen oder die Pfründe der Armee gefährdet, ließ er zur Abwehr dieser Gefahr seine Legionen mitunter auf Rom marschieren. Sulla tat dies 83 v. Chr., errichtete eine Diktatur und löste damit ein Zeitalter der Bürgerkriege aus. Cäsar tat es 49 v. Chr. und veränderte damit nachhaltig das innenpolitische Gefüge Roms. Den letzten Schritt zur Kriegsherrschaft tat jedoch erst Augustus mit der Annahme der Kaiserwürde, auch wenn er stets sichtlich bemüht war, jeden Anschein von Autokratie zu vermeiden. Gleichzeitig schuf er das stehende Heer, Garant wie Gefahr für die Macht jedes folgenden Herrschers bis zum Ende des Römischen Imperiums in den Stürmen der Völkerwanderungszeit im 4. Jahrhundert.

Kämpfende Fürsten treffen wir in den folgenden Jahrhunderten bei allen «wandernden» Völkern an, ob Germanen, Slawen, Hunnen, Ungarn oder Mongolen. Im europäischen Mittelalter war die Kriegsherrschaft die militärische Konsequenz der lehnsherrschaftlichen Verfassungen. Fürsten wie Boleslaw Chobry oder Heinrich der Löwe kämpften sogar in den Schlachten selbst mit. Doch der militärische wie propagandistische Nutzen war abzuwägen, denn der Schaden konnte enorm sein. Die kriegsbedingte Abwesenheit der Regenten, namentlich während der mitunter mehrere Jahre dauernden Kreuzzüge, barg innenpolitische Gefahren, wie das Beispiel des englischen Königs Richard Löwenherz zeigt: Nachdem er auf dem Rückweg aus Palästina 1192 gefangen genommen worden war, riss sein Bruder zuhause die Macht an sich. Nach einer hohen Lösegeldzahlung freigelassen, gelangte Richard zwei Jahre später nach England zurück, ergriff die Herrschaft wieder, nur um 1199 im Verlauf einer Privatfehde in Frankreich zu Tode zu kommen. 1356 geriet der französische König Jean le Bon bei Maupertuis/Poitiers in englische Gefangenschaft. Seither hat kein französischer König mehr persönlich in einer Schlacht gekämpft.[3] 1477 fiel Karl der Kühne vor Nancy, was zu einem langjährigen und blutigen Streit um das Erbe von Burgund führte.

Unter den Herrschern des späten Mittelalters hat kaum einer so oft und lange sein Heer geführt und der Repräsentation seiner militärischen Aktivitäten soviel Aufmerksamkeit geschenkt wie Kaiser Maximilian I.[4] Tatsächlich war die Quelle dieses kriegsherrlichen Agierens seine ritterliche Erziehung, wohl auch eine persönliche Neigung. Vor allem in dem von ihm ab 1510 verfassten autobiografischen Prosaroman *Weiskunig* tritt der Fürst als idealisierter Kriegsherr auf. Viele der geschilderten Kriegshandlungen sind im mittelalterlichen Rittertum verwurzelt, so etwa die Zweikämpfe oder die Führung eines Kreuzzuges. Erfolge seines autobiografischen Helden begründet Maximilian auch explizit mit dessen persönlicher Anwesenheit auf dem Schlachtfeld («der jung weyß kunig fueret sein heer selbs»). Doch wenn der Weiskunig eine amphibische Landung anführt oder seine festungstechnischen und artilleristischen Kenntnisse unter Beweis stellt, dann zeigen sich hier auch militärische Aufgaben, die von einem Herrscher des Mittelalters nicht erwartet und wohl auch nur selten erfüllt wurden. Hier präsentiert sich der «letzte Ritter» schon als erster Feldherr der Neuzeit. Überhaupt ist Maximilians Kriegsherrschaft nicht mit romantischem ritterlichem Selbstverständnis allein zu erklären, vielmehr war sie ein wichtiges propagandistisches Werkzeug im Dienste der eigenen Machtpolitik. Denn trat er selbst als erster Ritter seines Heeres auf, dann forderte er damit auch gleichzeitig als Fürst die Loyalität des ritterlichen Adels ein.

Auf diese Verschränkung von militärischer und politischer Führung trifft man denn auch bald wieder im nun einsetzenden Prozess der europäischen Staatenbildung. Und da führt kein Weg an Niccolò Machiavelli vorbei. Für den Autor des *Fürsten* waren «gute Gesetze und ein gutes Heer» die Säulen des Staates, Söldnerheere und ihre Führer waren ihm ein Dorn im Auge. Denn die Condottieri gefährdeten entweder – siegreich und populär – die Macht ihrer fürstlichen Auftraggeber oder aber sie waren unfähig und ihr Geld nicht wert. Beides waren für Machiavelli wenig erstrebenswerte Alternativen. In den Republiken sollte also lieber der fähigste Bürger bestellt werden, in den Fürstentümern bliebe dem Herrscher nichts übrig, als selbst den Oberbefehl auszuüben: «Die Vernachlässigung der Kriegskunst ist der erste Schritt zum Verlust der Herrschaft, und das beste Mittel, sie zu erwerben, ist die Meisterschaft in dieser Kunst.»[5] Kriegsherrschaft war für Machiavelli also nicht Ausdruck eines spezifischen Herrschaftsstils, sondern wurde im Dauerkrieg der italienischen Geschlechter und Städte eine notwendige Strategie des Machterhalts.

«Alle Staatsverfassung ist ursprünglich Kriegsverfassung, Heeresverfassung», stellte Otto Hintze 1906 fest[6], und tatsächlich wird die Entstehung des modernen, speziell des bürokratischen Staates im Verlauf des 17. und 18. Jahrhunderts bis heute in der Regel zuerst mit den Erfordernissen des Unterhalts permanenter, also «stehender» Heere in Verbindung gebracht. War der Dreißigjährige Krieg in Europa die historisch bislang letzte Blütephase im Wesentlichen privatunternehmerisch organisierter Söldnerheere, so wurden die darauf folgenden Dekaden Zeuge der weitgehenden Übernahme des «stehen gebliebenen» Militärs durch den Staat. Faktisch hieß das in Europa meist, dass der Fürst durch Enteignung oder Abkauf in die Rolle des wirtschaftlichen Eigentümers des Regimentes – des Obristen – einrückte. (Eine Spätfolge ist, dass in den verbleibenden europäischen Monarchien, etwa in Großbritannien, bis heute der Monarch nomineller Chef zahlreicher Regimenter ist.) Der Trend zur Trennung von politischer und militärischer Sphäre, von Fürst und Feldherr, die als Charakteristikum der Epoche bis zum Dreißigjährigen Krieg gelten kann, fand damit vorübergehend ein Ende, schlug gar ins Gegenteil um: Durch das Eigentum an den Regimentern trat der Monarch, die zivile Staatsspitze, in ein unmittelbares Befehlsverhältnis zum Militär. Die Epoche des Absolutismus brach an. Der Fürst regierte nun kraft eigener Machtvollkommenheit, nurmehr symbolisch untermauert durch das Gottesgnadentum, im zivilen Staatsleben wie im Militär – soweit jedenfalls die Theorie.

De facto nämlich wurde das persönliche Oberkommando des Monarchen über die Armee zur gleichen Zeit durch die zunehmende Größe und Komplexität der Streitkräfte und der Kriege ausgehöhlt. Armeen, die bereits im 18. Jahrhundert nach Zehntausenden zählten, Operationen auf mehreren Kriegstheatern gleichzeitig, ja nicht selten auf mehreren Kontinenten (wie etwa im Siebenjährigen Krieg 1756–63), amphibische Operationen, technische Innovationen wie moderne Festungssysteme, Belagerungsgeschütze oder, zur See, Schlachtflotten aus Großkampfschiffen mit je über 100 Geschützen mussten die Koordinations- und Führungsfähigkeit eines einzelnen Mannes (Frauen waren es ja nur selten) zwangsläufig überfordern. Es setzte daher die Bürokratisierung des Kriegswesens ein. Zwischen den Fürsten und die Regimenter traten Kriegsräte, professionelle Oberkommandierende, seit dem 18. Jahrhundert Korps-, Divisions- und Brigadekommandos; schließlich seit dem 19. Jahrhundert zunächst im Kriegsfalle, dann auch im Frieden komplexe Stäbe, d. h. kollektive, technokratische Führungsorgane mit strukturierten Aufgabenbereichen. Der tatsächliche persönliche Oberbefehl des Monarchen im Kriege ist daher auch in dieser Phase die Ausnahme geblieben; Karl XII. von Schweden, Friedrich II. von Preußen und natürlich Napoleon I. waren in keiner Weise typisch für ihre Zeit, hatten vielmehr aus jeweils spezifischen Gründen ein besonderes Verhältnis zu Militär und Krieg. Britischen und französischen Königen wäre es im Traum nicht eingefallen, selbst in den Krieg zu ziehen; das österreichische Erzhaus kommandierte in der Regel durch Familienangehörige, niemals aber durch den Kaiser selbst (hätte doch nicht zuletzt im Falle einer Niederlage die Monarchie Schaden nehmen können); selbst der Zar aller Reußen, der Selbstherrscher der Selbstherrscher, begleitete sein Heer zwar mitunter ins Feld, geführt aber haben es professionelle Militärs (oder solche, die dafür galten).

Der Trend verschärfte sich im 19. Jahrhundert. Die Militärapparate wurden immer größer und komplexer; schon vor der Industriellen Revolution in Kontinentaleuropa erreichten die Armeen der Großmächte im Frieden sechsstellige Präsenzzahlen. Der amerikanische Sezessionskrieg 1861–65 und die deutschen Einigungskriege 1870/71 sahen die ersten (verbürgten) Millionenheere der abendländischen Geschichte. Selbst ein fürstlicher Berufssoldat wie Wilhelm I. von Preußen konnte nicht ernsthaft hoffen, solche Massen allein mit der Kraft seines eigenen Willens lenken zu können; für einen Laien wie den französischen Kaiser Napoleon III. war selbst der Anschein der persönlichen Kontrolle unerreichbar. Zugleich aber trat eine für die monarchische Verfügung über das Militärwesen langfristig noch gefährlichere Kraft auf den Plan: der politische Partizipationsanspruch einer zunehmend selbstbewussteren bürgerlichen Öffentlichkeit. Da sich die Massenheere des 19. Jahrhunderts zwangsläufig auf die allgemeine Wehrpflicht aller Untertanen stützten, war das notwendige Gegengewicht zur Pflicht zu dienen, das Recht zu wählen, den Völkern auf Dauer nicht vorzuenthalten. Die europäischen Revolutionen von 1830 und 1848/49 waren daher nicht zuletzt ein «Kampf um das Heer»[7], um die Mitsprache an den ultimativen Entscheidungen über das Schicksal des Staates. Wo parlamentarische Landesvertretungen entstanden, war ihr wirkungsmächtigstes politisches Druckmittel stets die Kontrolle über den Staatshaushalt, und das hieß vor der Herausbildung des modernen Sozialstaates noch primär: über das Militärbudget. War der Monarch anders nicht gefügig zu machen, so verweigerten die Abgeordneten seinen Soldaten den Sold. Schritt für Schritt wurde so den fürstlichen Kriegsherren die Kontrolle über ihr Militär entwunden. Was am Ende blieb, war nicht viel mehr als die Illusion des persönlichen Oberbefehls, die sich meist im symbolischen Tragen der Uniform – seit dem 19. Jahrhundert und bis heute die Berufskleidung aller westlichen Monarchen –, dem Verleihen von Orden und dem Abnehmen von Paraden erschöpfte.

Trat somit der Fürst als ursprünglicher Kriegsherr zunehmend in den Hintergrund, so war das doch nicht das Ende der Verschränkung von politischer und militärischer oberster Führung, von Staatsleitung und Oberbefehl. Auch in Republiken, selbst modernen parlamentarischen Demokratien, haben sich immer wieder Situationen ergeben, die zumindest *de facto* das Zusammenfallen von politischen und militärischen Funktionen in einer einzigen Person nahe legten.[8] Meist war das situativ, einer Notlage geschuldet; nicht konstitutionell und permanent wie in früheren Jahrhunderten bei den Fürsten. So sind die demokratisch gewählten Präsidenten der Vereinigten ebenso wie der Konföderierten Staaten von Amerika im Sezessionskrieg 1861–65 hin und wieder in die Verlegenheit gekommen, dass ihre semiprofessionellen Militärapparate mit der strategischen Koordination der Kriegsanstrengungen schlechterdings überfordert waren. Die gewaltige Expansion der Freiwilligenheere hatte Subaltern- und Stabsoffiziere (teilweise auch zivile Politiker, ein pikantes Detail des amerikanischen Milizsystems) in höchste Kommandopositionen befördert, professionelle Stäbe gab es noch nicht – zumindest Abraham Lincoln hat da mitunter operative Entscheidungen *nolens volens* selbst getroffen. Bei entsprechender Veranlagung der politischen Akteure (ob real oder imaginiert) konnte es dazu auch noch in der Epoche der Weltkriege kommen: Sowohl Winston Churchill wie Adolf Hitler (letzterer notorisch und bis auf die unterste Ebene) haben sich direkt in die Kriegführung eingemischt. Zumindest bei Hitler wurde diese dilettantische Grenzüberschreitung durch seine Rolle als Oberbefehlshaber der Wehrmacht und später auch des Heeres institutionell verbrämt. Generell aber gab es natürlich in autoritären Staaten real keine angebbare Grenze für die Machtvollkommenheit des Diktators. Selbst kommandiert hat daher, natürlich, auch Josef Stalin (und sich auch gleich selbst einen passenden militärischen Rang verliehen – der Kreis zu den fürstlichen Selbstherrschern schließt sich).

Der Kalte Krieg führte zu einer neuen Dimension der militärischen Kommandobefugnisse ziviler Staatsoberhäupter. Wo in hochbrisanten Krisensituationen wie der Kubakrise von 1962 bei jeder falschen Bewegung der Weltuntergang durch atomare Vernichtung drohte, schrumpften die Handlungsspielräume für militärische Führer aus schierem Überlebensdrang der Staaten zwangsläufig ins Nichts zusammen. So sind mitunter Verlegungen einzelner Schiffe, Routen einzelner Flugzeuge, Bewegungen kleinerer Einheiten Gegenstand nationaler politischer Entscheidungsprozesse geworden. Gefördert wurde diese Entwicklung durch die technische Möglichkeit permanenter Kommunikation in Echtzeit: Wo der Mann mit dem Finger am Abzug (ob zur See, in der Luft oder auf dem Boden) über Kopfhörer in ständiger Verbindung mit seinen Vorgesetzten steht, ist die vollständige Kontrolle der Politik über das Militär zu einer zumindest für den Krisenfall möglichen und als weitgehend unproblematisch erachteten Versuchung geworden. Nicht zuletzt die Atombombe selbst war natürlich nur formal ein militärisches, tatsächlich aber aufgrund der ungeheuren, ja eigentlich undenkbaren Konsequenzen ihres Einsatzes für alle praktischen Zwecke ein politisches Mittel («Waffe» traut man sich ja nicht ernsthaft zu sagen). Mit zwingender Logik war daher die Kontrolle über das ultimative Vernichtungsgerät bei der politischen Führung angesiedelt: Der US-Präsident ist der mächtigste Mann der westlichen Welt nicht zuletzt wegen seiner ausschließlichen Befugnis zur Autorisierung des Kernwaffeneinsatzes geworden. Der gegenwärtige Trend scheint, trotz des Endes des Ost-West-Konfliktes und zumindest der von ihm ausgehenden atomaren Bedrohung, eher noch in Richtung einer weiteren Ausweitung der zivilen Kontrolle bis auf untere Kommandoebenen zu gehen, erneut nicht zuletzt wegen der hohen politischen Sensibilität des Einsatzes militärischer Mittel in Krisenregionen wie auch aufgrund der immer weiter perfektionierten Kommunikationsmittel.[9] In der Regel heißt das aber heute nicht mehr direkte Entscheidung durch den zivilen Regierungschef – das auf Minuten zusammengeschrumpfte Entscheidungszeitfenster, das die extreme Konzentration militärischer Befugnisse an der zivilen Staatsspitze nötig gemacht hat, ist zusammen mit der Drohung des Erstschlages durch seegestützte strategische Atomwaffen abhanden gekommen.

Für Staaten westlichen Zuschnitts im 20. und 21. Jahrhundert ist daher die Existenz einer konstitutionellen Grenzlinie zwischen ziviler Politik und militärischem Oberbefehl ebenso charakteristisch wie die gelegentliche Überschreitung dieser Grenzlinie durch Staatslenker, die sich direkt in militärische Entscheidungen wenigstens der mittleren, der operativen Ebene einschalten. Daneben hat es natürlich auch immer die Grenzüberschreitung aus der anderen Richtung gegeben: durch den Militär, der in einer Krise politische Funktionen bis hin zur Staatslenkung anvertraut bekam oder sie mit wohl- oder übelwollender Duldung der zivilen politischen Klasse an sich riss. Man denkt hier an die quasi-Militärdiktatur der 3. Obersten Heeresleitung (Paul von Hindenburg/Erich Ludendorff) im Deutschen Reich 1916–18 oder auch an regelrechte Putschszenarien wie die Militärherrschaft Paul von Lettow-Vorbecks in Deutsch-Ostafrika 1914–18. Zeitgenossen haben darin wohl die Unterordnung des gesamten Staatslebens unter die Erfordernisse eines Existenzkampfes sehen wollen, die mit logischer Konsequenz den Berufssoldaten als Staatslenker erfordert: So hat es natürlich nicht zuletzt Ludendorff selbst in seiner programmatischen Schrift «Der totale Krieg»[10] begründet. Letztlich steht hinter der Überschreitung der modernen Grenzlinie zwischen Politik und Militär immer eine Kompetenz- und eine Machtfrage. Der Hauptprotagonist der einen Seite hält den Hauptprotagonisten der anderen Seite für seiner Aufgaben in einer Existenzkrise nicht gewachsen und hat oder erringt die Macht, sich mit dieser Auffassung durchzusetzen. Dem zivilen Staatsoberhaupt fällt das, kraft seiner konstitutionellen Befugnisse, in der Regel leichter, und doch: Als Lincoln anfing, George B. McClellan, dem Oberbefehlshaber der Potomac-Armee, direkte Befehle zu erteilen, da er zunehmend an dessen Entschlossenheit zweifelte, den Krieg zu den aufständischen Südstaatlern zu tragen, stand das Gespenst des Militärputsches gegen den Präsidenten zumindest im Raum. Dem Militär, der sich Befugnisse der zivilen Politik aneignet, steht das Argument pragmatisch zielführenden Handelns in einer existentiellen Krisensituation zur Verfügung, das – Not kennt kein Gebot – gelegentlich wenigstens so schlagkräftig sein kann wie das der konstitutionellen Legitimität.

In außereuropäischen Gesellschaften ist die personelle Einheit von Staats- und Militärführung doch eher die Regel gewesen und bis an die Schwelle der Neuzeit, teilweise darüber hinaus, geblieben. Natürlich hat es auch hier komplexe Staatswesen gegeben, in denen die Rolle des Herrschers sich durch zivil-organisatorische, wirtschaftliche oder spirituelle Kompetenzen konstituierte, und dementsprechend eine Trennung von ziviler und militärischer Sphäre frühzeitig herausgebildet wurde. Mehrheitlich aber ist außerhalb Europas der Staats- oder Stammesführer als ursprünglicher Kriegsherr die Norm geblieben. Bei aller äußerlichen Überstülpung westlicher konstitutioneller Formen ist das hier und da noch bis heute der Fall, nicht zuletzt wo eine Staatsführung aus einem Unabhängigkeits- oder Bürgerkrieg oder aus einem Militärputsch hervorgegangen ist.

Ist dieses Buch daher ein Beitrag zur Geschichte der Militärorganisation in ihrer Wechselwirkung mit der Staatsverfassung, im Sinne Otto Hintzes? Ein Stück weit ja. Die Herausbildung des staatlichen Gewaltmonopols, die Konzentration bewaffneter Gewaltanwendung in der Hand staatlich autorisierter Träger, ist ein zentrales Element der Entstehung moderner Staatlichkeit. Die Entstehung einer klaren Differenzierung zwischen militärischer und ziviler Sphäre wiederum, die Beschränkung der legitimen militärischen Gewalt auf die Durchsetzung der von zivilen Instanzen festgelegten Politik nach außen – im Gegensatz zur vornehmlich polizeilichen Aufgabe der Ordnungswahrung im Inneren – ist eine wesentliche Errungenschaft des modernen Rechts- und Verfassungsstaates. Der Umgang mit der Überschreitung dieser Grenze durch die Vereinigung militärischer und ziviler Machtbefugnisse in einer Person, zumal an der Staatsspitze, ist daher eine Nagelprobe für das Funktionieren einer modernen Staatsverfassung – hält sie es aus oder wandelt sie sich zu etwas fundamental Anderem? Bleibt die Grenzüberschreitung auf eine Krisensituation beschränkt oder wird sie zu einem Dauerzustand? All diese Fragen lassen sich, durch die Geschichte hindurch, anhand von Fällen politisch-militärischen Kriegsherrentums diskutieren.

Es ist aber nicht die normativ-verfassungsrechtliche Perspektive, die die Beiträge dieses Bandes dabei einnehmen, sondern die individualbiographische. Sicher lässt sich die Signifikanz der individuellen Kriegsherrenrolle ohne den Rückgriff auf die verfassungsrechtlichen oder verfassungswirklichen Rahmenbedingungen des jeweiligen historischen Kontextes nicht klar ermessen. Im Zentrum dieses Bandes aber steht die Frage nach der Relevanz historischer Persönlichkeiten für eine Geschichte von Staat und Krieg durch die Zeiten hindurch. Gerade auf den Feldern der Staatslenkung und der Kriegführung erscheint selbst dem modernen Menschen noch die historische Wirkungsmächtigkeit einzelner Personen am größten – wieviel mehr muss das der Fall sein, wo Staatslenkung und Kriegführung zusammenfallen. Aber ist das so? Sind es wirklich die «großen Männer» und die gelegentlichen «großen Frauen», die Geschichte machen? Vielleicht am Ende gerade dadurch, dass sie Normen und Regeln außer Kraft setzen? Nicht zuletzt darum geht es in den Beiträgen dieses Bandes.

Soll man das Ergebnis vorwegnehmen? Die Herausgeber glauben, dass die hier versammelten biographischen Skizzen durchweg die Beschränkungen der historischen Wirkungsmächtigkeit von Einzelakteuren in herausgehobener Position, an der Spitze von Staat und Militär, erkennen lassen. Verfassungsstrukturen, politische Realitäten, wirtschaftliche, logistische, technische Sachzwänge, vor allem die natürlichen, biologischen, psychologischen und nicht zuletzt intellektuellen Grenzen der Kontroll-, Koordinations- und Leistungsfähigkeit eines einzelnen Menschen sind Faktoren, die immer wieder die Schranken der Geschichtsgestaltung durch selbst dic mächtigsten historischen Persönlichkeiten erweisen. Gleichzeitig aber erscheint es uns offensichtlich, dass es stets Individuen gegeben hat und wohl auch weiter geben wird, die die von Strukturen, Lebenswelten, Verfassungen und Militärsystemen gesetzten Grenzen transzendieren, überschreiten, verschieben oder gar neu setzen. Der Kriegsherr, der die Zielbestimmung staatlichen Handelns mit der Verfügung über die organisierte, kriegerische Gewalt vereint, ist ein in seinen Handlungsspielräumen bemerkenswert wenig begrenzter, historisch hoch wirkungsmächtiger Akteurstypus. In Krisen- und Kriegssituationen, wo es um die Abwehr als existentiell wahrgenommener Bedrohungen zu gehen scheint, ist er in seinem Element. Es ist unvermeidlich, dass diese Persönlichkeiten ihre Zeit und ihre Kriege oft in einem Maße mitbestimmt haben, das nur politischen oder nur militärischen Führern in der Regel verwehrt gewesen ist.

So wie Militärgeschichte der Gegenwart keine Schlachtengeschichte sein kann, kann sie auch nicht in einer Geschichte großer Männer, Kriegs- und Staatenlenker, aufgehen: Das wäre anachronistisch. Sie kann aber auch um Schlachten und um Akteure keinen Bogen machen, alles auf das Wirken von scheinbar anonymen Kräften, Umständen und Strukturen zurückführen. Gerade der Krieg, das wohl kontingenzbeladenste Ereignis, das die Geschichte kennt, kann die Handlungsspielräume von Personen, die Rolle individueller, moralischer, psychologischer Faktoren, nicht aus den Augen lassen, ohne im Künstlichen zu erstarren. Die Napoleonischen Kriege erklären sich einfach nicht ohne Austerlitz, Borodino und Waterloo, und ebenso wenig werden sie verständlich ohne Wellington, Scharnhorst und – wer wollte es bestreiten? – Napoleon. Ohne Krieg gibt es keine Weltgeschichte; ohne Schlachten und Kriegsherren gibt es keinen Krieg. Um aber Schlachten und Kriegsherren recht zu verstehen, muss eine moderne Historiographie, zumal eine moderne Militärgeschichtsschreibung, sie einbetten in die Analyse der historischen Hintergründe und Strukturen, muss die Bedeutung von Schlachten, die Handlungsspielräume von Akteuren, kritisch hinterfragen. Das haben die Herausgeber zusammen mit über 20 ausgewiesenen Fachleuten in einem früheren Band für die Schlachten unternommen.[11] Für die Akteure versucht es der vorliegende Band.

Bern/München/Hamburg, im Frühjahr 2006

Stig Förster
Markus Pöhlmann
Dierk Walter

Der über Helden herrscht
Xerxes I.
(ca. 519–465 v. Chr.)

Josef Wiesehöfer

«In diesem Durcheinander geschah auch das folgende: Ein paar Phöniker, deren Schiffe vernichtet waren, kamen zum König [Xerxes] und verleumdeten die Ionier so, als seien durch deren Schuld die Schiffe verloren und als seien sie Verräter. Es kam nun aber so, daß die Feldherren der Ionier der Todesstrafe entgingen, während die phönikischen Verleumder folgenden Lohn erhielten: Noch als sie davon sprachen, rammte ein samothrakisches Schiff ein attisches. Das attische Schiff ging unter, dann aber versenkte ein zugestoßenes aiginetisches das samothrakische. Doch die Samothraker, gute Speerschützen, trieben mit wohlgezielten Speerwürfen die Kämpfer des Schiffes, das ihres gerammt hatte, von Bord, enterten und nahmen es in Besitz. Dies rettete die Ionier. Denn als Xerxes sie eine so erstaunliche Tat vollbringen sah, wandte er sich zu den Phönikern, wie krank vor Ärger und voller Vorwürfe gegen sie alle, und befahl, ihnen den Kopf abzuhauen, damit sie, die selber versagt hatten, nicht bessere Leute schlecht machten. Denn so oft Xerxes einen der Seinen in der Schlacht etwas Besonderes leisten sah, von seinem Sitz aus am Fuß des Berges gegenüber Salamis, der Aigaleos heißt, erkundigte er sich, wer das sei, und die Schreiber schrieben den Kommandanten des Schiffes auf mit Vatersnamen und dazu die Stadt. Außerdem hat auch Ariaramnes, ein Perser, der den Ioniern freundlich gesonnen war und damals dabeistand, zu diesem phönikischen Schicksal beigetragen.»[1]

Ein Herrscher sitzt auf seinem Thron weit abseits des Schlachtgeschehens, beobachtet seine Untertanen, die sich der griechischen Schiffe in der Seeschlacht bei Salamis (480 v. Chr.) erwehren müssen, führt Buch über ihren Mut und ihr Versagen und bestraft drakonisch die geschlagenen eigenen Untertanen. Wie anders agiert doch der große Gegenspieler des Xerxes, der athenische Stratege Themistokles, in dieser Schlacht: Er bringt die zögerlichen Feldherren der Griechen dazu, die Seeschlacht zu wagen und kämpft selbst an Bord eines Schiffes in vorderster Front. Diese – vordergründige – Interpretation der Szene bei Salamis ist bis heute gang und gäbe geblieben, in den Worten des Iranisten Walter Hinz: «Durfte Xerxes, der nie kämpfend an einer Schlacht teilnahm, sondern ihr, auf erhöhtem Standort unter einem Baldachin thronend, lediglich zuschaute, in der Inschrift[2] wie (der Vater) Darius sprechen: ‹Als Krieger bin ich erprobt›? Durfte Xerxes, der zu Wutausbrüchen neigte, wie sein Vater sagen[3]: ‹Auch wenn es in mir kocht, bezwinge ich meinen Zorn›?» Der jähzornige und maßlose, zugleich aber seltsam kraftlose Xerxes, der in seinem Zorn und in seinen Ambitionen keine Grenzen kennt, der sich an Menschen und Göttern versündigt und deshalb zu Recht – und zu unser aller Glück – vor Salamis scheitert, ist der Xerxes der Hand- und Schulbücher geblieben. In den düstersten Farben werden seine Untaten geschildert, und es wird erklärt, warum ein solcher Herrscher mit seinem Scheitern in Hellas den unaufhaltsamen Abstieg seines Reiches einläuten musste. Um so erstaunlicher ist es zu beobachten, dass die Fachwissenschaft inzwischen ein deutlich anderes Bild des Xerxes zeichnet, ein Bild, das nicht nur facettenreicher als das vertraute ist, sondern das in Teilen auch den Kriegsherrn Xerxes rehabilitiert. Hier sollen, mit Hilfe einer Neugewichtung der Quellen, die Gründe für die Revision des Xerxesbildes erläutert und der Perserkönig als Person und auch als Persönlichkeit vorgestellt werden. Und schließlich sollen die Motive und Pläne des Xerxes für seinen traditionsbestimmenden Griechenlandfeldzug skizziert werden.

Wer war dieser Xerxes, den bis heute nahezu jedes europäische Schulkind kennt? Als purpurgeborener Sohn Dareios' I. und der Kyrostochter Atossa war er das Bindeglied, das die Linie des mütterlichen Großvaters (die Teispiden) und die Linie des Vaters (die Achaimeniden) in seiner Person zusammenführte und damit Dareios endgültig von der Last befreite, seiner usurpatorischen Herrschaft durch die Konstruktion eines angeblichen Verwandtschaftsverhältnisses zwischen Achaimeniden und Teispiden einen legitimatorischen Anstrich zu geben. Von Spannungen im Königshaus in der Thronfolgerfrage berichtet der griechische Autor Herodot[4]:

«Dareios hatte nämlich, schon ehe er König war, drei Söhne bekommen von seiner ersten Gattin, einer Tochter des Gobryas, und als er König geworden, von Kyros' Tochter Atossa weitere vier. Von den früheren nun war der älteste Artobazanes, von den spätergeborenen Xerxes. Da sie nun nicht von derselben Mutter waren, gerieten sie in Streit: Artobazanes machte geltend, daß er der älteste sei von den Nachkommen insgesamt und daß es doch in der ganzen Welt Brauch sei, daß der älteste die Herrschaft bekäme, Xerxes aber, daß er der Sohn der Atossa sei, der Tochter des Kyros, und Kyros sei es, der den Persern die Freiheit errungen. Noch hatte Dareios seine Entscheidung nicht gefällt, da kam eben zur Zeit dieser Vorgänge Demaratos, Aristons Sohn, nach Susa, der seines Königtums in Sparta enthoben worden war und sich dann selbst die Verbannung aus Lakedaimon auferlegt hatte. Wie dieser Mann vom Zwist der Dareiossöhne hörte, ging er hin, wie von ihm die Sage geht, und gab Xerxes den Rat, er solle zu dem bereits Angeführten noch anführen, er sei geboren, als Dareios schon König war und die Gewalt über die Perser in seiner Hand hatte, Artobazanes aber, als Dareios noch ein gewöhnlicher Bürger war. [...] Und als Xerxes dieses Argument des Demaratos verwandte, entschied Dareios, daß er seine Ansprüche zu Recht stelle, und bestimmte ihn zum König. Ich bin aber überzeugt, auch ohne diesen Rat wäre Xerxes König geworden, denn Atossa war allmächtig.»

Wie wichtig dieser Sohn dem Vater und dieser Vater dem Sohn war, macht Xerxes selbst in einer seiner Inschriften[5] deutlich:

«Es kündet Xerxes, der König: Dareios besaß auch andere Söhne; dies aber war der Wunsch [des Gottes] Auramazda[s]: Dareios, mein Vater, machte mich zum Größten nach sich selbst. Als mein Vater Dareios sich zu seinem Platz [im Jenseits] begab, wurde ich durch die Gnade Auramazdas König an meines Vaters Stelle. Als ich König geworden war, ließ ich vieles, was groß ist, erbauen. Was von meinem Vater erbaut worden war, dessen nahm ich mich an und andere Bauwerke fügte ich hinzu. Doch was ich getan habe und was mein Vater getan hat, all das haben wir getan durch die Gunst Auramazdas.»

Als Dareios im Jahre 486 stirbt, tritt dieser dankbare Sohn die Nachfolge des Vaters an und legt sich den Thronnamen Xšayaršā (Chschayarscha) zu, «der über Helden herrscht», einen Namen, den die Griechen zu Xerxes verballhornen. Zu Beginn seiner Regierungszeit schlägt der neue König einen Aufstand in Ägypten nieder[6], später die Rebellionen des Schamasch-eriba und des Bel-Schimanni in Babylonien. Bis 480 rüstet Xerxes dann – in der Nachfolge seines Vaters – für den Feldzug nach Hellas, einen Feldzug, der – vor allem wegen seiner Anlage als kombiniertes Unternehmen zu Wasser und zu Lande und wegen der Unterstützung, die Athen inzwischen bei Sparta und anderen Poleis erfahren hat – inzwischen zu einem regelrechten Griechenlandfeldzug geworden ist. Nach den Niederlagen von Salamis (480 v. Chr.) und Plataiai (479 v. Chr.) scheint Xerxes die Pläne zur Eroberung von Hellas aufgegeben zu haben; stattdessen erscheint er in den Quellen, den Inschriften aus Persepolis, als großer Bauherr ebendort. Seiner Planung und Bauaufsicht verdanken sich etwa die gewaltige Doppeltreppenanlage im Nordwesten der Palastterrasse, der berühmte Thronsaal, der Apadana, und der Hadisch, ein großer Wohnpalast. In den Vestibülen des ebenfalls von ihm geschaffenen «Tores aller Länder» verkündet Xerxes stolz[7]:

«Dank der Gunst Auramazdas erbaute ich dieses Torhaus, bestimmt für alle Länder. Auch vieles andere Schöne ist gebaut worden in diesem Persepolis, was ich gebaut habe und was mein Vater gebaut hat. Alles, was nun gebaut ist und schön aussieht, das alles haben wir durch die Gunst Auramazdas gebaut.»

Der Erhebung eines Bruders in Baktrien in dieser Zeit kann sich Xerxes erwehren, nicht jedoch im Jahre 465 v. Chr. der Palastintrige seines Sohnes Arses, der nicht nur der Vater, sondern auch der für die Thronfolge vorgesehene Bruder Dareios zum Opfer fällt. Der Mörder, der als Artaxerxes (I.) den Thron besteigt, lässt die Reliefs an den Treppenfassaden des Apadana-Thronsaals in Persepolis, die Vater und Bruder zeigen, im Schatzhaus separieren, vermutlich, um nicht immer wieder mit der Tat konfrontiert zu werden. Der Mord ist kennzeichnend für die systemimmanenten Schwierigkeiten einer universalen monarchischen Ordnung, bei der sich eine bis dahin nicht gekannte Machtfülle und Autorität in einer Person konzentriert. Mochte auch die Notwendigkeit der Verstetigung dieser Herrschaft innerhalb der Dynastie unbestritten sein, der «Flaschenhals» der Thronfolge musste immer wieder ambitionierte, letztlich jedoch nicht zum Zuge gekommene Prinzen dazu verleiten, ihr Heil im Bruder- oder gar Vatermord zu suchen.

Der Tod des Dareios 486 v. Chr. und Aufstände im Perserreich (in Ägypten und Babylonien) verschoben den Rachefeldzug für Marathon; erst ab 483 v. Chr. traf Xerxes systematische Vorbereitungen, um die nach persischem Selbstverständnis überfällige Unterordnung Athens und seiner Verbündeten durch ein kombiniertes Unternehmen der Land- und Seestreitkräfte zu erreichen: Zwei Schiffsbrücken bei Abydos überquerten den Hellespont, ein Kanal durch die Halbinsel Athos sollte eine Wiederholung des Desasters der Flotte des Mardonios von 492 vermeiden helfen[8], in Thrakien wurden Proviantbasen angelegt. Xerxes selbst trat an die Spitze der ca. 100 000 Mann und der ca. 600 Trieren. In Griechenland hatten sich inzwischen 31 bedeutende und unbedeutende Poleis zu einer «Eidgenossenschaft» (Hellenenbund) zusammengeschlossen, deren Oberbefehl zu Wasser und zu Lande Sparta übernahm; bedeutende Städte wie Argos und Theben sowie Thessalien und die Westgriechen blieben dem Bunde fern. Nicht zuletzt auf dieses Bündnis reagierte Xerxes mit der Entsendung von Herolden, die Erde und Wasser als Zeichen der Unterwerfung forderten.[9]

Ein erster – wohl auf Wunsch der Thessaler errichteter – Abwehrriegel im Tempe-Tal wurde als strategisch überflüssig, weil umgehbar, aufgegeben, und eine zweite Riegelstellung an den Thermopylen angelegt. Die griechische Flotte erwartete die persischen Schiffe am Kap Artemision an der Nordspitze Euboias. Nachdem das persische Heer – wohl durch Verrat – die Thermopylenstellung hatte umgehen können, traf es dort nur noch auf eine – den euboiischen Sund deckende? – griechische Nachhut von 300 Spartanern und 700 Thespiern unter dem spartanischen König Leonidas, die völlig vernichtet wurde. Dem Kampf bis zum letzten Mann, der von den Spartanern später mythisch überhöht wurde, war ein Nachleben durch alle Epochen der Geschichte bis in die allerjüngste Zeit beschieden. Die griechischen Schiffe, die anfänglich erfolgreich gegen die stark durch Stürme geschwächte persische Flotte gekämpft hatten, zogen sich am dritten Tag durch den euboiischen Sund nach Salamis zurück, wo sie die von Themistokles und den Athenern längst beschlossene und begonnene Evakuierung der Bevölkerung der Vaterstadt abschließen halfen.

Durch die nun folgende Zerstörung Athens erschien die Lage aussichtslos und der Rückzug der Verbündeten hinter den Isthmos geboten. Da die Aufgabe der nördlich davon liegenden Poleis vermutlich den Zerfall des Hellenenbundes bedeutet hätte, gelang es Themistokles, dem athenischen Strategen, den spartanischen Befehlshaber Eurybiades zur Seeschlacht zu überreden[10] und die Perser, ohnehin durch die fortgeschrittene Jahreszeit zur Entscheidung gezwungen, angeblich durch eine List zum Angriff im engen Sund von Salamis zu veranlassen. Ende September 480 v. Chr. besiegten die ca. 400 griechischen Schiffe[11] vor den Augen des Xerxes die etwas stärkere Flotte der Perser und ihrer Untertanen.[12]

Vielleicht gleichfalls auf Rat des Themistokles kehrte Xerxes daraufhin mit den Resten seiner Flotte nach Kleinasien zurück. Sein Feldherr Mardonios überwinterte in Thessalien und unterlag nach vergeblichen Bemühungen, Athen auf die persische Seite zu ziehen[13], 479 in der Schlacht bei Plataiai in Boiotien dem vom spartanischen Strategen Pausanias geführten griechischen Heer. Etwa gleichzeitig zerstörte eine Flotte unter dem Spartaner Leotychidas ein persisches Schiffslager an der Halbinsel Mykale bei Milet[14]. Die Datierung auf den Tag von Plataiai gehört ebenso in den Bereich der politischen Legende wie der Synchronismus der Seeschlacht der Westgriechen gegen die Karthager vor dem sizilischen Himera mit dem Tag von Salamis. Gänzlich unhistorisch ist auch das von der späteren Tradition überlieferte Bündnis zwischen Xerxes und den Karthagern vor den Feldzügen gegen die Griechen.

Jeder, der versucht, sich der Persönlichkeit des Xerxes zu nähern, ist nahezu ausschließlich auf griechische Zeugnisse verwiesen, Herodot zumal, den genialen Literaten der zweiten Hälfte des 5. Jahrhunderts

v. Chr.; ausführliche Charakterisierungen des Perserkönigs finden wir auch in den Werken der griechischen Historiographen des 4. Jahrhunderts, nicht zuletzt der so genannten Alexanderhistoriker und ihrer römischen Bearbeiter. Die orientalische Überlieferung bleibt dagegen blass: Was können schon Münzen, Bauwerke oder Reliefs über den Charakter eines Großkönigs aussagen, zumal wenn sie weniger individueller, als vielmehr genereller Natur sind: Die Münzen zeigen nicht Xerxes, sondern einen königlichen Helden, die Reliefs in der Regel ebenfalls den Großkönig qua Amt, nicht qua Person, die Paläste künden von der Macht und dem Reichtum der persischen Herrscher und heben nicht auf einen individuellen Regenten ab. Auch die Königsinschriften folgen bestimmten Formularen, und nur in wenigen Fällen gelingt es, die individuelle Stimme des Xerxes in ihnen zu vernehmen. Und selbst wo dies möglich ist, bleibt genügend Spielraum zur Interpretation.

Keiner nähert sich der Persönlichkeit des Xerxes jedoch so weit wie Herodot. Er tut dies, mehr als eine Generation nach dem Tode des Großkönigs, auf eine besondere Art und Weise und mit einer besonderen Wirkungsabsicht. Er geht aus von der Person, die der Dramatiker Aischylos im Jahre 472 v. Chr. in seinen *Persern* einem athenischen Publikum vorgestellt hat, dem unfähigen Sohn eines übermächtigen Vaters, der als orientalischer Despot den Selbstbehauptungswillen der Athener unterschätzt und sein Heer in die Katastrophe führt. Herodot macht aber noch mehr aus dieser Gestalt; an ihr exemplifiziert er die Gefahren unbegrenzter Machtfülle: Einerseits bietet Xerxes «von vornherein das Bild eines unreifen Machthabers, der zwischen hochfahrenden Plänen und Sorgen, das Falsche zu tun, schwankt»; andererseits ist er «verblendet» und «respektiert sein Verlangen nach Herrschaft keine Grenzen auf dieser Welt».[15] Es ist demnach kein Unschuldiger, den die listenreiche Gottheit die Träume falsch deuten, die Warnungen seines weitsichtigen und erfahrenen Onkels Artabanos überhören und schließlich militärisch und moralisch auf ganzer Linie scheitern lässt. Xerxes, der an Größe und Schönheit alle Sterblichen überragt, entpuppt sich zunächst als größenwahnsinniger und nach der Niederlage als kläglicher Mensch, der mit Müh und Not sein Leben retten und nur kümmerliche Reste seines Heeres in Sicherheit bringen kann.

Xerxes' Charakterbild wird durch einzelne Episoden auf dem Feldzug und außerhalb des Feldzuges noch weiter verdüstert, Episoden, in denen Untaten und Launen des Königs dominieren: Den widerspenstigen Hellespont soll Xerxes auszupeitschen, den Sohn des Pythios hinzurichten, die Leiche des Leonidas zu schänden befohlen haben. Nach dem Desaster seiner Armee aber erleidet der Großkönig selbst ein moralisches Desaster: In seiner verhängnisvollen Leidenschaft für die Frau seines Bruders Masistes und deren Tochter, seine eigene Schwiegertochter Artaynte[16], missachtet Xerxes elementare Geschlechterrollen und sexuelle Tabus und erweist sich als klägliche Marionette in grausamen Weiberhänden. Andererseits: Xerxes ist bei Herodot zwar der herrischste aller Perserkönige, aber nicht der einzige orientalische Despot, und der Versuchung der Macht unterliegen nicht nur die letztlich scheiternden orientalischen Herrscher, sondern auch die siegreichen Athener. Bei ihnen stehen sich verhängnisvolle Bereitschaft zum Risiko und vorbildhafter Bürgermut, Aufopferungsbereitschaft und die Neigung, Stimmungen nachzugeben, gegenüber, und die Sieger von Marathon und Salamis laufen schließlich sogar Gefahr, die unverhüllte Machtpolitik der Perser nachzuahmen. Überall im Werk Herodots finden sich solche Ambivalenzen und solche Versuche der Erklärung historischer Prozesse und persönlicher Entscheidungen, und es passt zu diesem Bemühen, dass auch die Griechen nicht als den Persern von vornherein sittlich überlegene Gemeinschaft dargestellt werden, sondern – bei allem Patriotismus und aller empfundenen Sympathie des Autors für die Griechen – als Bürger politisch unterschiedlich verfasster, im Innern durch Mitbürger, nach außen durch Mithellenen gefährdeter und in den Kämpfen gegen die Perser verschiedene Strategien wählender autonomer Poleis.

Auf Herodots Perserbild baut im 4. Jahrhundert Ktesias auf, der als Arzt und später als Diplomat am Hofe Artaxerxes' II. gewirkt haben will, doch bearbeitet er es insofern frei, als er Herodots Charakterbild und die Taten der Könige «auf boshaft-witzige Art»[17] verändert. So wird Xerxes ausgerechnet dort, wo er bei Herodot weiblicher Intrige erliegt, zu einem eher braven, um die Ehre der Tochter besorgten Familienvater. Vor allem für seine eigene Zeit schildert Ktesias den persischen Hof als eine Stätte von Luxus und Laster, Intrige und Brutalität. Ganz eindimensional negativ wird das Xerxesbild dann bei den Alexanderhistorikern, war doch der Zug nach Osten vom Makedonenkönig als Rachefeldzug für die Perserkriege ausgegeben worden. Es ist der in Hellas als idealer Herrscher bekannte Kyros, an dem sich Alexander in Wort und Tat zu orientieren, und es ist Xerxes, dessen angebliche Untaten – etwa in Babylon – er zu revidieren sucht.

Dies alles sind Xerxesbilder nach den besonderen und je individuellen Vorgaben der antiken griechischen Quellen, und es hätte sich eigentlich verboten, sie für eine moderne historiographische Studie zum Persönlichkeitsprofil des Protagonisten zu nutzen. Doch genau dies ist jahrzehntelang geschehen: Herodots *Historien* wurden vordergründig und ohne Rücksicht auf das Genre des Werkes und seine Wirkungsabsicht ausgewertet; Novellen wie die Pythios-Episode, in der es wohl ein orientalisches Reinigungsritual für ein geschlagenes Heer zu entdecken gilt, und die Geschichte der Frau des Masistes wurden nicht als literarische Formen betrachtet, die gekennzeichnet sind durch eine prägnante Struktur, einen dezidierten Kunstwillen, einen strengen Aufbau und eine spezifische Perspektive. Herodots *Historien* wurden wie Gerichtsprotokolle behandelt; Verhaltensweisen des Protagonisten, wie des Königs vermeintlich mangelndes Engagement bei Salamis, wurden wie Augenzeugenberichte interpretiert. Es wurde nicht gefragt, welche Bedeutung ihnen im persischen Zusammenhang zukommt; angebliche Gespräche des Königs mit seinen Vertrauten, von denen Herodot in Wirklichkeit kaum etwas in Erfahrung hätte bringen können, wurden vielfach wie stenographische Berichte genutzt, um den Absichten, Motiven und Handlungsweisen des Xerxes auf die Spur zu kommen, und nicht als Stilmittel Herodots, die auf Xerxes einwirkenden göttlichen und menschlichen Kräfte aufzuzeigen. Herodots Hinweis auf die Weltherrschaftspläne des Dareiossohnes[18] wurde für bare Münze genommen, ohne die diesbezüglichen Widersprüche im Werk zu beachten und ohne das «Weltbild» der Inschriften des Xerxes zur Überprüfung dieser These heranzuziehen. Ähnlich oberflächlich verfuhr man mit den übrigen griechischen Quellen, ja selbst mit den Inschriften des Xerxes; auch in ihnen glaubte man die Stimme des größenwahnsinnigen, jähzornigen und brutalen Despoten Xerxes vernehmen zu können. An vier Beispielen kann man einen neuen Zugang zu den Zeugnissen finden: erstens, an dem Verhalten des Xerxes bei Salamis; zweitens, an der Masistes-Episode; drittens, an der Xerxes von einem Teil der Forschung unterstellten Wegführung (oder gar Einschmelzung) der Mardukstatue aus Babylon; und viertens, an den angeblichen Weltreichsplänen des Perserkönigs.

Dass Xerxes in Salamis auf einem Thron abseits des Geschehens Platz nimmt, hat nichts mit der Unentschlossenheit oder gar Feigheit des Königs zu tun; anders als für die späteren hellenistischen Könige, deren erfolgsgebundene Herrschaft sie zum aktiven Einsatz im Kriege verpflichtete, war die persönliche Bewährung in vorderster Front nicht eine legitimatorische Voraussetzung des persischen Herrschertums. Im Gegenteil: Der Tod eines Königs im Kampfe hätte eine gefährliche und gesetzlose Zeit heraufbeschworen, in der das Reich und die Herrschaft leicht in Unordnung hätten geraten können. Unter den Augen des aufmerksamen Königs tapfer zu kämpfen und dafür gegebenenfalls königliche Anerkennung zu finden, genügte einem persischen Untertan; kein Perser hätte an dem thronenden Xerxes in Salamis Anstoß genommen.

Zu Masistes: Herodot berichtet, Xerxes habe sich nach seinem Rückzug aus Griechenland in die Frau seines Bruders Masistes verliebt. Als diese sich ihm verweigert, stiftet Xerxes eine Verbindung seines Sohnes Dareios mit der Tochter dieser Frau, um auf diese Weise vielleicht doch noch zum Ziele zu kommen. In Susa erlischt jedoch Xerxes' Liebe zu seiner Schwägerin und er verliebt sich nun in seine Schwiegertochter, Artaynte mit Namen, die seine Zuneigung auch erwidert. Das Verhältnis wird bekannt, als Artaynte sich vom König ein Geschenk erbitten darf, sich ausgerechnet den von der Königin Amestris gewebten Königsmantel ausbedingt und davon auch durch nichts abzubringen ist. Amestris, die die Mutter der Artaynte als Hauptschuldige betrachtet, nimmt grausam Rache[19]:

«Sie wartet ab, bis ihr Mann Xerxes das Königsmahl feiert […] und bittet sich dann von Xerxes des Masistes Weib zum Geschenk aus. Er aber empfand nun, wie fürchterlich und empörend es für ihn sein mußte, ihr eine Frau in die Hände zu liefern, die erstens seines Bruders Frau und zweitens ganz unschuldig war an diesem Vorfall. Denn er verstand wohl, warum sie die Bitte tat. Schließlich aber, da sie nicht locker ließ und er sich durch den herrschenden Brauch gezwungen sah – weil es bei ihnen ausgeschlossen ist, daß jemand eine Fehlbitte tut, wenn das Königsmahl aufgetragen ist –, so schwer es ihm auch ankam, nickte er doch Gewährung […].»

Xerxes bemüht sich, Masistes zu überreden, sich in aller Eile von seiner Frau zu trennen und sich mit einer Tochter des Königs zu vermählen, doch jener lehnt ab. Als er seine auf Geheiß der Amestris verstümmelte Gattin zu Haus vorfindet, versucht er nach Baktrien zu gelangen, um dort einen Aufstand vom Zaune zu brechen. Auf Befehl des Xerxes wird er jedoch – zusammen mit seinen Söhnen und seinem Gefolge – auf dem Wege in den Osten ermordet.

Diese «Novelle», die sich mündlicher Überlieferung verdankt, ist sicher nicht als eine Art Augenzeugenbericht zu verstehen; vielmehr haben alle Teile der Geschichte ihre besondere Bedeutung im iranischen Zusammenhang, eine Bedeutung, die den Griechen offensichtlich nicht verständlich war. Versuchen wir, diese Symbolik zu ergründen! Da ist zum einen die angebliche Vorschrift, dass der König, als Beweis seiner Macht, jedem, den er ausdrücklich dazu aufgefordert hat, das Geschenk machen muss, das dieser erbittet. Wunsch der Artaynte war nun aber nicht einfach ein Mantel, sondern der Mantel des Königs, ein «Zeichen» seiner Herrschaft. Indem Artaynte sich diesen Mantel ausbedingt, stellt sie die Frage nach der Herrschaft; nicht für sich, aber doch für ihre Familie. Nun wird auch verständlich, warum Amestris für ihren Sohn, den Kronprinzen, Rache nimmt. Sie tut dies übrigens auf eine Art und Weise, die in Iran jeder verstanden hätte: Dort wurden Aufständische durch das Abschneiden von Nase, Ohren und Zunge bestraft. Schließlich muss auch Masistes sein Streben nach der Herrschaft mit dem Tode büßen. Man kann bei der Aufdeckung des tieferen Sinns der Geschichte vermutlich sogar noch einen Schritt weiter gehen: In dem Namen Masistes hat man das altpersische Wort **maϑišta-* («größt, oberst» bzw. «Anführer») erkennen wollen; versteht man darunter einen Titel («Der Größte nach dem König»), dann darf man Masistes wohl mit dem ältesten Xerxesbruder Ariamenes gleichsetzen, der nach Plutarch[20] – wie der Masistes Herodots – zunächst in Baktrien «regiert» haben soll, von dem später dann in unseren Zeugnissen (wegen seiner Ermordung?) keine Rede mehr ist. Herodot mag also – ohne es zu wissen – Berichte von einem innerfamiliären Usurpationsversuch im Achaimenidenclan literarisch verarbeitet haben.

Kommen wir, drittens, zu den dem Xerxes von einem Teil der Forschung unterstellten Untaten in Babylonien:

> «Den babylonischen ‹Götzenstall› Esangila hat Xerxes so gründlich schleifen lassen, daß, als später (331 v. Chr.) Alexander den Befehl zum Neuaufbau des Marduk-Tempels gegeben hatte, die Trümmer noch nach fünfzehn Jahren nicht völlig weggeräumt waren und man den Plan des Wiederaufbaues fallenlassen mußte. Auch ließ Xerxes die sechs Meter hohe Marduk-Sitzstatue aus massivem Gold aus Esangila wegschleppen und einschmelzen.»[21]

Diese Darstellung sowie Xerxes' angeblicher Verzicht auf den Titel «König von Babylon» nach den Aufständen in Babylonien sind nicht minder problematisch: Zum einen wird die Verschleppung und Einschmelzung der Mardukstatue dem Xerxes von Herodot gar nicht zu Last gelegt[22]; nicht das *agalma* des Stadtgottes soll er weggeführt haben, sondern einen *andrias* (einer anderen Gottheit? eine Statue eines assyrischen oder babylonischen Königs?). Es kann auch kein Zweifel daran bestehen, dass Esagila und der Kult des Marduk bis zum Ende der Achaimenidenzeit kontinuierlich weiter bestanden; die Nachricht vom Wiederaufbau(versuch) des zerstörten Tempels durch Alexander bedeutet dann nichts anderes, als dass der Makedone – wie alle Könige in Babylon vor ihm – die Wiederherstellung (d. h. Ausbesserung) der Heiligtümer betrieb, um sich selbst als der göttlich erwählte, legitime König zu erweisen, dem die Götter die Erlaubnis zum Tempelbau gewährt hatten. Der Titel «König von Babylon» ist nach neuesten Forschungen übrigens für Xerxes bis zum 16. Regierungsjahr mehrfach bezeugt.

Angesichts von Herodots Hinweis auf angebliche Weltreichspläne des Xerxes verweisen zahlreiche Gelehrte einerseits auf die Königsinschriften, die diesen Anspruch beweisen sollen, andererseits auf die Idee der Abfolge von Weltreichen, deren Entstehung gleichfalls in eine persische Umgebung transponiert wird. Auch hier ist ein Umdenken nötig. Vermutlich beeinflusst von den Ideen und Ansprüchen altorientalischer Herrscher, die Grenzen des eigenen Reiches mit denen der Welt gleichzusetzen, entwickelte sich ab dem 5. Jh. v. Chr. die Vorstellung von einer Abfolge von Weltreichen; diese wiederum wurde bereits früh ideologisiert. Die Einführung eines solchen Schemas, das zum ersten Male – als Abfolge von drei Weltreichen (Assyrien-Medien-Persien) – bei Herodot fassbar ist[23], wird üblicherweise den Achaimenidenherrschern zugeschrieben, doch sprechen das Fehlen dieses Schemas in den Königsinschriften, dazu die berechtigten Zweifel an der Existenz eines entwickelten Mederreiches und die Kompatibilität des Modells mit der herodoteischen Sicht der Geschichte der Oikumene dafür, dass es sich dem Halikarnassier verdankt. Während bei Herodot das ganze territoriale Erbe der Vorgängerreiche im Perserreich aufgeht, allein dieses die Herrschaft über ganz Asien zu erringen in der Lage ist, und Aufstieg und Fall aller Reiche nicht zuletzt mit den sittlichen Qualitäten der Herrscher korrelieren, spricht Ktesias, bei dem das Drei-Reiche-Schema deutlicher zum Ausdruck kommt, sowohl Assyrern wie Persern die Herrschaft über ganz Asien zu.[24]

In den Königsinschriften der Achaimeniden findet sich kein Hinweis auf das Dreierschema von Weltreichen, ja nicht einmal ein Anspruch auf die Durchsetzung einer Weltherrschaft: Zwar bestimmen die Inschriften in guter altorientalischer und wohl auch avestischer Manier die Herrschaft der Achaimeniden als eine gottgegebene universale Macht, die bis ans Ende des Erdkreises reicht, zwar ist der König vom Gott in sein Amt eingesetzt worden, ist er als Herrscher Treuhänder der von Auramazda geschaffenen Erde und in diesem Sinne auch ein universaler Herrscher, der dem Gott Rechenschaft schuldet; der Gott hat ihm allerdings nicht den Auftrag gegeben, die ganze Erde in seinem Sinne zu unterwerfen, und die Länderlisten enthalten nur solche Länder, die nun tatsächlich Reichsterritorien waren. Vom König in die Pflicht genommen werden also allein die Völker des Reiches selbst, nur ihr Wohlergehen und ihre Loyalität zählen für die Großkönige; in den Worten des Dareios[25]:

«Ein großer Gott ist Auramazda, der alle Götter an Größe übertrifft, der Himmel und Erde schuf und die Menschen schuf, der allen Wohlstand gab den Menschen, die auf ihr leben, der den Dareios zum König machte und dem König Dareios das Königtum verlieh auf diesem weiten Erdboden, auf dem zahlreiche Länder sind: Persien, Medien und die anderen Länder anderer Zungen, der Gebirge und des Flachlandes, diesseits des Meeres und jenseits des Meeres, diesseits der Wüste und jenseits der Wüste.

Es kündet Dareios der König: Durch die Gnade Auramazdas sind diese die Völker, die dies gemacht, die sich hier versammelt haben: Persien, Medien und die anderen Länder anderer Zungen, der Gebirge und des Flachlandes, diesseits des Meeres und jenseits des Meeres, diesseits der Wüste und jenseits der Wüste, wie ich ihnen den Auftrag erteilte. Alles, was ich getan habe, habe ich getan mit der Gnade Auramazdas. Möge Auramazda mich schützen, zusammen mit allen Göttern, mich und das, was ich liebe.»

Hellas, ganz zu schweigen vom übrigen Europa, bleibt außerhalb des Kreises der Länder, die die Anweisungen der Könige verinnerlichen und die Leistungen der Herrscher für ihr Wohl anerkennen sollen. Zumindest politisch haben die Großkönige anscheinend mit ihrer Herrschaft allein über Asien und Ägypten gut leben können; sichtbar werden in einer Inschrift des Xerxes dennoch die gewaltigen Dimensionen des von ihm kontrollierten Reichsterritoriums[26]:

«Es kündet Xerxes, der König: Durch die Gnade Auramazdas sind dies die Länder, deren König ich war, außerhalb von Persien; ich regierte sie, mir brachten sie Tribut. Was ihnen von mir aufgetragen wurde, das taten sie. Mein Gesetz hielten sie: Medien, Elam, Arachosien, Armenien, Drangiana, Parthien, Areia, Baktrien, Sogdien, Choresmien, Babylonien, Assyrien, Sattagydien, Lydien, Ägypten, die Ionier, die am Meer wohnen und die, die jenseits des Meeres wohnen, die Leute von Makran, Arabien, Gandhara, die Indus-Provinz, Kappadokien, die Daher, die amyrgischen Skythen, die spitzmützigen Skythen, Thrakien, die Leute von Akaufaka, die Libyer, Karer und Nubier.»

Für uns bedeutet dies alles nichts anderes, als dass wir erstens, was die persische Außenpolitik angeht, allein auf Herodot verwiesen sind; dass wir uns zweitens, wie bereits betont, mit dem genauen, die zeitliche Abfolge beachtenden Blick auf Ursachen und Anlässe einzelner Konflikte innerhalb der Perserkriege und den so erkennbaren je spezifischen Plänen der Perser bei ihren Kriegszügen sowie schließlich mit der Frage begnügen müssen, welche Pläne Xerxes für ein unterworfenes Hellas gehabt haben könnte. Hier habe ich jüngst den Vorschlag gemacht, als Xerxes' Ziel ein Makedonien vergleichbares vasalliertes und im Mächtegleichgewicht befindliches Griechenland unter der Kontrolle perserfreundlicher griechischer Hegemonialmächte zu imaginieren, das dem persischen Reichsterritorium gleichsam vorgelagert gewesen wäre.

Aber beweist denn nicht wenigstens die so genannte «Daivā-Inschrift»[27] die prinzipielle Intoleranz des Königs? Es handelt sich um eine persische Königsinschrift, die 1935 in zwei altpersischen Exemplaren sowie einer babylonischen und später auch einer elamischen Fassung in Persepolis (und 1963 in einem dritten altpersischen Exemplar in Pasargadai) ans Tageslicht kam. In ihr heißt es unter anderem:

«Es kündet Xerxes der König: Als ich König geworden war, da ist unter den Ländern/Völkern, die oben verzeichnet sind, [eines] in Aufruhr. Daraufhin half mir Auramazda; durch die Gunst Auramazdas schlug ich das Land/Volk und setzte es zurück auf den ihm zustehenden Platz.

Und unter diesen Ländern/Völkern war [eines], wo früher Götzen (*daivā*) verehrt wurden. Da zerstörte ich durch die Gunst Auramazdas die Kultstätte der Götzen, und ich ordnete an: ‹Götzen sollen nicht angebetet werden›. Wo früher Götzen verehrt wurden, dort verehrte ich Auramazda zur [kultisch] rechten Zeit und in der rechten Weise.»

Auch hier gilt es, von einer liebgewonnenen Vorstellung Abschied zu nehmen. Warum hat etwa Xerxes den Platz des «Götzendienstes» nicht näher bestimmt? Die Lösung liegt im zeitlosen Charakter der Achaimenideninschriften: Xerxes zielt nicht auf ein bestimmtes Ereignis ab, sondern verkündet ein für allemal: «Wer vom König abfällt, wird bestraft, und die heiligen Plätze der Aufständischen werden zerstört werden.» Die kultisch rechte Verehrung Auramazdas ist dagegen der beste Schutz gegen die Versuchung untertäniger Illoyalität. Es handelt sich also um eine ideologisch-programmatische Erklärung, nicht um eine ereignisgeschichtlich zu verortende Reaktion des Königs. Xerxes charakterisiert seine Religionspolitik zwar als eine anti-dämonische, d. h. Auramazdaverehrende und gottgewollte Kampagne, doch ist ihm jedes Missionieren fremd. Vor diesem Hintergrund ist übrigens auch das so oft gescholtene Nachbilden von Inschriften und Reliefs des Vaters durch Xerxes verständlich: Es geschah nicht aus Einfallslosigkeit, sondern um Allgemeingültiges auch für die eigene Regierungszeit zu unterstreichen. Niemals hat Xerxes von seinen Untertanen verlangt, die alten Götter etwa zugunsten Auramazdas aufzugeben. Wurden von Seiten der Rebellen jedoch Politik und Religion in der Weise vermengt, dass Götter als Beistand im Kampf angerufen, dass Aufstände sogar als gottgewollt ausgegeben wurden, dann erwarteten die Aufständischen und ihre Kultstätten schwere Strafen. Nicht anders ist etwa die Akropoliszerstörung in Athen zu verstehen, und nicht umsonst berichtet Herodot davon, dass schon am Tage danach den athenischen Göttern auf Geheiß des Xerxes wieder geopfert wurde, allerdings von den exilierten Athenern in seinem Gefolge.[28]

Für eine Charakterstudie des Xerxes gibt dies alles kaum etwas her. Ob er despotischer war als seine Vorgänger, lässt sich kaum ergründen. Ein Vergleich mit dem «Idealkönig» Kyros macht das deutlich: Zweifelsohne waren beider Aufgaben unterschiedlich, war auch die Ausgangslage verschieden: hier die Begründung eines Reiches unter einem charismatischen Führer mit Aussicht auf Beute und Pfründe, dort die Sicherung und Bewahrung der Herrschaft nach ihrer Institutionalisierung und Verrechtlichung durch Dareios. In der entscheidenden und allein vergleichbaren Frage allerdings, den Methoden der Herrschaftssicherung, trennte Kyros und Xerxes nur wenig: Wer den Übergang der Rechte des gestürzten Gegners auf den Sieger nicht anerkennen wollte, wer zur Wiederherstellung der Unabhängigkeit zu den Waffen griff, der musste bei beiden mit schwersten Strafen rechnen. Auch die Religionspolitik war, wie wir gesehen hatten, stark von diesem Prinzip des notwendigen Loyalitätsbeweises bestimmt: Kyros und Xerxes waren, ungeachtet ihrer eigenen religiösen Überzeugung, in religiösen Dingen aus politischen Gründen bereit, die Überzeugungen der Untertanen zu achten und zu respektieren, ihre Kulte zu fördern, wenn dadurch nur das Band Herrscher – Untertanen gefestigt werden konnte. Religiöser Eifer war ihnen fremd, ebenso aber auch die moderne Vorstellung von religiöser Toleranz als humanistischem Prinzip. Hätte Xerxes seine Inschriften dem Kyros vorlegen können, der Reichsgründer hätte sie ohne Zögern mitunterschrieben.

Was bleibt nun als gesicherte Erkenntnis für den Kriegsherrn Xerxes? Er war der vom Vater erwählte Thronfolger, der von ihm auch die Aufgabe der Rache an Athen erbte. Dadurch, dass diese Stadt die Unterstützung zahlreicher griechischer Poleis, nicht zuletzt von Sparta, erhielt, wuchs sich das Unternehmen zu einem auf ganz Griechenland zielenden Feldzug aus. Die gewaltigen Rüstungen und die Taktik des Xerxes zeigten zunächst Wirkung, denn den Angehörigen des Hellenenbundes gelang es nicht, das Perserheer, das Unterstützung auch in Hellas erhielt, aufzuhalten; erst die Siege der Griechen bei Salamis und Plataiai wendeten das Blatt. Bei ihren Erfolgen spielten sicher nicht nur taktisches Geschick und Glück eine Rolle; auch der enorme Einsatzwille der verbündeten Griechen, ihre besondere Kampfesweise und ihre Weigerung, zu ehrenvollen Bedingungen den Krieg zu beenden, dürften Xerxes und

Mardonios überrascht haben. Xerxes hat aus der Niederlage und dem Verlust der kleinasiatischen, von Griechen bewohnten Gebiete, den Schluss gezogen, sich auf die Bewahrung des verbliebenen Reichsterritoriums zu verlegen. In den Leitlinien seiner Politik folgte er dabei den Pfaden seines Vaters; ihn übertraf er noch als Bauherr in Persepolis. Xerxes gelang es nicht nur, das Riesenreich in seinem Bestand zu bewahren; er konnte ihm auch jene Festigkeit verleihen, die seinen weiteren, beinahe eineinhalb Jahrhunderte währenden Bestand garantierte.

Der Kriegsherr als Phantast und Realist
Alexander der Große
(356–323 v. Chr.)

Hans-Joachim Gehrke

Der König der Makedonen war kein *warlord* im modernen Sinne. Er musste sich seine Macht nicht als Usurpator erringen, kraft militärischer Leistung und Befehlsgewalt. Vielmehr stand er in einer durchaus legitimen Position, als Angehöriger des königlichen Geschlechts der Argeaden, das sich auf den Halbgott Herakles, den Sohn des höchsten Gottes Zeus, zurückführte. Seine Stellung war als solche beim Volk anerkannt, besser gesagt, bei dem Teil des Volkes, der zählte, bei den Kriegern. Ausdruck dieser Anerkennung war die Zustimmung der versammelten Kämpfer, der so genannten Heeresversammlung, die besonders bei der Einsetzung eines neuen Königs und bei wichtigeren Entscheidungen durch Beifallsbekundung (Akklamation) erfolgte.

Solche Rituale der Akzeptanz verdeutlichen aber auch, dass der Gehorsam nicht selbstverständlich, die Herrschaft nicht ohne weiteres gesichert war. Das hing mit den elementaren Lebensbedingungen, aber auch mit der sozialen und politischen Ordnung in Makedonien zusammen. Ein vielfältig gegliedertes, zum Teil sehr bergiges Land mit einem für griechische Verhältnisse rauen Klima sorgte für besondere Wirtschaftsformen: Viehzucht und Jagd spielten eine große Rolle, vor allem in den höher gelegenen Kantonen. In einer relativ gewaltbereiten Gesellschaft, mit einer hohen Wertigkeit von Rache und Ehre, waren Virilität und Kriegertum bedeutsam. Das soziale Leben war eher lose strukturiert, städtisches Leben war wenig ausgeprägt, Stämme und Clans mit ihren Formen der Zugehörigkeit dominierten. In den Bergkantonen gab es sogar noch Nachkommen alter dortiger Königsfamilien. In der Geselligkeit der Männer nahm zwar das Symposion, ein rituelles Gelage, wie in Griechenland die zentrale Stelle ein, doch ging es dort im Hinblick auf den Alkoholgenuss eher exzessiver zu.

In solchem Milieu war die besondere Leistungsfähigkeit des Königs gefragt. Seine legitime Stellung konnte er nur erhalten, wenn er sich dauernd vor dem Wertehorizont seiner Krieger bewährte – als guter Jäger, tapferer Kämpfer, schlauer Kommandeur und standfester Trinker, der seine Mannen füglich nicht wie bloße Untertanen behandelte. Versagte ein König angesichts solcher Erwartungen, konnte er schnell die Zustimmung verlieren. Dies war ein wesentliches Problem der makedonischen Monarchie, weil es immer wieder Alternativen gab: andere Personen aus dem königlichen Hause, die als Prätendenten und Usurpatoren ihrerseits Könige werden konnten. Hinzu kamen Gefahren von außen, zum einen durch die nördlich im Halbkreis um Makedonien herum siedelnden epirotischen, illyrischen und thrakischen Stämme, zum anderen – und angesichts der Effizienz noch bedrohlicher – durch die Machtpolitik der griechischen Poleis von Süden her. Gerade diesen konnten die makedonischen Könige lange Zeit nichts Adäquates entgegenstellen. So war Makedonien im 4. Jahrhundert v. Chr. zeitweise zu einem Spielball griechischer Großmächte, Thebens und Athens, geworden.

Genau in diesen Jahren wuchs Alexanders Vater Philipp heran, der schließlich nach dem Tode seines Bruders im Herbst 360, in einer der schwärzesten Stunden der makedonischen Geschichte, die Macht übernahm. Geprägt von demütigenden Erfahrungen, verwirklichte er ein Programm der Regeneration Makedoniens, das angesichts der Praktiken des politischen Kampfes im Dschungel der griechischen Staatenwelt nur eine konsequente Hegemonialpolitik sein konnte. Auf vielen Feldern, in der Administration wie in der Infrastruktur, der sozialen wie wirtschaftlichen Ordnung, griff Philipp mit weitreichenden Maßnahmen ein, von vornherein auch mit einer aktiv-aggressiven Außenpolitik. In diesen Kontext gehören auch seine Maßnahmen zur Neustrukturierung des makedonischen Aufgebots. Im Grunde wurde dieses erst jetzt ein dauerhaft organisiertes Heer, in dem Maße, wie das makedonische Stammeskonglomerat Züge einer monarchisch-staatlichen Ordnung annahm.

Die Truppe, die Alexander dann bis an die Grenzen der Welt führte, war bereits unter Philipp geprägt. Die adligen Krieger, Hetairen (Gefährten) genannt und traditionell zu Pferde kämpfend, wurden als Ensemble von Schwadronen formiert und entsprechend trainiert. Daneben traten, als «Kampfgefährten zu Fuß», die Pezhetairen, Elitekämpfer, die mit einer etwa fünf Meter langen Stoßlanze, der Sarisse, bewaffnet waren. Da sie diese mit zwei Händen zu führen hatten, konnten sie keinen größeren Schild mehr tragen. Sie operierten als geschlossener Körper und vor allem in der Defensive. Daneben existierten die Hypaspisten, ebenfalls Infanteristen, die ähnlich bewaffnet waren wie griechische Hopliten – also mit dem großen Schild und dem kürzeren Spieß. Sie kämpften auch in Formation, waren aber beweglicher als die Pezhetairen. Hierin erkennt man zugleich die beträchtliche Innovation, die den Erfolg der makedonischen Heere vor allem ermöglichte: Zum einen ließ sich auf diese Weise das Potential einer großen Bevölkerung in organisierter Form mobilisieren, zum anderen perfektionierte man den Kampf der verbundenen Waffen im Sinne einer taktischen Einheit. Dazu kam noch der Einsatz von Spezialeinheiten, die durch Alliierte gestellt wurden oder Söldner waren, von griechischen Hopliten, thrakischen Leichtbewaffneten und Fernkämpfern verschiedener Provenienz, Schleuderern, Speerwerfern und Bogenschützen. Ferner gab es technische Spezialeinheiten, vor allem zur Belagerung.

Philipp II. selber war eher Politiker und Organisator als Soldat und Haudegen, setzte aber den Krieg als gegeben voraus und unbedenklich als Mittel ein. Dank hoher politischer Geschicklichkeit und militärischer Entschlossenheit wurde er Herr über Griechenland. In der Entscheidungsschlacht über ein großes Aufgebot verbündeter Griechen bei Chaironeia (2. August 338 v. Chr.) zeichnete sich bereits der Prinz Alexander aus, der an der Spitze der Hetairenreiter glänzte und schon damit erkennen ließ, dass seine besondere militärische Stärke im persönlichen Einsatz im Gefecht selbst, in vorderster Linie und an entscheidender Stelle, lag.

Seine weithin unpopuläre Herrschaft über Griechenland organisierte Philipp mit Hilfe eines allgemeinen Friedens in Korinth (338/337 v. Chr.), mit dem sich die Partner für den Fall einer Störung der Vereinbarung zu einem Militärbündnis verpflichteten. In diesem Falle sollte das Kommando beim König der Makedonen liegen. Dies hatte Philipp von vornherein im Sinn. So ließ sich schnell ein Krieg gegen das Persische Reich arrangieren, mit dem Philipp seine Herrschaft in gewisser Weise als Vorkämpfer griechischer Freiheit legitimieren konnte. Der Kampf hatte bereits begonnen, als Philipp ermordet wurde und Alexander seine Nachfolge antrat (336 v. Chr.). Dieser konnte also in den Bahnen des Vaters weiterwirken und die Ernte einbringen.

So begann er auch – doch dann ging er weit über alles hinaus, was sein Vater geplant hatte, ja was im Horizont seiner Zeit und ihrer Vorstellungen lag. Der Feldzug in Kleinasien weitete sich aus zu einem Ringen um die Weltherrschaft, zu einem Marsch an die Grenzen der Erde. Da war Alexander ganz Krieger und Anführer, rastlos und besessen. Sein früher Tod hat unsere historische Optik vielleicht verzerrt. Aber kann man sich ihn als ruhig-repräsentativen Großkönig, pendelnd zwischen Susa und Babylon, Persepolis und Ekbatana, Athen und Pella, vorstellen?

Alexander dachte wohl schon von Anfang an viel weiter und größer als sein Vater. Als präsumtiver Nachfolger des mächtigen Königs wuchs er in einem expandierenden, vorwärts drängenden Makedonien auf. Er genoss eine exzellente Erziehung, zum Krieger, zum Gentleman, zum Herrscher. Er übte sich im Sport, in der Jagd und im Gefecht – aber auch im Lesen, im Lernen und im Studium. Kein Geringerer als Aristoteles war sein Lehrer. In der Ilias Homers kam beides zusammen: Dort war die Welt der Krieger und des Krieges geschildert, das große Gefühl für Ehre und Rache. Zugleich war die Ilias bewunderungswürdiger Gegenstand des Lernens und Memorierens. So wurde die Welt von Krieg und Ruhm überhöht und Alexander entwickelte zum Mythos eine ganz persönliche Affinität, als Herakles-Abkömmling, vor allem aber, über die Mutter, als vorgeblicher Nachkomme des großen Iliashelden Achilleus. Diese Prägung vor allem begründete seinen besonderen Drang zur Leistung und zur Bewährung, denn jene und ähnliche Gestalten bezog er ganz auf sich. Solchen Vorbildern suchte er gleich zu kommen. Und das steigerte sich immer mehr zu einem Zug ins Unerhörte, Grandiose, Grenzenlose, den schon die Zeitgenossen nicht wirklich verstanden: Von *pothos*, Sehnsucht sprachen sie, wenn sie mit diesem irrationalen Impuls konfrontiert waren. Alexander war durchaus ein Phantast – und im Gefecht erschien er wie ein Berserker.

Aber das war nur die eine Seite. Schwerlich wäre er seiner Vision, über die ganze Welt zu herrschen, so nahe gekommen, wie es tatsächlich geschah, wenn er nur ein energischer Träumer gewesen wäre. Vielmehr war er daneben und gleichzeitig ein klarsichtiger Planer und Stratege. Eine ganz besondere Mischung von Affekt und Rationalität war für ihn charakteristisch. Wie vernünftig er organisierte, zeigen schon Anlage und Durchführung des großen Feldzuges, den ihm, zusammen mit dem Heer, den Köpfen und den Konzepten, sein Vater hinterlassen hatte – dem er jedoch von Anfang an seinen eigenen Stempel aufprägte.

Schon vorher, als einige Griechen den makedonischen Thronwechsel als Gelegenheit zum Aufstand nahmen, setzte Alexander die gut geölte makedonische Militärmaschine rasch und effizient ein. Mit unvorstellbar schnellen Bewegungen und unübersehbarer Brutalität trat er den Widerstand nieder. Schon hier, gerade zwanzigjährig, zeigte er, was für ihn auch weiterhin charakteristisch blieb: die Fähigkeit zu raumgreifender Planung, die rasche Entschlossenheit und die Gabe zur Anpassung an Situationen und Personen. Er zeigte exemplarische Härte, wo er sich durch Widerstand gekränkt sah, und Großmut, wo es sein Empfinden für Ehre und Ruhm oder auch nur seine impulsive Nachsicht verlangten.

Da war er eben wie Achilleus, der Hektor aus grenzen- und gnadenloser Wut und Rachgier über den Tod hinaus verfolgte – und der dann unter Tränen dem Vater Priamos den Leichnam wieder herausgab.

Der Perserfeldzug, der im Frühjahr 334 v. Chr. begann, war zunächst, den Planungen gemäß, auf Kleinasien konzentriert. Alexander begann ihn allerdings mit einigen rituellen Inszenierungen, die ihn in eine Reihe mit dem Troischen Krieg und den Perserkriegen des frühen 5. Jahrhunderts v. Chr. stellten: Bei der Überfahrt nach Asien brachte er dem Meergott Poseidon ein Opfer in Form einer goldenen Schale, dabei an ein Opfer an den Sonnengott erinnernd, das der persische Großkönig Xerxes im Jahre 480 v. Chr. auf seiner dortigen Schiffsbrücke beim Zug nach Europa vollzogen hatte. Als erster sprang er auf asiatischen Boden, nachdem er zuvor einen Speer ins Land geschleudert hatte, um die gewaltsame Eroberung als Akt der Besitzergreifung zu symbolisieren. Bei Ilion, dem Platz des alten Troia, opferte er – wie Xerxes – der Stadtgöttin Athena. Zugleich ehrte er das angebliche Grab des Achilleus, während sein engster Gefährte Hephaistion das dem Patroklos zugeschriebene Grab bekränzte, dessen Tod Achilleus einst – wie die Griechen und Makedonen aus der Ilias wussten – so grausam an Hektor gerächt hatte. All dies zeigt, dass Alexander den Krieg schon als eine universale Auseinandersetzung betrachtete, die für ihn zugleich eine persönliche Bedeutung hatte: Er verband ihn direkt mit der mythischen Welt.

Die rituellen Handlungen behinderten nicht die konkrete Eröffnung des Krieges. Die Größe von Alexanders Aufgebot ist uns relativ glaubhaft überliefert. Sie sollte sich auch während des Feldzuges nicht wesentlich verändern, weil Verluste normalerweise durch Zuzug aus der Heimat ausgeglichen wurden. Alexander gebot über rund 37 500 Mann an Kampftruppen, davon 32 000 Mann Fußvolk und 5500 Reiter. Das Herzstück der Infanterie bildeten die makedonischen Krieger, 9000 Pezhetairen in sechs landsmannschaftlich aufgestellten Regimentern sowie 3000 Hypaspisten. 7000 Hopliten wurden von den griechischen Alliierten gestellt, ebenso viele Infanteristen waren als Söldner engagiert, die meisten ebenfalls Hopliten, daneben auch kretische Bogenschützen. Rund 6000 Mann wurden von verschiedenen Balkanstämmen gestellt, sie operierten vor allem im Fernkampf und in leichteren Gefechten, als sogenannte Plänkler.

Den Kern der Kavallerie bildeten die makedonischen Hetairenreiter, 1200 an der Zahl in acht Schwadronen, hinzu kamen 600 ebenfalls makedonische Fernaufklärer, sogenannte *prodromoi*, in vier Schwadronen. Die verbündeten Griechen steuerten 1000 Reiter bei, die dem makedonischen König besonders verbundenen Thessaler, ebenfalls Griechen, 1200. Hinzu kamen noch 600 Söldner sowie 900 Thraker und Paionen, die vor allem zur Aufklärung verwendet wurden. Abgerundet wurde das Aufgebot der Kampfeinheiten durch Pioniere, vor allem Belagerungstechniker. Daneben gab es Spezialisten für Stabs- und Versorgungsaufgaben, Militärärzte und -geographen sowie Priester und Seher, aber auch Intellektuelle und Künstler, die nicht nur die Unterhaltung beim Symposion garantieren, sondern auch den Ruhm der Taten Alexanders sogleich verkünden sollten. Das Führungspersonal entstammte dem makedonischen Hochadel. Nächst dem König hatte Parmenion, schon unter Philipp einer der bedeutendsten Köpfe, die wichtigste Position. Neben ihm bildeten die höchsten Offiziere die königliche Entourage, einige von ihnen ausgezeichnet mit dem besonders ehrenvollen Titel des *somatophylax* (Leibwächter).

Das Gesamtaufgebot war für damalige Verhältnisse durchaus respektabel, aber wenn man bedenkt, dass es gegen das persische Großreich ging, nicht eben übertrieben groß. Hierin steckt schon ein gutes Stück Planung, auch in logistischem Sinne. Für sie war wohl in leitender Position Parmenion zuständig, aber auch Alexander selbst wusste um die Bedeutung der Versorgung nur zu genau. Man musste hier eine Balance herstellen zwischen der nötigen Größe des Heeres und den Möglichkeiten, es mit Wasser und Nahrungsmitteln zu versorgen. Die Truppenstärke musste handhabbar sein. So hatten die makedonischen Kämpfer kaum Sklaven, sie trugen ihr Gepäck weitestgehend selber. Hinzu kamen Packtiere für allgemeine Versorgungsgüter, vor allem Pferde, später auch Kamele. All diese mussten, wie auch die Tiere der Kavallerie, ebenfalls versorgt werden.

Ideal war es, wenn man das Heer von der Flotte und damit auch von Versorgungsschiffen begleiten lassen konnte. Das funktionierte aber nur zu Beginn so recht, auf dem Marsch zum Hellespont. Danach musste man sich immer etwas einfallen lassen, weil die verschiedenen Regionen, die man durchquerte – darunter auch Wüsten, Steppen und Hochgebirge – unterschiedliche und zum Teil extrem hohe Anforderungen an die logistische Kapazität und Planung stellten. Dabei zeigte sich auf makedonischer Seite – und hierin darf man auch eine Qualität des Kriegsherrn Alexander erkennen – eine deutliche Fähigkeit zu flexibler Anpassung an die jeweilige Lage. Grundsätzlich musste man das gesamte Aufgebot, nachdem das Feindesland einmal erreicht war, aus diesem versorgen. Dies geschah vor allem, indem man Winterlager in der Regel in fruchtbareren Gegenden bezog und die Truppen entsprechend verteilte.

Beim Vormarsch selbst sorgte man oft schon lange im voraus für die Sicherstellung der Nahrungsmittel, etwa durch Bündnisse mit verschiedenen Gruppen, denen auch durch die Stellung von Geiseln Nachdruck verliehen werden konnte.

Auf diesem Gebiet war die Situation Alexanders also durchaus prekär. Schon in Kleinasien war die begleitende Versorgung von See her gefährdet. Angesichts der Präsenz der persischen Marine und der notorischen Unzuverlässigkeit der Flotte Alexanders, die im wesentlichen von griechischen Verbündeten, darunter vor allem Athenern, gestellt wurde, waren die Verhältnisse in der Ägäis ganz unklar, hier war Alexanders Flanke offen. Zugleich hatte der Rhodier Memnon, einer der wichtigsten Berater des Großkönigs und einer der höchsten Offiziere auf persischer Seite, die Idee lanciert, den makedonischen Angriff durch eine Politik der verbrannten Erde ins Leere laufen zu lassen. Hier allerdings kam Alexander die ritterlich-kriegerische Mentalität der persischen Satrapen entgegen. Diese wollten dem Eindringling nicht so ruhmlos begegnen; sie wollten ihn als tapfere Krieger ihres Herrn in offener Feldschlacht vernichten oder aus dem Lande verjagen. So kam es im Mai 334 v. Chr. zur Schlacht am Fluss Granikos, die Alexander gerne annahm.

Hier zeigte sich sofort, was ihn als Kriegsherrn vor aller Planung und Abwägung besonders charakterisierte: Er übernahm unverzüglich die Initiative. An der Spitze der Hetairen ritt er die Attacke genau dorthin, wo der Gegner am stärksten war, ohne Rücksicht auf das Gelände und auf die Gefahren überhaupt, sich selbst weniger schonend als seine Kampfgefährten. Er setzte sich, hier wie später, dem höchsten Risiko aus – davon zeugen auch einige gefährliche Verwundungen –, aber gerade das brachte höchste Ehre. Wozu ihn sein Impuls trieb, genau das war es, was militärisch im Kontext der Entscheidungsschlacht den Erfolg brachte, erstmals am Granikos, dann bei Issos, bei Gaugamela, am Hydaspes.

Die Ausnutzung des ersten großen Sieges lag allerdings primär auf der politischen Ebene. Wichtig war schon auf Grund der angesprochenen Probleme in der Seekriegführung, dass Alexander die vornehmlich griechischen Küstenstädte des westlichen Kleinasien rasch unter seine Kontrolle brachte. Dies geschah vor allem mit Hilfe einer Freiheitsproklamation und einer in diesem Sinne konsequenten Großzügigkeit, mit der der König allen denen begegnete, die sich auf seine Seite stellten, aber auch mit militärischer Entschlossenheit, die da zum Zuge kam, wo nicht kapituliert wurde. Milet und Halikarnassos, der wichtigste persische Stützpunkt in der Region, wurden gewaltsam erobert. Außerdem stieß Alexander, räumlichen Weitblick demonstrierend, bis an die Küste

Pamphyliens vor. Operationen der nunmehr im wesentlichen von Phoinikern gestellten persischen Flotte im Rücken Alexanders waren damit ganz erheblich erschwert. In wenigen Monaten war Alexander bereits Herr Kleinasiens geworden, und nach dem Winterlager in Phrygien durchquerte er, ohne größeren Widerstand zu finden, das Tauros-Gebirge, die natürliche Barriere zwischen Kleinasien und der Levante, und brachte die reichen Ebenen Kilikiens unter seine Kontrolle, aufgehalten lediglich durch eine längere Krankheit.

Der persische Großkönig Dareios war jetzt genötigt, sich *in persona* dem Angreifer entgegenzustellen, mit einem zahlenmäßig gewaltigen Aufgebot aus den westlichen Provinzen des Reiches. Nach einigen verwirrenden Operationen kam es, Ende Oktober oder Anfang November 333 v. Chr., beim kleinen Ort Issos am Golf von Iskenderun zu einer auf Entscheidung angelegten Schlacht, dem ersten großen Duell zwischen den beiden Königen selbst. Die persischen Truppen waren zwar zahlenmäßig überlegen, aber etliche ihrer Einheiten wenig kampferfahren. Den Makedonen kam zugute, dass sie ihren linken Flügel, der zusammen mit dem Zentrum für den hinhaltenden Kampf bestimmt war, ans Meer anlehnen konnten. Eine Überflügelung durch die persische Kavallerie war deshalb nicht zu befürchten. Alexander hatte alles so geplant, dass er von seinem rechten Flügel aus angreifen würde, wiederum an der Spitze der Hetairen. Diesem einfachen Gedanken war alles untergeordnet. Und er ging auf: Zwar gerieten Zentrum und linker Flügel in größte Bedrängnis und standen am Rande einer Niederlage. Aber die Entscheidung führte Alexander mit seinem Angriff von rechts herbei. Er schwenkte gegen das Zentrum, wo Dareios inmitten seiner Garden auf seinem Kriegswagen stand. Der Großkönig hielt nicht stand und flüchtete. Sein gesamter Tross, nicht zuletzt sein Harem, geriet in die Hand des Siegers, der die Damen des Großkönigs ganz ihrem Range gemäß behandelte.

Wichtiger war freilich, dass mit dem Sieg von Issos auch Phoinikien mit den noch verbliebenen Basen der gegnerischen Flotte in den bedeutenden alten Handelsstädten offen stand. Lediglich Tyros verweigerte dem Sieger die formelle Übergabe, die in einem Opfer für den Gott Melkart, nach griechisch-makedonischer Vorstellung Herakles, also Vorfahr des Königs, gipfeln sollte. Alexander sah hierin offenbar eine persönliche Kränkung, die er *à tout prix* rächen wollte, ja musste. Das ist besonders kennzeichnend: Ohne dass eine militärische Notwendigkeit bestand, schritt Alexander zur Belagerung der auf einer der Küste vorgelagerten Insel liegenden und stark befestigten, deshalb als völlig uneinnehmbar geltenden Stadt. Alle Möglichkeiten der Planung, Organisation und Mobilisierung setzte er ein, vor allem zum Bau eines gigantischen Dammes, der nach monatelanger Belagerung die Eroberung erlaubte. Die Bevölkerung wurde auf schreckliche Weise dafür bestraft, dass sie sich den Wünschen des Eroberers nicht gefügt hatte. 8000 Einwohner wurden massakriert, 30 000 als Sklaven verkauft und 2000 Männer demonstrativ entlang der Küste gekreuzigt. Hier wird überdeutlich, dass alle rational-technische Planung und Kapazität letztlich im Dienste des Willens und der Affekte des Königs stand. Es ging, ohne irgendwelche Rücksichten, um eine Strafaktion aus gekränkter Ehre wegen Widerstandes, zugleich um eine Tat, die noch nie gelungen war. Die militärische Ratio war hier nur zweitrangig, denn sie hätte diese Aktion nicht nötig gemacht. Ähnliches finden wir auch sonst, so die Belagerung des Felsens von Aornos zu Beginn des Indienfeldzuges (327), den angeblich nicht einmal Herakles hätte erobern können, oder die Durchquerung der Gedrosischen Wüste während der Rückkehr aus Indien (325), die vorher niemand, nicht einmal Semiramis und Kyros der Große, geschafft hatte und mit der man es auch den Truppen zeigen konnte, die vorher so schnöde das Weitermarschieren verweigert hatten.

Während der Belagerung von Tyros war es zu intensiven Verhandlungen zwischen Dareios und Alexander gekommen, die darin gipfelten, dass der Großkönig dem Makedonen die westliche Hälfte seines Reiches, bis zum Euphrat, ein Bündnis sowie die Hand einer seiner Töchter versprach. Alexander lehnte dies ab und gab spätestens jetzt definitiv zu erkennen, dass es ihm um das Ganze ging, mindestens um das Ganze des Persischen Reiches. Dennoch zog er zunächst nicht gegen den Großkönig, sondern nach Ägypten, obwohl dies militärisch nicht zwingend erforderlich gewesen wäre. Andererseits aber wollte und konnte er an dem Land mit dem großen Nimbus und den reichen Ressourcen nicht ohne weiteres vorüberziehen. Dort war die persische Herrschaft nie richtig akzeptiert worden. Alexander erreichte, dank deutlicher Respektbekundungen gegenüber der ägyptischen Religion und Tradition, seine Anerkennung als Herrscher, einschließlich seiner Krönung zum Pharao. Hier war er also mehr Politiker und umsorgender Monarch als Kriegsherr. Seinen planerischen Weitblick für Versorgung und Wirtschaft und seinen zupackenden Sinn für großräumliche Strukturen zeigte er aber in jener Zeit mit der Gründung des nach ihm benannten Alexandreia (331 v. Chr.). In sehr günstiger Lage entstand hier eine Stadt, der von vornherein auch eine Bedeutung für den Handel zugeschrieben war, insbesondere für den Umschlag der Produkte aus dem reichen Ägypten.

Die fulminante Zukunft, die diese Gründung hatte, sollte die Treffsicherheit dieser Planung bestätigen.

Die militärische Entscheidung gegen Dareios fiel schließlich am 1. Oktober 331 in der Schlacht bei Gaugamela östlich des Tigris, wo der Großkönig mit seinem immer noch mehr als imposanten Reichsaufgebot, nun vor allem aus den östlichen Satrapien, den Platz für die Auseinandersetzung passend gewählt und präzise präpariert hatte. Der Kampf verlief ganz ähnlich wie bei Issos: Die zahlenmäßige Überlegenheit der Perser hatte Alexander in Rechnung gestellt, wiederum seinem Zentrum und dem linken Flügel die defensive Rolle zugewiesen und die entsprechenden Truppeneinheiten aufgestellt. Dort hatte er sogar einen Durchbruch des Gegners hinter die eigenen Linien eingeplant. Was sich in diesem Bereich abspielte, galt also wieder als sekundär gegenüber der Kavallerieattacke auf dem rechten Flügel. Diese brachte in der Tat wieder die Entscheidung, weil der Großkönig erneut der Wucht von Alexanders Angriff nicht standhalten konnte und flüchtete. Die Verluste waren hoch, auch auf der Seite des Siegers, auch wenn uns zuverlässige Zahlen nicht vorliegen.

Die Truppen Alexanders riefen ihn noch auf dem Schlachtfeld zum «König von Asien» aus, mit dem sicheren Gespür für die Bedeutung dieses entscheidenden Gefechtes und für die Zielsetzung ihres Königs. Der nahm nun in der Tat die Zentren des Reiches in Besitz, die alten Hauptstädte Babylon und Susa. Bei dem Vorstoß in die Persis, das Kernland der Perser selbst, traf er allerdings noch einmal auf erheblichen Widerstand, der lokal organisiert war, gleichsam Vorbote dessen, was ihn in den östlichen Provinzen erwartete: Die Perser und die anderen iranischen Stämme, gleichsam die Träger des Reiches, ließen sich auch durch die Niederlagen ihres Königs nicht entmutigen und ergaben sich dem Sieger nicht kampflos. Nach einem längeren Aufenthalt in Persepolis begab sich Alexander nach Ekbatana, dem einstigen Zentrum des Mederreiches. Indem er die Truppen der griechischen Alliierten hier formell als solche entließ (nicht ohne ihnen, wegen ihres militärischen Wertes, weiteren Dienst als Söldner anzubieten), demonstrierte er, dass er den Krieg in seinem alten Sinne – der König der Makedonen kämpft als Hegemon der Liga von Korinth – als beendet ansah. Er war jetzt selber Großkönig und zog nun konsequenterweise nach Osten, um den flüchtigen Dareios zu stellen und die dortigen Teile seines Reiches in Besitz zu nehmen.

Wie schwer dies war, zeigte sich, nachdem Dareios von seinen eigenen Leuten ermordet worden war, in Zentralasien, vor allem in den

Satrapien Baktrien und Sogdien. Erst jetzt fiel die definitive Entscheidung, und nun wurde deutlich, dass der Kriegsherr Alexander nicht nur der Meister des Duells war. Wie schon vorher mussten viele Ungunstregionen gemeistert werden, im Hochgebirge des Hindukusch mit seinen verschneiten Pässen wie in den Wüsten und Steppen südlich des Aralsees. Hinzu kam, dass der Gegner sich einer großen Feldschlacht entzog. Mit überraschenden Bewegungen am Rand von Steppe und Wüste und gestützt auf schier uneinnehmbare Festungen, entfesselten die tapferen und höchst ehrbewussten baktrischen und vor allem sogdischen Stämme einen verlustreichen und langwierigen Kleinkrieg, der etwa so viel Zeit kostete (330–327 v. Chr.) wie der Zug vom Hellespont nach Ägypten.

Alexander und seine Truppen waren auch diesen Herausforderungen gewachsen. Es war vor allem die Fähigkeit, flexibel und abgestuft zu reagieren, die sich auswirkte. Gegen den an vielen Orten gleichzeitig operierenden Gegner wurde das Heer in selbstständige Korps unter den höchstrangigen Offizieren aufgeteilt, die sich hier als eigenständige Kommandeure bewährten. Gegen die Widerstandsnester in den Bergen ging man gezielt und mit allen Mitteln der Belagerungstechnik vor: Niemand sollte sich sicher fühlen können. Dazu kamen aber auch politisch-diplomatische Anstrengungen, dank derer es schließlich gelang, einen Teil der Stämme auf die eigene Seite zu ziehen. Der große Ausgleich mit Oxyartes, einem der Stammesführer, wurde dadurch besiegelt, dass dieser eine wichtige Position in der Hierarchie von Reich und Armee erhielt, während Alexander seine Tochter Roxane zur Frau nahm. Diese Heirat war aber mehr als eine bloß taktische Maßnahme. Dahinter steckte schon die Idee einer Integration der makedonischen und iranischen Eliten und Kriegergruppen. Bereits während des Feldzuges hatte Alexander vereinzelt baktrische und sogdische Kämpfer und Einheiten in seine Reihen aufgenommen. Nun ließ er in großem Stil mehrere Zehntausend dieser Krieger in makedonischer Kampfesweise ausbilden. Zugleich siedelte Alexander an markanten Punkten in neu gegründeten Städten seine älteren Soldaten als Veteranen an und gab auch hiermit zu erkennen, dass er das eroberte Reich als eine neue Einheit gestalten wollte.

Ganz ohne Spannungen mit den alten Kerneinheiten ging das nicht ab, und gerade manche der Offiziere störten sich daran, dass der König sich zunehmend auch im Auftreten dem persischen Großkönig annäherte. Man darf das allerdings nicht dramatisieren. Spannungen zwischen Alexander und einigen der ranghöchsten Offiziere waren mindestens auch auf persönliche Rivalitäten zurückzuführen. Gerade da aber kannte der ehrempfindliche und leidenschaftliche König kein Pardon: Philotas, den Sohn Parmenions, ließ er hinrichten – weshalb er auch dessen Vater, den loyalen und tüchtigen Gefolgsmann schon seines Vaters und seinen eigenen tapferen Kampfgenossen, umbringen ließ (330 v. Chr.) – und Kleitos, der ihm auch persönlich eng verbunden war, tötete er selbst während einer erregten Auseinandersetzung im Rausch (328 v. Chr.). Freilich waren das eher Einzelfälle, denn wir wissen sonst nichts von größeren Konflikten. Und die Offiziere folgten gewiss nicht nur oder primär, weil sie eingeschüchtert waren.

Der sich unmittelbar anschließende Feldzug in Indien war nun schon mehr als die Inbesitznahme des Reiches, weil diese Region, deren Dimensionen niemand auch nur annähernd überblickte, nur partiell und locker zum persischen Imperium gehört hatte, und vor allem weil hier immer deutlicher wurde, dass Alexander zu den Enden der Welt vorstoßen wollte. Aber auch hier wurde rationale Planung in den Dienst der mehr als kühnen Idee gestellt: Wie üblich wurde die Kampagne politisch-militärisch vorbereitet, das Spannungsverhältnis zwischen den Stämmen des Punjab ausgenutzt, die Versorgung organisiert, die bewaffnete Aufklärung vorangetrieben. Und auch einer neuen militärischen Herausforderung, der Begegnung mit indischen Kampfelefanten, zeigten sich Alexander und seine Truppen gewachsen. In einer großen Schlacht am Fluss Hydaspes (Juni 326 v. Chr.) siegten sie – in ähnlichem Stil wie in den bisherigen großen Gefechten – über den König Poros, den Alexander nach diesem Erfolg zu seinem Alliierten machte. Jetzt schien der Weg frei zu noch größeren Herausforderungen jenseits des weiten Stromsystems des Punjab, aber nun verweigerte sich das Heer am Hyphasis, dem östlichsten der großen Quellflüsse des Indus, zermürbt von langen Märschen in Morast und Sumpf während der Zeit der Monsunregen und angesichts einer immer ungewisser werdenden Zukunft.

Für Alexander bedeutete dieses abrupte Ende seines Traums eine Katastrophe. In den dramatischen Tagen am Hyphasis wurde das nur zu deutlich, als er sich tagelang in seinem Zelt vergrub. Schließlich wurde dann aber wenigstens der Rückzug in großem Stile realisiert. Der Bau einer Flotte für die Fahrt den Indus hinab und weiter zurück war bereits vorher eingeleitet worden – was übrigens zeigt, wie wenig man von dem Gebiet wusste, in dem man sich befand: Man hatte sich schon ziemlich am Rand der Welt gesehen und war sogar der Meinung gewesen, der Indus sei der Oberlauf des Nil, man könne also relativ bequem nach Ägypten gelangen. Nun war durch die Erfahrungen alles dementiert worden. Aber wenigstens am Okeanos gelangte Alexander schließlich ans Ende der Welt und ließ dies wiederum durch Opferriten symbolisch markieren.

Nun stand der eigentliche Rückmarsch an. Das Gros des Heeres zog durch die Gedrosische Wüste, eine der unzugänglichsten Regionen der Erde. Da dies alles andere als zwingend war, spricht vieles für die Erklärung, Alexander sei es hier einmal mehr darum gegangen, Unmögliches zu versuchen; denn niemand, so hieß es, nicht einmal Semiramis und der große Kyros, der Begründer des persischen Reiches, hätten diese Wüstenzone mit einem Heer passieren können. Es mag sogar sein, dass sich der König an den Leuten rächen wollte, die sich seinem Traum entgegengestellt hatten. Selbst wenn man annimmt, es sei ein abgestimmter Rückzug von Flotte und Landheer geplant gewesen, der letztendlich gescheitert sei, muss man zugeben, dass Alexander im Zweifelsfalle eher das Leben von Zehntausenden aufs Spiel setzte, als eine sicherere Alternative zu wählen. Das ist charakteristisch genug. Jedenfalls endete der Wüstenmarsch katastrophal: Nur ein Viertel derer, die ihn angetreten hatten, rund 15 000 Leute, überlebten.

Zurück in Susa (324 v. Chr.) musste Alexander zunächst gegen verschiedene Insubordinationen, ja Meutereien und Verrat vorgehen. Vor allem zeigte sich dort, dass er für sein Reich, so unfertig es noch war und so sehr der König noch im Lager residierte, eine klare Idee hatte: In einer großen Massenhochzeit kam es, auf seinen Wunsch und Druck, zu Ehen zwischen rund neunzig seiner wichtigsten Offiziere und Frauen aus der persisch-iranischen Elite. Alexander selbst heiratete eine Tochter Dareios' III. sowie eine Tochter von dessen Vorgänger. Etwa gleichzeitig wurden mehr als 10 000 Verbindungen makedonischer Krieger mit einheimischen Frauen vom König legalisiert, der jedem sogar ein Hochzeitsgeschenk zukommen ließ. Dies zeigt deutlich, dass Alexander an der Spitze seines Reiches, in der Elite wie bei den Truppen, an eine makedonisch-iranische Verbindung dachte. Besonders erkennbar war das auch darin, dass nunmehr rund 30 000 Iraner, die seit 327 v. Chr. auf makedonische Weise ausgerüstet und gedrillt worden waren, das dezimierte Heer verstärkten und als *epigonoi* (Nachkommen) eine neue Truppeneinheit bildeten.

Vom Aufgebot, das Alexander ursprünglich begleitet hatte, waren noch 15 000 Mann übrig, 2000 Reiter und 13 000 Infanteristen, und von denen war nur noch ein Drittel Makedonen. Trotz verschiedener, und auch jetzt noch realisierter Zuzüge aus der Heimat lag der Anteil der Makedonen am mobilen Feldheer nur noch bei etwa 10 %. Kritik daran wurde laut, und als Alexander schließlich auf einer Heeresversammlung in Opis (Sommer 324 v. Chr.) die ehrenhafte Entlassung der älteren und nicht mehr kampffähigen Soldaten verkündete, kam es zu wütenden Protesten, eine offene Meuterei drohte. Wie Alexander reagierte und was seine Soldaten bewegte, wird in dieser Episode deutlich. Sie ist deshalb für das Verhältnis von Kriegsherr und Truppe besonders charakteristisch. Der König zeigte zunächst größte Härte: Die lautesten Wortführer ließ er direkt hinrichten, die Soldaten entließ er komplett in die Heimat und ordnete an, sie durch Iraner zu ersetzen. Mit Mühe erreichten sie, dass er umdachte und nur, wie geplant, die Veteranen nach Hause schickte. Das Verhältnis zwischen Feldherr und Truppe beruhte also, wie sich hier zeigt, auf persönlicher und wechselseitiger Verpflichtung, getragen vom Sinn für Ehre: Alexander hatte seine Soldaten an seine und seines Vaters Fürsorge und an die gemeinsamen Kämpfe und Leistungen erinnert, aber auch verdeutlicht, wie sehr er durch ihre Proteste gekränkt war. Da blieb nur die Trennung, die extremen Ehrverlust bedeutete. Das wiederum konnten die Truppen nicht akzeptieren und so beugten sie sich dem Kriegsherrn. Dieser nutzte die Gelegenheit zu einem großen Ritual der Versöhnung auch zwischen makedonischen und iranischen Truppen, mit Opfern nach griechisch-makedonischem und iranischem Brauch und einem Gebet an die Götter, «Eintracht und Gemeinschaft der Herrschaft für Makedonen und Perser» zu gewähren[1] – genau dies war das Programm Alexanders.

Was oben im Hinblick auf die Offiziere angedeutet wurde, zeigt sich hier auch für die Truppen. Alexander hatte eine wirkliche Gabe, mit ihnen umzugehen. Hier ist das Wort Charisma besonders am Platze. Durch seine Ausstrahlung, unterstützt durch Fürsorge und Zuwendung, fand er immer wieder Gehorsam. Er war buchstäblich mitreißend, und seine Truppen hingen auch persönlich an ihm, jeder einzelne ein Kampfgefährte, wie es der Titel der Einheiten besagte – die Art, wie die Kämpfer später an sein Sterbebett drängten, macht dies anschaulich.[2] Freilich konnte er, auch wenn dies selten genug vorkam, bei Widerstand oder massiver Kritik gnadenlos, ja heimtückisch sein. Sein Wille war Gesetz, und der wies ihn an die Grenzen der Welt und damit ins Grenzenlose: Wehe dem, der sich ihm entgegenstellte.

Diesen Zug zu den Enden der Erde zeigte noch einmal so recht der Gedanke der Eroberung Arabiens. Er war in dem Moment herangereift, als die unter Nearchos aus Indien zurückkehrende Flotte nähere Informationen vom Persischen Golf mitbrachte und die Komplexität der dortigen Verhältnisse erkennbar wurde. Zugleich wusste man um die Bedrohung durch die Übergriffe der Beduinen, die schon für die alten

Großreiche belastend gewesen waren. Was lag näher, als dieses Problem bei der Wurzel zu packen und zugleich das Reich hier, ebenfalls an den Rändern der Welt, zudem in einem sprichwörtlich reichen Gebiet, durch Expansion zu arrondieren. Charakteristisch war aber auch hier, dass die große Idee als Großunternehmen minutiös geplant war. Geographische Explorationen wurden realisiert, wobei klar war, dass der Feldzug selbst sie komplettieren würde. Der zu erwartenden Form des Krieges trug man Rechnung: Eine riesige Flotte wurde gebaut, die Truppen wurden auf den Wüstenkrieg vorbereitet, durch Bewaffnung, Aufstellung und Training, selbst an die zukünftige Besiedlung wichtiger Plätze war gedacht worden. Die Vorbereitungen waren abgeschlossen, der Abmarsch bereits terminiert, als Alexander schwer erkrankte, wahrscheinlich an *Malaria tropica*, und nach wenigen Tagen verstarb (10. Juni 323 v. Chr.).

Schon die Zeitgenossen, aber erst recht die Nachwelt, bewegte die Frage, wie weit es denn mit Alexander gekommen wäre, wenn ihm mehr Zeit bestimmt gewesen wäre. Die Frage nach seinen letzten Plänen wird auch heute noch diskutiert, nicht nur unter Gelehrten. Vor allem überlegt man, ob ihn wohl die Römer hätten stoppen oder ob er den Aufstieg Roms im Frühstadium hätte unterbinden können. Das mag alles müßig erscheinen. Es ist aber ein Ausdruck dafür, dass Alexander auch posthum und bis heute ein Faszinosum darstellt. Dieser Kriegsherr, Phantast und Realist zugleich, bewahrte eine Ausstrahlung über seinen Tod hinaus, und nicht zuletzt das ist für ihn charakteristisch. Bei aller Härte und Unnachgiebigkeit, Brutalität und Unbeherrschtheit, derer er fähig war und die er nicht selten unter Beweis stellte, wirkt er dank seines Charismas noch heute eher positiv. Nur wenige vergleichen ihn mit Hitler, viel eher würde man an Napoleon denken. Warum wir Kriegsherren so unterschiedlich einschätzen, sollten wir uns immer wieder fragen.

Ein karthagischer Kriegsherr
Hannibal
(247–182 v. Chr.)

Pedro Barceló

Es gehört zu den Paradoxien der karthagischen Geschichte, dass die historische Wahrnehmung dieser Handelsstadt aus der Perspektive der Kriegstaten einer nach landläufiger Ansicht dem Kommerz verschriebenen Führungsschicht bestimmt wird. Die militärischen Leistungen der Barkidenfamilie stehen im Mittelpunkt der Geschicke Karthagos. Hannibal stammte aus diesem Geschlecht von Kriegsherren und Politikern, die nun wie einst die Magoniden die Macht ihrer Heimatstadt über weite Teile des Mittelmeerbeckens ausdehnen konnten. Bereits sein Vater Hamilkar war einer der bedeutendsten Feldherren seiner Zeit. Er leitete die Operationen auf Sizilien während des 1. Römisch-Karthagischen Krieges (264–241 v. Chr.), den er unbesiegt überstand. Danach erlöste er seine bedrängte Heimat vor dem Ansturm der revoltierenden Söldner (241–238 v. Chr.). Schließlich legte er den Grundstein zur Errichtung der karthagischen Herrschaft im Südteil der Iberischen Halbinsel (237–229 v. Chr.).

Hannibals militärische Ausbildung fand im Heerlager seines Vaters Hamilkar in Hispanien statt. Hier genoss er eine sorgfältige Erziehung, die im Einklang mit den in der karthagischen Oberschicht geltenden hellenistischen Maßstäben stand. Einer seiner Lehrer, der Spartaner Sosylos, machte ihn mit den Taten Alexanders des Großen, Pyrrhos' von Epirus und Xanthippos', des spartanischen Strategen und Retters von Karthago im 1. Römisch-Karthagischen Krieg, vertraut. Ferner konnte er in der Umgebung seines Vaters wichtige Erfahrungen in den Bereichen Menschenführung, Diplomatie, Militärwesen und Politikgestaltung sammeln.

Im Mittelpunkt seiner Biographie steht der Krieg, den er 16 Jahre lang gegen Rom, die mächtigste Stadt der damaligen Welt, führte (218–201 v. Chr.). Über diesen Krieg schrieb der griechische Historiker Polybios:

«Für all das, was Römern und Karthagern begegnete, war ein Mann verantwortlich, ein überragender Geist und Wille, Hannibal. In Italien hatte er die Führung. Die Angelegenheiten in Iberien lenkte er durch seine Brüder Hasdrubal und Mago. In Sizilien waren seine Beauftragten zuerst Hippokrates und sein Bruder, später der Libyer Muttines. In ähnlicher Weise war er in Griechenland und Illyrien tätig. Von dort her bedrohte er die Römer, versetzte sie in Schrecken und lenkte sie durch sein Zusammengehen mit Philipp ab. Etwas so Großes und Bewunderungswürdiges ist ein Mann, dessen Geist durch die ihm in die Wiege gelegten Gaben die rechten Fähigkeiten besitzt, um alles zu vollbringen, was er sich vorgenommen hat, soweit Menschenkraft dies vermag.»[1]

Hannibal griff für die Unabhängigkeit Karthagos zur Waffe. Als Vorbild dafür diente das politische System der hellenistischen Staaten im östlichen Mittelmeerraum, das durch die Herstellung eines Gleichgewichts der Kräfte die Bildung einer allmächtigen Hegemonialmacht verhindern konnte und die Existenz mehrerer in Konkurrenz zueinander stehender Gemeinwesen ermöglichte. Rom in ein solches Korsett einzuspannen, war Hannibals wichtigstes Kriegsziel. Alles weitere hing, so schien es, vom Erfolg seiner militärischen Operationen ab. Hannibals Feldzugsplan, mit dem Heer von Hispanien aus bis nach Italien vorzustoßen und dort die Entscheidung zu erzwingen, war einer der kühnsten Entwürfe der Militärgeschichte. Die römische Überlegenheit zur See und das Fehlen einer eigenen starken Flotte zwangen Hannibal, sich auf dem Landweg nach Italien zu begeben. Aus der Not machte er eine Tugend.

Vielfach erwecken die politischen und militärischen Schritte Hannibals, wie zuvor die seines Vaters Hamilkar und seines Schwagers Hasdrubal in Hispanien, den Eindruck, als handle es sich um gänzlich eigenmächtige, durch Karthago nicht sanktionierte Maßnahmen. Doch trotz der Spannungen, die gelegentlich aufgetreten sein mögen, ist es immer zu einem Interessenausgleich zwischen den Barkiden und Karthago gekommen. Alle in Hispanien ergriffenen Maßnahmen wurden mit der Mutterstadt abgestimmt. Es handelte sich bei den neu eroberten hispanischen Territorien also nicht um ein unabhängiges Fürstentum, wie die Münzprägungen und die hellenistisch anmutenden Stadtgründungen durch die Barkiden es vermuten lassen könnten. Gegenseitige Konsultationen waren auch unter schwierigen geographischen Voraussetzungen die Regel, Entscheidungen von Tragweite wurden einvernehmlich getroffen.

Hannibal war bei allen seinen militärischen Operationen ein Feldherr Karthagos und kein eigenständiger Heerführer, denn Mitglieder des karthagischen Rates befanden sich immer in seiner Umgebung. Die Volksversammlung Karthagos blieb in Fragen von Krieg und Frieden die letzte, entscheidende Instanz. So ist es nicht verwunderlich, dass Karthago bei Ausbruch des Krieges mit Rom jede Initiative deckte, die Hannibal ergriff. Dieser wiederum bemühte sich nach Kräften und lange Zeit auch erfolgreich, den Krieg von Nordafrika abzuwenden, erhielt aber nicht immer ausreichend Nachschub aus der Mutterstadt, denn aus Sicht des karthagischen Senats kämpfte er nur auf einem der Kriegsschauplätze: Neben Italien waren auch Hispanien, Sardinien und Sizilien für das Überleben der Stadt wichtig.

Hannibals Idee, den Krieg ins Land des Gegners zu tragen, war angesichts der geographischen Gegebenheiten fast ein halber Sieg – falls ihr Erfolg beschieden sein würde. Die Überlegung war bestechend. Voraussetzung dafür waren jedoch sorgfältige, alle Eventualitäten berücksichtigende Vorkehrungen. Um den reibungslosen Transport und die Versorgung einer umfangreichen, kampfstarken Armee über eine lange und schwierige Strecke zu ermöglichen, musste alles gründlich vorbereitet werden. Gewaltige Pionierleistungen waren zu bewältigen, wozu es einer eingespielten Logistik bedurfte. Waffen- und Lebensmitteldepots galt es unterwegs anzulegen. Der Marsch durch zahlreiche, teils feindliche Gebiete war zu sichern. Karthagische Gesandte hatten den Auftrag, mit Geldzahlungen oder unter Gewaltandrohung das Wohlwollen oder wenigstens die Neutralität der Anrainervölker zu erreichen. Mit den Feinden der Römer, den oberitalischen Kelten, mussten Absprachen getroffen werden, um die gemeinsamen antirömischen Aktivitäten zu koordinieren.

Alle diese Vorkehrungen traf Hannibal noch im Winterlager von Cartagena (Januar bis Mai 218 v. Chr.). Nichts sollte dem Zufall überlassen werden. Doch bevor er nach Italien abmarschierte, begab er sich zum Heiligtum des Melkart nach Cádiz. Der im phönikischen Kulturkreis verehrte Melkart wurde stets mit dem griechischen Herakles gleichgesetzt. Unter seinen zwölf Taten ließ sich eine gegen die Römer einsetzen: Als Herakles die Rinder des Geryon durch Hispanien und Gallien bis nach Italien trieb, so erzählt die Legende, versuchte der auf dem Aventin hausende Riese Cacus die Herde zu stehlen, was Herakles jedoch rechtzeitig bemerkte. Der diebische Cacus wurde von ihm daraufhin zur Rechenschaft gezogen und bestraft. Diese allseits bekannte Episode eignete sich zur Veranschaulichung des römisch-karthagischen Konfliktes.

Was war vorausgegangen? Im Streit zwischen Hannibal und der iberischen Stadt Sagunt, die gegen karthagische Verbündete vorgegangen war, mischte sich Rom nach einem Hilferuf der Saguntiner ein. Die Eroberung Sagunts durch Hannibal (Ende Dezember 219 v. Chr.) war der *casus belli* für die Römer, die das Vordringen der Karthager in Hispanien ohnehin mit Misstrauen verfolgt hatten. Darauf reagierte Hannibal nicht nur militärisch, sondern auch mit einer sorgfältig vorbereiteten ideologischen Offensive. Die öffentlich bekundete Melkart/Herakles-Devotion sollte nicht nur die Phöniker, sondern auch die Griechen ansprechen. In Nachahmung Alexanders des Großen wollte auch Hannibal als Befreier der griechischen Zivilisation von einer fremden Macht gelten. Dort waren es die Perser, hier die Römer. Sein Ziel war die Bildung einer antirömischen Allianz, an der sich all diejenigen beteiligen sollten, die offene Rechnungen mit Rom zu begleichen hatten.

Die Attraktivität des von Hannibal unterbreiteten Angebotes zeigt sich darin, dass sich im Verlauf des Krieges namhafte Staaten seinem Kampf gegen Rom anschlossen: König Philipp V. von Makedonien, Syrakus, Tarent sowie zahlreiche italische und sizilische Städte. Hannibal forderte sie dazu auf, die Fesseln der Römer abzuschütteln. Das Feindbild zeigte Wirkung. Mittels eines sakralen Identifikationsangebots hatte er eine äußerst komplexe politische Initiative ins Leben gerufen, um die untereinander zum Teil zerstrittenen Romgegner unter einem gemeinsamen Dach zu versammeln: eine ingeniöse staatsmännische Maßnahme, denn es gelang, die unterschiedlichen Interessen zu überbrücken. Für einen Mann wie Hannibal, der sich laut Livius durch seine Areligiosität auszeichnete[2], war die zustande gebrachte Aktionsgemeinschaft eine erstaunliche Leistung. Am livianischen Verdikt lässt sich noch die Ratlosigkeit der Römer über das mittelmeerumspannende Gewitter erkennen, das sich über ihrer Stadt zusammenbraute.

Wie beim Heer Alexanders des Großen befand sich in der Umgebung Hannibals ein Stab von Pionieren, Technikern und Gelehrten, welche die logistische, militärtechnische und propagandistische Dimension seines Feldzuges mitgestalteten. Alles kam auf die Einsatzbereitschaft und Leistungsfähigkeit seines Heeres an. Hannibal war von dessen Zuverlässigkeit überzeugt. Seine karthagischen, hispanischen und afrikanischen Elitetruppen waren ihm ganz ergeben. Jahrelang hatte er sie in Hispanien erprobt und gedrillt. Die hispanische Infanterie war der römischen ebenbürtig, der numidischen Kavallerie hatten die Römer wenig entgegenzusetzen. Auch die karthagischen Kriegselefanten konnten von Bedeutung sein, vorausgesetzt, sie überstanden den überaus langen und beschwerlichen Weg.

Kaum eine andere Episode hat die Wahrnehmung Hannibals so geprägt wie die Überquerung der Alpenlandschaft durch seine Truppen im

Spätherbst des Jahres 218 v. Chr. Es entstand ein suggestives Bild des Wagemutes: Eine Masse entschlossener Kämpfer erzwang sich dank ihres charismatischen Führers den Zugang zu ihrem Zielgebiet, indem sie den rauen Kräften der Natur trotzte und das Unmögliche möglich machte. Die majestätischen Marschsäulen einer Armee, die von Elefanten flankiert immer tiefer in die unheimliche Gebirgsregion vordrangen, riefen Erstaunen und Bewunderung hervor. So entstand ein Mythos, der sich wie eine weitere Tat des Herakles in die Hannibalbiographie einfügen ließ. Daher wundert es nicht, wenn die vorhandenen Berichte eine Fülle dramatischer Wendungen bieten und die historische Rekonstruktion der Tat hinter einem Nebelvorhang der Phantasie zu verschwinden droht. Die zuverlässigsten Informationen hat Polybios aufbewahrt, der die Notizen des Silenos, eines Teilnehmers an der Hannibalexpedition, verarbeitete. Sie können höhere Glaubwürdigkeit beanspruchen als die Aufzeichnungen des Livius, die stark von literarischen Reminiszenzen überwuchert sind.

Auffallend ist jedenfalls das Tempo der gesamten Unternehmung. Hannibal zog zunächst an der Rhône entlang, vorbei an Montelimar Richtung Valence. Dann bog er nach Osten ab Richtung Grenoble, indem er dem Flusslauf der Isère folgte. Als die Alpenregion erreicht war, begann der Aufstieg über den Mont Cenis. Der Aufenthalt im Hochgebirge war eine Tat, die an die militärischen Leistungen Alexanders, besonders an seinen Zug durch Baktrien (Hindukusch), erinnerte. Sie wurde schon im Altertum mit Hochachtung registriert und bald rankten sich Legenden um sie. Die Fakten sind viel nüchterner: Trotz der Schwierigkeit der Aufgabe führte Hannibal sein Heer in etwa acht Wochen nach Italien. Dabei konnte er sich der Hilfe einiger gallischer Stämme versichern, die ihm Weggeleit und Verpflegung gaben. Andere Gebirgsstämme waren feindlich gesinnt und bedrängten die vorbeiziehenden Marschkolonnen, die sich dagegen zur Wehr setzten. Große Mühen bereitete vor allem der Abstieg aus dem Hochgebirge, hier wurden die Grenzen der Belastbarkeit erreicht. Zwar erlitt das karthagische Heer schmerzliche Verluste, aber seine Kampfkraft wurde dadurch nicht wesentlich beeinträchtigt, was vor allem der gründlichen Vorbereitung der gesamten Unternehmung zuzuschreiben ist. Am schlimmsten erging es den Elefanten, von denen die meisten den anstrengenden Marsch und die harte Witterung nicht überlebten.

Am Fluss Ticinus kam es zu den ersten Kampfhandlungen auf italischem Boden. Hannibal bereitete sich sorgfältig darauf vor, indem er seine Truppen psychologisch auf den bevorstehenden Angriff einstimmte.

Er ließ Gefangene auf Leben und Tod kämpfen, um seinem in Feindesland vorgerückten Heer die drastische Lage zu verdeutlichen: Nur der Sieg konnte der Ausweg sein. Nach Erkundung des Geländes ließ er seine zahlenmäßig überlegene Reiterei eine Attacke ausführen. Die umzingelte römische Armee wehrte sich tapfer, vermochte aber den von allen Seiten vorpreschenden Reitern nicht standzuhalten. Ein Teil der Legionen wurde niedergemacht, andere konnten fliehen. Hannibal hatte dieses für den weiteren Fortgang seines Italienzuges so wichtige Treffen dank der Kampfkraft und Manövrierfähigkeit seiner Reitertruppen für sich entschieden. Der römische Konsul Publius Cornelius Scipio wurde dabei verwundet. Es war die erste militärische Konfrontation zwischen Römern und Karthagern seit dem Ende des 1. Römisch-Karthagischen Krieges gewesen, und das Erstaunliche daran war, dass sich die Karthager auf dem Schlachtfeld gegen die gefürchteten römischen Legionen behaupten konnten. Eine Niederlage hätte für Hannibal den vorzeitigen Abbruch seiner mit so viel Engagement und Entbehrungen unternommenen Expedition bedeutet. Er riskierte mehr als sein Gegner – und gewann.

Nicht nur Wagemut und Tatkraft, sondern auch Voraussicht und strategisch kluge Planungen hatten diesen Erfolg ermöglicht. Aus der Beobachtung der militärischen Operationen der Römer gegen die Keltenstämme Oberitaliens (225–222 v. Chr.) zog Hannibal wertvolle Lehren. Um das erdrückende Übergewicht der römischen Fußtruppen, das auf Kosten der Reiterei ging, auszugleichen, verstärkte er die karthagische Kavallerie und machte sie zu seiner wirksamsten Waffe. Die künftigen Ereignisse sollten ihm recht geben.

Solange sich Hannibal und Scipio bekämpften, eilte das zweite konsularische Heer von Sizilien nach Norden. Im November des Jahres 218 v. Chr. trafen die für den Krieg im Feindesland bestimmten Legionen des Tiberius Sempronius Longus, die auf dem Seeweg transportiert worden waren, in Oberitalien ein. Longus drängte auf eine rasche Entscheidung und bot, ähnlich übereilt wie sein Konsulatskollege Scipio, Hannibal den Kampf an. Es ist in erster Linie die Analyse der römischen Reaktionen auf die von den Karthagern eingeleiteten Aktionen, die uns Aufschlüsse über die militärischen Fähigkeiten Hannibals gestattet. Es fällt auf, dass er bei seinen ersten Operationen mit relativer Leichtigkeit Kriegslisten anwenden konnte, auf die seine Gegner immer wieder hereinfielen. So geschah es auch bei der Schlacht an der Trebia. Noch im Dezember des Jahres 218 v. Chr. kam es zum Kampf. Hannibal war von der im römischen Hauptquartier vorherrschenden Stimmungslage in Kenntnis gesetzt und warf seinem Gegenüber, dem römischen Konsul

Longus, einen Köder hin. Er wusste, dass dieser begierig war, sich mit den Karthagern zu messen, und noch innerhalb seiner bald auslaufenden Amtszeit einen Sieg erringen wollte. So versuchte Hannibal, ihn zu einem unbesonnenen Vorgehen zu verleiten. Er zwang den Römern die Bedingungen für die Schlacht auf. Diese waren denkbar ungünstig. Auf dem unübersichtlichen Terrain postierte Hannibal in der Nacht 2000 Mann Elitetruppen unter dem Kommando seines Bruders Mago, die sich versteckt hielten. Dann ließ er in der Frühe, bevor sich die Legionen verpflegen konnten, seine leichtbewaffneten Reiter auf das römische Lager zureiten, um die Legionäre zu provozieren. Longus ließ daraufhin sein gesamtes Heer aufmarschieren, verfolgte den Gegner, der sich geordnet zurückzog, und überquerte ungestüm die Trebia. Seine überstürzt angreifenden Legionäre waren im Gegensatz zu den Karthagern hungrig, durchnässt und müde, bevor die Schlacht richtig begann. Die karthagische Reiterei griff sie von allen Seiten an und die von Mago befehligten Einheiten tauchten aus ihren Verstecken auf und verursachten eine Panik. Die gesamte römische Armee, die mit dem Rücken zum Fluss kämpfte, wurde nun vom karthagischen Fußvolk und den numidischen, hispanischen und gallischen Reitern eingekreist. Nur das Zentrum der römischen Schlachtordnung konnte sich durch die Flucht nach Placentia in Sicherheit bringen. Hannibal hatte einen glanzvollen Sieg über ein doppelkonsularisches Heer errungen.

Wie gut seine Lagebeurteilung aufgrund seiner trefflichen Feindaufklärung war, zeigt sich anlässlich seines nächsten Kampfes gegen Gaius Flaminius. Auch diesmal schlug der karthagische Stratege aus der Kenntnis der Persönlichkeitsstruktur seines römischen Rivalen Kapital. Am Nordufer des Trasimenischen Sees lief der unbedachte römische Feldherr Hannibal in die Falle (217 v. Chr.). Das in Marschformation vorgehende römische Heer wurde auf einer zwischen den Anhöhen des Montigeto und dem Seeufer verlaufenden schmalen Küstenstraße von den Karthagern überrascht und vollständig geschlagen. Mehr als 10 000 Legionäre fielen in der Schlacht, unter ihnen Flaminius. Über 15 000 Römer gerieten in Gefangenschaft. Der Sieg war wiederum Hannibals geschickter Strategie geschuldet. Er hatte einen Vorstoß nach Rom vorgetäuscht, und der römische Oberkommandierende hatte überstürzt die Verfolgung aufgenommen. Dabei vergaß Flaminius, die elementarsten Vorsichtsmaßnahmen zu ergreifen, was seinen Untergang besiegelte. Ohne ein funktionierendes Informationsnetz, das Hannibal mit Berichten aus dem römischen Hauptquartier versorgte und Auskünfte über die Beschaffenheit des Geländes sowie die Zusammensetzung und Ausrüstung der feindlichen Truppen lieferte, wäre ein derartiger Sieg nicht möglich gewesen.

Auf dem Schlachtfeld trat Hannibal ähnlich wie sein Idol Alexander als Lenker, Kämpfer, Motivator und Vorbild seiner Soldaten in Erscheinung. Von seiner militärischen Pflichtauffassung hat Livius ein eindringliches Portrait gezeichnet, das, weil es vom Gegner kommt, erhöhte Bedeutung hat:

«Er war äußerst kühn, wenn es galt, gefährliche Aufträge zu übernehmen, und in den Gefahren selbst erwies er sich besonnen. Keine Anstrengung konnte ihn ermüden und seinen Mut besiegen. Gleich war seine Ausdauer in Hitze und Kälte. Das Maß im Essen und Trinken wurde von seinem natürlichen Verlangen, nicht von der Lust bestimmt. Nicht Tag und Nacht legten die Zeit für Schlafen und Wachen fest; was ihm nach getaner Arbeit noch übrig blieb, widmete er der Ruhe. Aber auch sie wurde nicht durch ein weiches Lager oder durch Stille herbeigezaubert. Viele haben ihn gesehen, wie er zwischen Wachen und Posten auf der Erde lag, oft nur mit einem Militärmantel zugedeckt. Seine Kleidung unterschied sich in nichts von der seiner Altersgenossen. Dagegen fielen seine Waffen und Pferde auf. Er war der beste Soldat zu Fuß und zu Pferde. Als erster zog er in den Kampf, als letzter verließ er die Schlacht.»[3]

Es war vor allem die Schlacht bei Cannae (216 v. Chr.), die Hannibals Kriegsruhm begründete: Sein etwa 40 000 Mann umfassendes Heer traf auf eine etwa doppelt so starke römische Armee. Bereits der Plan verrät eine erstaunliche Komplexität. Seine glückliche Vollendung hing von mehreren Faktoren ab. Vor allem musste Hannibal die Wucht eines römischen Frontalangriffs entschärfen und seinen wertvollsten Trumpf, die Reiterei, zum richtigen Zeitpunkt ausspielen. Von entscheidender Bedeutung war es auch, einen feindlichen Durchbruch zu vereiteln, ohne dass die eigenen Schlachtreihen in Unordnung gerieten, und gleichzeitig musste er den Gegner an seinen Schwachstellen bedrängen und dezimieren. Der taktische Erfolg hing von der Koordination der Schlachtphasen ab sowie vom reibungslosen Zusammenwirken der Waffengattungen (schwerbewaffnete Fußkämpfer, Reiterei, Leichtbewaffnete). Die landsmannschaftlichen Formationen, die Hannibals Heer bildeten (karthagische Elitetruppen, balearische Schleuderer, numidische, hispanische und keltische Reiterei, libysche Leichtbewaffnete, italische und griechische Hopliten, hispanische und keltische Fußkämpfer) hatten dank jahrelanger Zusammenarbeit einen hohen Grad an Professionalität erreicht. Sie waren gewohnt, unter ihm zu dienen, kannten seine Anforderungen und wurden von bewährten Offizieren geführt, die ein Maximum an Kampfkraft aus dieser zusammengewürfelten Truppe herausholen konnten. Trotz ihrer Heterogenität war die Armee Hannibals kraft ihrer Erfahrung den zwar zahlenmäßig weit überlegenen, aber unzureichend ausgebildeten römischen und italischen Verbänden, die zum Teil aus Rekruten bestanden, überlegen.

Die römischen Schlachtplaner gingen davon aus, dass der massive Angriffskeil der schwerbewaffneten Legionen unwiderstehlich sei und daher die feindlichen Linien sprengen und äußerst verwundbar machen würde. Die römischen Konsuln wollten zunächst die bunt zusammengewürfelten Fußtruppen des Feindes aufreiben, die zu erwartenden Attacken der numidischen, keltischen und hispanischen Reiterei an den Flanken abwehren und den entscheidenden Schlag im Zentrum der karthagischen Linien ausführen. Energie und Masse waren die Trumpfkarten der Römer, Hannibal dagegen baute auf die Schnelligkeit, Flexibilität und Kampfkraft seiner Truppen.

Am 2. August 216 v. Chr. wurde eine der blutigsten Schlachten der antiken Kriegsgeschichte ausgetragen. Der Konsul Gaius Terentius Varro, der an diesem Tage die Auspizien hatte und daher das Oberkommando führte, gliederte seine Armee in drei große Blöcke, die er frontal gegenüber der karthagischen Schlachtlinie aufstellte: auf dem rechten Flügel die römischen Reiter unter dem Befehl des Konsulatskollegen Lucius Aemilius Paullus, in der Mitte das Gros der schwerbewaffneten Fußtruppen, die von Gnaeus Servilius Geminus und Marcus Atilius Regulus (den Konsuln des Vorjahres) angeführt wurden; den linken Flügel bildete die Reiterei der römischen Bundesgenossen, die von Varro selbst kommandiert wurde. Vor dem gewaltigen Rechteck, das von der römischen Formation gebildet wurde, standen die leichtbewaffneten Verbände, die den Kampf eröffneten.

Hannibal antwortete auf die römische Taktik, indem er die balearischen Schleuderer und die leichtbewaffneten libyschen Lanzenträger deutlich vor seiner Schlachtreihe platzierte, um den römischen Angriff zu stören. Sein linker Flügel, gegenüber der römischen Reiterei postiert, bestand aus keltischen und hispanischen Reitern, die von Hasdrubal angeführt wurden. Den rechten Flügel, gegenüber der italischen Reiterei, bildete die numidische Reiterei, die von Hanno und Maharbal befehligt wurde. Am schwierigsten aber war die Aufstellung des karthagischen Zentrums. An seinen Rändern ließ Hannibal libysche Fußtruppen in römischer Bewaffnung aufmarschieren. In der Mitte – dem neuralgischen Punkt der gesamten Schlachtreihe, denn hier musste der gegnerische Vorstoß aufgefangen und erwidert werden – standen die keltischen und hispanischen Fußtruppen unter dem direkten Befehl Hannibals, der von seinem Bruder Mago unterstützt wurde. Nachdem das Heer Aufstellung genommen hatte, ließ Hannibal mehrere Manöver ausführen. Die keltischen und hispanischen Fußtruppen rückten in einer halbmondförmigen, weit ausgreifenden Bogenlinie vor, um darin den Stoß der römischen Legionen abzufangen. Parallel dazu ließ Hannibal seine keltischen und hispanischen Reiter die römische Kavallerie angreifen, die, von der Stoßkraft des Gegners überrascht, beträchtlich dezimiert wurde und sich daraufhin zurückzog.

In der Zwischenzeit hatten die römischen Legionen einen Frontalangriff auf das karthagische Zentrum unternommen. Die keltischen und iberischen Fußtruppen wichen nun geordnet zurück und umfassten dabei die vorwärts stürmenden Legionen, die durch ihre Massierung nur an den Rändern aktiv werden konnten. Bald waren die Legionen eingekesselt. Weißgekleidete Hispanier, die ihre Leinentuniken mit einem Purpurstreifen versehen hatten und mit Kurzschwertern bewaffnet waren, halbnackte Kelten mit riesigen Schwertern und Libyer, deren römische Kleidung und Bewaffnung aus der Beute früherer Schlachten stammten, richteten ein Blutbad an. Zu allem Übel für die Römer gelang es den numidischen Reitern des Maharbal und Hanno, nach einem Sturmangriff die italische Reiterei zu zerstreuen. Dabei konnten sie auf die Unterstützung der keltischen und hispanischen Reiter des Hasdrubal zählen. Nachdem die Reiterei der Römer und ihrer Bundesgenossen aus dem Feld geschlagen war, fiel die gesamte karthagische Kavallerie, von Maharbal, Hanno und Hasdrubal angeführt, den eingekesselten römischen Legionen in den Rücken und entschied damit die Schlacht.

Die Analyse der Ereignisse von Cannae zeigt: Der zahlenmäßig weit überlegenen Masse frontal angreifender römischer Truppen begegnete Hannibal mit einer flexiblen Taktik, die sich durch Beweglichkeit und Ausnützung des Geländes auszeichnete. Obwohl den ungeheuren römischen Verlusten nur vergleichsweise geringe auf karthagischer Seite gegenüberstanden, nutzte Hannibal nicht die Gunst des Augenblicks: er verschonte Rom. Vorherrschend ist die Ansicht, Cannae sei ein überwältigender Sieg Hannibals gewesen, der aber durch seine Unentschlossenheit nachträglich verspielt wurde. Hannibal, so lautet der häufig erhobene Vorwurf, hätte nach dem römischen Debakel den Krieg durch die Einnahme Roms beenden können. Dass er sich dazu nicht aufraffen konnte, so wird gefolgert, erweist ihn als militärisch fähigen, aber mit politischer Blindheit geschlagenen Troupier. Darüber hinaus lässt die Größe der Niederlage die Gloriole Roms heller erstrahlen, erscheint es doch als ein Gemeinwesen *sui generis*, das selbst derartige Schläge nicht nur verkraftet, sondern sogar ins Gegenteil verkehren kann.

Die andere, der historischen Realität wohl näher kommende Lesart muss die Tragweite der Schlacht nüchterner beurteilen. Selten verläuft eine komplexe Schlacht nach den Direktiven der in der Kommandozentrale geplanten Taktik. Häufig kommt es in der Hitze des Gefechts zu Überraschungsmanövern oder plötzlich auftauchenden Schwierigkeiten, die einen Ablauf nach dem vorgesehenen Schema vereiteln. Das traf mit Bestimmtheit auf die Schlacht von Cannae zu. Zwar konnte Hannibal das Schlachtfeld behaupten und einen glänzenden taktischen Sieg erringen, aber die bittere Niederlage des römischen Heeres wurde mit beträchtlichen eigenen Verlusten erkauft. Hannibals Einbußen waren viel größer als ein rein numerischer Vergleich zwischen den Potentialen beider Gegner verdeutlichen kann. Seine Armee war nach dem gewaltigen Zusammenprall mit den in Cannae bezwungenen Legionen stark mitgenommen. Eine offensive Kriegführung alten Stils konnte er sich danach kaum noch erlauben.

Die Suche nach politischen Lösungen, die Hannibal nach Cannae energisch betrieb, ist kein Beleg für seine staatsmännische Unbeholfenheit, sondern zeugt genau vom Gegenteil. Die Gewinnung neuer Bundesgenossen verschaffte ihm die nötige Atempause. Die Römer wurden gezwungen, an mehreren Fronten gleichzeitig zu kämpfen. Spätestens ab diesem Zeitpunkt trugen die Karthager die Last des Krieges nicht mehr allein. Die von Hannibal von Anfang an konsequent betriebene ideologische Kriegführung trug nun reiche Früchte. Sie erlaubte ihm die Befolgung seines politisch-militärischen Credos: die Fortsetzung des Krieges auf italischem Boden, was zur Folge hatte, dass Nordafrika von den Schrecken des Krieges verschont blieb. Für Hannibal, der als Knabe Zeuge der Belagerung Karthagos durch die aufständischen Söldner gewesen war, bedeutete dies mehr als die bloße Erfüllung eines strategischen Planes.

Es ist ersichtlich, welch hoher Stellenwert der ideologischen Flankierung des 2. Römisch-Karthagischen Krieges zukam, wie sehr sie seinen Verlauf und seine nachträgliche Deutung mitbestimmte. Den Anfang hatte Hannibal gemacht. Als nach der Einnahme Sagunts die römische Kriegserklärung bevorstand, beeilte er sich, ein religiös fundiertes Konzept einer antirömischen Allianz zu entwerfen, das er als Kehrseite seiner Militärstrategie begriff. Wie weit ein propagandistisch unzureichend vorbereiteter Kriegsplan führen konnte, hatte Pyrrhos gezeigt. Obwohl er sich auf eine starke Armee stützen konnte, vermochte sich der von Hannibal bewunderte König kaum länger als ein paar Jahre in Italien bzw. Sizilien zu halten (281–275 v. Chr.). Dies alles hatte Hannibal genau registriert. Er zog Lehren daraus, indem er die gefangenen Italiker frei ließ und sie in ihren jeweiligen Herkunftsorten verkünden ließ, dass er nur gegen Rom Krieg führe. Erst als die karthagische Kriegskoalition in Folge der ungeheuren Machtressourcen Roms nach und nach zerbrach (Syrakus, Capua, Tarent, Makedonien), wurde Hannibals Stellung in Italien unhaltbar.

Bezeichnenderweise läutete die Eroberung von Cádiz durch die Römer, die für Hannibal den Verlust des ältesten Bundesgenossen bedeutete, die letzte Phase eines Konfliktes ein, der stets an verkehrten Fronten ausgetragen worden war. Um Rom von einem Angriff auf Karthago abzulenken, beschäftigte Hannibal die Römer in Italien. Die Entscheidung fiel aber in Hispanien, als die Römer die dortigen Machtbasen der Karthager eroberten (205 v. Chr.). Kurz darauf musste Hannibal aus Italien abziehen, und der Krieg nahm in Nordafrika seine unvermeidliche Wendung. In der Schlacht bei Zama wurde Hannibal von Scipio geschlagen und der Krieg war damit zu Ende (202 v. Chr.). Entgegen den Beteuerungen der romfreundlichen Autoren, die den 2. Römisch-Karthagischen Krieg als ein Ringen zwischen zwei etwa gleich starken Gegnern darstellen, war die Disproportion zwischen den Beteiligten weitaus größer. Hannibal konnte den Krieg nicht gewinnen. Zu erdrückend war das römische Potential im Verhältnis zu den Ressourcen der Karthager. Dass er Rom überhaupt so lange in Schach halten konnte, lag an seinen glänzenden militärischen Fähigkeiten sowie an der zustande gebrachten antirömischen Allianz.

Diese Deutung mag etwas verwundern, weil wir uns daran gewöhnt haben, Hannibals Aktivitäten ausschließlich vom militärischen Standpunkt her zu sehen. Dazu gibt es hinreichenden Anlass, denn dieser bestimmt die Perspektive unserer antiken Gewährsleute. Aber diese Sichtweise greift zu kurz. Um die Bedeutung des 2. Römisch-Karthagischen Krieges zu erfassen, müssen seine weit ausgreifenden ideologischen, politischen und ökonomischen Implikationen ausgelotet werden, selbst dann, wenn uns die antiken Autoren keine expliziten Begründungen dafür liefern.

Doch neben den strukturellen Faktoren muss die persönliche Dimension des legendären Karthagers in Rechnung gestellt werden. Es spricht für seine militärische Befähigung und sein Charisma, dass seine Armee, die immerhin über ein Jahrzehnt fern von der Heimat operierte und schweren Dauerbelastungen ausgesetzt war, ihm den Gehorsam nicht verweigerte. Selbst bei Rückschlägen behielt Hannibal die Kontrolle über seine Truppen. Über den angeschlagenen, aber immer noch unbesiegten Kriegsherrn, dessen Schicksal an einem seidenen Faden hing, schreibt Polybios:

«Wer wollte der Tapferkeit, den taktischen Fähigkeiten und dem Feldherrngenie dieses Mannes die Bewunderung versagen [...], wenn man das ganze Ausmaß des gesamten Feldzuges betrachtet, eines Krieges, den Hannibal sechzehn Jahre lang ununterbrochen mit den Römern geführt hat [...] ohne dass es je zu einer Meuterei gegen ihn gekommen wäre, obwohl die Truppen, die er befehligte, nicht nur nicht einem einzigen Volk, sondern aus den verschiedensten Volksstämmen zusammengewürfelt waren: Libyer, Iberer, Ligurer, Kelten, Phöniker, Italiker, Griechen, die von Natur nichts miteinander verband, weder Recht, noch Sitte, noch Sprache, noch sonst irgend etwas.»[4]

Keine historisch relevante Persönlichkeit im westlichen Mittelmeerraum hatte die Welt so sehr in Staunen versetzt wie der Feldherr Hannibal. Niemand zuvor hatte eine vergleichbare Prominenz erreicht und so viel bewegt wie er. Alles an ihm erinnerte an den großen Makedonen Alexander, der einst ausgezogen war, um die Welt bis an ihre Grenzen zu durchmessen. Es gab zwar in der Gegend, wo Hannibal zu Hause war, mehrere bemerkenswerte Individuen, Machtmenschen vom Schlage eines Dionysios oder Agathokles von Syrakus, ganz zu schweigen von den legendären Gestalten der frühen römischen Republik – Brutus, Cincinnatus und andere. Doch sie alle entfalteten nur lokale, bestenfalls regionale Wirkung. Demgegenüber stellten Hannibals Taten das Agieren der bisherigen Berühmtheiten in den Schatten. Sein Aktionsradius umfasste einen Großteil der bekannten Welt. Erst sein Auftreten formte sie zu einer Einheit. Die Aktivierung der Länder des westlichen Mittelmeerraumes setzte eine Dynamik in Gang, die schließlich zur Integration beider Hälften der mediterranen Welt führte. Alle vorhandenen Kriterien für die Beurteilung solcher Phänomene gerieten ins Wanken. Niemand zuvor hatte sich auf solche militärischen Projekte eingelassen und war dabei so grandios gescheitert wie er. Auch hinsichtlich seiner Erfolge und Niederlagen sprengten die Parameter seines Handelns die bisherigen Maßstäbe. Außergewöhnliche Menschen suchten seine Nähe, unterstützten oder bekämpften ihn. Hannibal wurde zum Katalysator für Begabungen. Dies traf vor allem für seine Gegner zu, die – so etwa Scipio – von ihm angespornt, politische und militärische Höchstleistungen vollbrachten; sie gewannen dadurch an Statur und Bedeutung. Nach der Konfrontation mit Hannibal war Rom verwandelt. Es segelte danach unwiderruflich auf imperialem Kurs und Hannibal hatte, wenn auch ungewollt, einen nicht geringen Anteil daran.

Institutionelle Schwäche und individuelle Macht
Caesar
(100–44 v. Chr.)

Heinz E. Herzig

«Das war ein Caesar: wann kommt seines Gleichen?» Feststellung und Frage, die Shakespeare dem Verwandten und Mitkonsul Caesars, Mark Anton, in den Mund legt (Caesar, 3. Akt, 2. Szene), wären von den römischen Zuhörern schwerlich verstanden worden. Denn 44. v. Chr. war der Ermordete nicht «ein Caesar». Im ausgehenden 16. und beginnenden 17. Jahrhundert war aber aus der Person längst ein Begriff geworden. Zu dessen Bildung im Mittelalter hatten auch die römischen Herrscher beigetragen, die Caesars Namen zu ihrem eigenen machten und sich seit Augustus, dem Erben und schließlichen Nachfolger des Diktators, «Imperator Caesar» nannten. So wurde Caesar zum Archegeten des westeuropäischen König- und Kaisertums. Der Name gewann im 19. Jahrhundert im Begriff «Cäsarismus» eine weitere Dimension, indem Caesar als der Herrscher verstanden wurde, der seine absolute Macht auf das Volk und dessen plebiszitäre Willenskundgebungen stützte und als Eroberer eine expansionistische Politik betrieb. Caesar wurde damit zum legitimierenden Vorbild der beiden Napoleons, die sich auch ausführlich mit dem «historischen» Caesar befasst haben. Diese beiden Auffassungen schafften eine Kluft zwischen Caesar als Person und «dem Caesar» der Überlieferung.

Diese Kluft ist freilich auch der Antike geschuldet, deren Überlieferung mit Legenden und subjektiven Urteilen angereichert ist. Das hängt direkt mit den Spuren zusammen, die Caesar hinterließ. Einerseits schuf er sich das eigene Bild durch seine Schriften, andererseits liegen Zeugnisse von Zeitgenossen vor, die zwar seiner Person und seinen Leistungen durchaus Respekt zollen, aber auch nicht mit Kritik sparen und schließlich nach der Zerstörung der alten *res publica* zornig reagieren. Und gerade dies ist wohl auch der Grund, weshalb Augustus, der die Wiederherstellung dieser *res publica* proklamierte, das Andenken an seinen Adoptivvater ausblenden ließ, so dass mehr als 100 Jahre verstrichen, ehe das Leben Caesars dargestellt und analysiert worden ist.

Die wissenschaftliche Literatur über diese faszinierende Gestalt ist gleichwohl heute kaum mehr zu überblicken. Die Kriege sind längst gründlich analysiert, das politische Umfeld untersucht und die Politik unter verschiedenen Aspekten beurteilt worden. Hier sollen denn auch nicht nur die Kriegstaten von der Eroberung Galliens bis zum Untergang der Republik im Bürgerkrieg in einem Überblick behandelt werden. Es soll vor diesem Hintergrund vielmehr gefragt werden, inwieweit Caesar als «Kriegsherr» gelten kann.

Wie alle Söhne aus senatorischem Hause weilte auch der junge Caesar im Stabe von Provinzstatthaltern, um militärische und administrative Erfahrung zu gewinnen. Diese Zeit ist als Beschreibung durch die späteren Autoren wohl dem Ruhm des großen Mannes angepasst worden, weshalb wir von Caesars großem Mut, seiner Entschlossenheit und Unerschrockenheit und seinem diplomatischen (auch etwas anrüchigen) Erfolg hören. Wichtiger ist dabei die Präsenz in Griechenland und im römischen Asien; denn Caesar suchte sich tunlichst der Aufmerksamkeit Sullas zu entziehen, und darin liegt wohl eine wesentliche Erfahrung in der Entwicklung des jungen Mannes.

Sie fällt in eine Zeit, in welcher der immer schwelende Streit zwischen den «Optimaten» (der römischen Führungsschicht innerhalb des Senats) und den «Popularen» (ihren Gegnern im Senat, die ihre Politik in den Volksversammlungen und durch Plebiszite durchzusetzen versuchten) in Rom in einem offenen Bürgerkrieg ausgetragen wurde. Die beiden Gruppierungen fanden dabei ihre Köpfe in Sulla auf Seiten der Optimaten, in Marius und Cinna bei den Popularen. Gerade mit diesen sah sich Caesar eng verbunden, war doch Marius mit seiner Tante verheiratet und Cinna sein Schwiegervater. Zudem zeigte dieser Bürgerkrieg, dass es nicht nur um verschiedene politische Programme ging, sondern vor allem darum, die politische Macht durch die Legionen zu gewinnen, die nicht nur gegen den äußeren Feind, sondern als Bürger auch in Rom eingesetzt werden konnten, sofern ein Heerführer politisch geschickt und skrupellos genug zu handeln wusste. Der Bürgerkrieg fand sein Ende in Sullas Diktatur zur Wiederherstellung des Staates, und dies brachte Caesar in Gefahr, zumal er sich auch dem Befehl Sullas verweigerte, seiner Ehefrau den Scheidungsbrief zu senden. Nur der Fürsprache einflussreicher Freunde verdankte er seine Begnadigung.

Seiner Karriere waren diese Umstände freilich nicht hinderlich, doch haftete ihm stets der Ruch des Unruhestifters an, und Caesar tat wenig, ihn los zu werden. Er begann die Karriere immerhin als *pontifex*, einem vornehmen Amt für vornehme Leute, diesem folgten Quaestur und Aedilität und schließlich – gegen den Widerstand der Optimaten – die Wahl zum *pontifex maximus*, und ein Jahr später rückte er in die zweithöchste Magistratur, welche die *res publica* zu vergeben hatte, die Praetur. Caesar schaffte zwischen 73 und 62 v. Chr. seine Karriere in völlig normaler Zeit und ohne jede Zurücksetzung, obwohl er mit seiner Wahl zum Oberpriester, mit seiner Rede für den Staatsfeind Catilina, der Unterstützung popularer Pläne und seinem Eintreten für den von den Optimaten ungeliebten Pompeius die Senatsmehrheit gegen sich aufgebracht hatte. Aber Caesar beschritt den risikoreichen Weg, sich die Gunst des Volkes zu sichern. Dazu häufte er exorbitante Schulden für extravagante Spiele und reichliche Wahlversprechen an. Die Gläubiger brachten ihn offenbar nur einmal in echte Verlegenheit, und dies gerade, als die Hoffnung bestand, dass der Schuldenmacher als Statthalter in Spanien endlich zu Geld käme. Dorthin ließen sie ihn aber erst ziehen, als C. Licinius Crassus Dives, der reichste Römer, für ihn bürgte. Und dieser setzte richtig: Als Caesar zurückkehrte, war er seine Schulden los. Überdies hatte er militärische Erfolge aufzuweisen, die ihn hoffen ließen, in Rom mit dem einem erfolgreichen Feldherrn zustehenden Triumph einziehen zu können. Daraus wurde freilich nichts. Da sich Caesar für das höchste Amt eines Konsuls bewerben wollte, musste er als Kandidat in der Stadt anwesend sein, als Triumphator war ihm jedoch der Zutritt zur Stadt vor dem triumphalen Einzug untersagt, und weil seine Bewerbung seine Gegner ohnedies in helle Aufregung versetzte, ließen sie keine Sonderregelung zu. Caesar verzichtete daher auf den Triumph und bewarb sich um das Konsulat.

Diese Bewerbung war weit schwieriger als die vorangegangenen. Zwar stand Caesar nach wie vor in der Gunst des Volkes, als Statthalter hatte er sich sowohl administrativ wie militärisch bewährt. Seine Gegner hatten ihn jedoch als Unruhestifter in Erinnerung, sie hatten ihn auch während seiner Praetur im Amt eingestellt, was dann allerdings vom Volk rückgängig gemacht wurde; sie hatten also genügend Gründe, diese Bewerbung zu hintertreiben. Allerdings hatte dieselbe Senatsgruppe auch dem schon erwähnten Crassus Dives und noch viel stärker Cn. Pompeius jedes erdenkliche Hindernis gegen deren politischen Pläne in den Weg gelegt. Caesar führte daher einen genialen politischen Streich: Es gelang ihm, die beiden sich befehdenden Herren zusammenzubringen und sich mit ihnen zu einer politischen Interessengemeinschaft zu verbinden. Diese ist als erstes Triumvirat in die Geschichte eingegangen. Es war jedoch nicht mehr als eine politische Absprache dreier Politiker, die ihre Interessen bündelten und somit eine in Rom durchaus übliche Angelegenheit. Gewicht bekam sie freilich durch die finanziellen Mittel und die wirtschaftliche Macht des Crassus sowie das militärische Potential des Pompeius; beide hofften wohl, in Caesar den Kopf zu finden, der als Konsul ihre Anliegen umsetzen würde. Sie täuschten sich nicht.

Zwar gelang es auch den Optimaten, ihren Kandidaten zum Erfolg zu führen, aber Caesars rücksichtsloses Vorgehen bereitete diesem statt einer Amts- eine Leidenszeit. Er setzte sich nicht nur über die Opposition hinweg und schreckte dabei auch nicht vor handfesten Mitteln zurück; er als oberster Priester kümmerte sich überhaupt nicht um das Sakralrecht, so dass seine Gesetze außerhalb jeder herkömmlichen Ordnung standen und im Grunde illegal waren. Damit schuf Caesar eine kaum noch zu überwindende Kluft zwischen sich und den Optimaten, die an den Traditionen und der hergebrachten Verfassung festhielten und es vor allem nicht dulden konnten, dass sich ein Einzelner erfolgreich gegen den Senat stellte. Der Konsul musste also damit rechnen, dass er nach seiner Amtszeit zur Rechenschaft gezogen und seine Gesetze außer Kraft gesetzt würden. Um sich der drohenden Anklage zu entziehen, ließ er ein Gesetz verabschieden, das ihm eine fünfjährige Statthalterschaft zugestand; denn als Amtsinhaber war er immun. Als Amtsgebiet wurden ihm zunächst die Provinzen Gallia Cisalpina (Oberitalien) und Illyrien, später auch die Gallia ulterior (das «jenseitige» Gallien) zugeteilt. Über den Schutz des Amtes hinaus brachte die Statthalterschaft noch einen anderen Gewinn: In diesen Provinzen standen vier Legionen, so dass Caesar auch zum militärischen Kommandeur wurde. Vor allem das jenseitige Gallien versprach als Unruheherd den Einsatz der Truppen und damit mögliche militärische Erfolge. Da der Konsul Caesar zu einem wesentlichen Teil die Interessen des politisch nicht gerade geschickten Pompeius wahrgenommen hatte, musste sich dieser – wie auch Crassus – mit Caesars Amtszeit identifizieren und dafür sorgen, dass die Gesetze Caesars nicht vom Senat außer Kraft gesetzt wurden. Um Pompeius an sich zu binden, gab Caesar diesem seine Tochter Iulia zur Frau; die Dreiergruppe sorgte auch dafür, dass die nächsten Konsuln ihren Vorstellungen entsprachen. Caesar konnte also in die Provinz abreisen.

Schon in der Antike ist im Rückblick erklärt worden, Caesar habe mit diesem Amtsbereich erreicht, «was er erreichen wollte». Auch die neuere Forschung übernimmt diese Feststellung. Tatsächlich hatte der Prokonsul schon als Quaestor in Oberitalien agitiert und das Begehren der Cisalpiner nach dem römischen Bürgerrecht gegen die Optimaten unterstützt, wenn auch mit wenig Erfolg. Dennoch betrachtete er die Einwohner der Gallia Cisalpina als «Römer» und benützte während seiner Amtszeit die Provinz als Rekrutierungsbasis für seine Legionen.

Das «freie Gallien» erwies sich zudem seit je als Unruheherd, da die keltischen Stämme in vielfältige Machtkämpfe verwickelt waren, so dass Roms Diplomatie immer wieder auf die Probe gestellt wurde, die Statthalter zudem bereit sein mussten, in die Konflikte auch militärisch einzugreifen. Noch kurz vor Caesars Konsulat führten die Haeduer Klage in Rom gegen die Sequaner, weil diese mit Hilfe germanischer (suebischer) Söldner unter dem Fürsten Ariovist ihre Macht ausgedehnt hatten. Die Führer beider Stämme waren «Freunde des römischen Volkes», weshalb Roms Vermittlung gefragt war. Zudem drang ein Gerücht über einen bevorstehenden Auszug der Helvetier bis nach Rom, so dass die in den gallischen Provinzen residierenden Statthalter bereits militärische Vorbereitungen trafen. Die Spannung ließ allerdings bald nach, und noch unter Caesars Konsulat erhielt auch der Suebenfürst den Freundestitel, womit die Lage endgültig beruhigt schien. Trotzdem blieben die Verhältnisse instabil, die Provinzen waren also für einen römischen Magistraten, der Krieg führen wollte, eine gute Option.

Dass Caesar solche Pläne hegte, steht außer Zweifel. Ebenso, dass es dabei vor allem um Politik ging. Als Konsul hatte er die Interessen seiner beiden Verbündeten durchgesetzt, stand ihnen jedoch an Ansehen und Einfluss bei weitem nach. Vor allem Pompeius ragte durch seine militärischen Verdienste heraus. Caesar musste also aufholen. Aber schon Sulla hatte gezeigt, wie der Ruhm des Eroberers zu einer herausragenden Stellung in der *res publica* führte. Schließlich gab es das große Vorbild in Caesars eigener Familie: Caius Marius. Der Name dieses großen Feldherrn und siebenmaligen Konsuln war mit den Siegen über keltisch-germanische Stämme verbunden und blieb in Rom unvergessen. Caesar beschwor denn auch das Andenken an diese Siege, als seine Offiziere zögerten, ihm in den Krieg gegen Ariovist zu folgen. Seine in den Kommentaren zum Gallischen Krieg wiedergegebene Rede wandte sich aber auch an die Leser in Rom; sie diente daher der Legitimierung eines rechtlich nur schwer zu rechtfertigenden Angriffs auf einen «Freund Roms». Die Verbindung mit dem großen Marius kann aber sehr wohl auch als Programm verstanden werden, sich im Kampfe gegen denselben Feind diesem als ebenbürtig zu erweisen. Schließlich konnte sich Caesar von einer erfolgreichen Kriegführung erhoffen, nicht mehr für sein

Konsulat zur Rechenschaft gezogen zu werden. Militärischer Ruhm war daher für ihn auch eine politische Existenzfrage.

Ein erster Beweis seiner Fähigkeiten gelang ihm schon kurz, nachdem er in der Gallia Cisalpina eingetroffen war. Die Helvetier machten ihre Pläne doch wahr und schickten sich an, in Gallien einzudringen. Ihre Absicht, durch das Gebiet der Allobroger am Genfersee zu ziehen, bedrohte direkt eine Caesar unterstellte Provinz, und der Statthalter musste eingreifen. Wie er in seinen Kommentaren ausführlich beschreibt, verweigerte er den Helvetiern den Durchzug; als diese einen andern Weg einschlugen, heftete er sich ihnen an die Fersen und schlug sie schließlich bei Bibrakte – außerhalb seines Amtsbereiches. Er ließ die Überlebenden in ihr Land zurückkehren, um zu verhindern, dass ein anderes Volk über den Rhein in den helvetischen Raum eindrang. Es war ein erster Sieg, trotzdem musste sich Caesar anstrengen, diesen Krieg zu rechtfertigen.

Noch problematischer war – wie oben bereits erwähnt – der Krieg gegen Ariovist. Zwar konnte sich Caesar auf ein Hilfegesuch gallischer Fürsten, nicht aber auf einen Senats- oder Volksbeschluss in Rom berufen. Man kann davon ausgehen, dass nicht nur das Offizierkorps, und darunter offensichtlich die Offiziere senatorischen Standes, gegen diesen Krieg Bedenken hegten, sondern dass sich auch in Rom der Widerstand artikulierte. Jedenfalls spart Caesar nicht mit einem Seitenhieb, wenn er Ariovist die Worte in den Mund legt, in Rom gebe es genügend «Fürsten», die es ihm danken würden, wenn er Caesar tötete. Die dem Krieg vorangegangenen Verhandlungen und ihre Darstellung durch Caesar sind sehr einleuchtend interpretiert worden als klare Stellungnahme des Autors zu seiner Kriegführung. Caesar sah in Gallien eine Einheit, daher war sein Ziel die römische Herrschaft über Gallien.

Im folgenden Jahr schon (57 v. Chr.) waren die Belger an der Reihe, nachdem einem hohen Offizier Caesars die Nachricht zugetragen worden war, dass diese sich gegen Rom «verschworen» hätten. Caesar griff sie an und unterwarf sie. Ein großer Sieg, nachdem er schon im ersten Kapitel über Gallien geschrieben hat, die Belger seien von allen Galliern die tapfersten. Zugleich unterwarf ein Unterführer die Stämme der Normandie und der Bretagne. So konnte der Feldherr das zweite Buch seines Berichtes mit der Feststellung schließen, ganz Gallien sei nun des römischen Friedens teilhaftig. Bedenkt man, dass sich diesem Buch doch noch fünf weitere zum «Gallischen Krieg» anschließen, erscheint diese Feststellung ziemlich fragwürdig. Sie macht aber Sinn, wenn man zwei Aspekte beachtet: Erstens bedeutet *pax*, dass sich die Besiegten der römischen Herrschaft beugten und von Rom in ein Treueverhältnis aufgenommen wurden. War dies akzeptiert, konnte fortan jede feindselige Handlung der Gallier zum Verstoß gegen das Treueverhältnis oder zum Aufstand gegen Rom erklärt werden. Caesar schuf sich damit für die Fortsetzung des Krieges die rechtliche Grundlage, die ihm bisher gefehlt hatte. Zweitens ist die Wirkung auf Rom zu bedenken.

Die von Caesar in die Hauptstadt abgeschickte Botschaft löste dort ein gewaltiges Echo aus. Die Senatsmehrheit beschloss für den Sieger ein fünfzehntägiges Dankesfest (*supplicatio*), eine längere und größere Zeremonie, als je für einen Feldherrn beschlossen worden war, wie Cicero nicht müde wurde zu wiederholen. Dass Caesar und vor allem seine Interessenvertreter in Rom dabei die Hand im Spiel hatten, versteht sich von selbst; denn mit diesem Senatsbeschluss wurde seine Amtsführung, die bisher umstritten war, bestätigt. Der Senat akzeptierte damit die Tatsache, dass Caesar im Laufe dieses Krieges eigenmächtig in der Cisalpina vier Legionen ausgehoben und damit seine Armee verdoppelt hatte.

Wie nach der Amtsführung als Konsul nicht anders zu erwarten, versah auch der Prokonsul sein Amt nach eigenem Gutdünken und fasste seine Entscheidungen ohne Rückfragen in Rom. Aber vom Kriegsschauplatz aus und im Winter aus der Gallia Cisalpina bemühte er sich gleichwohl, seine Stellung in Rom zu festigen und zu legitimieren. Dort blieben auch seine Feinde nicht untätig und rüsteten zum Kampf, wo Caesar am verletzlichsten war: Sie forderten hartnäckig seine Absetzung und versuchten mit allen Mitteln, das Dreierbündnis zu hintertreiben. Dabei konnten sie sich einigen Erfolg versprechen, weil das Verhältnis zwischen Pompeius und Crassus gespannt blieb und sich Pompeius gegenüber den Annäherungsversuchen der Optimaten empfänglich zeigte. Caesar griff daher im Frühjahr 56 v. Chr. wieder ein und erreichte in Lucca die Erneuerung der politischen Absprachen mit seinen Partnern.

Man einigte sich, dass Caesars Statthalterschaft um weitere fünf Jahre verlängert werden und der Staat die Besoldung der vier von ihm eigenmächtig rekrutierten Legionen übernehmen sollte. Die Beutegelder für die Armee hätten natürlich ausgereicht, aber Caesar erreichte mit diesem Beschluss, dass seine neuen Legionäre als reguläre römische Soldaten anerkannt wurden. Pompeius und Crassus sollten im Gegenzug im Jahr 55 v. Chr. das Konsulat übernehmen, um zu verhindern, dass Amtsträger aus optimatischen Reihen für Caesar nachteilige Beschlüsse fassen könnten. Zudem sollten sie ebenfalls für fünf Jahre ein Provinzkommando zugeteilt bekommen – Pompeius beide Spanien, Crassus Syrien – und so mit Caesar gleichziehen. Für die agitatorische Durchsetzung der

Beschlüsse über die Provinzen im Senat wurde Cicero unter Druck gesetzt, der denn auch wortmächtig feststellte, in Gallien werde erst durch Caesar richtig Krieg geführt und damit endlich erreicht, dass sich die äußersten Grenzen dieser Stämme mit denen des Imperium Romanum deckten. Der Redner übernahm auch den wohl durch Caesar suggerierten (und oben erwähnten) Vergleich mit Marius. Dieser überzeugende Appell, aber auch die Manipulationen der drei Herren führten schließlich zur entsprechenden Beschlussfassung im Senat.

Schon im Spätsommer 57 v. Chr. hatte Caesar die britannische Küste erkunden lassen, 56 führte er Krieg gegen die Alpenstämme und einen Seekrieg gegen die Veneter. 55 v. Chr. schließlich überschritt er zum ersten Mal den Rhein und drang dann im Herbst in Britannien ein. Beide Aktionen brachten militärisch wenig, umso größeres Aufsehen erregten sie in Rom. Dem Feldherrn wurde eine neue, diesmal zwanzigtägige *supplicatio* zugesprochen, sein Ruhm wuchs. Aber Gallien war noch immer nicht unterworfen. Zwar führte Caesar 54 v. Chr. nochmals einen siegreichen Feldzug in Britannien, aber von einer Erweiterung der römischen Macht konnte im Ernst nicht die Rede sein. Zudem kam es im selben Jahr in Gallien zu einem gefährlichen Aufstand, der erst im Jahr darauf mit der Auslöschung eines ganzen Stammes sein Ende nahm. In der Zwischenzeit hatte Caesar auch andere Stämme niederzuringen. Die große Krise brach aber aus, als sich 53/52 v. Chr. die gallischen Stämme unter der einheitlichen Führung des Vercingetorix zusammenfanden und die ganze Eroberung in Frage stellten.

Der in Rom gefeierte Sieger musste nun beweisen, dass er als Oberkommandierender in der Lage war, seinen ganzen verfügbaren Militärapparat erfolgreich einzusetzen. Von größter Bedeutung war dabei die Logistik: Einerseits konnte das seit Jahren vom Krieg verwüstete Land die römische Armee nicht mehr ernähren, sie war deshalb auf Nachschub aus den gallischen Provinzen im Süden und jenseits der Alpen angewiesen, und dies machte sie verletzbar. Vercingetorix legte es darauf an, vor allem diese Nachschublinien anzugreifen. Andererseits erforderten die festen Plätze der Gallier schweres Belagerungsgerät. Nötig war auch eine überlegene Strategie gegen die Taktik der Nadelstiche des Vercingetorix, und vieles hing davon ab, dass die römischen Kampfeinheiten ihr Vertrauen in die Führung bewahrten, denn die Römer mussten auch Schlappen und schließlich vor Gergovia (bei Clermont-Ferrand) eine empfindliche Niederlage einstecken. Sie führte dazu, dass auch die bisher loyalen Haeduer von Rom abfielen und die Provinz Gallia Narbonensis bedrohten. Aber die Gallier waren weder in der offenen

Feldschlacht noch in der Belagerungstaktik den Römern gewachsen. Die Feldschlacht bei Agedincum (Sens) und die Belagerung von Alesia (Alise) brachten denn auch die Wende. Hier entfaltete Caesar seine ganze Militärmaschinerie. In eiserner Disziplin wurden Schanzwerke aufgeführt, welche nach innen die Stadt Alesia abriegelten, nach außen die Belagerungsarmee vor den Entsatztruppen der Gallier schützten. Dies war das Ende für Vercingetorix, der sich nach viertägiger Schlacht ergab. Der von ihm organisierte gallische Widerstand brach zusammen. Caesar hatte es wieder geschafft, und der Senat beschloss die dritte, wieder zwanzigtägige *supplicatio*, eine erneute Würdigung eines großen Feldherrn, der bis zum Jahre 50 v. Chr. noch die restlichen aufrührerischen Stämme unterwarf und damit Gallien endgültig eroberte.

Das war allerdings die letzte große Anerkennung, die der Senat für Caesar beschloss. Denn in Rom hatte sich seit 54 v. Chr. die Lage zu verändern begonnen: Zunächst starb Julia, die auf das Verhältnis zwischen Caesar und Pompeius ausgleichend gewirkt hatte. Dann fand Crassus auf dem von ihm angeführten Partherfeldzug den Tod, damit bestand seit Mai/Juni 53 der Dreibund nicht mehr. Dies geschah zu einem Zeitpunkt, als Caesar – weit fort von Rom – zum zweiten Mal den Rhein überquerte. Hier betrieb nun Pompeius seine eigene Politik. Er lehnte es ab, erneut mit Caesar zusammenzugehen, da dieser als unliebsamer Konkurrent seine Stellung und seine Ziele gefährdete. Er förderte jedoch die innerstädtischen Wirren und schwächte damit den Senat derart, dass bereits im Jahr 53 v. Chr. die Konsulnwahlen nicht mehr möglich waren und die Anarchie drohte. Damit ging seine Rechnung auf. Hatten die Optimaten bisher auch in Pompeius eine Gefahr für Senat und *res publica* gesehen, so rangen sich nun selbst seine erbittertsten Feinde zu dem Entschluss durch, Pompeius zum alleinigen Konsul (*consul sine collega*) zu ernennen, damit er die Ordnung im Staate wiederherstelle. Sie zögerten auch nicht, ihm sein Provinzkommando in Spanien um weitere fünf Jahre zu verlängern. Damit erzielten sie für den Augenblick einen großen politischen Erfolg, konnten sie doch ihren Anspruch auf Recht und Macht gegenüber Caesar auf die Soldaten des Pompeius stützen.

Die Nachricht von diesem Wandel in Rom traf Caesar, als er in Gallien gerade die große Krise gegen Vercingetorix zu bestehen hatte. Nach seinem Sieg auf den gallischen Schlachtfeldern ließ er sich jedoch nicht beirren und erhob in Rom den Anspruch, im Jahre 48 v. Chr. erneut zum Konsul gewählt zu werden. Gleichzeitig forderte er, dass sein Prokonsulat bis Ende 49 erhalten bleibe und er sich in Abwesenheit um das Konsulat bewerben könne. Aber seine Gegner fühlten sich stark genug, dieses Ansinnen abzulehnen und bestanden auf der ordentlichen und rechtzeitigen Ablösung Caesars als Prokonsul im Jahre 50 v. Chr.; dann sollte er sich als Privatmann um das Konsulat bewerben. Sie zwangen ihm damit die Entscheidung auf, sich entweder an die Senatsbeschlüsse zu halten oder sich zu neuen Eigenmächtigkeiten zu entschließen, denen sie dann mit Hilfe des Pompeius zu widerstehen hofften.

Für Caesar war klar, dass die erste Alternative das ruhmlose Ende seiner Karriere bedeuten würde. Er suchte daher nach einer Verständigungslösung und eröffnete in Rom einen Propagandafeldzug für die Erhaltung des Friedens. Die Optimaten beharrten auf ihrem Rechtsstandpunkt, und die unter Führung eines Konsuls stehende Senatsmehrheit übertrug schließlich Pompeius den Befehl über die in Italien stehenden Legionen, verbunden mit dem Mandat, neue Truppen auszuheben. Denn die Gerüchte, dass Caesar seine Legionen in Oberitalien zusammenzog, häuften sich und gegen Ende des Jahres 50 entsprachen sie auch den Tatsachen. Trotzdem suchten Unterhändler beider Lager noch nach Lösungen. Sie scheiterten aber an der Grundfrage des Bewerbungsprivilegs. Deshalb rief der Senat am 7. Januar 49 schließlich den Staatsnotstand aus und beauftragte die Magistrate Roms, alle Mittel zum Schutze des Staates gegen Caesar zu ergreifen. Der Eroberer Galliens war zum Staatsfeind erklärt.

«Sie haben es so gewollt!» Mit diesen Worten kommentierte Caesar die Niederlage seiner Gegner auf dem Schlachtfeld von Pharsalos (August 48 v. Chr.) und setzte hinzu: «Nach all meinen großen Taten wäre ich, Gaius Caesar, verurteilt worden, wenn ich nicht beim Heer Hilfe gesucht hätte.» Natürlich trifft diese Feststellung für Caesar persönlich zu. Sie erhellt aber auch, dass seine Gegner, die sich im Recht wähnten und auf die Macht des Staates sowie ihres Feldherrn vertrauten, Caesars Gefährlichkeit unterschätzt haben.

Als er in der Nacht vom 11. auf den 12. Januar den durch ihn berühmt gewordenen Rubico überschritten und damit den Angriff auf Italien überraschend eröffnet hatte, traf er im Senat zwar auf einhellige Ablehnung, wobei selbst seine Getreuen an ihm irre wurden und sein bester Einheitskommandant zu den Gegnern übertrat. Pompeius und den führenden Senatoren fehlte jedoch ein klares Abwehrdispositiv; sie zogen sich vor den nahenden Truppen Caesars zurück und gaben sogar Rom preis. Caesar fand für seine Kompromissvorschläge unter diesen Umständen erst recht kein Gehör mehr. Er sah sich also genötigt, mit aller

Energie militärisch vorzugehen, zumal die gegnerische Seite nach wie vor über ein beträchtliches Truppenpotential verfügte. Da sich Pompeius und eine Mehrheit des Senats nach Griechenland abgesetzt hatten, wandte sich Caesar zuerst dem Westen zu: In Spanien lag die Hauptstreitmacht des Pompeius. Während des restlichen Jahres führte Caesar Krieg gegen Massilia (Marseille) und in Spanien und setzte sich durch. Sizilien fiel kampflos in die Hand des von Caesar ausgeschickten Legaten, nachdem Cato, der erbitterte Feind Caesars, dort seinen Statthalterposten geräumt hatte. Der caesarische Legat verlor jedoch Schlacht und Leben in Afrika, das fest in der Hand der Gegner blieb.

In Rom war Caesar nach seinen Siegen im Oktober zum Diktator ernannt worden. Im Dezember wurde er zum Konsul gewählt. Im folgenden Jahr wandte er sich direkt nach Griechenland, wo Pompeius und die Senatoren inzwischen ihre Stellung ausgebaut hatten. Sie kämpften anfänglich recht erfolgreich gegen Caesar. Bei Pharsalos trat aber die Wende ein. Dass er den nach Osten fliehenden Pompeius verfolgte, war wohl folgerichtig. Als Pompeius aber ermordet worden war, hätte der Feldzug im Grunde abgebrochen werden können. Doch Caesar entschied anders: Bis September 47 v. Chr. unterwarf er den hellenistischen Osten von Ägypten bis nach Kleinasien seiner Herrschaft. Das war im wesentlichen das Gebiet, wo Pompeius als der große Eroberer galt. Vom Dezember 47 bis in den April 46 v. Chr. fand in Afrika der Entscheidungskampf zwischen den Verteidigern der traditionellen *res publica* und Caesar statt. Mit dem Selbstmord Catos in Utica blieb Caesar der Sieger, dem seine republikanischen Gegner auf Gedeih und Verderb ausgeliefert waren. In Spanien, wohin sich Caesar nach einem kurzen Aufenthalt in Rom wandte, ging es darum, die Anhänger und vor allem die Söhne des Pompeius niederzuringen und damit das Machtpotential seines ehemaligen Partners zu eliminieren. Im Oktober 45 v. Chr. kehrte er endgültig nach Rom zurück – ein Imperator mit vielen Triumphen, Konsulaten und Diktator. War er nun am Ziel?

Was Caesar eigentlich wollte, ist eine oft erörterte und sehr komplexe Frage, weil seine Motive und Leistungen als Eroberer Galliens und als Führer im Bürgerkrieg zwar eng zusammenhängen, die beiden Kriege aber nach Ursache und Verlauf dennoch grundsätzlich unterschieden werden müssen. Offenbar hat schon der Parteigänger Caesars und spätere Historiker C. Asinius Pollio die Ursache des Bürgerkrieges auf die Vereinbarungen des ersten Triumvirats (60 v. Chr.) zurückgeführt. Auch Plutarch stützte sich mehr als 100 Jahre später in seinen Parallelbiographien über die drei Verbündeten auf zeitgenössische Meinungen, wenn er die durch Caesar initiierte Machtkonzentration als Grund für das Verderben der *res publica* bezeichnete. Solche Ansichten dürften jedoch erst formuliert worden sein, als deutlich wurde, was Caesar aus seinem Prokonsulat machte. Bis zu seinem Konsulat war er vor allem durch seine Schulden, als Unruhestifter und als Außenseiter aufgefallen. Von der Absprache mit Pompeius und Crassus ist eigentlich nur bekannt, dass sie seine Wahl zum Konsul und wohl eine einträgliche Provinz sichern sollte. Dass er dabei bereits Gallien ins Auge gefasst hatte, ist ebenfalls *post festum* durch Sueton festgestellt worden, hat jedoch große Wahrscheinlichkeit für sich.

Gewiss wollte Caesar als Eroberer mit seinem Partner Pompeius gleichziehen, der für Rom Teile des hellenistischen Ostens gesichert hatte. Es gehörte zu den Eigentümlichkeiten des römischen Adelsstaates, dass innerhalb des Senates der siegreiche Feldherr für seine Eroberungen zuständig blieb und als sachverständig galt. Die Eingliederung neuer Gebiete vollzog sich nämlich nicht so sehr als administrativer Akt, als vielmehr in der Form persönlicher Bindungen, die während und nach den Kriegen hergestellt wurden. Als Caesar 58 v. Chr. nach Gallien aufbrach, konnte er also hoffen, dass ihm diese Statthalterschaft in Rom eine Stellung einbringen würde, die derjenigen des Pompeius ebenbürtig wäre. Dass Caesar die Eroberung Galliens geplant hatte, ist deshalb unzweifelhaft. Kriegführung und Eroberung Galliens waren offensichtlich zu Aufgaben geworden, die ihm auch persönlich neue Perspektiven eröffneten: Er erfuhr den Erfolg seiner militärisch-strategischen Fähigkeiten, seines Organisationstalentes, seiner Begabung in der Führung von Offizieren und Soldaten und entdeckte seine persönliche Neigung zum Leben im Felde. Sein großer Erfolg war auch, dass es ihm gelang, eine disziplinierte und schlagkräftige Armee zu schaffen, die ihm zu großen Teilen ergeben war und ihm willig folgte. Am Ende seines Prokonsulats zählte er zu den erfolgreichsten Generalen in der Geschichte Roms.

Mit dem Politiker verhielt es sich anders: Überliefertes Recht und alter Brauch des römischen Adelsstaates, die der Senat politisch repräsentierte, war es, dass zwar die Leistung dem Einzelnen *dignitas* verlieh, diese jedoch durch das Kollektiv des Senates kontrolliert blieb. Jeder verdiente Mann hatte sich nach seinen Unternehmungen wieder einzuordnen und fand seinen Rang im Einfluss, den er im Senat ausübte, und sogar in der Beliebtheit im Volk. Diese alte Regel wurde jedoch dadurch gestört, dass die großen Eroberungen, vor allem seit dem ausgehenden 2. Jahrhundert v. Chr., immer häufiger Männer hervorbrachten, welche das Kollektiv weit überragten.

Zuerst war dieses Problem durch die Beharrlichkeit der Tradition noch lösbar. Die zunehmenden Eroberungen führten jedoch dazu, dass die auf die Stadt Rom bezogene Herrschaftsstruktur immer untauglicher wurde. Einerseits gewann der Eroberer durch die oben erwähnten persönlichen Beziehungen zu den von ihm eroberten Gebieten einen die andern überragenden Status, andererseits war der Staat in zunehmendem Maße dadurch herausgefordert, dass die Bürgersoldaten ihre Entschädigung einforderten. Der verdiente Feldherr sah sich deshalb verpflichtet, als Angehöriger des Senats in dieser Körperschaft die Anliegen seiner Soldaten durchzusetzen. Da diese vor allem Land forderten, provozierten sie den Widerstand der senatorischen Grundbesitzer, für die Land die einzige Möglichkeit war, ihr Kapital zu investieren, auch wenn es sich gewöhnlich um Staatsland handelte, das zur Disposition gestellt wurde.

Dazu kam, dass die Ansiedlung römischer Bürger das Beziehungsnetz des Feldherrn stärkte und seine politische Macht vergrößerte. Der Senat hatte bereits schlechte Erfahrungen gemacht: Sulla hatte mit seinem Marsch auf Rom und später mit seiner Diktatur gezeigt, was ein erfolgreicher General in Rom anrichten konnte. Marius, der um den Staat hochverdiente Konsul, hat durch sein blutiges Treiben seine Erinnerung so verdüstert, dass sein und Sullas Vorbild im Senat den Widerstand gegen Pompeius verhärtete. Pompeius war ein erfolgreicher Heerführer, als Politiker aber wenig geschickt, und konnte schließlich seine Anliegen nur mit Hilfe der Absprachen mit Crassus und Caesar durchsetzen. Dennoch beanspruchte er eine ihm als Militär zukommende Sonderstellung.

Und genau diese Haltung zeigte nun auch Caesar. Er hatte während fast zehn Jahren in Gallien den Senat, wenn überhaupt, erst im Nachhinein über seine Aktionen ins Bild gesetzt und diese durch den geschickt gesteuerten Einsatz seiner Anhänger legitimieren lassen. Wie als Konsul erwies er auch als Prokonsul den Senatoren wenig Respekt, zeigte sich jedoch gegenüber dem Volk als großzügiger Spender und hielt es bei Laune. Diejenigen unter den Senatoren, die ihn bereits als Konsul verhindern und später zur Rechenschaft ziehen wollten, sahen bei einer solchen Politik keinen Anlass, ihre Meinung über ihn zu ändern. Im Gegenteil: Jede politische Niederlage, die ihnen Caesar zufügte, verstärkte nur ihren offenen Hass. So musste sein Anspruch auf ein weiteres Konsulat und besonders auf das Bewerbungsprivileg ihren Widerstand erneut stärken; denn die Erinnerung an das erste Konsulat konnte ihnen zeigen, was von Caesar im zweiten zu erwarten war. Die *res publica* erklärte ihn daher zum Staatsfeind. Es blieb ihm nur der Krieg, um sich zu verteidigen. Daher rief Caesar die Soldaten der 13. Legion auf, sie möchten nun den guten Ruf des Feldherrn, unter dessen Führung sie neun Jahre lang im Interesse der *res publica* höchst erfolgreich gewirkt hätten, mit der Waffe schützen. Der Schritt zum Kriegsherrn, der sich gegen den Staat stellt, war damit vollzogen.

Die antiken Quellen, welche Caesar über diese Selbstverteidigung hinaus auch das Streben nach Herrschaft zuschreiben, sind nicht klar zu beurteilen. Zwar hat sich schon Cicero dahingehend geäußert, dass Caesar «König des römischen Volkes» und «Herr über alle Völker» habe werden wollen. Die Lehrschrift «Über die Pflichten» für seinen Sohn verfasste er allerdings erst nach dem Tode Caesars; dessen radikaler Verurteilung liegt hier sicher die arg enttäuschte Hoffnung zu Grunde, dass der Diktator die alte *res publica* erneuern würde. Der viel spätere Sueton überliefert dazu eine ähnliche, aber auch differenziertere Meinung: Einige hätten «geglaubt», die langjährige Gewohnheit der Befehlsgewalt habe Caesar, nachdem er seine eigenen Kräfte gegen die seiner Gegner abgewogen hätte, veranlasst, nun die Gelegenheit beim Schopf zu packen und die Alleinherrschaft zu ergreifen, die er schon seit frühester Jugend gewünscht habe. Aufs Ganze gesehen ist die Schlussfolgerung dieser Argumentation wohl auch durch die spätere Diktatur und das Vorgehen Caesars während des Bürgerkrieges begründbar; die Voraussetzungen jedoch, nämlich die langjährig und selbstherrlich ausgeübte Befehlsgewalt über die Armee sowie die genaue Einschätzung der eigenen Kräfte, lassen schon eher ein Urteil über den Feldherrn erkennen, der nicht mehr bereit war, sich dem Willen des Senats unterzuordnen und deshalb einen eigenen Status reklamierte. Dies jedenfalls dürfte eher der Situation bei Ausbruch des Bürgerkrieges entsprechen, als das vorgefasste Ziel, Allein- oder gar Weltherrscher zu werden.

Caesar begann seinen Feldzug mit zwei wichtigen Aktionen. Seine unerwartet raschen Vorstöße durch das Picenum bewirkten, dass die dortigen Landstädte ihm ihre Tore öffneten. Dies bedeutete nicht weniger, als dass das alte Patronatsgebiet der Familie des Pompeius zu Caesar überging. In Corfinium, einer Stadt nahe Roms, zwang er seine Gegner in kurzer Zeit zur Kapitulation. Fünfzig Herren gehobenen Standes mussten aus seiner Hand ihre Freiheit empfangen. Damit vollzog er einen politischen Akt, den er alsbald zur politischen Maxime erhob, die *clementia Caesaris*. Diese «Milde Caesars» hob sich wohltuend ab von den rachedurstigen und blutrünstigen Handlungen Sullas und entzog den schlimmsten Befürchtungen den Boden. Sie unterschied den General des Bürgerkrieges aber auch vom brutalen Eroberer Galliens. So wirksam sich die Maxime auf die Dauer erweisen sollte, so wenig war sie zunächst geeignet, das Misstrauen seiner Gegner und vor allem der Unentschiedenen auszuräumen. Besonders diese sahen sich im Ungewissen, weil die Armeen und die Ressourcen des Pompeius noch intakt waren, und sie sich vor beiden Kriegsherren fürchteten. Caesar war jedoch nach wie vor der Schwächere und besonders der Angreifer auf Rom.

Das gab man ihm zu spüren, als er für den 1. April 49 v. Chr. die noch in Italien verbliebenen Senatoren zu einer Sitzung einberufen ließ. Sie sollten, da der größere Teil des Senats entwichen war, Caesar einen legitimen Rahmen geben. Er musste aber feststellen, dass dieser «Rumpfsenat» in seiner Kläglichkeit zwar einem Friedensangebot an Pompeius und dessen Gefolge zustimmte, aber niemand bereit war, dieses nach Griechenland zu bringen. Ebenso wenig ließen sich die Herren bestimmen, Caesar das Verfügungsrecht über die Staatskasse einzuräumen. Er war hier sogar gezwungen, einem Widerstand leistenden Volkstribunen zu erklären, Waffen und Gesetze vertrügen sich nicht miteinander. Die Quellen lassen erkennen, dass Caesars militärische Erfolge und politische Taktik kaum dazu beitrugen, dass der in Rom tagende Teil des Senats sich seinem Willen beugte. Diese Distanziertheit der Unentschiedenen und der offenkundige Hass der entschiedenen Gegner mochten in Caesar wohl die ablehnende Haltung gegenüber dem Senat verstärkt haben, weshalb er gesagt haben soll, er werde künftig die *res publica* allein leiten. Erst damit war wohl der entscheidende Schritt zur Alleinherrschaft auch mental vollzogen.

Gleichzeitig konkretisierte sich auch seine Kriegsplanung. Natürlich stand für einen gewiegten Strategen an erster Stelle, das überragende Militärpotential des wichtigsten Feindes, Pompeius, auszuschalten, und dieses lag massiert in Spanien. Betrachtet man jedoch Caesars Strategie etwas genauer, fällt auf, dass er diesem schon das Picenum entrissen hatte, ihm dann in Spanien die wichtigste Basis entzog und nach Pharsalos nicht etwa seinen senatorischen Feinden zu Leibe rückte, sondern sich zuerst an die Verfolgung des Pompeius machte und dann den Orient unterwarf, bekanntlich ein weiteres Patronatsgebiet dieses Feldherrn. Sollte hier eine Planung zum Ausdruck kommen, die nicht nur einer persönlichen Abrechnung gleichkam, sondern zum Ziele hatte, die Autorität dieses vormaligen herausragenden Römers zu übernehmen und damit an seine Stelle zu treten?

Jedenfalls lässt sein Vorgehen den Schluss zu, dass Caesar zuerst die Auseinandersetzung mit dem ihm militärisch ebenbürtigen und im

Prestige noch überlegenen Gegner suchte und erst nach dessen Verschwinden gegen seine Gegner im Senat antrat. Er konnte dies nun als unbestrittener Machthaber unternehmen, und es trifft wohl zu, dass er mit seinem Afrika-Feldzug die Republik zerstört hat. Aber erst jetzt war er auch gezwungen, nicht nur seine Macht gegen die Anhänger des Pompeius in Spanien zu konsolidieren, sondern ihr auch eine legitime Form zu geben. Noch hatte er die Möglichkeit, die *res publica* neu zu schaffen.

Der Konkurrent und die unerbittlichen Feinde waren ausgeschaltet, und wer von diesen nicht tot war, machte von Caesars Gnadenangebot Gebrauch. Damit war Caesar Alleinherrscher, was auch in den Ämtern und Sondervollmachten zum Ausdruck kam: Nach der kurzen Diktatur und dem Konsulat 49/48 v. Chr. war ihm 48/47 wiederum die Diktatur, dann die Vollmacht übertragen worden, Ruhe und Ordnung im Staate wiederherzustellen. 46 wurde er erneut und diesmal für zehn Jahre zum Diktator ernannt; daneben bekleidete er wiederum das Konsulat. Schließlich wurde zu Beginn des Jahres 44 die Diktatur auf Lebenszeit verlängert. Dazu verfügte Caesar über ein großes Bündel an Sondervollmachten. Daraus ragen besonders die formal gesicherte Kontrolle über die Wahl der Magistraten sowie die Vergabe der Provinzen an die Promagistraten hervor. Seit 46 besaß er die Kompetenz, seinen Soldaten Land anzuweisen, und seit 45 war er alleiniger Oberkommandierender der römischen Armee mit dem Recht, die Offiziere zu bestimmen. Nach den Siegen in Afrika 46 v. Chr. erhielt er die «Aufsicht über die Sitten» und damit die disziplinarische Kontrolle über den Senat, und schließlich lagen auch die Staatsfinanzen in seiner Hand.

Schon vor, dann auch während des Bürgerkrieges hatte Sallust, der Parteigänger Caesars und spätere Historiker, seinen Patron aufgefordert, inmitten all der Mühen der Kriegführung, Schlachten und Siege die *res publica* nicht zu vergessen und Friede und Ordnung herzustellen. Wesentlich publikumswirksamer hat Cicero 46 v. Chr. diesen Gedanken in Szene gesetzt und verlangt, dass Caesar den Staat restituiere. Er möge der Bewunderung, welche die Nachwelt gewiss seinen Kriegstaten zollen werde, auch diejenige für die Stabilisierung des Staates beifügen. Auch andere zeitgenössische Hinweise zeigen, dass man in Rom die Hoffnung hegte, Caesar werde die *res publica* neu konstituieren und den Senat wieder in seine alten Rechte einsetzen.

Sie zeigen aber auch, dass man befürchtete, Caesar werde alles in seiner Hand belassen und seinen Siegen auch noch den über die Parther beifügen wollen. Cicero stellt schon 46 bitter fest, Caesar sei keinem Rat zugänglich: «Alles liegt in der Hand des einen Mannes, und dieser Mann fragt nicht einmal seine Anhänger um Rat, sondern nur sich selbst.»

Dies macht deutlich, dass Cicero und seine Freunde, die den Bürgerkrieg überlebt hatten, den Diktator immer noch nicht verstanden. Ein wesentlicher Grund des Konflikts und des Bürgerkrieges war ja, dass sich Caesar nie besonders um die Kompetenzen des Senats gekümmert hat. Sollte er jetzt diese Körperschaft höher achten, da sie zu einem großen Teil mit Leuten aus seinem eigenen Umfeld ergänzt worden war, und diejenigen Senatoren, die den Krieg überlebt hatten und aus alten Familien stammten, abhängig waren von seiner Gunst? Eben darum wahrten diese ja auch eine gewisse Distanz zum Sieger, den sie heimlich und teilweise auch öffentlich kritisierten. Caesar sah keine Veranlassung, diesem Senat die alten Kompetenzen wiederzugeben, und er konnte es wahrscheinlich auch deshalb nicht, weil er sich mit der alten *res publica*, die er bekämpft hatte, nicht mehr identifizierte, und weil er – was noch schwerer wiegt – sich in der senatorischen Gesellschaft nie zurechtgefunden hatte. Er war stets ein Außenseiter und blieb es auch als Sieger. Daher lenkte er den Staat allein mit seiner privaten Kanzlei, erließ Gesetze und Verfügungen und überließ es dem Senat, ihn mit Ehrungen zu überschütten. Dies wiederum bewirkte, dass alsbald von seinem Wunsch gemunkelt wurde, König zu werden, dass man ihm sogar das Diadem öffentlich anbot. Ob er das Königtum anstrebte, kann wohl nie schlüssig beantwortet werden; dass Caesar von der *res publica* nicht dieselbe Vorstellung hatte wie die der Tradition verbundenen Senatoren und daher nicht auf seine alleinige Macht verzichtete, ist jedoch gewiss. So ergab sich eine neue Dichotomie zwischen Caesars Machtausübung und den Wünschen einiger der besseren Köpfe unter den Senatoren. Diese begriffen auch nicht, dass Caesar sich offenbar nicht nur als Machthaber, sondern auch als Kriegsherr definierte und deshalb einen neuen Krieg plante. Rom sollte unter seiner Führung nochmals einen Sieg erringen und dabei eine Scharte auswetzen, nämlich die Niederlage des Crassus gegen die Parther. Aber diejenigen, die sich mit diesem Staatsverständnis nicht abfinden konnten, kamen ihm zuvor. Vor seiner geplanten Abreise verschworen sie sich und ermordeten ihn an den Iden des März 44 v. Chr. Freilich erwiesen sich auch die Attentäter als der neuen Situation nicht gewachsen. Sie stellten nicht die alte *res publica* wieder her, sondern stürzten Rom in einen neuen Bürgerkrieg.

Der pflichtbewusste Philosoph in der Gewalt der Umstände
Marcus Aurelius
(121–180)

Michael Alexander Speidel

Da er aber für diesen Krieg seine ganze Kasse erschöpft hatte […] veranstaltete er auf dem Traiansforum eine Versteigerung von Prachtstücken aus dem kaiserlichem Besitz und veräußerte Becher aus Gold, Kristall und Achat sowie kaiserliches Tafelgeschirr und die seidene und golddurchwirkte Garderobe seiner Gemahlin, ja sogar Edelsteine, die er in großer Zahl im geheimen Pretiosenkabinett Hadrians aufgefunden hatte. […] Auch Standbilder zusammen mit Gemälden großer Meister veräußerte er. […] Zwei Monate lang wurde übrigens diese Versteigerung betrieben […]»[1]

Es war der Sommer des Jahres 169 n. Chr. Das Römische Reich steckte in seiner tiefsten Krise seit Augustus vor nahezu 200 Jahren die Monarchie begründet hatte. Die militärische Lage an den Nordgrenzen war bedrohlich. Beinahe alle Völker schienen sich gegen Rom verschworen zu haben. Entlang der mittleren Donau waren heftige Kämpfe mit den Markomannen und anderen germanischen Stämmen in Gang oder drohten erneut auszubrechen. Es war Zeit für eine große Gegenoffensive. Doch die Pest, die seit einigen Jahren wütete, und die schon tausende von Soldaten und Zivilisten in den Tod gerissen hatte, sowie die Kriege, die Marcus seit seinem Regierungsantritt beinahe ohne Unterbrechung führte, hatten die Kassen geleert. In den Mannschaftsbeständen der Grenztruppen herrschten zum Teil gewaltige Lücken und es fehlte zudem an erfahrenen Offizieren und Generalen. Auch Marcus' Mitregent, der Kaiser Lucius Verus, war zu Beginn des Jahres an den Folgen eines plötzlichen Schlaganfalls gestorben.

Kaiser Marcus hatte zunächst eine allgemeine Steuererhöhung in Erwägung gezogen. Weil er aber fürchtete, die Reichsbevölkerung damit allzu sehr zu belasten, entschloss er sich zur Versteigerung von Wertsachen aus dem kaiserlichen Haushalt. Diese Szene im Herzen der Hauptstadt des römischen Weltreichs muss dramatisch gewirkt haben, denn soweit, dass ein Kaiser sogar seine Wertgegenstände versteigern musste, um weiterhin Krieg führen zu können, war es noch nie gekommen. Mark Aurel selbst dürfte es als Anhänger der stoischen Philosophie wohl kaum schwer gefallen sein, sich vom materiellen Glanz irdischer Gegenstände zu trennen. Ob allerdings seine Gemahlin Faustina die selbe Gleichgültigkeit beim Verlust ihrer Garderobe und ihrer Juwelen empfand, ist weniger sicher. Doch das Geld wurde dringend gebraucht und Marcus war entschlossen, die Opfer zu erbringen, die diese harte Zeit von ihm forderte. Seine Familie hatte ihren Anteil beizutragen.

Auch seine Tochter Lucilla zwang der Kaiser zu einem persönlichen Opfer, das ihm die Umstände dieser harten Zeit diktierten: Die neunzehnjährige Witwe seines verstorbenen Mitkaisers Lucius Verus zwang er noch vor dem Ende der Trauerzeit, wohl noch im September 169, wieder zu heiraten. Marcus wurde dringend an der Front gebraucht. Für Lucilla aber bestand als Augusta und als Tochter und Witwe eines Kaisers die Gefahr, dass sie während der bevorstehenden Abwesenheit ihres Vaters unter den Einfluss eines Rivalen um die Macht geriet. Marcus gab sie deshalb seinem führenden militärischen Berater, Claudius Pompeianus, einem aus Antiochia in Syrien gebürtigen Sohn eines römischen Ritters, zur Frau. Die Kaiserin Faustina war gegen diese Verbindung, genauso wie Lucilla selbst. Pompeianus war deutlich älter als Lucilla, vermutlich in seinen 50ern. Vor allem aber schien seine familiäre Herkunft den beiden Frauen nicht vornehm genug. Gerade dies machte Pompeianus aber in den Augen Mark Aurels zu einer guten Wahl, denn ohne hochadelige Herkunft hatte er keine Aussicht, je zum Rivalen um den Kaiserthron zu werden. Lucilla musste sich dem Willen ihres Vaters fügen.

Kaum hatte Kaiser Marcus diese Angelegenheit geordnet, traf ihn schon der nächste Schicksalsschlag: Sein jüngerer Sohn, Annius Verus, starb im Alter von nur sieben Jahren nach einer Tumoroperation unter dem Ohr. Es war bereits Mitte September, die letzten Vorbereitungen zu Marcus' Abreise an die Front waren im vollen Gange, und so sah sich der Kaiser gezwungen, die Trauerzeit auf fünf Tage zu verkürzen. Die kritische Lage an den Nordgrenzen ließ keine weiteren Verzögerungen seiner Abreise zu. Die Germanen sollten nun endlich durch eine gezielte und entschlossene Offensive zurückgeschlagen werden. Doch kaum war Marcus im Frühjahr mit seinem Heer zum Angriff übergegangen, kam alles noch schlimmer. Die germanischen Stämme der Markomannen und der Quaden umgingen die römischen Armeen, drangen plündernd ins Reich ein, brachen schließlich bis nach Norditalien durch und belagerten sogar die Stadt Aquileia. Weiter östlich überrannte der Stamm der Kostoboken die römischen Grenzen, plünderte und brandschatzte Thrakien und Makedonien und drang bis nach Griechenland vor. Nur wenig später fielen auch die Mauren aus Nordafrika ins römische Südspanien ein.

Die Lage des Reiches hätte kaum dramatischer sein können. Pest, Finanznot und Invasionen bis ins italische Kernland hatten das Römische Reich in eine Katastrophe gestürzt, deren Ausmaß sich noch ein Jahr zuvor in Rom niemand hätte träumen lassen. Nur aus der Überlieferung uralter Geschichten wusste man damals noch von feindlichen, barbarischen Heeren, denen es in längst vergangenen Zeiten gelungen war, nach Italien einzubrechen. Die Pest war von den aus dem Osten heimkehrenden Soldaten ins Reich eingeschleppt worden und sie war zusammen mit den Kriegen der Grund für Roms Finanznot. So standen die vielen Kriege Mark Aurels für die tiefe Krise, in die das Reich unter seiner Herrschaft geraten war. Das Leiden war groß und Mark Aurel hatte als Mensch und als Kaiser seinen Anteil daran.

Dabei hatte Marcus zu Beginn seiner Regierungszeit auf seinen Münzen noch das Glück des Zeitalters verkünden lassen. Doch dieses Glück war nur von kurzer Dauer gewesen. Schon bald nach dem gemeinsamen Regierungsantritt mit Lucius Verus am 7. März 161 drohte in Britannien Krieg. An Rhein und Donau war der germanische Stamm der Chatten in die Provinzen Obergermanien und Rätien eingefallen. Gleichzeitig war im Osten der Statthalter der Provinz Kappadokien bei seinem Versuch, die kurz zuvor in Großarmenien eingefallenen Parther wieder zu vertreiben, in einen Hinterhalt geraten. Die 9. Legion, die ihn begleitet hatte, wurde völlig vernichtet. Der Statthalter beging Selbstmord. Marcus und Lucius kamen zu der Einsicht, dass die zugespitzte militärische Lage im Osten des Reiches die Anwesenheit eines römischen Kaisers vor Ort forderte. Seither war der Krieg der ständige Begleiter Mark Aurels. Beinahe ohne Unterbrechung hatte sich der Kaiser bei seiner Regierungstätigkeit mit militärischen Fragen zu beschäftigen. Größere und kleinere Kriege musste er im Osten des Reiches gegen die Parther führen, gegen die Germanen im Norden, ferner in Gallien, in Britannien, an der Nordsee, in Ägypten sowie schließlich in Spanien und im nordafrikanischen Mauretanien. Trotz großer und hart errungener Erfolge gelang es ihm bis zu seinem Tod am 17. März 180 in seinem damaligen Hauptquartier an der Donau nie ganz, dem Reich die friedlichen Zeiten seines Vorgängers Antoninus Pius (138–161) zurückzubringen.

Mark Aurel hatte keinen dieser Kriege gewollt oder provoziert. Die Feindseligkeiten im Osten zu Beginn seiner Herrschaft hatten ihre Wurzeln bereits in den letzten Regierungsjahren seines Vorgängers. Es ging hier um den alten Zankapfel zwischen Rom und dem Partherreich: die Vorherrschaft über das Königreich Großarmenien. An den Nordgrenzen waren die Kriege das Ergebnis einer sich jenseits der Reichsgrenzen verändernden Welt, eines zunehmenden Drucks auf die Grenzen des Reichs (einige Stämme wollten sich gar auf Reichsgebiet niederlassen) und vielleicht auch einer Vernachlässigung der militärischen Abschreckung während der Regierungszeit seines Vorgängers. Mit dem Tod des Antoninus Pius, unter dem Marcus zum künftigen Monarchen erzogen worden war, sahen die Feinde Roms die günstige Gelegenheit gekommen, ihre Ziele mit militärischen Mitteln durchzusetzen. Die Bedrohung des Reiches wurde dabei umso größer, je mehr Kriege an verschiedenen Grenzen gleichzeitig zu führen waren, denn Roms empfindlicher Mangel an Truppen erforderte im Fall größerer Kriege stets die Verlegung von zahlreichen Soldaten aus weit entfernten Grenzprovinzen ins Krisengebiet.

Auf diese Weise entstanden aber gefährliche Lücken in der Grenzverteidigung, in die feindliche Heere leicht einbrechen konnten. Die Kriege an mehreren Fronten wurden deshalb zu einer der größten Bedrohungen des Reiches. Als Kaiser war Mark Aurel militärischer Oberbefehlshaber und hatte zudem das Recht, nach eigenem Ermessen und ohne Befragen des Senats Krieg zu erklären und Frieden zu schließen. Die militärische Lage ließ ihm allerdings keine andere Wahl, als den Bestand des Reiches zu sichern. Sein erstes Kriegsziel war deshalb zunächst die Vertreibung der Invasoren. Danach war die Ruhe an den Grenzen wiederherzustellen. Nach der üblichen kaiserzeitlichen Praxis hieß das, die militärische Bedrohung jenseits der Grenzen gewaltsam zu entfernen, um dann den Frieden nach römischen Vorgaben vertraglich zu sichern. Dies waren die Aufgaben, die Kaiser Marcus als Kriegsherr zu lösen hatte.

Die römische Welt begann sich unter Mark Aurel zu verändern. Es war das Ende des von Augustus eingeläuteten Goldenen Zeitalters und, nach der Einschätzung des Historikers Cassius Dio, der am Ende der Herrschaft Mark Aurels dem Römischen Senat angehörte, der Beginn eines Zeitalters von Eisen und Rost.[2] Marcus hatte sich seine eigene Zeit als Kaiser sicherlich ganz anders vorgestellt. Es ist sogar durchaus möglich, dass er sein Leben viel lieber als Privatmann verbracht hätte. Jedenfalls wird berichtet, er habe die Herrschaft nur widerwillig angenommen. Doch nach so vielen Jahren der Vorbereitung auf den Thron wusste Marcus, was von ihm erwartet wurde, und er folgte dem Ruf der

Pflicht. Allerdings bestand er darauf, dass Lucius Verus zu seinem Mitkaiser ernannt wurde (wenn auch noch in formell untergeordneter Stellung), obwohl Antoninus Pius offensichtlich Marcus allein als Nachfolger vorgesehen hatte. Schon damals kam deshalb die Vermutung auf, dass Marcus diesen Schritt vor allem deshalb unternahm, um für sich die Last der Regierungsgeschäfte und ganz besonders der Kriegführung zu verringern. Gleichzeitig konnte er mit der Berufung des Lucius aber auch einem Wunsch Kaiser Hadrians (117–138) entsprechen, der kurz vor seinem Tod beide, Marcus und Lucius, gleichermaßen als mögliche künftige Herrscher über das römische Weltreich ausgezeichnet hatte.

Von einem römischen Kaiser wurde erwartet, dass er als militärischer Oberbefehlshaber auch über die Fähigkeiten und Qualitäten eines großen Feldherren verfügte und damit Roms Sieghaftigkeit verkörperte und garantierte. In diesem Punkt hatte aber die Erziehung Mark Aurels (und des Lucius Verus) völlig versagt. Antoninus Pius hatte diese Rolle als Kaiser selbst kaum wahrgenommen. Auch als er sich im Jahre 147 entschloss, den Oberbefehl über das römische Heer mit Marcus zu teilen, brauchte der junge Thronfolger Rom nicht zu verlassen. So hatten Marcus und Lucius zu Beginn ihrer Regierung weder die Provinzen des Reiches kennen gelernt, noch hatten sie je ein römisches Heer gesehen – geschweige denn an einem Krieg teilgenommen. Beide waren in den behüteten Palästen der Hauptstadt aufgewachsen und kannten Roms Militärmacht allein vom Anblick der Prätorianer und der berittenen kaiserlichen Leibgarde.

Marcus hatte wohl sogar eine besondere Abneigung, sich mit militärischen Dingen zu befassen, obwohl der Palast seines Großvaters auf dem Caelius, in dem er einen großen Teil seiner Jugend verbracht hatte, in unmittelbarer Nähe des Lagers der Kaiserreiter gelegen war. Die Disziplin, der strenge Drill und die kunstvollen Übungen dieser groß gewachsenen Reiter und ihrer prachtvollen Pferde scheinen den kleinen Marcus nicht nachhaltig begeistert zu haben. Als es darum ging, im Jahre 161 in Begleitung der Kaiserreiter und der Prätorianer gegen die Parther in den Osten zu ziehen, übertrug er diese Aufgabe dem Lucius Verus. Er selbst blieb in Rom und widmete sich der Organisation des Nachschubs und vor allem der Rechtsprechung und Fragen der Verwaltung, was ihm offenbar eher lag. Dennoch gab Mark Aurel seine Verantwortung als Kaiser nicht etwa ganz an Lucius Verus ab, denn die Oberleitung über die Vorgänge im Osten behielt er auch in Rom in seiner Hand.

Wenn sich Marcus zunächst kaum für militärische Dinge begeistern konnte, so mag das auch daran gelegen haben, dass er Zeit seines Lebens an einer eher schwachen körperlichen Verfassung litt. So fand ein anderes Feld seine Begeisterung: die Philosophie. Bereits mit etwa elf Jahren brachte ihn Diognetos, der Marcus im Malen unterrichtete, der Philosophie näher. Schon bald war er davon so beeindruckt, dass er seinen äußeren Lebensstil veränderte. Er begann sich bescheiden zu kleiden und hätte gar auf dem Fußboden geschlafen, wäre es seiner Mutter nicht gelungen, ihn zu einem mit Fellen belegten Lager zu überreden. Seine leidenschaftliche Begeisterung für die Philosophie und seinen Hang zu einem bescheidenen Lebenswandel verlor er auch als römischer Kaiser nicht. Später, so berichtet seine Biographie, soll er oft Platos Wort zitiert haben, wonach Staaten dann blühen, wenn entweder Philosophen herrschen oder die Herrscher Philosophen seien.

Wesentlich wurde die Weltanschauung Mark Aurels aber von Quintus Iunius Rusticus geprägt, seinem wichtigsten Lehrer in der philosophischen Lehre der Stoa. Diese Lehre war auf Rationalität und Pflichterfüllung ausgerichtet, sie forderte die Unterdrückung der eigenen Emotionen und ein ständiges Streben nach einem tugendhaften und gerechten Lebenswandel im Einklang mit der «Natur», d. h. vor allem mit dem Schicksal, mit Gott und mit der Überzeugung, dass alle Menschen Brüder seien. Die Bedürfnisse des Körpers, Besitz, Ansehen oder auch das Streben nach öffentlichen Ämtern führten in den Augen der Stoiker nur zur Abhängigkeit und verhinderten, dass man den wahren inneren Frieden finde. Als Hilfe, den richtigen Weg zu erkennen, sollte man sich ständig die eigene Vergänglichkeit vor Augen halten, auf dass man sein Herz nicht an irdische Dinge hänge, noch seinen Mitmenschen Böses widerfahren lasse. Von solchen Gedanken und Überzeugungen war Marcus zutiefst beseelt, spätestens seit er mit etwa 25 Jahren sich dieser Philosophie zunehmend widmete. In ihr, so berichtet sein Biograph, fand er die Kraft für seine Härte gegen die Strapazen des Lagerlebens und für seinen strengen Lebenswandel überhaupt.

So ließ sich Marcus von den Schicksalsschlägen und der Not im Reich nicht beirren. Er handelte so, wie es nach seiner Auffassung für den Staat richtig war: gemäß den Pflichten eines idealen römischen Herrschers. Diesen erkannte Marcus vor allem in seinem Vorgänger Antoninus Pius, wie er selbst später schrieb:

«Sorge dafür, dass du ein einfacher, guter, ehrlicher, ernsthafter, schlichter Mensch bist, ein Freund der Gerechtigkeit, gottesfürchtig, gütig, liebevoll und stark für die Leistungen, die du zu erbringen hast. Kämpfe darum, dass Du so bleibst, wie dich die Philosophie haben wollte. Achte die Götter, rette die Menschen. Das Leben ist kurz. Die einzige Frucht des irdischen Lebens ist eine fromme Gesinnung verbunden mit Taten zum Wohle der Mitmenschen. Erweise dich in allem als ein Schüler des Antoninus.»[3]

Die so genannten Selbstbetrachtungen, aus denen dieses Zitat stammt, verfasste Mark Aurel in griechischer Sprache erst im höheren Alter. Allem Anschein nach schrieb er dieses Werk allein für sich; eine Veröffentlichung war nicht geplant. Die Schrift besteht aus einer sentenzenartigen Sammlung stoischer Gedanken und Ermahnungen an sich selbst. Dies zeigt sich etwa in Aussagen wie: «Achte darauf, dass Du nicht verkaiserst!»[4] oder auch in den Kurzberichten des 1. Buches, in denen Marcus die Lehren aufzählt, die er von seiner Familie, seinen Freunden und seinen Lehrern gelernt hatte, und an deren Einhaltung er sich in den folgenden Büchern immer wieder ermahnte. Vieles in diesen privaten philosophischen Notizen ist aber in nur recht allgemeiner Form gehalten und mit Ausnahme des 1. Buches werden kaum je Anlässe, Personen oder Umstände mit ihrem konkreten Bezug zur Person Mark Aurels genannt. Zwar erfahren wir u. a. durch Notizen wie «Diese Zeilen habe ich bei den Quaden am [Flusse] Gran geschrieben» oder «Dies habe ich in Carnuntum geschrieben» (d. h. im Lager der 14. Legion), dass die Schrift zum größten Teil während der langen Jahre an der Donau und inmitten der harten Kriege geschrieben wurde, doch der Krieg selbst, der militärische Alltag des Kaisers, seiner Offiziere und Soldaten oder die strategischen Entscheidungen, die Marcus in diesen Jahren beschäftigten, fanden als Thema keinen Eingang. Das mag zwar erstaunen, doch den Grund dafür nannte Marcus selbst: Die Beschäftigung mit der Philosophie (und damit sicherlich auch die Niederschrift seiner philosophischen Gedanken und Ermahnungen) diente Mark Aurel als Mittel, sich aus der Welt seines Alltags zurückzuziehen und sich von ihr zu erholen. Es waren die Momente, in denen er sich auf seine moralischen Leitgedanken und philosophischen Grundsätze besann und in diesen dann die erneute Kraft und Ruhe fand, um sich wieder dem Tagesgeschäft des römischen Kaisers zuzuwenden.

Wenn man in den Selbstbetrachtungen somit kaum konkrete Ereignisse und Entscheidungen des Kaisers beschrieben findet, so lässt sich viel über die grundlegenden Werte und Prinzipien erfahren, die Mark Aurel für seine eigene Herrschaft bedeutend erschienen. Auch seine Einstellung zum Regieren ist etwa aus folgenden Äußerungen zu erahnen:

«Wenn du am Morgen widerwillig aufwachst, dann halte dir vor Augen: Ich wache auf, um die Arbeit eines Menschen zu tun. Wie sollte ich dann noch schlechte Laune haben, wenn ich im Begriff bin, das zu tun, wozu ich da bin und weshalb ich auf die Welt gebracht wurde?» – «Ich tue meine Pflicht, alles andere bringt mich nicht davon ab.» – «Man muss den von den Göttern ausgelösten Sturm bis zur Erschöpfung aushalten, aber ohne zu klagen.» – «Wenn für dich eine Aufgabe schwer zu bewältigen ist, dann glaube nicht, dass sie für einen Menschen schlechthin unlösbar sei, sondern wenn etwas menschenmöglich ist und die Fähigkeiten vorhanden sind, dann gehe davon aus, dass dies auch von dir zu leisten ist!»[5]

Die Kriegführung und seine persönliche Teilhabe am militärischen Alltag an den Nordgrenzen des Reiches bedeuteten für Marcus vor allem die Erfüllung seiner Pflichten als römischer Kaiser. «Denn du hast Deine Pflicht ebenso zu erfüllen wie der Soldat beim Sturm auf die Festungsmauer.»[6]

Marcus litt unter den Strapazen des Krieges und seiner schwachen Gesundheit. Zeitweise war er so geschwächt, dass er die angetretenen Soldaten, ohne seine Ansprache gehalten zu haben, wieder abtreten lassen musste, weil er die Kälte nicht ertrug. So jedenfalls berichtet Cassius Dio, der auch die Geschichte von einem gefangenen germanischen Jungen überliefert, welcher in der Kälte dem Kaiser erst Auskunft geben wollte, nachdem er von Marcus einen Mantel erhalten hatte. Das Klima im Norden war unwirtlich und der Krieg hart und brutal. Dies ist auch die Stimmung, welche die Bilder auf der monumentalen Säule des Marcus in Rom vermitteln. Im Gegensatz zur Traianssäule, dem Vorbild der Markussäule, wurden die militärischen Erfolge des Kaisers weit weniger mit der stolzen Überzeugung von der Unüberwindlichkeit der disziplinierten römischen Armeen geschildert. Der Krieg unter Mark Aurel erscheint vielmehr als eine lange Reihe harter, grausamer und blutiger Kämpfe, als eine schreckliche Notwendigkeit. Dennoch ist Marcus auf den Bildern der Säule überall zu sehen. Durch seine persönliche Anwesenheit an der Front, durch seine Teilhabe am militärischen Alltag und an den Strapazen des Krieges gewann und stärkte er die Loyalität seiner Soldaten. Marcus empfand es in diesen harten Zeiten als seine Pflicht, durch sein persönliches Beispiel die Disziplin der Soldaten und die Kampfkraft seiner Armeen zu sichern, ähnlich wie es vor ihm die Kaiser Domitian, Traian oder Hadrian mit großem Erfolg getan hatten. Doch dies hätte er kaum erreicht, wenn es ihm nicht gelungen wäre, seinen Soldaten dabei auch ein überzeugendes Vorbild zu sein.

Als römischer Kaiser war Mark Aurel allmächtig und an allen wesentlichen (und, wie die Quellen zeigen, auch an zahllosen scheinbar unwesentlichen) politischen und militärischen Entscheidungen persönlich beteiligt. Der Kaiser war das Zentrum des Römischen Reiches, wo auch immer er sich aufhielt. In eigener Regie tätige Ministerien etwa kannte das Kaiserreich nicht, und auch der Senat war kein Ort mehr, an dem ohne den Kaiser Politik gemacht wurde. So musste sich Marcus auch während seiner langen Jahre an der Front neben seiner Rolle als Kriegsherr auch um die übrigen Regierungsgeschäfte kümmern. Auch in diesen Belangen bestimmten Mark Aurels Pflichtbewusstsein und seine Härte gegen sich selbst seinen Alltag. Der Historiker Cassius Dio berichtet dazu:

«Sooft der Kaiser nicht durch Krieg in Anspruch genommen war, hielt er Gericht; er ließ den Anwälten reichlich Redezeit zumessen und hielt im Voraus lange Nachforschungen und Verhöre, um eine gerechte Lösung mit allen Mitteln zu ermöglichen. Daher untersuchte er ein und den selben Rechtsfall, obschon die Gerichtssitzung manchmal bei Nacht stattfinden musste, oft elf oder gar zwölf Tage lang. Er liebte ja die Arbeit und widmete sich sorgfältig sämtlichen Pflichten seines Amtes. Er sagte, schrieb und tat nichts so, als hätte die Sache nur geringe Bedeutung, sondern er beschäftigte sich zuweilen ganze Tage lang mit winzigsten Kleinigkeiten.»[7]

Auch wenn der Kaiser persönlich die Last der Regierung und der Kriegführung trug, so standen ihm aus dem Kreis der wichtigsten aristokratischen Funktionsträger auch Berater zur Seite, die er nach Bedarf und nach eigenem Ermessen befragen konnte. Die Art der Entscheidungsfindung hing dabei aber wesentlich von der Person des Kaisers ab, von seinem Charakter und seinen Überzeugungen. Gerade auch Mark Aurel und Lucius Verus, die beide bei ihrem Regierungsantritt in militärischen Belangen noch vollkommen unerfahren waren, mussten auf gute Ratgeber vertrauen können. Über den konkreten Ablauf kaiserlicher Kriegsräte und über die dort gefassten Beschlüsse ist nichts bekannt, denn dies gehörte zu den Geheimsachen der kaiserzeitlichen Regierung. Einzig der Dichter Juvenal hat in seiner 4. Satyre eine solche, allerdings ins lächerliche verzerrte «Sitzung» des Kaisers Domitian (81–96) mit seinen Beratern beschrieben. Sie ist deshalb nicht unbedeutend, weil sie eine vom Dichter grotesk umgestaltete Beschreibung eines Kriegsrates sein könnte, die Domitian vor der Eröffnung seines Feldzugs gegen den germanischen Stamm der Chatten tatsächlich abgehalten hatte. Dem Kaiser war in der Satyre Juvenals von einem Fischer eine Barbe von solcher Größe geschenkt worden, dass in der Küche des kaiserlichen Landgutes, wo sich Domitian aufhielt, keine Schüssel zu finden war, in der der Fisch hätte zubereitet werden können. So rief der Kaiser in höchster Eile «die Ersten des Staates» zu sich, um das Problem zu beraten, so als hätte er

Nachricht von einem Angriff der germanischen Chatten oder der Sugambrer erhalten. Domitian wird schließlich der Rat gegeben, eine gewaltige Spezialschüssel anfertigen zu lassen und dafür zu sorgen, dass in Zukunft stets Töpfer für ähnliche Fälle am kaiserlichen Hof bereit stünden. Danach erhob sich alles und die Berater durften das Landgut wieder verlassen.

In der Satyre wird der Herrscher als hilflos, seine hohen Berater als dümmliche Schmeichler beschrieben. In militärischen Belangen hilflos dürfte zu Beginn seiner Herrschaft auch Mark Aurel gewesen sein. Er verstand es aber immer wieder, die richtigen militärischen Berater um sich zu scharen und begabte und erfolgreiche Offiziere zu fördern. Männer wie Claudius Pompeianus, Avidius Cassius, Furius Victorinus, Aufidius Victorinus, Statius Priscus, Pontius Laelianus, Helvius Pertinax und viele andere trugen mit ihren Kenntnissen, Begabungen und Erfolgen damals wesentlich zum Erhalt des Reiches bei. Neben der Persönlichkeit des Kaisers bestimmten aber auch die soziale Stellung der Berater sowie die Art und die Intensität ihrer Beziehung zum Kaiser den Einfluss, den sie auf den Herrscher hatten. Vor allem in Krisenzeiten waren auch Sachkenntnisse besonders wichtig und gerade Marcus stellte an sich selbst die Forderung: «Keine Tätigkeit soll planlos oder anders als nach den Regeln der Kunst ausgeübt werden.»[8] So fand Mark Aurel das Lob des Historikers Cassius Dio für seine besondere Förderung von fähigen und erfolgreichen Männern, die er mehr nach ihren Leistungen beurteilte, als nach ihrem Lebenswandel oder ihrer gesellschaftlichen Herkunft.

Die Einschätzungen seiner Berater waren Kaiser Marcus wichtig. So heißt es in seiner Biographie: «Stets besprach er sowohl militärische als auch zivile Angelegenheiten mit den führenden Männern bevor er etwas unternahm.»[9] Mehrfach ermahnte sich Mark Aurel in seinen Selbstbetrachtungen, auf seine Ratgeber zu hören und dazu bereit zu sein, andere Meinungen zu prüfen, bessere Argumente zu erkennen und sie gegebenenfalls anzunehmen. Einer seiner Leibsprüche, so berichtet sein Biograph, sei gewesen: «Es ist gerechter, dass ich den Rat so vieler hervorragender Freunde befolge, als dass so viele hervorragende Freunde sich meinem alleinigen Willen beugen.»[10] Allerdings war Marcus keineswegs unkritisch. Schon der Umstand, dass er sich selbst mehrfach ermahnen musste, auf seine Ratgeber zu hören, zeigt, dass ihm dies nicht immer leicht fiel. Zwar achtete Marcus die Redefreiheit, doch abfällige Äußerungen über die Menschen, die ihn umgaben, über deren Ansichten und Lebenswandel sind in den Selbstbetrachtungen häufig, ohne dass Marcus jedoch Umstände oder Namen nennt. An mehreren Stellen ermahnte er sich zudem, zu seinem eigenen Urteil und zu seinen eigenen Entscheidungen auch gegen das Gerede der Kritiker zu stehen. Allein die Pflicht und die Gerechtigkeit, so wie er sie verstand, sollten seine Entscheidungen bestimmen. Auch seine Biographie berichtet etwa, dass er aus Pflichtgefühl und gegen den wiederholten Rat seiner Freunde niemals vorzeitig den Kriegsschauplatz verließ, um nach Rom zurückzukehren. Zweifellos war Marcus ein Mensch, der sich ganz von seinen philosophischen Überzeugungen leiten ließ. Auch wenn er sich mit seinen Freunden regelmäßig beriet, setzte er mit eisernem Willen und großer Härte auch gegen sich selbst seine Beschlüsse um und war von einer einmal gefassten Meinung nur mehr schwer abzubringen.

In vielem blieb Mark Aurel in seinem Herrschaftsstil altmodisch und traditionell. Doch wo es die Not der Umstände erforderte, war er auch bereit, ganz außergewöhnliche und unkonventionelle Entscheidungen zu treffen. Als es wegen der Pest und der hohen Verluste auf dem Schlachtfeld immer schwieriger wurde, in den Reihen der senatorischen Aristokraten und der führenden Ritter – die normalerweise allein das Privileg hatten, die höchsten Generale zu stellen – erfahrene Männer zu finden, übertrug Marcus wichtige militärische Kommandos auch an fähige Personen aus weniger vornehmen Gesellschaftskreisen. Wer sich bewährte, konnte in diesen Jahren über den Dienst beim Heer einen ungewöhnlich raschen Aufstieg erleben. Die großen Verluste der Truppen durch Pest und Kriege, vor allem auch unter den Mannschaften der Grenztruppen an der Donau, verlangten ebenfalls nach raschen und unkonventionellen Lösungen. Der Rekrutennachschub musste mehr als verdoppelt werden. Die Notmaßnahmen, die dazu ergriffen wurden, lassen das unerhörte Ausmaß der Krise und die Stimmung innerhalb der militärischen Führung erahnen. Denn entgegen allen Regeln wurden nun auch solche Männer rekrutiert, denen der Dienst im römischen Heer sonst verboten war, weil man sie für unwürdig hielt: Gladiatoren, die jetzt in eigene militärische Einheiten formiert wurden, Banditen (oder was man dafür hielt) und sogar Sklaven. Selbst germanische Söldner wurden angeheuert. Aber auch mit diesen Maßnahmen gelang es allein noch nicht, den Truppenbestand der Gefahr anzupassen. So wurden schließlich auch die Entlassungen oft aufgeschoben, um die Mannschaftsstärken der Einheiten halten zu können.

Schließlich mussten auch die vormaligen Kommandostrukturen an den Kriegsgrenzen gelegentlich entgegen allen kaiserzeitlichen Traditionen vorübergehend aufgegeben und der Gefahrenlage angepasst werden. In Spanien etwa mussten zwei Provinzen unter einem Oberbefehl zusammengelegt werden, um den Maureneinfall erfolgreich zurückschlagen zu können. In Dakien und an der Donau wurden ebenfalls zeitweilig größere Grenzabschnitte unter dem Befehl eines einzigen Oberkommandierenden zusammengefasst. So erhielt Marcus Claudius Fronto, ein fähiger, erfahrener und hochdekorierter General, ein Kommando, das im Jahre 170 gleichzeitig gar vier Provinzen umfasste. Noch im selben Jahr, nachdem er «bis zuletzt für den Staat gekämpft hatte» (wie es dann auf seinem Denkmal hieß), fiel Fronto auf dem Schlachtfeld. Nach den Einbrüchen germanischer Stämme in Dakien und Pannonien wurde im Norden Italiens sogar eine eigene militärische Verteidigungslinie aufgebaut. Diese Maßnahme zeigt besonders deutlich, wie unkonventionell und flexibel Mark Aurel bereit war, auf die starke militärische Bedrohung zu reagieren. Denn Rom und das italische Kernland sollten, wie es in einer berühmten griechischen Lobrede auf das Römische Reich aus der Regierungszeit des Antoninus Pius noch geheißen hatte, von uneinnehmbaren Grenzen und unbesiegbaren Soldaten in weit entfernten Provinzen geschützt werden. Nicht zuletzt darin, so die Lobrede, zeige sich die Größe und der Glanz des Reiches. Tatsächlich war dies seit Menschengedenken auch so gewesen. Umso mehr musste die Anlage einer Verteidigungslinie in Norditalien verdeutlichen, wie sehr sich die Realitäten in nur wenigen Jahren geändert hatten.

Viele dieser und ähnlicher Maßnahmen waren allerdings nur kurzfristige Reaktionen auf die militärische Bedrohung. Andere Entscheidungen waren von dauerhafter, manche gar von zukunftsweisender Wirkung. So siedelte Marcus Angehörige ehemals feindlicher Stämme in verschiedenen Provinzen des Reiches an. Damit dürfte er gehofft haben, sowohl den Druck an den Grenzen zu mindern als auch der Entvölkerung weiter Landstriche entgegenzuwirken. Selbst in Italien erhielten einige ihren neuen Wohnsitz. Als eine Gruppe aber versuchte, sich gewaltsam der Stadt Ravenna zu bemächtigen, wurden solche Ansiedlungen in Italien eingestellt und die bereits dort wohnhaften Siedler aus dem Norden wieder vertrieben. Die beiden Donauprovinzen Noricum und Raetien erhielten nach den feindlichen Einfällen eigene Legionsbesatzungen, womit sich auch ihr Status im Gefüge der römischen Provinzen dauerhaft veränderte. Die beiden dort stationierten Legionen (*legio II Italica* und *legio III Italica*) hatte Kaiser Marcus bereits 165/166 im Rahmen seiner Kriegsvorbereitungen gegen die Germanen aufgestellt. Dies ist eine sehr auffällige Maßnahme, denn in der Kaiserzeit ging die Aufstellung neuer Legionen oft solchen Feldzügen voraus, die die militärische Besetzung neuer Gebiete zur Folge hatten. Tatsächlich ist auch ein Gerücht überliefert, wonach Mark Aurel die Einrichtung zweier neuer Provinzen, Marcomannia und Sarmatia, jenseits der Donau plante. Es ist deshalb durchaus möglich, dass Marcus bereits zum Zeitpunkt der Aufstellung der beiden Legionen an die Errichtung der neuen Provinzen dachte. Sollte dies tatsächlich der Fall gewesen sein, plante er – vielleicht ähnlich wie vor ihm Kaiser Traian (98–117) im Osten – durch die Errichtung neuer Provinzen vor den ehemaligen Reichsgrenzen eine dauerhafte Lösung der militärischen Bedrohungslage zu finden. Jedenfalls hätte er damit auch eine Antwort für jene Stämme geschaffen, die danach drängten, sich auf Reichsgebiet anzusiedeln. Wieviel aber von dem Gerücht auf tatsächlichen Plänen Mark Aurels beruht, bleibt weitgehend unsicher, denn es kam nie zur Errichtung der Provinzen Marcomannia und Sarmatia.

Die Kriege an der Donau kamen zu Mark Aurels Lebzeiten trotz der in langen Jahren hart erkämpften Erfolge zu keinem vollständigen und befriedigenden Abschluss. Zweimal, so berichten die Quellen, war der Sieg beinahe in Reichweite. Das erste Mal, im Jahre 175, musste Marcus jedoch einen überstürzten Frieden schließen. Avidius Cassius, sein damaliger Statthalter in Syrien und durch Mark Aurels Anordnung der eigentliche Regent im gesamten Reichsosten, hatte einen Aufstand gegen seine Herrschaft begonnen. Der Aufstand, der für Marcus vollkommen unerwartet kam, wurde anscheinend durch das falsche Gerücht von Marcus' Tod und einer Absprache zwischen der Kaiserin und Avidius Cassius verursacht. Er konnte zwar rasch niedergeworfen werden, doch da sich weite Teile des Ostens, einschließlich Ägyptens, der Rebellion schnell angeschlossen hatten, beschloss Marcus zusammen mit der Kaiserin und seinem Sohn Commodus, in die aufständischen Provinzen zu reisen, um die Einheit des Reiches erneut zu sichern. Nach einer Reise durch Kleinasien und Syrien und nach einem Aufenthalt in Alexandria zog er schließlich nach Rom, wo er im Winter 176 einen Triumph über die Germanen und Sarmaten feierte.

Es sollte sein letzter Aufenthalt in der Hauptstadt sein, denn die Donaugrenze blieb nicht ruhig. Zusammen mit seinem Sohn Commodus, den er Mitte 175 zum Mitkaiser erhoben hatte, zog Marcus, mittlerweile 56 Jahre alt, am 3. August 178 wieder an die Donau. Die Kämpfe waren erneut aufgeflammt, und den Statthaltern vor Ort war es nicht gelungen, einen raschen Sieg herbeizuführen. So folgte Marcus wieder dem Ruf der Pflicht und begab sich persönlich an die Front. Diesmal stellte sich der römische Erfolg schneller ein und der endgültige Sieg schien nach den Kämpfen des Jahres 179 absehbar. Doch Mark Aurels Gesundheitszustand verschlechterte sich und noch bevor die Kampfhandlungen nach dem Winter wieder aufgenommen werden konnten, starb der Kaiser am 17. März des Jahres 180. Sein letzter Eintrag in seinen Selbstbetrachtungen lautete: «Geh jetzt mit heiterem Herzen. Denn auch der, der dich entlässt, ist heiter.»[11]

Schon im Altertum galt Mark Aurel oft als einer der besten Kaiser, die je in Rom regiert haben. Dieses Urteil verdankte er zwar nicht so sehr seinen Erfolgen als Kriegsherr, sondern vielmehr seinem stoischen Lebenswandel und seinem Umgang mit der senatorischen Führungsschicht. Dennoch hat er trotz seines zunächst empfindlichen Mangels an militärischer Erfahrung auch als Kriegsherr Außerordentliches vollbracht. Getrieben von seinem Pflichtgefühl und mit eisernem Willen und großem Fleiß, aber auch mit einem scharfen Blick für das Notwendige und der Bereitschaft zu unkonventionellen Lösungen half Mark Aurel dem Römischen Kaiserreich aus der größten Krise seit seiner Entstehung.

Außerordentlich bemerkenswert ist dabei die hartnäckige Ausdauer Mark Aurels und sein Vermögen, auch die schlimmsten Rückschläge, militärische wie persönliche, zu überwinden. Die regelmäßige Besinnung auf seine philosophischen Leitgedanken half ihm dabei, die Kraft zu finden, mit der Gewalt der Umstände umzugehen. Der Historiker Ammianus Marcellinus, selbst Offizier, fand im 4. Jahrhundert den Grund für Mark Aurels militärischen Erfolg letztlich in seinem aufopfernden Lebenswandel begründet: «Nach verheerenden Rückschlägen wurde alles wiederhergestellt, denn die maßvolle alte Nüchternheit war noch nicht von der Weichlichkeit eines üppigeren Lebens angesteckt […].»[12] Die meisten Zeitgenossen dürften das Urteil des Cassius Dio, der die Herrschaft Mark Aurels und seiner Nachfolger selbst erlebte, geteilt haben:

> «Indessen durfte er nicht das verdiente Glück genießen, denn er besaß keinen kräftigen Körper und hatte während beinahe seiner ganzen Regierungszeit mit zahllosen Schwierigkeiten zu kämpfen. Doch von mir persönlich genießt er deshalb umso größere Bewunderung, weil er inmitten zuvor völlig unbekannter und außerordentlicher Gefahren selbst durchhielt und das Reich rettete.»[13]

Horden gegen das Abendland? **Attila** (ca. 400–453)

Jörg Fündling

Man «kennt» die Hunnen, auch ohne sich je näher mit ihnen beschäftigt zu haben. Die Assoziationen von Scharen aus der Steppe, lustvoller Verwüstung, Massakern und brutal, vielleicht auch prächtig zur Schau gestellter Macht sind zur Hand – nur gut, dass Europa, wenn nicht gar die Zivilisation gerettet wurde. Dies geschah zur Zeit der Völkerwanderung, wie man vage weiß. Nur die Chronologie und ihr Anführer unterscheiden also «die Hunnen» im kollektiven Gedächtnis von «den Mongolen» – sie sind der Prototyp des unbedingt feindseligen, ja teuflischen Eroberers, natürlich schlitzäugig, die «gelbe Gefahr».

Nicht erst moderne Weltgeschichten, geschweige denn Historienfilme haben diese imposante Mauer aus Stereotypen errichtet. Schon spätantike Zeugnisse ergehen sich in Abscheu über die Reiter mit Köpfen wie aus Holz gehauen, zernarbten Gesichtern und schmutzstarrender gelblicher Haut. Ihr Verhalten sei so unsinnig roh gewesen, dass es sämtliche bis dahin bekannte Barbarenstämme entsetzt habe, ihre schiere Grausamkeit stärker als selbst ihre unstillbare Beutegier. Noch als hunnische Söldner schon jahrzehntelang in den römischen Armeen dienten, legten die Zeitgenossen großen Wert darauf, sie nicht verstehen zu können. Um jeden Verdacht der Normalität zu zerstreuen, erläutern die Quellen, jede Hunnengarnison habe man zusätzlich bewachen müssen.

Die Ereignisse des 4. und 5. Jahrhunderts n. Chr. um den Stammesverband der Hunnen sind in keiner Schrift zusammenhängend überliefert, die Vorgeschichte gar nicht – niemand hat ihren langen Weg aus Zentralasien ins Blickfeld der römischen Welt verfolgt, und die Archäologie, die immerhin das Klischee der kulturlosen Primitiven widerlegen konnte, verrät wenig genug. Für die westlichen Chronisten gab es die Hunnen keine hundert Jahre lang; sie erschienen unter traumatischen Umständen und verschwanden, als die vertraute Welt sich in voller Auflösung befand.

Bereits ihr erstes Auftreten trug dazu bei, das Römische Reich zu erschüttern. Mehr denn je zog es vor allem germanische Stämme und Stammesverbände jenseits von Rhein und Donau in die römischen Provinzen, und sie versuchten es mit Gewalt, wenn sie die Geduld mit Roms zurückhaltender Ansiedlungspolitik verloren. Die Kaiser und ihre Feldherren standen im Kleinkrieg mit diesen Nachbarn, darunter schlagkräftige Gegner, die aus der Zone vor den Kastellen und Grenzarmeen Roms auszubrechen suchten, in der die Westbewegung immer neuer Gruppen den Druck stetig erhöhte.

Im Rücken dieser Ansammlung erschienen um das Jahr 375 die Hunnen, die über die Wolga nach Westen drängten und dabei erst die Alanen, dann die Goten vor sich hertrieben oder unterwarfen. Binnen weniger Jahre überfluteten gotische Flüchtlinge die römischen Provinzen südlich der Donau; dichtauf folgten die ersten Hunnen, die sich um 380 der ungarischen Ebene beiderseits der Theiß bemächtigten – hervorragendes Weideland für Pferde und Vieh. Der Versuch des Kaisers Valens, die Goten in die Schranken zu weisen, brachte ihm und seinem Heer 378 die Vernichtung; die Existenz des ersten geschlossenen Germanenstammes auf römischem Territorium war unumkehrbar, das politische Gefüge des Reiches angeschlagen. Während seit dem Jahr 395 die Teilung in Ost- und Weströmisches Reich endgültig wurde und die Macht weitgehend an Feldherren und Ratgeber in Ravenna und Konstantinopel überging, die einander das Leben schwer machten, schob sich die Grenze des hunnischen Herrschaftsgebiets weiter vor. Um 400 traf es die Burgunder und Vandalen – zur Jahreswende 406/407 überschritten sie, von den Alamannen begleitet, vor den Hunnen zurückweichend den zugefrorenen Rhein, plünderten Gallien, dann Spanien. Das Westreich kämpfte fortan gegen die Auflösung.

Zu den Raubzügen und Reichsgründungen der Germanen im Innern bekam Rom die Überfälle der Hunnen selbst zu spüren. Ein großer Konflikt blieb aber schon deshalb aus, weil auf hunnischer Seite noch keine Zentralgewalt existierte. Im Gegenteil leisteten Hunnen gute Dienste im Krieg gegen die eingedrungenen Germanen oder rebellierende Feldherren, unter Umständen auch gegeneinander.

Wer einen Weg finden konnte, die Hunnen zu einigen, dem boten sich beispiellose Möglichkeiten. Die Mobilität und Schnelligkeit hunnischer Reiterheere, die mehrere Pferde pro Mann mitführten, blieb bis zu den Mongolen ohnegleichen. Die Wucht ihrer Attacken mit gutgezielten Pfeilsalven, gefolgt vom Nahkampf mit dem Schwert, schockierte. Das unterworfene Gebiet war gigantisch. Doch diese Fläche teilte sich eine unbekannte Zahl von Stämmen, die – blutig? – um die Herrschaft über ein Konglomerat besiegter Völker rivalisierten. Um aus der amorphen Land- und Personenmasse ein «Hunnenreich» zu machen, würde ein König oder Großkhan auf völlig neue Mittel zurückgreifen müssen. Die hunnischen Reiter bildeten ein schlagkräftiges Heer, doch verfügbar und verlässlich würden sie nur sein, wenn ihr Oberhaupt oder die bezwungenen Stämme sie ernährten. Gegen große auswärtige Gegner wie Rom würde eine rein hunnische Armee nicht ausreichen: Das Kampfpotential der Untertanen – alanische Panzerreiter und germanische Fußsoldaten – übertraf alles, was die Hunnen fern der südrussischen Steppen selbst aufbieten konnten. So würde ein Hunnenkönig sich Gedanken um die Führung langsamer kombinierter Verbände machen müssen.

Die materielle Basis der Herrschaft war ein noch drängenderes Problem. Landgeschenke allein würden keinen vornehmen Hunnen begeistern. Die weitverstreute Bevölkerung war ärmlich, die Schöpfungen hunnischer Handwerker – wie Rüstungen oder die mit Recht berühmten Kupferkessel – allein nicht ausreichend, der Handel gering. Hunnenpferde wurden gerühmt, aber wohl nicht in Massen exportiert; Pelze, Honig und Wachs aus den Tiefen Osteuropas, vielleicht auch Sklaven, sowie die Kontrolle des Bernsteinhandels wogen den Bedarf an teuren Importgütern nicht auf, den die Entstehung einer festen Oberschicht hervorrief. Es fehlte an Geld und technisch versierten Einwohnern; die Hunnen würden diese «Entwicklungshilfe» jahrzehntelang in Mengen benötigen, die kein Raubzug liefern konnte. Denkbare Quellen waren allein Ost- und Westrom. Im besten Fall würden sie ihre Hilfe freiwillig gewähren: Ein Anführer, der für alle Stämme sprechen konnte, hatte seinen Reiz. Sofern die Hunnen sich und ihre Untertanen von römischem Boden fernhielten, waren sie bessere Nachbarn als Goten oder Franken. Sie hatten die großen Wanderungen ausgelöst, aber sie konnten sie auch unterbinden. Gleichwohl lief es den Interessen von Ravenna wie Byzanz zuwider, einem Hunnenkönig mehr Unterstützung zu geben als das absolute Minimum – starke Hunnen waren so gefährlich wie starke Germanen.

Wann genau sich größere hunnische Stammesverbände entwickelten, liegt ebenso im Dunkeln wie der Zeitpunkt, zu dem Attilas Familie in diesen Prozess eingriff. Es ist gut möglich, dass sie erst zu seinen Lebzeiten die Vormacht über große Teile der Hunnen an sich brachte. Man sucht sein Geburtsjahr nicht ohne Willkür um 400. Sicher ist nur, dass

Attila wie sein – vermutlich älterer – Bruder Bleda vom ersten Moment ihrer Herrschaft an (zwischen 434 und 438) handlungsfähig waren. Die westlichsten Stämme gehorchten seit 400 einem Oberhaupt namens Uldin, an dessen Stelle in den Jahren vor 422 Attilas Onkel Octar (im Westen?) und Rua (im Osten?) getreten waren. Nach Octars Tod gelangte Rua auch in dessen Teilreich zur Macht; seine Erben wiederum wurden die Söhne seines Bruders Mundiuch, eben Bleda und Attila. Die nötige «Prinzenerziehung» hatten sie zweifellos teils auf Kriegszügen, teils vielleicht (wie später Attilas Söhne) als Statthalter ihrer Onkel erfahren. Sehr klug hatte Rua seinen Wohnsitz in die Theißebene gegenüber dem weströmischen Pannonien verlegt, an der Nahtstelle von Ost- und Westreich und in Reichweite wichtiger Verkehrs- und Nachrichtenwege. Man vermutet, dass sich das beherrschte Gebiet aller Stämme von der Donau und vom Kaukasus bis ins Baltikum und vor die Tore Moskaus, in Ost-West-Richtung vom Westufer des Kaspischen Meeres bis fast an den Rhein erstreckte. Hunnenscharen waren bis nach Syrien vorgedrungen; andere setzten dem Perserreich zu und verschafften dem krisengeschüttelten Ostrom damit Atempausen im Dauerkonflikt mit dem alten Feind. Umgekehrt waren die hunnischen Angriffe auf den Balkan eine kaum mehr tragbare Last, seit sich 429 eine neue tödliche Gefahr entwickelt hatte: Die Vandalen schritten zur Eroberung Nordafrikas, bauten eine schlagkräftige Flotte und wurden unter ihrem König Geiserich, einem diplomatischen und strategischen Naturtalent, zum Schrecken des Mittelmeeres. Mit Persern und Hunnen standen gegen die erschöpften Kaiserreiche damit gleich drei mächtige Gegner, nicht gerechnet die weiteren Germanenstämme.

Wichtige Schritte waren bereits getan, als Attila und Bleda um 435 oder 438 das Erbe Ruas antraten. Ein ums andere Mal bot sich Rua als Ansprechpartner der Römer teils an, teils drängte er sich auf. Mit dem Westreich stellten sich nach kleineren Geplänkeln beinahe herzliche Beziehungen her: Rua empfing 432 einen hilfesuchenden Gast, der in seiner Jugend Geisel eines Hunnenherrschers gewesen war. Aetius, der in Ungnade gefallene Heermeister des Westens, hatte sich für seine Ziele – die Sicherung seiner faktischen Herrschaft über das Reich Kaiser Valentinians III. und der römischen Kontrolle über das reiche, aber von Germanenstämmen durchsetzte Gallien – wiederholt hunnischer Söldner bedient. Mit einer stattlichen Hunnenarmee erschien der Flüchtling nun vor Ravenna; Aetius' Stellung war über Nacht fast kampflos wiedergewonnen, und das Staunen war groß, als seine furchtbaren Helfer bereitwillig heimzogen. Teile der Forschung vermuten, zum Dank seien Rua

Teile der pannonischen Provinzen Roms zwischen Donau und Save übertragen worden; jedenfalls waren dort weite Landstriche faktisch in hunnischem Besitz und mit ihnen die kulturell und technisch hochstehende Bevölkerung, die Ruas Reich sonst fehlte. Aetius nahm dies in Kauf: Die Kernregionen Italien und Gallien gingen vor, nicht exponierte, verarmte Randprovinzen. Noch 436/37 befanden sich Hunnen in der Streitmacht, mit der er die Burgunder vernichtend schlug – einer der Keime der Nibelungensage.

Doch das Scheitern einer hunnischen Söldnertruppe gegen das westgotisch besetzte Toulouse 439 schloss das Kapitel bezahlter Hunnen als Helfer Roms ab. Eindeutig war Rua (und seine Erben nach ihm) bemüht, seine Krieger nicht mehr aus dem Land zu lassen. Die einzelnen Stammesführer behielten unter ihm noch ein gewisses Maß an Unabhängigkeit. Nicht jedem genügte das: Mindestens ein hunnischer Stamm setzte sich komplett ab. Rua verhandelte jahrelang, um die Herausgabe aller Untertanen zu erreichen, die auf oströmischen Boden geflohen waren – er brauchte jeden Mann.

Im Osten hatten Ruas Gesandte noch vor seinem Tod unter Kriegsdrohungen den Vertrag von Margus ausgehandelt, der den respektablen Jahrestribut von 700 Pfund Gold aus Byzanz einbrachte. Mehr noch, Ostrom, dessen beste Soldaten vergeblich um Afrika kämpften, hatte sich Einschränkungen seiner Bündnisfreiheit aufzwingen lassen, als wäre es der schwächere Partner. Rua hatte aus der Zwangslage alles Erdenkliche gemacht; sein Tod wurde in Konstantinopel als göttliches Wunder begrüßt. Die Nachfolger konnten eigentlich nur umgänglicher sein.

Angesichts des Stereotyps vom blindwütigen Länderverwüster ist die Bemerkung angebracht, dass wir Attila weit häufiger mit Verhandlungen als mit Feldzügen beschäftigt finden. Unser Wissen stammt hauptsächlich aus einer militärisch unkundigen Quelle, den Fragmenten des Redners und Diplomaten Priskos von Panion, der sein Hauptinteresse vielleicht etwas überzeichnete – doch die Tatsache bleibt. Die Person des Hunnenführers selbst erscheint bei Priskos finster, aber respektgebietend und überlebensgroß: mit selbstbewusstem Schritt, fordernd umherschweifenden Blicken, «gewiss kriegslustig, aber selbst ohne Jähzorn», bedacht, zugänglich für Bittsteller und ein treuer Freund. Für griechisch-römische Verhältnisse war Priskos' Blick auf Attila beinahe objektiv zu nennen: Als Teilnehmer an einer oströmischen Gesandtschaft ins hunnische Kernland um 448/49 berichtete er mit dem Blick des Feindes, löste sich aber weithin von den Klischees über Barbaren als saufende, lüsterne und goldgierige Primitive – gleichwohl rückt schon das Porträt des Gegners ihn weit weg von der vertrauten Kulturtradition, «kurz von Statur, mit breiter Brust, übergroßem Kopf, sehr kleinen Augen, spärlichem, graugesprenkeltem Bart, einer platten Nase und abstoßender Hautfarbe, womit er seine Herkunft zu erkennen gab».

Das Verhalten des Fremden changiert zwischen lauerndem Abwarten, das seinen Gesprächspartnern manch unbedachtes Wort entlockt, und brütender Sorge um die Zukunft; er demütigt seine Söhne und beleidigt mit Gusto den Kaiser in Byzanz. Nach choreographiert wirkenden Wutanfällen lässt er wertvolle Streitobjekte wie als Geschenk an die Gegenseite fallen. Die Chancen stehen gut, dass Priskos und seinen Gefährten bewusst «barbarische» Unberechenbarkeit geboten wurde, um die subtilen Seiten der hunnischen Verhandlungsführung zu verschleiern. Moderne Einschätzungen tun sich entsprechend schwer – die Authentizität von Priskos' Attila bereitet etwa dieselben Probleme wie die von Churchills Stalin, leider ohne nennenswerte Parallelquellen.

Die Erbfolge Bledas und Attilas war aus «monarchistischer» Sicht ein Rückschlag für die Hunnen. An die Stelle Ruas traten wiederum zwei Teilherrscher, die sich zwar durchsetzten, aber ihrer Position nicht völlig sicher sein konnten. Gleich 438 ließ Attila zwei Verwandte kreuzigen, die das Ostreich ausgeliefert hatte; denkbar ist, dass es sich um Enkel Ruas oder Octars handelte, die eine Kraftprobe mit den neuen Herrschern aufgeschoben hatten. Wieso Attilas Onkel Oibarzios (der noch 449 am Leben war) nicht König wurde, ist unbekannt; offenbar wurden die älteren Linien bevorzugt.

Ob hinter den zwei Toten noch Scharen grausam hingerichteter Flüchtlinge stehen oder sie lediglich Opfer innerdynastischer Machtkämpfe waren, ist umstritten. Viel spricht dafür, dass die Masse der Ausgelieferten – von denen die Römer sich stets unwilliger trennten, als es den Hunnenkönigen passte – ein hartes, aber kein grässliches Schicksal erwartete; die namentlich bekannten Opfer Attilas in Friedenszeiten lassen sich an einer Hand abzählen. Ein beachtlicher Teil der Einwohner war zur Flucht entschlossen, aber ob dies auch nur unter den römischen Provinzbürgern und Kriegsgefangenen die Regel war, ist schwer zu beurteilen. Die Untertanen der Hunnen assimilierten sich im Einzelfall durchaus: neben dem Fehlen des spätantiken Staatsapparates konnte etwa die religiöse Gleichgültigkeit attraktiv sein. Christen jeder Konfession, auch Sklaven, wurden von den obstinat heidnischen Hunnen nicht behelligt. Eine Staatsreligion gab es natürlich nicht; Attila selbst wird mehrfach beim sehr ernsthaften Einholen schamanischer Orakel gezeigt und wurde (durch Unterworfene) auch einmal verbal mit der Sonne gleichgesetzt – doch er war sicher nie ein Gottkönig. Als kulturbringendes Oberhaupt einer Pioniergesellschaft sollte man ihn allerdings auch nicht schildern. Falls sich in den wenigen Jahren bis 453 der halbnomadische Lebensstil der Hunnen stärker zur Sesshaftigkeit wandelte, so haben wir keine relevanten Spuren; selbst Attilas verschollene Residenz war nur ein besseres Dorf, teils mit Steinfundamenten – die meisten Hunnen wohnten vermutlich nach wie vor in Zelten.

In den Jahren 440 und 441 kam es zum Unglück des Ostreiches im Augenblick größter militärischer Anspannung erneut zur Krise mit den Hunnen. Ein persischer Angriff auf die Ostprovinzen traf mit dem Überfall der Vandalen Geiserichs auf Sizilien zusammen; die byzantinische Nordgrenze wurde von Truppen entblößt, als im Frühjahr 440 eine riesige Flotte der Kornkammer zu Hilfe eilte. Ausgerechnet in dieser Lage tat die kaiserliche Diplomatie alles, um sich einen Feind zuviel zu verschaffen. Die vereinbarten Hunnentribute waren einbehalten worden; Theodosius II. forcierte lieber die Befestigung seiner Hauptstadt auf der Seeseite, offenkundig gegen die Vandalenflotte. Als die Nachricht eintraf, Hunnen hätten ein Grenzfort überfallen, geschah nichts; Attilas und Bledas wiederholte Forderungen, dem Vertrag mit Rua gemäß Geld und Flüchtlinge zu übergeben, scheinen ignoriert worden zu sein. Schlimmer noch, der Bischof einer Grenzstadt hatte sich als Leichenfledderer in hunnischen Königsgräbern betätigt (später verriet er seine Stadt an die Hunnen). Die Empörung vor allem Attilas war kaum gespielt, ebenso seine Botschaften, er könne bald niemanden mehr zurückhalten; leider war das Kalkül im Kaiserpalast offenbar, der Geldmangel werde ihn schon gesprächsbereit machen. Da Byzanz nicht reagierte, beschloss Ruas Erbe, der sich vor den eigenen Leuten blamiert fühlen durfte, Kriegsruhm zu sammeln und den Tribut mit Gewalt einzutreiben – wobei ungewiss bleibt, welche Angriffe dieses Krieges auf seinen oder Bledas Befehl oder gar unter beider direkter Leitung erfolgten: Spätere Quellen sahen nur auf Attila.

Gleich im ersten Ansturm fiel der wichtige Knotenpunkt Viminacium. Der oströmische Heermeister Aspar eilte an die Front und erreichte eine kurzlebige Waffenruhe, die allzu früh brach. Die Folgen waren katastrophal; Städte und Festungen brannten. Eine über hundert Kilometer weite Bresche wurde in die Verteidigungslinie der Donauprovinzen geschlagen, die sich nie wieder ganz schließen sollte. Die Beute war groß, Attilas Autorität glänzend gestärkt. Für die desolate Quellenlage bezeichnend ist, dass wir nicht sagen können, ob die nächste große Serie von Niederlagen noch in diesen Krieg fiel oder in den zweiten Hunnenkrieg von 447 gehört. Der große Widerhall jenes neuen Debakels spricht für die letztere Deutung.

Der Waffenstillstand schrieb verdoppelte Zahlungen vor, die Ostrom, durch die Rückkehr der Armee aus Sizilien gestärkt, aber spätestens 444 wieder einstellte; vielleicht hinderte der tödliche Konflikt zwischen Attila und Bleda die Hunnen an Racheakten. Ein gewisser Ausgleich ergab sich im Westen. Nach heftigen Vorwürfen an den Hof in Ravenna und eiligen diplomatischen Aktivitäten erschien Attila vor oder sogar in Italien – ob in Waffen oder zu einer Art Staatsbesuch, liegt im Dunkeln. Jedenfalls brachte er von dieser Reise (irgendwann vor 448) die Anerkennung als *magister militum* des Westreiches mit. Als Heermeister bezog er künftig einen hohen Jahressold, der auf einen Tribut hinauslief. Mehr noch, für die Zukunft gab es einen Vorwand für Interventionen auf dem Territorium Westroms.

Wie es ca. 444–446 zur Beseitigung Bledas durch Attila kam und welcher Bruder zuerst Mordabsichten hegte, ist ungewiss. Der Mord erlaubte es, auch die riesigen Gebiete östlich der Karpaten direkt unter Attilas Kontrolle zu bringen; andererseits wäre die Durchdringung des bisherigen Territoriums Arbeit genug gewesen, und es fragt sich, ob Attila jemals das gesamte Bleda-Reich okkupieren konnte. Der spektakuläre Erfolg von 447 suggeriert, dass er die Aufgabe meisterte, kann aber ebenso täuschen wie die ähnlich unwahrscheinlichen Misserfolge von 451 und 452. Überhaupt war es erkennbar nicht Attilas Priorität, Kriege zu entfesseln, sondern – je nach Lage gewaltsam oder nicht – seine Herrschaft zu intensivieren. Schon bald konnte er abermals nach der Finanzkraft von Byzanz greifen. Erdbeben zerstörten 446 Teile der gewaltigen Mauern Konstantinopels; etwa zur selben Zeit erneuerte Attila seine Forderungen nach Tribut und der Auslieferung aller, die er als Untertanen ansah. Umstritten ist, ob er nur einen Vorwand suchte und die Diplomatie am Bosporus vorsätzlich träge reagierte. In dem großen Krieg, der sich nun entwickelte, war Attila der mit Abstand wichtigste Akteur auf hunnischer Seite. Ein schlagender Erfolg und reiche Beute würden Bledas Tod nachträglich rechtfertigen. Die Hauptfrage war, wie stark sich die diesmal ungeteilte byzantinische Armee erweisen würde.

Der Ausgang übertraf alle Voraussagen. Gleich mehrere hunnische Heere fielen über das Reichsgebiet her; der ganze Balkan wurde verwüstet, und nur knapp hielt man die Angreifer aus Mittelgriechenland fern.

Eine Hunnenarmee attackierte sogar erfolglos die Hauptstadt. Nahe der Donaumündung stellte sich ein byzantinischer General zur Schlacht und verlor gleich noch eine Festung dazu. Auf der Heerstraße, die durch Thrakien nach Konstantinopel führte, fiel Stadt um Stadt. Hier stand Aspar selbst in der Defensive, ließ sich zuletzt den Rückzug abschneiden und nach einer verheerenden Niederlage auf die Chersones (die Halbinsel Gallipoli) abdrängen. Theodosius II. musste verhandeln, wenn er nicht den Kollaps des Reiches riskieren wollte; Attila hatte seine kühnsten Träume übertroffen und konnte als unbestrittener Sieger die Bedingungen stellen. Beide Seiten sahen in ihm allein den Urheber des Erfolges; nie war er stärker gewesen.

Sechstausend Pfund Gold als Einmalzahlung sowie Jahrestribute von 2100 Pfund waren die Strafe für Theodosius' Vertragsbruch; dazu soll Attila gefordert haben, südlich der Donau fünf Tagereisen weit (100–150 km tief) sämtliche Ortschaften von Siedlern und Garnisonen zu räumen. Am plausibelsten erscheint die Deutung, er habe einen Wiederaufbau des Grenzsystems aus Kastellen und befestigten Städten verhindern wollen; eine «entmilitarisierte Zone» versprach im Fall neuer Kriege einen leichten Durchbruch nach Thrakien oder an die Adria und steigerte die Erpressbarkeit der Besiegten.

Zwei, drei Jahre lang stand Attilas Erfolg auf dem Höhepunkt. Es ist interessant, dass er dies zwar ausnutzte, aber Byzanz keineswegs an die Wand drängte. Krieg kam nur als Drohung vor. Der schönste denkbare *casus belli* war die Idee, Attila von einem bestochenen Gefolgsmann ermorden zu lassen. Priskos, unsere indirekte Hauptquelle, hatte das Pech, in Lebensgefahr zu geraten, als der Plan aufflog – der wütende Rhetor schildert die Drahtzieher folglich als Dilettanten. Statt blutige Rache zu nehmen, ließ es Attila bei der Blamage für die kaiserliche Diplomatie und schickte eine Lösegeldforderung. Hochrangige Botschafter überbrachten 450 die verlangte Summe und kehrten mit einem unverhofften Erfolg zurück: Nicht nur konnten sie zahlreiche Gefangene des letzten Krieges heimführen, Attila gab überdies die Pufferzone südlich der Donau preis. Entweder wählte der Hunnenkönig aus freien Stücken eine Freundschaftsgeste oder er sah bereits den Konflikt mit dem westlichen Kaiserreich voraus, wie er im Lauf des Jahres 450 immer gewisser wurde; ein wohlwollender Nachbar an der Donau würde ihm das Leben erleichtern, und tatsächlich riet Theodosius seinem Vetter in Ravenna zum friedlichen Ausgleich mit dem Hunnen.

In gewissem Sinne machten die schwer geprüften Byzantiner während dieser kurzen Jahre beinahe ein gutes Geschäft. Für die kaiserliche Kasse waren die 447 erpressten Tribute durchaus bezahlbar, leichter als die Folgen großangelegter Zerstörungen; wirklich ruinös waren erst Summen wie die 468 aufgebrachten 100 000 Pfund Gold für einen Feldzug gegen die Vandalen. Für die Hunnen, die mit Schutzgeldern sicherer verdienen konnten als mit Beute und Lösegeld, lohnte sich der Handel ohnehin, aber für keinen mehr als Attila: jede dieser Zahlungen ging unfehlbar durch seine Hand. Zum Teil musste er seine Großen nicht einmal selbst beschenken: Nach 448 schickte er prominente Hunnen mit immer neuen Beschwerden an den Bosporus, wo sie sich an Gastgeschenken bereicherten (und einen Anteil bei Attila ablieferten); diese Form der Erpressung war so ausgeklügelt wie einträglich.

Die spärlichen Informationen über die Sozialstruktur von Attilas Reich betreffen fast ausschließlich seine engste Umgebung. Die «hunnische» Führungsschicht war mehrsprachig und in Herkunft wie Namen so international, dass bis heute keine Einstimmigkeit herrscht, welche Art Sprache das eigentliche Hunnisch darstellte. Selbst Attilas überlieferter Name, sei er «echter» oder Beiname, ist am ehesten germanisch. Vor der Idee, die Hunnen seien «reinrassig» asiatisch-mongolid gewesen, muss man sich ohnehin hüten; Frauenraub, Heiratsbündnisse und die Aufnahme vielversprechender Krieger waren hier so üblich wie bei den zeitgenössischen Germanenstämmen. Klagen gotisch geprägter Quellen über die Verachtung der Hunnen für ihre germanischen «Sklaven» verdienen einiges Misstrauen: Bei aller Abhängigkeit gehörten neben «echten» Hunnen zum engsten Kreis um Attila die Könige der Gepiden und der Ostgoten, Ardarich und Valamir – deren Völker zudem als geschlossene Einheiten in den Krieg zogen. Ratgeber Attilas war der Skire Edekon (wohl der Vater des späteren Königs von Italien, Odovacar), sein Sekretär der Römer Orestes (dessen kleinen Sohn Odovacar 476 als letzten Kaiser des Westreiches absetzte). Von Diskriminierung der Nichthunnen hören wir nichts.

Andererseits fehlte dieser gemischten Führungsschicht ein Gefühl der Zusammengehörigkeit; der König, nicht ein «Reichsbewusstsein» bildete die Klammer, die eine Vielzahl von Einzelloyalitäten zusammenhielt. Diese freilich waren außerordentlich stark: An ihnen scheiterte der erwähnte Mordplan, und sie ließen Attilas Wort Gesetz werden – Streitfälle entschied er im Vorbeigehen mit ein, zwei unwiderruflichen Sätzen. Natürlich stärkte ihn der Erfolg. Von etwa 430 bis 450/51 floss mit mehreren Stockungen ein für hunnische Verhältnisse unerhörter Strom von

Subsidien, besonders aus dem Ostreich; solange Attila solche Geldmengen zu verteilen hatte, stand er ohne Rivalen da. Inmitten der prunkenden hunnischen Granden stach der König durch ostentativ schlichte Kleidung und hölzernes Tischgeschirr heraus – genügsam und zugleich über den Wettbewerb der anderen erhoben.

Ein Problem war dabei absehbar. Konkurrenz steigerte die Ansprüche der Gefolgsleute, also würden auch die Tribute steigen müssen. Das aber hieß neue Kriege androhen und, wenn nötig, siegreich auskämpfen – gegen zwei Reiche, deren riesige Ressourcen, richtig gebraucht, gefährlich waren. Versiegte der Tributfluss, konnte die noch ungefestigte hunnische Oberschicht samt eigenem Gefolge auseinander laufen. Attila war zum Erfolg als Erpresser verdammt.

Weiterhin fehlte es an dynastischer Stabilität. Attila hatte mindestens drei Söhne, deren «Schwäche» er lauthals vor den Ohren oströmischer Gesandter verwünschte (den Jüngsten, Ernac, ausgenommen) – wenn dies keine bloße Tirade war, stand am ehesten die Furcht vor der unvermeidlichen Reichsteilung nach dem Tod des Vaters dahinter. Nur der Tod «überzähliger» Erben, notfalls nach Attilas Muster durch Brudermord, hätte sie verhindern können. Es erstaunt, dass von Töchtern keine Rede ist – dies deutet vielleicht ein Fehlen von Verschwägerungspolitik an, wie sie später Chlodwig für das Frankenreich betrieb. Die Vergabe von Attila-Töchtern an wichtige Vasallenkönige (Ardarich und Attila hatten zumindest einen gemeinsamen Enkel) oder an die Herrscher von Westgoten und Vandalen hätte Verbündete für den König und Beistand für seine Erben versprochen – aber auch Herrschaftsansprüche provoziert und im Fall der auswärtigen Völker zusätzliche Spannungen mit den zwei römischen Kaiserhöfen gebracht.

Der Sturm, der die Glanzzeit beendete, zog schon 450 auf. Die Ereignisse um Iusta Grata Honoria, die Schwester Valentinians III., streifen den Rand der Glaubwürdigkeit. Honoria, angeblich das *enfant terrible* der Dynastie, war nach Eskapaden mit einem Senator praktisch eine Gefangene, brachte es aber fertig, eine Bitte um Hilfe, begleitet von einem Ring, an den weströmischen *magister militum* Attila zu senden. Dies traf mit einer Trübung der hunnischen Beziehungen zum Westreich zusammen: Eudoxius, letzter Anführer der rebellischen Bagauden in Gallien und damit Intimfeind des Aetius, war aus dem Zusammenbruch seiner Bewegung an Attilas Hof geflohen, und die Rivalen eines Thronstreits bei den Franken suchten Unterstützung bei Attila und bei Roms Mann in Gallien – Aetius' Prinz setzte sich durch. In dieser Lage erklärte Attila

Honorias Nachricht zum Eheangebot und verlangte eine angemessene Mitgift für seine Braut – das halbe Weströmische Reich.

Der Gedanke war weder beispiellos noch absurd. Galla Placidia, die mächtige Mutter Honorias und des kinderlosen Valentinian, hatte vor Zeiten den Westgotenkönig Athaulf geheiratet, Mann und Sohn aber bald verloren; möglicherweise war sie Teil des Plans, Attila als Vater künftiger Kaiser an die Stelle des ihr verhassten Aetius zu setzen. Schon sprach man von einem Krieg Attilas gegen die Westgoten in Gallien, womit der Heermeister endgültig übergangen worden wäre. Valentinian, empört über die familiäre Aussicht, vergaß einstweilen seine eigenen Differenzen mit Aetius und leistete Widerstand.

In dieser Lage entschied der dynastische Zufall. Der kompromisswillige Theodosius II. kam am 28. Juli 450 bei einem Jagdunfall ums Leben; Aspar installierte als neuen Kaiser im Osten Marcian, der sich durch Härte gegenüber den Hunnen zu empfehlen suchte. Bis heute erntet er großes Lob für seinen Mut, die Tribute aufzukündigen – was er wohl erst tat, als der Krieg im Westen beschlossene Sache war. Dort starb auch Galla Placidia, womit Valentinians Nein feststand; Attila, der plötzlich zwei entschlossene Kaiser vor sich hatte, drohte alle Geldquellen auf einmal zu verlieren. Drei Gegner standen zur Auswahl: die Goten ebenso wie beide Reichshälften. Relativ früh entschied sich, dass der Hauptstoß nach Westen gehen würde – mit der Option, den Krieg auf die Goten zu begrenzen und sich doch noch mit Ravenna zu einigen.

In Italien ging die Angst vor einer Invasion um, doch der Aufmarsch fand am rechten Rheinufer statt. Dieser komplizierte Weg war gut überlegt: Attila schob einen Zug gegen Valentinian auf, schnitt ihn aber im Fall eines Sieges von seiner wertvollsten Provinz ab und konnte dann von zwei Seiten über die Alpen einfallen. Gallien selbst war Roms Herrschaft halb entglitten; Aetius und die Westgoten banden das Potential des jeweils anderen. Fiel das Gotenreich oder ganz Gallien, würde Valentinian den überflüssigen Aetius (und Honoria) gern opfern, fortan eine Geisel seines neuen Schwagers; reiche Beute und hohe Tribute waren sicher. Danach würde auch Marcian im Osten anders reden müssen.

Im Suchen nach Verbündeten war Attila leider ungeübt; sein Misserfolg war geradezu spektakulär. Geiserich, ein Feind der Goten, hätte die Provence und Italien verheeren, also Aetius' Kontingent im Süden festhalten können, doch Geiserich sah die Zeit noch nicht gekommen. In anderer Hinsicht kam Attila zu spät: die Rebellenbewegung der Bagauden bestand anscheinend nur noch aus dem geflohenen Eudoxius. Die kleineren Germanengruppen wollten die Hunnen so wenig im Land haben wie die Kirche und der Aetius verbundene gallorömische Adel. Die bis vor Kriegsbeginn anhaltenden Versuche, allein die Goten zum Feind zu erklären, verband Attila mit altgewohnten Drohungen gegen Ost- und Westrom, nun aber entschieden zu schrill und unrealistisch: Beide Kaiser, seine tributpflichtigen Sklaven, sollten eiligst kapitulieren. Spätestens dies trieb Marcian zum Entschluss, selbst offensiv zu werden; in Gallien kam es inzwischen zur Vernunftallianz zwischen Aetius und seinem westgotischen Feind Theoderich I. So ziemlich jede Voraussetzung des Planes war durch grobe Fehler oder den Zufall zerstört.

Die Berichte über den Einfall Attilas in Gallien sprechen mit genussvollem Schauder von einer halben Million Angreifer; realistisch ist nicht einmal ein Zehntel dieser Zahl. Die Haltung Marcians band bedeutende Kräfte, vermutlich gerade die Mehrheit der eigentlichen Hunnen (von schnellen Kavallerieattacken ihres Stils wird für Gallien nichts berichtet). Einige zehntausend Krieger, die meisten zu Fuß, wurden an den Rhein verlegt, während Attila noch mit Ravenna verhandelte – Ostgoten und Gepiden, dazu Rugier, Skiren, Heruler, Sueben von der Donau und Thüringer, Teile der Franken und viele Sarmaten, voran die Alanen. Im Rücken Attilas griff Marcian persönlich das hunnische Kernland an, wo nun erstmals der Besitz hunnischer wie germanischer Großer in Gefahr geriet; vor ihm gab der Westgotenkönig Aetius' Drängen nach, den Kampf weit vor den Grenzen seines eigenen Reiches in Aquitanien zu suchen und die Bischofsstädte Zentral- und Ostgalliens zu verteidigen.

Die ersten Entscheidungen begünstigten gleichwohl Attila, dessen Heer das Moseltal hinaufzog, solange seine Hauptgegner noch fern waren. Am 7. April 451 fiel Metz. Als Basis für den Angriff auf das Gotenreich bot sich Orléans an, das Attila durch Verrat zu nehmen hoffte, doch Aetius und Theoderich näherten sich, ehe die hunnische Belagerung ihre volle Wirkung entfaltete. Die Angreifer drohten zwischen der Stadt und dem Entsatzheer eingeschlossen zu werden; Attila kehrte nach Osten um, sei es zurück nach Metz, sei es, um in der fruchtbaren Champagne die Armee zu versorgen, die wenig Vorräte hatte. Außerdem näherte er sich der wichtigen Straße von Reims nach Langres, die ihm offensive Wendungen in die Île-de-France wie ins Rhônetal erlaubt hätte. Doch anscheinend waren die Verfolger, auch sie meist zu Fuß, schneller als die mit erster Beute beladenen Krieger Attilas; er formierte sich vor einer Wagenburg nach germanischem Muster zum Kampf. Nördlich von Troyes und südlich von Châlons-en-Champagne kam es an unbekannter Stelle, auf dem *campus Mauri(a)cus*, im Juni (vielleicht am 20.) zur Schlacht, die unter dem Namen der Katalaunischen Felder berühmt wurde.

Die fragile Bündnisstruktur bestimmte Aetius' Aufstellung: Die Westgoten übernahmen den rechten, seine Soldaten mit weiteren Stämmen den linken Flügel, während des Verrats verdächtige Söldner ins Zentrum gegenüber Attila selbst rücken mussten. Nach einem Vorgeplänkel entwickelte sich der Kampf um einen das Feld beherrschenden Hügel; beide Seiten fassten dort Fuß, mit Vorteilen für Römer und Goten. Attila griff nun auf ganzer Linie an und brachte die gegnerische Mitte in Gefahr, wurde aber auf dem römischen Flügel aufgehalten, während die Westgoten – obwohl König Theoderich fiel – im Gegenstoß durchbrachen und sogar aufs Zentrum der Hunnen schwenkten. Attila gelang der Rückzug ins Lager, wo er, angeblich zum Selbstmord gerüstet, die nächsten Schritte der Sieger erwartete. An einen Sturm der Wagenburg dachte dort niemand; der neue Westgotenkönig Thorismud erwog bei allem Rachedurst allenfalls ein Aushungern des Gegners, der zurückgeschlagen, aber keineswegs in Auflösung war. Sofort setzte der Zerfall des Bündnisses ein. Während Thorismud und der Frankenkönig heimkehrten, um ihre jüngst gewonnene Macht zu festigen, soll Aetius selbst die Hunnen als Gegengewicht zu den Goten verschont haben. Der Heermeister allein besaß keine Mittel, Attila den Rückzug zu verlegen, auch wenn er wollte; er beschattete das hunnische Aufgebot, bis es mit wenig Beute über den Rhein setzte.

Die Katalaunischen Felder waren damit nur für die Goten ein glorreicher Sieg, da sie den Anfang ihrer Herrschaft in Gallien bedeuteten. Für Rom handelte es sich um ein blutiges Unentschieden. Aetius hatte die ärgsten lokalen Feinde der römischen Herrschaft aufgewertet, um den Feind von außen abzuwehren; dies kostete ihn beim Lokaladel und am Kaiserhof empfindlich an Gewicht. Attila verlor Schlacht und Feldzug, zu viele Krieger und den Ruf der Unaufhaltsamkeit, nicht aber seine Armee als Ganzes. Die Gefahr für sein Herrschaftssystem war allerdings ernst; 451 war in weiten Teilen der Mittelmeerwelt ein Hungerjahr, das Geld knapper denn je, da auch das Westreich nicht mehr zahlte. Ein zweiter, ertragreicher Feldzug musste folgen. Wo dieser Schlag fallen würde, war zunächst ungewiss.

Das Jahr 452 sah den nächsten Hunnenangriff, und diesmal galt er Italien selbst. Sein Verlauf jedoch erwies sich als so merkwürdig kontraproduktiv und ziellos, dass gelegentlich Rachedurst als das einzige Motiv gilt. Im Gegenteil lassen sich aber hier Attilas Möglichkeiten besser benennen als in Gallien. Der Marschweg war kürzer, eine Überrumpelung des Gegners denkbar. Gelang es, Italien empfindlich zu treffen, war Aetius als Oberkommandierender im Reich bloßgestellt; Valentinian würde bereit sein, wieder zu zahlen, wenn eine hunnische Armee vor Ravenna oder gar Rom erschien, vielleicht Honoria «befreite» und unterwegs die Städte verwüstete, so dass – wie 447 an der Donau – der nächste Überfall noch müheloser ablaufen musste. An langwierigen Kämpfen konnte Attila nicht gelegen sein; rascher, lukrativer Frieden war sein Ziel, und als nächster Feind wartete Byzanz. In jedem Fall gab es für das enttäuschte Heer nirgendwo reichere Beute zu holen als im selten geplünderten Italien. Verbündete allerdings zeigten sich weniger denn je. Insbesondere Geiserich traf keine Anstalten, vor den Küsten zu erscheinen.

Aber erneut häuften sich die Rückschläge. Schon die Eröffnung der Kampagne verspätete sich bis zum Ende des Frühjahrs, wohl wegen der jüngsten Verluste; Attilas Heer überschritt die Julischen Alpen, hinter denen mit dem gut befestigten Aquileia die erste Verteidigungslinie Italiens gegen Einfälle von Osten lag. Eine selbstversorgte Hunnenarmee alten Stils hätte Aquileia einfach umgangen; mit trägen Fußtruppen, die offene Rückzugswege, vielleicht sogar Nachschub brauchten, war eine feindliche Festung im Rücken zu riskant. Attila verbiss sich in eine verlustreiche, monatelange Belagerung. Als die Stadt (frühestens im Juli) endlich fiel, war der Feldzug strategisch schon gescheitert: An eine Attacke auf das ungleich stärkere Ravenna war nicht zu denken, die Pässe über den Apennin waren offenbar durch Aetius' Truppen so gut besetzt, dass die Hunnen gar keinen Sturmversuch unternahmen. Überdies deutet eine Nachricht darauf hin, dass Byzanz nun mit einem Expeditionskorps in Italien eingriff – der ideale Landeplatz war Ravenna selbst, womit ein weiteres Heer in der Flanke der Hunnen stand, wenn sie vorrückten.

In der heißesten Jahreszeit schwenkte die hunnische Armee seitwärts in die von Nahrungsknappheit und Seuchen heimgesuchte Poebene, die Aetius anscheinend kaum verteidigte. Padua, Ticinum und das reiche Mailand fielen rasch. Die Angreifer sammelten riesige Beutemengen, setzten sich dabei aber Überfällen aus. Pferde und Zugtiere verendeten in Massen, während ihre Herren – wie so viele Invasoren Italiens – dahinstarben. Noch ehe Gesandte aus Rom unter Bischof Leo (dem Großen) auf Attila trafen – der Ursprung der Legende, mit Hilfe von Petrus und Paulus persönlich habe der Papst den Barbarensturm abgewehrt – war der Rückzug unvermeidlich. Eine dezimierte Armee trat mit der

Beute, die sie noch transportieren konnte, den Weg zur Donau an. Kein Frieden, kein Tribut war der Ertrag dieser Kampagne, nur unglückliche Gefangene, von denen eine ganze Anzahl erst 458 freikommen sollte.

Attilas Lage begann verzweifelt zu werden. Bei aller Schwächung seiner Kampfkraft war der nächste Feldzug unausweichlich; dass die Zusammenarbeit von West- und Ostrom sich noch intensiviert hatte, verhieß Unheil. Die Pläne richteten sich diesmal klar gegen Byzanz – dessen Truppen vollzählig und mit gestärkter Moral bereitstanden. Marcian wartete im uneinnehmbaren Konstantinopel, dem ohne beste Belagerungstechnik und eine Flotte selbst ein vollständiger Sieg wie 447 nichts anhaben konnte; der Ausgang war ungewisser denn je. Unter Kriegsrüstungen und Drohungen brach das Jahr 453 an. Als die Einwohner des Ostreiches bereits vor dem Ansturm zitterten, verbreitete sich die Nachricht, Attila sei – überanstrengt von Trunkenheit und der Hochzeitsnacht mit einer jungen Frau – im Schlaf am eigenen Blut erstickt.

Die Umstände sind suspekt, aber nicht zu klären. Sicher ist, dass auf hunnischer Seite niemand vorbereitet war. Die Existenz mindestens dreier Erben machte die Reichsteilung unvermeidlich, also eine gefährliche Schwächung aller Hunnen während der nächsten Jahre. Nichts jedoch ließ den geradezu explosiven Zerfall der Herrschaft, ja des ganzen Volkes ahnen, der folgte. Keiner der Attilasöhne, auch nicht der Älteste Ellac, konnte einen Vorrang geltend machen. Damit kam viel auf die Haltung der großen Untertanenstämme an, unter denen es zum Bruch zwischen jenen kam, die weiterhin zu Attilas Haus hielten (voran Valamirs Ostgoten), und den Völkern um den Gepidenfürsten Ardarich, die den Moment zur Unabhängigkeit nutzen wollten. Am Fluss Nedao prallten beide Lager 454 zusammen. Ellac fiel, die besiegten Hunnen zerstreuten sich in alle Winde – ein Teil kehrte nach Asien zurück, der Rest versuchte, in kleinere Gruppen zersplittert, durch Kapitulation oder Eroberung eine Zuflucht auf römischem Reichsboden zu finden, wo sie Byzanz erst duldete, später dann von den Ostgoten massakrieren ließ. Fünfzehn Jahre nach Attilas Tod gab es Hunnen in der römischen Welt nur noch als vereinzelte Söldner oder sonstige Versprengte, die in anderen Völkern wie den herandrängenden Bulgaren aufgingen; ein Enkel Attilas (und Ardarichs), Mundo, endete nach einem Abenteurerleben als braver römischer General, der Vater und Großvater weiterer Berufssoldaten.

Wenn Attila konstruktive Ziele verfolgt hatte, scheiterten diese mit ihm so gründlich, dass der Eindruck des Nur-Zerstörerischen blieb. Sein eigenes Volk hatte ihn nicht überlebt. Weite Teile Europas hatten Schäden erlitten, die künftigen Invasoren den Weg nach West- und Ostrom erleichterten. Der geduldige Geiserich etwa hätte ohne die Hunnenfurcht weder Afrika so leicht halten noch 455 Rom plündern können. Andererseits hing der «Untergang» der spätantiken Welt nicht von Attilas Existenz ab, ja, sein Ende könnte ihn beschleunigt haben: Andernfalls wären die Ostgoten Theoderichs des Großen hunnische Untertanen statt Herrscher Italiens, die fernen Langobarden tief in Osteuropa geblieben. Selbst ohne Attila war Roms Stellung in Gallien unhaltbar, auch weil Kaiser Valentinian den überlebenden Aetius bald darauf persönlich umbrachte. Binnen kurzem entglitt dem Westreich mit dem letzten Gebiet von Bedeutung die Existenzgrundlage. Weltgeschichte schrieb Attila insofern, als er neben dem ungewollten Zerfall der Hunnen die Auflösung der Alanen und anderer sarmatischer Stämme einleitete, so dass in Europa für einige Jahrzehnte, die das Frühmittelalter entscheidend prägen sollten, nur Germanenstämme als handlungsfähige Einheiten übrigblieben, ehe die Bulgaren und Awaren im Osten erschienen.

Das dauerhafteste Reich eroberte sich Attila in der Phantasie – je nachdem als mörderisches Monster, als Zuchtrute Gottes oder als freigebiger König mit einem leider etwas wilden Gefolge; den Hunnen stand eine große Karriere als Symbol der Kulturfeindschaft bevor (bisweilen feierte man sie dafür). Die Gegenwart erlebt ihre Rückkehr aus der Legende: Das ungarische Parlament hat über die Anerkennung einiger tausend Antragsteller, geführt von einem Priester der «Heiligen Hunnischen Kirche», als offizielle Minderheit zu entscheiden, und am invasionserprobten Rhein sind «Hunnenhorden» aus dem Boden geschossen, deren pelzbesetzte Romantik (halb Gegenkultur, halb Karnevalsverein) das Erbe der Indianerclubs verflossener Jahrzehnte angetreten hat. Ein Großkhan aber ist nicht in Sicht.

Die Militarisierung der Steppe
Tschingis Khan
(ca. 1162–1227)

Stig Förster

«Der Urahn Tschinggis Chans war ein vom hohen Himmel erzeugter, schicksalerkorener grauer Wolf. Seine Gattin war eine weiße Hirschkuh. Sie kamen über den Tenggis-See, und an der Quelle des Onan-Flusses beim Berge Burhan Chaldun wählten sie ihren Lagerplatz, wo ihnen ein Kind geboren wurde, Batatschichan.»[1]

So beginnt der Bericht über das Leben des Tschingis Khan in der ältesten, noch erhaltenen mongolischen Quelle, der «Geheimen Geschichte». Von dieser mythologischen Abstammung her, so die Quelle weiter, entwickelte sich ein Herrschergeschlecht, das sich über die Generationen hinweg in immer neue Sippen aufgliederte und so einen Volksstamm schuf. Dabei war wiederholt göttliche Intervention im Spiel, woraus sich ein übergeordneter Herrschaftsanspruch legitimierte. Schon der Urgroßvater des Tschingis Khan löste diesen Anspruch angeblich im Ansatz ein: «Die ganzen Manghol hatte Chabul chahan unter seine Verwaltung genommen.»[2] Ob vor Tschingis Khan die Vereinigung der Mongolen oder wenigstens wesentlicher Teile dieses Volkes tatsächlich schon einmal gelungen war, lässt sich nicht nachweisen. Aber der Anspruch war da, auch wenn die Geheime Geschichte konstatiert, dass bei der Geburt Temüdschins, wie der spätere Tschingis Khan eigentlich hieß, die Stämme in Zwietracht miteinander lebten.

Der Tschingis Khan wurde einer der größten Eroberer der Weltgeschichte. Er erschuf ein gewaltiges Reich, das seine Söhne und Enkel zum Weltreich ausbauten. Auch wenn nur die engsten Mitglieder der Dynastie unmittelbaren Zugang zum geheimen Familienarchiv besaßen, und trotz der über die Jahrhunderte andauernden Vernichtung von wichtigem Quellenmaterial, sind die Lebensgeschichte dieses Eroberers und die Geschichte seines Reiches relativ gut dokumentiert. Auf dieser Grundlage ist es der Forschung vor allen Dingen in den letzten Jahrzehnten gelungen, ein differenziertes und detailreiches Bild des Mongolenreiches und seines Gründers zu zeichnen.

Es kann kein Zweifel daran bestehen, dass der Tschingis Khan in besonderer Weise den Typus des Kriegsherrn verkörperte, der es verstand, Politik und Kriegführung unter seiner Leitung erfolgreich miteinander zu verbinden. Er war ein glänzender Stratege, der seine Kriegszüge mit Umsicht, Weitsicht und Einfühlungsvermögen in die allgemeine politische Lage anlegte. Aber er war auch ein geschickter Taktiker, der seine Truppen auf dem Schlachtfeld umsichtig führte. Vor allem jedoch erwies er sich als raffinierter Politiker, der seine militärischen Siege in dauerhafte Ergebnisse ummünzen konnte. Auf diese Weise stieg er zu einem Herrscher auf, dessen Reich auch nach seinem Tod fortbestand, ja sogar noch expandierte. Insofern unterschied er sich von seinem Epigonen Tamerlan, der Ende des 14. Jahrhunderts antrat, um das Mongolenreich noch einmal zu errichten, aber trotz aller Eroberungen fast nur Trümmer hinterließ. Die Geheimnisse der Erfolge des Tschingis Khan sollen im Mittelpunkt dieser Darstellung stehen. Dabei wird deutlich werden, dass eine Geschichtsschreibung über «große Männer» nicht ausreicht, um die Zusammenhänge zu begreifen. Die politischen, sozialen und wirtschaftlichen Strukturen seiner Zeit stellten die Rahmenbedingungen dar, unter denen er agierte. Sein wichtigstes Erfolgsrezept bestand wohl darin, dass er sie für seine Zwecke zu nutzen verstand.

Temüdschin wurde wahrscheinlich im Jahre 1162 geboren. Der Geburtsort lag angeblich am Fuße des heiligen Berges Burchan Chaldun und war somit symbolträchtig. Seine Mutter Höelün war, wie bei den Nomadenvölkern durchaus nicht unüblich, eine Frau von starkem Charakter, die auf ihren Sohn zeitlebens erheblichen Einfluss nahm. Sein Vater Yisügei hatte es nicht zur Khanswürde gebracht, sondern führte nur einen kleineren Clan an. Temüdschin war neun Jahre alt, als sein Vater von einer Gruppe Tatar ermordet wurde. Die Folgen für die Familie waren schrecklich. Ohne den Anführer konnten die Gefolgsleute nicht mehr auf Beute hoffen und machten sich deshalb davon. Auch die Familie scheint die Witwe und ihre Kinder im Stich gelassen zu haben. Höelün war damit eine Ausgestoßene geworden, die ihre Kinder in den folgenden Jahren mühselig aus der Steppe ernähren musste. Doch auch in dieser hoffnungslosen Lage schärfte sie ihrem ältesten Sohn Temüdschin ein, dass er zu Höherem geboren sei. Aber zunächst standen weitere harte Prüfungen bevor. Je nach Quelle geriet Temüdschin einmal oder gar mehrmals in Gefangenschaft und fristete das Dasein eines Knechtes. Doch mit Geschick und charakteristischem Kalkül gelang es ihm, in die Freiheit zu entkommen.

Diese harten Jugendjahre haben Temüdschin zweifellos gestählt, ihn aber auch misstrauisch und verschlagen gemacht. Interessant dabei ist, dass Temüdschin in den Quellen nicht so sehr als draufgängerischer Held, sondern vielmehr als berechnender Kopf dargestellt wird. Darin lag denn auch sicherlich eine seiner Stärken. Glück kam hinzu. In Boortschu fand Temüdschin in dieser Zeit seinen ersten Getreuen, der ihm zeitlebens diente und später zu hohen Ehren aufstieg. Auch die Brüder hielten zu ihm. Als Temüdschin etwa 15 Jahre alt und damit nach den Gesetzen der Steppe zum Mann geworden war, gelang es ihm, die ihm noch zu Lebzeiten seines Vaters zur Frau versprochene Börte heimzuführen. Börte blieb von nun an seine Hauptfrau und wichtige Ratgeberin. Selbst ihre zwischenzeitliche Entführung, in deren Verlauf ihr Sohn Jotschi gezeugt wurde, hat das Verhältnis nicht getrübt. Temüdschin erkannte nach der Befreiung Börtes Jotschi als seinen ältesten Sohn an.

Das bisher Dargelegte deutet an, mit welcher Brutalität sich die Clans und Stämme in der damaligen Steppe gegenseitig bekämpften. Tatsächlich war Temüdschin in eine grausame Welt hineingeboren worden. Die Nomadenvölker der mongolischen Steppe führten ein hartes Leben, meist in bitterer Armut. Das Klima war extrem rau und die Landschaft karg. Wüste wechselte sich mit baumloser Steppe ab. Im Winter sanken die Temperaturen häufig unter -40° Celsius. Nur in wenigen Gebieten und im Norden existierten schützende Wälder. Das Land wurde von viehzüchtenden Nomaden bewohnt. Pferde und Schafe stellten die Lebensgrundlage dar, wobei die Pferdezüchter eine Elite bildeten – Temüdschin aber stammte von Schafzüchtern ab. Fleisch, Felle, Wolle und eben Pferde stellten die wichtigsten Handelsgüter dar, um bei den vergleichsweise wohlhabenden sesshaften Völkern im Süden, insbesondere den Chinesen, Agrar- und Handwerksprodukte einzukaufen. Dieser Handel war für die Steppenvölker lebensnotwendig. Brach er zusammen, wie dies im 12. Jahrhundert in weiten Bereichen geschah, kam es zur Krise.

In der mongolischen Steppe lebten damals viele verschiedene Völker. Turkvölker und Mongolen existierten nebeneinander und vermischten sich auch. Ihre Sprachen waren verwandt. Zu diesen Nomadenvölkern gehörten die Tatar, die Naiman, die Kerait, die Kirgisen und eben auch die Mongolen, die vornehmlich in den östlichen Gebieten wohnten. Doch die Zugehörigkeit zu einem Volksstamm war nicht die entscheidende Grundlage für die soziale und politische Organisation der Steppennomaden. Traditionell wichtiger war das äußerst komplexe Geflecht der Clans und Blutsverwandtschaften. Innerhalb dieses Systems fanden die Menschen Schutz und Geborgenheit. Die Clans und die Verwandtschaftsbeziehungen bildeten aber auch den Nukleus für politische und militärische Macht. Der Khan, der in der Regel größere Stammesverbände anführte, war keineswegs unumschränkter Herrscher, sondern eher *primus inter pares*. Er konnte sich der unbedingten Treue seiner Clanchefs niemals gänzlich sicher sein. So war der Zusammenhalt größerer Gemeinschaften jederzeit gefährdet. Nicht zuletzt deshalb waren die Khane immer wieder bereit, Außenseiter in ihre Dienste zu nehmen. Doch der Masse dieser Außenseiter, die keinem Clan angehörten und nicht über einflussreiche Blutsverwandte verfügten, blieb der Schutz durch eine stärkere Gruppe versagt. Nach dem Tod seines Vaters war Temüdschin ein derartiger Außenseiter geworden.

Schutz aber war notwendig, um in der Steppe auf Dauer zu überleben. Denn in der Krise des 12. Jahrhunderts hatte sich der traditionelle Kampf zwischen den Clans, rivalisierenden Banden von Außenseitern und größeren Stammesverbänden zu einem blutigen Chaos entwickelt. Mit äußerster Brutalität wurde um die knappen Ressourcen gestritten. Der gegenseitige Raub von Vieh, Pferden und auch Frauen war an der Tagesordnung. Gefangene wurden häufig zu Sklaven degradiert. Der Zusammenhalt der Gruppen hing dabei immer mehr vom Erfolg ab. Kam ein Anführer ums Leben, ohne einen leistungsfähigen Nachfolger zu hinterlassen, der Schutz, aber auch neue Beute versprechen konnte, liefen die Gefolgsleute auseinander, um sich neue Herren zu suchen. Temüdschin hatte derartiges in seiner Kindheit erleben müssen.

All dies muss in einem größeren Zusammenhang gesehen werden. Die Nomaden des mongolischen Raumes waren nur Teil eines gigantischen Steppengürtels, der von der heutigen Ukraine bis in die Mongolei reichte und innerhalb dessen prinzipiell ähnliche Lebensbedingungen herrschten. Spätestens zweitausend Jahre vor unserer Zeitrechnung hatten sich dort nomadische Viehzüchterkulturen etabliert und damit die Steppe als Wirtschaftsgebiet und Handelsweg geöffnet. Im Süden und Westen war der Steppengürtel von dem riesigen Halbmond der sesshaften Kulturen eingerahmt, der sich von Europa über den Nahen Osten und Iran bis nach China und Korea erstreckte. Seit Jahrtausenden war der euro-asiatische Superkontinent Schauplatz der Auseinandersetzung zwischen diesen so unterschiedlichen Kulturen. In der Regel herrschte durchaus friedlicher Austausch vor, war doch die Ökonomie beider Seiten in vieler Hinsicht komplementär. Aber es kam auch immer wieder zu Konflikten. Zumeist waren die großen Reiche der Sesshaften mit ihren mächtigen Armeen und ihren überlegenen Finanzen in der Lage, die untereinander zerstrittenen Nomaden im Zaum zu halten. Doch wenn diese Reiche zusammenbrachen und damit auch der friedliche Handelsaustausch empfindlich gestört wurde, konnten Stürme entfacht werden. Dann brachen die Reitervölker der Steppe zu Eroberungszügen auf, die verheerende Folgen hatten. Die Skyten, die Parther und die Hunnen demonstrierten schon lange vor den Mongolen, welche Macht die Nomaden entwickeln konnten, wenn sie sich nur vereinten.

Für die Nomaden des mongolischen Raumes war vor allem China von großer Bedeutung. Dass die Beziehungen zu diesem Großreich von Sesshaften nicht immer friedlicher Natur waren, davon zeugt allein die Chinesische Mauer. Zudem aber nutzten die Chinesen die Streitigkeiten unter den Clans, um Zwietracht zu sähen und die Bildung mächtiger Koalitionen zu verhindern. Aber als Temüdschin geboren wurde, war das Chinesische Reich längst zerbrochen. So konnten Reiternomaden in Nordchina eindringen und dort ihre Herrschaft etablieren. Im 10. Jahrhundert war dies zunächst den Kitan gelungen, denen im 12. Jahrhundert die Jürchen folgten. Als Temüdschin aufwuchs, war China in zwei Teile geteilt. Im Norden hatte sich das Reich der Jin etabliert, während im Süden die Sung-Dynastie regierte. Die neuen Herren Nordchinas, denen der Zugang zu den Ressourcen des Südens fehlte, hatten das wirtschaftliche Gleichgewicht zerstört und eine prekäre Fremdherrschaft etabliert. Besonders problematisch aber war die Tatsache, dass die traditionellen Handelsbeziehungen zwischen den Sesshaften und der Steppe nun nicht mehr richtig funktionierten. Dies löste in der Steppe eine Krise aus, während gleichzeitig die Macht der Sesshaften auf tönernen Füßen stand. Die Voraussetzungen, aber auch die Verlockungen für einen erneuten Großangriff aus der Steppe heraus waren somit gegeben.

Die Steppennomaden waren arm und zerstritten. Aber sie verfügten über eine furchtbare Waffe: den berittenen Bogenschützen. Jeder männliche Nomade lernte von Kindheit an nicht nur Reiten, sondern auch den Umgang mit dem Bogen. Dabei hatte sich über die Jahrhunderte der Reflexbogen als Standardwaffe entwickelt. Hierbei handelte es sich um ein Instrument, dessen Fertigung mehr als ein Jahr benötigte. Dieser spezielle Bogen wurde aus Holz, Knochenteilen und Leim hergestellt. Seine besondere Form verlieh ihm eine gewaltige Durchschlagskraft. Auf bis zu 300 Metern bestand Treffgenauigkeit. Auf 100 Meter Entfernung konnten sogar Rüstungen durchschlagen werden. Diese Waffe bedurfte intensiven Trainings; aber genau das lernten die Nomaden von Kindheit an. Auf ihren kleinen, aber genügsamen Steppenpferden entwickelten die nomadischen Krieger mit dieser Waffe eine enorme Beweglichkeit. Sie konnten einen schwerfälligeren Gegner, wie etwa die gepanzerte Infanterie der Sesshaften, mit einem Pfeilhagel überschütten, ohne selbst erreichbar zu sein. Der direkten Konfrontation entzogen sie sich, weshalb sie auch kaum andere Waffen wie Lanzen und Schwerter mit sich führten. In größeren Verbänden operierten die berittenen Bogenschützen mit einer ausgeklügelten Taktik. Angriffsaktionen waren genau koordiniert. Der dann häufig folgende plötzliche Rückzug diente dazu, den verfolgenden Feind in eine Falle zu locken, um ihn von allen Seiten aus zusammenzuschießen. All dies, ebenso wie Befehlsübermittlung und die Organisation größerer Verbände, wurde alljährlich auf großen Treibjagden geübt. Hier lag ein enormes militärisches Potential. Die Reiche der Sesshaften hatten dies längst erkannt, weshalb einige von ihnen, wie etwa Byzanz, nomadische Söldnertruppen unterhielten. Doch wehe, wenn dieses Potential als geballte Macht gegen die Sesshaften zum Einsatz kam.

Doch einstweilen benutzten die Nomaden ihre militärischen Möglichkeiten vorwiegend, um sich gegenseitig zu bekriegen. Die Befreiung Börtes aus den Fängen des Stammes der Merkit war mit einer Operation größeren Ausmaßes verbunden. Temüdschin war es in der Zwischenzeit gelungen, in Tooril, dem Herrscher der Kerait, einen Protektor zu finden. Tooril seinerseits war dem Jin-Kaiser verpflichtet, dem er Tribut zahlte, von dem er aber auch Unterstützung erhielt. Mit den Merkit war er verfeindet. Temüdschin konnte daher auf seine Hilfe rechnen. Den Oberbefehl für den Angriff auf die Merkit übertrug Tooril Temüdschins Spielkameraden aus Kindertagen, Dschamuga. Dieser war wie Temüdschin ein Mann mit Ambitionen. Gemeinsam fielen sie über die Merkit her, siegten und erneuerten ihre Freundschaft. Doch sie war nicht von Dauer. Zu groß war die Rivalität zwischen beiden.

Nach dem Sieg über die Merkit trennten sich daher Temüdschin und Dschamuga, um ihrer eigenen Wege zu gehen. Es war der Auftakt zu einem langen Kampf, in dessen Verlauf die Steppe revolutioniert wurde. Dschamuga war der legitime Stammesfürst der Dschadarat. Er konnte sich daher in den folgenden Kämpfen auf Traditionalisten stützen und die Solidarität von anderen Stammesfürsten einfordern. Demgegenüber war Temüdschin gezwungen, unkonventionelle Wege zu gehen. Durch den Sieg über die Merkit und die Plünderung ihres Lagers war er zu Ruhm gelangt und verfügte nun über erbeutete Reichtümer, die er unter seinen Gefolgsleuten verteilen konnte. Das Gesetz der Steppe, demzufolge sich die Männer um den Erfolgreichen und Freigiebigen scharten, um Schutz zu finden und Beute zu machen, wirkte sich jetzt zu Temüdschins Gunsten aus. Diese Männer aber waren zumeist Außenseiter, die zu keinem Clan oder Stamm gehörten. Andere verließen ihre bisherige

Gefolgschaft, um ein freieres Leben zu führen und Aufstiegschancen in der Umgebung des kommenden Mannes zu suchen. So bildete sich eine neue Macht, die sich über das traditionelle System der Stämme und Clans hinwegsetzte und mit wachsendem Erfolg neue Organisations- und Sozialstrukturen durchsetzte.

Temüdschin war der unbestrittene Herr über seine Leute. Jeglichen Widerstand ließ er brutal bestrafen. Wer ihm aber bedingungslos folgte, durfte mit reicher Belohnung und hohen Ämtern rechnen. Geschickt nutzte Temüdschin zudem den weit verbreiteten Wunsch der Steppenvölker nach Einheit, innerem Frieden und Stärke nach außen. So ließ er verbreiten, er sei vom Himmel auserwählt, um die Herrschaft über die Steppe anzutreten. Derartige Mythen, verbunden mit seinen realen Erfolgen, fanden großen Anklang unter den abergläubischen Nomaden. Dabei deutet alles darauf hin, dass Temüdschin selbst ein harter Realist war, der an wenig anderes glaubte als an sich selbst. Um seinen Herrschaftsanspruch zu untermauern, ließ er sich im Jahre 1186 von seinen Anhängern, unter denen auch einige Nachkommen früherer Khans zu finden waren, zum Khan ausrufen. In Wirklichkeit hatte sich der Emporkömmling damit selbst zum Herrscher ernannt. Das war eine politische Revolution. Doch es bedurfte noch harter Kämpfe, um diesen Anspruch durchzusetzen.

Die Wahl des Emporkömmlings Temüdschin zum Khan wurde von vielen Fürsten als Kampfansage an das bestehende System betrachtet. Sie ergriffen daher Partei für Dschamuga und zogen mit ihm an der Spitze eines Heeres von 30 000 Mann ins Feld. Im Jahre 1187 kam es bei Dalan Baldschut zur Schlacht. Dabei gelang es der Koalition, Temüdschin unter schweren Verlusten in die Flucht zu schlagen. Nach dem Sieg ließ Dschamuga die gefangenen Feinde in 70 Kesseln bei lebendigem Leibe sieden. Die abgeschlagenen Köpfe von zwei Anführern band er an den Schweif seines Pferdes. Derartige Grausamkeiten fanden keineswegs um ihrer selbst willen statt. Vielmehr sollte auf diese Weise sichergestellt werden, dass der Geist des besiegten Feindes die Hinrichtung nicht überlebte, um vom Jenseits aus Rache zu nehmen. Zudem konnte Dschamuga auf die abschreckende Wirkung seiner Taten zählen.

Der überzeugenden Analyse Paul Ratchnevskys zufolge sah sich Temüdschin nach der Niederlage gezwungen, mit seinem Gefolge die Steppe zu verlassen und beim Jin-Kaiser in Nordchina Zuflucht zu suchen. Dort scheint er einige Jahre als eine Art Vasall verbracht zu haben. Für diese Darstellung der Dinge spricht auch die Tatsache, dass Temüdschin bei der späteren Organisation seines Reiches durchaus chinesischen Vorbildern folgte. Zudem waren ihm bei seinen Feldzügen in Nordchina die Strukturen des Jin-Reiches offenbar bestens bekannt. Die Jin waren es auch, die es Temüdschin erlaubten, neue Kräfte zu sammeln und schließlich in die Steppe zurückzukehren. Denn er hatte sich als nützlich erwiesen. Schon seit längerer Zeit bildeten die Tatar so etwas wie den verlängerten Arm der Jin, um die Steppe zu kontrollieren. Aber die Tatar waren unzuverlässige Partner, die bei ihren Raubzügen auch vor chinesischem Territorium nicht halt machten. So wurde im Frühsommer des Jahres 1196 eine Strafexpedition unter Beteiligung von Temüdschin ausgesandt, um die Tatar zur Räson zu bringen. In einem kühnen Überfall gelang es Temüdschin, den Tatar eine schwere Niederlage beizubringen und ihren Anführer zu töten. Zur Belohnung erhielt er den Titel Jautquri (Beschützer der Grenze). Im Hinblick auf die späteren Ereignisse war diese Ernennung ein ironischer Vorgang.

In der Zwischenzeit war Temüdschins alter Verbündeter Tooril durch seinen jüngeren Bruder als Herrscher der Kereit abgesetzt und vertrieben worden. Die Jin aber hatten ein Interesse, den gefügigen Tooril wieder an die Macht zu bringen und sich somit auch nach dieser Seite hin Ruhe zu verschaffen. Sie ermöglichten daher Temüdschin, Tooril mit Gewalt wieder zu installieren. Temüdschin war endgültig in die Steppe zurückgekehrt, hatte in Tooril einen, wenn auch wenig zuverlässigen Bündnispartner gefunden und konnte seine eigene Macht ausbauen. In immer neuen Feldzügen schaltete Temüdschin nun einen Rivalen nach dem anderen aus. Einen Höhepunkt stellte der erneute Angriff auf die Tatar im Jahre 1202 dar, in dem Temüdschin nicht nur Rache für die Ermordung seines Vaters nehmen, sondern auch einen gefährlichen Feind in seinem Rücken beseitigen wollte. Nach harten Kämpfen wurden die Tatar vollständig niedergeworfen. Anschließend ging Temüdschin mit äußerster Grausamkeit gegen die besiegten Feinde vor. In einem schrecklichen Massaker ließ er alle Männer erschlagen, während die Frauen und Kinder als Sklaven unter die Sieger verteilt wurden. Auch Temüdschin selbst nahm sich zwei der schönsten Mädchen als Nebenfrauen. Der Stamm der Tatar war damit ausgelöscht. Dennoch haben die Europäer später die vorrückenden Mongolen in Verkennung der Zusammenhänge oft als «Tartaren» bezeichnet.

Der ständige Machtzuwachs Temüdschins alarmierte die meisten Stammesfürsten. Sie schlossen sich daher wiederum zu einer Koalition zusammen und wählten im Jahre 1201 Dschamuga zum Gürkhan und damit zum Herrscher über alle Stämme. Ein erneuter Konflikt war unausweichlich. Es kam zu heftigen Kämpfen, aus denen Temüdschin diesmal jedoch zumeist als Sieger hervorging. Einmal allerdings wurde er in einer Schlacht durch einen Pfeil schwer am Hals verwundet und überlebte nur knapp. Zudem wurde sein Lieblingspferd tödlich getroffen. Nach dem Sieg suchte Temüdschin unter den Gefangenen nach dem Schützen. Ein junger Mann meldete sich tatsächlich. Temüdschin bewunderte dessen Mut und Ehrlichkeit, aber auch sein Können im Bogenschießen. Statt ihn zu bestrafen, nahm er den Mann in seine Dienste, wo er unter dem ihm von Temüdschin verliehenen Namen Dschebe (Waffe) eine glänzende militärische Karriere machte. Derartige Begebenheiten steigerten die Popularität Temüdschins, überzeugte er doch so seine Männer von seinem Sinn für Gerechtigkeit.

Dschamuga hingegen beging schwere Fehler, indem er sich als illoyal erwies. So ließ er bei einem Rückzug die Lager seiner Verbündeten plündern, was seinem Anspruch auf die Herrschaft über alle Stämme schweren Schaden zufügte. Aber auch Temüdschin sprang mit seinen Verbündeten nicht gerade zimperlich um. Er setzte Tooril unter Durck, durch Heirat unter ihren Kindern Temüdschin *de facto* die zukünftige Herrschaft über die Kereit zu überlassen. Doch Senggüm, der Sohn Toorils, setzte sich vehement zur Wehr. Es kam zum Bruch, wobei Senggüm sofort von Dschamuga und verschiedenen Fürsten Unterstützung erhielt. Gemeinsam brachten sie Temüdschin eine schwere Niederlage bei. Doch der erholte sich schnell und gewann durch Überläufer neue Anhänger. Schon bald kam es erneut zum Kampf. Diesmal gelang Temüdschin durch einen geschickten Überfall ein vollständiger Sieg. Tooril und Senggüm kamen auf der Flucht ums Leben. Das Volk der Kereit lag damit vor Temüdschin am Boden. Anders als bei den Tatar ließ Temüdschin diesmal relative Milde walten. Die tapfersten Anführer wurden belobigt und übernommen. Die Kereit-Prinzessinen wurden mit Temüdschin und seinen Söhnen vermählt, während das Volk nach ausgiebiger Plünderung als Sklaven an die Sieger verteilt wurde.

Mit dem Sieg über die Kereit hatte Temüdschin seine Machtbasis entscheidend erweitert. Viele Stämme liefen nun zu ihm über. Nur das mächtige Volk der Naiman stellte sich ihm noch entgegen. Zu ihnen flüchteten sich die verbliebenen Feinde Temüdschins, unter ihnen Dschamuga, aber auch die Merkit. Im Jahre 1204 unternahm Temüdschin daher einen Kriegszug gegen die Naiman. Dabei erwies er sich erneut als geschickter Taktiker. Um seine Feinde vor der Schlacht über die wahre Stärke seiner Truppen zu täuschen und um sie zu entmutigen, ließ er zahlreiche Puppen aufstellen und in der Nacht viele Lagerfeuer anzünden. Die List wirkte. Die Anführer der Naiman gerieten in Streit miteinander, und Dschamuga zog sogar mit seinen Kämpfern ab. Anscheinend hielt Dschamuga die Lage für aussichtslos, aber offenbar konnte er sich auch nicht mehr auf die Treue seiner Gefolgschaft verlassen. Im Vorgebirge des Altai nahm Temüdschin die Schlacht somit unter günstigen Bedingungen auf. Sie entwickelte sich zum Triumph. Die Naiman wurden vernichtend geschlagen und unterworfen. Die Merkit wurden später auf Temüdschins Befehl vollständig ausgerottet. Sogar Dschamuga geriet schließlich in Gefangenschaft. Temüdschin zögerte, den Freund aus Kindertagen hinrichten zu lassen. Doch Dschamuga forderte ihn zum Handeln auf und bat nur darum, als Hochgeborener auf unblutige Weise getötet und anständig bestattet zu werden. Temüdschin gewährte ihm diese letzte Bitte.

Im Frühjahr 1206 wurde an der Quelle des Ononflusses eine Reichsversammlung einberufen, die Temüdschin zum uneingeschränkten Herrscher erklärte und ihm den Titel des Tschingis Khans verlieh. Die Völker der mongolischen Steppe waren nun unter seiner Führung vereint. Temüdschin begann seine Herrschaft, indem er zunächst einmal die Getreuen, die ihm zum Sieg verholfen hatten, fürstlich belohnte. Damit wurden alte Bande gefestigt und ein Versprechen auf weitere Beute in der Zukunft abgegeben. Für die Nachbarn des neuen Reiches verhieß dies nichts Gutes.

Dabei wurde der Tschingis Khan aber keineswegs zum Anführer der mongolischen Nation, wie gelegentlich in der Literatur behauptet wird. Die Idee des Nationalismus war nämlich in der Steppe des 12. Jahrhunderts gänzlich unbekannt. Temüdschins Gefolgschaft bestand nach neuestem Forschungsstand etwa zur Hälfte aus Mongolen und Angehörigen der Turkvölker. Sie alle besaßen ohne jede Diskriminierung Aufstiegschancen bis in die höchsten Ämter hinein. Später, als das Reich der Mongolen in die Gebiete der Sesshaften hinein expandierte, konnten auch Angehörige der dort unterworfenen Völker wichtige Posten bekleiden. Ähnliches galt für die Religionszugehörigkeit. Der Tschingis Khan und die meisten seiner Nachfolger erwiesen sich in Religionsfragen als äußerst offen. Es war gerade diese Toleranz, welche die Gründung des Mongolenreiches ermöglichte und seinen Aufstieg zur Weltmacht förderte. Insgesamt ist es daher eigentlich irreführend, von «den Mongolen» oder dem «Mongolenreich» zu sprechen. Wenn dies hier der Einfachheit halber dennoch geschieht, dann bezieht sich ein derartiger Sprachgebrauch streng genommen auf die Sippe Temüdschins, die mongolischer Abstammung war und die Führung im Reich innehatte.

Temüdschin war nicht nur ein geschickter Politiker, sondern auch ein glänzender Organisator, der es verstand, seinem Reich feste Strukturen zu geben. Die vielfältige Zusammensetzung seiner Gefolgschaft, die nur die Treue zum Tschingis Khan miteinander verband und die alle anderen Loyalitäten aufgegeben hatte, erlaubte es ihm, ohne Rücksicht auf die Tradition effizientere Strukturen zu schaffen. Abstammung und ererbter Status galten ihm wenig. Vor allem Loyalität und Leistung zählten. Schon während der Kämpfe um die Herrschaft über die Steppe hatte Temüdschin seine engsten Gefolgsleute in einer persönlichen Leibwache und einer Garde zusammengefasst. Diese Elitetruppe bildete fortan den Kern des Heeres, wobei auch Männer einfachster Abkunft zu höchsten Rängen aufsteigen konnten.

Die Masse der Truppen teilte Temüdschin nun endgültig nach dem Dezimalsystem ein. Von Zehnschaften, über Hundertschaften und Tausendschaften ging es hinauf bis zur größten mongolischen Heereseinheit, dem Tümen, das zehntausend Mann, 60–70 000 Pferde und bis zu 500 000 Weidetiere für die Versorgung umfasste. Hilfstruppen unterworfener Völker, auch Infanterie, und Belagerungstrains kamen später noch hinzu. Entscheidend bei all dem aber war die Tatsache, dass die harten, ausdauernden und gewandten Steppenkrieger nun systematisch zusammengefasst und einer strengen Hierarchie unterworfen wurden. Da sie zudem gute Bezahlung erhielten, verwandelten sich die Nomadenkrieger in eine Art Berufssoldaten. Dies und die relativ freien Aufstiegschancen stellten eine soziale Revolution dar.

Im Kern beinhaltete diese Revolution die Militarisierung der Steppe. Denn auch wenn jene Clans und Stämme, die sich dem Tschingis Khan unterwarfen, nicht einfach aufgelöst wurden, so mussten sie sich doch in das System integrieren. Andere, die sich zur Wehr gesetzt hatten, wurden zerschlagen, wenn nicht gar gänzlich ausgerottet. Überlebende dieser Gruppen wurden auf bestehende Verbände verteilt und verloren so ihre alten Bindungen. Zudem wurden auch die Familien, die für die Ausrüstung der Krieger Sorge zu tragen hatten, militärischem Kommando unterstellt. Ja, das ganze Volk wurde nach militärischem Vorbild in Einheiten eingeteilt und den wichtigsten Gefolgsleuten Temüdschins unterstellt. Die Militarisierung kam auch darin zum Ausdruck, dass der Tschingis Khan die allgemeine Wehrpflicht für alle Männer zwischen 15 und 70 Jahren einführte. Temüdschin hatte damit eine ständig wachsende Militärmaschinerie geschaffen, welche die traditionellen gesellschaftlichen Organisationsstrukturen an den Rand drängte und ein neues soziales Gefüge entstehen ließ. Gleichzeitig hatte sich ein im Volk verankertes Heer gebildet, welches durch die Kombination der Vorzüge der Steppenkrieger und strikte Organisation über eine gewaltige Schlagkraft verfügte.

Doch der Tschingis Khan beließ es dabei nicht. Sein Reich sollte auf Dauer angelegt sein, weshalb es sich zu einem funktionierenden Staatsgebilde entwickeln musste. Deshalb schuf er Ansätze zu einer Zivilverwaltung und begann mit der schriftlich kodifizierten Gesetzgebung. Seinen Stiefbruder Belgütei ernannte er zum Chefminister, während Adoptivsohn Schigi-qutuqu das Amt des Obersten Richters übernahm. Der Tschingis Khan war Analphabet, doch die von ihm erlassenen Gesetze wurden im Großen Buch der Dschasaq niedergeschrieben. Interessant ist dabei, dass nun auch die in der Steppe traditionell üblichen Raubzüge, die Blutrache, die zum Gesetz der Steppe gehört hatte, und der Ehebruch, der immer wieder zu Frauenraub führte, bei Todesstrafe verboten wurden. Damit sollte nicht nur das Reich nach innen befriedet werden, sondern der Tschingis Khan erhob sogar den Anspruch auf die Durchsetzung eines staatlichen Gewaltmonopols. Das auf diese Weise verfasste Reich ähnelte sehr den Prinzipien der Staatlichkeit unter den Sesshaften. Nicht umsonst wird in der Forschung immer wieder darüber spekuliert, wie stark der Einfluss chinesischer Traditionen auf die Reichsbildung unter dem Tschingis Khan war.

Der innere Aufbau des Reiches nahm natürlich Jahre in Anspruch und war auch nach dem Tod des Tschingis Khan längst nicht abgeschlossen. Dennoch kehrte nun keineswegs Frieden ein. Schon bald nach der Großen Reichsversammlung begann vielmehr jener gewaltige Expansionsprozess, aus dem heraus ein Weltreich entstand. Dabei ging es aber nicht nur um pure Eroberungslust. Vielmehr gab es strukturelle Ursachen dafür, dass das neue Reich keinen Frieden halten konnte. Die langwierigen Kämpfe in der Steppe hatten zu einem massiven Rückgang der Viehherden geführt. Um sie aufzufüllen, erschienen Raubzüge, diesmal nach außen gerichtet, als das probate Mittel. Wichtiger aber war der Umstand, dass die Herrschaft des Tschingis Khan weiter gefestigt werden musste. Viele Männer hatten sich ihm in der Hoffnung auf reiche Beute angeschlossen. Sie durften nicht enttäuscht werden. Zudem waren die unterworfenen Stämme zwar eingegliedert worden, aber sie mussten nun beschäftigt und an weiteren Erfolgen beteiligt werden, um sie bei der Stange zu halten. Obendrein kamen immer neue Männer und Völkerschaften hinzu, die sich freiwillig unterwarfen. Auch sie brauchten Betätigungsfelder, Beute und Aufstiegschancen. So entstand eine innere Systemnotwendigkeit zu weiterem Wachstum, und angesichts des Charakters des Reiches konnte dies nur fortgesetzte kriegerische Expansion bedeuten. Diese Strukturmerkmale wurden zum Motor für die Eroberungspolitik des Tschingis Khan und seiner Nachfolger. Sie konnten aber auch zu einem Fluch werden, wenn das Reich einmal an die Grenzen seiner Ausdehnungsmöglichkeiten geriet. Denn dann bestand die Gefahr des allgemeinen Auseinanderbrechens. Der Tschingis Khan war sich dieses Problems nur allzu bewusst.

In den Jahren 1205 und 1207 hatte Temüdschin zwei große Raubzüge gegen das im Südwesten gelegene Tangut-Reich angeordnet. Der Widerstand war relativ gering und die Beute an Vieh erheblich gewesen. Angesichts der scheinbaren Schwäche dieses Gegners ließ sich der Tschingis Khan deshalb dazu verleiten, einen Großangriff mit dem Ziel der vollständigen Eroberung einzuleiten. Er selbst übernahm das Oberkommando und brach im Frühjahr 1209 mit seinem Heer auf. Dabei gelang ihnen zunächst eine erstaunliche logistische Leistung, denn sie durchquerten mehr als 200 Kilometer der Sandwüste Gobi. Nach dem Einfall ins Tangut-Reich stellten sich jedoch bald Probleme ein. Nach Anfangserfolgen erlitt das Heer auf einer Passstraße eine empfindliche Niederlage. Erst nach mehr als zwei Monaten und nach dem Eintreffen von Verstärkungen konnte der Vormarsch siegreich fortgesetzt werden.

Doch nun gingen die Schwierigkeiten erst richtig los. Der Feind bestand aus seminomadischen Tangut und Uiguren, aber auch aus Tibetanern und Chinesen. Es gab Ackerbau und vor allen Dingen befestigte Städte. Die Nomadenkrieger des Tschingis Khan waren somit zum ersten Mal in ein von Sesshaften bewohntes Gebiet vorgedrungen. Sie mussten nun neue Arten der Kriegführung erlernen, was ihnen sichtlich schwer fiel. Vor allem mit Belagerungen besaßen sie sehr wenig Erfahrung. Dementsprechend ungeschickt stellten sie sich an, als sie ab Oktober 1209 die feindliche Hauptstadt eingeschlossen hatten, die erbittert verteidigt wurde. Der Tschingis Khan gab Befehl, einen Damm zu bauen, um mit den Wassern des örtlichen Flusses die feindliche Stadt zu überfluten. Doch der Damm brach, so dass das Lager der Mongolen zerstört wurde. Danach blieb dem Tschingis Khan nichts anderes übrig, als sich mit dem Tangut-Herrscher auf einen Kompromiss zu einigen. Gegen reichen Tribut und die Tochter des Herrschers, die er zur Frau nahm, war der Tschingis Khan zum Abzug bereit. Dabei nahm sich der fast schon besiegte Feind auch noch die Unverfrorenheit heraus, die Bitte um Gestellung von Hilfstruppen rundweg abzulehnen. Grollend musste Temüdschin den Rückzug antreten. Doch er sollte wiederkommen.

Immerhin hatte er jetzt den Rücken frei für neue, noch gewaltigere Unternehmungen. Aber Hilfstruppen von Sesshaften, die sich im Belagerungskampf auskannten, hätte der Tschingis Khan für seinen nächsten Krieg gut brauchen können. Denn diesmal ging es gegen die traditionell größte Macht Ostasiens: China. Temüdschin war klar, dass der Jin-Kaiser die Vereinigung der Steppenvölker als große Gefahr betrachten musste. Ein dauerhafter Frieden erschien ihm deshalb ebenso unmöglich wie die Fortsetzung seiner alten Vasallenbeziehung zum kaiserlichen Hof. Vor allem aber bot China die Aussicht auf gigantische Beute und damit eine Stärkung des inneren Zusammenhalts der Nomaden. Obendrein war die Aussicht auf einen Krieg gegen China unter den Nomaden populär, ging es hier doch gegen einen alten Feind, der sich immer bemüht hatte, Zwietracht in der Steppe zu säen und die dortigen Völker zu unterdrücken. Doch entscheidend für den Entschluss des Tschingis Khan zum Angriff war wohl die Schwäche des Gegners. Diesmal war er glänzend informiert. Muslimische Kaufleute, aber auch Flüchtlinge und Überläufer hielten den Khan auf dem Laufenden. Zudem verfügte er über ein gut funktionierendes Spitzelsystem, was für fast alle weiteren Operationen der Mongolen typisch werden sollte. Kriegszüge wurden nämlich immer besser geplant und vorbereitet.

Das Jin-Reich hatte viel von seiner Macht eingebüßt. Der Gelbe Fluss hatte im Jahre 1194 einmal mehr seinen Lauf geändert, gewaltige Überschwemmungen und eine riesige Hungersnot ausgelöst. Die wirtschaftliche und finanzielle Lage war somit prekär. Auch geopolitisch standen die Dinge nicht zum Besten. Im Süden existierte das chinesische Song-Reich, gegen das man noch 1206 Krieg geführt hatte. Jeder Angriff der Nomaden des Nordens konnte also einen Zweifrontenkrieg auslösen. Zudem litt das Regime des Kaisers unter den inneren Widersprüchen des Reiches. Die Jürchen, die Elite der Gesellschaft, waren selbst als nomadische Eroberer ins Land gekommen. Sie hatten sich aber der chinesischen Lebensweise angepasst und damit ihre Grundlagen verlassen. Von den Chinesen wurden sie dennoch als fremde Herren betrachtet. Die ebenfalls aus der Steppe stammenden Kitan, die durch die Jürchen von der Macht verdrängt worden waren und sich unterworfen hatten, waren keineswegs unbedingt loyal. All dies rief das Misstrauen des Regimes hervor, das zu übertriebener Zentralisierung und zu brutaler Unterdrückung jedweder Opposition neigte. Manche Dissidenten flüchteten zu den Mongolen und versuchten, den Tschingis Khan zum Angriff zu überreden. Der aber ließ sich Zeit.

Erst als der alte Kaiser im Jahre 1208 starb und ein schwacher Nachfolger die Herrschaft antrat, vollzog der Khan den Bruch. Die törichte Aufforderung eines Gesandten des neuen Kaisers, dessen Regierungserklärung kniend entgegenzunehmen, quittierte er mit Beschimpfungen, spie gen Süden aus, um danach in Verachtung davon zu reiten. Die Tributzahlungen stellte er endgültig ein. Im März 1211 war es soweit. Auf einer Reichsversammlung verkündete der Tschingis Khan seine Angriffsabsichten. Er begründete diesen Krieg vor allem mit der Ermordung zweier seiner Verwandten durch die Jin fast 100 Jahre zuvor. Es sei Zeit, Rache zu nehmen. Damit appellierte er an das populäre Bild vom Erbfeind. Zudem aber propagierte er als Ziel die Befreiung der Kitan vom Joch der Jürchen. Da die Kitan mit den Mongolen verwandt waren, war auch dies populär. Vor allem aber handelte es sich um einen raffinierten Schachzug, der den Zusammenhalt des Jin-Reiches untergraben sollte. Schon wenig später zog der Tschingis Khan an der Spitze von etwa 70 000 Mann in einen Krieg, dessen Ende er nicht erleben sollte.

Der Krieg begann für die Mongolen durchaus erfolgreich. Die Stämme, die die Nordgrenzen des Jin-Reiches verteidigen sollten, liefen kampflos über. Auch der Appell an die Kitan zeigte Wirkung. Im Verlauf des Krieges schlossen sich immer mehr von ihnen den Eroberern an und leisteten wertvolle Dienste. So konnten die Angreifer tief nach Nordchina eindringen. In zwei großen Feldschlachten wurden Jin-Armeen vernichtend geschlagen. Die Verteidiger lernten daraus, dass sie in offenem Gelände gegen die feindlichen Reiterscharen nicht bestehen konnten. Die Jin änderten daraufhin ihre Taktik und verschanzten sich in befestigten Städten. Damit begannen für die Mongolen die Probleme, denn ein schneller und entscheidender Sieg war nun nicht mehr möglich. Nach wie vor nämlich verfügten die Reiternomaden nicht über Rezepte für die Erstürmung von Befestigungsanlagen. Das Reich der Jin aber besaß gewaltige Befestigungen. So blieb den Mongolen nichts anderes übrig, als langwierige Belagerungen aufzunehmen, um den verschanzten Feind auszuhungern. Zweimal belagerten sie erfolglos die Hauptstadt Beijing. Beim zweiten Mal, im Frühjahr 1214, mussten sie nach erfolglosen Sturmangriffen die Belagerung abbrechen, weil im Heer die Pest ausgebrochen war. Immerhin gelang es dem Verhandlungsgeschick des Tschingis Khan, dem Jin-Kaiser einen Friedensvertrag aufzuzwingen, demzufolge große Mengen an Beute und Sklaven übergeben wurden. Als aber der Jin-Kaiser nach dem Abzug der Mongolen in das südlicher gelegene Kaifeng umsiedelte, betrachtete der Tschingis Khan dies als Provokation. Die Mongolen fielen wieder in das Land ein.

Der Krieg in Nordchina hatte längst derartige Dimensionen angenommen, dass die Mongolen gezwungen waren, ihre Kommandostrukturen zu ändern. Temüdschin hatte schon bei früheren Feldzügen

Nebenoperationen seinen Unterführern überlassen. Doch nun war endgültig eine Situation eingetreten, in der er unmöglich allein führen konnte. Der Kriegsschauplatz war viel zu groß, die Operationen waren viel zu umfangreich und komplex, und die zahlreichen Belagerungen machten eine Aufteilung des Heeres nötig. In dieser Lage zahlte sich die geschickte Personalpolitik Temüdschins aus. Mehrere seiner Gefolgsleute bewährten sich als exzellente Feldherren. Unter ihnen war zum Beispiel Dschebe, jener Mann, der einst Temüdschin im Kampf mit einem Pfeil schwer verwundet hatte. Zudem bewiesen die Söhne und Verwandten des Tschingis Khan ihr militärisches Können. So hatte der Tschingis Khan im Feldzug von 1214 seine Armee in drei Gruppen aufgeteilt. Während er selbst das Zentrum anführte, kommandierten seine drei Söhne Jotchi, Chagatei und Ögödei den rechten Flügel sowie seine Brüder Qasar und Temüge den linken. Immer häufiger ließ der Herrscher nunmehr militärische Operationen von anderen Befehlshabern ausführen. Er selbst zog sich schließlich sogar vom Kriegsschauplatz zurück. Als Beijing im Mai 1215 dann doch fiel, war er gar nicht mehr dabei. Wir stoßen hier auf ein Phänomen, das auch bei anderen Kriegsherren der Geschichte auftrat. Je großräumiger und komplexer die Kriegführung wurde, desto mehr Selbständigkeit mussten sie ihren Unterführern einräumen. Der Erfolg dieser militärischen Arbeitsteilung hing aber entscheidend davon ab, dass die Kriegsherren einerseits das Heft in der Hand behielten und sich andererseits auf die Loyalität und die Fähigkeiten ihrer Feldherren verlassen konnten. Im Unterschied etwa zu Napoleon verstand es der Tschingis Khan, auch in dieser Hinsicht die richtigen Entscheidungen zu treffen.

Im Frühjahr 1215 war die Lage Beijings verzweifelt. Der Jin-Kaiser und viele seiner Kommandeure hatten die Stadt verlassen, und die Mongolen begannen erneut mit der Belagerung. Hunger brach aus. Es kam zu Fällen von Kannibalismus. Zudem erhielten die Mongolen nun von den Kitan endlich Belagerungsgerät samt Bedienungsmannschaften. Die Verteidigung brach zusammen, und der Feind eroberte die alte Hauptstadt der Jin. Mehr als einen Monat lang wurde in Beijing, einer der größten Städte der damaligen Welt, gemordet, geraubt, vergewaltigt und gebrandschatzt. Die Gebeine der Erschlagenen wurden zu riesigen Haufen aufgetürmt. Auf einem dieser Haufen lagen angeblich die Leichen von 60 000 Mädchen, die sich bei der Erstürmung der Stadt von den Mauern gestürzt hatten. Tausende von Menschen, unter ihnen vor allem junge Frauen, Handwerker, Gelehrte und Beamte, wurden in die Sklaverei verschleppt. Sie waren Teil der gigantischen Beute, die den Eroberern zufiel. Am Ende bot die Stadt ein Bild der Zerstörung und hatte einen Großteil ihrer Einwohnerschaft verloren.

Das Schicksal Beijings machte deutlich, dass die Mongolen mit ihren Eroberungen im Land der Sesshaften nichts Rechtes anzufangen wussten. Sie waren vor allem auf Beute aus, nicht aber auf die Errichtung einer dauerhaften Herrschaft. Ähnlich erging es weiteren Städten, die eingenommen wurden. Sicherlich sollten auf diese Weise auch Exempel statuiert werden, um anderen Städten den Mut zum Widerstand zu nehmen. Doch das Unverständnis gegenüber der sesshaften Bevölkerung spielte eine entscheidende Rolle. Dies war auch auf dem Lande so. Von Anfang an vernichteten die Mongolen Felder, Bewässerungsanlagen und Dörfer. Die Landbevölkerung wurde massenhaft massakriert oder verschleppt. Doch in einem so bevölkerungsreichen Land wie dem Jin-Reich war ein derartiges Vorgehen sinnlos, weil sich nach dem Abzug der Mongolen bald wieder neue Bauern ansiedelten. Es dauerte lange, bis die Mongolen lernten, die Kultur der Sesshaften zu nutzen, statt sie zu zerstören. Erst die Nachfolger des Tschingis Khan änderten ihre Politik grundlegend und etablierten so in China, im Iran und anderswo ihre Herrschaft für lange Zeit.

Doch einstweilen ging der Krieg gegen die Jin weiter. Der Tschingis Khan aber wandte sich nun mit der Masse seines Heeres gen Westen. Zunächst ließ er Dschebe im Jahre 1218 das Reich der Qara Kitai erobern, das von einem geflüchteten Naiman-Prinzen beherrscht wurde. Daran schloss sich ein großer Krieg gegen den Sultan von Kwarezm an, der eines der mächtigsten Reiche Asiens regierte. Ganz Transoxanien wurde überrannt, verwüstet und geplündert. Mongolische Armeen drangen in den Iran, in das Zweistromland und zum ersten Mal in Russland ein. Nur einige dieser Feldzüge leitete der Tschingis Khan selber. Doch die Rechnung mit den Tangut war noch offen, zumal sie sich in der Zwischenzeit erhoben hatten. Obwohl er schon alterte, setzte sich der Tschingis Khan im Jahre 1226 noch einmal an die Spitze eines Heeres, um einen Vernichtungsfeldzug zu beginnen. In einem gigantischen Blutbad nahm er grausam Rache. Aber nach der Eroberung der feindlichen Hauptstadt im August 1227 starb Temüdschin. Die Todesursache ist unbekannt. Sein Leichnam sollte in die Heimat überführt werden. Doch bis heute weiß niemand genau, wo er bestattet wurde. Noch zu seinen Lebzeiten hatte der Tschingis Khan seinen Sohn Ögödei zu seinem Nachfolger bestimmt, und der baute das Reich weiter aus.

Es ist viel darüber spekuliert worden, was Temüdschin dazu trieb, zum Eroberer zu werden: Machthunger, Beutelust, Sendungsbewusstsein, der

Drang nach Rache und vieles mehr. All dies spielte sicherlich eine Rolle. Doch man darf nicht übersehen, dass es zunächst einmal ums Überleben ging. Bei seinen Anfängen in der Steppe wie auch bei seinen späteren Kämpfen mit anderen Nomadenfürsten war Macht kein Selbstzweck, sondern die einzige Gewähr gegen den Untergang. Dazu benötigte er eine immer größere Gefolgschaft, die er nur mit immer neuer Beute zusammenhalten konnte. Zudem musste er Sendungsbewusstsein propagieren, um seine Anhänger von seiner Stärke und seiner göttlich bestimmten Mission zu überzeugen. Rache war ein politisches Mittel, um Feinde aus dem Weg zu räumen. Doch wenn es opportun war, konnte er auch darauf verzichten. Aber mit zunehmendem Erfolg scheint er Gefallen am Kriegführen, Erobern und Beutemachen gefunden zu haben. Er soll das einmal so dargestellt haben:

> «Das höchste Glück eines Mannes ist, den Feind zu verfolgen und zu besiegen, sich seines ganzen Besitztums zu bemächtigen, seine verheirateten Frauen schluchzen und weinen zu lassen, auf seinen Wallachen zu reiten, die Leiber seiner Frauen als Nachtgewand und Stütze zu benutzen, ihren rosafarbenen Busen zu betrachten und zu küssen, an ihren Lippen, süß wie die Beere an der Brust, zu saugen.»[3]

Ein König im Feldlager
Karl XII.
(1682–1718)

Daniel Hohrath

Der junge König war noch keine achtzehn Jahre alt. Er hatte gerade zwei Jahre erster Regierungserfahrungen erworben, als er im Frühjahr des Jahres 1700 Stockholm verließ, um in den Krieg zu ziehen. Karl XII. sollte nie mehr in seine Residenzstadt zurückkehren. Fast zwei Jahrzehnte, sein ganzes weiteres Leben, verbrachte er im Feldlager, fast nur umgeben von Offizieren und Soldaten. Als den König schließlich bei einer Belagerung die tödliche Kugel traf, lag eine wahre Odyssee hinter ihm, die ihn kreuz und quer durch das ganze mittlere, nördliche und östliche Europa geführt hatte. Kein Herrscher der Neuzeit hat – gezwungen durch die außergewöhnlichen Umstände, aber auch in ganz bewusster persönlicher Entscheidung – die Einheit von Monarch und Soldat so bis zur letzten Konsequenz gelebt.

Karl XII. ist paradoxerweise zugleich eine der berühmtesten und unbekanntesten Figuren des frühen 18. Jahrhunderts. Von kaum einem Herrscher und Feldherrn ist ein so seltsam widersprüchliches Bild entworfen worden. Selten haben sich so rückhaltlose Bewunderung und so tiefer Abscheu vor einer historischen Persönlichkeit über drei Jahrhunderte gehalten. In Schweden lassen sich bis heute die Lager seiner Verehrer und seiner Verächter durch «Enthüllungen» mobilisieren wie die, der verehrte König sei nur ein «asexueller Massenmörder» gewesen. In Schweden floriert auch die wissenschaftliche Bearbeitung der «Karolinischen» Epoche. Dafür beschäftigt sich die internationale historische Forschung erstaunlich wenig mit diesem herausragenden Akteur einer Zeit, in der sich das europäische Mächtesystem entscheidend veränderte. Selbst die spannende Abenteuergeschichte, als die sich das Leben des jugendlichen Kriegerkönigs lesen – und prächtig verfilmen – ließe, scheint zumindest in unserer Zeit weitgehend vergessen.

Ein Bild Karls XII. hat gleichwohl jeder vor Augen, fiel er doch ganz evident aus den Proportionen seiner Epoche heraus. Die typischen Portraits zeigen einen großen schlanken Mann in schlichtem Soldatenrock mit massigen Stiefeln und einem durch das Fehlen der üblichen Allongeperücke geradezu unproportioniert klein wirkenden Kopf. Während nahezu alle anderen hohen Persönlichkeiten um 1700 auf Bildnissen fast nur anhand der spezifischen Zeichen ihrer Stellung und ihres Ranges identifizierbar sind und selbst die individuellen Gesichtszüge oft austauschbar wirken, erscheint Karl XII. unverwechselbar.

Mit Karl XII. endete die Epoche Schwedens als Großmacht. In weniger als einem Jahrhundert war das Königreich vom nördlichen Rand Europas nicht nur zum Beherrscher des Baltikums aufgestiegen, sondern zu einer erstrangigen europäischen Macht. Karl XII. stand am Ende der Reihe schwedischer Könige des 17. Jahrhunderts, die diesen Aufstieg verwirklicht hatten. In den zwei Jahrzehnten, in denen Karl XII. König war, sollte diese Stellung endgültig dahingehen, den äußersten Anstrengungen, sie zu verteidigen, zum Trotz.

Mit seinem Eingreifen in den Dreißigjährigen Krieg auf der Seite der Protestanten hatte Gustav II. Adolph (1594–1632) Schweden plötzlich mitten auf die Bühne des europäischen Kriegstheaters gestellt. Der Auftritt seiner ungewöhnlich effektiven Militärmacht hatte die Kräfteverhältnisse nachhaltig verändert. Trotz Gustav Adolphs frühem Tod in der Schlacht von Lützen blieben die schwedischen Heere auf Dauer in Mitteleuropa präsent. Schweden bestimmte die europäische Nachkriegsordnung im Westfälischen Frieden von 1648 entscheidend mit.

Schwedens Aufstieg beruhte auf dem Krieg und den Chancen, die er eröffnete. Es waren einzig die militärischen Kapazitäten des nordeuropäischen Königreichs, die seine enorme Expansion ermöglichten. In der Mitte des 17. Jahrhunderts beherrschte es mit Finnland, Karelien, Ingermanland, Estland und Livland den baltischen Raum. Durch den Besitz Bremen-Verdens und Vorpommerns hatte die schwedische Krone zudem eine gewichtige Position im Reich; einerseits den Zugang zur Nordsee und andererseits den wichtigsten Teil der deutschen Ostseeküste mit Stralsund und Stettin.

Karl X. Gustav (geb. 1622, reg. 1654–60), der erste König aus dem Hause Pfalz-Zweibrücken, konnte die schwedische Position im Ostseeraum noch einmal durch die Eroberung der bisher dänischen Gebiete im Süden und Westen der schwedischen Halbinsel ausbauen. Nach seinem Tod mit 37 Jahren konnte es für Schweden nur noch um die Erhaltung des unter ihm letztmalig erweiterten und bereits mit Mühe verteidigten Herrschaftsgebiets gehen. Bereits um 1660 waren die Frontlinien jener Bedrohungslage erkennbar, die sich dann vierzig Jahre später so fatal auswirken sollte. Im Osten erstarkte langsam das Russische Reich, das einen eisfreien Zugang zur Ostsee anstrebte und damit die baltischen Provinzen bedrohte. Das Wahlkönigreich Polen, mit Kurland im Westen an das schwedische Livland grenzend, war ein unsicherer Nachbar, der Kurfürst von Brandenburg hoffte auf Teile Pommerns und der alte Konkurrent Dänemark wartete nur auf die Chance, die jüngst verlorenen südschwedischen Gebiete zurückzugewinnen.

Karl XI. (1655–97) war erst vier Jahre alt, als der Tod des Vaters ihn zum Erben des Throns machte. Nach einer zwölfjährigen Phase der Vormundschaftsregierung durch den Reichsrat wurde er mit 17 Jahren im Dezember 1672 für volljährig erklärt. Prägend für den jungen König und seine spätere Politik wurden die Kriegsjahre von 1674 bis 1679. Wie schon Gustav Adolph und Karl X. war auch Karl XI. König und Feldherr in einer Person. Unter größtem persönlichem Einsatz – auch im Gefecht – führte er das schwedische Heer in den Feldzügen gegen Dänemark. Anders als seinen Vorgängern (und später seinem Sohn) blieb ihm nach der siegreichen Rückkehr aus dem Krieg noch Zeit, die schwedische Kriegsmacht zu konsolidieren. Er schuf die Voraussetzungen, die das dramatische Aufbäumen Schwedens unter Karl XII. überhaupt erst möglich machten.

Dem großen «inneren» Herrscher gelang es trotz begrenzter Ressourcen, Schwedens Kapazität als handlungsfähige Militärmacht nochmals entscheidend zu stärken. Er schuf eine einzigartige Organisation für den Heeresersatz; durch Entmachtung der Stände, insbesondere die Schwächung des höheren Adels, setzte er den «Absolutismus» durch: die unabhängige Alleinherrschaft des Königs. Beides zusammen machte erst das von Rücksichten auf innere Nebengewalten unabhängige, freie und bedingungslose Agieren eines «Kriegerkönigs» möglich, bei dem die Rollen von Fürst und Feldherr ineinander aufgingen.

Werfen wir einen Blick auf die Kriegsmacht, die Karl XII. von seinem Vater erben sollte. Ihr Ausbau stand im Mittelpunkt des persönlichen Interesses Karls XI. – angesichts der absehbaren Bedrohungen der schwedischen Ostseeherrschaft eine durchaus realistische Politik. Das «Einteilungswerk» (*indelningsverk*) stellte das schwedische Heer auf eine solide personelle Grundlage. Es handelte sich dabei um die schwedische Variante unter den verschiedenen Versuchen europäischer Herrscher, ihre Armeen durch eine geregelte Heranziehung von Untertanen zu verstärken. Dabei ging es wie anderswo darum, den Heeresersatz von immer wieder neu auszuhandelnden Geldbewilligungen der Stände und von den Schwankungen des «Söldnermarkts» unabhängig zu machen. Eine bestimmte Anzahl von Bauern hatte jeweils einen Soldaten zu stellen und zu unterhalten; er lebte und arbeitete im Frieden auf einer kleinen Hofstelle in ihrer Nachbarschaft. So ergänzten sich die Kompanien aus überschaubaren Gebieten, aus mehreren Kompaniebezirken die Regimenter. Die Truppenteile bestanden so aus Soldaten, die sich im Frieden bereits kannten, oftmals verwandt waren. Auch die Offiziere wohnten in den Regimentsbezirken und waren schon im Frieden für regelmäßige Übungen verantwortlich.

Es handelte sich um keine Wehrpflicht und kein Milizsystem, da die Bauern persönlich von der Dienstleistung befreit waren, wenn sie einen geeigneten Mann stellen konnten; somit dienten zumeist nicht die landbesitzenden Bauern – anders als noch unter Gustav II. Adolph –, sondern die Angehörigen der ländlichen Unterschichten im Heer. Für sie lohnte sich der Militärdienst als Lebensunterhalt, während die bäuerliche Wirtschaft vor den Auswirkungen der Kriege geschützt war. Auch die schwedische Armee war ein «stehendes Söldnerheer» im Stil der Zeit. Dennoch entstanden auf diese Weise Truppenteile mit regionaler Verwurzelung. Eine solche Armee war in der Lage, auch unter enormen äußeren Belastungen ihren inneren Zusammenhalt zu wahren. Auch das erklärt ihre Leistungen in den Feldzügen Karls XII. Zudem erwies sich das System des Einteilungswerks als sehr krisenfest, da es die schwedische Armee selbst nach katastrophalen Verlusten in kurzer Zeit wieder mit neuen Soldaten versorgen und auf volle Stärke bringen konnte.

Die «nationalschwedische» Armee auf der Grundlage des Einteilungswerks bildete freilich nur einen Teil der schwedischen Kriegsmacht, die zu einem weiteren Teil aus den üblichen angeworbenen Söldnerregimentern bestand. Diese lagen in den Festungen und Garnisonstädten der baltischen Provinzen und Schwedisch-Pommerns, auf die das innerschwedische Rekrutierungssystem nicht ausgedehnt wurde.

Während der für das Ostseereich selbst friedlichen Jahre zwischen 1679 und 1700 dienten zahlreiche schwedische Offiziere in anderen Heeren und erwarben reichhaltige Kriegserfahrungen auf den Schlachtfeldern Europas, von Flandern bis zum Balkan. Karl XI. kümmerte sich unermüdlich um die Verbesserung und Ausbildung der Armee; bei den kriegsnahen Manövern, die er mit seinen Truppen regelmäßig durchführte, wurde er selbst mehrfach schwer verletzt. Bei seinem Tod im Jahre 1697 hatte er das schwedische Kriegswesen rundum erneuert. Sein Nachfolger hatte am Ende des 17. Jahrhunderts ohne Zweifel eine der leistungsfähigsten und in ihren Strukturen stabilsten Armeen seiner Zeit zur Verfügung.

Das schwedische Heer unterschied sich in Ausrüstung und Taktik nicht grundsätzlich von anderen Armeen der Epoche – mit Ausnahme seiner außerordentlichen taktischen Beweglichkeit. Die schwedische Infanterie war stets zum Sturmangriff bereit, der, ohne zu feuern, mit Pike und Bajonett vorgetragen wurde. Vor allem aber die schwedische Reiterei eignete sich vorzüglich für eine offensive Kriegführung. Früher und entschiedener als bei der Kavallerie anderer europäischer Armeen wurde in Schweden die Attacke mit der blanken Waffe – die Reiter in dichter Formation, Stiefel an Stiefel, in vollem Galopp – geübt und in der Schlacht eingesetzt. Die psychologische Wirkung dieses ungewöhnlichen Angriffsgeistes zeigte sich wiederholt im durchschlagenden Erfolg schwedischer Attacken, vor denen die überraschten gegnerischen Formationen zusammenbrachen. Das Risiko enormer Verluste gegenüber einem womöglich verschanzten Gegner mit starker Artillerie war die Kehrseite dieser ganz auf die rücksichtslose Offensive ausgerichteten Taktik.

Die Artillerie war dank der stetigen besonderen Aufmerksamkeit der Könige im europäischen Vergleich gut ausgerüstet, aber die Massen von Pferden und Wagen, der Futterbedarf und die Langsamkeit und Anfälligkeit der Trosse standen einer effektiven Verwendung der Geschütze in einer auf Geschwindigkeit und Beweglichkeit angelegten Offensivkriegführung im Wege. Karl XII. sparte deshalb in seinen Feldzügen an Artillerie, was sich bei manchen Gelegenheiten nachteilig auswirkte.

Das Festungswesen befand sich ebenfalls in einem guten Zustand. Eine Schwäche, die sich im Nordischen Krieg zeigen sollte, lag jedoch in der langfristigen strategischen Ausrichtung, die das Festungssystem unter Karl XI. genommen hatte: Die meisten Festungen waren im Süden und Westen gegen Dänemark gerichtet; nur hier waren die Anlagen regelmäßig gepflegt und modernisiert worden, während die festen Plätze des Baltikums lange gänzlich vernachlässigt wurden.

Die schwedische Flotte war mit ihren rund fünfzig Kriegsschiffen von respektabler Größe und einem Seekrieg in der Ostsee durchaus gewachsen.

Als unser Held im Juni 1682 in Stockholm geboren wurde, hatte die Friedens- und Reformperiode Schwedens gerade begonnen. Die Jugend des Thronfolgers verlief in den üblichen Bahnen europäischer Fürstenerziehung. Das Bildungsprogramm war durchaus beachtlich, namentlich im Hinblick auf Fremdsprachen und Geschichte, praktische Mathematik und Kriegswissenschaften. Gewiss fiel der schwedische Hof unter seinem am zeitüblichen barocken Hofleben desinteressierten Herrscher Karl XI. aus der üblichen Norm; so trugen Karls Jugendjahre durchaus rustikale Züge.

Der Prinz, hierin seinem Vater ähnlich, bevorzugte die harten Varianten körperlicher Ertüchtigung; ausdauernde und halsbrecherische Ritte und die Bärenjagd mit der blanken Waffe waren typische Vergnügungen schon des halbwüchsigen Karl, der hierbei mehr als einmal in äußerste Lebensgefahr geriet. Nicht nur die in jener Zeit noch nicht beherrschbaren Krankheiten – Karl war der einzige männliche Nachkomme des Königshauses, der die Babyjahre überlebte, vier Brüder starben –, auch Jagden und Kriegsübungen brachten den König und Thronerben regelmäßig in Gefahr. Das war keine auf die schwedische Dynastie beschränkte Verhaltensweise, selbst wenn hier die Risikobereitschaft besonders extrem wirkt; Jagd- und Reitunfälle waren im Hochadel keine Seltenheit und beeinflussten auch anderswo den Gang der Geschichte. Das in diesem Verhalten erkennbare Schicksalsvertrauen und aristokratische Verständnis von Standesehre erscheint aus moderner Sicht verantwortungslos angesichts der strukturellen Bedeutung einer geregelten Erbfolge für die damalige Staatenpolitik. In gleicher Weise gilt das für die Selbstverständlichkeit, mit der Fürsten sich noch und gerade im 17. Jahrhundert als Heerführer und Mitkämpfer im Krieg exponierten.

Beim Tod des Vaters im Frühjahr 1697 war Karl XII. noch keine 15 Jahre alt. Dennoch währte die von Karl XI. gründlich geplante Vormundschaft durch ein Gremium von sechs hochrangigen Regenten nur kurz. Schon im Winter wurde dem Jugendlichen die Herrschaft übertragen und die Krönung erfolgte. Es war eine innenpolitische Entscheidung, die sich aus der Uneinigkeit der Regenten und den verschiedenen Hoffnungen und Befürchtungen verschiedener Gruppierungen erklärte. Allerdings ist bemerkenswert, dass sich Karls Erzieher Cronhielm als einziger gegen die Volljährigkeitserklärung aussprach, weil ihm der Charakter des Prinzen noch zu ungefestigt erschien.

Das Verhalten, das der halbwüchsige Träger der absoluten Herrschergewalt in der ersten Zeit an den Tag legte, schien manche Befürchtung zu bestätigen. Doch wurde schnell eine klare Trennlinie sichtbar zwischen dem «Freizeitverhalten» des pubertierenden Jünglings mit Bärenjagden, Wirkungstrinken und grobem Unfug und der Rolle, die er als König einzunehmen entschlossen war. Wenn es um Regierungsentscheidungen ging, setzte er sehr ernsthaft und konsequent die Politik seines Vaters fort. Vertraute Berater wurden von ihm ernst genommen, namentlich die Rüstungspolitik energisch weiter getrieben. Wesentliche Charakterzüge des wilden jungen Mannes sollten sich freilich auch mit zunehmender Reife nicht verlieren: Kompromisslosigkeit und ein fast fanatisches Ehr- und Gerechtigkeitsgefühl.

Als die Jahrhundertwende nahte, stand Schweden mit seinem jungen König nicht schlecht da. Alles schien ruhig im abgelegenen Nordosten, während sich zunehmend Gewitterwolken über dem Rest Europas zusammenbrauten. Man erwartete den nächsten großen Krieg zwischen dem Frankreich Ludwigs XIV. und dem Kaiser im Bündnis mit den Seemächten. Das Erbe der Krone Spaniens und damit seines europäischen wie überseeischen Herrschaftsbereiches stand mit dem erwartbaren Tod des kranken, kinderlosen Königs an. Eine Übernahme durch die eine oder andere Seite musste das Mächtegleichgewicht erschüttern.

Tatsächlich bereitete sich aber hier im Norden ein Krieg vor, mit dessen Ausmaßen in Schweden überhaupt nicht gerechnet wurde. Ein ständiger Reibungspunkt mit dem alten Hausfeind Dänemark war die «Holsteinische Frage». Es ging um die zwischen der dänischen Krone und dem Haus Gottorp umstrittene Souveränität über die teilweise gemeinsam verwalteten Herzogtümer. Zwar verliefen die Jahre 1697 und 1698 noch friedlich, doch in sehr kurzer Zeit baute sich eine antischwedische Mächteverbindung auf. Dass sich Dänemark nach erheblichen Verlusten durch Schweden bedroht fühlte und deshalb stets auf der Suche nach Verbündeten war, hätte Karl letztlich nicht überraschen dürfen. Seine strategisch unbedachte, bedingungslose Parteinahme für den Herzog von Holstein-Gottorp, seinen Freund und Schwager, war hieran nicht unschuldig. Doch dass sich in aller Stille zwei weitere Mächte gegen Schweden zusammentaten, traf den König unvorbereitet. In Polen, das einst Livland an Schweden verloren hatte, war Kurfürst August der Starke von Sachsen 1697 König geworden; in Geheimverhandlungen verbündete er sich mit dem jungen Zaren Peter von Russland, und ihr gemeinsames Interesse richtete sich auf die Eroberung der schwedischen Provinzen im Baltikum. Im November 1699 war ein geheimes dänisch-sächsisch-russisches Angriffsbündnis komplett, ohne dass man in Stockholm davon etwas ahnte.

Der Krieg wurde ohne Vorwarnung ausgelöst. Im Februar 1700 rückten die seit langem in Litauen bereitgestellten sächsischen Truppen in Livland ein und bedrohten Riga. Karl XII., den die Nachricht auf der Bärenjagd erreichte, wurde völlig überrascht. Er hat August dem Starken dessen hinterhältige Handlungsweise nie verziehen; die tiefe persönliche Verbitterung gegen den Sachsen sollte in der Folge sein Handeln in verhängnisvoller Weise bestimmen.

Die erste militärische Aktion richtete sich aber gegen Dänemark. Dänische Truppen hatten inzwischen die holsteinische Festung Tönning angegriffen. Karl brach im Frühsommer 1700 mit seiner Flotte, gesichert von einem englisch-holländischen Geschwader, nach Süden auf. Ein rasantes Landungsunternehmen auf Seeland gab einen ersten Eindruck von der ungestümen Angriffswut, die die schwedische Kriegführung der nächsten Jahre auszeichnen sollte. Als einer der ersten sprang der junge König selbst ins Wasser vor der seeländischen Küste und rückte mit einem schwachen, nur aus Infanterie bestehenden Landungskorps gegen die unzureichende dänische Verteidigung vor. So ergab sich die reelle Chance, das auf der Landseite nur schwach befestigte Kopenhagen anzugreifen.

König Friedrich IV. von Dänemark war angesichts dieser Bedrohung von Hauptstadt und Flotte so schnell zu einem Friedensschluss mit Holstein und dessen Verbündeten bereit, dass ein schwedischer Angriff auf Kopenhagen von den Seemächten nicht mehr mitgetragen wurde. Für Schweden erwies sich auf die Dauer der militärische Triumph als wenig glücklich, denn Dänemark war nicht wirklich geschwächt und konnte den Frieden als vorläufigen Waffenstillstand buchen, bis sich neue Chancen ergeben würden. Die latente Bedrohung im Südwesten sollte sich in den kommenden Kriegsjahren als ständige Belastung der schwedischen Kriegsanstrengungen gegen Sachsen-Polen und Russland erweisen. Große Teile des Heeres und der Flotte blieben ständig zum Schutz Schwedens gebunden.

Obwohl sich die militärische Situation für Schweden nicht nennenswert gebessert hatte, war die politische Position Karls XII. im Herbst 1700 ausgezeichnet. Alle europäischen Mächte waren schon angesichts der gespannten Gesamtlage im Westen an einer Sicherung des Friedens im baltischen Raum interessiert. Die Sachsen waren in Livland noch fast gar nicht vorangekommen, Riga verteidigte sich mit Erfolg. Zar Peter hatte zwar – für Karl erneut völlig überraschend – im August Schweden den Krieg erklärt, doch waren noch keine militärischen Entscheidungen gefallen. Die Möglichkeit eines Separatfriedens mit Sachsen stand im Raum, eine Chance, das Bündnis aufzubrechen und womöglich sogar den russischen Angriff abzuwenden.

Doch nun hatte sich Karl XII. für den Krieg entschieden. Mit einer Bedingungslosigkeit, die der junge König – er war jetzt 18 Jahre alt – auch in anderer Beziehung immer wieder zeigte, entzog er sich den politischen Beratungen, lehnte die Vermittlungsversuche der auswärtigen Mächte ab und setzte den Entschluss zum Feldzug nach Livland durch. Die Transportflotte landete nach mehrtägiger Überfahrt in Pernau (Estland). Bereits vier Wochen vorher waren die Russen in Ingermanland eingefallen und hatten begonnen, die schwedische Festung Narwa einzuschließen. Karl XII. entschloss sich kurzerhand, den Feldzug gegen die sächsischen Truppen in Livland zu verschieben und stattdessen gegen die Russen zu ziehen. Ohne Rücksicht auf das raue Wetter des frühen Winters rückten die schwedischen Truppen in einem Gewaltmarsch zum Entsatz der belagerten Festung vor. Die Schlacht von Narwa sollte den Ruhm Karls XII. und seiner Armee begründen.

Ende November 1700 hatte die russische Belagerungsarmee von rund 40 000 Mann Narwa seit einigen Wochen eingeschlossen und sich selbst schulmäßig durch Wälle und Gräben gegen die Festung und im Rücken gegen Entsatzversuche verschanzt. Eine solche Stellung galt als uneinnehmbar, zumal von unterlegenen Kräften ohne nennenswerte Artillerie. Karl XII. und seine Generale wagten den Angriff mit 10 000 Mann. An drei Stellen trafen die schwedischen Sturmkolonnen, aus dichtem Schneetreiben hervorbrechend, auf die verschanzten Linien der russischen Belagerer und durchbrachen sie im ersten Anlauf. Was folgte, war die weitgehende Vernichtung der schlecht geführten, aber bis in die Nacht verbissen kämpfenden russischen Truppen. Der Zar selbst hatte seine Armee schon vor Beginn der Schlacht verlassen.

Der Sieg war nicht nur trotz des bewussten Verstoßes gegen gängige Kriegsregeln errungen worden, sondern gerade deswegen: Ein Vormarsch unter winterlichen Wetterbedingungen, ein frontaler Durchbruch unter Auflösung der geschlossenen Schlachtordnung, ausgeführt mit weit unterlegenen, vom Marsch erschöpften Truppen – dies alles erregte Staunen und Bewunderung in der europäischen Öffentlichkeit.

Noch einmal bestanden nun Chancen einer politischen Vermittlung, wieder hätte Schweden die besten Möglichkeiten gehabt, durch einen Friedensschluss zumindest mit Sachsen seine Position im europäischen Machtgefüge zu sichern. Wiederum zeigte sich Karl XII. aber nicht im mindesten an Verhandlungen interessiert. Der absolute Monarch ignorierte souverän die an ihn herangetragenen Vorschläge und Gutachten. Er beschloss, sich auf seine Rolle als Feldherr zu konzentrieren und nur als solcher zu denken und zu handeln.

Während des Winters 1700/01 bereitete er den Feldzug gegen August den Starken vor. Dieser begann wieder glorieus: Im Juli 1701 machte der Sieg gegen die Sachsen an der Düna unweit von Riga den Weg ins polnische Reich frei.

Es wurde immer deutlicher, dass Karl XII. keine großen strategisch-politischen Perspektiven verfolgte. Schwedens Großmachtstellung im komplizierten Mächtespiel zu erhalten und militärisch abzusichern, hätte wohl eher ein klug berechnendes Verhandeln, kühles Abwarten und langfristiges Planen nahe gelegt. Dies aber war Karls Sache nicht: Seine Geradlinigkeit und sein ausgeprägtes Gerechtigkeitsgefühl, gewiss grundsätzlich positive Eigenschaften, erwiesen sich hier als gefährliche Leitlinien. Die Erbitterung des Schwedenkönigs gegen den treulosen König August, der durch den Einfall nach Livland den Krieg ausgelöst hatte, war keineswegs abgekühlt. Er verfolgte die feste Absicht, August den Starken vom polnischen Königsthron zu stoßen. Ratgeber, die ihn davon abzubringen versuchten, fanden kein Gehör. Um August gründlich zu treffen, stürzte sich der König in die geographischen Weiten und politischen Wirren der Adelsrepublik.

In den folgenden Jahren zog Karl XII. mit seiner Armee kreuz und quer durch Polen, das sich damals nach Osten bis an den Dnjepr ausdehnte und neben Litauen Weißrussland sowie Teile der Ukraine umschloss. Sein und seiner Truppen Kriegsruhm steigerte sich zum Nimbus der Unbesiegbarkeit. Die europäische Öffentlichkeit verfolgte mit Staunen die Reihe glorreicher Siege der Schweden, die zumeist trotz deutlicher zahlenmäßiger Unterlegenheit errungen wurden. Insbesondere die Kavallerie trug durch ihre unwiderstehlichen Attacken oft entscheidend zum Schlachtensieg bei. Immer wieder erwiesen sich die besonderen Qualitäten der schwedischen Soldaten: Außergewöhnliche Disziplin und gute Ausbildung waren die Grundlage ihrer taktischen Beweglichkeit und Anpassungsfähigkeit an unerwartete Situationen. Sie ermöglichten es dem Feldherrn, manchmal auch «gegen alle Regeln der Kriegskunst» vorzugehen und damit erfolgreich zu sein.

Ohne Zweifel war das außergewöhnlich enge Verhältnis, das Karl XII. zu seinen Soldaten hatte, ein ganz wesentlicher Grund für die hohe Motivation und Zuverlässigkeit der schwedischen Truppen. Dass ein Fürst selbst an der Spitze seiner Armee in den Krieg zog und sich bei Kampfhandlungen bis auf das Äußerste exponierte, war an und für sich im 17. und frühen 18. Jahrhundert nichts Ungewöhnliches. Es war geradezu ein notwendiger Bestandteil des fürstlichen Rollenbildes, sich die «Gloire» des Kriegsherrn durch persönliches Auftreten auf dem Schlachtfeld zu erringen. Fürstliche und hochadelige Feldherren waren nicht die Ausnahme, sondern die Regel: Der bayerische Kurfürst Max Emanuel, der «Türkenlouis» Markgraf Ludwig Wilhelm von Baden, Prinz Eugen von Savoyen und Fürst Leopold von Anhalt-Dessau waren nur einige der Heerführer, die zur gleichen Zeit wie Karl XII. in eigener Sache oder in Diensten eines höheren Herrschers ins Feld zogen. Auch Karls Gegner, August der Starke wie Peter der Große, fanden sich ja persönlich auf dem Schlachtfeld ein. Wohl keiner von ihnen aber hat sich in so extremer Weise und mit der gleichen Unbedingtheit als Teil der Armee, als Kamerad seiner einfachen Soldaten verhalten wie Karl XII. Er blieb ständig bei seinen Truppen, auch in den Feldzugspausen, er kleidete sich wie ein einfacher Subalternoffizier und nahm demonstrativ alle physischen Härten des Marsch- und Lagerlebens in Kauf, die seine Musketiere und Dragoner zu erdulden hatten.

Wie kein anderer gewann Karl XII. das rückhaltlose Vertrauen und die Anhänglichkeit seiner Soldaten, die unter der Führung ihres Königs willig Strapazen erduldeten und sich im Gefecht für Aufgaben einsetzen ließen und Verluste ertrugen, die bei anderen Heeren der Zeit zum Zusammenbruch geführt hätten. Auch die tiefe Religiosität der schwedischen Soldaten, denen in täglichen Gottesdiensten und Predigten die Rechtmäßigkeit des Krieges, ja die göttliche Sendung ihres Königs vermittelt wurde, schweißte das kleine Heer zusammen.

Die Feldzüge in der Weite der polnischen Adelsrepublik waren militärisch durchaus erfolgreich. Bei Klissow im südlichen Polen vernichtete Karl XII. im Juli 1702 mit gerade 12 000 Mann das doppelt so starke sächsisch-polnische Feldheer in einer Umfassungsschlacht. In der siegreichen Reiterschlacht bei Pultusk 1703 führte Karl das erste Mal völlig allein das Kommando, während er sich bis dahin grundsätzlich nach den Vorschlägen seiner erfahrenen Generale gerichtet hatte. Bei Punitz im Herbst 1704 gelang es ihm beinahe, die aus Polen abrückende kursächsische Hauptmacht erneut vernichtend zu schlagen; dank der einbrechenden Dunkelheit konnte sie sich jedoch über die Oder absetzen und nach Sachsen entkommen.

An glanzvollen militärischen Triumphen fehlte es also nicht, dennoch blieben ihre Auswirkungen begrenzt. Die Kriegsmacht Augusts des Starken konnte sich immer wieder erholen und viel Zeit verging, in der das kleine schwedische Heer hauptsächlich damit beschäftigt war, sich in dem großen, aber ressourcenarmen Land zu erhalten. Immer wieder kam es auch zu Widerstandshandlungen der Bevölkerung, auf die die Schweden mit äußerster Brutalität reagierten; auch das war nicht unbedingt ein Mittel, sich freiwillige Unterstützung im Lande zu sichern. Eine sichere Position auszubauen, hätte mehr Kräfte erfordert, es fehlte an Festungen als Rückhalt für eine dauerhafte Besetzung. So waren Karl XII. und seine Soldaten zwar fast immer siegreich, konnten aber keine Entscheidung herbeiführen. Das Land war nur da in schwedischer Hand, wo sich die Armee gerade befand.

Auch politisch hatte Karl in Polen zwar augenscheinlich Erfolg im Hinblick auf die Absicht, seinen persönlichen Feind zu stürzen. Die Einschätzung, dass die Stellung Augusts des Starken als polnischer König ungefestigt war, traf ja durchaus zu. Aber auch dies war in den politischen Wirren der anarchischen Adelsrepublik eine zeitraubende und mühsame Angelegenheit, und auch wenn es Karl schließlich gelang, den polnischen Adeligen Stanislaus Leszczynski zum neuen König wählen zu lassen, war damit für Schweden nichts gewonnen.

Während der Jahre, in denen Karl XII. in Polen Schlachten schlug, seine Armee in Stand hielt und mit den Magnaten verhandelte, hatte sich die Lage im Osten und Norden langsam aber stetig verschlechtert. Der Druck seitens der Russen nahm zu; um die Verteidigung des Baltikums kümmerte sich Karl erstaunlich wenig. Schon 1703 waren nicht nur Ingermanland, sondern die schwedischen Ostseeprovinzen insgesamt zum großen Teil verloren. An der Stelle der schwedischen Festung Nyen an der Newamündung wurde St. Petersburg gegründet, Narwa und Dorpat fielen 1704. 1705 rückten die Russen in den Osten des polnischen Reichs ein; Karl XII. ging ihnen in einem Winterfeldzug, wie ihn nur die schwedischen Truppen schafften, bis über Grodno hinaus entgegen und verfolgte sie im Frühjahr 1706 noch wochenlang, konnte das russische Heer aber nicht zur Schlacht zwingen.

In den Jahren 1706 und 1707 verbesserte sich die Lage aber zumindest an einer Front. Karls XII. erfahrener General und wichtigster militärischer Berater, Karl Gustav Rehnskjöld (1652–1722), schaffte es im Februar 1706 endlich, die sächsische Hauptarmee, die noch durch ein russisches Kontingent verstärkt war, bei Fraustadt im Westen Polens zu schlagen und völlig zu vernichten. 12 000 Schweden besiegten hier eine Armee von 18 000 Mann, von denen 13 000 gefangen genommen oder getötet wurden. Auch diese Schlacht war nochmals ein Beispiel für die ganz ungewöhnlichen Fähigkeiten der schwedischen Armee und ihrer Führung, die sich keinesfalls allein auf das Genie Karls XII. reduzieren lässt.

Als Folge der Schlacht von Fraustadt hatte August der Starke kein Heer mehr in Polen, die Machtbasis der Königswürde des sächsischen Kurfürsten war dahin. Im Sommer 1706 brach Karl XII. mit seinen Truppen aus dem Osten Polens auf, vereinigte sich mit der Armee Rehnskjölds und rückte über Schlesien in das unverteidigte Sachsen ein. August wich nach Litauen aus. Der Schwedenkönig erzwang den Friedensvertrag von Altranstädt, in dem August auf die polnische Krone verzichten und das Bündnis mit dem Zaren aufkündigen musste. Damit hatte er nach sechs langen Kriegsjahren sein mit eiserner Konsequenz verfolgtes Ziel, einen anderen Fürsten für seine politische Treulosigkeit zu bestrafen und öffentlich zu demütigen, erreicht.

Ein Glied aus dem feindlichen Bündnis war auf längere Sicht unschädlich gemacht. Die einjährige Besetzung Sachsens machte dies nicht nur politisch manifest, sondern war vor allem dringend notwendig für die schwedische Armee. Die Jahre des Umherziehens in den eher kargen Weiten Polens, zuletzt noch der Winterfeldzug von 1705/06, hatten die Truppen aufs äußerste erschöpft. Rund 7000 Kilometer waren sie in dieser Zeit marschiert. Vor allem der Pferdebestand – das Rückgrat der Armee mit ihrer starken Kavallerie – war völlig ruiniert. Eine längere Phase in einem dicht besiedelten, reichen Land, in ruhigen Quartieren mit reichlicher Verpflegung, wurde zur Grundlage ihrer Wiederherstellung. Zugleich war es durchaus beabsichtigt, Kursachsen durch die Kosten der Besatzung auf Jahre hinaus so zu schwächen, dass es auf absehbare Zeit nicht mehr zur Kriegführung fähig sein sollte.

Die Besetzung Sachsens war also in vieler Hinsicht unverzichtbar, doch brachte sie langfristig auch Nachteile. Die Demütigung Augusts des Starken garantierte zugleich dessen Revanchewillen für die Zukunft, die Entthronung eines rechtmäßigen Herrschers war auch ein Akt, der an den europäischen Höfen nicht unbedingt Sympathie für Karl XII. auslöste. Der von Schweden unterstützte neue König Stanislaus – bar jeder eigenen Machtbasis – saß keineswegs fester im Sattel als vorher der sächsische Kurfürst. Auch die im Sommer 1707 ebenfalls in Altranstädt unterzeichnete Konvention zum Schutz der schlesischen Protestanten, die Karl XII. aus seiner Position der Stärke dem Kaiser abnötigte, brachte ihm langfristig keinen politischen Nutzen.

Dennoch stand 1707 Schweden gut da. Die Tatsache, dass die europäischen Mächte durch den Spanischen Erbfolgekrieg absorbiert waren, ließ den Nordischen Krieg einerseits in einer Art Vakuum stattfinden, andererseits wäre der Kriegerkönig mit seiner Armee ein attraktiver Bündnispartner für beide Parteien gewesen. Niemand konnte daran gelegen sein, es sich mit Karl XII. zu verderben. An diplomatischen Bemühungen um einen vorteilhaften Frieden hatte Karl freilich auch weiterhin kein Interesse; Versuche des schwedischen Reichsrates, ihn angesichts der immer ruinöseren Belastung des Landes von seinen Kriegsplänen abzubringen, blieben wie früher erfolglos.

Im Herbst 1707 zog Karl XII. mit seiner gestärkten Armee wieder nach Osten, um nun endlich gegen den Zaren loszuschlagen. Die schwedische Kriegsmacht war vor allem Dank der aus Sachsen gepressten Gelder auf dem Höhepunkt ihrer Stärke. Das Jahr im Ruheraum Sachsen hatte den Neuaufbau der Armee ermöglicht, um den Preis geschenkter Zeit für den Gegner: Russland hatte immer fester im Baltikum und in

Polen Fuß fassen können. Dennoch war auch Peter der Große nicht in jener Position der Überlegenheit, die sich aus späterer Perspektive aufdrängt, die das kleine Schweden gegen den «russischen Koloss» stehen sieht: Ein Russisches Reich als Großmacht existierte 1708 noch nicht. Die Armee des Zaren war insgesamt nicht stärker als die schwedische, ganz abgesehen von deren weit höherer Kampfkraft; die Ressourcen, auf die spätere «Herrscher aller Reußen» zugreifen konnten, waren für Peter noch nicht mobilisierbar. Seine Herrschaft war in großen Teilen des russischen Reiches noch keineswegs gesichert.

Die schwedische Offensive kam schnell voran. In einem weiteren jener Winterfeldzüge, die wohl nur von dieser Armee bewältigt werden konnten, stieß Karl XII. bis weit in den Osten Polens vor. Im Frühjahr 1708 reifte der Entschluss des Königs, direkt auf Moskau zu marschieren. Ein Angriff auf das Zentrum seines werdenden Staates war die größte Gefahr für den Zaren; er musste sich zur entscheidenden Schlacht stellen und in einer solchen war das schwedische Eliteheer sich des Sieges fast sicher. Der kühne Feldzugsplan ist angesichts der Katastrophe, in die er geführt hat, ausgiebig schon von den Zeitgenossen und bis heute von der Forschung diskutiert worden. Angesichts der Stärkeverhältnisse war er nicht von vornherein aussichtslos. Auch defensivere Varianten wie die Rückeroberung des Baltikums oder eine Sicherung Polens als feste Basis, die den Regeln der Kriegskunst des 18. Jahrhunderts eher entsprochen hätten, waren keineswegs sichere Wege zum Erfolg. Sie hätten mehr Zeit und Ressourcen gefordert, die das bereits aufs höchste angespannte Schweden kaum aufbringen konnte.

Eine ganz andere Frage ist freilich die, ob Karl XII. wirklich ein großes strategisches Konzept verfolgte, wie ihm mangels eindeutiger Belege von manchen Historikern unterstellt worden ist. Karl führte weiter die Art von Krieg, die er mit seinem kleinen Heer am besten beherrschte; er suchte möglichst die Entscheidung in der Schlacht, war aber auch geschickt darin, den Gegner ohne Kampf auszumanövrieren. Karl XII. war ohne Zweifel ein hervorragender Taktiker. Er verstand es besser als die meisten Zeitgenossen, seine Kriegführung flexibel den jeweiligen Umständen anzupassen. Das heißt aber auch, dass er stets eher reagierte als agierte: Aus der Verteidigung heraus ging er zum Angriff über und versuchte dann, bis zum Äußersten zu gehen und den Gegner möglichst vollkommen zu schlagen. Wie weit seine Vorstellungen über solche Nahziele, die Entthronung Augusts des Starken etwa oder womöglich auch des Zaren, hinausreichten, erscheint unklar.

Der Feldzug verlief zunächst erfolgreich. Nach einer Ruhepause bis

Juni 1708 siegten die Schweden in der Schlacht von Holowczyn im Juli und konnten kurz darauf den Dnjepr überqueren. Doch die Versorgung der Armee geriet ab da zunehmend in Gefahr. Es hatte stets den besonderen Vorsprung der schwedischen Armee vor ihren Gegnern ausgemacht, kleiner und beweglicher zu sein, mit weniger Transportmaterial auszukommen und zeitweilige Nachschubkrisen dank der Disziplin und Genügsamkeit der Soldaten besser zu überstehen. Doch dies stieß nun an seine Grenzen. Die Russen praktizierten die Methode der «verbrannten Erde»: Verproviantierung aus dem verwüsteten Land wurde nahezu unmöglich. Alles hing davon ab, dass der große Nachschubtransport unter General Graf Lewenhaupt mit frischen Truppen, Geschützen, Munition und Lebensmitteln die Hauptarmee verstärkte, aber dieser blieb immer weiter zurück, während Karl XII. vorwärts eilte. Mitte September wurde Lewenhaupt bei Ljesnaja angegriffen; der Tross mit rund tausend Wagen, der die ganze Armee hatte neu ausrüsten sollen, war verloren, nur ein Teil der Truppen konnte sich schließlich zur Hauptarmee durchschlagen.

Den geplanten Vormarsch über Smolensk auf Moskau gab Karl nunmehr auf. Die schwedische Armee schwenkte ab in die Ukraine, wo sie sich eher versorgen konnte. Auch rechnete der König auf Unterstützung durch Kosaken, die hier im Süden gegen die Zarenherrschaft kämpften. Verhandlungen mit den Krimtataren und den Osmanen ließen auf ein Angriffsbündnis hoffen. Hiervon erfüllte sich wenig, dafür wurde die Lage zunehmend eng. Das schwedische Heer entfernte sich immer weiter von aller rückwärtigen Unterstützung. Der Winter von 1708 auf 1709 wurde der seit langem härteste für ganz Europa; Russen wie Schweden erlitten erhebliche Verluste durch die Folgen der Witterung, doch nur den letzteren war es nicht mehr möglich, sie wieder zu ersetzen.

Im Frühsommer 1709 traf Karl XII. vor der eher schwachen Festung Poltawa ein. Die Belagerung kam nicht voran, es fehlte an Material, schwerer Artillerie und fähigen Militäringenieuren. Karl waren in seiner Jugend solide Kenntnisse im Festungskrieg vermittelt worden, doch lag ihm dieser Bereich der Kriegführung nicht. Vielleicht ging es ihm auch ohnehin nur darum, die ersehnte große Schlacht gegen die russische Entsatzarmee zu provozieren. Karl XII. setzte alles auf die einzige Karte, die ihm und seiner Armee in der schon ziemlich verfahrenen Situation noch eine reelle Chance eröffnete: den Schlachtensieg. In der Tat zogen die Russen in den nächsten Wochen eine Armee von 45 000 Mann zusammen. So weit ging der Plan auf. Das Risiko war hoch, schien aber zumindest kalkulierbar.

Da ereignete sich ein böser Zufall: In einem Reiterscharmützel im Juni 1709 traf den König eine Kugel in den Fuß und verwundete ihn schwer. Karl XII. war es ja gewohnt, regelmäßig selbst an Gefechten teilzunehmen, war auch schon mehrfach verwundet worden. Ein möglicher Ausfall, sogar der Tod des Königs hatte schon während der ganzen Kriegsjahre stets als Damoklesschwert über der ganz auf seine Person eingeschworenen Armee gehangen, nun geschah das stets Verdrängte kurz vor der erwarteten Entscheidungsschlacht.

Nur elf Tage später fand die Schlacht von Poltawa statt, in der das schwedische Heer seine vernichtende Niederlage erlitt. Der Verlauf der Schlacht ist vielfach untersucht und kontrovers interpretiert worden. Die verschanzten Stellungen der russischen Armee waren nur mit hohem Risiko anzugreifen, doch bestand im Erfolgsfall die Chance, diese völlig zu zerschlagen. Der Erfolg trat nicht ein, und für das Scheitern gab es Gründe genug. Dass Karl XII., der sich auf einer Bahre über das Schlachtfeld tragen ließ, nicht in gewohnter Weise an der Spitze seiner Truppen den Oberbefehl führen konnte, war auf jeden Fall fatal. Uneinigkeiten und Führungsfehler der schwedischen Generalität, mangelnde Informationen der Unterführer, verwirrendes Eingreifen des Königs und Verzögerungen zu Beginn der Schlacht trugen zu der verheerenden Katastrophe der erschöpften Armee bei, aber auch die überlegene Artillerie und Kampfkraft der Russen, die mit der unerfahrenen Armee von Narwa nichts mehr gemein hatten.

Immerhin gelang mehr als der Hälfte der schwedischen Truppen trotz der schweren Verluste noch ein geordneter Rückzug; doch drei Tage nach der Schlacht brach die geschlagene Armee moralisch zusammen. General Lewenhaupt kapitulierte zur Überraschung des russischen Befehlshabers auf freiem Felde mit noch über 12 000 Mann. Karl XII. hatte die Armee auf Drängen seiner Umgebung mit etwa 500 Soldaten und Offizieren verlassen und gelangte schließlich in die türkische Hauptfestung Bender (im heutigen Moldawien), wo ihm und seinem Gefolge ein sicherer Aufenthalt geboten wurde.

Nicht weniger als fünf Jahre lang herrschte nun eine bizarre Situation. Der absolute König und Kriegsherr saß im türkischen Exil in Bender und plante mit nicht nachlassender Energie die Wiederaufnahme des Krieges. Er bemühte sich – sogar zeitweise mit Erfolg – das Osmanische Reich zum Angriff gegen Russland zu bewegen. Tatsächlich sollte Zar Peter 1711 eine vernichtende Niederlage gegen die Türken am Pruth erleiden; er kapitulierte und man ließ ihn zum Entsetzen Karls ungehindert abziehen.

Allen Versuchen der in seiner Abwesenheit das Königreich verwaltenden Regierung, einen Verhandlungsfrieden zu erreichen, widersetzte sich der König auch weiterhin. Stattdessen befahl er neue Rüstungen; aus Schweden sollte ein Expeditionskorps in Marsch gesetzt werden, wozu es allerdings nicht kam. Die Lage an allen Fronten wurde immer schwieriger, das dänisch-sächsisch-russische Bündnis lebte wieder auf, in Polen gewann August mit russischer Unterstützung wieder die Oberhand. Es erscheint höchstens erstaunlich, wie langsam die militärischen Fortschritte der Koalition waren. Unaufhaltsam waren sie dennoch; die baltischen Provinzen und schließlich auch noch Finnland wurden von Zar Peter in Besitz genommen. Nur gegen die Dänen ging Feldmarschall Stenbock 1712 und 1713 zuerst mit einigem Erfolg vor, musste aber schließlich mit seiner Armee kapitulieren.

Der Aufenthalt in Bender endete 1713 in einem außerordentlichen Durcheinander, das die unsichere Haltung der osmanischen Führung zeigte. Die Situation eskalierte in einem Sturm türkischer Soldaten auf das schwedische Lager. Nach stundenlangem Handgemenge wurde Karl XII. leicht verwundet gefangen genommen. Danach war der König faktisch ein Internierter. Im Verlauf der Jahre begann Karls absolute Autorität gegenüber dem schwedischen Reichsrat zu bröckeln, der immer weniger bereit und in der Lage war, seine Befehle aus der Ferne zu exekutieren, die oft genug auf Unkenntnis der tatsächlichen Lage beruhten und der bedrängten Situation Schwedens nicht gerecht wurden. Man drängte den König zur Rückkehr.

Im Herbst 1714 konnte Karl XII. endlich aufbrechen. Auch auf dieser Reise bewegte sich sein Verhalten jenseits des Üblichen; seine physische Leistungsfähigkeit war ungebrochen. An der osmanisch-habsburgischen Grenze trennte er sich von seinem Gefolge, das aus noch etwa 1200 Mann bestand, und ritt inkognito als einfacher schwedischer Offizier mit nur zwei Begleitern in weniger als 14 Tagen quer durch das Reich. Die rund 1500 Kilometer von Wien bis Stralsund legten die Reiter in kaum glaublichen sechs Tagen zurück. Die Freude in Schweden über die Rückkehr des Monarchen war enorm, doch begab sich Karl XII. nicht nach Stockholm in seine Residenz, sondern blieb in der Festung Stralsund.

So war Karl XII. nach 15 Jahren, davon die ersten zehn als strahlender junger Kriegsheld an der Spitze einer kleinen, aber unbesiegbar scheinenden Armee, fünf weitere als «Fern-Herrscher» im Exil am anderen Ende des Erdteils, nahe am Ausgangspunkt angelangt. Sein Reich war deutlich kleiner geworden, aber ein Rest der schwedischen Machtstellung war durchaus noch zu verteidigen. Nunmehr schlossen sich auch

Preußen und Kurhannover, dessen Fürst in Personalunion König von England war, dem feindlichen Bündnis an. Der Spanische Erbfolgekrieg war beendet, die europäischen Mächteverhältnisse neu justiert, ein frisches Interesse richtete sich auf den Norden.

Im Jahr 1715 drehte sich das Geschehen um die Belagerung der starken Festungsstadt Stralsund. Karl XII. verteidigte diesen wichtigsten und neben Wismar letzten Stützpunkt Schwedens an der deutschen Ostseeküste gegen eine Belagerungsarmee aus rund 70 000 Preußen, Dänen, Sachsen und Russen. Bei der vergeblichen Abwehr eines alliierten Landungsunternehmens auf die Insel Rügen, die der Festung den Rückhalt gegeben hatte, traf den König im November eine Kugel in die Brust, verletzte ihn aber nicht gefährlich. Nach einer ausdauernden und blutigen Verteidigung, bei der sich Karl XII. wie gewohnt allen Gefahren aussetzte, entkam er unmittelbar vor der Kapitulation der Festung in einer riskanten Bootsfahrt über das winterliche Meer nach Schweden, wo er am Heiligen Abend eintraf.

Karl XII. gab den Versuch nicht auf, den Krieg offensiv zu führen. 1716 griff er das von der Dänischen Krone regierte Norwegen an, scheiterte aber nicht zuletzt an der strategisch wichtigen kleinen Festung Frederiksten oberhalb der Stadt Frederikshald. Aber auch der Plan der Alliierten zu einer Landung in Südschweden zerschlug sich, als der Zar aus dem lange geplanten Unternehmen ausscherte, was den inneren Zusammenhalt der Koalition sehr gefährdete. Das europäische Mächtesystem war in unruhiger Bewegung und lebhafte diplomatische Aktivitäten versprachen neue Perspektiven; zwar kam am Ende für Schweden wenig heraus, doch ergab sich bis zum Sommer 1718 eine Atempause, die zu neuen Rüstungen ebenso wie zu diplomatischen Bemühungen genutzt wurde.

Karl XII. verfügte nach all den Kriegsjahren und Verlusten noch immer über eine der stärksten Armeen Europas. Während des ereignisarmen Kriegsjahrs 1717 gelang es ihm, sie wieder von neuem in guten Stand zu setzen. Die bewährte Mischung von Nationalregimentern und geworbenen ausländischen Einheiten erwies sich als belastbare und finanziell selbst in der Notlage dieser Zeit tragfähige Struktur. Die Artillerie wurde reorganisiert und ein Generalstab geschaffen, beides Lehren aus den Erfahrungen der vergangenen Feldzüge. Karl XII. erwies sich, unterstützt durch seinen von Holstein übernommenen Minister Grafen Görtz, nicht nur im engeren militärischen Bereich als hervorragender Planer und Organisator, obwohl der nunmehr 35jährige Monarch bislang kaum je Gelegenheit gehabt hatte, sich in ein geregeltes Regierungshandeln einzuarbeiten.

Im Sommer 1718 ging es wieder los: Schwedische Truppen fielen erneut in Norwegen ein; im Norden rückten sie gegen Trondheim vor und im Süden erschien der Schwedenkönig Ende November unerwartet mit einer starken Armee vor der Festung Frederiksten. Bei dieser Belagerung kam Karl XII. zu Tode. Der wilde Kriegerkönig, der sich in unzähligen Gefechten mit dem Degen in der Hand in höchste Gefahr begeben hatte und den seine Soldaten (und er sich selbst) inzwischen wahrscheinlich für kugelfest hielten, benahm sich unvorsichtig wie je. In einer kalten Dezembernacht begab er sich in die Laufgräben, legte sich trotz Warnungen auf die Brustwehr des Grabens und stützte den Kopf zur ruhigen Beobachtung der feindlichen Festung in die Hände. Ein Geschoß, gezielt oder nicht, traf seine Schläfe und durchschlug den Schädel. Karl XII. war sofort tot.

Mit diesem Schuss endete eine Epoche: Er besiegelte das Ende von Schwedens «Zeitalter der Größe». Auch der monarchische Absolutismus war vom Nachfolger des Unbeweibten – Friedrich von Hessen-Kassel, dem Gatten von Karls jüngerer Schwester Ulrika Eleonore – nicht mehr zu halten.

War Karl XII. daran schuld? Der Weg des Schwedenkönigs war davon gekennzeichnet, dass ihm von Anfang an nur wenige wirkliche Handlungsoptionen zur Verfügung standen. Dies erscheint paradox angesichts seiner meist einsamen Entscheidungen, die seinen ganz individuellen Überzeugungen folgten. Dennoch: Die Forschung ist sich einig, dass Schwedens Großmachtstellung in keinem Fall zu halten war; sie hatte auf der Schwäche der Nachbarn und auf einer Folge günstiger Konstellationen beruht, die um 1700 nicht mehr gegeben waren.

Karl hat die Angriffe seiner Gegner nicht provoziert; er hat, soweit erkennbar, nie expansive Absichten verfolgt, sondern einen wirklichen Verteidigungskrieg geführt. Diese Verteidigung fand freilich in der Form des Angriffs statt. Damit sorgte Karl immerhin dafür, dass der Krieg jenseits des schwedischen Mutterlandes stattfand; er führte ihn mit kleinen Feldheeren. So blieben die schwedischen Menschenverluste in 18 Jahren Krieg erstaunlich niedrig. Karls XII. Art der Kriegführung hat mehrfach einen Punkt erreicht, an dem seine Gegner zu größten Zugeständnissen bereit waren; hier alle Chancen auszunutzen, hinderten ihn seine Kompromisslosigkeit, vielleicht auch sein Mangel an machtpolitischer Phantasie. Im schnellen Ergreifen von Gelegenheiten, nicht in ihrer planvollen Ausnutzung erwies sich das Genie Karls XII., der mehr Taktiker als Stratege, mehr General als König war.

Roi-Connétable und Kriegsherr
Friedrich II.
(1712–1786)

Dennis Showalter

Friedrich der Große ist keine Person, die ganz selbstverständlich in einem Buch über Kriegsherren Aufnahme findet. Sein Charakter und seine Laufbahn scheinen vielmehr den Rationalismus der Aufklärung mit dem von oben nach unten strukturierten Autoritätsdenken des Despotismus zu verbinden. Als Regent sah Friedrich sich selbst mehr als die Verkörperung des *Dirigisme* denn der Inspiration. Jegliche Großtuerei ging ihm ab. Er alterte schnell und unattraktiv und seine wenig einnehmende persönliche Erscheinung wurde noch durch seine Gleichgültigkeit gegenüber Kleidung beeinträchtigt. Sein Ziel war die Schaffung eines «wohlgeordneten Polizeistaates», der nicht einmal die persönliche Einmischung erforderte, die zur Regierungszeit Friedrich Wilhelms I. üblich war, dessen königlicher Spazierstock zwischen 1715 und 1740 die preußischen Bummelanten und Übeltäter auch schon mal direkt züchtigte.

Friedrichs persönliche Erscheinung kann man getrost als exzentrisch bezeichnen. Vom Vater wegen seines «unmännlichen» Interesses an den schönen Künsten roh behandelt, wurde er zu einem eingefleischten Misanthropen, dessen Art und Weise, Weggefährten schlecht zu behandeln, zu konsequent betrieben wurde, um noch zufällig genannt werden zu können. Seine ältere Schwester Wilhelmina war der einzige Mensch, den Friedrich nicht auf Abstand hielt. Doch sein Respekt auch ihr gegenüber sank, als Friedrich eine Ehe eingegangen war, die nicht einmal die höfliche Bezeichnung «der Form halber» verdient, und der Menschenfeind zum Frauenhasser geworden war.

Friedrichs Vermächtnis als Soldatenkönig ist nicht weniger fragwürdig. Während seiner Regierungszeit als König von Preußen von 1740 bis 1786 entzog seine Konzentration auf Drill und Disziplin der Armee alle Eigeninitiative und Begeisterung. Er bestand darauf, dass die gewöhnlichen Soldaten ihre Offiziere mehr fürchten sollten als den Feind. Seine Generale beobachtete er so gründlich, dass keiner von ihnen sich noch unabhängig bewegen konnte. Jahrzehntelang hegte er Groll auf ganze

Regimenter. Seine unberechenbare Beurteilung von Leistungen bei Übungen oder Manövern knickte militärische Karrieren wie Strohhalme.

In einer Zeit, als körperlicher Mut bei Offizieren als gegeben vorausgesetzt wurde, verließ Friedrich zweimal – bei Mollwitz und bei Lobositz – unter dubiosen Umständen wichtige Schlachtfelder. Auch sein Verhalten nach der Schlacht war keineswegs geeignet, die Kämpfenden zu beeindrucken. Die ersten Stunden nach der Niederlage bei Kolin 1757 verbrachte er damit, ziellos mit einem Stock Kreise in den Dreck zu malen, dann verließ er seine Armee mit der Begründung, dass er sich ausruhen müsse. Nach Kunersdorf 1759 übertrug der König das Kommando einem Untergebenen und erklärte gleichzeitig wortreich und in übertriebener Manier, dass er diese Katastrophe nicht überleben werde. Eine spätere, gnädigere Generation mag da von posttraumatischem Stress sprechen. Armeeangehörige im 18. Jahrhundert hatten andere, gröbere Bezeichnungen für ein solches Verhalten.

Wäre er nicht der preußische König gewesen, dann wäre Friedrich ein passender Kandidat für eines der Irrenhäuser des Landes gewesen. Und doch war der Mann, der Preußen durch drei brutale Kriege führte, seinen Wiederaufbau betrieb und seinen Status als Großmacht sicherte, weit mehr als nur die Summe seiner negativen Eigenschaften.

Friedrichs Entwicklung als Herrscher begann 1730 nach seinem missglückten Versuch, aus dem Land zu fliehen. Der aufgebrachte Friedrich Wilhelm I. war ohne Zweifel bereit, seinen achtzehnjährigen Sohn als Deserteur hinzurichten – und Friedrich wusste das. Es war ihm klar, dass weder die vorsichtig provokative Haltung noch die passive Aggressivität, die er bisher seinem Vater gegenüber gepflegt hatte, ihm in dieser Lage helfen würde. Statt dessen beeindruckte Friedrich die Richter bei der Gerichtsverhandlung durch sein forsches Auftreten und die Bereitschaft, die Verantwortung für seine Taten zu übernehmen. Im selben Ton bat er bei Friedrich Wilhelm I. um Gnade und hatte Erfolg. Bis er den Thron bestieg, verhielt sich Friedrich nun wie ein mustergültiger Kronprinz, der sich fleißig dem Studium von Verwaltung und Militär widmete und sich ein umfassendes Leseprogramm auferlegte, mit dem er seine fehlende praktische Ausbildung in der Kunst des Regierens wettzumachen gedachte.

Friedrich warf sich nicht allein deshalb den Deckmantel der *Gravitas* über, um sich vor der standrechtlichen Erschießung zu retten und sich der königlichen Gunst zu versichern. Er scheint vielmehr seine Position akzeptiert und sich bemüht zu haben, deren Möglichkeiten auszuschöpfen: ein durch die Vernunft begründeter Akt des Willens in der besten

Tradition der Aufklärung. Willenskraft bestimmte auch Friedrichs Verhalten, als er 1740 den preußischen Thron bestieg. Er war 28 Jahre alt – im Hinblick auf Vorbereitung und Erfahrung muss man sagen, 28 Jahre jung. Dementsprechend war er überzeugt davon, dass jedes Anzeichen von Unsicherheit der Beginn seines Untergangs sein würde, sowohl ausländischen Mächten gegenüber wie auch bei den alten Ratgebern, die zutiefst bezweifelten, dass der neue König jemals der Mann werden würde, der sein Vater gewesen war. Wer sich wie Futter verhält, der wird gefressen. Friedrich konnte sich weder auf persönliches Charisma verlassen – er wusste, dass er das nicht besaß – noch auf eine ererbte Position, die einzunehmen seine Fähigkeit, wie ganz Europa durchaus bekannt war, von dem Mann bezweifelt worden war, der sie am besten ausgefüllt hatte: seinem Vater. In diesem Bewusstsein glaubte er, seine beste Antwort auf diese Probleme sei ein Ansammeln von Wissen: Friedrich musste als ein Mann auftreten, der weiß, wie man es macht, als ein *Roi-Connétable*.

Die Haltung kam einem Mann zupass, der sich selbst als Intellektuellen betrachtete und als fähig, aus der Geschichte zu lernen, moralischen und politischen Anforderungen zu begegnen und dann rationale und angemessene Urteile zu fällen. Dadurch, dass er diese Haltung in den frühen Jahren als Regent und General annahm, war es Friedrich möglich, seine mangelnde Erfahrung in jeder dieser beiden Rollen zu kompensieren. Wenn bestimmte Ereignisse weniger bedeutsam waren als grundsätzliche Prinzipien, dann fiel Jugend weniger ins Gewicht als Wissen, und Erfahrung weniger als Urteilskraft.

Seit dem Entstehen des frühen modernen Staates im Europa des 15. und 16. Jahrhunderts waren die vorrangigen Funktionen der Herrscher Repräsentation und Heldentum gewesen. Keiner der Herrscher spiegelte das wohlbekannte Paradigma Max Webers von der «traditionalen» Herrschaft wider, die sich auf «die Heiligkeit altüberkommener (von jeher bestehender) Ordnungen und Herrengewalten stützt». Die europäischen Monarchien waren zum allergrößten Teil entweder spontane Gründungen oder Verschmelzungen aus ansonsten einzeln stehenden Gebieten unter Fürsten, deren Souveränität oft zu neu oder zu fragwürdig war, um einer näheren Untersuchung standzuhalten. Die «Traditionen» eines bestimmten Herrscherhauses waren zum größten Teil Konstruktionen, die je nach Umständen, Willen und Launen modifiziert oder neu erfunden worden waren. Von einem gekrönten Haupt wurde vor allem erwartet, dass es in die Rolle passte und sie spielte, indem es seine *Gravitas* pflegte und einen Lebensstil und ein höfisches System aufrechterhielt, welche die *Gloire* seines Staates widerspiegelten und vergrößerten. In seiner entwickelten Form breitete sich dieses Konzept vom Frankreich Ludwigs des XIV. ausgehend über den Rhein aus und formte im Verlauf des 18. Jahrhunderts das Auftreten von Herrschern kleiner und mittlerer Staaten, deren Ringen um Status sich immer stärker auf Symbole anstatt auf Politik konzentrierte. Paläste bauen, anstatt Krieg zu führen, Künstler fördern, anstatt Soldaten zu bezahlen – das war, als das Zeitalter des Barock in die Ära des Rokoko überging, das Rohmaterial, aus dem Prestige geformt wurde.

Es wurde von europäischen Herrschern erwartet, dass sie die Rolle des Helden einnahmen. Die darf nicht in Form der John Keeganschen Formel vom «heldenhaften Herrschen» auf dem Schlachtfeld verstanden werden. Auch hier ging die Entwicklung zum Symbolischen hin und weg vom Funktionalen. Einige Persönlichkeiten aus kleineren Staaten, wie Victor Amadeus von Savoyen oder der badische Markgraf Ludwig, der mythische und vielbesungene «Türkenlouis», waren aktive Feldherren. Doch Schwedens Karl XII. war der letzte wirkliche Kriegerfürst alten Stils, und seine Auswirkungen auf sein Königreich haben viel dazu beigetragen, diesen Archetypus zu diskreditieren. Ludwig XIV. leitete Belagerungen an, weil diese das geringste Risiko für die königliche Person und die königliche Würde bargen. Der englische König Georg II. begleitete 1742 seine Armeen zwar ins Feld, tat dann jedoch bei Dettingen nicht mehr, als im Gefecht Mut zu zeigen. Man erwartete nicht von ihm, dass er die Schlacht selbst plante und durchführte.

Als er den Thron Preußens bestieg, vermied Friedrich sowohl Repräsentation als auch Heldentum – eine Haltung, der er in der Charakterisierung seiner selbst als «Feldmarschall und erster Diener des Königs von Preußen» aphoristisch Ausdruck verlieh. Dies war keine bloße Rhetorik. Zu den beständigsten Elementen der preußischen Politik während des Siebenjährigen Krieges gehörte das Beharren des Königs darauf, dass, sollte er gefangen genommen werden, der Krieg weitergehen müsse, ohne dass man Versuche unternahm, ihn zu retten oder auszulösen. Es wäre jedoch ein Irrtum, so weit zu gehen, Friedrich als ein Beispiel für Webers «bürokratischen» Herrscher zu betrachten. Dieser Führungsstil gründet sich stark, wenn nicht ausschließlich, auf die Synergie von entwickelten, komplexen Systemen, die eine ausreichend lange Zeit existiert haben, um ihr Funktionieren vorhersagbar, wenn auch nicht immer reibungslos und angemessen zu machen. Von einem solchen Zustand war das Preußen des 18. Jahrhunderts weit entfernt. Das von Friedrich Wilhelm I. eingesetzte System war immer noch unfertig, das

Land immer noch auf der Suche nach seiner Identität. Dieser Status der Unreife schloss aber auch einen «anti-heroischen» Herrscher vom Format eines Duke of Wellington, wie ihn John Keegan interpretiert, aus. Wellington war ein Produkt der herrschenden Elite, die nicht so fest im Sattel saß, dass sie sich Selbstzufriedenheit leisten konnte, aber doch gut genug etabliert war, um selbstbewusst zu sein. Friedrich hingegen verstand sich selbst als verantwortlich dafür, ein Staatssystem zu entwickeln, eine Beamtenschaft und eine Armee, die sich als Institutionen nicht der Position oder der Persönlichkeit des Herrscher unterordnen, sondern vielmehr seinem Wissen und Können.

Friedrichs erste Manifestation dieses für sich beanspruchten Wissens war, seinen Staat in einen Krieg zu führen. In späteren Jahren erklärte Friedrich sein Verhalten als Konsequenz daraus, dass er eine gut ausgebildete Armee besessen habe, gefüllte Kassen und den Wunsch, sich eine Reputation zu erwerben. Der Schlesische Krieg von 1740 war allerdings viel mehr als nur eine Manifestation jugendlich überschwänglicher Ideen und der Mittel, sie zu verwirklichen. Als Kronprinz hatte Friedrich sich, im Gegensatz zu seinem pragmatisch veranlagten Vater, den Fragen der Staatskunst auf akademische Weise genähert. Ausgehend von der Annahme, dass Preußen eine systematische und langfristige Außenpolitik benötigte, um seine Interessen zu sichern, hatte er weiterhin nachvollziehbare Schritte zu einer bestimmten Lösung entworfen. Mit einem Hoheitsgebiet, das sich vom Rhein bis tief in das Land des polnischen Königtums erstreckte, konnte Preußen nicht umhin, in buchstäblich jeden Konflikt in Europa hineingezogen zu werden. Gleichzeitig fehlte es ihm aber an Stärke, um seine geographische Position zu verteidigen – obwohl vom Namen her ein Königreich, war der Staat doch in Wirklichkeit ein Kurfürstentum. Somit war Expansion nicht nur für das Wohlergehen, sondern auch für das Überleben Preußens eine ultimative Notwendigkeit.

Friedrich untermauerte seine Überzeugung, indem er an die «Staatsräson» appellierte, eine notwendige Instanz außerhalb der moralischen Prinzipien, denen Personen unterliegen. Sein «Antimachiavell», 1740 veröffentlicht, entwickelte die Vorstellung weiter, dass Gesetz und Ethik in internationalen Beziehungen weder auf die Interessen der Herrscher noch auf die Wünsche des Volkes gegründet seien. In diesem Sinne betrachtete Friedrich auch internationale Beziehungen als grundlegend beständig. Das Verhalten von Staaten war Gegenstand rationaler Einschätzung und von Prinzipien beherrscht, die in derselben Weise erlernt und angewandt werden konnten, wie man ein Uhrwerk pflegt und repariert. Diese Vorstellung blieb während seiner ganzen Regentschaft Friedrichs grundlegende Haltung zur Außenpolitik, und dies trotz der eigensinnigen Weigerung seiner Nachbarn, vor allem Österreichs, Friedrichs Definition von rationalem Verhalten im Zusammenhang mit Themen wie der Annexion Schlesiens durch Preußen 1740 und seiner Eroberung Sachsens 1756 zu übernehmen.

Friedrichs Entwicklung als Kriegsherr beruhte darüber hinaus auf zwei grundlegenden Aspekten der preußischen Kultur. Der erste war der Pietismus. Dieser religiöse Impuls des 18. Jahrhunderts forderte den Quietismus der traditionellen Lutheraner heraus, indem er besonderen Wert auf den Dienst an der Gemeinde und deren Reform legte. Obzwar weniger streng als der Calvinismus, dem er viel seiner theologischen Substanz verdankte, pflegte der Pietismus eine reine, kühle Betrachtung der Welt und des Platzes der Menschen darin. Er bot wenig Raum für Begeisterung oder Inspiration, und noch weniger für die Art öffentlicher Pose, die Status mit Hybris und Leistung mit Selbstdarstellung verwechselte. Der preußische Staat rechtfertigte sich selbst nicht in der Manier eines Ludwig XIV. durch das göttliche Recht oder durch Vorschriften der Art, wie sie später von Edmund Burke formuliert wurden, sondern durch instrumentale Begriffe, indem Dienst und Gehorsam mit Schutz und Stabilität aufgewogen wurden. Dies war die Form von Gesellschaftsvertrag, zwar ungeschrieben, aber deshalb keineswegs weniger fest geschlossen, den die Pietisten am ehesten mittragen würden. Und auf Friedrich, dessen Ablehnung einer formalen Religion fast ebenso tief saß wie sein Hass auf Frauen, passte die pietistische Vorstellung von einem idealen Herrscher so genau, wie sie auf einen Sterblichen überhaupt passen konnte.

Das zweite kulturelle Parameter war das Patriarchat. Dieses Konzept ist so oft als ein Modell von offenkundiger Dominanz und Unterwerfung definiert worden, dass es eine nähere Betrachtung in einem anderen Kontext lohnt, den Klaus Epstein vorschlägt. Der Konservatismus ist demnach am wirkungsvollsten, wenn er nicht ausgesprochen wird. Wenn er sich auf die «Mannschaft der Bewegung» einstellt, indem er sich beschreibt oder gar verteidigt, dann spielt der Konservatismus nach seinen eigenen Regeln auf dem Feld der fremden Mannschaft. Dasselbe kann man über das Patriarchat sagen. Ganz gleich, ob es im Kontext der Familie, des Dorfes oder des Junkertums vorkam, funktionierte es am besten, je weniger offensichtlich es war. Diejenigen, die die Verantwortung trugen, wussten sowohl durch kollektives Wissen als auch durch individuelle Erfahrung, dass es kontraproduktiv war, sich wichtig zu machen oder direkt in den gewohnten Gang der Dinge einzugreifen, sollte es nicht unbedingt erforderlich sein. Was am wenigsten Unruhe brachte, musste das beste sein. Und obwohl der Friderizianische Staat keineswegs unsichtbar war, griff er doch nicht nach dem Zufallsprinzip ein oder änderte seine Meinung mit dem Wind. Das Sprichwort «Es gibt noch Gerichte in Berlin», das in vielen Zusammenhängen des 18. Jahrhunderts zitiert wird, beleuchtet das sich entwickelnde Bild von Preußen als einem Rechtsstaat, der mit der Macht des Gesetzes handelt und den nicht einmal der König selbst ignorieren konnte.

Pietismus und Patriarchat untermauerten eine Konzentration auf das Militärische, die auf allen Ebenen und in allen Ecken eines Preußen akzeptiert wurde, dessen Untertanen, soweit man sehen kann, nicht weniger zufrieden waren als die anderer Staaten. Im ganzen absolutistischen Europa machten Ausgaben für das Militär den Löwenanteil der Staatshaushalte aus. Doch wenn andernorts zwanzig oder dreißig Prozent die Norm waren, stand die preußische Armee ständig für drei Viertel der öffentlichen Ausgaben – und dies auch in Zeiten soliden Friedens. Preußen war dafür bekannt, dass es in politischer, sozialer und kultureller Hinsicht in einer Weise um seine Armee zentriert war, wie es anderswo unvorstellbar gewesen wäre. Das gebräuchliche Argument, dass die Last des militärischen Dienstes ausschließlich auf den in Preußen am wenigsten begünstigten Untertanen ruhte, den Landarbeitern, kleinen Bauern und Tagelöhnern, ist ebenso korrekt wie missverständlich. Im Preußen des 18. Jahrhunderts schuldete jeder dem Staat seinen Dienst. In diesem Sinne waren diejenigen, die nicht direkt für den Dienst in Uniform geeignet waren, nicht befreit, sondern eher beruflich zurückgesetzt. Das Kantonsreglement, durch das die männlichen Kräfte Preußens systematisch erfasst wurden, ermöglichte es dem Staat, eine Streitkraft zu unterhalten, die seine Großmachttendenzen unterstützte, ohne die Staatskassen zu leeren. Dieses System war weniger durch direkten Zwang erfolgreich, sondern durch die Bereitschaft von Familien und Gemeinden, einen Teil ihrer Söhne jedes Jahr wieder einziehen zu lassen – und weil das bürokratische System diesen Aushebungsbezirken eine bedeutende Rolle darin zugestand, genau zu entscheiden, wer gezogen werden würde.

Offizielle Autoritäten verstärkten somit ihr gesellschaftliches, inoffizielles Gegengewicht auf einem bestimmten Gebiet, das eine große Zahl von Menschen direkt betraf. Das pietistische Konzept der Pflichterfüllung bot eine keineswegs künstliche moralische Dimension, mit der die zwangsweise Verpflichtung zum Militärdienst gerechtfertigt werden konnte. Selbstdisziplin und soziale Disziplin sind entscheidende Punkte auf dem Weg zu Selbstbewusstsein und Selbstachtung: stolz zu sein auf gewissenhaft und bewusst erledigte Aufgaben, die man in einer Umgebung präsentiert, die diese Arbeit hoch schätzt. Die positiven Aspekte der Disziplin mögen auch von einer Umgebung verstärkt worden sein, die, wie Friedrichs Preußen, wenig Möglichkeit barg, Hedonismus zu unterstützen, und nur wenig attraktive Aussichten auf Zerstreuung bot. Nicht selten wandten sich junge Offiziere aus Langeweile oder Abscheu gegenüber den Möglichkeiten des Lasters, die eine Garnisonsstadt bot, der Selbstentwicklung und der beruflichen Fortbildung zu.

Friedrichs Konzept einer rationalen Kriegführung beinhaltete das Prinzip, dass Preußen nur kurze, entscheidende Kriege führen sollte – zum einen, um kostbare Ressourcen zu sparen, zum anderen, um die Verlierer davon zu überzeugen, Frieden zu schließen und ihn einzuhalten, und schließlich auch, um andere mögliche Herausforderer abzuschrecken. Dies bedeutete, dass man eine ständig geölte Kriegsmaschinerie entwickeln musste, eine Armee, die aus dem Stand in den Krieg ziehen konnte und ihre höchste Wirkungskraft gleich von Anfang an zeigte. Somit durfte nichts auf zweitrangige Konflikte verschwendet werden. Geplänkel, das Aussenden von Spähtruppen und all die anderen Elemente des «kleinen Krieges», die im 18. Jahrhundert immer häufiger zu bemerken waren, bedeuteten für Friedrich nichts anderes als verschwendete Zeit. Und Zeit war etwas, das Preußen überhaupt nicht hatte.

Diese strategischen und operativen Konzepte erforderten, dass Friedrich nicht nur den Konflikt suchte, sondern dass er auch nichts zurückhielt, wenn die Schlacht einmal begonnen hatte. Vom Beginn seiner militärischen Laufbahn an entwickelte Friedrich ein starkes Bewusstsein für die Zufälligkeit von Schlachten. Bei Mollwitz 1741 schien der Tag schon verloren, als ein letzter Vorstoß der preußischen Infanterie das Blatt wendete. Soor begann 1745 damit, dass die Österreicher sein Lager überraschend überfielen und endete damit, dass Friedrich mit der Kampfkraft seiner Soldaten einen Sieg improvisierte. Hochkirch war 1758 eine noch größere Überraschung, die Friedrich als einen Nebenschauplatz einordnete, bis er durch Vollkugeln aus seinen eigenen vom Feind erbeuteten Geschützen eines besseren belehrt wurde.

Der König war nicht der einzige, der diese Erfahrungen machte, und das kollektive Wissen der Kriegführung im 18. Jahrhundert reagierte auf sie, indem Fortunas Spielraum so klein wie möglich gehalten wurde: Marschieren und Kämpfen nur unter vorhersehbar günstigen Bedingungen. Da er diese Wahlmöglichkeit nicht hatte, verlegte sich Friedrich darauf, Preußen gegen Schock und Überraschung unempfindlich zu machen und so das zu minimieren, was Clausewitz später Nebel und Friktion nennen würde. Zwar wäre es übertrieben, von einem Aufrüstungsprogramm im modernen Sinne zu sprechen, und Preußen blieb für seine militärische Versorgung immer stark von ausländischen Importen abhängig. Dennoch band Friedrich nach dem Österreichischen Erbfolgekrieg (1740–48) die Wirtschaft des Staates zunehmend in die Kriegführung ein. Für das Militär richtete er jährliche Übungsmanöver nach der Ernte im Herbst ein. In den meisten Armeen des 18. Jahrhunderts erschöpften sich Manöver darin, individuellen oder Kompaniedrill zu demonstrieren – dieses Muster war entstanden, weil es keine stehenden Einheiten oberhalb der Regimentsebene gab. Friedrichs Manöver waren nicht zur Schau bestimmt: Sie beschäftigten so viele Männer, wie für eine mittelgroße Schlacht benötigt wurden (1753 waren es 44 000), und waren entsprechend kostspielig. Hier sollten Formation und Taktik erprobt und die groß angelegten Ausfälle trainiert werden, deren Wirkung auf dem exakten Zusammenwirken vieler Regimenter beruhte; die höheren Offiziere sollten darin geübt werden, größere Verbände unter hohem Druck zu führen. Dieser letzte Punkt mag, auch wenn Friedrich das nie deutlich gemacht hat, seine Rechtfertigung für die vernichtenden und Karrieren zerstörenden Kritiken gewesen sein, die mit diesen Truppenübungen einher gingen. Bis zu einem bestimmten Grad gaben sie die unvorhersehbaren, höchst gefährlichen Bedingungen eines Einsatzes in einer Schlacht des 18. Jahrhunderts wieder.

Der Siebenjährige Krieg stellte Friedrichs Qualitäten und Errungenschaften als Kriegsherr auf eine harte Probe. Das preußische Militärsystem war insofern ein Spiegelbild der preußischen Gesellschaft, als es ein starkes vertragliches Element besaß, das durch die große Zahl «Ausländer» in seinen Reihen noch verstärkt wurde – auch als die Mobilmachung beendet war, waren es um vierzig Prozent. Diese Männer werden immer noch Söldner genannt, doch hatte dieser Begriff im 18. Jahrhundert eine ganz andere Bedeutung als heute, wo «Söldner» einen skrupellosen Weltenläufer bezeichnet, der für jeden Geldgeber kämpft. In der preußischen Armee war jeder ein «Söldner», der in keinem Aushebungsbezirk gemeldet war. Viele dieser «Ausländer» waren zumindest legale preußische Untertanen. Manche waren entlassene Lehrlinge und arbeitslose Tagelöhner, die in der Armee Sicherheit suchten. Andere waren Männer, die keine Hoffnung sahen, im zivilen Leben ihre Lage verbessern zu können, und wenn nicht Freiheit, so doch wenigstens eine neue Form der Knechtschaft suchten. Josef Dreyer, ein siebzehn Jahre alter

Elsässer, reiste sogar bis nach Aachen, um in die preußische Armee einzutreten, weil sie einen so guten Ruf genoss. Sein Bericht, der zwar aus einer Perspektive geschrieben ist, die oft besondere Erfahrungen mit dem grundsätzlichen Schmerz einer verlorenen Jugend vermischt, beschreibt doch selbst seine Tage als Rekrut als eine Zeit voller Vergnügen und Unfug, die er in einer viel interessanteren Gesellschaft verbrachte, als es in seinem Herkunftsort der Fall gewesen wäre. Er hatte viele Gleichgesinnte.

Der preußische Söldner betrachtete sich somit nicht als Teil einer Legion der Verlorenen. Sein Selbstbild war meist das eines Mannes, der aus eigener Entscheidung den ehrbaren Beruf des Soldaten ausübte. Und während die offiziellen Wehrpflichtverträge sowohl einseitig als auch absolut waren, stand einem Söldner doch immer das Schlupfloch der Desertion offen. Die drakonischen Strafen in der preußischen Armee, die diese Alternative verhindern sollten, machen deutlich, wie relativ einfach es sogar in Garnisonen in Friedenszeiten gewesen sein muss, zu desertieren, ganz zu schweigen vom aktiven Dienst im Feld.

Unzufriedene konnten zudem eine entscheidende Wirkung auf die Moral der Kantonisten haben, die während Friedenszeiten zumeist zu gut in ihre Heimatgemeinden eingebunden waren, um eine Desertion wirklich in Erwägung zu ziehen. Und Friedrichs Armee verließ sich, was ihre Effektivität betraf, viel mehr auf ihren Kampfesgeist als auf ihre formelle Disziplin. Zwang unterschiedlichster Art konnte Männer vielleicht in ihren Reihen halten, aber er konnte sie nicht zum Kämpfen bringen. Oder besser gesagt: Er konnte sie nicht dazu bringen, weiterzukämpfen. Drill und Übungen waren zum Teil dazu gedacht, den einzelnen Soldaten zu automatischen körperlichen Reaktionen zu befähigen: immer wieder laden und schießen, sich nach Befehlen bewegen. Doch weder ein eingeübter Reflex noch ein äußerer Zwang konnten, einzeln oder gemeinsam, Männer auf dem Höhepunkt einer Schlacht in den Reihen halten, zumal die Schlachten in der Zeit des Siebenjährigen Krieges waren, als würde man zwei Kerzen in eine Lötlampe halten und zuschauen, welche zuerst schmolz.

Während der Landsknechtära und des Dreißigjährigen Krieges identifizierte sich der deutsche Soldat selbst mit Begriffen der Individualität. Soldat zu werden hieß, einen Degen zu haben, verlotterte Kleidung zu tragen und bei den Frauen prahlen zu dürfen, wie es dem Bauern oder Handwerker verwehrt war. In späteren Jahren trug dann die Einführung von Uniformen und die systematische Betreibung der Lager- und Garnisonsdisziplin viel dazu bei, einem Leben, das zwar nicht einsam, aber doch gemein, roh und kurz war, die Verklärung durch die Freiheit zu nehmen. Stattdessen entstand von Frankreich ausgehend ein Kreislauf aus Verpflichtung und Abhängigkeit: ein Muster, in dem der Staat bewusst Sorge für das Wohlergehen seines Soldaten trug, um so die Abhängigkeit des Soldaten vom Staat zu erhöhen.

Die Beziehung eines Soldaten zum Staat unterscheidet sich ganz entschieden von allen anderen, da sie, im Gegensatz zu anderen Berufen wie zum Beispiel dem des Feuerwehrmanns oder des Gesetzeshüters, die den Tod als ein mögliches Nebenprodukt dieser Tätigkeit in Kauf nehmen, die zentrale Verpflichtung zu sterben beinhaltet. Die meiste Zeit ist diese «Todesklausel» für die meisten Soldaten außer Kraft. Eine Person kann dreißig ehrenhafte Jahre in einer beliebigen Uniform verbringen und nur durch Übungsunfälle gefährdet sein. Selbst in Kriegszeiten ist die Verpflichtung nicht absolut – eine Tatsache, die Studenten der Militärgeschichte oft erstaunt, wenn sie feststellen, dass «Kämpfen bis zum letzten Mann» in der Praxis viel weniger drastisch aussah. In allen westlichen Armeen gibt es ein Gespür dafür, was unter den gegebenen Umständen zu erwarten legitim ist. Wenn die Verlustlisten länger werden, dann wächst die Wahrscheinlichkeit, dass die Soldaten das moralische Kleingedruckte in ihren geschriebenen oder ungeschriebenen Verträgen mit dem Staat und der Gesellschaft, für die sie kämpfen, noch einmal überdenken.

Preußen hat diesen Kreislauf aus Verpflichtung und Abhängigkeit in der ersten Hälfte des 18. Jahrhunderts sehr ernst genommen. Seine Uniformen wurden als mit die besten in Europa angesehen. Seine medizinische Versorgung im Krieg wie im Frieden war allem überlegen, was Handwerkern und Bauern normalerweise zugute kam. Seine pensionierten Veteranen hatten gute Chancen auf eine öffentliche Anstellung oder konnten in einer der Garnisonskompanien verbleiben, die die Funktionen einer örtlichen Schutzeinheit mit denen eines Altersheimes verbanden. Als der Siebenjährige Krieg fortdauerte und die Gefahren des Militärdienstes wuchsen, war jedoch mehr nötig als materielle Verlockungen, um die Soldaten an der Waffe zu halten – etwas, was F. Scott Fitzgerald eine spirituelle Ausrüstung der ganzen Seele nennt. Jetzt war Führungsqualität erforderlich, und zwar die Fähigkeiten nicht nur eines Schlachtenführers, sondern eines Kriegsherrn.

Diese Führungsqualität konnte allerdings kaum von einem Offizierskorps geboten werden, dessen dominantes adliges Element erst kürzlich durch Friedrich Wilhelm I. in das militärische System eingebunden worden war. Welche Loyalität diese Korps auch immer hervorriefen, sie war doch wahrscheinlich im Weberschen Sinne «traditional». Da sie sich auf Muster von Ehrerbietung und Autorität stützte, die man im zivilen Leben erworben hatte, war sie entsprechend unattraktiv für die Söldner, die sich ja oft der Armee verschrieben hatten, um eben diesen Mustern zu entfliehen. Ebenso wenig entsprach sie den Vorstellungen der Rekruten, für die die Tatsache, dass man auf der Straße den Hut zog, nicht zwangsläufig auch bedeutete, dass man sich in einer Schlacht den Kopf von den Schultern schießen ließ. Außerdem war Friedrich nicht bereit, «charismatische» Untergebene zu dulden. Er hatte ein paar ältere Offiziere wie Kurt von Schwerin und Leopold von Anhalt, den «Alten Dessauer», übernommen, die sich den Respekt der Mannschaften der Armee selbst erworben hatten. Doch während Friedrichs Herrschaft erwuchsen ihnen keine Nachfolger. Friedrich von Seydlitz und Hans von Ziethen, die dem Vorbild am nächsten kamen, wurden mehr mit einer einzelnen Waffengattung identifiziert – der Kavallerie – als mit der Armee als Ganzem.

Bei Kolin 1757 begann Friedrich in einem der letzten verzweifelten Angriffe gegen die österreichischen Linien, den Übergang von einem institutionalisierten zu einem persönlichen Führungsmodell zu vollziehen. Zum ersten Mal in seiner militärischen Laufbahn versuchte der König, seine Männer direkt zu begeistern. Sein Ruf: «Hunde! Wollt ihr ewig leben?» war allerdings kaum mit der animierenden Schlachtenrhetorik eines Julius Cäsar zu vergleichen. Doch er schlug damit zumindest eine Saite an. Ein Musketier antwortete angeblich: «Fritz, für fünf Groschen ist's heute genug!» Wenngleich wahrscheinlich kaum historisch, war dieser Wortwechsel doch signifikant. Der neue Krieg des Königs war nicht kurz, entscheidend und positiv in seinem Verlauf, sondern zog sich in die Unvorhersehbarkeit hin. Die Armee hatte bei Lobositz, Kolin und vor Prag schwere und nicht zu ersetzende Verluste erlitten. Im August marschierten russische Truppen in Ostpreußen ein, während eine massive Streitmacht aus französischen Truppen, noch durch Kontingente des Heiligen Römischen Reiches verstärkt, von Westen her gegen Friedrich zog. Friedrichs unprovozierter Angriff auf Sachsen und seine nachfolgende systematische Plünderung der menschlichen und materiellen Ressourcen dieses Landes hatten ihn jeder Sympathie beraubt, die ihm noch irgendwo in Deutschland entgegengebracht worden war. Wenn die preußische Armee jetzt entschied, dass ihr Soll erfüllt war, dann waren Preußens Aussichten auf ein Überleben, ganz zu schweigen auf einen Sieg, in der Tat düster.

Der Sieg bei Roßbach am 5. November 1757 ließ Friedrichs Verwandlung fortschreiten. Der Satz, den ein französischer Offizier angeblich bei seiner Gefangennahme dem preußischen Kollegen gegenüber äußerte: «Sire, Sie sind eine Armee, wir ein reisendes Bordell» (*un bordel ambulant*), war Ausdruck der Schadenfreude über das französische Pech, das sich durchaus über die preußischen Grenzen hinweg erstreckte. Der umfangreiche Troß der alliierten Armee enthielt tatsächlich «Kammerdiener, Lakeyen, Köche, Haarkräusler, Buhlerinnen, Feld-Pater und Schauspieler (...) Pudermäntel, Haarbeutel, Sonnenschirme, Schlafröcke und Papagoyen».[1] Dass er in die Hände der Preußen fiel, schenkte den Propagandisten die willkommene Gelegenheit, die angeblichen preußischen und protestantischen Tugenden der Einfachheit und Schlichtheit auszuposaunen.

Friedrich wurde zu einem Symbol und lieh, ohne es zu wissen, seinen Namen Wirtshäusern, Straßen und Städten sogar an weit entfernten Orten wie Pennsylvania. Doch Roßbach erzeugte bei den kleineren deutschen Staaten, waren sie nun protestantisch oder nicht, keinen mitreißenden Effekt. Und ebenso wenig hielt es die schlesische Stadt Breslau, die erst 1740 von Preußen annektiert worden war, davon ab, Friedrichs Garnison höflich darüber in Kenntnis zu setzen, dass ihre Gesellschaft verzichtbar sei, als eine österreichische Armee vor den Stadtmauern erschien.

Breslaus Fall am 25. November markierte den Tiefpunkt eines schlecht geführten lokalen Feldzugs unter dem Herzog von Bevern, der einer österreichischen Armee, die sehr wohl imstande zu sein schien, die Gelegenheit zu nutzen, den Weg nach Berlin weit offen hielt. Hier ist auch ein bewusster Wandel in Friedrichs Führungsstil zu vermerken. Als der König am 2. Dezember in Schlesien eintraf, hatte er nur eine Option: kämpfen und siegen. Sein Verhalten in den folgenden Tagen legte die Grundlage für den Mythos vom «Alten Fritz». Sämtliche zeitgenössischen Zeugnisse beschreiben einen Mann, der Krankheit und Erschöpfung überwindet und von Zelt zu Zelt wandert, sich an den Feuern der Männer wärmt, ihre Geschichten und Klagen anhört und Beförderungen und Lohn für zukünftige gute Dienste verspricht. Doch der König verließ sich nicht nur auf persönliche Anstrengungen. Er lockerte eine für gewöhnlich strenge Lagerdisziplin, um seinen Veteranen von Roßbach zu erlauben, sich unter ihre Mitsoldaten zu mischen und ihnen ihre Geschichten von Sieg und Plünderungen zu erzählen. Er schenkte, soweit es die Vorräte zuließen, zusätzliches Essen und zusätzlichen Alkohol aus. Den höheren Offizieren gegenüber verzichtete Friedrich auf die erwarteten Schimpftiraden, bot ihnen statt dessen seine Kameradschaft an und gab ihnen zu verstehen, dass zukünftige Taten vergangene Missgeschicke vergessen machen würden. Und dann übertraf er sich am 3. Dezember selbst, als er nicht nur seine Generale, sondern auch die Regiments- und Bataillonskommandeure seiner Armee in sein Hauptquartier einlud.

Eine solche Einladung war völlig ungewöhnlich. Als Friedrich erschien, sahen die Offiziere keinen Schlachtenführer, der Zuversicht und Vitalität ausstrahlte, sondern einen müden, alternden Mann, dessen Uniform fadenscheiniger und von mehr Schnupftabak verschmutzt war als sonst und dessen Stimme zu schwach war, als dass man sie über die ersten Reihen hinweg hätte hören können. Die Armee, so erklärte Friedrich, würde angreifen. Ihre einzigen Alternativen seien Sieg oder Tod. «... wir kämpfen um unseren Ruhm, um unsere Ehre (...) und für unsere Frauen und Kinder. (...) Diejenigen, die an meiner Seite stehen, können sich darauf verlassen, dass ich mich um ihre Familien kümmern werde, wenn sie getötet werden. Jeder, der den Abschied nehmen möchte, kann das jetzt tun, wird aber keinen weiteren Anspruch auf mein Wohlwollen haben.» Sollte irgend jemand denken, dass er weich geworden sei, so wurde er von Friedrich eines besseren belehrt, denn er schloss seine Rede mit der Ankündigung, dass jedes Kavallerieregiment, das im Dienst versagte, seiner Pferde verlustig gehen würde, und dass jedem Infanteriebataillon, das zurückwich, seine Fahnen, die zeremoniellen Tressen an seinen Uniformen und die von den Mannschaften getragenen Säbel abgenommen würden.[2]

Die «Rede von Parchwitz», nach dem Ort des Lagers benannt, verband Aufrichtigkeit und Kunstfertigkeit auf untrennbare Weise miteinander. Nichts davon ging beim Weitererzählen verloren. Jahre später noch konnten Männer sich an jedes Detail erinnern, das sie gesehen oder gehört hatten, selbst wenn sie damals nicht einmal in der Nähe gewesen waren. Zwei Tage später zerschlug die preußische Armee die Österreicher bei Leuthen. Ein Regiment behauptete sich so gut, dass Friedrich 1500 Taler aus seiner eigenen Tasche unter den Mannschaften verteilen ließ – eine Geste, die, wenn man seine asketische Sparsamkeit bedenkt, das Äußerste an öffentlicher Emotion war, was er sich je leistete.

War Friedrichs Verhalten in den Tagen von Leuthen nur eine kurzfristige Strategie? Nach Leuthen kamen keine weiteren leichten Siege, keine brillanten Manöver – nur die auf engem Raum geführten Massaker von Zorndorf und Kunersdorf in Ostpreußen, bei Hochkirch und schließlich bei Torgau. Keine dieser Schlachten ließ einen *Roi-Connétable* vermuten, einen Monarchen, der das Schlachtfeld durch seine Willenskraft und kraft seiner Intelligenz beherrschte. Für den Rest des Krieges fuhr Friedrich fort, seine höheren Offiziere mit einer launischen Mischung aus Ratschlägen, Warnungen, Beschuldigungen und Befehlen zu schikanieren, von denen die letzteren einander oft widersprachen. Fast zwei Jahrzehnte nach der Schlacht von Zorndorf erinnerte er ein Regiment daran, dass es an dem Tag zusammengebrochen war und dass ein solches Verhalten weder gutgemacht noch vergessen werden konnte. Nach der Niederlage von Kunersdorf höhnte er, dass seine Truppen Angst gehabt hätten, nach Sibirien verschleppt zu werden.

Dennoch stand die Armee unter Friedrichs direktem Befehl einen Teil des Winters 1759/60 nicht wie üblich in Hütten, sondern in Zelten durch, die auf der Schlesischen Hochebene aufgestellt worden waren. Und obwohl die Rationen karg und die Soldaten von Ruhr und Atemwegserkrankungen heimgesucht waren, lehnte sich das Heer weder in Meuterei auf, noch blutete es durch Desertion aus. Im Sommer 1760 nahmen viele dieser Männer an einem Monat der Eilmärsche teil, bei denen viele zurückblieben, aber nur wenige desertierten. Die durstigen, erschöpften und von Blasen an den Füßen geplagten Männer stolperten am Ende eines jeden Tages in ihre Lager – auch ohne die Patrouillen, deren Aufgabe es war, Nachzügler wiederzubringen, ehe sie ihre Abwesenheit zu einem Dauerzustand machen konnten.

Dies waren jedoch nicht die Soldaten, die 1756 die Reihen der preußischen Armee gefüllt hatten. Im Frühjahr 1761 waren immer noch drei Fünftel der Soldaten inländische Kantonisten aus den Aushebungsbezirken der Regimenter, und davon waren viele Freiwillige. Der Rest waren Ausländer, Kriegsgefangene, die überredet oder gezwungen worden waren, die neuen Farben anzunehmen, Männer, die von Werbern gebracht wurden, die immer schwerer von Presspatrouillen zu unterscheiden waren – das Treibgut eines fünf Jahre währenden harten Krieges. Einige von ihnen wurden in reguläre Einheiten integriert, deren Kader immer noch stark genug waren, um die Neuankömmlinge zu prägen und nicht umgekehrt. Andere wurden in separaten «Freibataillonen» untergebracht, deren Qualität von nebensächlich bis miserabel rangierte. Schon 1759 war fast die Hälfte des Vorkriegsoffizierkorps ausgelöscht. Einige der Ersatzleute für diese Offiziere waren nur dreizehn Jahre alt. Und dennoch behauptete sich diese nicht gerade viel versprechende Mischung gegen immer stärker werdende Feinde, bis Friedrich schließlich den Tod der russischen Zarin Elisabeth ausnutzen konnte, um 1763 aus dem Krieg mit einem nach wie vor intakten Königreich und einer höheren Reputation denn je hervorzugehen.

Es war der preußische König, der die preußische Armee in den letzten Jahren des Krieges bei der Stange hielt. Zum Teil war der «Alte Fritz» ein Konstrukt, eine Projektion des Wunsches, in Ermangelung üblicher Ideale wie Patriotismus und Religion einen handgreiflichen Fokus für die Opfer zu haben, die der Kriegsdienst in einem sich lange hinziehenden Krieg forderte. Doch die Lagerfeuergeschichten und Wirtshauslegenden beruhten nicht allein auf einem Trugbild, das von Galgen und Erschießungskommandos genährt wurde. Friedrich zeigte dieselben Durchhaltequalitäten, die er von seinen Männern verlangte. Auf dem Marsch und im Lager war er zugegen und sichtbar. Männer, die nichts von der schiefen Schlachtordnung verstanden, hatten Friedrich bei Hochkirch die durchbrochenen Reihen seiner Truppen ordnen sehen und wussten, dass er bei Torgau von einer matten Kugel getroffen worden war. Das hier war kein Alexander, kein Heinrich von Navarra mit dem weißen Helmbusch in vorderster Reihe, sondern ein Krieger für den Alltag, der Respekt gebot, ohne ihn zu fordern.

Preußische Offiziere waren keine Höflinge oder Bürokraten in Uniform, sondern Soldaten, anspruchsvoll durch Erfahrung und Stellung und oft mit einer wirtschaftlichen und sozialen Unabhängigkeit versehen, die es ihnen durchaus ermöglichte, ihren Abschied zu nehmen, wenn ihre Ehre herausgefordert wurde, und sei es durch den König selbst. Friedrichs Beharren darauf, die adlige Identität des Offizierskorps zu erhalten, war nur zum Teil dadurch motiviert, eine reizbare Aristokratie an den Staat zu binden. Es spiegelt auch seinen Glauben wider, dass durch die Ehrvorstellungen als zentraler Wert des Adels dieser hervorragend für eine Laufbahn geeignet war, deren Wesen nicht rationaler Berechnung unterlag. Das machte den Adel auch Friedrichs Definition eines Offizierkorps als Kameradschaft in Waffen zugänglich. Eine gemeinsame Identität wurde durch den begrenzten Wert, der auf Unterschiede von Rang und Uniform gelegt wurde, erleichtert. Hier gab wiederum des Königs wohlbekannte Gleichgültigkeit gegenüber Kleidung den Ton an. Militärische Insignien wurden erst nach dem Krieg eingeführt, und Friedrich ermöglichte Leutnants denselben direkten Zugang zu seiner Person wie Generalen. Die meisten Zeitgenossen waren der Meinung, dass Friedrichs unvorhersehbare Härte nicht wenig zum Korpsgeist seiner Offiziere beitrug, da sie die Zugehörigkeit zur Gemeinschaft ein weder rasch erworbenes noch leicht zu erhaltendes Gut sein ließ.

Friedrichs Verhalten sprach auch seine Soldaten an. Kriegführung im 18. Jahrhundert wurde immer mehr eine Frage des Durchhaltens, immer weniger eine der Leistung. Was die zeitgenössischen militärischen Schriften als Charakterzüge des Kriegers beschreiben, fand in der Frontlinie einer Schlacht kaum mehr Raum. Selbst in einer Kavallerieattacke hingen Sieg – und oft genug auch Überleben – von der Fähigkeit ab, die Reihen zusammenzuhalten und augenblicklich wieder zu ordnen, wenn die Trompete erschallte. Zwar währten Schlachten selten länger als einen Tag, doch ihre dicht gedrängte Struktur stellte erhöhte Anforderungen an den Durchhaltewillen des Soldaten: die Angst unter Kontrolle zu halten ohne das Gegenmittel der Aktivität. Auch Feldzüge, vor allem in den recht dürren Gegenden von Ostpreußen und Mitteleuropa, waren ein Überlebenstraining, und das ohne die kleinen Freuden der Vergewaltigungen und Plünderungen, die es zur Zeit der Kriege von Ludwig XIV. gegeben hatte. Unter solchen Bedingungen musste jemand, der sich in die Gesellschaft seiner einfachen Soldaten begab, natürlich zum Gegenstand der Bewunderung und der Loyalität werden.

Ungeachtet seiner giftigen Rhetorik hinsichtlich ihrer Qualität war Friedrich in Wirklichkeit das Wohlergehen seiner Männer keineswegs gleichgültig. Vor dem Siebenjährigen Krieg geschah die Ausbildung auf individueller Grundlage, und die Ausbilder waren angehalten, nur dann grobe Methoden anzuwenden, wenn Appelle an die «bessere Natur» der Rekruten ungehört blieben. In der Garnison war ein Soldat, der frei hatte, sein eigener Herr und konnte sich bis zur nächsten Parade eine Teilzeitbeschäftigung suchen oder sich dem Müßiggang hingeben. Diese Freiheit reichte auch bis ins Feld. Friedrich erwartete in der Parade die Präzision eines Uhrwerks, weigerte sich aber, seine Leute im aktiven Dienst hart anzutreiben. So zog er vereinzelte Auffrischungsübungen regelmäßigem, ausdauerndem Drill vor. Was in den Armeen des 20. Jahrhunderts Schleiferei genannt wird, war in einem preußischen Heerlager somit erstaunlicherweise nicht zu finden. Vorposten und Wachdienste wurden auf ein Minimum reduziert – manchmal, wie zum Beispiel bei Soor und bei Hochkirch, auf Friedrichs Kosten. Arbeitsdienste waren funktional – Nahrung suchen, Heu machen, Latrinen graben – und wurden unter den Einheiten aufgeteilt. Die Haltung des Heeres auf dem Marsch war ungezwungen. Friedrich hatte zunehmend Freude daran, an den Reihen entlang zu reiten, mit den Männern im Dialekt zu scherzen und sich manchmal auch necken zu lassen – Freiheiten, die man sich Offizieren niedrigeren Ranges gegenüber nicht herausnahm. Erst im Lager nahm er seine Rolle des Feldherrn wieder ein, und in der Sprache des Lagers war es, als wäre der Herrgott in einem blauen Rock auf die

Erde herabgestiegen – in demselben schmucklosen Rock, den die gewöhnlichen Soldaten trugen.

Der Volksmund sagte in dieser Zeit: «Dienst ist Dienst und Schnaps ist Schnaps.» Friedrichs Armee von 1763 begriff diesen Unterschied. Hatte jemand Schwierigkeiten, das zu verstehen, dann erinnerte Friedrich ihn daran. Bei der Belagerung von Dresden 1760 brach ein Regiment während eines unerwarteten Ausfalls durch die Garnison der Stadt zusammen. Friedrich nahm den Männern die auffälligen Huttressen und ihre Säbel ab. Diese wurden selten für etwas anderes als Lagerdienste benutzt. Doch die Männer des 3. Infanterieregiments sahen den Verlust als eine Schande an, die nur mit Blut abgewaschen werden konnte. Zwei Wochen später, in der Schlacht von Liegnitz, preschte das Regiment mit dem Ruf «Ehre oder Tod» auf eigene Initiative vorwärts. Seine Musketiere brachen in einem Kampf Mann gegen Mann mit Gewehrkolben und Bajonetten durch die Linien der Österreicher. An diesem Abend, so die Legende, sei Friedrich zum Lager dieses Regiments geritten und habe gesagt: «Kinder, es wird euch alles wiedergegeben werden. Alles ist vergessen.» Dies war ein Ereignis, das vielleicht nicht geschehen ist, aber hätte geschehen sollen. Ganz sicher glaubte man in der Armee diese Geschichte; ganz sicher stritt der König sie nicht ab. Und bei seinen abendlichen Befehlen ordnete er an, dass die neuen Huttressen aus seiner eigenen Tasche gezahlt werden sollten. Hermann der Cherusker oder Pompeius hätten nicht mehr leisten können. Der *Roi-Connétable* war ein Kriegerfürst geworden.

Zwischen 1756 und 1763 forderte Friedrich Europa in Waffen heraus und ging als Sieger aus dem Konflikt hervor – allerdings zu dem Preis, dass sein Königreich in seinen physischen und moralischen Grundfesten erschüttert war. 180 000 Preußen waren in Uniform umgekommen, ganz zu schweigen von den zivilen Verlusten durch Krankheiten und Entbehrungen. Ganze Provinzen waren zerstört, die Menschen vertrieben und die Währung verfallen. Der Gesellschaftsvertrag des preußischen Staates – Dienst und Loyalität für Stabilität und Sicherheit – war grundlegend erschüttert. Friedrich war folglich entschlossen, Preußen so schnell wie möglich wiederherzustellen, und eine Zeitlang schien es, als würde der König seine Identität in Kriegszeiten als persönlich sorgender Mittelpunkt des Interesses von der Armee auf den preußischen Staat übertragen. Doch stattdessen kehrte Friedrich zu seinem alten Konzept vom Monarchen als dem ersten Diener des Staates zurück.

Der Behördenapparat Preußens wurde immer komplexer, auf sich selbst gerichtet und distanziert. Ein ähnlicher Prozess fand im Rechtssystem statt. Friedrich ging es immer mehr darum, einen allgemeinen Gesetzeskodex zu schaffen, und die geheimnisvollen Kombinationen von grundsätzlichen Prinzipien und besonderen Einschränkungen in Preußens Allgemeinem Landrecht, das schließlich 1794 veröffentlicht wurde, taten viel, um Juristen auf eine Stufe mit Soldaten und Beamten in der obersten Elite Preußens zu stellen. In der Armee konnte man noch deutlicher feststellen, wie die Bürokratie zentralisiert wurde. Truppenschauen und Manöver wurden von Übungsplätzen für den Krieg zu öffentlichen Darstellungen roher Macht, die zum Zweck hatten, jeden anderen Staat davon abzuhalten, an weitere Konflikte mit dem Alten Fritz und seinen tapferen Grenadieren auch nur zu denken. Die Bruderschaft des Durchhaltens, die im Feld entstanden war, verblasste in Friedenszeiten, als Disziplin nur noch zum Selbstzweck wurde und nicht länger ein Mittel zum Führen von Kriegen war. Die Waffenkameradschaft, die bei Leuthen entstanden war, verfiel, als der König in seiner unsteten Art Laufbahnen ohne Hoffnung auf Rehabilitation abschnitt. Es wurde immer schwieriger, innerhalb des Systems Fragen zu Verfahren oder Inhalten zu stellen – hier regierte nicht mehr Ehrfurcht, sondern Angst.

Nach dem Frieden von Hubertusburg 1763 blühte Friedrichs Bild als General, Staatsmann und Landesvater auf, ohne dass er es kultivierte. Die erklärte Gleichgültigkeit des Königs gegenüber der öffentlichen Meinung, die sich in seinen späteren Jahren in einem Verhalten manifestierte, das von unberechenbar bis exzentrisch reichte, hatte die paradoxe Wirkung, seine Anziehungskraft auf die politischen Pilger noch zu erhöhen, die nach Berlin kamen, um dem König aus den unterschiedlichsten Gründen zu huldigen. Die deutsche Aufklärung sah Friedrich, trotz seiner Gleichgültigkeit gegenüber Autoren wie Lessing oder Winckelmann, als Mittelpunkt für intellektuelle und kulturelle Ideen, die mit jenen in Wettstreit traten, die aus Paris herüberkamen. Gerade die Unzugänglichkeit des Königs machte ihn für solche Vorromantiker attraktiv, die in Friedrichs Beteuerung, dass er keine Tiefen besitze oder wertschätze, eben diese verborgenen Tiefen zu entdecken meinten. Eine nationale Bewegung in den allerersten Anfängen, die auf die Legenden von Roßbach und Leuthen gegründet war, sah in Friedrich auf einer Ebene mit Martin Luther die Verkörperung der deutschen Tugenden. Konkret zog der Ruf Preußens von überallher in Deutschland Soldaten und Verwaltungsbeamte an, die Teil des Besten werden und es sogar noch besser machen wollten.

Für Friedrich war dies genau die Art von Unfug, die seinen allmählichen Rückzug von allen Formen der direkten menschlichen Interaktion rechtfertigte. Dennoch benutzte er die Tatsache, dass er immer mehr zur Ikone wurde, um Preußens Wiederaufbau nach einem Krieg zu betreiben, der den Staat an den Rand des Zusammenbruchs gebracht hatte. Er personalisierte die Verteilung von Saatgut und Zugtieren, die Lohnnachzahlungen der Offiziere und die Erschließung von Land aus dem Eigentum der Krone, das eingewanderten Siedlern zur Verfügung gestellt werden sollte. Der Ruf, den er in Kriegszeiten dafür genoss, dass er alles persönlich kontrollierte, wurde durch die Energie und die Detailliertheit, in der er Inspektionen in seinem gesamten Königreich durchführen ließ, noch vergrößert. Vor allem seine erste Reise durch die verwüsteten Provinzen Preußens wirkte wie die Rede von Parchwitz: Sogar Menschen, die hunderte Kilometer von der königlichen Kutsche entfernt gewesen waren, als sie durch die Provinz fuhr, erinnerten sich noch Jahre später an den Auftritt des Königs.

Wieder einmal ist die Armee ein Musterbeispiel für den Verlauf der Entwicklung. Mitte der 1770er Jahre war das Heer ganz auf Friedrich ausgerichtet, und zwar nicht auf ihn als König, nicht einmal als obersten Feldherrn, sondern als Totem: Er war das Symbol vergangenen Ruhmes und zukünftiger Hoffnungen. Hier kann man eine Parallele zu Robert E. Lee in der Armee von Nordvirginia Ende 1862 ziehen. In beiden Fällen wurde unabhängiges Denken durch das angenehme Gefühl ersetzt, dass der «alte Mann» schon wusste, was er tat, selbst wenn die Weisheit einer bestimmten Strategie einfacheren Geistern nicht offensichtlich sein mochte. Die Lobhudeleien über Friedrichs militärisches Genie waren unter den höheren Offizieren keineswegs üblich, denn diese erinnerten sich sowohl an die Misserfolge wie an die Triumphe. Doch im Laufe der Zeit erhielt der Siebenjährige Krieg für sie die gleiche Rolle wie ein Jahrhundert später der Amerikanische Bürgerkrieg für diejenigen, die daran teilgenommen hatten. Er wurde zum entscheidenden Ereignis ihres Lebens und durfte als solches nicht leichthin heruntergespielt werden. Vielleicht waren die Dinge doch nicht so schlimm gewesen, wie man sie nachts in seinen Träumen wieder durchleben musste. Solange der König lebte, bewahrten seine Veteranen Stillschweigen.

Es ist ein Paradox, dass ein Monarch, der seine Regentschaft mit einem Bild vom Staat und von der Armee begann, in dem charismatische Führungskraft überflüssig war, zum Zeitpunkt seines Todes, wenn auch unwillig, der Mittelpunkt des ersten modernen Personenkults geworden sein sollte. Der *Roi-Connétable* von 1740 und der Kriegerfürst von 1763 schufen beide die Grundlage für die Ikone von 1780 – eine Ikone, die allerdings 1806 von Napoleons Kanonen zerschlagen und dann ein Jahrhundert lang nicht wieder vollkommen hergestellt werden würde. Hier wie am Ende seines Lebens war Friedrichs Königtum eines der Widersprüche. Seine Synthese aus institutioneller und persönlicher Führungskraft, von Kompetenz und Charisma, war zum Teil die Antwort auf sich verändernde Umstände und zum Teil eine Reflexion abstrakter Prinzipien. In einem nicht unbedeutenden Maße war der «Alte Fritz» die Kreation seiner Soldaten und Untertanen, ein «Teflonmonarch», an dem nichts haften blieb, weil er eine Projektion von Bedürfnissen, Wünschen und Mythen war, die unabhängig vom wirklichen Friedrich waren. Seine Legende und sein Vorbild hielten sich in Deutschland bis 1945, widerstanden bis 1989 allen Versuchen der DDR, sie zu demontieren und sind mit der Jahrtausendwende keineswegs verschwunden. Im Guten wie im Schlechten, als *Roi-Connétable* und als Kriegsherr bleibt Friedrich II. von Preußen Friedrich der Große.

Erben und Kämpfen
Maria Theresia
(1717–1780)

Günther Kronenbitter

Im Rückblick urteilte Maria Theresia über den Beginn ihrer Herrschaft, «daß nicht leicht ein Beispiel in denen Geschichten zu finden» sei, «daß ein gekröntes Haupt in schwerer- und misslicheren Umständen seine Regierung als ich angetreten habe».[1] Tatsächlich musste die erst 23 Jahre alte Monarchin nach dem frühen Tod ihres Vaters Kaiser Karls VI. am 20. Oktober 1740 um ihr Erbe kämpfen. Acht Jahre sollte es dauern, bis Maria Theresia den Erhalt der Habsburgermonarchie als Großmacht erreicht hatte. Ganz überraschend kam der Ausbruch des Österreichischen Erbfolgekriegs für aufmerksame Beobachter der europäischen Politik allerdings nicht. In der Frühen Neuzeit waren es meist die Fürsten und ihre Familien, die «Staat machten», denn rund um das Herrscherhaus entstanden Verwaltungsstrukturen und sammelten sich die Eliten. In diesem System dynastischer Politik wurde Herrschaft über Menschen und Territorien vererbt. Dabei galten Regeln des Gewohnheitsrechts und ausdrücklich festgelegte Erbordnungen, um die Stabilität der politischen Ordnung zu gewährleisten.

In eine Krise geriet die dynastische Ordnung, wenn legitime, allgemein anerkannte Erben fehlten. Weil Staat und Herrscherhaus so eng miteinander verknüpft waren, gehörten Erbstreitigkeiten auch zu den wichtigsten Konfliktmustern in der internationalen Politik im 18. Jahrhundert. Die Habsburger – das Herrscherhaus, dem Maria Theresia angehörte – hatten diese Erfahrung schon öfter gemacht, zuletzt im Kampf um das Erbe des spanischen Familienzweiges, der im Mannesstamm ausgestorben war. Der Spanische Erbfolgekrieg zog sich 13 Jahre hin, weil ab 1701 in wechselnden Interessenkonstellationen und Allianzen alle wichtigen Mächte Europas in die Auseinandersetzung verwickelt waren. Am Ende konnte die österreichische Linie der Dynastie zu ihrem angestammten Territorialbesitz in Mitteleuropa, den österreichischen Erblanden, den böhmischen Ländern und dem Königreich Ungarn, noch die Herrschaft über die südlichen Niederlande, also das heutige Belgien, und große Teile Italiens dazu gewinnen. Auch wenn ein Großteil des spanischen Erbes an das französische Herrscherhaus der Bourbonen fiel, gehörte die «Casa d'Austria» damit zu den mächtigsten Dynastien des frühen 18. Jahrhunderts.

Die von den Habsburgern geformte Großmacht Österreich stand jedoch auf einem wackligen dynastischen Fundament, denn unter den Kindern, die die Frau Karls VI., Elisabeth von Braunschweig-Wolfenbüttel, zur Welt gebracht hatte, überlebten nur zwei Töchter, die am 13. Mai 1717 geborene Erzherzogin Maria Theresia und ihre ein Jahr jüngere Schwester Maria Anna. Die Anerkennung einer weiblichen Erbfolge in allen habsburgischen Herrschaftsgebieten würde, so war aller Erfahrung nach zu erwarten, auf Widerstand stoßen. Zur Sicherstellung einer geregelten und einheitlichen Nachfolge hatte Karl VI. unter dem Eindruck der Auseinandersetzungen um Spanien die «Pragmatische Sanktion» erlassen, die beim Ausbleiben männlicher Erben die weibliche Erbfolge festlegte und damit der ältesten seiner Töchter und deren Nachkommen die Herrschaft über den ungeteilten habsburgischen Besitz zusprach. Nach innen setzte Karl VI. schrittweise die Anerkennung der Pragmatischen Sanktion in den einzelnen Teilen des Herrschaftsbereichs durch. Mit Zustimmung der Repräsentanten Ungarns kam dieser Prozess schon Anfang der 1720er Jahre zu einem erfolgreichen Abschluss. Als Gegenleistung bot der Monarch die Garantie von Privilegien. Der Preis für die Konsolidierung der dynastischen Herrschaft bestand also in einem Verzicht darauf, die Zentralisierung des Machtapparats voranzutreiben. Zeigte sich schon darin die Ambivalenz von Karls Strategie der präventiven Konfliktvermeidung, so blieb auch die Absicherung der Herrschaft seines Familienverbandes auf der internationalen Bühne problematisch. Nur mit Zugeständnissen gelang es, die übrigen Mächte Europas zur vertraglichen Anerkennung der Pragmatischen Sanktion zu bewegen.

Wie viel diese Verpflichtungen im Ernstfall wert sein würden, blieb zudem fraglich. Die beiden Töchter Josephs I., des 1711 verstorbenen älteren Bruders von Karl VI., hatten mächtige und ehrgeizige Herrscher geheiratet, Friedrich August II. von Sachsen-Polen und Karl Albrecht von Bayern. Von beiden Fürsten stand zu erwarten, dass sie die Erbfolgeregelung Karls nicht anerkennen würden. Besonders schlecht bestellt war es um den Wunsch Karls, die Krone des Heiligen Römischen Reiches weiterhin für das Haus Habsburg zu sichern. Seit dem 15. Jahrhundert hatten es die Habsburger stets verstanden, ein Mitglied des Hauses zum Kaiser krönen zu lassen. Die Wahl einer Frau zum Oberhaupt des Reiches war ausgeschlossen, aber Franz Stephan von Lothringen, der Ehemann Maria Theresias, bot sich als Kandidat an. Die Loyalität vieler Reichsstände und das Prestige, das die Kaiserkrone verlieh, machten die Kaiserwürde zu einem wichtigen Element im Wettbewerb der Großmächte. Vor allem Frankreich, der traditionelle Hauptrivale des Habsburgerreiches, hatte deshalb immer wieder versucht, den Anspruch der Casa d'Austria auf die Kaiserkrone zu durchkreuzen. Sachsen und Bayern durften daher auf französische Hilfe rechnen, wenn es um die Schwächung des Habsburgerreiches ging. Vom Polnischen Erbfolgekrieg (1733–38) und einem erfolglosen Türkenkrieg (1737–39) militärisch und finanziell ohnehin geschwächt, stand Österreich vor einer bedrohlichen Situation. Zur Überraschung der Zeitgenossen ging die Herausforderung für die neue Herrscherin jedoch von einem anderen Nachbarmonarchen aus, der zu Maria Theresias gefährlichstem Gegner werden sollte.

König Friedrich II. von Preußen, der erst wenige Monate zuvor den Thron bestiegen hatte, suchte eine Gelegenheit, den Staat der Hohenzollern in eine europäische Großmacht zu verwandeln. Die schlagkräftige Armee und die Kriegskasse, die ihm sein verhasster Vater hinterlassen hatte, wollte er in die Wagschale werfen, um das preußische Territorium massiv zu erweitern und seinen Ruhm als Herrscher zu mehren. Friedrich beschloss daher, kaum hatte ihn die Nachricht vom Tod Kaiser Karls VI. erreicht, sich große Teile von Schlesien zu sichern. Am 16. Dezember 1740 schlug er mit 27 000 Mann los, rückte über die Grenze und eröffnete damit den Ersten Schlesischen Krieg. Zusammen mit Böhmen und Mähren gehörte Schlesien zum Herrschaftsbereich der Habsburger, galt als wohlhabend und besaß große strategische Bedeutung, lag es doch zentral zwischen Sachsen, Preußen, Böhmen und Polen. Dass Preußen die Pragmatische Sanktion vertraglich anerkannt hatte, störte Friedrich bei seinen Überlegungen nicht. Machtkalkül und die Jagd nach «Gloire» trieben ihn an, aber er bemäntelte die nackte Aggression mit erbrechtlichen Vorwänden im Stil der Zeit, um in den Augen der europäischen Öffentlichkeit weniger Anstoß zu erregen. Maria Theresia erlebte das als Heuchelei und sah sich immer und ausschließlich in der Rolle des Opfers einer brutalen und skrupellosen Machtpolitik. Friedrich II. gegenüber behielt sie eine grundsätzliche Abneigung, die auch ihre Politik beeinflussen sollte. Schlesien zurück zu gewinnen und den Preußenkönig entscheidend zu besiegen, wurde für lange Zeit zur Leitidee ihrer Politik. Um gegen Friedrich II. zu bestehen, sah sich Maria Theresia schließlich dazu gezwungen, als Kriegsherrin zu regieren und Österreich in einen Militärstaat zu verwandeln.

Fast mühelos besetzten die preußischen Truppen den Großteil Schlesiens. Nur 1700 Mann standen zunächst im Winter 1740 bereit, um das Kronland zu verteidigen. Weit schlimmer als die eklatante zahlenmäßige Unterlegenheit wirkte sich jedoch aus, dass Österreich die schlesischen Festungen sträflich vernachlässigt hatte. Statt im Norden war im Südosten, an der Grenze zum Osmanischen Reich, kräftig in moderne Befestigungen investiert worden. Festungen spielten in den Kriegen des frühneuzeitlichen Europa oft eine zentrale Rolle. Um die Verpflegung und damit letztlich die Beweglichkeit der eigenen Truppen im Grenzraum zu gewährleisten, einem Eindringling aber die Versorgung und das Verschieben von größeren Verbänden zu erschweren, waren sie unerlässlich. Die vielen Kriege Österreichs in den ersten Jahrzehnten des 18. Jahrhunderts hatten die Staatsfinanzen zerrüttet; 1740 waren die Staatsschulden viermal so hoch wie im Jahr 1700. Angesichts knapper Kassen flossen die Mittel für den Festungsbau in eine Region, die seit langem schon ein Hauptschauplatz der Kriege Österreichs war.[2] Finanznöte waren auch ausschlaggebend dafür, dass die Truppenstärke seit 1735 um mehr als ein Viertel gesenkt wurde. Zwar dienten offiziell noch immer gut 140 000 Soldaten in den regulären Truppen, aber tatsächlich standen davon wohl kaum mehr als 100 000 Mann zur Verfügung. Auch ließ es Österreichs strategische Lage nicht zu, sich ganz auf den Kampf gegen Preußen, das über 80 000 Mann verfügte, zu konzentrieren. Gerade im Südosten schien ein starkes Truppenaufgebot zum Schutz gegen das Osmanische Reich unerlässlich, hatte doch der gerade erst zu Ende gegangene Türkenkrieg offenbart, dass von einer qualitativen Überlegenheit der österreichischen Streitkräfte gegenüber dem osmanischen Heer keine Rede mehr sein konnte. Das seit der Entsatzschlacht vor Wien 1683 gewonnene und noch im Spanischen Erbfolgekrieg bewahrte Prestige und das Selbstvertrauen der Österreicher hatten schwer gelitten. Um die militärischen Vorkehrungen für eine erfolgreiche Verteidigung der Habsburgermonarchie stand es nicht zum Besten.

«In diesen Umständen fande ich mich ohne Geld, ohne Credit, ohne Armee, ohne eigene Experianz und Wissenschaft und endlich auch ohne allen Rat»[3], schrieb Maria Theresia später. Das war übertrieben, auch wenn der überraschend frühe Tod des Vaters und die Geschlechterrollen es mit sich brachten, dass die Herrscherin auf Regierungsgeschäfte nicht vorbereitet worden war. Nicht nur die Diplomatie und die Zivilverwaltung, auch die Führung der Armee waren für sie zunächst Neuland. Für den 1739 verstorbenen Prinzen Eugen von Savoyen, der in den Türkenkriegen und im Spanischen Erbfolgekrieg als Feldherr viele Siege errungen hatte, gab es keinen Ersatz, aber immerhin konnte Maria Theresia auf einige erfahrene Generale zurückgreifen, darunter die Grafen Neipperg und Khevenhüller, die sich auch als Befehlshaber für Feldarmeen anboten. Die von Friedrich II. so überzeugend gespielte Rolle des *roi-connétable*, der Herrscher und Feldherr zugleich war, kam für eine Frau nicht in Betracht. Obwohl Maria Theresia am Kriegsgeschehen und am Schicksal ihrer Armee brennend interessiert war, ließen ihr die Rollenmuster ihrer Zeit nur die Möglichkeit, vom Wiener Hof aus in die österreichische Kriegführung einzugreifen.

Für ihren Mann Franz Stephan galt das nicht. Ursprünglich Herzog von Lothringen, hatte er zugunsten Frankreichs auf sein Erbe verzichten müssen und sich mit dem Großherzogtum Toskana entschädigen lassen. Das von der Geschichtsschreibung lange Zeit kolportierte Bild Franz Stephans als Lebemann mit weit gespannten Interessen, aber ohne rechte Lust auf politisches Alltagsgeschäft, ist inzwischen revidiert worden. Zum Feldherrn aber, daran kann kein Zweifel sein, besaß er nur geringes Talent. Obwohl er diesen Mangel bereits im Kampf gegen die Osmanen unter Beweis gestellt hatte, hielt er sich für Kommandofunktionen für geeignet, ähnlich wie sein jüngerer Bruder Karl von Lothringen. In der entscheidenden Frage, vor die sich Maria Theresia durch den preußischen Angriff gestellt sah, ergriff Franz Stephan die Seite derjenigen Ratgeber seiner Frau, die von einem Krieg gegen die Eindringlinge abrieten. Das Angebot Friedrichs II., gegen Gebietsgewinn in Schlesien Maria Theresia bei der Sicherung ihrer Erbansprüche zur Seite zu stehen und bei der Kaiserwahl für Franz Stephan zu stimmen, erschien angesichts der militärischen Schwäche Österreichs und der bedrohlichen Haltung Bayerns und Sachsens nicht unattraktiv. Maria Theresia wollte sich darauf jedoch keinesfalls einlassen.

Dem Entschluss, die Eindringlinge zurückzuschlagen, folgten aber nur halbherzige Taten, für die Maria Theresia später ihre Berater verantwortlich machte. Nachdem nicht mehr als 7000 Mann den Preußen im Winter 1740/41 Schlesien ohne Aussicht auf Erfolg streitig zu machen versuchten, entsandte Maria Theresia eine Armee von zunächst 16 000 Soldaten unter Neippergs Kommando in den Norden, um dem Spuk ein Ende zu machen. Neipperg und seine Offiziere, kampferprobt in den vielen Kriegen Österreichs im frühen 18. Jahrhundert, glaubten trotz knapper zahlenmäßiger Unterlegenheit mit den Preußen fertig zu werden, denen es an Kriegserfahrung mangelte. In der Schlacht von Mollwitz am 10. April 1741 erwies sich aber, dass der scharfe Manöverdrill, den Friedrichs Vater seinen Truppen aufgezwungen hatte, die

Kampfkraft der Preußen massiv steigerte. Nach den Vorstellungen der Militärexperten des 18. Jahrhunderts sollten die Infanteristen im Gefecht mit ihren glattläufigen Musketen, die selbst auf kurze Distanzen nur ungenau trafen, durch Aufstellung in lang gezogenen Linien und koordiniertes Salvenfeuer die Reihen des Gegners zerrütten und den Sturmangriff vorbereiten, bei dem dann das auf den Musketenlauf aufgepflanzte Bajonett als wichtigste Waffe diente. Die preußische Infanterie beherrschte, nicht zuletzt dank ihrer moderneren Bewaffnung, die Feinheiten dieser Lineartaktik besser als die österreichischen Fußtruppen. Auch erreichten die Preußen ein deutlich höheres Marschtempo. Die quantitativ überlegene Kavallerie der Österreicher konnte die Schlacht nicht entscheiden.

Mollwitz wirkte als Fanal, nicht nur im Hinblick auf die Schwächen der Armee Maria Theresias und die Stärken der Preußen. Auch politisch läutete die Schlacht eine Wende ein, denn nun sahen sich die Herrscher von Bayern und Sachsen ermutigt, ihre Ansprüche mit Waffengewalt durchzusetzen. Unterstützung fanden sie in Frankreich und im bourbonisch regierten Spanien, das die habsburgischen Besitzungen in Italien angriff. Der Schlesische Krieg wurde zum Auftakt des Österreichischen Erbfolgekrieges. Ein bayerisches Heer marschierte im Spätsommer 1741 in Oberösterreich ein und erhielt Verstärkung durch französische Hilfstruppen, während sächsische Einheiten in Böhmen einbrachen. Sachsen und Bayern vereinbarten die Aufteilung der österreichischen Erblande und des Großteils der böhmischen Länder unter sich. Mit der Erstürmung von Prag Ende November 1741 durch die Truppen der Verbündeten rückte der Kollaps der Habsburgerherrschaft in greifbare Nähe. Karl Albrecht von Bayern ließ sich nicht nur zum König von Böhmen ausrufen, sondern gewann auch die Mehrheit der Kurfürstenstimmen. Im Februar 1742 wurde er als Kaiser Karl VII. in Frankfurt gekrönt. Die Habsburger hatten die Krone des Heiligen Römischen Reiches verloren und damit die Stütze durch die Reichsinstitutionen.

Immerhin gelang es Maria Theresia im Katastrophensommer 1741, die Stände, die politischen Repräsentanten Ungarns auf dem Reichstag in Pressburg, dazu zu bewegen, die «Insurrektion», die leichten Truppen der Komitate, aufzubieten. Die erhoffte massive Verstärkung der Feldarmeen blieb zwar aus, aber als politisches Signal blieb der Pressburger Reichstag wichtig: Gegen den Angriff von außen scharten sich die sonst oft so rebellischen Magyaren um ihre Königin. Im Oktober schloss Friedrich II., dem an einer Aufwertung Bayerns und Sachsens wenig gelegen war, auf britische Vermittlung in Kleinschnellendorf einen geheimen Waffenstillstand mit Österreich. Während nun Neippergs Armee mit rund 20 000 Mann die österreichischen Kräfte in Böhmen verstärken konnte, griff Khevenhüller mit einer ähnlich starken Armee die französisch-bayerischen Truppen in Oberösterreich an, trieb sie aus dem Land und konnte bis zum Februar 1742 tief nach Bayern vorstoßen. München, die Residenzstadt Kaiser Karls VII., fiel in österreichische Hände. Ein Kriegsende war damit jedoch keineswegs näher gerückt, denn Friedrich II. brach den Geheimvertrag mit Maria Theresia schon nach wenigen Wochen, vereinbarte mit Bayern und Sachsen die Aufteilung der erhofften Siegesbeute und ließ Mähren besetzen. Nun lag Wien in unmittelbarer Reichweite der preußischen Armee. Karl von Lothringen führte das Kommando über die in Böhmen und dann in Mähren operierende österreichische Armee von rund 30 000 Mann, der es zunächst gelang, die Preußen wieder aus Mähren hinaus zu drängen. Im Mai 1742 wurde Karls Armee bei Chotusitz von preußischen Truppen unter dem Befehl Friedrichs II., die nach Böhmen marschierten, besiegt. Um die begrenzten militärischen Ressourcen zur Verteidigung ihres Erbes einsetzen zu können, blieb Maria Theresia nichts anderes übrig, als – wieder auf englische Vermittlung – mit Preußen zu verhandeln. Auf fast ganz Schlesien und die böhmische Grafschaft Glatz belief sich der Preis des Friedens mit Friedrich II., der im Sommer 1742 geschlossen wurde. Da Sachsen ebenfalls aus dem Krieg ausschied, hatte sich die Kriegslage dennoch deutlich zugunsten Österreichs verschoben. Zwar ging Bayern wieder verloren, aber Prag fiel in die Hände der habsburgischen Truppen. In Prag fand im Mai 1743 die Krönung Maria Theresias zur Königin von Böhmen statt.

Schon die Vermittlungsbemühungen zwischen Friedrich II. und Maria Theresia machten deutlich, dass England nach dem Sturz Robert Walpoles wieder seine traditionelle Rolle als Gegengewicht zu französischer Machtfülle spielen wollte. Die exponierte strategische Situation Österreichs zwang die englische Politik, auch aktiv militärisch in den Konflikt einzugreifen, um weitere Machtverschiebungen zugunsten Frankreichs auf dem europäischen Kontinent zu verhindern. Britische und österreichische Soldaten bildeten den Kern einer 1742/43 in den südlichen Niederlanden zusammengezogenen Streitmacht, zu der auch Truppen aus Hannover, Hessen und den Niederlanden stießen. Da die Aufgabe dieser Streitmacht in der Durchsetzung der Pragmatischen Sanktion gegen Frankreich und dessen Verbündete lag, erhielt sie den Namen «Pragmatische Armee». Unter dem Kommando des englischen Königs Georg II. errang die Pragmatische Armee, die in das Rhein-

Main-Gebiet vorverlegt worden war, im Sommer 1743 bei Dettingen einen Sieg über die Franzosen, operierte dann aber zum Missfallen der Österreicher zunächst wieder defensiv. Durch die britische Intervention verbesserte sich auch die Situation der Österreicher auf der italienischen Halbinsel, die von spanisch-neapolitanischen Streitkräften bedrängt wurden. Die englische Marine bedrohte das bourbonisch regierte Neapel, und englische Diplomatie trug dazu bei, Sardinien-Piemont durch den Vertrag von Worms vom September 1743 an der Seite Österreichs im Krieg gegen Spanien und Neapel zu halten. Nun sah sich Frankreich veranlasst, seine formelle Zurückhaltung aufzugeben und offen an der Seite der spanischen und neapolitanischen Bourbonen in den Krieg einzutreten. Dadurch wurden die österreichischen Niederlande im Frühsommer 1744 zum Schauplatz einer erfolgreichen französischen Invasion. Eine Offensive der Österreicher unter Karl von Lothringen im Elsass brachte nur kurz Entlastung, denn schon bald musste sich Karl zurückziehen, weil Preußen wieder den Krieg gegen Österreich eröffnet hatte. Weil er angesichts der Erfolge der österreichischen Streitkräfte und der Pragmatischen Armee fürchtete, über kurz oder lang Zielscheibe einer Revanche Maria Theresias für den Verlust Schlesiens zu werden, hatte Friedrich II. ein Bündnis mit einigen anderen Reichsfürsten und eine Allianz mit Frankreich geschlossen und war erneut in Böhmen einmarschiert. So begann der Zweite Schlesische Krieg. Karl von Lothringens Truppen wurden nun dringend in Böhmen benötigt. Zur Wiedergewinnung des Königreichs zog Österreich mit sächsischer Unterstützung eine gut 70 000 Mann starke Streitmacht zusammen, der es gelang, die Preußen zu vertreiben. Der Vormarsch nach Schlesien mündete in eine schwere Niederlage Karls bei Hohenfriedberg Anfang Juni 1745. Der siegreiche Feldherr, Friedrich II., stieß nun wieder nach Böhmen vor und schlug Karl im September bei Soor erneut, obwohl die Preußen zahlenmäßig deutlich unterlegen waren. Weitere Erfolge gegen Österreichs Verbündeten Sachsen ebneten schließlich den Weg zum Friedensschluss Mitte Dezember in Dresden, der Preußen seine Beute aus dem Ersten Schlesischen Krieg beließ, wofür Friedrich II. aber versprach, die Kaiserwahl Franz Stephans zu unterstützen, nachdem Karl VII. überraschend verstorben war.

Maria Theresia nahm das in Kauf, denn der Kampf um das habsburgische Erbe ging mit kaum verminderter Heftigkeit weiter, vor allem in Italien und den Niederlanden, während wenigstens nach dem Tod Karls VII. der neue bayerische Kurfürst Maximilian III. Joseph Frieden mit Maria Theresia schloss und versprach bei der kommenden Kaiserwahl für Franz Stephan zu stimmen. Von der ligurischen Küste her drängten 1745/46 französische und spanische Truppen Österreicher und Piemontesen immer weiter zurück. Erst im Sommer 1746 wendete die österreichische Armee das Blatt, am deutlichsten mit dem Sieg in der Schlacht von Piacenza. Der daran anschließende österreichische Vormarsch in die Provence blieb allerdings erfolglos und so zogen sich die Kämpfe im französisch-piemontesischen Grenzraum bis 1748 hin. Auch in den Niederlanden ging der Krieg nicht früher zu Ende. Schlachtensiege, wie der 1745 unter Moritz von Sachsen bei Fontenoy erkämpfte, und die Eroberung wichtiger Festungen stärkten die französische Position. Im Ringen um die Kontrolle der Niederlande wuchsen die Heeresstärken auf beiden Seiten deutlich an. Moritz von Sachsen schlug im Oktober 1746 mit 120 000 Mann Karl von Lothringen, der über eine Armee von 70 000 Soldaten verfügte. Auf der Seite der antifranzösischen Allianz kam es nun immer offensichtlicher zu Spannungen zwischen England und Österreich. Aus Londoner Perspektive waren die Niederlande von entscheidender Bedeutung und vom Verbündeten erwarteten die Briten vollen Einsatz dafür; in Wien erschien der britische Druck zu Zugeständnissen an Preußen oder Piemont ungerecht. Mit dem Frieden von Aachen endete der Österreichische Erbfolgekrieg nach acht langen Jahren des Krieges. Maria Theresia wurde im Besitz ihres Erbes bestätigt, mit einer gravierenden Ausnahme: Schlesien, dessen Abtretung an Preußen durch den Vertrag von Aachen international garantiert wurde. Den Verlust Schlesiens dauerhaft hinzunehmen, weigerte sich Maria Theresia aber energisch. Sie empfand Friedrichs II. Vorgehen als Rechtsbruch und sann auf Revanche. Aber auch abgesehen davon tat Maria Theresia gut daran, Österreich auf einen künftigen Großmachtkrieg rasch und gründlich vorzubereiten, denn die internationale Politik des 18. Jahrhunderts war vom Rückgriff auf Krieg als Mittel der Interessenwahrung und der Prestigesicherung geprägt. Schon 1756 sollte mit dem Ausbruch des Siebenjährigen Krieges die Armee erneut zum wichtigsten Instrument der Herrschaft werden.

Maria Theresia leitete noch während des Österreichische Erbfolgekrieges eine Reformpolitik ein, die darauf zielte, aus den vielen Territorien unter habsburgischer Herrschaft mit ihren unterschiedlichen Traditionen und einem breiten Spektrum an Selbstverwaltungsmöglichkeiten der ansässigen Eliten einen möglichst einheitlichen Verwaltungsraum zu formen. Ein geschlossener Untertanenverband nach dem Ideal des frühmodernen Staatsbildungsprozesses lag angesichts der kulturellen und gesellschaftlich-politischen Vielgestaltigkeit des ererbten Herrschaftsgebiets außerhalb der Möglichkeiten, aber auch der Absichten Maria Theresias. Nach dem Tod Franz Stephans 1765 wurde der bereits ein Jahr zuvor zum römischen König gewählte älteste Sohn Joseph zum Kaiser gekrönt; Maria Theresia machte ihn auch zum Mitregenten in ihrem Herrschaftsgebiet. Erst Joseph hat sich mit Eifer um eine durchgreifende Zentralisierung des Habsburgerreichs bemüht. Der Widerstand, den er damit provozierte und der seine hochfliegenden Pläne oft scheitern ließ, spricht dafür, dass die weniger systematische und rigorose Reformpolitik seiner Mutter besser zu den Bedingungen der Habsburgermonarchie passte. Eine fundamentale Veränderung von staatlicher und sozialer Ordnung entsprach aber auch gar nicht den Absichten der Monarchin, die als gläubige Katholikin den von der Kirche vertretenen Verhaltenskodex und als Oberhaupt der Dynastie die Traditionen einer streng hierarchischen Gesellschaftsstruktur hochhielt. Aus Pragmatismus schlug sie eine Politik weit reichender Reformen ein, nicht aus weltanschaulichem Überschwang. Das Überleben der Habsburgermonarchie als Großmacht hing mit davon ab, ob es Maria Theresia gelingen würde, die finanziellen und militärischen Ressourcen sicherzustellen, um durch die Androhung oder das Führen von Kriegen das Ansehen und die Macht Österreichs zu behaupten.

Die Sanierung der Staatsfinanzen, die unter der Last vieler Kriege in den ersten Jahrzehnten des 18. Jahrhunderts in einen immer schlechteren Zustand geraten waren, ließ sich nur mit einer effizienteren Aufbringung und Verwaltung der Steuermittel erreichen. Administrative und fiskalische Reformen hingen also eng zusammen. In Graf Friedrich Wilhelm von Haugwitz fand Maria Theresia einen Verwaltungsfachmann, der die österreichische Bürokratie dadurch leistungsfähiger zu machen suchte, dass er die Entscheidungswege straffte. Da die administrativen Veränderungen, die Haugwitz vorschlug, die Einflussmöglichkeiten vieler Behörden und Gremien der Habsburgermonarchie schmälern mussten, stieß sein Reformvorhaben auf den Widerstand mächtiger Persönlichkeiten. Es bedurfte der Entschlossenheit Maria Theresias, das Programm von Haugwitz dennoch durchzusetzen. Nicht nur wurden die Spitzenbehörden in Wien neu geordnet, sondern vor allem verloren die einzelnen Territorien des Habsburgerreiches viel von ihren autonomen Entscheidungskanälen. Steuersystem, Rechtswesen und allgemeine Verwaltung wurden durch die Reformen von Haugwitz deutlich vereinheitlicht, wobei allerdings die italienischen und niederländischen Besitzungen der Casa d'Austria, die erst seit wenigen Jahrzehnten zum Herrschaftsverband der österreichischen Habsburger zählten, ein stärkeres Eigenleben führten, ähnlich wie Ungarn, auf dessen Führungsschicht Verlass war, wenn es galt, tradierte Sonderrechte zu verteidigen. Zumindest in den böhmischen und österreichischen Erblanden schritt der Ausbau des zentral gesteuerten Staatsapparats unter Maria Theresia aber zügig voran.

Ohne Verwaltung keine Staatseinnahmen, ohne Geld kein Krieg – Raimondo Montecuccoli, erfolgreicher Feldherr der Habsburger im Dreißigjährigen Krieg und im Kampf gegen die Türken, hatte als Militärtheoretiker nachdrücklich betont, wie zentral eine gute Finanzausstattung für das Führen von Kriegen sei. Die Erfahrungen des Österreichischen Erbfolgekrieges bestätigten diese weit verbreitete Ansicht. Während Friedrich II. in den beiden ersten Schlesischen Kriegen mit dem vom Vater aufgehäuften Kriegsschatz sowie mit den Abgaben und recht geringen Darlehen seiner Untertanen auskam, bedurfte Österreich massiver Unterstützung durch Bankhäuser und britische Subsidien-Zahlungen. Erhöhte Steuereinnahmen durch mehr Zentralisierung und bessere Ausgabenkontrolle sollten diese Abhängigkeiten in Grenzen halten und den Ausbau der Streitkräfte erlauben, ohne dadurch den Staatsbankrott herbeizuführen. Die «Kontributionen», die von den einzelnen Territorien aufgebrachten Militärsteuern, hatten nur ein gutes Drittel der Kriegskosten der Jahre 1740 bis 1748 decken können. Unter Haugwitz wurden vor allem die Kontributionen der österreichischen Erblande massiv gesteigert.

Als notwendig galt die Stärkung der Armee nach den bitteren Erfahrungen im Erbfolgekrieg nicht nur in den Augen der Militärexperten, sondern gerade auch nach Ansicht Maria Theresias. Sie nahm sich der Reform ihres Heeres mit ganz besonders großem Engagement an. Als Maßstab und Vorbild diente dabei in mancher Hinsicht die preußische Armee. Die taktische Schulung der Truppen und ihrer Führer durch Exerzieren und Übungen im Gelände musste intensiver betrieben werden, wenn Aussicht auf Erfolg gegen die Armeen Friedrichs II. bestehen sollte. Die Monarchin drängte ihre Offiziere, systematischer zu exerzieren. Nicht nachahmen ließ sich das Rekrutierungswesen Preußens. Mehr Geld und als Gegenleistung der Verzicht auf Dienstverpflichtung war zunächst nach 1748 das Mittel der Wahl. Das Kantonsystem mit weitgehender Dienstpflicht und einer territorial angelegten Heeresergänzung kam für Österreich nicht in Betracht, denn die weit gespannten strategischen Bedürfnisse und das demographische Potenzial der Einzelterritorien passten nicht immer zusammen. Auch die Zuverlässigkeit von im Rekrutierungsbezirk garnisonierten Truppen galt als fragwürdig; erst im späten 19. Jahrhundert sollten sich die Militäreliten der Habsburgermonarchie unter dem Zwang zur möglichst raschen Mobilmachung eines anderen belehren lassen. Als ab 1765 Joseph II. an der Regentschaft beteiligt wurde, setzte er eine Dienstverpflichtung durch. Die staatliche Erfassung der Haushalte und der Untertanen bot die Voraussetzung eines Dienstpflicht-Systems. Die Militarisierung der Gesellschaft, die zum Kennzeichen des Machtstaates im 18. und 19. Jahrhundert werden sollte, kam damit auch in Österreich ein wichtiges Stück voran. Als besonders erfolgreich erwies sich aber nicht so sehr die «moderne» Variante der Militarisierung als eine eher «traditionale»: Das Wehrbauernsystem der so genannten «Militärgrenze» im Südosten der Habsburgermonarchie erfuhr einen systematischen Ausbau unter Prinz Joseph Friedrich von Sachsen-Hildburghausen.

Bei der Sicherung des Nachwuchses an Offizieren konnte Friedrich II. sich stark auf das preußische Junkertum stützen. Der Adel in den österreichischen Erblanden und in den böhmischen Ländern hingegen, der im Schnitt über größeren Besitz als seine preußischen Standesgenossen verfügte, zeigte nur eine relativ geringe Neigung zum Militärberuf. Eigenes Vermögen und eine Fülle anderer, ziviler Ämter, die ihm offen standen, erlaubten es häufig, auf den Offiziersberuf zu verzichten. Um dennoch eine ausreichende Zahl von Offizieren zu erhalten, gab es zum einen die Möglichkeit, in großem Umfang auf Anwärter aus habsburgfreundlichen deutschen Adelsgeschlechtern zurückzugreifen oder auch auf Sprösslinge von Offiziersfamilien aus anderen, zumeist katholischen Teilen Europas. Beispielsweise machten einige Offiziere aus irischen Familien unter Maria Theresia in der österreichischen Armee Karriere. Zum andern aber konnte die Ausbildung des Offiziersnachwuchses professionalisiert werden. Auf Anordnung der Monarchin wurde deshalb Ende 1751 in der Burg von Wiener Neustadt eine «adelige Kadettenschule» eingerichtet, die sich ab 1765 auch offiziell «Militärakademie» nennen durfte. Um das Gedeihen der Wiener Neustädter Militärakademie, die bis heute fortbesteht, kümmerte sich Maria Theresia intensiv, hielt engen Kontakt mit dem Leiter der Schule, sparte nicht mit Anregungen für den Akademiebetrieb und versuchte den Adel für die Ausbildung von Söhnen zu Offizieren zu gewinnen. Die Zulassung von Offizieren in Uniform bei Hofe, die 1751 von ihr angeordnet wurde, gehört ebenso zu den Bemühungen um eine Aufwertung des Offiziersberufs wie die Nobilitierung lang gedienter Offiziere und die Stiftung eines eigenen, rein militärischen Ordens, der besondere Führungsqualitäten und Tapferkeit von Offizieren im Krieg belohnen sollte. Der Maria-Theresien-Orden blieb bis zum Untergang der Habsburgermonarchie die mit Abstand prestigeträchtigste Auszeichnung, die ein österreichischer Offizier erhalten konnte. Praktisch und symbolisch legte Maria Theresia den Grundstein des modernen habsburgischen Offizierkorps.

Als Leitung der Kriegsverwaltung fungierte der schon 1556 gegründete Hofkriegsrat. Ihm wurde gerne von Zeitgenossen und Historikern die Schuld daran gegeben, dass die österreichischen Heere in den Kriegen seit 1714 oft zaudernd und umständlich operierten. Dem lässt sich entgegenhalten, dass der Hofkriegsrat nur in sehr beschränktem Umfang Einfluss auf die Operationsleitung nahm und sich in erster Linie mit Fragen der Truppenaufbringung und -versorgung befasste. Selbst auf diesem Gebiet waren ihm angesichts der einflussreichen Hofkammer, die für Finanzen zuständig war, die Hände gebunden. In den Jahrzehnten, in denen Prinz Eugen als Präsident amtierte, kam dem Hofkriegsrat gewiss eine Schlüsselstellung in der Militärführung zu, aber eben vor allem dank der persönlichen Machtfülle Eugens, der auch Oberbefehlshaber der Reichsarmee und Chef der Geheimen Konferenz – dem damals wichtigsten Gremium zur Koordinierung der österreichischen Machtpolitik – war. In den letzten Lebensjahren des Feldherrn geriet die Institution in eine Krise. Nach 1740 spielte der Hofkriegsrat zwar weiterhin eine zentrale Rolle in der Militäradministration und als Informationskanal zwischen den Armeekommandanten und der Herrscherin, aber die innere Struktur des Hofkriegsrates erlaubte es nur noch sehr bedingt, eigene Akzente bei der Operationsführung zu setzen. Eine Reform konnte erst beginnen, als Graf Joseph Harrach Anfang 1762, im Alter von immerhin 84 Jahren, nach 23 Jahren als Präsident des Hofkriegsrats zurücktrat. Nun übernahm mit Feldmarschall Graf Leopold Daun ein langjähriger Feldkommandant diesen Posten, und Generale ersetzten die zivilen Räte in den Schlüsselpositionen. Bei der Auswahl von Dauns Nachfolger entschied bereits Joseph II. Er handelte aber ganz im Sinn seiner Mutter, als er Franz Moritz Graf Lacy ernannte, einen Schützling Dauns. Lacy trieb die Militärreformen weiter voran, straffte die Behördenstruktur und förderte den Aufbau eines Generalstabs. Professionalisierung und Militarisierung machten vor dem Hofkriegsrat nicht halt.

Im Gefüge der Befehlsstrukturen Österreichs nahm der Hofkriegsrat eine Zwischenposition ein. Er konnte Anträge zur Operationsführung stellen und durch eine dichte Korrespondenz versuchen, Einfluss auf die Kommandanten der Feldtruppen zu nehmen. Zugleich standen die Befehlshaber im Feld auch im direkten Kontakt mit wichtigen zivilen Politikern und vor allem mit der Monarchin. Maria Theresia versuchte immer wieder auch auf direktem Weg, die Operationen ihrer Kommandanten zu steuern, vor allem durch Ermutigung zu mehr Aggressivität und Entschlossenheit. Sie ermunterte bewährte Generale auch ganz gezielt zur Begutachtung der strategisch-operativen Optionen. Das lief letztlich darauf hinaus, die Einflussmöglichkeiten des Hofkriegsrates zu begrenzen und die Position der Kommandanten zu stärken. Die Befehlshaber der Feldarmeen vertrauten ihrerseits nicht selten dem Rat der Generale, die unter ihrem Kommando dienten. Bei diesen Meinungsbildungsprozessen konnten sich jüngere Generale auch als Führungstalente empfehlen, so etwa Daun, der sich dann über Jahre hinweg der besonderen Gunst Maria Theresias erfreuen konnte, selbst wenn er eklatante Führungsfehler beging und mehrfach von seiner Herrscherin gedrängt werden musste, zu handeln statt zu zaudern.

Der Langmut, mit dem Maria Theresia erfolglosen Generalen begegnete, stand in scharfem Kontrast zum Führungsstil Friedrichs II. Während der Preußenkönig hart mit glücklosen oder untüchtigen Generalen umsprang und auch engste Verwandte nicht mit seinem Zorn verschonte, ließ seine Kontrahentin auch grobe Fehler ohne Sanktionen durchgehen. Ihr Wohlwollen verteilte sie allerdings nach einer gut erkennbaren sozialen Logik. Ein Ausländer von geringem Stand, wie beispielsweise Gideon Ernst Laudon, hatte es deutlich schwerer, Karriere zu machen, als beispielsweise ein Graf aus einem angesehenen Geschlecht. Wie nützlich es für den Staat sein konnte, auf Hocharistokraten zu bauen, ließ sich an Joseph Wenzel Liechtenstein zeigen, einem Fürsten und General, der in eigener Regie – und das bedeutete auch: teilweise auf eigene Kosten – Österreichs Artillerie reformierte und zu einem Glanzstück der Armee ausbaute. Alle Leistungskriterien traten in den Hintergrund, wenn es um Angehörige der engeren Familie ging. Karl von Lothringen, der Bruder ihres Mannes und der Gatte ihrer Schwester, durfte eine schwere Niederlage nach der anderen erleiden, ohne von seiner Schwägerin zur Verantwortung gezogen zu werden.

Ein Aristokrat sollte schließlich auch der wichtigste politische Berater Maria Theresias werden. In den ersten Jahren ihrer Regierungszeit ließ sich die Monarchin in außenpolitischen Fragen vor allem von Johann Christoph Bartenstein beraten, der ihr von einem der Minister ihres Vaters empfohlen worden war. 1753 übernahm Wenzel Anton Graf Kaunitz-Rietberg die Schlüsselposition im Kreis der außenpolitischen Ratgeber. Ihm gelang es zudem innerhalb weniger Jahre, zur Zentralfigur der österreichischen Politik zu werden und diese Stellung auf dem Weg über eine erneute Umgestaltung der Behördenstruktur zu befestigen. Als Staatskanzler und gleichzeitig als Vorsitzender des Staatsrats hielt er auch in innenpolitischen Fragen die Zügel in der Hand, während Haugwitz viel von seinem Einfluss einbüßte. Kaunitz blieb allerdings auf Reformkurs und insofern markierte sein Aufstieg keinen Bruch mit der bisher eingeschlagenen Linie. Auch auf außenpolitischem Gebiet galt die anti-preußische Grundorientierung unverändert weiter. Die Selbstbehauptung gegen den Hohenzollernstaat und die dafür erforderlichen Reformen gehörten zusammen. Maria Theresia wollte daher beides und nur ein Politiker, der sich dieses Programm auf die Fahnen schrieb, hatte eine Chance, das volle Vertrauen der Monarchin zu gewinnen. Kaunitz brachte zudem ein reges Interesse für alle Facetten der europäischen Machtpolitik mit und konnte überzeugend argumentieren. Auch über militärische Angelegenheiten war er gut informiert und entwickelte eigene Vorstellungen davon, wie das Militär in seiner Schlagkraft gestärkt werden konnte. Die sehr weit gehende Nachahmung des preußischen Vorbilds, wie sie Joseph II. letztlich mit der Einführung der Konskription anordnete, stieß bei Kaunitz auf Missfallen, erschien ihm doch die Stellung des Militärs in Staat und Gesellschaft Preußens übermächtig. Der Erfolg machte den preußischen Militarismus in den Augen von Kaunitz noch nicht zum Modell. Umso wichtiger war ihm, Friedrich II. und seine Armee in die Schranken zu weisen. In seiner Korrespondenz mit Feldkommandanten neigte Kaunitz deshalb dazu, energische Offensivaktionen zu befürworten. Vor allem Offiziere, die ähnlich dachten und handelten, so beispielsweise Laudon, konnten daher auf seine Unterstützung zählen. Der meist zögerliche Daun war hingegen überhaupt nicht nach dem Geschmack des Staatskanzlers.

Kaunitz beurteilte militärische Angelegenheiten zwar mit Sachkenntnis und wohl auch auf der Grundlage genauer Lektüre einzelner militärtheoretischer Schriften – so etwa von Puységur –, aber letzten Endes vom Standpunkt des Außenpolitikers aus. Kernstück seiner Konzeption in den ersten Jahren war die Niederwerfung Preußens durch eine große Allianz aller kontinentaleuropäischen Großmächte. Nicht nur die Rückeroberung Schlesiens sollte so möglich werden, sondern auch die Zurückdrängung Preußens auf den Status einer zweitrangigen Macht. Für dieses Vorhaben besaß Kaunitz die volle Rückendeckung Maria Theresias. Die besondere Aggressivität und die militärische Bravour, die Friedrich II. und seine Armee zumindest in wichtigen Phasen der beiden Schlesischen Kriege bewiesen hatten, machten für Kaunitz den Aufbau einer erdrückenden Übermacht erforderlich. Russland, Frankreich und

Österreich, ergänzt um kleinere Staaten wie etwa Sachsen, sollten ein Bündnis schließen. Das Zustandekommen dieser «Kaunitzschen Koalition» erforderte Beharrlichkeit und Geschick, Eigenschaften, die der Staatskanzler zweifellos mitbrachte. Der Kern des Projekts lag in einem «renversement des alliances», einer Umkehrung der traditionellen Bündnismuster in Europa, die noch im Spanischen und im Österreichischen Erbfolgekrieg die Allianzsysteme geprägt hatten: Statt der traditionellen Feindschaft zu Frankreich und der damit verbundenen, ebenfalls schon traditionellen Kooperation mit England sollte nun Paris ein Hauptverbündeter Wiens werden. Der Bruch mit der Überlieferung bedurfte intensiver Überzeugungsarbeit, aber am Ende war es Friedrich II. selbst, der den schwierigen Verhandlungen mit Frankreich den notwendigen Impuls verlieh, als er mit England ein Bündnis schloss. Es war die Sorge vor den militärischen Folgen der Kaunitzschen Koalitionsbildung, die Friedrich veranlasste, erneut durch einen Präventivschlag den Kampf zu eröffnen. Mit dem preußischen Einmarsch in Sachsen begann der Siebenjährige Krieg, der als Konflikt der beiden größten Kolonialmächte der Zeit global ausgefochten wurde, von Europa über Indien bis nach Nordamerika.

Der Eröffnungszug Friedrichs II. veranlasste Maximilian Ulysses Graf Browne, der eine österreichische Armee nahe der sächsischen Grenze führte, den Preußen rasch und entschlossen die Stirn zu bieten. Bei Lobositz stießen die beiden Armeen Anfang Oktober 1756 aufeinander. Mit einiger Mühe blieben die Preußen siegreich und konnten schließlich auch Dresden besetzen. Die Absicht Friedrichs II., Prag zu erobern und sich in Böhmen festzusetzen, wurde im folgenden Sommer von den Österreichern vereitelt. Auf einen unter hohen Verlusten errungenen preußischen Sieg vor den Toren Prags folgte am 18. Juni 1757 etwas weiter östlich die Schlacht bei Kolin, in der es den Österreichern unter Launs Kommando gelang, die preußische Armee entscheidend zu schlagen. Es war zur Feier dieses spektakulären Sieges in der Schlacht von Kolin, dass der Maria-Theresia-Orden gestiftet wurde. Die Kaiserin-Königin nannte die Schlacht in einem Brief an Daun aus Anlass des Jubiläums gar den «Geburtstag der Monarchie». Nun konnte die Armee Maria Theresias den Krieg in das Land des Gegners tragen und die Eroberung Schlesiens in Angriff nehmen. Aber nachdem Friedrich II. Anfang November bei Roßbach eine aus Franzosen und Reichstruppen zusammengesetzte Armee besiegte, wandte er sich in Eilmärschen den in Schlesien eingedrungenen Österreichern zu. In der Schlacht bei Leuthen unweit von Breslau, auf einem Gelände, das den Preußen von ihren jährlichen

Herbstmanövern her höchst vertraut war, bewies Friedrich II. seine Meisterschaft in der Verwendung der «schiefen Schlachtordnung». Die Österreicher, die unter Karl von Lothringen kämpften, verloren trotz großer zahlenmäßiger Überlegenheit und erlitten schwere Verluste. Dass Friedrich II. den Versuch abbrechen musste, im Gefolge des Schlachtensieges Olmütz einzunehmen, lag an den erfolgreichen Attacken der Österreicher auf den preußischen Nachschub. Solche Aktionen und die Defensive beherrschten die Truppen Maria Theresias gut. Wie ihre Führung bewiesen sie ihr Können im «kleinen Krieg». Auf preußischer Seite hatte man den leichten Truppen aus Ungarn oder von der Militärgrenze nicht viel entgegen zu setzen, selbst wenn die Aufstellung von Einheiten für den kleinen Krieg auch in Preußen forciert wurde. Der Kampf gegen die Verbindungslinien des Gegners war in einer Zeit der ausgefeilten Logistik ein wirksames Kriegsmittel. Zudem konnten Unternehmungen gegen symbolisch wichtige Orte wie Berlin erhebliche Propagandawirkung entfalten. An den Schlachtensieg reichten solche Erfolge jedoch weder in der militärischen Bedeutung noch in der Öffentlichkeitswirkung heran. Außerdem ließ sich mit gekonnter Verteidigung des eigenen Terrains und dem kleinen Krieg das eigentliche Ziel der Auseinandersetzung nicht erreichen: Die Kriegskoalition war als Verabredung zum Angriff auf Preußens Machtstellung zustande gekommen, und dazu passten die taktischen und operativen Maßnahmen der Habsburgerarmee nicht. Wie schon im Ersten Schlesischen Krieg gelang es den Österreichern nicht, über längere Zeit ihre Stellung in Schlesien zu behaupten. Ohne den Schutz von Festungen blieb es unmöglich, im Land Winterquartiere zu beziehen; ohne dauerhafte Präsenz ließ sich die strategische Lage nicht verändern. Aus diesem Teufelskreis konnten die Österreicher nicht ausbrechen. So blieb eine vorsichtige Anlehnung an die Gebirgszüge zwischen Schlesien und Böhmen. Das bedächtige Agieren Dauns, der den Oberbefehl innehatte, ergab durchaus Sinn.

Wenn es die Situation erlaubte, riskierte Daun auch Angriffe, so in der Schlacht bei Hochkirch im Oktober 1758. Der Sieg einer russisch-österreichischen Streitmacht bei Kunersdorf im August des folgenden Jahres verdankte sich hingegen katastrophalen Führungsfehlern Friedrichs II. Aus der schweren Krise, in die Kunersdorf die preußische Kriegführung stürzte, befreite sich Friedrich II. durch ein erfolgreiches Operieren zwischen den Armeen der Koalition. Die von Daun und Laudon befehligten Österreicher schafften es nicht, dem preußischen Heer eine entscheidende Niederlage zuzufügen oder auch nur die Kontrolle über Schlesien zu erringen. Von den Mängeln in der Operationsführung abgesehen, die Kaunitz scharf kritisierte und die schließlich Maria Theresia doch noch bewogen, Daun nach Wien zurückzurufen, litt die österreichische Sache schon an der Grundkonstellation des Koalitionskrieges. Das große Bündnis schien die Gewähr dafür zu bieten, dass auch ein langer Abnutzungskrieg, also ohne rasche Entscheidung in der Schlacht, mit dem Sieg der erdrückenden Übermacht enden würde. Große Risiken wollten die Befehlshaber vermeiden und bauten vor allem auf den mit begrenzten Mitteln ausgetragenen Kampf um Verbindungslinien und Nachschublieferungen.[4] Das Kalkül, den Gegner dennoch so zu schwächen, dass er zum Aufgeben bereit sein würde, scheiterte letztlich an der Persönlichkeit Friedrichs II. Es kam aber hinzu, dass die Rechnung mit Ressourcenverhältnissen nur aufgehen konnte, wenn der Bestand der Koalition auch auf längere Zeit gesichert war. Die Kooperation zwischen den Österreichern und Russen war jedoch wenig effektiv, da beide Verbündete das gleiche, vorsichtige Vorgehen bevorzugten und insbesondere die Russen keinesfalls gewillt waren, zugunsten der Österreicher hohe Verluste in Kauf zu nehmen. So befreite sich Friedrich II. dank der russischen Weigerung, einen Angriff mit den Österreichern zu versuchen, aus der strategischen Zwangslage, in der er und sein Heer sich im Lager von Bunzelwitz befanden. Das Zerbrechen der Koalition nach dem Tod der Zarin Elisabeth entzog den österreichischen Konzeptionen schließlich völlig die Grundlage. Es blieb Maria Theresia schließlich nichts anderes übrig, als den Traum von der Sicherung ihres gesamten Erbes endgültig zu begraben. Am 15. Februar 1763 schloss sie Frieden.

In sieben blutigen Kriegsjahren verloren die österreichischen Streitkräfte an die 300 000 Mann. Etwa die Hälfte davon starben, die meisten an Verletzungsfolgen oder Krankheiten; mehr als 30 000 Mann fielen im Gefecht. Dem Blutzoll und den enormen Kriegskosten, die die Verschuldung der Habsburgermonarchie weiter in die Höhe trieben, stand weder die Rückgewinnung Schlesiens noch gar eine Verdrängung Preußens aus der Reihe der Großmächte als politischer Erfolg gegenüber. Einzig die nachhaltige Dämpfung der Ambitionen Friedrichs II. war auf der Habenseite zu verbuchen, denn auch Preußen und sein alt gewordener König waren von den Kriegsanstrengungen der zurückliegenden Jahre gezeichnet. Maria Theresia, die so lange unnachgiebig auf Revanche für das 1740 erlittene Unrecht gepocht hatte, gab ihre Revisionsabsichten nun auf. Die Weiterführung der Reformpolitik unter maßgeblicher Beteiligung von Kaunitz und die fortdauernden Bemühungen um eine Steigerung der militärischen Schlagkraft hatten ihre Unterstützung. Krieg als Mittel der Politik betrachtete Maria Theresia in ihrem letzten Lebensabschnitt jedoch mit erkennbarer Zurückhaltung. Die Radikalität, mit der Joseph II. die inneren Reformen forcieren wollte, blieb ihr fremd, aber wirklich gehandelt hat sie, als der Kaiser ein ehrgeiziges Programm des Territorialtausches – Bayern gegen die österreichischen Niederlande – unbedingt durchsetzen wollte und dadurch den Bayerischen Erbfolgekrieg heraufbeschwor. Der von großen Heeren mit hohen Verlusten, aber ohne operative Entscheidung ausgefochtene Kampf war nicht mehr Maria Theresias Krieg. Dennoch erwies sie sich nochmals als zentrale Entscheidungsträgerin: Hinter dem Rücken ihres Sohnes betrieb sie den Friedensschluss – ausgerechnet mit Friedrich II.

Fast vier Jahrzehnte hatte sie mit ihrem politischen Willen und mit der Unterstützung weit reichender Reformen Österreich durch Kriege gesteuert, in Kriege gestürzt und für die Zwecke der Kriegführung umgestaltet. Feldherr konnte sie nicht sein, Kriegsherrin war sie, darin ihren Zeitgenossinnen, den russischen Zarinnen Elisabeth und Katharina, durchaus ähnlich. Als Maria Theresia nach 1765 damit begann, sich langsam aus der Militärführung zurückzuziehen, jenem «Theil der Regierung ..., der mir am Herzen lag», da behauptete sie: «Ich habe ihn aufgegeben, der ganze Rest kostet mich kein Opfer mehr.»[5] Die Identifikation mit dem Kriegswesen hatte ihre Regierung stark geprägt. Jetzt, nur wenige Monate vor ihrem Tod am 29. November 1780, führten die Sorge um den Sohn und das Wohl der Habsburgermonarchie zu einer skeptischen Sicht auf den Krieg, der zwar auf Betreiben Josephs II., aber eben doch mit ihrer Armee ausgefochten wurde. Ende Juli 1778 warnte sie ihren Sohn vor den Folgen einer gegnerischen Okkupation Böhmens: «... ich muß mitansehen, daß der Feind sich darin festsetzt, die Hilfsmittel, die uns fehlen, doppelt genießt und das Land wenigstens für ein halbes Jahrhundert gänzlich zugrunde richtet, wenn er seine Winterquartiere in Böhmen behält. Die Zukunft ist noch furchtbarer; man möchte wiedererlangen, was man verloren hat; die Geldmittel und Truppen haben abgenommen; die Rekruten können die Lücken in den Reihen der fertigen, ausgebildeten Soldaten nicht ausfüllen, die Entmutigung kommt von selbst, und das Elend wird nicht ausbleiben.»[6] Ein Herrscher muss, das versuchte Maria Theresia Joseph II. zu vermitteln, die Gefahr der Entgrenzung des Krieges in Rechnung stellen, wenn er Chancen und Risiken der Kriegführung abwägt. Sie wusste, wovon sie sprach.

Das Primat des Militärischen
Napoleon I.
(1769–1821)

Johannes Willms

So long as men worship the Caesars and Napoleons, Caesars and Napoleons will duly arise and make them miserable.»
(Aldous Huxley)

Im vierten Band seiner «Geschichte der Kriegskunst» schrieb der Militärhistoriker Hans Delbrück: «Seiner tiefsten Anlage nach ist Napoleon noch viel mehr Staatsmann als Soldat.»[1] Dieses Urteil, das der weit verbreiteten Anschauung zuwiderläuft, die in Napoleon vor allem die Inkarnation des kriegerischen Genius sieht, wird dem Mann und seiner historischen Bedeutung aber nur dann gerecht, wenn man es mit der Umkehrung des bekannten Satzes von Clausewitz differenziert: Für Napoleon war Politik immer nur die Fortsetzung des Krieges mit anderen Mitteln. Krieg schien ihm nicht die *ultima ratio* zu sein, politische Ziele durchzusetzen, sondern war ihm die Rezeptur erster Wahl. Das erhellt sein zutiefst unpolitisches Verständnis von Politik und Diplomatie. Stets war es ihm nur darum zu tun, aus der Position des weit Überlegenen heraus zu agieren, der dem Gegner das Gesetz seines Handelns diktiert. Darin hat man gelegentlich einen Machtrausch erkennen wollen, dessen Ziel seine von keiner anderen Macht anfechtbare Weltherrschaft gewesen sei, eine Sinngebung, die auf eine Utopie hinausläuft, an deren Realisierung er notwendig scheitern musste. Weitaus zutreffender wird man in diesen Bestrebungen jedoch ein Erbe der aggressiven Außenpolitik sehen, die der Französischen Revolution eigentümlich war. Die Revolution versuchte damit, sich vom Stigma ihrer politischen und gesellschaftlichen Ungleichzeitigkeit in einer durchweg noch monarchisch und feudal geprägten europäischen Staatenwelt zu befreien, indem sie ihre Heilsbotschaft mit missionarischer Gewalt jenseits der Grenzen Frankreichs verbreitete. Dieses Erbe verschmolz Napoleon mit dem ihm eigenen Romantizismus, der ihn einfach deshalb Kriege führen ließ, um das tun zu können, was er als seine Berufung erkannt hatte: Schlachten zu schlagen und spektakuläre Siege zu erringen.

Die Stärken und Schwächen, die Napoleon als Kriegsherrn kennzeichneten, lassen sich am eindrücklichsten am Exempel eines seiner Feldzüge aufweisen, der an Schnelligkeit, hinsichtlich der räumlichen Ausdehnung des Kriegstheaters sowie der Anzahl der von allen beteiligten Mächten aufgebotenen Truppenmassen mit keinem früheren Geschehen der Kriegsgeschichte vergleichbar ist. Dasselbe gilt aber auch für die politischen Voraussetzungen wie Folgen dieser Kampagne, die von Napoleons Wollen ganz wesentlich beeinflusst wurden. An der Anatomie dieses Feldzugs, der am 2. Dezember 1805 mit der Schlacht von Austerlitz entschieden wurde, lässt sich sowohl das außergewöhnliche militärische Ingenium Napoleons zeigen, wie auch sein unpolitischer Begriff von Politik. In deren wechselseitiger Durchdringung kommt das Geheimnis jener Dämonie zum Vorschein, die den Ausschlag gab für Napoleons spektakuläre Erfolge wie für seinen Untergang. Mit Austerlitz wurde die dritte Koalition der europäischen Mächte zerschlagen, die sich verbündet hatten, um das europäische Mächtegleichgewicht gegen das aggressive Expansionsstreben des revolutionären Frankreich zu verteidigen, das jetzt von dem im Jahr zuvor zum Kaiser der Franzosen gekrönten Napoleon personifiziert wurde.

Die Französische Revolution bedeutete nicht nur eine vollständige Umwälzung der bestehenden gesellschaftlichen und politischen Ordnung. Sie hatte auch tiefreichende Auswirkungen auf das Kriegswesen ihrer Zeit, weil sie es möglich machte, Innovationen, die in den letzten Jahrzehnten des *Ancien Régime* von führenden Kriegstheoretikern bereits postuliert worden waren, praktisch zu erproben und zu verfeinern. General Bonaparte, der jugendliche Oberkommandierende der Italienarmee, der in einer Serie von Siegen auf dem norditalienischen Kriegsschauplatz 1796/97 mehrere zahlenmäßig weit überlegene österreichische Armeen überwältigte, war insofern nur «ein Zwerg auf den Schultern von Riesen». Diese Riesen waren Moritz von Sachsen, Pierre de Bourcet und Hyppolite Comte de Guibert, die in ihren Schriften wegweisende Überlegungen zur Kriegführung entwickelt hatten, die von Bonaparte erstmals systematisch praktiziert wurden.[2] Eine entscheidende Voraussetzung dafür war jedoch, dass die von der Revolution freigesetzte Dynamik ihr Ventil in einer sehr gewalttätigen Innen- und Außenpolitik fand, die dem Militärwesen, dessen spezifischen Erfordernissen und Werten, eine völlig neue gesellschaftliche und politische Geltung verliehen. Dieser Umstand war es im übrigen auch, der dem 1769 auf Korsika geborenen

Napoleon Bonaparte die strukturellen Voraussetzungen für seinen schwindelerregenden Aufstieg verschaffte. Dass die Revolution ein solches Ende finden, ein siegreicher General die Dinge schließlich in die Hand nehmen und diktatorisch für die Aufrichtung einer neuen Ordnung sorgen werde, hatte ein kluger Beobachter dieses Geschehens, Edmund Burke, bereits sehr früh prognostiziert.[3]

Ganz unmittelbar wirkte sich der Imagegewinn, den das Militär durch die Revolution erfuhr, jedoch dahin aus, dass in Frankreich etappenweise das Prinzip der Wehrpflicht zur Geltung gelangte und im September 1798 gesetzlich verankert wurde. Auch wenn kein Regime deren Potential voll ausschöpfte, nahm damit die Zahl der verfügbaren Soldaten dennoch erheblich zu. Das verlieh bereits der expansiven Außenpolitik des Konvents wie des Direktoriums das ihr zum Erfolg notwendige Moment und ermutigte die französischen Generale, immer häufiger immer aggressivere und verlustreichere Kampagnen zu führen. Auch darin ist eine weitere wichtige Voraussetzung für die Karriere Napoleons zu erkennen, insofern die Republik in ihrem inneren Bestand, ihrer Legitimation, immer stärker von den militärischen Erfolgen ihrer Generale und den sich daraus ergebenden neuen politischen Perspektiven abhängig wurde. Das blieb so lange verborgen, wie dank dieser Feldzüge zwar das revolutionäre Postulat der «natürlichen Grenzen» Frankreichs weitgehend eingelöst wurde, französische Siege und Niederlagen sich in dem ersten Koalitionskrieg bis 1795 aber die Waage hielten. Erst die anhaltende Serie von Siegen, die Bonaparte 1796/97 in Italien errang, brachte zum Vorschein, wie sehr der Anspruch des Direktoriums auf das Primat der von ihm formulierten Politik bereits ausgehöhlt war.

Die strikt handwerklichen Grundlagen für Bonapartes italienische Erfolge lassen sich in ihrer Summe als eine «Revolution der Kriegführung» qualifizieren, deren einzelne Elemente schon von den französischen Revolutionsarmeen, allerdings mit höchst unterschiedlichen Ergebnissen, erprobt worden waren. Das Geheimnis von Bonapartes Erfolg gründete deshalb ganz wesentlich darin, dass er diese Elemente bündelte und mit seiner charakteristischen Rücksichtslosigkeit anwandte. Eines dieser Elemente war die neue, seit dem Siebenjährigen Krieg in Frankreich debattierte Infanterietaktik, das so genannte «système mixte», das die bislang gebräuchlichen starren Formationen ablöste durch eine je nach Gefechtsentwicklung sich zügig verändernde Kombination aus Plänklern, Marsch- und Angriffskolonnen sowie in Linie entwickelten Einheiten. Die Infanterie gewann dadurch eine hohe Beweglichkeit, die in ihrer Wirkung durch die seit den 1760er Jahren in der französischen Armee eingeführte reitende Artillerie noch erheblich verstärkt wurde. Zum ersten Mal in der Geschichte der Kriegführung konnte damit die Infanterie in allen Phasen des Gefechts gezielt artilleristisch unterstützt werden, was die Schlagkraft der französischen Truppen ganz entscheidend verstärkte.

Als noch bedeutsamer für Napoleons hochbewegliche Operationsführung und Taktik erwies sich aber eine andere Entwicklung, die von ihm vervollkommnet wurde: Die vordem in einer Masse marschierenden Armeen wurden in einzelne Divisionen und Armeekorps aufgegliedert, die jeweils alle Waffengattungen, also Infanterie, Kavallerie, Artillerie, Pioniere und Nachschubeinheiten, umfassten. Während eines Feldzugs rückten diese Truppenkörper ein bis zwei Tagemärsche voneinander entfernt auf unterschiedlichen Straßen vor. Diese Auffächerung erlaubte nicht nur eine wesentlich größere Raumdeckung und höhere Marschleistung. Sie steigerte auch die Flexibilität und Mobilität derart, dass der Oberkommandierende unterschiedliche operative Ziele verfolgen konnte, ehe er sich, meist zur völligen Überraschung des Gegners, für eine Option entschloss, die dann mit der geballten Truppenmacht realisiert wurde. Entscheidend für das reibungslose Gelingen eines derart aufgefächerten und für die spähenden Augen des Gegners in seiner finalen Absicht lange nicht einsichtigen Aufmarschs war eine Stabsarbeit, wie sie in diesem Umfang und dieser Präzision zuvor nicht bekannt gewesen war. Ein weiterer beträchtlicher Vorteil, der sich durch die Gliederung in Divisionen oder Armeekorps einstellte, war schließlich, dass sich die Truppen zu einem erheblichen Teil aus dem Land, das sie kontrollierten, mittels Requisitionen selbst versorgen konnten. Die rücksichtslose Handhabung dieser Praxis, der zufolge der Krieg sich selber ernährt, *la guerre nourrit la guerre*, bezeichnete Napoleon, als er im Zenit seiner Macht stand, in einem Brief vom 8. März 1806 seinem Bruder Josef gegenüber einmal als eine der «wichtigsten Maßregeln der Kriegskunst».[4]

Der Beitrag, den Napoleon zu diesen neuen, revolutionären Grundsätzen der Kriegführung leistete, war im Wesentlichen, dass er sie entschlossen anwandte und sie durch seine daraus resultierenden Erfolge gleichsam dogmatisierte. Die Voraussetzungen dafür, dass ihm solches überhaupt möglich war, aber hatte die Revolution geschaffen, wie dies Clausewitz bereits erkannte: «Von den neuen Erscheinungen im Gebiete der Kriegskunst ist das Allerwenigste neuen Erfindungen oder neuen Ideenrichtungen zuzuschreiben, das Meiste hingegen den neuen gesellschaftlichen Zuständen und Verhältnissen.»[5] Keineswegs soll aber mit solchem Urteil die schöpferische Leistung Napoleons verkümmert werden, die sich allein schon darin erweist, dass seine in Italien errungenen

Erfolge während seines Aufenthalts in Ägypten 1798/99 weitgehend wieder ungeschehen gemacht wurden.

Daran zeigt es sich, dass nur er (und keineswegs Revolutionsgenerale wie Moreau, Joubert, Hoche oder Masséna) das Ingenium hatte, das mit der Revolutionierung des Krieges frei gesetzte Potential zu erkennen und auszuschöpfen, die lediglich theoretisch entwickelten Innovationen der Kriegführung auch tatsächlich zu realisieren. Am deutlichsten aber kam Napoleons außerordentliche Befähigung zum Kriegsherrn zum Ausdruck, als er als Kaiser und uneingeschränkter Herrscher von Frankreich alle Ressourcen des Landes für das System seiner Kriegführung in Dienst nehmen konnte.

Wie unerhört effizient diese in seiner Person konzentrierte Engführung politischer und militärischer Entscheidungen war, die ihn von vornherein seinen damaligen Gegnern überlegen machte, die immer von den unvermeidlichen Friktionen zwischen politischer und militärischer Führung behindert wurden, zeigt die Kampagne von Austerlitz. Napoleons Feinde wurden hier ferner behindert durch den für Bündnisse charakteristischen Abstimmungsprozess, mit dem unterschiedliche Interessen, gegenseitiges Misstrauen und die den einzelnen Verbündeten spezifischen Schwächen synchronisiert werden mussten, was zügiges Handeln von vorneherein vereitelte.

Napoleon war sich der mannigfachen Zwänge, denen seine Gegner ausgeliefert waren, nur zu sehr bewusst. Diese Lektion hatte er auf seinen Feldzügen in Italien gelernt, als er gewissermaßen einen Mehrfrontenkrieg zu führen hatte: Gegen die eigene Regierung, das Direktorium, das ihm immer wieder vergeblich Fesseln anzulegen, ihn unter das Diktat seiner Politik zu zwingen suchte. Gegenüber Österreich, dem er unter geschickter diplomatischer Ausnutzung seiner militärischen Erfolge territoriale und politische Zugeständnisse zumutete, denen auch das Direktorium schließlich zustimmen musste, das sich in Italien lange Zeit nur mit einem einträglichen Plünderungskrieg bescheiden wollte. Zum dritten gegen die italienischen Kleinstaaten, die aus schierer Angst um die eigene Existenz zu Österreich hielten, und die er mit einer geschickten Mischung aus Härte und Nachsicht unterwarf und ohne größeren militärischen Aufwand auf Dauer still stellte.

Die Friedensschlüsse mit Österreich in Lunéville (9. Februar 1801) sowie mit England in Amiens (25. März 1802), mit denen der seit 1792 in Kontinentaleuropa andauernde Kriegszustand beendet wurde, waren eine diplomatisch-politische Meisterleistung Napoleons, der seit seinem Putsch vom 18. *brumaire* (9. November 1799) als Erster Konsul die diktatorische Macht über Frankreich innehatte. Beide Verträge verbrieften Frankreich eine Vormachtstellung in Europa, von der selbst ein Richelieu nur hätte träumen können: Von Basel bis zu seiner Mündung war der Rhein die östliche Grenze Frankreichs, das auch Savoyen und die Grafschaft Nizza annektierte, während die bunte deutsche Staatenwelt, die Schweiz und Italien ganz unter seiner Fuchtel standen und auch Spanien, durch Bündnisverträge an Frankreich gebunden, sich kaum noch von einem französischen Protektorat unterschied.

Ein anderer als Napoleon hätte sich mit einem solchen Ergebnis beschieden, allein ihm galt dieser Frieden nur als ein befristeter Waffenstillstand, der für die rasche innere Konsolidierung Frankreichs, die seinen Herrschaftsinteressen entsprach, notwendig war, während er gleichzeitig seine expansive Außenpolitik fortführte: Am 26. August 1802 wurde die Insel Elba annektiert, am 11. September das Piemont, im Oktober erfuhr auch das Herzogtum Parma dieses Schicksal. Das verstieß zwar nicht gegen den Buchstaben des Friedens von Amiens, der sich – worauf Napoleon bei den Verhandlungen stets bestanden hatte – über die kontinentaleuropäischen Perspektiven ausschwieg, wohl aber gegen dessen Geist. England konnte es auf Dauer nicht dulden, dass sich Frankreich immer weiter nach Europa hineinfraß. Allerdings verfügte es seit Lunéville über keinen «Festlandsdegen» und sah sich deshalb isoliert. Das wurde besonders augenfällig, als schon ein Jahr später, im Frühjahr 1803, der Friede von Amiens nur noch ein Stück Papier war, und es Napoleon gelang, Russland und Preußen in dem jetzt wieder mit England aufflammenden Konflikt zu zunächst wohlwollender Neutralität zu verpflichten.

Diese für Frankreich so überaus vorteilhafte europäische Mächtekonstellation änderte sich jedoch bereits im Spätjahr 1804, als sich Zar Alexander erneut England annäherte, dem er einen umfassenden Entwurf für die Neuordnung Mitteleuropas vorschlug. Dessen Pointe bestand vor allem darin, die hegemoniale Stellung Frankreichs durch die Russlands zu ersetzen. Eine solche Aussicht war natürlich keinesfalls verlockend für England, das seinerseits die überbordende Macht Frankreichs durch eine Wiederherstellung des europäischen Mächtegleichgewichts überwinden wollte. Einig war man sich lediglich darin, dass man Österreich als Allianzpartner gewinnen musste, dem dann im wesentlichen die Aufgabe zufallen sollte, Napoleon militärisch die Stirn zu bieten und den Einfluss Frankreichs wieder auf ein mit dem Mächtegleichgewicht verträgliches Maß zurückzustutzen. Russland und England sollten dann die aus diesem Konflikt resultierende neue Ordnung garantieren. Auf dieser sehr ausdeutbaren Grundlage schlossen beide Mächte im April 1805 ein vorläufiges Abkommen, das der Sache nach zum Zeitpunkt seines Abschlusses aber lediglich eine Absichtserklärung darstellte. Österreich, dem die Hauptlast des mit Frankreich zu führenden Krieges zugedacht war, wurde diese Rollenzuweisung nämlich bis zuletzt verheimlicht.

Eine förmliche Ratifizierung dieses nach zähen Verhandlungen geschlossenen Abkommens wurde aber von beiden Regierungen zunächst abgelehnt, da sich die gegensätzlichen Interessen Russlands und Englands nicht so einfach ausräumen ließen. Letzten Endes war es dann allein Napoleon, der den entscheidenden Beitrag dazu leistete, dass dieses Bündnis, die dritte Koalition, wider alles Erwarten dennoch zustande kam. Der Anlass dafür war die Annexion der «Ligurischen Republik» und Genuas durch Frankreich im Juni 1805. Damit gab Napoleon unmissverständlich zu erkennen, dass er sich nicht mit seiner informellen Hegemonie über das westliche Kontinentaleuropa bescheiden wollte, sondern sich mit der Absicht trug, seine Dominanz durch weitere formelle Expansion imperial zu zementieren.

Das war aber kein Zeichen seiner Stärke, sondern seiner strukturellen Schwäche. Davon kündete damals vor allem sein offensichtliches Unvermögen, England unmittelbar anzugreifen und niederzuwerfen. Die gewaltigen Rüstungsanstrengungen, die Napoleon seit 1804 unternahm, brachten ihn diesem Ziel keinen Schritt näher. Im Gegenteil, je länger die große Mittel verschlingenden Vorbereitungen für die Invasion Englands andauerten, ohne dass sich die Aussichten für deren Gelingen verbesserten, desto mehr Schaden musste sein Prestige nehmen, das zu einem ganz erheblichen Teil seine europäische Machtstellung ausmachte. Gleichzeitig wurde damit aber auch ein Grundproblem offenbar, das Napoleon während seiner Herrschaft stets bestrebt sein musste, zu lösen: England wie Russland waren zwei Mächte, die auch auf sich allein gestellt sich gegenüber Napoleon würden behaupten können, was umgekehrt für ihn zu keiner Zeit galt. So lange er aber nicht die imperiale Utopie realisiert hatte, den gesamten europäischen Kontinent seinem Machtbereich einzuverleiben, würden diese beiden Mächte immer die Chance haben, mit anderen, mit Preußen oder Österreich zumal, eine Allianz zu bilden, die seine Herrschaft direkt bedrohte.

Die Perspektiven und Konsequenzen, die sich aus dieser Konstellation ergaben und in denen sich Napoleons Untergang bereits abzeichnete, waren aber keineswegs schicksalhaft vorgegeben, sondern hätten sich fallweise durch eine vorausschauende Politik mühelos vereiteln lassen.

Zu einer solchen Politik aber war Napoleon wegen seiner Herkunft, seiner Prägungen wie nicht zuletzt auch aus Rücksicht auf sein Prestige unfähig. Ein als Kaiser verkleideter General der Revolution, der keine Kriege mehr führt und keine Schlachten mehr schlägt, macht sich vor sich und anderen lächerlich. Napoleons Verhängnis war ferner seine Überzeugung, dass er, um er selbst zu bleiben, auf der von ihm so früh und so glücklich eingeschlagenen Bahn des Erfolgs weiter schreiten, unablässig kriegen und siegen musste. Eine andere Wahl zog er für sich nie in Erwägung.

Für Napoleon war es deshalb nur zu charakteristisch, dass er im Sommer 1805 seine Unfähigkeit, England direkt angreifen zu können, vor sich und anderen damit überspielte, dass er gegen Österreich zu Felde zog. Das hatte außerdem den Charme, die Mit- und Nachwelt mit einem militärischen Manöver zu beeindrucken, für das es keinen Vergleich gab. Dass ihm dies gelingen würde, dessen konnte sich Napoleon umso gewisser sein, als er alle Muße gehabt hatte, die *Grande Armée*, die er seit Monaten an der Kanalküste zusammengezogen hatte, zu einer scharfen Waffe zu schmieden. Alles war also bereit, aber was Napoleon noch fehlte, war ein *casus belli*, ein Anlass, über den ihm vertrauten Wunschgegner Österreich herzufallen und diesen statt des «perfiden Albion» zu züchtigen. Österreich jedoch war klug genug, sich dieser Rolle so lange wie möglich zu entschlagen, sich durch keines der Manöver Napoleons provozieren zu lassen.

Ebenso zurückhaltend verhielt man sich in Wien gegenüber den Bündnisavancen Russlands, die zwar im November 1804 zum Abschluss eines Defensivpakts führten, mit dem sich Österreich aber nur Unterstützung im Falle eines französischen Angriffs zu verschaffen suchte. Welche weitergehenden politischen Absichten in Wien an dieses Bündnis geknüpft wurden, zeigt der vergebliche Versuch, Preußen zum Beitritt zu bewegen, der Anfang 1805 von Metternich unternommen wurde. Preußen sollte sich der russisch-österreichischen Defensivallianz anschließen, um den *status quo* in Europa gegen eine Fortsetzung der französischen Expansionsbestrebungen zu verteidigen. Mit anderen Worten: Die bislang von Napoleon geschaffenen politischen und territorialen Gegebenheiten sollten zwar anerkannt, aber auf deren Basis ein neues politisches Gleichgewicht in Europa entwickelt werden, für das jenes Dreierbündnis gewissermaßen die Bleigarnitur darstellte.

Das politische Konzept, das darin aufscheint, sollte aber nicht nur die weitere Expansion Frankreichs vereiteln, sondern stellte Österreich auch vor die Zumutung, seine Existenz in einem Krieg zu riskieren, dessen

Früchte England und Russland unter sich aufteilen wollten. Zu dieser Einsicht musste man in Wien gelangen, kaum dass man dort vom Inhalt des englisch-russischen Bündnisses, das am 11. April 1805 in St. Petersburg paraphiert worden war, Kenntnis erhielt. Es mutete dem bis dahin ahnungslosen Österreich zu, binnen vier Monaten den größten Teil einer alliierten Streitmacht gegen Frankreich ins Feld zu stellen. Das stürzte das zu einem Krieg gegen Frankreich weder gewillte, geschweige gerüstete Österreich in erhebliche Verlegenheiten, die der Zar durch allerhand diplomatische Pressionen und Lockungen noch steigerte. In Wien wusste man schließlich weder ein noch aus und entschloss sich in dieser Not zum «Sprung ins Dunkle». Am 8. August 1805 trat Österreich der unterdessen noch einmal modifizierten englisch-russischen Allianz bei und ignorierte konsequenterweise das französische Ultimatum, abzurüsten und sich für neutral zu erklären. Damit hatte Napoleon endlich den Kriegsgrund, der ihm die Möglichkeit gab, sich in seiner Propaganda wieder als der Angegriffene hinzustellen.

Tatsächlich plante Napoleon schon längst einen Krieg gegen Österreich, wie dies seine Äußerungen im *Conseil d'État* vom 17. Januar 1805 zeigen[6], was die Vermutung nahe legt, dass die offen geplante Invasion Englands auch als eine bloße Finte angelegt war, um in Friedenszeiten ein großes Heer unter Waffen zu halten, mit dem er sich auf einen ganz anderen Gegner werfen konnte. Napoleons Kaiserkrönung am 2. Dezember 1804 ebenso wie seine Erhebung zum König von Italien am 26. Mai 1805, die beide gezielte Provokationen an die Adresse Habsburgs waren, hatten aber nicht die beabsichtigte Wirkung: Österreich machte keinerlei Anstalten, sich dieser doppelten Schmach mit einem Krieg gegen Frankreich zu erwehren. Dass man sich in Wien im Gegensatz zu der ursprünglich strikt neutralen Haltung im August 1805 aber dennoch zu dem Kriegsbündnis mit Russland und England entschloss, bewirkten die Drohungen des Zaren wie die Frankreichs, die Österreich vor Augen führten, dass es um seine Rolle als europäische Großmacht geschehen sei, entschlösse es sich jetzt nicht zur offenen Parteinahme für oder gegen Napoleon. Insofern war die *in extremis* gefällte Entscheidung Wiens, sich auf die Seite der Koalitionsmächte zu stellen, zwar naheliegend, angesichts der tatsächlichen Lage des Landes wie der notorischen Unzuverlässigkeit des russischen Bundesgenossen, mit dem man im übrigen auf dem Balkan zahlreiche Interessendivergenzen hatte, aber nur ein galvanischer Reflex.

Damit war aber auch das Schicksal der kleineren deutschen Staaten entschieden, die für sich angesichts des heraufziehenden Konflikts keine andere Wahl mehr sahen, als ihr Heil in einem Bündnis mit Napoleon zu suchen, der ihnen im Gegenzug nicht nur die Garantie ihrer territorialen Integrität, sondern auch den Lohn reicher Beute versprach. Bayern machte Ende August den Anfang, Baden und Württemberg zögerten mit diesem Schritt noch bis zum September und Oktober 1805, als der Krieg bereits begonnen hatte. Das verschaffte Napoleon den gewaltigen strategischen Vorteil, den süddeutschen Raum als sicheres Glacis für seinen Aufmarsch gegen Österreich nutzen zu können. Auch Preußen versuchte er mit der Lockung, ihm das englische Hannover als Besitz zu überantworten, an sich zu binden. Da gleichzeitig aber auch Russland und Österreich bestrebt waren, Preußen zu einem Bündnisbeitritt zu veranlassen, glaubte man in Berlin am besten zu fahren, wenn man vorerst strikte Neutralität bewahrte, um sich dann rechtzeitig auf die Seite des Siegers zu schlagen und seinen Anteil an der Beute einzufordern. Mit der einstweiligen Neutralität Preußens aber hatte Napoleon sein Spiel bereits halb gewonnen, zumal er auf dessen aktive Unterstützung im Unterschied zu den Koalitionsmächten gut und gern verzichten konnte.

Der Feldzug, auf den sich Napoleon zwei Jahre vorbereitet hatte, wurde binnen drei Monaten entschieden. Die Kampagne von Austerlitz zählt neben der gegen Preußen im Herbst 1806 seither zu den klassischen Beispielen napoleonischer Kriegführung. Ihre wichtigsten Merkmale sind ein von mehreren Angriffsspitzen vorgetragenes rasches und tiefes Eindringen in das Territorium des Gegners, das dann gleichsam organisch in einer Schlacht kulminierte, der sich der Gegner einfach deshalb stellen musste, weil er den Angreifer nicht mehr länger ignorieren konnte.

Am 29. August 1805 verließ die *Grande Armée* die Kanalküste und marschierte in drei großen Marschsäulen nach Südosten. In mehrere Armeekorps gegliedert, die von Bernadotte, Davout, Lannes, Mortier, Ney und Soult kommandiert wurden, belief sich ihre effektive Einsatzstärke auf 183 000 Mann. Napoleons Aufmarsch orientierte sich an den Dispositionen des Gegners, der sich gleichzeitig an vier unterschiedlichen Fronten zum Angriff sammelte: gegen Hannover, das rund 40 000 Russen, Schweden und Engländer von Schwedisch-Vorpommern aus bedrohten; gegen Neapel, wo eine englisch-russische Armee mit 30 000 Mann angelandet wurde; in Norditalien standen Masséna und Eugène de Beauharnais rund 140 000 Österreicher gegenüber; und schließlich der bayerisch-schwäbische Donauraum, der Anfang September 1805 von zwei österreichischen Armeen, denen eine russische Armee folgte, mit rund 180 000 Mann überrannt wurde. Weitere russische Armeen waren überdies aus ihren entfernten Bereitstellungsräumen im Anmarsch. Diese Drohung zwang Napoleon dazu, rasch eine Entscheidung zu suchen, die im Zentrum der weit aufgefächerten Angriffsfront der Alliierten fallen musste, da hier die Masse der gegnerischen Truppen konzentriert war und sich in diesen Raum auch die *Grande Armée* am schnellsten dislozieren ließ, während die Angriffskeile in Norditalien und Neapel sowie auf Hannover lediglich in Schach gehalten werden sollten. Napoleons Plan war ebenso kühn wie riskant. Den über Bayern nach Schwaben vorrückenden Österreichern wollte er durch ein großräumiges Umgehungsmanöver die rückwärtigen Verbindungslinien abschneiden, um sie dann entweder gegen die Tiroler Alpen oder den Rhein zu drücken und zu vernichten. Riskant daran war, dass er für das Gelingen dieses Vorhabens seine eigenen Rückzugslinien entblößen musste.

Dieser Plan gelang vorzüglich: Den auf einer von Straßburg bis Würzburg verlaufenden Front nach Süddeutschland vordringenden Franzosen gelang es, die weit vorgeschobene österreichische Armee unter Mack in Ulm einzukesseln. Mack mit seinen 33 000 Mann sah sich am 20. Oktober zu einer kampflosen Kapitulation genötigt. Ohne größere Schlachten schlagen zu müssen, erreichte die *Grande Armée* bereits am 13. November Wien, über das hinaus sie zügig nach Nordosten, nach Mähren hinein, auf Austerlitz vorstieß, wo sich unterdessen die österreichische Hauptstreitmacht mit Teilen der russischen Armee vereinigt hatte. Napoleon musste nun alles daran setzen, hier so rasch wie möglich eine Entscheidungsschlacht zu suchen, noch ehe weitere russische und österreichische Verstärkungen herangeführt werden konnten, die das Kräfteverhältnis entschieden zu seinen Ungunsten verschoben hätten. Dank seiner psychologischen Überlegenheit gelang es Napoleon durch allerhand Listen und Täuschungsmanöver, dem Gegner eine Siegeszuversicht einzuflößen, die diesem zum Verderben werden sollte. Statt nämlich – wozu einige Besonnene im Lager der Alliierten rieten – das Eintreffen der russischen Hauptstreitmacht abzuwarten, entschloss man sich, die Schlacht umgehend zu schlagen.

Diese blinde Siegeszuversicht des Gegners war Napoleons wichtigstes Kalkül, auf das er seinen Schlachtplan aufbaute: Die zu erwartende Offensive der Alliierten wollte er zunächst defensiv parieren, um dann im entscheidenden Moment den Gegner mit einem klassischen Umgehungsmanöver zu vernichten. Deshalb die von den Alliierten mit größter Aufmerksamkeit registrierte Rückzugsbewegung unmittelbar vor der Schlacht, die von ihnen als Versuch Napoleons missdeutet wurde, sich im letzten Augenblick einer ihm drohenden Niederlage zu entziehen: Das Korps Soult, das auf dem rechten Flügel stand, räumte die strategisch bedeutsame, langgestreckte Hochebene von Pratzen und ging hinter den Goldbach zurück. Diese Absetzbewegung lud die Russen, wie von Napoleon beabsichtigt, dazu ein, seinen rechten Flügel aufzurollen, den er ebenso wie das Zentrum nur mit schwachen Kräften besetzte, während die Korps Murat und Lannes auf dem linken Flügel massiert waren.

Napoleons Schlachtplan zielte auf einen Drehtüreffekt: Danach warfen die Russen, um ihrem Flankenangriff den notwendigen Nachdruck zu verschaffen, die meisten ihrer rund 60 000 Mann auf der Anhöhe von Pratzen in den Angriff. Kaum war dieser voll entbrannt, wollte Napoleon das geschwächte Zentrum des Gegners durchstoßen, sich dann seinerseits wieder in den Besitz der Hochebene von Pratzen bringen, um von hier aus den mit Soult beschäftigten linken Flügel der Russen hinterrücks anzufallen. Dieser Flügel würde dann zwischen dem Steilufer des Goldbachs und zwei größeren Fischteichen am südlichen Ende des Schlachtfelds vollständig aufgerieben. Tatsächlich nahm die Schlacht auch den Verlauf, der Napoleons Planungen entsprach. Bei geringen eigenen Verlusten fügte er den verbündeten Russen und Österreichern eine vernichtende, eine kriegsentscheidende Niederlage zu. Drei Wochen später unterzeichnete Österreich den Frieden von Pressburg, mit dem es aus der dritten Koalition ausschied und Venezien an Frankreich abtrat, das damit endgültig zur Führungsmacht in Mitteleuropa wurde.

Die Machtstellung, die Napoleon damit am 2. Dezember 1805 errang, auf den Tag genau ein Jahr nachdem er sich mit seiner Kaiserkrönung den Wechsel darauf bereits ausgestellt hatte, eröffnete ihm weite politische Perspektiven. Diese hatte ihm Außenminister Talleyrand in einem ausführlichen Memorandum aufgezeigt, das aus Straßburg vom 17. Oktober datiert ist, als sich die Kapitulation Macks bei Ulm bereits abzeichnete. Darin sprach sich Talleyrand zwar dafür aus, Österreich harte Friedensbedingungen zu diktieren. Namentlich sollten die Habsburger jeglichen Einfluss in Deutschland und Italien einbüßen. Gleichzeitig aber riet er dazu, die Donaumonarchie als eine Großmacht zu erhalten und sich mit dieser gegen Russland zu verbünden. Österreich, das ermuntert werden sollte, sich auf dem Balkan weiter auszudehnen, würde als ein starkes Bollwerk gegen Russland für Frankreich von großem Nutzen sein, während seine Gebietsverluste nördlich der Alpen, Tirol und Vorarlberg, dazu dienen sollten, Bayern und Württemberg in ihrer Rolle als Napoleon hörige Pufferstaaten zu stärken.[7]

Das war ein kluger Rat, der darauf abzielte, die französische Hegemonie über West- und Mitteleuropa auf Dauer zu sichern. Dafür sprach auch ein anderes Ereignis: Am 21. Oktober 1805 vernichtete Lord Nelson vor Trafalgar die vereinigte spanisch-französische Flotte. Dieser Sieg ruinierte auf Jahre, wenn nicht Jahrzehnte alle Aussichten auf eine Invasion Englands. Napoleon war von nun an der «Gefangene des Kontinents», eine Perspektive, aus der er den für ihn bezeichnenden, aber zu Talleyrands Darlegungen genau gegenteiligen Schluss zog, zunächst Österreich auszuschalten, um danach die übrigen kontinentaleuropäischen Mächte, Preußen und Russland, zu eliminieren. Das aber war sein entscheidender Fehler: Trafalgar garantierte nicht nur Englands Sicherheit und Überleben, sondern verschaffte ihm auch die Option, den Krieg gegen Napoleon fortzusetzen, wann immer es wollte und sich dafür eine günstige Gelegenheit bot.

Mit Austerlitz erreichte Napoleon den Zenit seiner Macht, den er zwei Jahre lang, bis nach Tilsit (1807), dem falschen Arrangement eines französisch-russischen Kondominiums über Kontinentaleuropa, behaupten sollte. Die Voraussetzungen, die ihm diese Stellung verschafften – seine strategische und taktische Überlegenheit über alle seine Widersacher in der Kriegführung, die er durch die Vereinigung der obersten politischen und militärischen Führungskompetenzen in seiner Person frei von allen Friktionen zur Geltung bringen konnte, wie seine stete Bereitschaft, immer mit dem größten Einsatz aller ihm zur Verfügung stehenden Mittel, aufs Ganze zu gehen –, waren gleichzeitig aber auch die Ursachen für seinen zunächst langsam, bald aber immer rascher einsetzenden Niedergang. Hinzukam, dass Frankreichs Ressourcen nicht mehr in dem gleichen Umfang wuchsen, wie seine Bedürfnisse. Norditalien oder Mitteleuropa waren Regionen gewesen, die sich für lange Zeit ohne größeren Aufwand an Repression auspressen ließen. Spanien hingegen, das sich Napoleon nach 1808 anzueignen suchte, um seinen Machtbereich zu arrondieren und den Kontinent gegenüber dem englischen Warenexport zu versiegeln, war nicht nur ein armes Land, sondern setzte sich auch mit einer Erbitterung gegen die französische Besatzung zur Wehr, dass es bald einem Fass ohne Boden glich. Es verschlang immer mehr Menschen, Material und Geld.

Am spanischen Abenteuer wurde aber nicht nur erstmals der «imperial overstretch» Napoleons offenkundig, sondern auch seine militärische Verwundbarkeit. Binnen Monatsfrist wurden im Sommer 1808 auf der iberischen Halbinsel zwei französische Armeekorps von einem jeweils unterlegenen Gegner zur Kapitulation gezwungen. Seit dem Scheitern seiner ägyptischen Expedition war dies die erste große militärische Schlappe, die Napoleon hinnehmen musste. Daran zeigten sich mit einem Mal die Grenzen und gravierenden Nachteile der zentralisierten Kommandostruktur, auf der er immer bestanden hatte. Die Kehrseite dieser Praxis, die sich in Italien und auf den Feldzügen in Mitteleuropa glänzend bewährt hatte, war nämlich, dass Napoleon seinen Stäben wie seinen Marschällen das selbstständige strategische wie taktische Denken und Entscheiden systematisch ausgetrieben hatte. So lange die *Grande Armée* zwar in unterschiedliche Korps aufgeteilt, aber auf einem Kriegstheater operierte, blieb dies ohne gravierende Folgen. In dem Maße jedoch, in dem die Armeen immer größer wurden und auf geographisch weit auseinander liegenden Schauplätzen gleichzeitig operieren mussten, ihre Befehlshaber also notwendigerweise selbstständige Entscheidungen zu treffen hatten, kamen die Nachteile dieser ganz auf Napoleon konzentrierten Kommandostruktur zum Vorschein. Dies um so mehr, als die Geschwindigkeit der Nachrichtenübermittlung von der Leistung der Kurierpferde abhängig war.

In Spanien, wo die französischen Korpskommandeure unabhängig voneinander operierten und stets eifersüchtig auf ihre eigene Befehlskompetenz bedacht waren, zeigten sich diese Strukturfehler erstmals in aller Deutlichkeit. Jede Koordination zwischen den Korps wurde dadurch vereitelt. Napoleon zog daraus aber keinerlei Konsequenzen, sondern begnügte sich damit, sich gelegentlich gegenüber Vertrauten über die mangelnden Führungsqualitäten seiner Generalität lustig zu machen. Die Quittung für dieses Versäumnis, mit dem er sich den Glauben an seine Unersetzlichkeit bestätigte, erhielt Napoleon spätestens während der Kampagne im Frühjahr und Herbst 1813 in Deutschland. Wann immer seine Marschälle und Generale hier auf sich allein gestellt seine angesichts rasch wechselnder Situationen notwendig allgemein gehaltenen Befehle interpretieren oder gar selbstständig entscheiden mussten, versagten sie ausnahmslos, gingen die Schlachten, die sie schlugen, allesamt verloren.

Das immer gravierendere Versagen der militärischen Führung brachte nun auch die ganze Unzulänglichkeit der politischen Leitung zum Vorschein, die ebenfalls seit je ausschließlich von Napoleon bestimmt wurde. Alle seine Minister und Berater waren immer nur Lakaien und Befehlsempfänger gewesen. Solange er als Sieger das Schlachtfeld verließ und dem unterlegenen Gegner seinen Willen diktieren konnte, ließen sich die daraus resultierenden Schwächen verbergen. Das änderte sich jedoch in dem Augenblick, in dem die militärischen Erfolge ausblieben, folglich nicht mehr in Diktate ausgemünzt werden konnten, die sich in eine kohärente Strategie imperialer Zielsetzung einfügten. Je mehr sich das Schlachtenglück von Napoleon abwandte, die Alliierten die französischen Truppen an allen Fronten zurückwarfen, desto mehr verrannte er sich in seinen Wahn, durch den einen, entscheidenden Sieg dem Gegner auch wieder das Gesetz seines Handelns aufzwingen zu können. Für diesen Wahn, den sich Napoleon bisweilen mit «Geisterarmeen» oder durch übertriebene Mutmaßungen hinsichtlich tiefer Meinungsverschiedenheiten im Lager der Alliierten auszuschmücken suchte, liefert das Kampfgeschehen in Frankreich im Winter 1813/14 und Frühjahr 1814 eine erschreckende Illustration. Bis zuletzt klammerte sich Napoleon an die Illusion, das ihm drohende Verhängnis durch Schlachtensiege abwenden zu können. Er verzichtete daher auf Konzessionen am Verhandlungstisch, die ihm vielleicht die Chance geboten hätten, wenn nicht seine Herrschaft, dann doch wenigstens die seiner Dynastie zu retten.

Napoleon liefert das Exempel dafür, dass selbst die brillanteste Kriegführung über kurz oder lang zum Scheitern verurteilt ist, wenn sie Politik und Diplomatie lediglich als Erfüllungsgehilfen betrachtet, die das implementieren sollen, was mit dem Schwert errungen wurde. Das ist häufig übersehen worden, weil man geblendet war von Napoleons militärischer Brillanz, die ihn als unüberwindlich erscheinen ließ. Napoleons Verfahren, alle Kräfte und Ressourcen für ein Ziel zu mobilisieren, seine Feldzüge jeweils immer nur darauf anzulegen, den Gegner zu vernichten, um ihm dann einen Unterwerfungsfrieden zu diktieren – eine Strategie, der seine Unfähigkeit, begrenzte Kriege mit klar umrissenen und auch dem Gegner politisch zu vermittelnden Zielen zu führen, komplementär war –, wurde nicht zuletzt von Clausewitz als Vorbild dogmatisiert. Napoleon hat mit all jenen, die seine unbestreitbare Leistung als Feldherr bewundert, darüber aber sein eklatantes Versagen als politisch verantwortlicher Kriegsherr übersehen haben, auch deshalb die Verantwortung für die Geschichte des 20. Jahrhunderts geteilt.

Roter Napoleon der Neuen Welt
Tecumseh
(1768–1813)

Stephan Maninger

Am frühen Herbstmorgen des 5. Oktober 1813 legte sich dichter Nebel über die rund eintausend Krieger verschiedener Indianerstämme, die am Rande eines Sumpfes in der Nähe des kanadischen Flusses Thames im Hinterhalt lagen. Die Nebelwand nahm ihnen die Sicht, machte dadurch den Schlachtplan ihres Anführers zunichte und veränderte die Geschichte der USA. Denn als die feindlichen Amerikaner gegen die dünne britische Linie des verbündeten Generals Proctor vorrückten, konnten die im Sumpfnebel verborgenen Krieger nur anhand des Gefechtslärms erkennen, dass eine Entscheidungsschlacht des Britisch-Amerikanischen Krieges begonnen hatte. Sie stürmten mit Kriegsgeschrei blindlings in die Richtung des Kampflärms und prallten frontal auf die berittenen Kämpfer des amerikanischen Obersten Richard Johnson. Ein blutiger und erbitterter Nahkampf entbrannte, geführt mit Messer, Tomahawk, Säbel, Bajonett und Gewehrkolben, an dessen Ende eine wankende Gestalt sich auf den britischen Rangerhauptmann William Caldwell zubewegte, beide Hände auf eine klaffende Brustwunde gepresst. Es war Tecumseh vom Stamme der Shawnee, mit dem Caldwell viel Zeit während der vergangenen Monate verbracht hatte und den er persönlich als fähigen und zuverlässigen Kriegsherrn zu schätzen gelernt hatte.[1] Tecumseh, der aus Brust und Mund blutete, was auf einen Lungenschuss deutet, brach zusammen, und zwei herbeieilende Krieger schleppten den tödlich Verwundeten davon. (Die Leiche Tecumsehs wurde nie eindeutig identifiziert. Dies lag am hohen Grad der Verstümmelung der toten Indianer.) An diesem Tag starb der wohl bedeutendste Indianerhäuptling der amerikanischen Geschichte und gleichzeitig der Traum einer vereinigten Indianernation.

Geboren im Jahre 1768, gehörte Tecumseh zu einer Generation, die den endgültigen Schwund des Einflusses der Ureinwohner im Osten der heutigen USA erlebte. Zwei Faktoren von strategischer Bedeutung trugen im Wesentlichen zu dieser Entwicklung bei: Zum einen büßten die meisten Stämme ihren politischen Handlungsspielraum durch den endgültigen Verlust des bis dahin französischen Kanadas an die Briten im Jahre 1763 ein. Sie wurden nun, zum ersten Mal seit über 150 Jahren, nicht mehr von den beiden europäischen Antagonisten umworben, was bedeutete, dass sie deren Spannungen nicht mehr ausnutzen konnten, um vorteilhafte Handels- und Militärabkommen zu schließen. Ihr Status als eigenständige Akteure im größeren politischen Geschehen in Nordamerika ging dadurch verloren. Der Zugang zu knappen, aber begehrten europäischen Gütern war nun nur noch durch die zu Großbritannien gehörenden Kolonien zu sichern. Dies bedeutete eine Intensivierung der wirtschaftlichen und materiellen Abhängigkeit der Indianerstämme. Zuvor konnten diese auf die logistische Unterstützung der jeweiligen Kolonialmächte bauen, im Tausch für Pelze und Militärbündnisse. Nun aber hielten die Briten das unbestrittene Monopol für den Zugang zu Stahlwerkzeugen, Waffen, Munition und eine wachsende Zahl von anderen sehr begehrten Handelsgütern.

Diese Form der Abhängigkeit brachte schon 1763 den Pontiac-Aufstand zum Erliegen, der als Nachbeben der französischen Niederlage im Siebenjährigen Krieg betrachtet werden kann. Nicht mehr die Konkurrenz der Franzosen fürchten zu müssen, ermutigte gleichzeitig den britischen Befehlshaber Nordamerikas, Sir Jeffrey Amherst, die indianischen Verbündeten der Franzosen als Besiegte zu behandeln. Die jährlichen Geschenke für die Häuptlinge blieben aus, der Handel wurde eingeschränkt. Bis zur Amerikanischen Revolution 1776 blieb Großbritannien die unbestrittene Kolonialmacht und einziger Verhandlungspartner der Stämme des Nordostens. Während und nach der Revolution lebte die bipolare Politik noch einmal auf, aber keinesfalls mit der gleichen Dauer und Intensität, die das französisch-britische Ringen um Vorherrschaft in den vorangegangenen Jahrhunderten geprägt hatte.

Ein weiterer Faktor für den Niedergang der Ureinwohner war die Bevölkerungsexplosion der Angloamerikaner. Während die indianische Bevölkerung durch wiederholte Wellen ansteckender Krankheiten wie Pocken, Blattern und Masern dezimiert wurde, sorgten die eher günstigen Lebensumstände in Neu-England für eine Bevölkerungsexplosion unter den Zuwanderern europäischer Herkunft. Deren Bevölkerung erreichte schon im 17. Jahrhundert das biologische Maximum an Geburtenhäufigkeit mit einer Fertilitätsrate von acht Kindern pro Frau und einer verhältnismäßig niedrigen Sterblichkeit bzw. hohen Lebenserwartung. Demgegenüber war die Geburtenhäufigkeit der Ureinwohner aus kulturellen Gründen nur etwa halb so hoch.[2] Berücksichtigt man die verheerenden Auswirkungen von Krankheiten und Alkohol, dann befanden sich die Stämme des Ostens schon seit Anfang des 17. Jahrhunderts im kontinuierlichen demographischen Niedergang. Der wachsende Bevölkerungsdruck der Weißen zwischen Atlantik und Appalachen bildete die eigentliche treibende Kraft dessen, was später zur «Manifest Destiny» erklärt wurde.

Tecumseh gehörte zu den Zeugen einer Völkerwanderung, die sich unaufhaltsam über die Appalachen ergoss und die Stämme hinwegschwemmte. Die demographische Dynamik war von solcher Intensität, dass es fraglich ist, ob Landgarantien und Verträge überhaupt jemals hätten eingehalten werden können, selbst dort, wo die verantwortlichen Behörden und Regierungen dies ernsthaft anstrebten. Somit bestätigte sich die alte historische Erkenntnis, dass Völker mit gebärfreudigen Frauen und kriegstüchtigen Männern selten rücksichtsvoll mit anderen über die Gestaltung der eigenen Zukunft verhandeln. Dabei sei angemerkt, dass die Shawnee schon einmal Mitte des 17. Jahrhunderts aus ihrer Heimat vertrieben wurden. Damals war es der Irokesenbund, der den Shawnee das Ohiotal streitig machte. Die Shawnees waren gezwungen, das Feld zu räumen, und wanderten zum Teil nach Osten in das heutige Pennsylvania und nach Süden bis nach South Carolina, wo sie sich praktisch als Söldner der Cherokees in einer langen Serie von Kriegen aufrieben. Anfang des 18. Jahrhunderts siedelten sich die Shawnees, mittlerweile als Verbündete der Irokesen, wieder im Ohiotal und im Cumberlandbecken an.

Vor diesem Hintergrund wuchs Tecumseh im Schatten seines wesentlich älteren Bruders Chiksika und ihres Vaters Pucksinwah auf. Beide waren wichtige Vorbilder als Krieger der Shawnee und prägten seine Entwicklung maßgeblich. Pucksinwah führte die Kispokotha-Shawnee, einen von fünf Zweigen des noch immer mächtigen und wegen seiner kriegerischen Fähigkeiten gefürchteten Shawneestammes. Er fiel in der Schlacht von Point Pleasant am 9. Oktober 1774, und Tecumseh wurde somit schon früh zum Halbwaisen. Die Familie des Getöteten kam in die Obhut des Friedenshäuptlings Black Fish, dessen Aufgabe es war, sie solange wie nötig zu unterstützen. Obwohl Black Fish die Rolle des Ersatzvaters für Tecumseh und dessen fünf Geschwister erfüllte, spielte der schon kampferprobte ältere Bruder offenbar eine größere Rolle für das Heranwachsen Tecumsehs zum fähigen Krieger.

In seiner Jugend erlebte Tecumseh die tiefe Wut und Trauer seines Stammes nach der Ermordung des angesehenen und einflussreichen Shawneehäuptlings Cornstalk durch einen aufgebrachten Mob weißer Siedler im Oktober 1777. Doch auch die Shawnee waren untereinander nicht einig. Es gab unter ihnen schon immer Krieger, die sich an Abmachungen und Verträge ebenso wenig hielten wie viele der weißen Händler und Landspekulanten. Selbst der Irokesenbund hatte, allerdings kurz vor dessen eigenem Kriegseintritt auf Seiten Großbritanniens bei Ausbruch der Feindseligkeiten zwischen den rebellierenden Kolonien und der Krone, die Shawnees aufgefordert, ihre Angriffe gegen die Angloamerikaner einzustellen und sich an Abmachungen zu halten.

Die internen Meinungsunterschiede der Shawnee führten 1779 zusammen mit militärischen Rückschlägen wieder zu einer schmerzhaften Spaltung des Stammes: Jene, die jegliche Hoffnung auf Sieg oder friedliche Koexistenz verloren hatten, verließen ihr Siedlungsgebiet und wanderten westwärts über den Mississippi. Zwei Drittel des Stammes, mehr als viertausend Shawnee, hatten sich zu diesem Schritt entschlossen. Nach diesem gewaltigen Aderlass befand sich Tecumseh, dessen Familie geblieben war, in einem Umfeld, in dem der unerbittliche Kampf gegen die Siedler eine permanente und alltägliche Realität war. Durch den Ausbruch des Revolutionskrieges 1776 wurden gerade die im Ohiotal verbliebenen Shawnee von den Briten zusätzlich logistisch unterstützt und ermutigt, amerikanische Forts und Siedlungen anzugreifen. Ausgestattet mit guten Waffen und mit Prämien für die Skalps von Siedlern (ohne Rücksicht auf Alter oder Geschlecht) belohnt, waren die Shawnee in der Lage, den Ohio als wichtigen Transportweg in einen Todesfluss zu verwandeln.

Dabei zeigte sich die ganze Brutalität der Indianerkriege, die sich keineswegs auf die bekannten, an Indianern begangenen Morde und Massaker beschränkten. Schon seit Ankunft der Europäer fast zwei Jahrhunderte zuvor hatte sich immer wieder offenbart, dass die Indianer Nordamerikas kriegserprobte und -gewohnte Menschen waren, deren Grausamkeiten gegenüber Gefangenen unter den keinesfalls zimperlichen Siedlern Wut und Schrecken verbreiteten. Die historische und archäologische Forschung beweist, dass Hinterhalt, Tücke und Wortbruch schon integrale Bestandteile und Eigenschaften der vorkolumbianischen Kriegführung in Nordamerika waren.[3] Trotzdem zeigten sich sogar hartgesottene Kämpfer wie Simon Kenton, Martin Wetzel oder Daniel Boone – alles Männer, die im Umgang mit Indianern immerhin auf erhebliche Erfahrung zurückgreifen konnten – entsetzt über das Ausmaß der Brutalität im Kampf am Ohio.

Der junge Tecumseh erlebte die wiederholten Vergeltungsmaßnahmen, die sich, wenn auch mit eher geringen Erfolgen, gegen die Dörfer der Shawnee richteten. Die Brutalität des Krieges prägte den Heranwachsenden; Tecumseh erlebte den Kriegszustand als Alltag.

Ein Angriff auf das Dorf Chilicothe im Juli 1779 endete mit der tödlichen Verwundung von Black Fish. (Den Überfällen auf Indianerdörfer war oft wenig Erfolg beschieden, da sich die Shawnee geschickt zurückzogen, um dann die Angreifer auf deren Rückweg in Hinterhalte zu locken.) Die Angriffe der Shawnee entlang des Ohioflusses und auf die sich ausbreitenden Höfe und Siedlungen der Weißen wurden dadurch jedoch nicht unterbunden. Das darauf folgende Jahr brachte einen unter britischer Führung stehenden Feldzug gegen die amerikanischen Forts in Kentucky. Die Truppen unter dem Befehl von Hauptmann Henry Byrd wurden von den mit Großbritannien verbündeten Stämmen massiv unterstützt. Byrd brach das Unternehmen allerdings ab, nachdem sich die immerhin 850 indianischen Verbündeten (bei einer Gesamtstärke von 1250 Mann) wiederholt des Massenmords an gefangenen Zivilisten schuldig gemacht hatten, und er die Sicherheit der mehreren hundert unter seiner Obhut befindlichen Gefangenen – darunter viele Frauen und Kinder – nicht mehr garantieren konnte.[4]

Durch diese Eskalation in Kentucky wurde das Jahr 1781 zum «Jahr des Blutes» erklärt – eine Bezeichnung, die im Grunde für jedes weitere Jahr des folgenden Jahrzehnts zutreffend gewesen wäre.[5] Viele Siedler wurden entweder samt ihren Familien im Kampf getötet, zu Tode gefoltert, gefangen genommen und verschleppt oder sie flüchteten nach Osten. Der Zyklus der Gewalt regierte die gesamte Region. Das Hauptdorf der um Neutralität bemühten Delawaren wurde im Frühling 1781 niedergebrannt, die entwaffneten Männer exekutiert, die Frauen und Kinder gefangen genommen. Während die Shawnee zusammen mit anderen Stämmen bis nach Pennsylvania durchdrangen und blutige Raubzüge durchführten, kam es im März 1782 zu einem Massaker in Gnadenhütten, bei dem neunzig christliche Delawaren von Milizionären der Reihe nach mit einem Holzhammer erschlagen wurden. Im Juni des gleichen Jahres scheiterte eine Offensive der Milizionäre unter William Crawford gegen die Shawneedörfer entlang des Flusses Sandusky. Crawford, ein persönlicher Freund George Washingtons, bezahlte das gescheiterte Unternehmen mit dem Martertod. Im November des gleichen Jahres wurden die Shawnee und Miamis dennoch entscheidend geschlagen und sechs ihrer Dörfer niedergebrannt.

Im April 1783 nahm Tecumseh vermutlich an seinem ersten Kriegszug teil. Trotz seiner erst fünfzehn Jahre soll er im Nahkampf vier Gegner aus einer Gruppe von dreizehn Siedlern erschlagen haben, die in einen Hinterhalt der Shawnee geraten waren. Nachdem der einzige

Überlebende der Gruppe bei der Rückkehr der Krieger in ihr Dorf lebendig verbrannt worden war, sprach sich Tecumseh erstmals öffentlich gegen diesen Brauch aus. Unter normalen Umständen wäre ihm das verübelt oder als persönliche Schwäche ausgelegt worden, doch seine herausragende Leistung im Kampf verschaffte ihm auch in dieser Frage Gehör.[6] Es ist vor allem seiner eindeutigen Ablehnung der Marterpraktiken zuzuschreiben, dass Tecumseh in der amerikanischen Geschichte das Bild des «edlen Wilden» verkörperte. Seine persönlichen Ansichten und Eigenschaften wurden später fälschlicherweise auf alle Indianer projiziert und trugen dadurch sehr zu dem romantisierten Indianerbild bei, das sich seitdem durchgesetzt hat. In Wahrheit war Tecumsehs Standpunkt eher die Ausnahme.

Bei Beendigung des Unabhängigkeitskrieges durch den Frieden von Paris 1783 wurden die Interessen der verbündeten Stämme von den Briten in den Verhandlungen übergangen. Die britische Delegation forderte von der amerikanischen Regierung keinerlei Landgarantien für die indianischen Alliierten, die deren bisherige Loyalität zur Krone anerkannt oder belohnt hätte. Lediglich die Irokesen bekamen Land im britischen Kanada zugeteilt.

Für die Shawnee ging der Krieg nach einer kurzen Unterbrechung 1783/84 (dennoch gab es vereinzelte Angriffe auf Siedler und Siedlungen) mit wechselnder Intensität weiter. Denn gerade durch die Beendigung des amerikanischen Unabhängigkeitskrieges verstärkte sich der Strom von Siedlern aus dem Osten. Zwischen 1785 und 1790 ließen sich allein rund 20 000 Siedler im Ohiotal nieder, und der Ohio selbst bekam nun endgültig seinen Ruf als «dunkler blutiger Fluss».[7] Für ungefähr jeden zehnten Siedler bedeutete die Entscheidung, nach Westen zu ziehen, den gewaltsamen Tod von der Hand der Miamis und Shawnee; eine große Anzahl wurde gefangen genommen. Auf militärischen Schutz konnten die Siedler nicht hoffen, da die Regierung ihnen eindringlich empfohlen hatte, sich von den Indianergebieten fern zu halten. Überdies verringerte sich infolge der Demobilisierung der regulären amerikanischen Armee nach Kriegsende die Gesamtzahl der verfügbaren Soldaten vorübergehend auf ganze 87 Artilleristen (1784).[8]

Währenddessen übernahmen die Briten gegenüber den Stämmen des Nordens genau diejenige Rolle, die einst die Franzosen gespielt hatten. Sie ermutigten insgeheim Angriffe auf die Amerikaner und sicherten die Versorgung mit Waffen und Munition, während sie gleichzeitig öffentlich zur Mäßigung aufriefen, um einen offenen Krieg mit den Vereinigten Staaten zu vermeiden.

Schon 1786 fand eine panindianische Zusammenkunft im britischen Detroit statt, wenn auch ohne herausragende Ergebnisse. Inwiefern Tecumsehs Gedanke einer Allianz aller Stämme hierdurch genährt wurde, ist unklar.

1788 starb Chiksika im Kampf, als er mit Tecumseh und einigen Gefolgsleuten aus unterschiedlichen Stämmen ins Cumberlandbecken vorstieß. Für Tecumseh scheint der Verlust des älteren Bruders, möglicherweise gerade wegen dessen besonders wichtiger Rolle für seine Erziehung, ein schwerer Rückschlag gewesen zu sein. Vermutlich aus Rache überfiel Tecumseh in der Nähe von Drake Creek eine Gruppe Siedler und soll danach, trotz seiner sonstigen Zurückhaltung, was das Ermorden von Hilflosen betrifft, drei Gefangene getötet haben.[9]

Allerdings scheint Tecumsehs Ablehnung von unnötigem bzw. rituellem Töten in ihrer Wirkung weitgehend auf seine unmittelbare Umgebung begrenzt gewesen zu sein. Vorfälle von Folter und rituellem Kannibalismus seitens der Indianer sind nach wie vor überliefert. So im Fall des Jacob Greathouse, des Mörders der Familie von Shawneehäuptling Talgayeeta. Vierzehn Jahre nach der Tat, die 1774 endgültig jegliche Hoffnungen auf Frieden zerstörte, fiel er während eines Hinterhalts im April 1791 in die Hände der Shawnee. Als man seine schwer verstümmelte Leiche fand, waren seine Gedärme und die seiner Frau um einen Baum gewickelt. Man hatte beiden die Unterleiber aufgeschlitzt und sie dann mit brennenden Stöcken um den Baum getrieben, während ihre Eingeweide zuvor an diesem befestigt worden waren. Die Shawnee hatten nicht nur ein langes Gedächtnis, sie wussten auch, wie man den Tod eines Menschen qualvoll hinauszögern konnte.[10]

Im November 1791 holte der amerikanische General St. Clair zu einem entscheidenden Schlag gegen die Indianerstämme aus. Für die durch Witterungsbedingungen, Deserteure, mangelnde Disziplin und Leichtsinn geschwächte amerikanische Armee wurde der Feldzug ein militärisches Desaster, bei dem der dreiundzwanzigjährige Tecumseh zwar als Kämpfer auftrat, aber offenbar keine führende Rolle spielte. 832 skalpierte und nackte Leichen von regulären amerikanischen Soldaten und Milizionären blieben auf dem Schlachtfeld zurück. Es war die größte Niederlage, die die Vereinigten Staaten während der Indianerkriege jemals erlitten haben. Die Verluste der Miamis und Shawnee betrugen nur 66 Tote.

Viele Indianer schienen damals geglaubt zu haben, dass ihr triumphaler Sieg die Expansion der Weißen endgültig aufhalten würde. Doch die Amerikaner kamen wieder. Im August 1794 nahm Tecumseh an der entscheidenden Schlacht von Fallen Timbers teil. Seine Führungsrolle war begrenzt auf den Befehl über eine Gruppe von Spähern, die sich genau dort aufhielt, wo die Wucht eines amerikanischen Sturmangriffs am größten war. Hier fiel ein jüngerer Bruder Tecumsehs durch Kopfschuss.[11]

Aus der Niederlage der verbündeten Stämme bei Fallen Timbers resultierte der Vertrag von Greenville im Jahre 1795, in dem das 38 000 Quadratkilometer große Ohiotal für 2500 Dollar in Waren (für jeden der unterzeichnenden Stämme) verkauft wurde. Tecumseh lehnte die Unterzeichnung vehement ab. Sein im Kampf erworbenes Ansehen ausnutzend, war dies der Anfang eines neuen Lebensabschnitts für ihn und gleichzeitig der Anfang seines aktiven panindianischen Weges. Doch vorerst kam durch die Unterzeichnung des Vertrages der Frieden ins Ohiotal, denn die Aufgabe der territorialen Ansprüche seitens der verbündeten Stämme beendete das blutige Ringen.

Trotz der erklärten Ablehnung des Vertrags leisteten Tecumseh und sein Stamm keinen Widerstand und verblieben nur noch kurze Zeit in ihrem traditionellen Jagdgebiet. Zu diesem Zeitpunkt soll Tecumseh eine Phase der Koexistenz mit nachrückenden Siedlern erlebt haben, bei der sich angeblich eine Beziehung zu der Tochter eines gewissen James Galloway entwickelte, die Tecumseh jedoch nicht weiter verfolgte, nachdem die junge Rebecca Galloway seine Annahme des weißen Lebensstils zur Bedingung für eine Heirat machte. Diese Geschichte scheint allerdings frei erfunden zu sein.

Ab 1799 wurde es zunehmend offenkundig, dass Tecumseh durch seine rednerischen Fähigkeiten innerhalb wie außerhalb der eigenen Stammesgrenzen deutlich an Einfluss gewann. Er erwies sich als politischer Stratege, dessen Vision von indianischer Einheit auch mittel- und langfristige politische Überlegungen beinhaltete, und er war sich der Kurzlebigkeit des Friedens bewusst. Die Erfahrung, dass relativ kleine indianische Streitkräfte einen zahlenmäßig weit überlegenen Feind durch Guerillakrieg, Heimtücke und Ausdauer vernichtend schlagen konnten, hatte ihn nachhaltig beeindruckt und ihn mit der Hoffnung auf einen Sieg erfüllt. Tatsächlich waren die Indianer in den Wäldern des Nordostens nur selten militärisch besiegt worden; sie fielen ihren inneren Streitereien und der logistischen Unterlegenheit im Hinblick auf Musketen und Schießpulver zum Opfer.

Vor diesem Hintergrund brach Tecumseh im Frühjahr 1801 auf, um die Stämme zur panindianischen Einheit zu bewegen. Er wollte keine zeitlich begrenzten Allianzen mehr, die durch Stammesrivalitäten oder nach kleineren militärischen Rückschlägen zerbrachen. Vielmehr sollte ein mächtiges und vereintes indianisches Heer von 30 000 oder gar 50 000 Kriegern die Weißen vom weiteren Vorrücken nach Westen abhalten.

Um dieses Ziel zu erreichen, unternahm Tecumseh sehr weite Reisen. Doch glauben Historiker heute, dass deren Ausmaß in der Literatur des 19. Jahrhunderts stark übertrieben wurde. Inzwischen erscheint es fraglich, ob er so weit nach Westen ging, dass er selbst Stämme wie die Osagen und die Sioux in großen Ratsversammlungen zum panindianischen Krieg aufforderte, wie dies oft geschildert wird. Die Shawnee waren aufgrund ihrer traditionellen Bündnisse mit den Potawatomies und den Kickapoos bei den Osagen eher unbeliebt; es ist fraglich ob Tecumseh bei ihnen auf Zuneigung oder Gehör gestoßen wäre. Im Süden sprach er jedenfalls vor den versammelten Häuptlingen der Creeks, Choctaws und Cherokees, aber es ist mittlerweile sehr zweifelhaft, ob er jemals mit den Seminolen in Kontakt trat, wie bisher angenommen wurde.

Bis 1805 hatte Tecumseh dennoch die Unterstützung von mehr Indianerstämmen als je ein Häuptling zuvor. Doch gelang es ihm keineswegs immer und überall, verbindliche Zusagen für den großen gemeinsamen Schlag zu bekommen. Interne Spannungen führten selbst bei den Shawnee und verbündeten Stämmen zu Unmut zwischen den Anhängern von Tecumsehs Visionen und denjenigen, die darin den Weg zum Krieg sahen oder den eigenen Machtverlust fürchteten. Beispielsweise lehnten Shawneehäuptling Black Hoof und Miamihäuptling Little Turtle, beide angesehene und einflussreiche Kriegshäuptlinge, den Gedanken einer panindianischen Identität strikt ab. Sie beharrten auf der Stammesidentität und betrachteten alle Appelle an übergeordnete Identifikationsradien auch als persönliche Herausforderung ihrer traditionellen Stammesautorität.

Vieles spricht dafür, dass Tecumseh schon früh die Notwendigkeit erkannte, die rigiden Stammesstrukturen durch Symbole, die über eine größere Anziehungskraft verfügten, zu schwächen oder gar zu ersetzen. Ohne eine bindende Kraft, die seine außerordentlichen rhetorischen Fähigkeiten noch übertraf, waren seine Bemühungen zum Scheitern verurteilt. Er entschied sich für das Einbinden seines drei Jahre jüngeren Bruders Lowawluwaysica, dem er eine politische bzw. religiöse Karriere als «Prophet» ermöglichte. Der einäugige Heiler war bis zu diesem Zeitpunkt ein alkoholabhängiger Einzelgänger, der mehr durch seine Verwandtschaft zu Tecumseh als für seine Heilkünste bekannt war. Es wird allgemein angenommen, dass Tecumseh hinter den «Prophezeiungen» stand, die aus dem Taugenichts Lowawluwaysica den gefürchteten Propheten Tenskwatawa machten.[12]

Wie so oft in der Geschichte der Menschheit bot hier der manipulative Charakter des Glaubens an die bestimmende Kraft des Schicksals oder die übernatürlichen Kräfte eines Führers die Möglichkeit zur außerordentlichen Mobilisierung. Nachdem sich Tenskwatawa durch seine angeblichen übernatürlichen Fähigkeiten als «Prophet» etabliert hatte, errichteten die Brüder ein panindianisches Dorf in der Nähe von Greenville, bekannt unter dem Namen «Prophet's Town». Schon der Name zeigt, dass eine religiöse Grundlage identitätsbildend wirken sollte, um den Zentrifugalkräften der Stammesidentitäten entgegenzuwirken. In Prophet's Town sollten sich all jene einfinden, die bereit waren, sich von ihrer Stammesidentität zu trennen, und sich Tecumsehs Zukunftsvision anschließen wollten. Im April 1806 befanden sich schon 400 Bekehrte in Prophet's Town. Politischen Instinkt bewies Tecumseh im Juni desselben Jahres, indem er eine Sonnenfinsternis geschickt für seine Mobilisierungsziele einsetzte. Hunderte amerikanische Wissenschaftler hatten sich in Erwartung auf die Sonnenfinsternis im Lande versammelt und Bobachtungsstationen errichtet. Von ihnen hat Tecumseh mit hoher Wahrscheinlichkeit den genauen Zeitpunkt des Naturereignisses erfahren und dieses Wissen dann geschickt in seine Pläne einbezogen. So bot sich den am 16. Juni 1806 versammelten Indianern ein «Wunder», als der Prophet zum richtigen Zeitpunkt die Arme gen Himmel streckte und sich die Sonne wie auf Befehl verdunkelte.

Trotzdem gab es weiterhin erhebliche Kritik an den beiden Brüdern und deren wachsendem Einfluss. Je stärker der Widerstand wurde, desto radikaler fielen die Predigten des Propheten aus. Schließlich kam es zu einer Reihe von Hexenverbrennungen, die Tenskwatawa angeordnet hatte und denen etliche Kritiker Tecumsehs zum Opfer fielen. Die Delawaren baten den Propheten sogar zu ihren Dörfern am White River, um dort «Hexen» ausfindig zu machen. Zwei christlich orientierte Häuptlinge der Delawaren sollen dort zu den Opfern gehört haben, darunter mit Teteboxti ein Unterzeichner des verhassten Greenville-Vertrags.[13] Es findet sich kein Indiz dafür, dass Tecumseh die Taten seines Bruders verurteilte oder Maßnahmen ergriff, sie zu unterbinden.

Waren Historiker oft geneigt, in Tecumseh den säkularen Machtrealisten zu sehen, so spricht einiges dafür, dass er doch weitestgehend die religiösen Überzeugungen seines Bruders teilte.[14] Der spirituelle Teil der neuen Bewegung nahm an Bedeutung zu, und den Hexenverbrennungen folgte der Aufruf, sich den Einflüssen der Weißen durch die Abkehr von all dem zu entziehen, was diese an Neuem gebracht hatten. Das bedeutete die Absage an Alkohol und Mischehen, aber auch den Verzicht auf begehrte Utensilien, Werkzeuge, Medizin und eine Vielzahl von Handelsgütern, die unter den Stämmen begehrt waren, weil sie den Alltag erleichterten. Wenn Tecumseh dadurch die Abhängigkeit der Indianer von den Weißen brechen wollte, so bedeutete der Schritt in die technologische Isolationspolitik gleichzeitig den Bruch mit einem Großteil der indianischen Bevölkerung. Insbesondere Little Turtle und Black Hoof, die die vertraglich festgeschriebenen jährlichen Güterzahlungen der Regierung für den Landverkauf von 1795 entgegennahmen, befanden sich nicht zuletzt deshalb im Dauerkonflikt mit der Bewegung der Tecumseh-Brüder.

Innerhalb eines Jahres verdoppelte sich die Bevölkerung von Prophet's Town, dessen Nähe zu Greenville nicht nur gegen die Vertragsbedingungen verstieß, sondern zusehends zur militärischen Bedrohung wurde. Die Amerikaner wurden nervös und nahmen Kontakt zu Tecumseh und seinem Bruder auf. Nach dem Mord an einem Siedler kam ein Treffen zwischen Siedlern, Tecumseh und dessen Rivalen Black Hoof zustande. Obwohl die Zusammenkunft eigentlich nur der Aufklärung des Vorfalls dienen sollte, nutzte Tecumseh die Situation geschickt aus, um den Kriegern Black Hoofs seine panindianischen Ziele vorzutragen. Ungewollt hatten die Initiatoren des Treffens Tecumsehs Einfluss weiter gestärkt und ihm eine Brücke gebaut, mit deren Hilfe er bei seinen Kritikern in den eigenen Reihen «ankommen» konnte.

Den Weißen gegenüber gab sich der Prophet Tenskwatawa eher moderat. Ihm war es für einige Zeit sogar gelungen, den Gouverneur von Indiana, William Harrison, davon zu überzeugen, dass die Massenbewegung lediglich die Interessen der Indianer vertrat, Alkoholabstinenz predigte und insofern positive Werte vermittelte. Als die wachsende Bevölkerung von Prophet's Town die Ernährungsgrenze erreicht hatte, forderte Tenskwatawa sogar Regierungshilfsgüter an, und Harrison lieferte prompt, um dadurch guten Willen zu demonstrieren.[15] Desungeachtet beunruhigten die Berichte und Meldungen der von dem Propheten abtrünnig gewordenen Potawatomies, Ottawas und Wyandots Harrison sehr, und als sich Gerüchte über einen bevorstehenden Angriff gegen den Ort Vincennes häuften, mobilisierte er die Miliz.

Daraufhin verlegte der Prophet sein Dorf an den Wabashfluss bei Tippecanoe und riskierte damit einen Krieg mit Little Turtle und den Miamis. Ob dies mit oder ohne Wissen Tecumsehs geschah, ist unklar. 1809 kam es dann zum Landvertrag von Fort Wayne, bei dem die Gegensätze zwischen den verkaufswilligen Häuptlingen und den Brüdern wiederum verschärft wurden.

Das darauf folgende Jahr brachte den Amerikanern sich häufende Anzeichen für eine wachsende Streitmacht, die sich um Tecumseh versammelte. Dieser versuchte, den misstrauischen Weißen sein wahres Vorhaben zu verbergen, und begab sich im August zu einem Treffen mit Harrison. Dieses endete, nachdem Tecumseh und Harrison sich zerstritten, fast in einem Blutbad. Tecumseh verstand, dass er seinen großen Plan eines koordinierten Indianeraufstandes aufs Spiel setzte, wenn er nicht Harrisons Ängste beschwichtigen und Misstrauen aus dem Weg räumen konnte. Nachdem er sein Bedauern über den Vorfall ausgedrückt hatte, kam es zu einem zweiten Treffen am darauf folgenden Tag. Dabei zeigten sich die vertretenen Stämme der Wyandots, Kickapoo, Potawatomies, Ottawa und Winnebagos als Einheit, die darauf drang, dass für zukünftige Landverkäufe die Zustimmung aller Häuptlinge nötig sein sollte. Harrison suchte daraufhin mit Tecumseh das Einzelgespräch, bei dem er – trotz Tecumsehs Versuch, den Gouverneur über seine wahre Absichten zu täuschen – endgültig zu der Schlussfolgerung gelangte, dass Tecumseh und Tenskwatawa zu einem großen Militärschlag ausholten.[16]

Als Tecumseh wieder nach Süden reiste, um weitere Bündnisse zu schmieden, traf ihn Ende 1811 die Nachricht, dass das Lager am Tippecanoe durch Harrison vernichtet worden war. Die Historiker sind sich uneins, ob die Schlacht von Tippecanoe wirklich ein signifikanter militärischer Rückschlag für Tecumseh war und ob sie tatsächlich nur durch den Leichtsinn des Propheten ausgelöst wurde, der Harrisons lagernde Streitmacht übereilt angegriffen haben soll. Für Tecumseh war der Vorfall Anlass genug, seine Aufmerksamkeit wieder dem Norden zu widmen. Seine Sondierungen im Süden waren ohnehin nur von geringem Erfolg. Die Chickasaws und Choctaws hatte er nicht beeindrucken können, die Creeks und Cherokees erwiesen sich als politisch gespalten. Die Stämme des Südens waren zu wohlhabend, in den vorangegangenen Jahrzehnten schon zu stark akkulturiert und durch die hohe Anzahl an Mischehen in ihrer inneren Konsensfähigkeit zu geschwächt, als dass sie sich mit dem Gedanken einer Abkehr von modernen Technologien und einer Rückkehr zu ihren kulturellen Wurzeln anfreunden konnten. Sie lebten in Blockhütten wie die Weißen, waren ohnehin sesshafter durch ihre lange Tradition als Ackerbauern und profitierten vom Handel mit ihren weißen Nachbarn. Außerdem tendierten sie dazu, ihre alten Feindschaften zu pflegen und sahen dementsprechend eine größere Gefahr durch rote Konkurrenten als durch weiße.

Tatsächlich kann Tecumsehs Versuch, regionalen Einfluss im Süden zu gewinnen, viel mehr mit einem Aufflammen von internen und externen Stammeskonflikten in Verbindung gebracht werden als mit irgendwelchen ernsthaften Anzeichen für panindianische Solidarität.[17]

Der Ausbruch des Krieges zwischen den USA und Großbritannien im Juni 1812 zeigte trotz der erlittenen Rückschläge, darunter der Niederlage bei Tippecanoe, dass Tecumsehs Einfluss im Norden noch immer groß war. Nach einem ersten Sieg über die Amerikaner, bei dem er mit nur siebzig Kriegern und vierzig britischen Soldaten knapp 600 Mann unter dem Befehl von Thomas Van Horne geschlagen hatte, wendete sich das Blatt zu seinen Gunsten. Chicago und Detroit fielen der täglich wachsenden alliierten Streitmacht fast kampflos in die Hände. Der Befehlshaber von Detroit, Brigadegeneral William Hull, ergab sich kampflos, nachdem es Tecumseh gelungen war, durch den geschickten Aufmarsch von 600 Kriegern eine Streitmacht von 5000 Mann vorzutäuschen, und er mit der Massakrierung der Besatzung des Forts drohte, sofern es zum Kampf käme. Hull war weder ein guter Soldat, noch war er mit seinen sechzig Jahren bereit, seine Tochter und die Enkelkinder, die sich gerade im Fort befanden, dem Risiko der Tötung auszusetzen. Er kapitulierte nach einigen symbolischen Kanonenschüssen vor einer Streitmacht, die in Wirklichkeit zahlenmäßig kaum die Hälfte seiner eigenen ausmachte.[18] Hull hatte keinen Grund, am Ernst der ausgestoßenen Drohung zu zweifeln. Die Geschichte der Indianerkriege ist voller Beispiele von Übergriffen und Massakern an Gefangenen. Das Verhalten Tecumsehs bei späteren Kämpfen spricht dennoch dafür, dass der Häuptling die Drohung vermutlich aussprach, ohne sie in die Tat umsetzen zu wollen. Hull konnte dies natürlich nicht wissen und verließ sich auf die Erfahrung der vergangenen zweihundert Jahre.

Obwohl oft behauptet wird, dass Tecumseh ungefähr zu diesem Zeitpunkt zum britischen Brigadegeneral befördert wurde, gibt es dafür keine Belege. (Es ist sehr wahrscheinlich, dass der Tecumseh geschenkte rote Uniformrock zu dieser Legendenbildung beigetragen hat.) Ein solcher Schritt wäre auch ungewöhnlich gewesen, zumal Tecumsehs Autorität und Einfluss unter den Stämmen keineswegs von britischen Rangabzeichen abhing, sondern von seinen Fähigkeiten als charismatischer und kompetenter Kriegsherr. Allerdings zeigte sich auch zu dieser Zeit anhand kleinerer Rückschläge, dass Tecumsehs Traum nie in Erfüllung gehen konnte. So wechselten zum Beispiel die Wyandots je nach militärischer Lage des Öfteren die Seiten, und Tecumsehs andere Krieger verschwanden demoralisiert in den Wäldern, wenn aus taktischen Gründen Rückzüge notwendig wurden. Nur sichtbare Siege sicherten die Loyalität der Kämpfer aus so vielen verschiedenen Stämmen gegenüber Tecumseh, und nur eine Minderheit wurde offenbar durch den panindianischen Gedanken beflügelt. Im September 1812 verursachte zum Beispiel lediglich der Abzug einer britischen Artillerieeinheit das Ausscheiden der Ottawas und Chippewas aus dem Bündnis, die sich trotz des Flehens ihres Kriegsherrn nicht zum weiterkämpfen bewegen ließen.[19] Tecumseh war lediglich der charismatische Anführer einer sehr heterogenen Kriegerschar und keineswegs General einer disziplinierten Truppe nach europäischem Muster.

Dieser kontinuierlichen Schwächung der gemeinsamen britischen und indianischen Streitmacht folgte deren gescheiterter Versuch, noch im gleichen Jahr die Amerikaner entscheidend zu schlagen. Das Frühjahr 1813 verbrachte Tecumseh damit, die Stämme erneut für eine geplante Offensive zu mobilisieren. Im April kehrte er mit mehreren hundert Kriegern aus Indiana und Illinois nach Kanada zurück, was angesichts der Rückschläge des Vorjahres und des damit verbundenen Prestigeverlustes als Erfolg gewertet werden kann.

Die Amerikaner waren inzwischen dabei, Kräfte für einen Vorstoß zur Rückeroberung von Detroit zu sammeln und bauten zu diesem Zweck Fort Meigs an den Stromschnellen des Maumeeflusses. Eingedenk der neuen bedrohlichen Lage, reagierte der britische Befehlshaber Proctor prompt mit einem Angriff auf dieses Fort, wobei er durch insgesamt 1200 Indianer unter Tecumsehs Führung unterstützt wurde.

Die Belagerung des Forts erwies sich als schwierig, da Schlamm und Nässe die Bewegung der Truppenteile und insbesondere der Artillerie erschwerten. Die Belagerten waren von daher in einer weitaus besseren Position als die Belagerer. Als die unter dem Kommando von Tecumsehs Erzfeind Harrison stehenden Amerikaner nach tagelangem Artilleriebeschuss noch immer keine Anstalten zur Kapitulation machten, war der britische Befehlshaber zutiefst ernüchtert und immer mehr seiner eigenen prekären Lage bewusst. Obwohl das Fort zur rauchenden Ruine zusammengeschossen war, wurden Unterbrechungen des Artilleriefeuers keineswegs durch Kapitulationsbereitschaft beantwortet, sondern durch lauten und provozierenden Jubel der amerikanischen Besatzung, die damit ihren ungebrochenen Kampfwillen zeigte.

Proctor schien endgültig des Kampfes überdrüssig, als durch einen energischen amerikanischen Überraschungsangriff für kurze Zeit die britischen Artilleriestellungen verloren gingen. Hier war es Tecumseh, der die kritische Lage mit seinen Kriegern bereinigte und die Amerikaner mit schweren Verlusten wieder in die Flucht schlagen konnte.

An diesem Tag eroberte er aber nicht nur die Kanonen der Briten zurück, sondern erwarb sich in der amerikanischen Geschichte endgültig einen Platz als «edler Wilder». Denn nachdem sich die Überlebenden der zurückgeschlagenen Milizionäre aus Kentucky, denen der Rückzug ins belagerte Fort nicht gelungen war, der britisch-indianischen Streitmacht ergeben hatten, kam es zu einem Massaker, bei dem mindestens zwanzig Gefangene getötet und skalpiert wurden. Allein Tecumsehs Rückkehr von der Front und sein energisches Einschreiten verhinderten den Tod der restlichen Gefangenen.

Nachdem die Ausschreitungen der Krieger unterbunden worden waren, kam es zu einem offenen Streitgespräch zwischen Proctor und Tecumseh, bei dem letzterer dem Briten Führungsschwäche vorwarf, weil er sich nicht imstande sah, die indianischen Verbündeten von solchen Übergriffen abzuhalten. Als Proctor erwiderte, dass Tecumsehs Krieger sich einfach nicht zurückhalten ließen, soll dieser nicht nur entgegnet haben, dass sein Gegenüber unfähig zum Befehlen sei, sondern verletzte obendrein dessen Stolz, indem er ihm riet, doch lieber eine Schürze anzuziehen.[20]

Die empfindlichen Verluste, die die Indianer bei diesen Kämpfen erlitten, veranlassten wiederum viele Krieger zur Heimkehr. Proctor und Tecumseh beendeten die Belagerung kurzfristig, versuchten aber im Juli desselben Jahres erneut das Fort zu erobern. Wieder blieb der Erfolg aus, so dass die Belagerung am 28. Juli 1813 endgültig abgebrochen werden musste. Ein Vorstoß gegen Fort Stephenson, verteidigt von 160 Mann unter dem Befehl des einundzwanzigjährigen Major George Crogham, scheiterte ebenfalls, nachdem ein Frontalangriff des britischen 41. Regiments blutig zurückgeschlagen wurde.

Diese Gefechte signalisierten den Wendepunkt zu Lande, während die Vernichtung der britischen Flotte auf dem Eriesee durch Kommodore Perry am 10. September den Krieg auf den Großen Seen entschied. Die Rückzüge eines psychologisch schon lange besiegten Proctor und eines verbitterten Tecumsehs fanden am 5. Oktober 1813 am kanadischen Fluss Thames mit der Niederlage und dem Tod des roten Kriegsherrn ihr Ende.

Der Berufssoldat auf dem Thron
Wilhelm I.
(1797–1888)

Dierk Walter

Wilhelm I. hatte zeitlebens klare Vorstellungen vom Verhältnis eines Hohenzollernherrschers zu seinem Heer. «Der Kriegsherr kommandiert die Armee, und nicht der Kriegsminister», ließ er 1859 seinen Kriegsminister, General Eduard von Bonin, wissen, als der sich Wilhelms Auffassung nach zu sehr in militärische Angelegenheiten einmischte. Obwohl Wilhelm da erst Prinzregent war (und das auch erst seit knapp einem Jahr), meinte er mit dem Kriegsherrn, dem das Kommando über die Armee zustand, zweifellos nicht seinen erkrankten Bruder, König Friedrich Wilhelm IV., sondern sich selbst. Schon vor seiner eigenen Thronbesteigung 1861 betrachtete dieser Hohenzoller Preußens bewaffnete Macht als seine ureigenste Wirkungssphäre und sich selbst als den ersten Soldaten der Monarchie. Wilhelm I. war der Berufssoldat auf dem preußischen Thron.

Das 19. Jahrhundert war eine paradoxe Zeit für regierende Fürsten in Europa. Die monarchische Idee war universell auf dem Rückzug. Im Gefolge der Revolutionen von 1789, 1830 und 1848/49 waren die Ideen von Volkssouveränität, Rechts- und Verfassungsstaat, Parlamentarismus und allgemeinem Wahlrecht auf dem Vormarsch. Schritt für Schritt sahen sich die gekrönten Häupter Europas gezwungen, ihre Macht mit Kammern und verantwortlichen Regierungen zu teilen, am frühesten im Norden und Westen des Kontinents. Mit besonderer Verbissenheit klammerten sich die Kaiser, Könige und Fürsten infolgedessen an ihre verbliebenen Kompetenzen und Privilegien, die klassischerweise auf dem Gebiet der Außen- und Sicherheitspolitik lagen – etwa das Recht, internationale Verträge einzugehen, Krieg zu erklären, Frieden zu schließen und vor allem: den Oberbefehl über die Streitkräfte. Es ist kein Zufall, dass gerade im 19. Jahrhundert die Uniform – und zwar eben nicht Sonderausfertigungen mit Phantasierängen, sondern reguläre Generals- und Admiralsuniformen – zur Berufskleidung aller europäischen

Monarchen auch für zivile Anlässe wird. Das Verhältnis des Herrschers zum Militär wird im selben Maße enger und persönlicher, wie das zum Gesamtstaat indirekter und institutionalisierter wird. In der bewaffneten Macht bleibt ein Freiraum erhalten, in dem selbst der konstitutionelle Monarch noch ein Stück weit Selbstherrscher sein kann. Auch wenn das Parlament die Gewalt über das Heeresbudget und damit das letzte Wort hat: Uniformen entwerfen, Offiziere ernennen, Paraden abnehmen, Kriegshelden Orden und Regimentern Fahnen und Ehrentitel verleihen, in solchen symbolischen Akten bekräftigt das uniformierte monarchische Staatsoberhaupt seine besondere Beziehung zum Militär. Die Queen tut es noch heute.

Prinzipiell galt all das auch für die preußischen Könige des 19. Jahrhunderts, zumal nachdem Preußen als Folge der Revolution von 1848/49 endlich auch eine Verfassung erhalten hatte, die die Rechte des Monarchen beschränkte und ihn in der Ausübung der Regierungsgewalt an die Mitwirkung der gewählten Kammern band. Und dennoch war Preußen ein Sonderfall. Seit im 17. Jahrhundert das Eigentum an den Regimentern von deren Obristen auf den Landesherrn übergegangen war, seit die Könige Friedrich Wilhelm I. – der «Soldatenkönig» – und Friedrich II. – «der Große» – das gesamte Staatswesen auf die Erhaltung des Militärs ausgerichtet hatten, hatte die preußische Monarchie ein besonderes Verhältnis zu ihrer bewaffneten Macht. Die Hohenzollernkönige betrachteten das Heer tatsächlich als letzten Grund für die Existenz des Staates – nur um eine Armee zu unterhalten, gab es einen Staat, nur weil die Armee ihn von innen stützte und nach außen verteidigte, bestand er fort. Keine andere Monarchie des 18. und 19. Jahrhunderts kultivierte dieses Verständnis der Existenzberechtigung des Militärs mit solcher Entschlossenheit und Kompromisslosigkeit.

Konsequenterweise entwickelte auch nur das preußische Königtum der Hohenzollern die persönliche, ultimative, absolute Beziehung des Monarchen zu seiner bewaffneten Macht, die sich in der Formel vom König als Oberstem Kriegsherrn niederschlug. Bis zum Ende der Monarchie im Jahre 1918, also weit über die Verfassungsgebung hinaus, übten die preußischen Könige die uneingeschränkte, unmittelbare Kommandogewalt über die Armee selbst aus. Was in anderen Ländern zu einer Art ritualisiertem Oberbefehl wurde, blieb in Preußen eine reale, allumfassende Verfügungsgewalt, die in letzter Instanz jeden einzelnen Soldaten der Armee in ein direktes und unbedingtes Gehorsamsverhältnis zum Kriegsherrn brachte. Der Souverän als Inhaber der königlichen Kommandogewalt war tatsächlich der *militärische*, nicht etwa nur der verfassungsrechtliche Oberbefehlshaber der Armee (etwa in dem Sinne, wie es auch der zivile Präsident einer Republik sein kann). Wenn gegen Ende des zweiten Kaiserreiches ein konservativer Reichstagsabgeordneter feststellte: «Der König von Preußen und der deutsche Kaiser muß jeden Moment imstande sein, zu einem Leutnant zu sagen: Nehmen Sie zehn Mann und schließen Sie den Reichstag!», so hatte er verfassungsrechtlich zwar nicht Recht, wohl aber, was die unbedingte Gehorsamspflicht des betreffenden Leutnants anging. Dass der Kriegsherr einem Subalternoffizier nach Belieben direkte Befehle erteilen konnte, stand in Preußen-Deutschland nie in Frage.

Darüber hinaus behielt die Krone in Preußen jederzeit die Kompetenz-Kompetenz im Militärwesen; wenn es dem König gefiel, bis in Details von Organisations- und Bewaffnungsfragen in das Heer hineinzuregieren, so war das nicht nur sein gutes Recht, sondern wurde auch von niemandem als ungewöhnlich oder bemerkenswert empfunden. In Frieden und Krieg war die Macht des Preußenkönigs über sein Heer persönlich und unbedingt. Dass ein Friedrich Wilhelm III., der bis in Einzelheiten die preußischen Heeresreformen von 1807–13 mitgestaltet hat, dass ein Friedrich Wilhelm IV., der langwierige Kommissionssitzungen über die Einführung von Hinterladern fachkundig leitete, in der Hohenzollernlegende als «unsoldatische» Monarchen erscheinen, zeigt, wie sehr im Königreich Preußen die Maßstäbe verschoben waren. Militärfetischismus à la Friedrich Wilhelm I. war für preußische Könige die Norm; was in anderen Ländern als ungewöhnlich enges Verhältnis zum Militär hätte gelten müssen, war in einem Hohenzollern schon enttäuschend.

Prinz Wilhelm von Preußen, der spätere König und Kaiser Wilhelm I., musste sich zeitlebens keine ernsthaften Sorgen machen, an dieser Messlatte zu scheitern. Wenn die Hohenzollernmonarchie nach Friedrich Wilhelm I. noch einen Soldatenkönig gehabt hat, so ist es zweifellos sein Ur-Urenkel Wilhelm gewesen. Am 22. März 1797 als zweiter Sohn Friedrich Wilhelms III. geboren, war dem Prinzen die Soldatenlaufbahn vorherbestimmt. Mit sechs Jahren wurde er in Uniform gesteckt, mit zehn war er Leutnant. Als Sechzehnjähriger nahm er an den letzten Feldzügen der Befreiungskriege teil (wo er am 1. Februar 1814 bei Bar-sur-Aube unter Feuer geriet und dafür postwendend das Eiserne Kreuz erhielt). Mit 20 war er Oberst und Bataillonskommandeur im 1. Garderegiment zu Fuß, der Elitetruppe der Monarchie. Weitere Beförderungen folgten in einem Tempo, das Offiziere, die keine königlichen Prinzen waren, zweifellos (und unklugerweise) hätte vor Neid erblassen

lassen können. 1818 wurde Wilhelm Generalmajor und Brigadekommandeur, 1820 Divisionskommandeur; 1825 Generalleutnant und Kommandierender General des III. Armeekorps. 1838 erhielt er den Befehl über das Gardekorps und hatte damit im Alter von gerade 40 Jahren die prestigeträchtigste Friedensdienststellung inne, die das preußische Heer überhaupt zu bieten hatte.

Da der künstlerisch und romantisch veranlagte ältere Bruder als Kronprinz für die Königsrolle vorbereitet wurde, vertiefte sich Prinz Wilhelm beinahe zwangsläufig, jedenfalls aber enthusiastisch, in militärische Belange. Das entsprach nicht nur seiner Leidenschaft, sondern auch seiner tief verwurzelten Überzeugung, dass Preußen als Staat und als Großmacht wie auch die Monarchie als konservative Institution in einer Zeit revolutionärer und liberaler Umtriebe nur überleben konnten, wenn sie sich auf eine starke und effiziente Armee stützen konnten. Zweifellos wäre es mit der dynastischen Position des Prinzen vereinbar gewesen, seine Kommandofunktionen im Heer als dekorative Sinekuren zu betrachten, die ihm ermöglichten, mit goldverzierten Uniformen des damals üblichen hautengen Schnitts die Berliner Damenwelt zu beeindrucken. Das jedoch lag dem eher nüchtern-technischen Gemüt des Prinzen fern. Vielmehr wurde Wilhelm aus eigenem Entschluss und aus Überzeugung zum Berufssoldaten.

Dem kam entgegen, dass der Prinz im Grunde ein unpolitischer Mensch war. Sein Weltbild entsprach dem, was das 20. Jahrhundert als «military mind» beschrieben hat. Wilhelms Denken bewegte sich in den einfachen Kategorien eines reflexhaften Struktur- und Staatskonservativismus. Die Monarchie und das Heer verkörperten Legitimität, Stabilität, Ordnung, Sicherheit und waren gegen die Gefahren des Zeitgeistes – Liberalismus, Demokratie, Sozialismus, Revolution – zu verteidigen. Andererseits waren dem Prinzen die vorherrschenden wertkonservativen Strömungen der ersten Jahrhunderthälfte, die innenpolitisch zu einem vormodernen, ständischen Staat zurückwollten und außenpolitisch ein eng an die hochkonservativen Kaiserreiche Russland und Österreich angelehntes, wenn nicht gar von ihnen abhängiges Preußen anstrebten, tief suspekt. Für Wilhelm stand Preußen an erster Stelle, Preußen wollte er stark, selbstbewusst und unabhängig sehen. Dazu bedurfte es seiner Überzeugung nach vor allem einer schlagkräftigen und effizienten Armee. Diese Armee zu schaffen und zu erhalten wurde daher das Lebensziel des Prinz-Generals, dieser Armee widmete er sein Leben, und diese Armee betrachtete er folgerichtig mit der Zeit immer mehr als seine eigene Schöpfung, beinahe schon sein Eigentum.

Wilhelm arbeitete sich über die Jahre mit großer Energie und geradezu manischer Penibilität in alle Einzelheiten des preußischen Militärwesens ein. Kein Detail war zu winzig, keine Äußerlichkeit zu banal für die prinzliche Aufmerksamkeit. Gerade Uniformen hatten es ihm angetan: So setzte er sich 1829 vehement (aber vergeblich) für die Beibehaltung der weißen Hosen ein, da ihm die neuen grauen Beinkleider den preußischen Offizier im Vergleich zu seinen ausländischen Kollegen allzu unauffällig aussehen ließen. Auch der Kampf gegen die Verbreitung von Backenbärten im Heer war dem Prinzen sehr wichtig (in späteren Jahren scheint er zumindest für sich persönlich dieses Urteil revidiert zu haben), und die Gestaltung von Schulterklappen, Rangabzeichen und anderen Accessoires beschäftigte ihn bis ins hohe Alter. Einen der Höhepunkte der Lebenserinnerungen des damaligen Generalintendanten Albrecht von Stosch bildete wohl nicht zufällig die Schilderung der Truppenbesichtigung, bei der es ihm 1867 angeblich gelang, den Oberbefehlshaber von der allgemeinen Einführung der Unterhose bei der Infanterie zu überzeugen. Und noch in den Einigungskriegen zog sich eine väterlich-mahnende Rüge zu, wer in der Umgebung des Monarchen etwa in unkorrekter oder unpassender Uniform erschien. Zweifellos hätte er auch einen guten Kompaniefeldwebel abgegeben.

Jenseits solcher kleinen Skurrilitäten war der Einsatz Wilhelms für die Stärke und Effizienz der Armee aber durchaus ernst zu nehmen. Der Prinz-General war an allen wesentlichen Entscheidungen über Veränderungen im preußischen Militärwesen seit den 1820ern zumindest mitbeteiligt, meistens hat er sie massiv beeinflusst. Er diskutierte in unzähligen Generalskommissionen fachkundig mit über so diverse Gegenstände wie die Pack- und Tragweise des Tornisters, Exerzierreglemente aller Waffen, die Mobilmachungsplanung, Wehr- und Wehrstrafgesetzgebung und die Taktik höherer Verbände. Wilhelm war auch der prominenteste Vorkämpfer der Einführung von Hinterladern und gezogenen Geschützen im preußischen Heer, wenn er auch beides erst nach der Übernahme der Regentschaft wirklich durchsetzen konnte.

Um die Mitte des Jahrhunderts war der Prinz-General daher nicht primär kraft seiner königlichen Abkunft (die hatte ihm nur den Weg geebnet), sondern vielmehr ganz wesentlich durch eigene Arbeitsleistung und Fachkenntnis zum allgemein anerkannten obersten Repräsentanten der Armee geworden, eine Rolle, die sonst in Preußen traditionell dem dienstältesten nichtprinzlichen Offizier, in der Regel einem Generalfeldmarschall, zukam. Unter der Regierung seines Bruders, Friedrich Wilhelms IV. (1840–58 bzw. – 61), hat er sich daher gelegentlich herausgenommen, gegen ihm widerstrebende politische Entscheidungen namens «der Armee» Protest einzulegen, was allerdings nicht gut ankam und ihm wenigstens einmal, in einer innenpolitischen Krise während des Krimkrieges (1854–56), die königliche Ungnade und um ein Haar auch ein Kriegsgerichtsverfahren einbrachte. Das war aber ein Ausreißer. Im Großen und Ganzen diente Wilhelm dem Staat und seinem Bruder loyal, eifrig und effizient und prägte dabei die preußische Armee entscheidend mit.

Als der Prinz von Preußen 1857 die Stellvertretung, 1858 die Regentschaft für den erkrankten Friedrich Wilhelm IV. übernahm, und schließlich im Januar 1861 seinem kinderlosen Bruder auf den Thron nachfolgte, trat eine Situation ein, die selbst in der preußischen Geschichte ihresgleichen suchte. Zum ersten Mal überhaupt wurde nicht ein neugekrönter König damit zugleich Kriegsherr, sondern ein Berufssoldat, der eigentlich *de facto* längst Kriegsherr war, König. Die traditionelle Militärnähe der Hohenzollern steigerte sich mit dem Regierungsantritt Wilhelms I. ins Extreme. Schon der junge Prinz-General war ja davon ausgegangen, dass in Preußen im Zweifelsfall alle anderen Staatsangelegenheiten jederzeit hinter der Armee zurückzustehen hatten. Nun, da er im siebten Lebensjahrzehnt selbst auf dem Throne saß und endlich die Macht hatte, die lebenslänglich gehegten Wünsche auch durchzusetzen, wurde die Stärke und Effizienz des Heeres für ihn endgültig zum letzten, zum einzigen Staatsziel. Mit zunehmend an Altersstarrsinn grenzender Sturheit lebte er nun seine Überzeugung aus, dass in der ganzen Monarchie vom Militär niemand mehr verstand als er (was wahrscheinlich am Ende auch richtig war); ganz sicher nicht das Kriegsministerium, die zivile Regierung und der Landtag. Folgerichtig dauerte es von der Übernahme der Regentschaft an auch keine zwei Jahre, bevor der Prinzregent beinahe im Alleingang den Staat über eine Reform der Heeresorganisation in die schwerste Verfassungskrise seiner Geschichte stürzte.

Als sein «hochst Eigenes großes Werk» hat Wilhelm I. im Jahre 1860 seine geplante Heeresreorganisation beschrieben, und auch wenn sie in die Geschichte nachträglich als die «Roonsche» Reform einging – nach dem damals amtierenden Kriegsminister – so hatte Wilhelm eigentlich schon recht: Die Grundgedanken wie auch viele Details, vor allem aber die eiserne Sturheit bei der Durchsetzung, für all das war wesentlich er verantwortlich, Roon hat ihm nur nach dem Munde geschrieben, nur auf seine Anweisung hin gehandelt. Der General verdiente sich damit einen

Marschallsstab, eine Grafenkrone und seinen Platz in der Preußenlegende als «Paladin», als getreuer Diener des Königs, aber er war ein Werkzeug, nicht ein Schöpfer.

Im Kern ging es bei der «Heeresreform» um wenig mehr als eine massive Vergrößerung des mobilen Feldheeres (also der im Kriegsfall aufgebotenen Heeresstärke) durch erhöhte Aushebung und eine Verlängerung der Reservedienstzeit. Dieses Ziel, obwohl kostspielig, war im Grunde unstrittig. Die Krise brach über objektiv recht nebensächliche Details der Wehrorganisation aus. Mit dem Kriegsministerium, das zunächst von Eduard von Bonin geleitet wurde, lieferte sich der Prinzregent einen mehr als zweijährigen Kampf um die Frage der genauen Kriegsstärke der Linieninfanteriebataillone (800 oder 1000 Mann). Nachdem er auf diesem Wege Bonin erst mürbe gemacht, dann zum Rücktritt getrieben und durch Albrecht von Roon ersetzt hatte, begann als eigentlicher Auslöser der Verfassungskrise der offene Streit mit der liberalen Landtagsmehrheit über die Länge des Grundwehrdienstes. Wiederholt sind Versuche zur gütlichen Einigung über die Reformvorlage daran gescheitert, dass der nunmehrige König Wilhelm I. mit verbissener Sturheit auf einer dreijährigen Dienstzeit beharrte, während die Landesvertretung, die sich dabei auf ihr Verfassungsrecht zur Verabschiedung des Militärbudgets berufen konnte, nur zwei Jahre zugestehen wollte. Der ganze preußische Verfassungskonflikt, das langjährige Regieren ohne gesetzlichen Staatshaushalt, Aufstieg und Fall der linksliberalen Fortschrittspartei, Bismarck, und damit letztlich die Einigungskriege und die Reichsgründung, das alles war in letzter Instanz ein Resultat der Frage, ob der preußische Linieninfanterist 24 oder 30 Monate (darauf lief es bei der dreijährigen Dienstzeit letztlich praktisch hinaus) bei der Fahne stehen sollte.

Es war dieser Konflikt, in dem Wilhelms spezifische Auffassung von seiner Rolle als Oberster Kriegsherr und erster Soldat der Monarchie in einer Weise wie nie zuvor oder nachher auf den Prüfstand gestellt wurde. Zeitweilig kam es dem im Grunde harmoniebedürftigen und sentimentalen alternden Monarchen, der abweichende Meinungen gern als Illoyalität und Widerstand als Verrat ansah, so vor, als hätte er im Staatsapparat und der Militärführung nur Gegner, aber niemanden, der ihm wirklich in der Ausführung seiner Reformideen treu und loyal zur Seite stand. Er, der 1858 als Hoffnung der Nationalliberalen angetreten war mit dem Versprechen, den 1850 gegebenen Verfassungstext im reaktionären Preußenstaat tatsächlich Verfassungswirklichkeit werden zu lassen, driftete nun während der Verfassungskrise zunehmend nach rechts, wo ihm hochkonservative Offiziere wie der Chef des Militärkabinetts, Edwin Freiherr von Manteuffel, einflüsterten, der Widerstand der Regierung und der Landtagsmehrheit hinsichtlich der inhaltlichen Streitfragen der Reform sei in Wirklichkeit ein gezielter Angriff auf seine Autorität als Oberster Kriegsherr. «Der Kriegsherr kommandiert die Armee», diese Formulierung ist Wilhelm vielleicht gar nicht selbst eingefallen: Manteuffel war es ja, der ziemlich polemisch behauptete, es ginge in Wahrheit um «die Frage, ob der König oder der Minister Patow [der Finanzminister, der anfänglich die Reform für unfinanzierbar erklärte, DW] Kriegsherr ist».

In seiner Eigensicht und für die Hohenzollernlegende hat Wilhelm diese Prüfung zweifellos bestanden: Er blieb stur, bis zum Ende. Leicht gefallen ist das dem greisen Monarchen keineswegs, ganz im Gegenteil. Wieder und wieder war er mit den Nerven am Ende, bekam weinerliche Anfälle von Selbstmitleid, wollte gar abdanken. Aber wenn er auch vorübergehend an das Ende des eigenen Durchhaltevermögens gelangte, an der Richtigkeit seiner Auffassungen in der Militärfrage zweifelte er nie. Den Geist, die Funktionsweise, den Mechanismus der Armee verstand nur er, da war sich dieser zweite preußische Soldatenkönig hundertprozentig sicher, und daher wusste auch nur er, was für die Armee richtig war. Er wäre allenfalls, in schierer Verzweiflung, bereit gewesen, seinen Sohn, den Kronprinzen Friedrich Wilhelm, statt seiner König und damit auch Kriegsherr sein zu lassen. Aber an der *Rolle* des Kriegsherrn, an seiner letzten Entscheidungsgewalt in Militärfragen, da waren keine Abstriche möglich. Und wenn das Parlament den Hebel des Budgetbewilligungsrechtes einsetzte, um dem Kriegsherrn Zugeständnisse in der Heeresreorganisation abzuringen, dann war dieses Parlament eben von unlauteren, unpatriotischen Motiven getrieben und gegebenenfalls zu umgehen; wenn dazu die Verfassung etwas zu verbiegen war, dann musste man sie eben verbiegen.

Zu umgehen und zu verbiegen, wohlgemerkt: nicht etwa aufzulösen und aufzuheben. *Einen* Weg nämlich ist Wilhelm I. nicht gegangen, den einen, den ihm die hochkonservativen Militärs in seiner Umgebung wiederholt eifrigst nahe zu bringen versuchten: Er war zu keinem Staatsstreich bereit. Wilhelms Denken war zutiefst strukturkonservativ und legitimistisch. Vielleicht hätte er selbst 1848/50 keine Verfassung erlassen; nun aber die Verfassung einmal da war, musste man auch mit ihr leben. Immerhin hatte er bei Antritt der Regentschaft auf sie geschworen. Deswegen ist der preußische Verfassungskonflikt nicht von Edwin von Manteuffel an der Spitze der Potsdamer Garnison, sondern von

Otto von Bismarck am Rednerpult des Landtages beendet worden. Bismarck schaffte das Kunststück, die Blockade des Staatslebens auszusitzen, die Verfassung auf Eis zu legen, ohne sie zu brechen. Nach dem Sieg über Österreich 1866 hat der preußische Landtag der Regierung für die Jahre des budgetlosen Regimes ausdrücklich die nachträgliche Billigung erteilt. Die Legitimität war gewahrt, die Verfassung gerettet, Wilhelm konnte guten Gewissens König bleiben. Seine Heeresreform hat er dabei, mit geringen Abstrichen, wirklich bekommen. Die königliche Kommandogewalt, die unbedingte Organisations- und Personalhoheit des Monarchen über die Armee, hatte Bismarck im Verfassungskonflikt uneingeschränkt und erfolgreich verteidigt. Der Preußenkönig blieb Oberster Kriegsherr.

Der Preis dafür war Bismarck. 26 Jahre lang stand er gleich neben Wilhelm I. an der Spitze des Staates, erst als preußischer Ministerpräsident, dann ab 1867 als norddeutscher Bundes- und ab 1871 als deutscher Reichskanzler. Für keinen dieser beiden so verschiedenen Charaktere ist dieses Zweckbündnis leicht gewesen. Schon in den 1860ern müssen sie Außenstehenden gelegentlich wie ein altes Ehepaar erschienen sein, das in permanentem Kleinkrieg lag, ohne aber voneinander lassen zu können. Bismarck brachte Wilhelm I. nicht nur den Sieg im Verfassungskonflikt, sondern auch ein einiges Deutschland, die Kaiserkrone und die stärkste Armee Europas. Was Wilhelm dafür schlucken musste, war die permanente politische Bevormundung durch den «Eisen und Blut»-Kanzler, der ungeliebte Bruderkrieg gegen Österreich und der verhasste Titel «Deutscher Kaiser», der ihm verglichen mit dem angestrebten «Kaiser von Deutschland» als bloßer «Charaktermajor» (als Beförderung gnadenhalber) vorkam. Bismarck war für Wilhelm eine permanente Herausforderung seiner eigenen Gestaltungsfreiheit, seiner letztverantwortlichen Regierungsgewalt. Und dennoch brauchte er ihn. Auch die Reichsverfassung von 1871 ließ nämlich die konkurrierenden Kompetenzen im Militärwesen bestehen. Nach wie vor war der Monarch, der nunmehrige Deutsche Kaiser, Inhaber der Kommandogewalt, während das Parlament, der Reichstag, das Budgetbewilligungsrecht besaß und damit letztlich die Militärausgaben kontrollierte. Politische Auseinandersetzungen über Rüstungsfragen blieben damit im Kaiserreich weiterhin virulent, auch wenn sie nie wieder die Schärfe des preußischen Verfassungskonfliktes annahmen. Entsprechend musste Bismarck die königliche Kommandogewalt noch mehrfach gegen den Reichstag verteidigen, zuletzt noch 1887 kurz vor dem Tode des Kaisers.

Die immer wieder aufflammende Auseinandersetzung mit der gesetzgebenden Gewalt über den Heeresetat war zwar die ärgerlichste und potentiell bedrohlichste Infragestellung der Kommandogewalt des Königs und Kaisers, aber keineswegs die einzige. Der Oberbefehl des Monarchen über die immerhin schon nach den Befreiungskriegen rund 130 000, nach der Reform von 1860 dann gut 200 000 Mann starke preußische Armee bedurfte in der praktischen Ausübung natürlich vermittelnder Verwaltungsinstanzen. Allein auf der obersten Ebene, direkt unter dem Kriegsherrn, gab es verwirrenderweise deren gleich drei, von denen jede für sich die alleinige Zuständigkeit für das gesamte Militärwesen beanspruchte. Diese *de facto* gleichberechtigten Behörden waren das Kriegsministerium, das Militärkabinett und der Generalstab.

Das Kriegsministerium war 1810 als Universalbehörde mit alleiniger Zuständigkeit für alle Bereiche des Militärwesens gegründet worden und löste die verwirrende Vielzahl dem Monarchen unmittelbar nachgeordneter Kollegialorgane ab, die bis dahin der Armee mit unklar abgegrenzten Aufgabenbereichen vorgestanden hatten. In der Theorie kommandierte von da an der Kriegsherr allein durch das Ministerium. Tatsächlich aber behielt sich schon Friedrich Wilhelm III. vor, bestimmte Angelegenheiten, zuvorderst Offiziersbeförderungen, nach wie vor persönlich vorzunehmen und allenfalls durch die Behörde verschicken zu lassen, und diese Tendenz verstärkte sich unter Friedrich Wilhelm IV. Für den Geschmack der hohenzollernschen Heerkönige war das Kriegsministerium einfach zu bürokratisch.

Nach der Verfassungsgebung von 1848/50 hatte der Kriegsminister seinem Kriegsherrn gegenüber noch schlechtere Karten, denn jetzt war er dem Parlament verantwortlich, und von dem wollte sich nun schon überhaupt kein Preußenkönig in seine Armee hineinregieren lassen. Kein Wunder, dass Friedrich Wilhelm IV. bereits 1849 festlegte, dass sich die parlamentarische Verantwortlichkeit des Kriegsministers lediglich auf die Heeresverwaltung erstreckte, während im engeren Bereich der Kommandogewalt, im Kern in Organisations- und Personalfragen, der Minister (der stets ein aktiver General war) nach wie vor nur seinem Kriegsherrn Rechenschaft schuldig war. Dieses verwirrende Konstrukt verlangte angesichts der essentiellen Unteilbarkeit vieler Militärangelegenheiten vom Kriegsminister eine Art Persönlichkeitsspaltung, die ihn regelmäßig in unauflösbare Loyalitätskonflikte brachte. Allein zwischen 1848 und 1851 verbrauchte Friedrich Wilhelm IV. deshalb nicht weniger als sechs Kriegsminister. Unter Wilhelm I. setzte sich dann ab 1858 endgültig die Tendenz durch, das Dilemma dadurch aufzulösen, dass in

Kommandosachen das Kriegsministerium überhaupt umgangen wurde. Was der Kriegsminister nicht wusste, konnte ihm im Landtag auch keine Probleme bereiten.

Kommandoangelegenheiten erledigte der Monarch ab da ausschließlich durch das Militärkabinett, eine Art Sekretariat oder Kanzlei, die allein ihm selbst verantwortlich war und die im Kern Offizierspersonalien bearbeitete. Deren Vorsteher war der so genannte Vortragende Generaladjutant, deren bekanntester Edwin von Manteuffel war, im Verfassungskonflikt wegen seiner Rolle als hochkonservative Stimme hinter dem Thron berüchtigt geworden. Grundsätzlich war das ein Schritt rückwärts ins 18. Jahrhundert, vor die Staats- und Militärreformen der napoleonischen Zeit, denn die Stellung des verantwortlichen Kriegsministeriums wurde so Schritt für Schritt unterhöhlt. Die Kompetenzverschiebung hin zum Militärkabinett entsprach aber dem Verständnis, das Wilhelm I. von seiner Rolle als Oberster Kriegsherr hatte. Durch das Militärkabinett trat der Monarch in direkten Kontakt zu den Kommandostellen, letztlich zu den Offizieren seiner Armee. «Der Kriegsherr kommandiert die Armee, und nicht der Kriegsminister», das soufflierte Manteuffel natürlich, weil es sicherstellte, dass möglichst viele Militärangelegenheiten durch seine Hände gingen. Es war aber auch das Credo Wilhelms I., dem die parlamentarische Verantwortlichkeit des Kriegsministers schon ein Dorn im Auge gewesen war, bevor ihn das Ministerium 1858/59 mit unangenehmen Berechnungen über die finanziellen und personellen Folgen seiner Heeresreformpläne in Rage brachte. Als Wilhelm dann Ende 1859 Bonin durch Roon ersetzte, bestand der Gewinn für ihn nicht zuletzt darin, dass der neue Amtsinhaber sich weitgehend als Befehlsempfänger verstand und keine Einwände dagegen hatte, dass seine Kompetenzen mehr und mehr ausgehöhlt wurden. Der neue Kriegsminister beschrieb sich aufschlussreicherweise gern als Feldwebel in der Kompanie, deren Chef der König sei.

Lachender Dritter in der Auseinandersetzung zwischen Kriegsministerium und Militärkabinett um die Gunst des Kriegsherrn wurde auf Dauer allerdings die jüngste militärische Oberbehörde, der Generalstab der Armee. Ursprünglich eine Abteilung des Kriegsministeriums, wuchs der Generalstab erst in der Jahrhundertmitte langsam aus seiner abhängigen Stellung heraus. Seine Einbruchspforte in die Kompetenzen des Ministeriums war die Operationsplanung, die Kernkompetenz des Stabes. Eisenbahn und Telegraph beschleunigten seit den 1840ern die Herstellung der Kriegsbereitschaft des Heeres in einem Maße, dass Mobilmachung, Aufmarsch und Eröffnung der Operationen bald nicht mehr voneinander zu trennen waren; der Zeitraum für den ganzen Prozess sank binnen weniger Jahrzehnte von mehreren Monaten auf kaum zwei Wochen. Da die Armee, die schneller mobil wurde und früher aufmarschierte, gegenüber dem Gegner ausschlaggebende Vorteile hatte, war diese Entwicklung irreversibel. Sobald der Generalstab aber mit der anerkannten Notwendigkeit der effizienten Organisation und Kontrolle von Mobilmachung und Aufmarsch über ein Totschlagargument verfügte, mit dem sich letztlich die Einflussnahme bis hinein in die Friedensgliederung, Dislozierung, Ausrüstung und Ausbildung der Truppen rechtfertigen ließ, war ihm der Aufstieg zur militärtechnokratischen Zentralinstanz schlechterdings nicht mehr zu verwehren. Die Amtszeit Helmuth von Moltkes des Älteren, der 1857 von Wilhelm zum Stabschef ernannt wurde, machte diese Tendenz durch den triumphalen Sieg in den Einigungskriegen, vor allem aber durch ihre schiere Dauer (über dreißig Jahre) unumkehrbar.

Es war daher unter den militärischen Spitzenorganen auch nicht der Kriegsminister, den man notfalls auch umgehen konnte, und sicher nicht der Chef des Militärkabinetts, der ja keinen institutionellen Rückhalt außer der Gunst des Monarchen hatte, sondern letztlich der Chef des Generalstabes der Armee, der für Wilhelm I. die ultimative Herausforderung seiner Rolle als Oberster Kriegsherr geworden ist. Wie im zivilen Bereich um Bismarck, so führte im militärischen letztlich um Moltke, und nur um Moltke, kein Weg mehr herum. Es ist ja richtig, dass die Existenz dreier konkurrierender Zentralinstanzen in der Theorie und meist auch in der Praxis sicherstellte, dass keine zu mächtig wurde, und die letzte Entscheidung immer beim Kriegsherrn selbst lag. Das hat Wilhelm I. auch so gesehen und diese Kompetenz im Konfliktfall entschieden, wenngleich nicht freudig, wahrgenommen. (Wie schon erwähnt: Im Grunde war er harmoniebedürftig, nicht streit- und herrschsüchtig.) Aber während das Kriegsministerium wenig mehr als hehre Staats- und Verfassungsprinzipien und das Militärkabinett allein die Zauberformel der Kommandogewalt des Kriegsherrn hatte, um seine Zuständigkeit für das Kriegswesen zu untermauern, konnte der Generalstab in aller Regel auf die zwingende Logik militärischer Vernunft verweisen, ob es nun um die Taktik und die Führung höherer Verbände im Frieden oder um die tatsächliche Operationsführung im Kriege ging. Und auf diesem Ohr hörte der Berufssoldat auf dem Thron letztlich am besten.

Es ist daher kein Zufall, dass der Chef des Generalstabes der Armee zwar erst 1883 das Recht zum Immediatvortrag beim Monarchen erhielt, aber schon im Juni 1866, bei Beginn des Krieges gegen Österreich, die Befugnis, im Namen des Oberbefehlshabers direkte Befehle an die Truppen zu erlassen. Das war im Grunde unerhört, bedenkt man, dass damit zumindest auf dem Papier ein bloßer Generalleutnant wesentlich dienstältere Generale der Infanterie und Kavallerie herumkommandieren konnte (die diese Neuordnung des Dienstweges daher auch keineswegs enthusiastisch begrüßten). Es war aber schlicht ein Zeichen der Einsicht Wilhelms I. in militärische Notwendigkeiten, denen sich selbst die preußische Militärtradition beugen musste. Und vor allem: Moltke rechtfertigte dieses Vertrauen des Monarchen durch seine überragende Führungsleistung in den siegreichen Kriegen von 1866 und 1870/71. Analog zum zivilen Tandem Wilhelm I./Bismarck war nun das militärische Tandem Wilhelm I./Moltke entstanden, das prinzipiell ähnlich, im Schnitt sogar wesentlich reibungsloser funktionierte.

Damit hatte der Monarch aber seinen eigenen Anspruch auf die Kriegsherrnrolle nicht aufgegeben, und das hat Moltke auch nie so verstanden. In den Einigungskriegen gab es keinen Moment einen Zweifel darüber, dass die letzte Verantwortung, auch in operativen Entscheidungen, letztlich stets beim Obersten Kriegsherrn lag. Das funktionierte auf der Ebene des Oberbefehls über das Heer ab 1866 letztlich nicht anders, als auf der einer Armee oder eines Korps: Der Generalstabschef bereitete Entscheidungen vor und er führte sie aus, nur stellvertretend für den Kommandeur und in seinem Namen konnte er sie auch gelegentlich treffen, aber letztverantwortlich war immer der militärische Führer selbst, auf dessen Vertrauen der «Chef» angewiesen war.

Als Oberbefehlshaber im Felde gab Wilhelm I. zweifellos ein etwas widersprüchliches Bild ab. Zeitgenössische Bilddarstellungen verherrlichen ihn gerne in repräsentativen Feldherrnposen, etwa zu Pferde auf einem Hügel mit gutem Überblick über das Schlachtfeld, umgeben von seiner Entourage (die respektvoll eine halbe Pferdelänge zurückbleibt), oder nach gewonnener Schlacht die Huldigungen seiner tapferen Streiter entgegennehmend. Es kommen auch symbolische Verbrüderungsszenen vor, etwa Wilhelm wie ein gemeiner Soldat am Lagerfeuer, immerhin auf einer als improvisierte Sitzgelegenheit installierten quer gelegten Stallleiter. (Das soll übrigens wirklich passiert sein.) Solche Szenen vermitteln unwillkürlich das Bild eines mittelmäßig interessierten Zuschauers, fast einer Art königlichen Schlachtenbummlers – eine irreführende Annahme. Es handelt sich hier um formelhafte Inszenierungen der Feldherrnrolle, die nicht für typisch zu nehmen sind.

Wilhelm I., der zweite preußische Soldatenkönig, hatte durchaus keine Bedenken, sich im Gefecht tatsächlich einzumischen. Wie schon mehrfach erwähnt, war der König ein sehr emotionaler Charakter, der daher auch nicht einfach unbeteiligt daneben stehen konnte, wenn sein Lebenswerk, die preußische Armee, ins Feuer geführt wurde. Zweifellos sind viele der einschlägigen Vorfälle kriegsherrlicher Intervention auf der taktischen Ebene als eine Art nervöse Übersprungshandlungen zu verbuchen. In der Schlacht von Königgrätz (in Böhmen, 3. Juli 1866) nahm der Monarch, der das Geschehen von einem knapp hinter der Frontlinie gelegenen Hügel aus verfolgte, sich den etwas ungeordneten Rückzug einiger Bataillone, die starke Verluste gehabt hatten, so zu Herzen, dass er sie persönlich sammelte und zurück in den Kampf schickte – eine Szene, die an das bekannte Gemälde Friedrichs II. mit der Regimentsfahne bei Zorndorf erinnert (und sich in Schlachten des Krieges von 1870/71 ähnlich wiederholte). Am Nachmittag, als die österreichische Armee bereits auf beiden Flanken von den Preußen umfasst und am Zurückweichen war, hielt es den König überhaupt nicht mehr auf seinem Feldherrnhügel – er setzte sich selbst an die Spitze einer Kavalleriebrigade und nahm die Verfolgung auf, was allerdings mehr in einer Art Triumphritt über das schon weithin von den Preußen dominierte Schlachtfeld resultierte. Ganz sicher ist er, zum gelegentlichen Missvergnügen seiner Entourage, wiederholt unter Feuer geraten und Lebensgefahr nicht aus dem Wege gegangen.

Nicht immer waren seine Einmischungen in den taktischen Verlauf von Schlachten unbedingt von großer Um- und Übersicht geprägt. Bei St.-Privat im Deutsch-Französischen Krieg (18. August 1870) etwa war die 1. Armee, bei der sich der König befand, im Verlauf des Tages wiederholt daran gescheitert, einen gegenüber dem Dorf Gravelotte gelegenen bewaldeten Höhenzug einzunehmen. Wilhelm I. war von den Bildern ungeordnet zurückströmender Kompanien des rheinischen VIII. Korps schließlich so erregt, dass er auf eigene Faust das pommersche II. Korps, die letzte frische Reserve der Armee, ins Gefecht jagte. In der hereinbrechenden Dämmerung führte diese sinnlose Verstärkung für ein gescheitertes Unternehmen lediglich dazu, dass sich Pommern und Rheinländer im Walde in heller Konfusion gegenseitig niedermachten. Moltke, der ebenfalls vor Ort anwesend war, hat später bereut, dass er diesen Angriff «gewährt» habe. Da war wohl etwas nachträgliche Hybris im Spiel. In der Situation selbst tat der Chef des Generalstabes nämlich genau das, was angesichts eines direkten Befehls des Oberbefehlshabers einzig möglich war – er schwieg. Immerhin: «Der Kriegsherr kommandiert die Armee» galt auch und gerade im Kriege.

Man mag auch angesichts solcher Szenen wieder finden, dass sich der greise Monarch vielleicht eher als Kompaniefeldwebel, oder um fair zu bleiben, als Regimentskommandeur, denn als großer Stratege geeignet hätte, aber ein solcher Einwand geht am Verständnis der Feldherrnrolle, wie sie noch das 19. Jahrhundert kultiviert hat, vorbei. Die Kriege der Jahrhundertmitte – man kann dabei ebenso an den Amerikanischen Bürgerkrieg wie an die Einigungskriege denken – wurden von Armeen geführt, die bei weitem zu groß waren, um noch durch die physische Präsenz eines einzelnen Oberbefehlshabers lenkbar zu sein. Andererseits standen moderne Kommunikationsmittel, die dieses Defizit hätten beheben können, noch nicht in praktikablem Maße zur Verfügung. Es bedurfte starker Nerven, um angesichts dieses Dilemmas dennoch die Entscheidung zu treffen, von einer zentralen Stelle hinter der Front zu führen, auf Kuriere und häufig veraltete Meldungen aus zweiter Hand angewiesen. Moltke konnte das, so wie es die siegreichen Unionsgenerale Ulysses S. Grant und George G. Meade im Amerikanischen Bürgerkrieg ebenfalls konnten, oder Feldzeugmeister Ludwig Ritter von Benedek, der oft unterschätzte österreichische Befehlshaber bei Königgrätz (die Geschichte ist zu Verlierern selten sehr gnädig). Wilhelm hingegen war weder der erste noch der letzte Feldherr des Jahrhunderts, der diese Nervenstärke nicht aufbrachte und stattdessen persönlich und allein auf der Basis spontaner Eindrücke vor Ort emotionale Entscheidungen traf, die gelegentlich nicht adäquat waren. Damit aber war er durchaus in guter Gesellschaft – man denke etwa an den Bürgerkriegs-Armeebefehlshaber Albert Sidney Johnston, der bei Shiloh (6./7. April 1862) einer verirrten Kugel zum Opfer fiel, als er direkt hinter der Frontlinie ein Regiment sammelte. Im 19. Jahrhundert galt so etwas noch als ehrenhaft, im 20. hingegen nur noch als dumm.

Im Übrigen waren das Ausnahmen, die wegen ihrer malerischen Eindrücklichkeit in Erinnerung geblieben sind. Abseits von Schlachtenkrisen, in denen ihn die Erregung übermannte, war Wilhelm I. seiner Rolle als Oberster Kriegsherr durchaus gewachsen, die vornehmlich darin bestand, im Großen Hauptquartier die von Moltke geplanten Operationen zu überprüfen und in der Regel zu genehmigen. Gleichzeitig trug er auch Sorge, dass prinzliche Oberbefehlshaber und greise Haudegen sich nicht etwa herausnahmen, die Befehlsgewalt des rangniedrigeren Generalstabschefs in Frage zu stellen, was auch 1870 durchaus noch vorgekommen ist. An der Tatsache, dass hinter Moltke die königliche Kommandogewalt in ihrem vollem Umfang stand, ließ der Monarch keinen Zweifel aufkommen. So zog sich im August 1870 Karl von Steinmetz, der Oberbefehlshaber der 1. Armee, die permanente Ungunst seines Kriegsherrn zu, als er den Versuch unternahm, Befehle Moltkes als unmaßgebliche Meinungsäußerungen zu behandeln. Der Dienstweg gehe über den Chef des Generalstabes der Armee, wurde Steinmetz unmissverständlich bedeutet, und Befehle seien dazu da, befolgt zu werden, auch von Armeeoberbefehlshabern.

Hat der Kriegsherr Wilhelm also kommandiert, hat er operative Entscheidungen selbst getroffen? Nur im Ausnahmefall. Der König hat den *Anspruch* auf den Oberbefehl über die Armee nie aufgegeben, aber er hat ihn in den Einigungskriegen in der Regel nicht mehr selbst ausgeübt. In der zweiten Hälfte des 19. Jahrhunderts lief für monarchische Selbstherrscher nicht nur im zivilen Staatsleben die Uhr ab. In den zeitgenössischen konstitutionellen Verfassungen machten die gekrönten Staatsoberhäupter zwar keine Abstriche von ihren Rechten, aber sie verzichteten, solange das Staatswesen in geordneten zivil-politischen Bahnen verlief, auf die tatsächliche Ausübung. Der frühindustrielle, postrevolutionäre, bürgerliche Rechts- und Verfassungsstaat war schlechterdings zu komplex, um vom Willen und Können eines einzelnen Mannes noch regierbar zu sein. Nur eine durch verfassungsmäßige Prozeduren und Normen abgesicherte Regelhaftigkeit des Staatslebens konnte die Monarchie noch dauerhaft akzeptabel machen. Die monarchischen Hoheitsrechte wurden zu Reserverechten, die nur im Konflikt- und Krisenfall an den Herrscher zurückfielen.

Im Militärwesen vollzog sich parallel eine ähnliche Entwicklung. Die Massenheere der zweiten Hälfte des 19. Jahrhunderts entzogen sich endgültig der effektiven Lenkung durch Heerkönige alten Stils, ja durch Individuen überhaupt. Fast eine halbe Million Mann standen sich 1866 bei Königgrätz auf einem einzigen Schlachtfeld gegenüber; im August 1870 stellte schon allein der Norddeutsche Bund über eine Million Mann ins Feld. Solche Massen zu mobilisieren, zu ordnen und zu lenken, dazu bedurfte es bürokratischer Organisation: Es bedurfte eines modernen Generalstabs. Den hatte man entweder oder man hatte ihn nicht. Napoleon III., der Neffe des großen Korsen, hatte ihn nicht, und deswegen ist er im Sommer 1870 am Oberbefehl über die acht Korps der Rheinarmee spektakulär gescheitert. Wilhelm I. hingegen hatte einen solchen Generalstab – das aber bedeutete, dass eben für alle praktischen Zwecke auch diesem Stab, und nicht ihm selbst, die Leitung der Operationen oblag. In der Realität der Einigungskriege war der König daher, wenn man so will, ein generalstabsmäßig bürokratisierter, ein konstitutioneller, ein – Reservekriegsherr. Es besteht kein Zweifel, dass Wilhelm im Krisenfall, wenn er mit einer Entscheidung seines Generalstabschefs fundamental nicht einverstanden gewesen wäre, seinen Willen durchgesetzt hätte; dessen Autorität war nur anvertraut, nicht abgetreten. Es ist Moltkes Verdienst, dass es dazu im großen Maßstab nie gekommen ist.

Darin liegt vermutlich die eigentliche Signifikanz der Frage nach der Kriegsherrnrolle des Preußenkönigs. Wilhelm I. war eine Art Fossil, ein Vertreter einer rapide aussterbenden Gattung. In einer Zeit der zunehmenden Verrechtlichung, Verbürgerlichung und Professionalisierung der zivilen Politik und der fortschreitenden Technisierung und Bürokratisierung des Militärwesens versuchte er zumindest im Kern am monarchischen Prinzip der Letztverantwortlichkeit für das Staatsleben, das Heer und den Krieg festzuhalten. Wilhelm gehörte vor der Berufung Bismarcks zu den letzten fürstlichen Selbstherrschern in Europa westlich von Russland; er war definitiv einer der allerletzten Monarchen überhaupt, die ihr Heer zumindest formal noch selbst im Felde geführt, tatsächlich im Feuer gestanden haben. Dass das für ihn nicht nur kein Anachronismus, sondern geradezu eine Selbstverständlichkeit war, war der Tatsache geschuldet, dass er nicht allein hohenzollernscher Heerkönig, sondern eben auch seinem eigenen Selbstverständnis und seiner Biographie nach Soldat gewesen ist.

Mit dem immer weitergehenden Wandel zum modernen Verfassungsstaat und mit den rasch anwachsenden Heeresgrößen hin zu den Millionenheeren der Weltkriege wurde der persönliche Oberbefehl eines Monarchen über seine Streitkräfte zunehmend zur malerischen Fiktion. Dass Wilhelm II. das deutsche Heer im Weltkrieg tatsächlich geführt hat, wird wohl niemand ernsthaft behaupten wollen – dazu fehlten ihm nicht nur Ausbildung und Veranlagung, sondern auch objektiv jede Möglichkeit. Im Stellungskrieg des Volks in Waffen an der Westfront wurde die Kriegsherrnrolle endgültig zur Farce. Wie seine Kollegen auf den Thronen Nord- und Westeuropas war nun auch der preußische König und Deutsche Kaiser beim puren Orden Verleihen und Paraden Abnehmen angekommen – bei der rein symbolischen Reinszenierung des im 19. Jahrhundert ausgestorbenen Heerkönigtums. Man mag kontrafaktisch spekulieren, ob vielleicht eine wiedererstarkte Monarchie in einem im Weltkrieg siegreichen Deutschland auch die Kommandogewalt des preußischen Königs und Deutschen Kaisers über die Streitkräfte neu erfunden hätte – es ist wohl eher unwahrscheinlich. Die Zeit war über die hohenzollernsche Kriegsherrlichkeit hinweg gegangen.

Der Präsident als Kriegsherr
Abraham Lincoln
(1809–1865)

Jörg Nagler

Der vierjährige Amerikanische Bürgerkrieg – ansatzweise der erste «totale Krieg» in der modernen Geschichte – mit seinen schließlich über 620 000 Toten war Kulminationspunkt der sektionalen Spannungen zwischen dem industrialisierten Norden und dem agrarischen Süden und gewalttätiger Ausdruck des Konfliktes über das System der Sklaverei, das «Kainsmal» der amerikanischen Demokratie. Er warf damit zentrale ideologische, sozioökonomische und moralisch-ethische Fragen zum Fortbestand der jungen, offensichtlich noch nicht gefestigten Nation auf.

Abraham Lincoln, der 16. Präsident der Vereinigten Staaten, übernahm in dieser epochalen militärischen Auseinandersetzung als Kriegsherr die Verantwortung für eine Nation, die, wie fragil oder «unfertig» sie auch gewesen sein mochte, seit ihrer Gründung immer wieder durch politische Kompromisse zusammengehalten worden war, nun aber gänzlich auseinander zu brechen drohte. Mit Recht kann dieser Konflikt somit auch als eine Art Einigungskrieg interpretiert werden.

Der Präsident als Kriegsherr in einer demokratisch verfassten Nation wie dieser muss sich freilich den Regeln der verfassungsmäßigen Gewaltenteilung zwischen Exekutive (Präsident), Legislative (Kongress) und Judikative (Oberster Gerichtshof) unterwerfen. Gleichzeitig hat er dafür zu sorgen, dass der politische Prozess trotz einer Kriegssituation aufrechterhalten und die Handlungsfähigkeit gewährleistet bleibt. Mit anderen Worten muss er das praktizieren, was Clausewitz mit dem Primat der Politik zu Kriegszeiten gemeint hat. Im vorliegenden Fall verlangte die dynamische Wechselwirkung zwischen politischen und militärischen Prozessen von diesem demokratisch legitimierten Oberbefehlshaber ein Höchstmaß an Anpassungsfähigkeit an die sich fast täglich verändernden Konstellationen auf den jeweiligen Feldern der Politik und des Krieges.

In den zivil-militärischen Beziehungen innerhalb einer Demokratie ist es normalerweise üblich, dass Politiker die Rahmenbedingungen für den zu führenden Krieg generieren, die Ausführung des Krieges jedoch den Militärs überlassen. Indessen hätte auch Lincoln Georges Clemenceaus Diktum aus der Zeit des Ersten Weltkrieges formulieren können, dass der Krieg zu wichtig sei, um ihn an die Militärs abzutreten. Von Anbeginn des Krieges spürte er die Notwendigkeit, dem Militär nicht die Umsetzung seiner politischen Vorgaben, also der nationalen Strategie, anzuvertrauen.

Eingedenk der Clausewitzschen Sentenz, dass Krieg «eine bloße Fortsetzung der Politik mit anderen Mitteln» sei, dokumentiert die politische Vorgeschichte des Konfliktes seine eigentlichen Triebkräfte und die daraus folgenden nationalen Strategien. Im Zentrum der Ursachen des Auseinanderdriftens zwischen Nord- und Südstaaten standen zwei sich unterschiedlich entwickelnde Gesellschaftssysteme: der Norden, eine Region der Industrialisierung, in der soziale Mobilität eine propagierte Tugend war, gegenüber dem Süden, dessen agrarisch geprägte Gesellschaft geradezu intentional statisch und hierarchisch angelegt erschien.

Das System der Sklaverei mit all seinen politischen, wirtschaftlichen, gesellschaftlichen und kulturellen Folgen bewirkte letztlich, dass diese Differenzen zu einem unüberbrückbaren Gegensatz gerieten. Der zunehmend expansive Charakter der Institution der Sklaverei und der damit einhergehende aggressive Ton südstaatlicher Eliten, aber auch derjenige der radikalen Sklavereigegner im Norden, mündeten schließlich in einen Antagonismus, den die 1854 neu gegründete Republikanische Partei und deren politische Vorstellungen noch zusätzlich dynamisierten. Mit der Gründung dieser Partei, die 1860 Lincoln zu ihrem Präsidentschaftskandidaten erkor, war der nationalen Politik eine Kompromissfähigkeit abhanden gekommen, die sie bis dahin immer noch zusammengehalten hatte. Die Republikaner repräsentierten erstmalig in der Landesgeschichte nur noch eine der Regionen, diejenige der industrialisierten Nordstaaten, und damit eine Klientel, die den Südstaaten skeptisch, wenn nicht gar feindlich gegenüberstand. Ihr Parteiprogramm beinhaltete gleichwohl nicht die Ablehnung der Sklaverei schlechthin, sondern nur die Verhinderung ihrer weiteren Ausbreitung in den neuen Territorien, die nach und nach als Bundesstaaten in die Union aufgenommen wurden. Lincolns politische Qualitäten und Ansichten verbanden sich eng mit der ideologischen Programmatik seiner Partei. Die Verschärfung der sektionalen Gegensätze bestätigte seine früheren Befürchtungen, und seine Grunderkenntnis, dass die Vereinigten Staaten nicht permanent ein Nebeneinander von Sklaverei und freier Gesellschaft würden ertragen können, sollte sich als prophetisch erweisen.

Lincolns präzise Formulierungen der eigentlichen Tragweite der nationalen politischen Problematik hatten ihn mittels seiner wohlgesetzten, überzeugenden Rhetorik und Eloquenz überregional bekannt gemacht.

Lincoln brachte zentrale Vorbedingungen für einen großen Staatsmann mit in das Präsidentenamt: moralische Kraft, intellektuellen Scharfsinn, einen sicheren Instinkt für den Zeitgeist, Verständnis für das Volk, verbunden mit der Fähigkeit, auf die öffentliche Meinung einzuwirken, dazu die Leidenschaft für die Demokratie, die einen zivilreligösen Charakter hatte. Sein erfolgreiches Autodidaktentum im Bereich des Rechts und der Politik sollte ihm nun auch auf militärischem Gebiet zum Vorteil gereichen.

Lincolns Wahl in das höchste Staatsamt am 6. November 1860 war ein deutliches Signal an die Südstaaten, die bereits zuvor für den Fall eines republikanischen Sieges mit Sezession, also dem Austritt aus der Union gedroht hatten. Anfang Februar 1861 riefen dann die meisten unter ihnen tatsächlich ihre «Konföderierten Staaten von Amerika» mit dem früheren Senator und Kriegsminister Jefferson Davis als Präsidenten aus. Umgehend bemächtigten sie sich der auf ihrem Gebiet befindlichen Bundeseinrichtungen wie Forts und Waffenlager. Nur noch zwei Forts, eines davon das auf einer Insel vor Charleston (South Carolina) gelegene Fort Sumter, blieben in Bundesbesitz.

Im Bemühen um die Wiederherstellung der nationalen Einheit und im Bewusstsein, dass sich die Staaten des «Oberen Südens» bislang noch loyal verhalten hatten, vermied Lincoln in seiner Inaugurationsrede am 4. März 1861 scharfe Töne. Zwar setzte er das Ansinnen einer Sezession mit Anarchie gleich – einem gesellschaftlichen Zustand, den er immer wieder gefürchtet hatte –, doch er gab dem Süden das Versprechen, sich an das Ordnungsprinzip der Verfassung zu halten und die Einrichtung der Sklaverei nicht dort in Frage zu stellen, wo sie bereits existierte. Deutlich gab er zu verstehen, dass nicht er es war, der eine kriegerische Auseinandersetzung suche, sondern das Schicksal der Nation nun in den Händen des Südens liege: Gleichwohl habe er als Präsident nunmehr einen Schwur zu leisten, diese zu erhalten, zu beschützen und zu verteidigen.

Bereits bei der Entscheidung, ob Fort Sumter verteidigt oder aufgegeben werden sollte, bewies Lincoln Weitsicht und setzte sich mit seiner Entscheidung des Abwartens gegen die Mehrheit seiner Kabinettsmitglieder und Militärberater durch. Ihm war klar, wie relevant es psychologisch war, dass der erste Schuss von Seiten des Südens fiel. Nur ein Angriffskrieg konnte die Bevölkerung des Nordens effektiv mobilisieren.

Die zeitweilig durchaus ernsthaft diskutierte Option seines Außenministers Seward, zur Stiftung eines neuerlichen nationalen Konsenses Großbritannien und Frankreich anzugreifen, die ihrerseits offen erwogen, den Süden politisch und vielleicht auch militärisch zu unterstützen, lehnte Lincoln kategorisch ab.

Als South Carolina am 12. April 1861 mit der Beschießung von Fort Sumter begann und damit den Bürgerkrieg auslöste, entsprach das Lincolns Erwartungen. Umgehend gesellten sich vier weitere Staaten zur Konföderation: Tennessee, Arkansas, North Carolina und Virginia. Die Grenzstaaten Kentucky, Missouri, Delaware und Maryland – alles Sklavenstaaten – waren zunächst unentschlossen und verblieben nach einigem Zögern und inneren Auseinandersetzungen in der Union. Somit standen dreiundzwanzig Unionsstaaten elf konföderierten gegenüber, was bevölkerungsmäßig etwa 22 Millionen im Norden gegenüber 9 Millionen im Süden entsprach, einschließlich der dort befindlichen rund 3,5 Millionen Sklaven.

Wenige Wochen nach seiner Amtseinführung war Lincoln über Nacht zum Kriegsherrn geworden. Anders als sein Gegenüber Jefferson Davis – Absolvent der Militärakademie und in den 1850er Jahren langjähriger Kriegsminister – besaß Lincoln keinerlei militärische Vorkenntnisse, zumal nicht in der Führung großer Armeen. Allerdings traf dies auch auf die professionellen Militärs zu, die außer dem Veteranen des Amerikanisch-Mexikanischen Krieges von 1846–48, General Winfield Scott, nie Verbände von über 10 000 Mann kommandiert hatten. In diesem Krieg sollten sich jedoch Massenarmeen mit oft über 100 000 Soldaten gegenüberstehen. Die reguläre Armee bestand bei Ausbruch des Krieges aus lediglich etwa 16 000 weit über das große Territorium der Vereinigten Staaten verstreuten Soldaten. Lincoln realisierte von Anbeginn des Konfliktes, dass er eine Freiwilligenarmee etablieren musste, die schließlich insgesamt über zwei Millionen Mann betragen sollte.

Die von Lincoln anfänglich vertretene Strategie des begrenzten Krieges mit dem vorrangigen Ziel des Erhalts der Union lässt sich aus seinem Aufruf zur Mobilisierung von lediglich 75 000 Freiwilligen (und zwar für 90 Tage) am Tag nach dem Angriff auf Fort Sumter ablesen, welchem die Bevölkerung im Norden mit Enthusiasmus nachkam. Zu diesem Zeitpunkt sprach der Präsident noch von einer Insurrektion oder Rebellion und nicht von Krieg.

Von den zu Beginn des Konfliktes lediglich fünf aktiven Generalen waren drei über siebzig und der Rest über fünfzig Jahre alt, und zwei von ihnen liefen zur Konföderation über. Am 4. Mai 1861 veröffentlichte

Lincoln eine Order, in der er den genauen Rahmen für die Etablierung einer Freiwilligenarmee definierte und für den Präsidenten das alleinige Recht in Anspruch nahm, Generale zu ernennen. Einerseits orientierte er sich an den in West Point ausgebildeten Offizieren, erweiterte aber zugleich ganz gezielt den Kreis der potentiellen Bewerber für einen Generalsposten auf Zivilisten mit oder ohne militärische Ausbildung, die nur ein wesentliches Kriterium erfüllen mussten: Entweder repräsentierten sie eine bestimmte politische Richtung oder aber eine ethnische Gruppierung, wie zum Beispiel die deutschen oder irischen Immigranten, die zu relevanten Wählergruppierungen angewachsen waren. Anders als seine Amtsvorgänger in vorherigen Kriegen vermied es Lincoln ganz bewusst, etwa nur Angehörige seiner eigenen Partei zu Generalen zu berufen, sondern achtete darauf, dass auch Demokraten solche Posten zugesprochen bekamen. Ihm ging es bei der Berufung seiner Generale also um die Schaffung eines möglichst breiten politischen Spektrums, da er der Auffassung war, dass der Norden nur mit einem entsprechenden Konsens geschlossen hinter seinen Kriegsplänen stehen würde. Von den allein im Jahr 1861 berufenen 44 politischen Generalen, an denen man die seinerzeitigen politischen Schattierungen der nationalen Politik ablesen kann, besaßen lediglich 25 militärische Vorkenntnisse.

Für die Umsetzung seiner anfänglichen nationalen Strategie – einen begrenzten Krieg zum Erhalt der Union unter Vermeidung vieler Opfer zu führen – wandte sich Lincoln als Zivilist naturgemäß zunächst an seine militärischen Berater. Oberbefehlshaber der Armee war der 75-jährige Winfield Scott, der Lincoln seinen «Anaconda»-Plan vorstellte. Er sah vor, die Südstaaten durch eine Blockade der Küsten und die Kontrolle des Mississippi – der Hauptschlagader des Südens – durch Land- und Seestreitkräfte der Union wirtschaftlich vom Rest der Welt abzuschneiden, und den Krieg relativ unblutig zu beenden.

Anfänglich unterstützte Lincoln diese Strategie, da sie mit seinen Auffassungen über einen begrenzten Krieg übereinstimmte, der die Union mit möglichst wenigen Menschenopfern wiederherstellen sollte. Grundsätzlich dominierte bei ihm und auch in der Bevölkerung des Nordens die Auffassung, dass die Mehrheit der Südstaatler die Abspaltung nicht wünschte und die Sezession lediglich das Machwerk einer kleinen Elite sei. Diese Wahrnehmung führte bei Lincoln als Kriegsherr zu einer Strategie, die darauf abzielte, diese offensichtliche Mehrheit im Süden durch einen militärischen Sieg dazu zu bewegen, sich gegen jene Elite zu erheben.

Mit der Einberufung der ersten Freiwilligen hatte Lincoln allerdings bereits eine verfassungsrechtliche Grauzone betreten. Schließlich sollte eine solche Maßnahme laut Verfassung dem Kongress überlassen werden. Nicht verfassungsrechtlich definiert war indessen, wie weit die Befugnisse des zivilen Oberbefehlshabers gehen und wie sie begrenzt werden konnten. In den folgenden knapp drei Monaten – bis zur Einberufung des Kongresses – nahm Lincoln dann angesichts der existentiellen Krise der Nation eine Art von Notstandskompetenz in Anspruch und definierte die Aufgaben eines amerikanischen Präsidenten als Kriegsherr neu. Dazu gehörte unter anderem die Errichtung einer Seeblockade, um die für die Konföderation lebensnotwendigen Hafenstädte von der Außenwelt abzuschneiden, sowie die Abschaffung des *Writ of Habeas Corpus* – des Rechtes auf richterliche Anhörung – zwischen Philadelphia und Washington, D. C., wo er zivile Gerichte durch militärische ersetzen ließ. In dieser Region drohten Sezessionisten damit, die nach Washington gerufenen nordstaatlichen Truppen zu blockieren und den für die Union so wichtigen Bundesstaat Maryland zu übernehmen. Obwohl die Verfassung die Entziehung eines solchen Grundrechts angesichts einer Rebellion oder Invasion vorsieht, so lässt sie doch offen, ob in einem solchen Fall Präsident oder Kongress dafür zuständig sind. Als verfassungsrechtliche Zweifel laut wurden, argumentierte Lincoln, dass der Präsident in Abwesenheit des Kongresses das Recht haben müsse, diese Notstandsmaßnahmen anzuordnen. Eindeutig stellten seine Verfügungen, die aufgrund des Ausmaßes dieser Krisensituation fraglos schnell getroffen werden mussten, die verfassungsrechtlichen Kompetenzen von Präsident und Kongress auf den Prüfstand. Während des gesamten Krieges verebbten denn auch nicht die kritischen Stimmen, die Lincoln als Diktator bezeichneten.

Im April hatte Lincoln den Kongress für den symbolträchtigen Unabhängigkeitstag 1861 zu einer Krisensitzung einberufen, bei der er sein derzeitiges Dilemma ausdrückte und sein Vorgehen damit rechtfertigte, dass nur die Anwendung der «Kriegsgewalten» die Auflösung der Union habe verhindern können. In der ersten Fassung dieser Rede hatte er bezeichnenderweise noch von «militärischer Gewalt» geschrieben, diesen Ausdruck in der endgültigen Fassung dann aber gegen «Kriegsgewalten» (*war powers*) ausgetauscht; ein Terminus im übrigen, der keine Erwähnung in der Verfassung findet. Lincoln hatte damit seine Verfügungsgewalt als Kriegsherr eindeutig weiter gefasst als lediglich den Oberfehl über die Streitkräfte; dies wohl auch in der Vorahnung, dass sich aus diesem Kampf weitaus mehr entwickeln könnte als nur ein begrenzter militärischer Konflikt, nämlich ein Krieg, der die Involvierung und Mobilisierung der Zivilbevölkerung notwendig machen würde. Signifikanterweise sprach Lincoln in dieser Rede bereits von einem «*People's Contest*», also einer Art Volkskrieg.

Da der Kongress in beiden Häusern von der Republikanischen Partei beherrscht wurde, wurden seine Verfügungen stillschweigend nachträglich abgesegnet. In dieser und anderen Reden während der frühen Phase des Bürgerkrieges benutzte Lincoln für die (gesamten) Vereinigten Staaten noch ausschließlich den Terminus «Union» und nur selten den Nationsbegriff. Wenn er in seiner Kongressbotschaft vom 4. Juli 1861 (dreimal) von Nation sprach, so unterstrich er, dass deren Überleben auf dem Spiel stand. Die Nation zu retten, die aus dem Freiheitsideal der Unabhängigkeitserklärung entstanden und der Tatsache verpflichtet war, dass alle Menschen gleich geschaffen seien, war für ihn das eigentliche Ziel dieses Krieges. Symptomatisch für seine Auffassung war eine Passage dieser Rede, in der er betonte, der Bürgerkrieg sei nicht nur ein amerikanisches Problem, sondern habe mit seiner Grundproblematik globale Bedeutung: Es ginge letztlich darum, ob eine Minderheit das Ende einer frei gewählten Regierung herbeiführen könne. Diese Betonung der universellen Geltung und Konsequenz amerikanischer Gegebenheiten – Lincolns wiederholt erhobener Anspruch, seine Politik sei zugleich Ausdruck des Kampfes für die Demokratie in der Welt – stellte einen neuen Kontext her, der ihn zum Teil von der innenpolitischen Kritik abschirmte und zugleich seine nationale Strategie mitdefinierte. Er war fest davon überzeugt, dass er in diesem «Volkskrieg» der Bevölkerung und den Truppen den eigentlichen Sinn ihres Einsatzes nur verdeutlichen konnte, wenn es ihm gelang, eine konkrete und kohärente politische Ideologie zu entwickeln, um ein greifbares Motiv und damit eine solide Erfolgsaussicht zu offerieren.

Dass das Primat der Politik diesen Krieg charakterisierte und bestimmte, zeigte schon die erste militärische Auseinandersetzung, die Schlacht bei Bull Run vor den Toren Washingtons am 21. Juli 1861 mit ihrem für den Norden desaströsen Ausgang. Aufgrund des starken öffentlichen Drucks hatte sich Lincoln entgegen den Ratschlägen seiner militärischen Berater für diesen frühen Zeitpunkt entschieden, obwohl die Freiwilligentruppen noch nicht genügend auf die Schlacht vorbereitet waren. Die Niederlage von Bull Run beendete für die Bevölkerung schlagartig die Illusion eines begrenzten Konfliktes, und Lincolns anderntags erfolgender Aufruf zur Stellung von 500 000 Freiwilligen, die sich für drei Jahre verpflichten sollten, dokumentierte diese Auffassung.

Wenige Tage später erließ er erneut einen Aufruf zur nochmaligen Einberufung einer halben Million zusätzlicher Freiwilliger. Er ernannte den politisch der Demokratischen Partei zugehörigen General George B. McClellan, den «jungen Napoleon», zum Oberkommandierenden der Potomac-Armee und kam aufgrund der negativen Erfahrungen mit ungeübten Truppen bei der Schlacht von Bull Run zunächst dessen Wunsch nach reichlich Zeit für die Ausbildung der Soldaten nach.

Im August 1861 zeigte sich bereits, wie schwierig es für Lincoln war, seine politischen Generale auf seine nationale Strategie einzuschwören. Als nämlich der für seine radikale Gesinnung gegenüber der Sklavereifrage bekannte General John Charles Frémont in seinem Kommandobereich ohne Abstimmung mit dem Präsidenten das Eigentum von Konföderierten konfiszieren und deren Sklaven befreien wollte, setzte ihn Lincoln trotz des vehementen Protestes radikaler politischer Kreise kurzerhand ab. Angesichts der prekären und explosiven Stimmung in den Grenzstaaten Delaware, Maryland, Kentucky und Missouri musste der Präsident zu diesem Zeitpunkt Rücksicht auf deren Belange nehmen, um sie weiterhin in der Union halten zu können. Wie auch in anderen, ähnlichen Fällen machte Lincoln der Öffentlichkeit klar, dass er als Kriegsherr die nationale Strategie allein bestimmen müsse und persönlich den Zeitraum für einschneidende Entscheidungen mit nationaler Wirkung bestimmen werde.

Am 1. November 1861 ernannte Lincoln dann McClellan zum Nachfolger des greisen und kränkelnden Scott und damit zum Oberbefehlshaber. McClellan indessen blickte generell mit Verachtung auf zivile Strategen wie Lincoln und kritisierte dessen Bedürfnis nach Informationen über militärische Operationen.

Sehr früh entwickelte Lincoln die Auffassung, die Konföderation müsse möglichst gleichzeitig an allen Fronten angegriffen werden, da der Norden nur so seine überlegene Truppenstärke und materiellen Ressourcen effektiv einsetzen könne. Ein Schreiben an General Don Carlos Buell am 13. Januar 1862 machte sein Konzept deutlich:

«… meine generelle Auffassung zu diesem Krieg ist es, dass wir die *größeren* Zahlen haben und der Feind *größere* Möglichkeiten zum Konzentrieren von Kräften an Punkten des Zusammenstoßes hat; dass wir verlieren müssen, es sei denn wir können irgendeinen Weg finden, in dem wir *unseren* Vorteil zu einer Überlegenheit über *seinen* Vorteil machen werden; und dies kann nur bewerkstelligt werden, indem wir ihn mit überlegenen Kräften an *verschiedenen* Stellen zum *gleichen* Zeitpunkt herausfordern; so dass wir sicher angreifen können …, wenn er sich nicht bewegt; und wenn er eine Position schwächt, um die andere zu *stärken*, vermeide die gestärkte Position anzugreifen, sondern erobere und halte die geschwächte, dadurch wird viel gewonnen.»[1]

Nicht also in territorialem Zugewinn, sondern dem konstanten Aufreiben der gegnerischen Armeen mit den überlegenen Ressourcen des Nordens bestand das primäre Ziel Lincolns, während McClellan immer noch darauf insistierte, die konföderierte Hauptstadt Richmond (Virginia) einzunehmen. Das entsprach den traditionellen Vorstellungen von Kriegführung, nämlich einen Konflikt durch die Einnahme der Hauptstadt des Gegners beenden zu können. Es gelang Lincoln jedoch erst nach geraumer Zeit, diese strategische Vorstellung von seinen Generalen auch in die Tat umsetzen zu lassen.

Als es für Lincoln offensichtlich wurde, dass McClellan nicht aggressiv genug vorging, stieg seine Ungeduld; er sah jedoch zu diesem Zeitpunkt keine personellen Alternativen. Erst als General Ulysses S. Grant im Februar 1862 seinen erfolgreichen Feldzug im Westen begann, wurde der Weg zur Invasion in das Kernland der Konföderation geöffnet. Dabei kam es zu wichtigen Unionssiegen an der Atlantikküste von North Carolina bis nach Florida; bei Pea Ridge (Arkansas) und Shiloh (Tennessee); zur Einnahme von Nashville, New Orleans und Memphis; und fast des ganzen Mississippi-Tals außer einem etwa 300 Kilometer langen Stück zwischen Vicksburg und Port Hudson. Sogar McClellan marschierte und kam nahe an die feindliche Hauptstadt Richmond heran. Die Strategie der territorialen Eroberung – von einer Mehrzahl der Generale vertreten und im offensichtlichen Gegensatz zu Lincolns Strategie stehend – schien aufgegangen zu sein; etwa 130 000 Quadratkilometer konföderierten Gebietes waren im Sommer 1862 unter Unionskontrolle und eine Niederlage der Konföderation schien bevorzustehen.

Mittlerweile war McClellan im März 1862 als Oberbefehlshaber aufgrund interner Friktionen und der Unzufriedenheit Lincolns abgesetzt worden. In den kommenden Monaten fungierte der Präsident in einer Art Interimslösung als sein eigener Oberbefehlshaber; allerdings flankiert vom durch Kriegsminister Stanton ins Leben gerufenen Kriegsausschuss (*war board*), der die immer komplexer werdenden militärischen Operationen koordinieren sollte.

Im Juli 1862 wurde General Henry Halleck von Lincoln zwar zum Oberbefehlshaber ernannt; er erfüllte im folgenden aber auch die Funktion, die Lincoln gemeinsam mit Kriegsminister Stanton mehr oder weniger improvisatorisch geschaffen hatte: die des Stabschefs. Dieser wichtige neuartige Posten war auf Halleck zugeschnitten, und Lincoln fungierte weiterhin *de facto* als Oberbefehlshaber. Er selbst, der üblicherweise bis spät in die Nacht über militärtheoretischen Büchern aus der Kongressbibliothek saß, war dabei, ein für die Vereinigten Staaten vollkommen neues Konzept einer modernen Kommandostruktur vorzubereiten, in dem sein Generalstabschef (Halleck), der Kriegsminister (Stanton) und der *General in chief* (Grant) von ihm die koordinierenden Anweisungen bekamen.

Dieses dann 1864 etablierte Kommandosystem überzeugte durch seine brillante «Simplizität»: ein ziviler Oberbefehlshaber, der für die politischen Vorgaben und die großen strategischen Züge des Krieges zuständig war; ein militärischer Oberbefehlshaber, der eine spezifische Operationsführung ausarbeitete, sowie ein Stabschef, der die Informationen koordinierte. Diese Struktur enthielt Elemente, die später von vielen Militärstrategen studiert wurden. Lincoln hatte damit einen langfristigen Beitrag zur Verbesserung der Kommandostruktur geliefert.

Im Herbst 1862 wendete sich das Blatt zugunsten der Konföderierten: Erfolgreiche Gegenoffensiven in Kentucky, Tennessee und Virginia unter fähigen Generalen wie Robert E. Lee und Nathan Bedford Forrest führten auf Unionsterritorium zum Beispiel bis nach Maryland hinein. Die öffentliche Reaktion im Norden war gekennzeichnet von Schock und Paralyse. Lincoln reagierte ohne Panik und erließ einen erneuten Aufruf zur Stellung Freiwilliger. Gleichzeitig drängte er nun McClellan als Befehlshaber der Potomac-Armee nach der Invasion Marylands durch General Lee, diesen von seinen Versorgungslinien abzuschneiden und ihm einen empfindlichen Schlag zu versetzen. McClellan vertat nach der knapp gewonnenen Schlacht von Antietam in Maryland (am 17. September 1862, mit mehr als 12 000 Unionstoten und etwa der gleichen Zahl von Opfern auf Seiten der Konföderation) die Chance, den Gegner zu verfolgen, trotz der Aufforderung Lincolns, der ihn in mehreren Telegrammen dazu angehalten hatte. Hier und auch bei anderen Gelegenheiten zeigten sich die Grenzen des Kriegsherrn Lincoln, der sich in solchen Situationen aufgrund fehlender personaler Optionen gezwungen sah, *de facto*-Befehlsverweigerung tolerieren zu müssen.

Die Schlacht von Antietam, die in den Nordstaaten propagandistisch als glänzender Erfolg dargestellt wurde, gab Lincoln allerdings die erhoffte Möglichkeit und den richtigen Zeitpunkt, die Union mit der Veröffentlichung der vorläufigen Emanzipationsproklamation vom 22. September 1862 auf eine neue nationale Strategie vorzubereiten. Diese Erklärung verlieh dem Krieg umgehend einen neuen Charakter: Neben dem Erhalt der nationalen Einheit sollte nach dem 1. Januar 1863 auch für die Abschaffung der Sklaverei gekämpft und damit in letzter Konsequenz das Gesellschaftssystem der Südstaaten radikal verändert werden. Nach dem 1. Januar 1863 sollten alle Sklaven in «Rebellenstaaten» als frei gelten. Davon ausgenommen waren Grenzstaaten und bereits besetzte Gebiete, ein Entgegenkommen des Präsidenten an gemäßigte Wähler im Norden, für die die Abschaffung der Sklaverei kein Kriegsmotiv war, die aber einsahen, dass dieser Schritt Lincolns wesentlich zu einem Unionssieg beitragen konnte. Karl Marx, ein aufmerksamer Beobachter des Amerikanischen Bürgerkrieges, erblickte in Lincolns Emanzipationsproklamation «das bedeutendste Aktenstück der amerikanischen Geschichte seit Begründung der Union, die Zerreißung der alten amerikanischen Verfassung ...». Teile der radikalen Republikaner kritisierten die Erklärung mit der Begründung, sie befreie Sklaven nur theoretisch, nämlich nur dort, wo sie momentan praktisch nicht befreit werden könnten – auf feindlichem Gebiet –, und genau dort nicht, wo es praktisch möglich sei, nämlich in besetzten Gebieten und den Grenzstaaten, die sich der Union angeschlossen hatten. Dieses sicherlich zutreffende Argument konnte jedoch nicht über die symbolische Sprengkraft der Proklamation hinwegtäuschen, die das Ende der Sklaverei auf amerikanischem Boden einläutete. Für eine bestimmte gesellschaftliche Gruppe kam die Emanzipationserklärung einer messianischen Botschaft gleich: Den insgesamt über vier Millionen Afro-Amerikanern galt ihr Verfasser hernach als «Great Emancipator» und in biblischer Anlehnung gar ehrfürchtig als «Vater Abraham», behaftet mit einem einzigartigen Charisma als Messias der Befreiung.

Dieser Krieg war zum großen Teil schon ein Kampf um die Produktionsmittel des Gegners geworden, und Sklaven waren eine der Hauptressourcen der Südstaaten. Erst durch diese Transformation wurde der Krieg zur zweiten Amerikanischen Revolution. Ein radikaler Schritt der Proklamation war die Rekrutierung von Afro-Amerikanern, hauptsächlich geflohenen Sklaven aus den Südstaaten, in die Nordstaatenarmee. So sollten bis Kriegsende noch über 180 000 Afro-Amerikaner in die Unionstruppen eintreten, womit ein Alptraum des Südens Realität wurde. Ihr Einsatz in 120 Infanterie-, zwölf Artillerie- und sieben Kavallerie-Regimentern erwies sich auch militärisch als wichtige, ja zum Teil kriegsentscheidende Maßnahme. Bei Kriegsende machten diese Truppen zwölf Prozent der Unionsarmee aus.

Außenpolitisch bedeutete die Verkündung der Emanzipationserklärung, dass fortan Großbritannien als potentieller Unterstützer der Südstaaten endgültig wegfiel, zumal das konföderierte Kalkül der «Baumwolldiplomatie», das Spekulieren auf die wirtschaftliche Abhängigkeit Großbritanniens von der Baumwolle der Südstaaten, durch britische Importe aus Indien weggebrochen war.

Mit der Emanzipationsproklamation hatte Lincoln als Kriegsherr den Konflikt entscheidend verändert und revolutioniert. Die berühmte Erklärung war sein persönliches Werk und seine alleinige Idee gewesen; nicht einmal seine engsten Kabinettsmitglieder hatten etwas von den Entwürfen zu dieser einschneidenden Maßnahme geahnt, die er am 22. Juli 1862 mit ihnen diskutiert hatte, wobei er ihnen bereits offen zu verstehen gegeben hatte, dass die Entscheidung zu diesem gravierenden Schritt schon feststünde. Die einzige Variable, die er zur Diskussion stellte, war der geeignete Zeitpunkt für die Bekanntmachung, den er dann nach der Schlacht von Antietam als gekommen ansah. Mit der Begründung, dass der Sieg des Nordens nur mit diesem erklärten Kriegsziel gewährleistet werde, hatte Lincoln bald auch viele weniger radikale Wähler für sich gewonnen.

Der Präsident war sich darüber im klaren, dass die Erklärung verfassungsrechtlich auf schwachen Beinen stand. Nur ein korrekt verabschiedeter Verfassungszusatz konnte das Schicksal der Sklaverei auch nach Beendigung des Krieges besiegeln, da Sklavenhalter ansonsten rechtlich ihr «Eigentum» – die befreiten Sklaven – zurückverlangen konnten, weil die Proklamation lediglich als Kriegsmaßnahme Wirkung haben würde. Im Bewusstsein dessen tat Lincoln alles in seiner Macht Stehende, um den Verfassungszusatz über die endgültige Abschaffung der Sklaverei in den Vereinigten Staaten voranzutreiben.

Auf die Vorwürfe, die Emanzipationsproklamation sei verfassungswidrig, erwiderte Lincoln: «Ich denke, die Verfassung legt dem Oberbefehlshaber das Gesetz des Krieges in Zeiten des Krieges in die Hände.» Auffällig erscheint dabei der Umstand, dass Lincoln als Kriegsherr immer wieder seine Sonderrechte betonte, wenn es um die Frage der Sklaverei ging.

Angesichts der neuen Ausrichtung des Krieges ersetzte Lincoln dann im November 1862 General McClellan aufgrund seines zögerlichen Verhaltens als Befehlshaber der Potomac-Armee durch General Ambrose Burnside. Für die neue radikalere Ausrichtung des Krieges war ein General wie McClellan nicht geeignet. Seine Absetzung war jedoch nicht nur in militärischer Hinsicht von Bedeutung: Da McClellan der Demokratischen Partei nahe stand und möglicherweise schon zu diesem Zeitpunkt seinerseits mit Aspirationen auf das Präsidentenamt liebäugelte, konnte Lincoln das Risiko nicht eingehen, sich von einem solchen

General die Führung der Operationen bestimmen zu lassen, die notwendigerweise ihren Einfluss auf die nationale Strategie haben mussten.

Während des gesamten Bürgerkrieges hielt es Lincoln für nötig, seine Generale wiederholt an die politischen Ziele und die Natur dieses Konfliktes zu erinnern; generell hegte er den Verdacht, dass professionelle Militärs ohne zivile Kontrolle sich dieser zunehmend entziehen könnten. Daher bestand für ihn als Kriegsherrn die Notwendigkeit, sie und ihre operationalen Strategien genau zu analysieren und gegebenenfalls zu korrigieren sowie darauf zu achten, dass die Befehle des zivilen Oberbefehlshabers auch ausgeführt wurden. Lincoln schickte daher politische Berater an die Front, die dort mit den höheren Offizieren die politischen Aspekte des Krieges diskutierten und dem Präsidenten regelmäßig über abweichende Meinungen nach Washington berichteten. Die direkte Kontrolle Lincolns wurde allerdings erst durch eine technologische Neuerung möglich, die auch den modernen Charakter dieses Krieges stellvertretend für viele andere Neuerungen, wie etwa Panzerschiffe, Maschinengewehre und sogar U-Boote, exemplifiziert: den Telegraphen, der sämtliche Truppenbewegungen binnen kurzer Zeit nach Washington melden konnte. Ebenso konnte der Präsident seinen kommandierenden Generalen binnen kürzester Zeit Anweisungen übermitteln (die sie dann befolgten oder auch nicht) oder aber über deren politische Standpunkte informiert werden. Es nimmt daher nicht wunder, dass Lincoln als feinsinniger Beobachter und Analytiker des militärischen Geschehens einen großen Teil seiner Amtszeit als Kriegspräsident im Telegraphenamt des Kriegsministeriums verbrachte und dort signifikanterweise auch das zentrale Dokument des Bürgerkrieges entwarf: die Emanzipationsproklamation. Oft musste er bei Meinungsverschiedenheiten zudem zwischen seinen Generalen vermitteln und dabei immer wieder auf seine Funktion und Autorität als Kriegsherr verweisen.

In der Nordstaaten-Bevölkerung war nach anfänglich breiter Unterstützung des Krieges eine spürbare Skepsis eingetreten, so dass die «Friedens-Demokraten» langsam an Rückhalt gewannen. Eine politisch gespaltene Union jedoch hatte keine Aussicht auf einen Sieg. Als Ende 1862 die Kongresswahlen näher rückten, war es für Lincoln politisches Gebot, die Loyalität der Bevölkerung zu stärken und für mehr Solidarität zu sorgen. Im September, kurz nach der Bekanntgabe der Emanzipationserklärung, hob er daher nun landesweit das Habeas-Corpus-Bürgerrecht auf – eine Maßnahme, die den zunehmenden Dissens an der Heimatfront bekämpfen sollte, indem sie es juristisch ermöglichte, Unruhestifter, vor allem Deserteure und Kollaborateure, umgehend aus dem Verkehr zu ziehen. Bereits mit der Emanzipationsproklamation hatte Lincoln den Demokraten genug Sprengstoff für die anstehenden Kongresswahlen geboten. Die jüngsten Niederlagen der Unionstruppen, gekoppelt mit Rezession und rasch ansteigender Inflation, führten zu schweren Verlusten der Republikanischen Partei. Die Demokraten ihrerseits hatten mit dem Wahlkampfslogan «Für die Verfassung, wie sie ist, und die Union, wie sie war» gegen die ihres Erachtens willkürliche Verfassungsinterpretation durch Lincoln protestiert und die Wiederzulassung der abgefallenen Südstaaten ohne Infragestellung der Sklaverei gefordert und damit in einigen Regionen bedeutende Wahlsiege erzielt. Doch obwohl der republikanische Vorsprung reduziert wurde, reichte er in beiden Kammern des Kongresses für die erforderliche Mehrheit, eine relevante Konfiguration für Lincolns weiteres Agieren als Kriegsherr.

Angesichts schwindender Zahlen von Freiwilligen führte Lincoln im März 1863 die begrenzte Wehrpflicht ein – ein Novum in der amerikanischen Geschichte. Insgesamt sollte sich die Nordstaatenarmee zwar nur aus etwa zehn Prozent Wehrpflichtigen zusammensetzen; die Bestimmung allerdings, nach der man sich dem Militärdienst durch Zahlung von 300 Dollar für einen Ersatzmann entziehen konnte, sorgte für vehementen Protest in der Bevölkerung. Aufgrund dieser umstrittenen Bestimmungen kam es in New York im Juli 1863 zu schweren Unruhen und Straßenkämpfen, die nur unter Einsatz von mehreren Truppenteilen, die von der Front abgezogen werden mussten, unterdrückt werden konnten. Bei diesen Protesten gegen den «Krieg der Reichen und den Kampf der Armen» kam es zu über hundert Todesfällen, darunter auch Lynchmorde an Schwarzen.

Erst in jenem Sommer 1863 gelang es dem Norden, seine überlegenen Truppen- und Industriereserven auch effektiv einzusetzen. Die Wende kam Anfang Juli mit der Schlacht von Gettysburg in Pennsylvania, wo die beiden Heere mit 160 000 Soldaten aufeinander prallten und nach drei Tagen über ein Viertel von ihnen gefallen war. Es war einer der wenigen Siege der Union auf eigenem Gebiet, und die Konföderierten unter General Lee zogen sich nach Virginia zurück. Lincolns vehemente Kritik am Oberbefehlshaber bei Gettysburg, General George G. Meade, der es nach der Schlacht versäumt hatte, Lees geschlagenen Truppen nachzusetzen, war ein Zeichen für andere Generale, dass es eben nicht ausreichte, defensiv gegen die Südstaaten-Armeen vorzugehen, man sie angreifen und schlagen musste.

Der Bürgerkrieg hatte eine Wende genommen, war aber noch lange nicht entschieden. Etwa zeitgleich mit der Schlacht von Gettysburg nahmen die Unionstruppen unter General Ulysses S. Grant, der schon zuvor sein Talent bewiesen hatte, Vicksburg in Mississippi ein. «Der erste General, den ich gehabt habe – ihr wisst, wie es um den Rest bestellt war ...», urteilte Lincoln über Grant und machte ihn im Herbst zum Oberkommandierenden der westlichen Truppen, im März 1864 schließlich zum Oberbefehlshaber seiner gesamten Armeen. Dies bedeutete zwar nicht, dass der Präsident sich im militärischen Bereich gänzlich im Hintergrund hielt, aber ein direktes Eingreifen seinerseits sollte bis zum Ende des Krieges nicht mehr nötig werden. Nach fast drei Jahren des Kampfes hatte Lincoln den richtigen Kommandeur mit einem fähigen Stab gefunden, darunter William T. Sherman und auch Philip Sheridan, die nun als eine Art Triumvirat seine Pläne von einer groß angelegten Angriffsstrategie umsetzen konnten.

Allerdings musste sich Lincoln 1864 zur Wiederwahl stellen. Damit war es nun auch an den Wählern, über das weitere Schicksal ihres Landes zu bestimmen: Die Präsidentschaftswahl dieses Jahres kann als eine der entscheidenden Weichenstellungen in der amerikanischen Geschichte gelten. Das Volk hatte darüber zu befinden, ob der Krieg weitergeführt werden sollte oder nicht – eine demokratische Administration würde dem Süden ein Friedensangebot machen.

Starke Flügelkämpfe innerhalb der Republikanischen Partei und das Auftreten auch anderer einflussreicher republikanischer Aspiranten auf die Präsidentschaft deuteten zunächst nicht darauf hin, dass Lincoln ohne weiteres renominiert, geschweige denn glatt wieder gewählt werden würde. Außerdem war eine einmalige Amtsperiode fast zur politischen Tradition geworden; seit Andrew Jackson hatte kein Präsident einen zweiten Sprung ins Weiße Haus geschafft. Auch noch nach seiner Renominierung im Juni zum Kandidaten der neu gebildeten Unions-Partei, einem Zusammenschluss von Republikanern und «Kriegs-Demokraten», die sich damit von dem einen Friedensschluss anstrebenden Mehrheitsflügel ihrer Partei distanzieren wollten, zweifelte Lincoln an seiner Wiederwahl. Die kriegsmüde Stimmung im Norden begünstigte eine Kompromisslösung und machte damit eher einen Sieg der Demokraten wahrscheinlich, deren Kandidat kein anderer war als General George B. McClellan.

Letztlich entschied eine gewonnene Schlacht über die Wahl: Nicht nur hatte Grant Fortschritte in Virginia zu verzeichnen, sondern nach schweren Kämpfen war am 2. September 1864 Atlanta in Georgia von den Unionstruppen unter Sherman eingenommen worden; ein Sieg, der die öffentliche Stimmung schlagartig umkippen ließ. Die bei Lincolns

Renominierung ausgetragenen parteiinternen Auseinandersetzungen wurden beigelegt, und die Demokratische Partei mit den von ihr propagierten Friedensangeboten war nun politisch isoliert. Das Blatt hatte sich zu Lincolns Gunsten gewendet, und im November wurde er ein zweites Mal zum Präsidenten gewählt. Mit 55 Prozent der Wählerstimmen lag das Ergebnis sogar noch deutlich höher als bei der vorangegangenen Wahl. McClellan hatte zwar 45 Prozent der Wählerstimmen verbuchen können, kam im Wahlmännerkollegium jedoch nur auf 21 Stimmen – gemessen an Lincolns 212 ein vernichtendes Ergebnis.

Bei den Präsidentschaftswahlen von 1864 war in der amerikanischen Geschichte erstmalig die Stimmabgabe von Soldaten im Krieg praktiziert worden. Lincolns politische Intuition, dass die Soldaten mehrheitlich für ihn stimmen würden, war durch viele eingehende Berichte von der Front bestärkt worden, und so befahl er, dass die Soldaten zur Wahlurne gehen sollten. In der Tat votierten dann über drei Viertel von ihnen für ihn, ein eindeutiges Mandat zur Fortführung des Krieges – und, wie der Präsident verlauten ließ, eines für den zur Sklavenemanzipation erforderlichen 13. Verfassungszusatz, den er nun umgehend im Kongress einbrachte, wenn auch nur knapp mit der notwendigen Zweidrittelmehrheit von 119:58 Stimmen. Allerdings sollte es erst seinem Nachfolger Andrew Johnson vergönnt sein, das Inkrafttreten dieses Gesetzes zu erleben.

Das Wahlprogramm der Unions-Partei von 1864 sah ausdrücklich eine «bedingungslose Kapitulation» des Südens vor, eine Vorstellung, die Lincoln entschieden mitgetragen, ja seinen Militärs als einzige Option aufgezeigt hatte. Lincoln ließ ihnen freie Hand mit Ausnahme von politischen Entscheidungen, wie zum Beispiel bei dem Hinweis gegenüber Grant, mit General Lee nur zu verhandeln, wenn es um die endgültige Kapitulation der Südstaatenarmeen ginge. Lincoln autorisierte das an totale Kriegführung erinnernde Vorgehen Shermans in Georgia, das eine Schneise der Verwüstung anrichtete und mit dem intendierten demoralisierenden Effekt erste Wirkungen beim Gegner zeigte. Der Präsident unterstützte Shermans Taktik der «verbrannten Erde» – die wichtigste und zugleich grausamste militärische Innovation dieses Krieges –, da sie im Einklang mit seinem Prinzip der bedingungslosen Kapitulation stand. Diese Form der radikalen Kriegführung war nicht seinem eigenen Denken entsprungen, sondern an ihn herangetragen worden.

Als der konföderierte Widerstand Ende Januar 1865 fast zusammengebrochen war, gab Lincoln seinem Außenminister Seward angesichts bevorstehender Friedensverhandlungen die Instruktion mit auf den

Weg, keine Beendigung der Kampfhandlungen zu akzeptieren, ohne dabei den Krieg selbst durch «die Entwaffnung aller Kräfte, die der Regierung gegenüber feindlich gesinnt sind» zu beenden. Dies kam der Formel der «bedingungslosen Kapitulation» schon sehr nahe; allerdings instruierte Lincoln Seward ebenfalls dahingehend, dass man über Details verhandeln könne, wenn die Konföderation zwecks Wiederherstellung der Union Emanzipation und Frieden zustimme. Naturgemäß nahm Jefferson Davis diese Bedingungen als bedingungslose Kapitulation wahr. In der Einsicht, diesen Krieg nicht weiterführen zu können, kapitulierte die Armee der Konföderierten am 9. April 1865 in Appomattox (Virginia).

Nur wenige Tage danach, am 14. April 1865, fiel Lincoln während eines Theaterbesuchs in Washington einem Attentat – dem ersten dieser Art in der amerikanischen Geschichte – zum Opfer: durch die Hand eines fanatischen Südstaatlers, des Schauspielers John Wilkes Booth, der ihn mit den Worten des Brutus «Sic semper tyrannis» niederschoss.

Sicherlich war Lincoln als demokratisch legitimierter Kriegsherr weder Gewaltherrscher oder Diktator noch charismatischer Führer gewesen. Als Präsident vermied er improvisierte öffentliche Reden und zog länger vorbereitete, wohl bedachte Ansprachen vor, in denen er Abstand von sonst üblichen Kriegstopoi wie militärischer Glorie und Heldenverehrung nahm. Wenngleich Machiavellis Taktiken und Methoden von Manipulation nicht ganz abgeneigt, engagierte er sich, im Gegensatz zu anderen zeitgenössischen politischen Führern, wo irgend möglich in einem Dialog mit der Bevölkerung und ihren politischen Repräsentanten über Ziel und Mittel des nationalen Überlebenskampfes. Dabei war er weder moralisierender Idealist noch politischer Opportunist. Auf die sich permanent verändernden Umstände reagierte er mit einem auf festen Prinzipien beruhenden illusionslosen Pragmatismus.

Lincolns Selbstwahrnehmung hinsichtlich seiner Führungsqualitäten als Kriegsherr spricht aus einer Bemerkung, die, nähme man sie wörtlich, Bedeutung und Verdienst eines Präsidenten in Frage stellen würde, der seine Nation nicht nur erfolgreich durch einen Krieg geführt, sondern sie auch fundamental transformiert hatte: «Ich behaupte, Ereignisse gesteuert zu haben, aber bekenne auch, dass Ereignisse mich gesteuert haben». Diese Aussage reflektierte den Charakter eines modernen Krieges, der auf dem Weg zur Totalisierung war und dabei eine Eigendynamik entwickelt hatte, die weit über den ursprünglichen Charakter dieses Konfliktes hinausging. In dieser Komplexität der Situation als Kriegsherr die richtigen Entscheidungen treffen zu müssen, hatte Lincoln belastet und zu jener Selbsteinschätzung veranlasst. Sicherlich aber ist sie zu moderat ausgefallen. In der ersten Phase des Krieges, als es ihm vordringlich um den Erhalt der Union ging, mögen ihn die Ereignisse mehr kontrolliert haben, als dass er sie selbst geprägt hätte. Nach der Emanzipationserklärung indessen, als Chefideologe und Kopf seiner Partei und als Oberbefehlshaber der Streitkräfte derjenige, der die eigentliche Strategie für diesen Krieg entworfen hatte, bestimmte er in weiten Bereichen die Zielrichtung und damit letztendlich den erfolgreichen Ausgang dieses Konfliktes.

Das geradezu anarchische oder chaotische Element eines jeden Krieges verlangt ein Höchstmaß an alltäglicher flexibler Anpassung an neue Gegebenheiten. Lincoln war dieser Aufgabe eindeutig besser gewachsen als Jefferson Davis, der als ehemaliger Kriegsminister zwar über eine weitaus größere Expertise im Kriegshandwerk verfügte; nicht jedoch über die politische und rhetorische Kompetenz, den Krieg und damit die stetig wachsende Zahl der Toten einer Bevölkerung begreiflich zu machen, deren Söhne zum größten Teil freiwillig in die Schlacht gezogen waren.

Den unveränderbaren Kern seiner nationalen Strategie bildete für Lincoln die zivilreligiöse Vorstellung, dass die «Nation unter Gott» unter allen Umständen zu erhalten sei und diese «neugeborene» Nation nunmehr ohne den Makel der Unfreiheit, also der Sklaverei, existieren und sich in die Zukunft entwickeln müsse. Um diesen festen Mittelpunkt kreisten flexible Elemente seiner Kriegführung, die auf die Grundelemente der nationalen Strategie ausgerichtet waren. Lincoln, der den Krieg im Clausewitzschen Verständnis als ein Instrument der Umsetzung der nationalen Strategie einsetzte, beherrschte dessen Grammatik während seines Verlaufes als Kriegsherr intuitiv immer sicherer.

Kriegsherrin wider Willen
Cixi
(1835–1908)

Sabine Dabringhaus

Das letzte chinesische Kaiserhaus, die mandschurische Qing-Dynastie (1644–1911), war durch Eroberungszüge größten Stils an die Macht gekommen. Noch der Qianlong-Kaiser (1711–99) galt nicht nur bei seinen asiatischen Nachbarn, sondern auch im zeitgenössischen Europa als einer der erfolgreichsten Feldherren der Epoche. Im 19. Jahrhundert, als China weltpolitisch in die Defensive geriet, verminderte sich der Entfaltungsspielraum für Kriegsherren. Wenn überhaupt jemand in der Spätzeit der Dynastie diese Rolle füllte, dann war es eine Frau: die Kaiserinwitwe Cixi (Tz'u-hsi).

Cixi war jedoch keine Kriegsherrin im üblichen Sinne. Sie zog nicht etwa wie Tschingis Khan und Mao Zedong mit ihrer Armee in den Kampf gegen innere und äußere Feinde. Die Kaiserinwitwe war keine Kaiserin. Ihr fehlte die formale Legitimation als kaiserlicher Himmelssohn. Sie übte ihre Herrschaft auf indirekte Weise durch ein Netz von Familienbeziehungen, Hofcliquen und mit Hilfe einzelner loyaler Elitebeamter aus. Ihre Macht am Kaiserhof war instabil und immer von innenpolitischen Gegenkräften und ausländischen Eingriffen bedroht. Vor allem die beiden großen Kriegsereignisse ihrer Zeit, der Chinesisch-Japanische Krieg von 1894/95 und der Boxerkrieg des Jahres 1900, zeigen, dass Cixi keineswegs die allmächtige Despotin war, als die sie in der chinesischen und auch der westlichen Literatur bisher meist dargestellt wurde.

Cixi stammte aus einer einfachen Beamtenfamilie des mandschurischen Yehenala-Clans. Sie verdankte ihren Aufstieg am Qing-Kaiserhof der Tatsache, dass sie im April 1856 den einzigen Sohn des Xianfeng-Kaisers (1831–61), den späteren Tongzhi-Kaiser (1856–75), gebar. Im Juni 1852 war Cixi als eine Konkubine des niedrigen sechsten Ranges in den Kaiserpalast eingeführt worden. In der konfuzianisch-patriarchalischen Gesellschaft bot das kaiserliche Konkubinat einen der wenigen weiblichen «Karrierewege». Als Xianfeng 1861 starb, stieg Cixi zur Konkubine dritten Ranges auf.[1] Ihre politische Karriere begann in der gemeinsamen Vormundschaft für den jungen Kaiser mit Kaiserin Ci'an (gest. 1881). Unterstützt wurden die beiden Regentinnen von Prinz Gong (1833–98), dem Bruder des verstorbenen Kaisers. In einem Staatsstreich setzte sich das «Triumvirat» gegen den noch vom sterbenden Xianfeng-Kaiser eingesetzten Regentschaftsrat aus acht Mandschu-Prinzen und Hofbeamten durch.[2]

Als Mutter des Thronfolgers war Cixi neben Ci'an zur Kaiserinwitwe (taihou) erhoben worden.[3] Prinz Gong führte sie in die Regierungsgeschäfte ein, distanzierte sich aber von ihr, als Cixi 1875 nach dem Tod Tongzhis in einem erneuten Staatsstreich die traditionellen Thronfolgeregeln ignorierte und mit ihrem Neffen, dem späteren Guangxu-Kaiser (1871–1908), eine Person aus der Generation ihres Sohnes wählte, um nicht in den Status einer «kaiserlichen Großmutter» zurückzufallen und damit ihre Position als Regentin zu verlieren. Offiziell hielt sich Cixi weiterhin im Hintergrund; sie vollzog persönlich nie das höchste Nachfolgeritual, die Besteigung des Kaiserthrons (ji huangdi wei), das die Übernahme der absoluten kaiserlichen Autorität als Himmelssohn (tianzi) bedeutete. Die Kaiserinwitwe beherrschte die Qing-Regierung vielmehr verborgen hinter einem Vorhang aus kaiserlichem gelben Brokat, der sich direkt hinter dem Kaiserthron befand.

Als der Kaiser 1898 den Versuch unternahm, sich der Kontrolle seiner Tante zu entziehen, schaltete Cixi zum dritten Mal in einem Staatsstreich ihre Machtkonkurrenten am Kaiserhof aus. Dennoch besaß sie niemals eine ähnlich autokratische Stellung wie die Qing-Kaiser des 18. Jahrhunderts. Ihr Einfluss auf die Qing-Regierung beruhte vielmehr auf einem geschickten Taktieren zwischen den verschiedenen politischen Gruppierungen. Im Verlauf des 19. Jahrhunderts wurden Macht, Prestige und Verantwortung des Thrones zunehmend auf verschiedene Kräfte am Kaiserhof verteilt und nicht mehr allein in der Person des Himmelssohnes konzentriert. Cixi herrschte seit 1861 in einer Regentinnen-Koalition mit Prinz Gong im offiziellen Amt eines Berater-Prinzen (yizheng wang)[4]. In der Regierungspraxis übernahm der Staatsrat einen Teil der Amtsgeschäfte. Der Staatsrat (junji chu) war zu Beginn des 18. Jahrhunderts als informelles Beratungsorgan gegründet worden. Seine Mitglieder, Mandschu-Prinzen und Minister, traten in einem Gebäude innerhalb der Inneren Höfe des Kaiserpalastes zusammen und nicht im offiziellen, repräsentativen Bereich der Außenhöfe. Sie verfügten über direkten, täglichen Kontakt zum Kaiser und gehörten zu den einflussreichsten Persönlichkeiten der Zentralregierung. Die Kaiserinwitwe Cixi übte ihre Herrschaft über ihre engsten Vertrauten in diesem Gremium aus. Dieser «Partei der Kaiserinwitwe» (houdang) stand die «Kaiser-Partei» (didang) der Anhänger Guangxus gegenüber, der wiederholt versuchte, sich von der Bevormundung durch seine Tante zu befreien.

Hauptkräfte der Reform- und Modernisierungsstrategie, zu der sich die Qing-Regierung nach den Niederlagen in den beiden Opiumkriegen (1839–42, 1856–60) gezwungen sah, waren vor allem patriotisch gesinnte hanchinesische Provinz- und Generalgouverneure. Sie arbeiteten mit Hilfe von Investitionen im Rüstungs- und Wirtschaftssektor auf ein Wiedererstarken des Qing-Reiches hin. Mit Li Hongzhang (1823–1901) gehörte einer der wichtigsten Repräsentanten der Selbststärkungspolitik zu den Vertrauten der Kaiserinwitwe. Aus Angst vor einem chinesischen Umsturzversuch gegen die Mandschuren spielte Cixi jedoch die Reformbeamten gegeneinander aus anstatt ihre regionalen Initiativen zu einer einheitlichen landesweiten Modernisierungsstrategie zu bündeln.[5]

Das Triumvirat hatte den Thronwechsel von 1875 überlebt. Als Ci'an 1881 starb, stieg Cixi offiziell zur Alleinregentin auf. Sie war nun gleichzeitig das Oberhaupt des kaiserlichen Klans und des Qing-Staates geworden. Nachdem Guangxu 1887 seine Volljährigkeit erreicht hatte, stand sie ihm noch zwei Jahre «beratend» zur Seite und zog sich 1889 offiziell von der Regentschaft zurück. Vom neuen Sommerpalast Yiheyuan aus, den Cixi mit Geldern des Marinebudgets als Ersatz für den 1860 von britischen und französischen Truppen zerstörten alten Sommerpalast aus dem 18. Jahrhundert errichtet hatte, behielt sie jedoch inoffiziell die Kontrolle über die Regierungsgeschäfte in der Hand. Täglich ließ sie sich über den Schriftverkehr am Kaiserhof informieren. Besetzungen im Staatsrat und in den Ministerien konnten weiterhin nur mit ihrer Einwilligung erfolgen. Aufgrund der kooperativen Struktur der späten Qing-Regierung, bestehend aus Regentin, mandschurischen Prinzen und chinesischen Elitebeamten, entschied gerade die Zusammensetzung der wichtigsten Regierungsorgane über die Politik am Kaiserhof. Machtkämpfe zwischen dem mandschurischen Adel und der hanchinesischen Beamtenschaft wie auch zwischen den weltoffeneren, reformwilligen südchinesischen Beamten und ihren verschlossenen, konservativen nordchinesischen Kollegen prägten die Politik der späten Qing-Zeit. Cixis «Staatsstreiche» wären ohne diese strukturelle Schwächung der Zentralregierung durch ständige interne Rivalitäten nicht möglich gewesen.

Eine wichtige Stärkung ihrer Position erreichte Cixi durch ihr drittes Komplott: ihren Eingriff in die so genannte Hundert-Tage-Reform der Guangxu-Regierung im September 1898. Guangxus Versuch, auf die

Forderungen der konstitutionellen Reformer einzugehen und sich damit auch vom Einfluss seiner übermächtigen Tante zu befreien, war gescheitert. Cixi wagte zwar angesichts von Protesten südchinesischer Provinzgouverneure und ausländischer Diplomaten nicht, Guangxu zu beseitigen, stellte ihn aber unter Hausarrest und übernahm erneut die Regentschaft. In diese dritte und letzte Herrschaftsperiode der Kaiserinwitwe, die mit ihrem Tod im Jahre 1908 endete, fiel die Boxerkrise, die im Sommer 1900 zum Boxerkrieg eskalierte und als eines der ersten globalen Medienereignisse der Geschichte entscheidend zu Cixis negativem Bild in der Geschichtsschreibung beitrug. Selbst ihre unmittelbar nach Abschluss des Boxerprotokolls im September 1901 eingeleiteten umfangreichen Reformen, die als die «Neue Politik» (xinzheng) des letzten Jahrzehnts der Qing-Dynastie bezeichnet werden, konnten daran nichts ändern. Cixi griff in ihrer «Neuen Politik» auf die Reformvorschläge von 1898 zurück. Bereits 1901 wurde das Außenamt (zongli yamen), das 1861 von Prinz Gong gegründet worden war, in ein modernes Außenministerium (waiwu bu) umgewandelt. In den folgenden Jahren entstand mit der Gründung von weiteren elf Ministerien ein neuer zentraler Regierungsapparat.[6] 1905 schickte Cixi zwei Reformkommissionen nach Japan, Europa und Nordamerika, um «möglichst schnell die besten Elemente [ausländischer Regierungsinstitutionen] auszuwählen und ihnen nachzueifern».[7] Ihr Ziel war die Umwandlung der absoluten Herrschaft in eine konstitutionelle Monarchie – allerdings, wie Cixi im Staatsrat feststellte, erst nach einem weiteren Jahrzehnt, da ihr das einfache Volk noch nicht reif dafür schien.[8] In dem 1906 gegründeten Kabinett dominierten weiterhin Mandschuren: Sie stellten neun der dreizehn Mitglieder. Zugeständnisse gegenüber der Bevölkerungsmehrheit der Hanchinesen machte Cixi nur, um dem aufkommenden Anti-Mandschurismus die Spitze zu nehmen. Sie ließ das traditionelle Heiratsverbot zwischen Mandschuren und Chinesen aufheben. Auf ihr altes Machtinstrument der Beziehungen im Mandschu-Adel wollte sie jedoch nicht verzichten.

Den dramatischsten Reformeingriff wagte die Kaiserinwitwe 1905 mit der Abschaffung des traditionellen Staatsprüfungssystems, das Jahrhunderte lang den sozialen Aufstieg in China in Form einer Beamtenkarriere an das Auswendiglernen konfuzianischer Klassiker gebunden hatte. Es wurden moderne Schulen gegründet, wie sie bis dahin nur von Missionaren oder Privatleuten auf lokaler Ebene ins Leben gerufen worden waren. Erstmals wurde das Studium im Ausland staatlich gefördert. Bereits 1906 studierten 12 000 Chinesen in Japan, das zunächst die meisten chinesischen Studenten anzog.[9] Durch die Gründung von Handelskammern wurde die wirtschaftliche Zusammenarbeit mit dem Ausland erleichtert. Im militärischen Bereich hatte es schon in den letzten Jahrzehnten des 19. Jahrhunderts einzelne Initiativen gegeben. Dem Aufbau einer «Neuen Armee» dienten die Gründung von Militärakademien und die Einführung eines landesweit einheitlichen Ausbildungs- und Übungswesens. Cixi gab mit diesen Reformen in den letzten Jahren vor ihrem Tod wichtige Anstöße zur Entwicklung eines modernen Staatswesens in China. Aber diese Leistung der Kaiserinwitwe blieb jahrzehntelang unerkannt. Man sah nur ihre angebliche Verantwortung für die Niederlagen in den beiden Kriegen der Jahrhundertwende.

Der erste chinesisch-japanische Krieg der Neuzeit wurde um Korea und in Korea geführt, das ursprünglich zu den Tributländern des chinesischen Kaiserreiches gehört hatte. 1876 erzwang Japan durch eine Kanonenbootaktion die Öffnung von drei koreanischen Vertragshäfen. Die Qing-Regierung wollte den Gesichtsverlust als Protektoratsmacht nicht hinnehmen, musste aber zunächst auf eine militärische Reaktion verzichten. Im Nordwesten banden Moslemaufstände und eine fortschreitende russische Expansion die kaiserlichen Streitkräfte. Gleichzeitig befand sich China im Konflikt mit Frankreich um die Oberherrschaft über Annam (Vietnam), den es nach einem kaum vorbereiteten und inkompetent geführten Seekrieg 1885 verlor. Die Niederlage signalisierte das Ende der ohnehin schwachen chinesischen Seemacht in Südostasien.

Cixi beschränkte sich zunächst auf einen politischen Schritt. Sie entzog dem Ritenministerium, das traditionell die Tributbeziehungen Chinas verwaltete, die Zuständigkeit für Korea und übertrug sie ihrem Vertrauten Li Hongzhang. Dieser schickte Yuan Shikai (1859–1916) in die koreanische Hauptstadt, um dort die chinesische Kontrolle über die koreanische Innenpolitik zu gewährleisten. In der Außenpolitik empfahl er dem koreanischen König eine traditionelle Strategie der chinesischen Außenpolitik: die Barbaren gegeneinander auszuspielen (yiyi zhiyi) und mit möglichst vielen westlichen Staaten Handelsverträge abzuschließen, um auf diese Weise Japan besser auf Distanz halten zu können.

1882 provozierten ein Staatsstreich am koreanischen Königshof und fremdenfeindliche Ausschreitungen (denen Japaner zum Opfer fielen) in Seoul erneut ein chinesisches und japanisches Eingreifen. Die Qing-Regierung ließ den rebellischen Prinzen Hungson in China unter Hausarrest stellen, um dieses Mal ihr Gesicht als Protektoratsmacht zu bewahren. Korea wurde Japan gegenüber zu einer Entschädigungszahlung und einer förmlichen Entschuldigung gezwungen. Japan erhielt einen weiteren Vertragshafen und die Erlaubnis, seine Botschaft mit Schutztruppen auszustatten. Die chinesische Seite sicherte sich dabei Handelsprivilegien. Als außenpolitische Berater schickte Li Hongzhang der koreanischen Regierung nun den auslandserfahrenen Diplomaten Ma Jianzhong sowie seinen deutschen Mitarbeiter Paul Georg von Möllendorff. Nach chinesischem Vorbild gründete Möllendorff ein koreanisches Seezollamt, schuf ein modernes Postwesen und vermittelte Handelsverträge mit Japan, Großbritannien, Deutschland, Italien und Russland. Er gewann das Vertrauen des koreanischen Königs und wechselte nun die Fronten, indem er der koreanischen Regierung Russland als alternative Schutzmacht empfahl. Als er 1884 die koreanische Sühnemission nach Tokyo begleitete, handelte Möllendorff heimlich ein Bündnis mit den Russen aus, in dem Korea als Gegenleistung für die russische Zusicherung von Schutz und militärischer Beratung dem Zarenreich einen eigenen Hafenstützpunkt versprach. Li Hongzhang erfuhr davon und entließ Möllendorff.

Im Frühjahr 1894 veranlasste eine Bauernrebellion den koreanischen König unter dem Druck seiner chinesischen Berater zu einem Hilfegesuch an den Qing-Hof. Japan wollte dem chinesischen Truppenaufmarsch zuvorkommen und landete in einer Überraschungsaktion eine 6000 Mann starke Armee an der koreanischen Küste. Die koreanische Hauptstadt wurde gestürmt, der König gefangen genommen und der Aufstand niedergeschlagen. Japan zwang den wieder eingesetzten Prinzen Hungson zur offiziellen Aufkündigung des Tributverhältnisses zu China und zu einem umfangreichen Reformprogramm, das eine völlige Abkehr vom traditionellen sinisierten Herrschaftsstil bedeutete und sich am japanischen Vorbild orientierte. Im Juli 1894 versenkte die japanische Marine vor der Küste Koreas einen chinesischen Truppentransporter mit 1220 Soldaten; im August folgte eine japanische Kriegserklärung an das Qing-Reich, in der Korea als «unabhängiger Staat» bezeichnet wurde.

Die Qing-Regierung war zum Handeln gezwungen, wollte sie nicht erneut ihr Gesicht und mit Korea eine wichtige Pufferzone ihres Reiches verlieren. Dennoch reagierte Cixi zunächst mit Zurückhaltung. Die abergläubische Kaiserinwitwe befand sich gerade bei den aufwendigen Vorbereitungen der Feierlichkeiten zu ihrem 60. Geburtstag im November des Jahres. Einen solch wichtigen Anlass mit einem Krieg zu begehen, galt als ein schlechtes Omen.[10] Auch Li Hongzhang zeigte sich keineswegs kriegsbereit, da die ihm in Nordchina zur Verfügung stehenden Qing-Truppen den japanischen Invasoren in Korea nicht nur zahlenmäßig unterlegen waren. Im Gegensatz zu Japan verfügte China über keine einheitliche moderne Armee. Die Reform- und Modernisierungsbemühungen der letzten Jahrzehnte hatten sich auf die Regionalarmeen einzelner Provinzgouverneure beschränkt. Die kaiserlichen Truppen waren weiterhin in ethnisch gegliederte Bannereinheiten und traditionelle hanchinesische «Grüne Standarten» unterteilt. Es gab kein zentrales Oberkommando. Die Machtkämpfe innerhalb der hauptstädtischen Beamtenschaft sowie zwischen der Zentralregierung und den Provinzverwaltungen behinderten den Aufbau einer landesweiten modernen Armee ebenso wie die Korruption innerhalb der Qing-Bürokratie, die einer Militärreform die finanzielle Grundlage entzog. Gerade die Hauptverantwortlichen für den schlechten Zustand der Qing-Armee forderten nun aber Li Hongzhang zum Kriegseinsatz auf. Auch der Guangxu-Kaiser zeigte sich kriegswillig und zwang Li Hongzhang durch seine Kriegserklärung an Japan zum militärischen Handeln.

Mit der Beschränkung auf eine defensive Strategie beging Li einen entscheidenden Fehler. Er hielt seine wenigen modernen Kriegsschiffe für den Schutz der eigenen Truppen zurück, anstatt sie umgehend zur Verhinderung weiterer japanischer Truppentransporte an der koreanischen Küste zum Einsatz zu bringen. Zudem fehlte seiner Flotte die Munition für ihre modernen Krupp- und Armstrong-Waffen. In den darauf folgenden achtmonatigen Kampfhandlungen erlitten die Qing-Truppen eine vernichtende Niederlage. Bereits zwei Monate nach Kriegsausbruch hatten die Japaner ganz Korea unter ihrer Kontrolle. Li Hongzhangs Kriegsflotte wurde zerstört. Japanische Truppen landeten ungehindert auf der Liaodong-Halbinsel in der Mandschurei und nahmen im November den strategisch wichtigen Hafen Port Arthur ein. Weitere japanische Kontingente drangen in die Südmandschurei vor. Im Februar 1895 fiel mit Weihaiwei auch ein wichtiger Stützpunkt auf der Korea gegenüberliegenden Shandong-Halbinsel. In der chinesischen Hauptstadt erfuhr man von dem Fiasko jedoch nur mit Verzögerung. Die Praxis, Kommandeure bei solchen Eingeständnissen oder bei falschen Angaben über den Kriegsverlauf mit dem Tod zu bestrafen, verlangsamte ohnehin den Informationsfluss. Für Cixi und ihren Militärstrategen Li Hongzhang war der Verlust der beiden chinesischen Festungshäfen überdies ein Symbol ihres persönlichen Versagens: Der Fall Port Arthurs erfolgte an Cixis 60. Geburtstag; Weihaiwei fiel an Lis 72. Geburtstag.[11] Angesichts dieses katastrophalen Ausgangs konnte die Kaiserinwitwe ihren Vertrauten Li Hongzhang nicht mehr schützen. Er verlor seine gesamten Ehrentitel und Privilegien und blieb nur im Amt, weil die Verteidigung Beijings ohne die von ihm organisierte und ihm persönlich ergebene Huai-Armee nicht auskam.

Das Qing-Reich war in diesem Krieg endgültig als regionale Militärmacht in Ostasien ausgeschaltet worden. Aber auch das politische Überleben der Kaiserinwitwe stand nun auf dem Spiel. Wegen ihrer formal instabilen Stellung am Kaiserhof befürchtete sie ständig den Ausbruch anti-mandschurischen Widerstandes. Sie konnte daher nicht wie ihre japanischen Gegner auf die Nationalismus-Karte setzen. Deshalb hatte Cixi von Anfang an zurückhaltend auf die Verschärfung des chinesisch-japanischen Konflikts reagiert und sich selbst nach Kriegsausbruch immer auch verhandlungsbereit gezeigt. Bereits im November 1894 hatte Li Hongzhang Gustav Detring, den Zollkommissar von Tianjin, und den Journalisten Alexander Michie zu Friedensgesprächen nach Japan gesandt. Da die japanische Regierung aus Furcht vor einer internationalen Intervention in China keinen Staatsstreich gegen die Qing-Regierung provozieren wollte, lenkte sie schließlich ein und empfing Li Hongzhang zu Friedensgesprächen. Cixi überließ die offiziellen Stellungnahmen des Kaiserhofes während des Verhandlungsverlaufs Guangxu, um dessen persönliches Ansehen zu schwächen. Immerhin hatte er ja auch den Kriegseintritt befürwortet. War Japan durch den Krieg noch stärker als Nation zusammengewachsen, so verstärkten sich in China die Risse im Staatswesen. Der Hofzensor An Weijun machte offen Cixis Einmischung in die Thronentscheidungen für die zögerliche Haltung der Qing-Regierung und für Chinas Niederlage verantwortlich.[12] Die Spannungen zwischen Cixi und Guangxu nahmen zu, wenngleich die Kaiserinwitwe bis 1898 weiterhin offiziell im Hintergrund blieb und ihrem Neffen mehr Handlungsfreiheiten zu lassen schien als je zuvor.

Mit seinem für fast alle Beobachter überraschenden Sieg hatte das japanische Inselreich nicht nur den asiatischen Nachbarstaaten eine Alternative zur konfuzianischen Weltordnung aufgezeigt. Auch im Qing-Reich meldeten sich zunehmend traditionskritische Kräfte zu Wort und entwarfen im Schutz der internationalisierten Vertragshäfen alternative Entwicklungsmodelle. Innerhalb der Qing-Bürokratie führte die Verhärtung der Fronten dazu, dass die Gegner einer am Westen orientierten Reform- und Selbststärkungsbewegung die Kriegsniederlage benutzten, um die Stellung von Li Hongzhang und anderer reformbereiter Beamter zu schwächen. Argumente für einen ausländerfeindlichen Kurs lieferte nicht zuletzt die internationale Reaktion auf diesen Krieg. War Japan durch den Krieg mit China der Aufstieg zur Großmacht gelungen, so hatten die europäischen Mächte ihre Achtung gegenüber dem Qing-Reich verloren. Ihre imperialistische Aggressivität verschärfte sich in den folgenden Jahren.

Auch im Boxerkrieg des Jahres 1900 trat Cixi nicht als entschlossene Kriegsherrin hervor. Allerdings hatten sich seit 1895 die innen- und außenpolitischen Spannungen weiter verschärft. In der Innenpolitik dominierten nach dem Scheitern der Reformbewegung von 1898 die ultrakonservativen Kräfte, an deren Spitze die Kaiserinwitwe sich stellen musste, wenn sie nicht ihren Einfluss verlieren wollte. Das von Prinz Gong gepflegte Gleichgewicht zwischen den rivalisierenden Gruppierungen am Kaiserhof war unwiederbringlich zerbrochen; nach dem Tod des Prinzen verfügte niemand mehr über sein Vermittlungsgeschick. Im Schutz der ausländischen Kolonialverwaltungen entstand in den Vertragshäfen eine moderne städtische Öffentlichkeit, die sich immer stärker der konfuzianischen Gedankenwelt des Kaiserhofes entfremdete. Die General- und Provinzgouverneure des Südens, die im Wesentlichen die Reparationszahlungen nach den militärischen Niederlagen des Nordens finanzieren mussten, identifizierten sich immer weniger mit einer Zentralregierung, in der sich die konservativen und ausländerfeindlichen Nordchinesen durchgesetzt hatten und die Partei der Südchinesen ausgeschaltet worden war. Während der Boxerkrise verfolgten sie daher eine eigene Strategie der Kooperation im Umgang mit den ausländischen Konsuln – auch, um weitere Gebietsverluste in ihrem Machtbereich zu verhindern.

Das Qing-Reich war nach der bitteren Niederlage von 1895 zum Objekt eines rivalisierenden Stützpunktimperialismus der Großmächte geworden. Zunächst hatte ein unmittelbar nach der Unterzeichnung des chinesisch-japanischen Vertrags von Shimonoseki *ad hoc* geschlossener «Ostasiatischer Dreibund» Russlands, Frankreichs und Deutschlands die Japaner zur Aufgabe ihrer Ansprüche auf die Liaodong-Halbinsel gezwungen.[13] Im Gegenzug ließen sich die Teilnehmer an dieser *triple intervention* ihre Unterstützung mit eigenen Zugeständnissen belohnen: Deutschland zwang China 1898 zu einem Pachtvertrag über die Bucht von Jiaozhou im Norden der Provinz Shandong und zu Eisenbahnkonzessionen. Frankreich pachtete eine kleine Hafenregion am Eingang der Bucht von Tongking und sicherte sich Bergbau- und Eisenbahnrechte für seine gesamte Interessensphäre, die sich über die drei Provinzen Yunnan, Guangxi und Guangdong erstreckte. Russland pachtete 1898 für 25 Jahre die eisfreien Häfen Port Arthur und Dalian und bekam die Rechte für eine Eisenbahnlinie quer durch Heilongjiang und die Südmandschurei zugesprochen. Großbritannien sicherte sich im «scramble for concessions» der späten 1890er Jahre die Nicht-Entäußerung der Yangzi-Region sowie die fortdauernde Leitung der Seezollbehörde, die

Erweiterung der Kronkolonie Hongkong um die New Territories, die Verpachtung des Marinestützpunktes Weihaiwei in Nordshandong und umfangreiche Eisenbahnkonzessionen. Nur Italien gegenüber gelang der Qing-Regierung 1899 die Abwehr eines Festsetzungsversuchs. Diesen fragwürdigen Erfolg interpretierte die Kriegsfraktion am Kaiserhof sogleich als Bestätigung für die Notwendigkeit, gegenüber den Ausländern einen entschlossenen militärischen Kurs zu fahren.

Auf beiden Seiten häuften sich die interkulturellen Fehlinterpretationen und Feindbilder. Die Qing-Regierung verlor nach 1895 nicht nur Territorien und Eisenbahnrechte, sie erlebte auch eine dramatische Verschlechterung ihrer Beziehungen zu den internationalen Gesandten in der Hauptstadt. Die Großmächte hatten inzwischen die erfahrenen China-Kenner der ersten Diplomatengeneration durch desinteressierte, meist zuvor in Afrika durch rassistische Methoden und Denkweisen verrohte Kolonialbeamte ersetzt. Diese traten den Qing-Beamten nun mit Verachtung und ohne Sprachkenntnisse gegenüber.[14]

In dieser spannungsgeladenen Situation eskalierte der Boxeraufstand zu einem internationalen Ereignis. Die Ursprünge dieser Volksbewegung liegen im Frühjahr 1898 im ländlichen Shandong, wo sich unterschiedliche Geheimgesellschaften, Sekten und Dorfmilizen zu «Faustkämpfern für Einigkeit und Gerechtigkeit» (Yihequan) vereinigten. Auf ihren Übungsplätzen praktizierten sie auch das traditionelle Schattenboxen (taiqiquan) und wurden daher im Westen als «Boxer» bezeichnet. Die Boxerbanden konzentrierten ihre Angriffe zunächst auf ausländische Missionare und ihre chinesischen Konvertiten, die als fremde Elemente für die Krisensituation der ländlichen Gesellschaft verantwortlich gemacht wurden. Vor allem in jenen Regionen Shandongs, die von furchtbaren Überschwemmungen des Gelben Flusses verwüstet worden waren, fiel die Boxerparole «Unterstützt die Qing, vernichtet die Ausländer» (fu Qing, mie yang) auf fruchtbaren Boden. Vernichtungsfeldzüge der Provinzregierung trieben die Boxerbanden von Shandong in die Nachbarprovinz Zhili, wo die große Trockenheit von 1899 eine Hungersnot verursacht und den Aufständischen zu großem Zulauf verholfen hatte. Aus einer ursprünglich ländlichen Protestbewegung gegen das ausländische Vordringen in die Lokalgesellschaft war ein überregionaler Aufstand geworden, der allmählich weite Teile Nordchinas erfasste und alle Symbole ausländischer Präsenz angriff: Kirchen und Geschäfte fielen den Boxerattacken ebenso zum Opfer wie Eisenbahn- und Telegraphenlinien.

In der Qing-Regierung war man sich über die Einschätzung der Boxerbewegung uneins. Die ausländerfeindlichen Kräfte sahen in den Boxern ein willkommenes Instrument für ihren ersehnten Kampf gegen die koloniale Präsenz. Die Kaiserinwitwe reagierte unentschlossen. Sie befürchtete eine internationale Intervention, die unweigerlich auch die Frage ihrer persönlichen Legitimität heraufbeschworen hätte. Die Eskalation der Ereignisse während der ersten Jahreshälfte von 1900 allerdings setzte Cixi unter Entscheidungsdruck. Die Gesandten in Beijing machten sie für die Ausbreitung der ausländerfeindlichen Boxerbewegung verantwortlich; gleichzeitig zweifelten sie auch an Cixis Legitimität und akzeptierten nur Guangxu als Regierungsoberhaupt. Die Kaiserinwitwe befand sich in einem schlimmen Dilemma: Ließ sie die Aufständischen nicht entschlossener und erfolgreicher unterdrücken, war ein Eingreifen ausländischer Truppen zu befürchten; gab sie aber dem internationalen Druck nach und befahl ihrer Armee die Vernichtung der Boxerbanden, dann drohte die ausländerfeindliche Bewegung in einen Anti-Qing-Aufstand überzugehen. Da Cixi letztlich die Ausländer mehr fürchtete als die einheimischen Boxer, stimmte sie schließlich der Integration von Boxerverbänden in ein Vorgehen der Qing-Armee gegen die Ausländer zu. Als Anlass bot sich der Abmarsch einer im Juni 1900 in Tianjin zusammengestellten Expedition von 2000 Marinesoldaten unter dem Befehl des britischen Admirals Seymour an. Sie sollte die bedrängten Diplomaten in Beijing unterstützen. Cixi sah jedoch die Gerüchte bestätigt, dass die ausländischen Mächte einen Militäreinsatz zur Stärkung des Guangxu-Kaisers vorbereiteten. Daher setzte die Kaiserinwitwe auf die zweifelhafte Boxer-Karte.[15] Den Qing-Truppen gab sie den Befehl, die ausländische Invasion aufzuhalten und nicht mehr – wie noch bis Anfang Juni – gegen die Boxerbanden vorzugehen. Dieser Gesinnungswandel am Kaiserhof erschien den Boxern als offizielle Billigung ihrer Aufstandsbewegung. Seit April 1900 waren Boxerbanden bereits in Beijing aufgetaucht, nun strömten sie verstärkt in die Hauptstadt.

Dort drängte eine Koalition zwischen dem ausländerfeindlichen Prinzen Duan und dem General der Nordwest-Armee, Dong Fuxiang, die Kaiserinwitwe zum Krieg.[16] Die Ermordung eines japanischen Botschaftssekretärs am 11. Juni durch Dong Fuxiangs Soldaten alarmierte die Gesandten in Beijing. Sie forderten ihre Heimatregierungen auf, endlich einzugreifen. Cixis Vertrauter Rong Lu versuchte den Kriegsausbruch noch zu verhindern und entschuldigte sich im Namen der Kaiserinwitwe beim japanischen Botschafter. Gleichzeitig empfahl er Cixi, anstelle des außenpolitisch völlig unerfahrenen Prinzen Duan ihrem Vertrauensmann Li Hongzhang die Leitung des Außenamtes zu übertragen. Bis zum 16. Juni hielt sich die Qing-Regierung noch alle

Optionen offen und operierte auf vier verschiedenen Ebenen: Erstens sandte Cixi zwei Regierungsvertreter zur Seymour-Expedition, um deren Vormarsch zu stoppen; zweitens sicherte Rong Lu den Diplomaten in Beijing den Schutz der Qing-Regierung zu; drittens betrieb Dong Fuxiang die Angliederung von Boxerbanden als Milizen an seine Armee, und viertens wurde Yuan Shikai aufgefordert, seine Elitetruppen zur Verstärkung der Hauptstadtverteidigung zu entsenden. Einen Tag später stürmten jedoch ausländische Marineeinheiten die Verteidigungsanlagen von Dagu vor den Toren Tianjins. Die Qing-Armee reagierte mit einem Angriff auf die ausländischen Konzessionen in Tianjin und auf die Seymour-Expedition. Am 19. Juni forderte die Qing-Regierung die Ausländer auf, binnen 24 Stunden die Hauptstadt zu verlassen. Am 20. Juni wurde der deutsche Gesandte auf seinem Weg zum Außenamt ermordet. Die Gesandtschaftsbewohner wagten nicht mehr, die Hauptstadt zu verlassen. Am gleichen Tag erfolgte Cixis Kriegserklärung an die verbündeten Großmächte. Die Belagerung des Botschaftsviertels begann. 473 ausländische Zivilisten und etwa 3000 chinesische Christen wurden von 451 Wachsoldaten gegen die Angriffe der kaiserlichen Soldaten und Boxerbanden verteidigt. Während sich die Boxeraktionen im Norden auf Henan, Shanxi und die Mandschurei ausbreiteten, entschlossen sich die Provinzgouverneure im Süden zu Gegenmaßnahmen und vereinbarten mit Unterstützung der ausländischen Konsuln am 26. Juni eine «gemeinsame Verteidigung des Südostens». Wie zuvor der Chinesisch-Japanische Krieg beschränkte sich auch der Boxerkrieg auf den Norden Chinas. Als am 14. August eine Armee von 16 000 Mann aus acht verbündeten Nationen in Beijing einmarschierte und die Gesandtschaften befreite, floh Cixi mit Guangxu aus der Hauptstadt und zog sich nach Xi'an zurück, der Provinzhauptstadt von Shaanxi. Von dort aus lastete sie in ihren Edikten dem Kaiser und seinen Anhängern den Boxerkrieg an. Die erniedrigenden Friedensverhandlungen mit den ausländischen Mächten überließ sie wieder einmal Li Hongzhang. Die Gespräche in Beijing wurden im hauptstädtischen Umland von «Strafexpeditionen» der Verbündetenarmee unter dem Oberkommando von Feldmarschall Graf Alfred von Waldersee begleitet, die an Grausamkeit den Boxerangriffen nicht nachstanden. Am 7. September 1901 fand die Unterzeichnung des Boxerprotokolls statt, das die Entschädigungszahlungen an die ausländischen Mächte festlegte sowie die Zerstörung der Festungsanlagen von Dagu und ein zweijähriges Verbot von Waffenimporten vorsah. Außerdem akzeptierte die Qing-Regierung die Stationierung ausländischer Truppen in den Gesandtschaftsvierteln und entlang der Verbindungswege von Beijing zum Meer und versprach die Umwandlung ihres traditionellen Außenamtes in ein modernes Ministerium. Cixi konnte im Januar 1902 wieder in den Kaiserpalast zurückkehren. Viele Mitglieder der Pro-Boxer-Partei wurden hingerichtet oder verbannt. Konsequenzen aus der Boxerkatastrophe zog die Kaiserinwitwe unmittelbar nach der Unterzeichnung des Boxerprotokolls: Sie brachte ein umfangreiches Reformprogramm in Bewegung, das als «Neue Politik» das letzte Jahrzehnt in der Dynastiengeschichte Chinas prägte.

In beiden Kriegen der letzten Jahre des 19. Jahrhunderts war Cixi nicht als große Kriegsherrin hervorgetreten, da sie keineswegs alle Fäden in der Hand hielt und ihre Stellung am Kaiserhof nicht unumstritten war. Die Kaiserinwitwe verkleidete ihre Machtansprüche geschickt unter dem Deckmantel der Regentschaft. Oftmals war nicht klar, wer gerade am Kaiserhof regierte. Selbst in den Phasen ihres stärksten Einflusses litt sie immer auch unter dem Druck, dass ihr die Macht des Himmelssohnes ja eigentlich formal nicht zustand und ihre Stellung daher immer bedroht war. Hinzu kam ein grundsätzliches Problem der mandschurischen Monarchen der Qing-Dynastie des 19. Jahrhunderts: Einerseits hing ihre Legitimität – das Himmelsmandat – als Kaiser von China gerade von der Pflege der chinesischen Tradition ab; andererseits nahm der Reform- und Modernisierungsdruck zu, und die Dynastie musste befürchten, dass eine Abkehr von dem traditionellen Weg zu ihrem Mandatsverlust führen würde.

Cixi sicherte sich ihren Einfluss auf die Politik mit Hilfe von Vertrauensleuten aus drei verschiedenen Machtlagern innerhalb des Qing-Staates: Prinz Gong als Vertreter des mandschurischen Adels, Rong Lu als Mann des Militärs an ihrer Seite und Li Hongzhang, der chinesische Elitebeamte, der ihre Interessen mit diplomatischem Geschick auf der internationalen Bühne vertrat.

Prinz Gong gehörte seit 1853 dem Staatsrat an und hatte 1861 Chinas erstes Außenamt (zongli yamen) gegründet. Er zeichnete sich vor allem als Vermittler in den Konflikten zwischen dem Mandschu-Adel und den chinesischen Hofbeamten aus. Prinz Gong zog qualifizierte chinesische Beamte dem korrupten Adel seines eigenen Volkes und den intriganten Eunuchen vor. Cixis Missachtung der Thronfolgeregeln von 1875 belasteten seine Beziehungen zur Regentin. 1884 zog er sich ins Privatleben zurück und erschien erst 1894 nach Kriegsausbruch wieder auf der politischen Bühne. Die rivalisierenden Fraktionen am Kaiserhof ließen sich jedoch inzwischen nicht mehr zusammenbringen.

Prinz Gong bemühte sich zwar noch um eine Stärkung der wenigen in der Zentralregierung verbliebenen südchinesischen Beamten, konnte aber seine frühere Integrationsrolle bis zu seinem Tod im Jahre 1898 nicht mehr wiedererlangen.

Rong Lu (1836–1903), der in Pearl S. Bucks berühmter Romanbiographie über die Kaiserinwitwe in die Rolle ihres Liebhabers versetzt wird[17], stammte aus einer mandschurischen Bannerfamilie und kannte Cixi von Jugend an. Mit ihrer Unterstützung wurde er Polizeichef von Beijing und Kommandeur der hauptstädtischen Streitkräfte. Außerdem band Cixi ihn in ihr Verwandtschaftsnetz am Kaiserhof ein. Im Komplott von 1875 vertraute sie Rong Lu die Eskorte ihres Neffen in den Kaiserpalast an. Seine Loyalität bewies Rong Lu erneut 1898, als er die Niederschlagung der Reformbewegung militärisch absicherte. Dabei empfahl Rong ihr auch, einen Thronfolger für den kinderlosen Guangxu zu bestimmen, um auf diese Weise ihre erneute Regentschaftsposition durch familiäre Bindungen abzusichern. Daher fiel ihre Wahl auch auf den Sohn des konservativen Prinzen Duan, der mit einer Tochter des Bruders von Cixi verheiratet war. Rong Lu erhielt neben militärischen Aufgaben auch einflussreiche zivile Ämter. Er wurde Mitglied des Staatsrats und gehörte zu den vier Großsekretären der Qing-Regierung. Seine militärische Karriere erreichte 1899 ihren Höhepunkt, als er mit der Reorganisation der kaiserlichen Armee beauftragt wurde. Rong Lu schuf fünf Armeeverbände (wuweijun) und unterstellte sie seinem Oberkommando (zongtong).[18] Er ließ sie auf vier verschiedene Regionen Nordchinas verteilen und behielt ein Kontingent in der Hauptstadt. Wie sich in der Boxerkrise zeigte, fehlte Rong Lu in der Politik das vermittelnde Geschick von Prinz Gong. Persönlich gehörte er zwar zu den Boxergegnern am Kaiserhof und setzte sich bis kurz vor Kriegsbeginn für den Schutz von Eisenbahnen und Gesandtschaften ein, konnte aber nicht alle vier Kommandeure seiner Verbände auf seine Seite bringen. So kam es, dass einige Armee-Einheiten die Boxer unterstützten, während andere sie bekämpften. An der entscheidenden Beratung am Kaiserhof nahm Rong Lu nicht teil und widersetzte sich danach Cixis Befehl zum Angriff auf die Gesandtschaften. Ebenso wenig zeigte er sich bereit, zu den Friedensverhandlungen mit den ausländischen Mächten in der Hauptstadt zurückzubleiben. Vielmehr floh er aus Beijing und erschien später in Xi'an wieder an Cixis Seite. Auf diese Weise überlebte Rong Lu die nachfolgende Bestrafungswelle, der viele führende Mitglieder der Qing-Regierung zum Opfer fielen. Er begleitete die Kaiserinwitwe 1902 nach Beijing zurück, wo er ein Jahr später verstarb.

Eine räumlich distanziertere, aber dennoch nicht weniger wichtige Beziehung verband Cixi mit Li Hongzhang. Dessen Karriere hatte als erfolgreicher Militärstratege auf Provinzebene begonnen. Die Kaiserinwitwe verdankte ihm auch die erfolgreiche Durchführung zahlreicher Modernisierungsprojekte in Armee und Wirtschaft. Li hielt sich selten direkt an ihrer Seite auf und diente Cixi von seinem Hauptstützpunkt in der nordchinesischen Hafenstadt und Provinzmetropole Tianjin aus. 1885 übertrug Cixi ihm zusammen mit dem völlig unerfahrenen Prinzen Duan die Leitung des neu gegründeten Marineamtes. Lis erfolgreiche Karriere ging nicht zuletzt auf seine beharrliche Loyalität gegenüber der Kaiserinwitwe zurück. Selbst in Krisenzeiten hielt er zu Cixi und bewährte sich wiederholt in heiklen Missionen.[19] Nach den militärischen Zusammenbrüchen der Qing-Truppen handelte er die Friedensverträge mit Frankreich (1884), Japan (1895) und mit der Acht-Mächte-Allianz nach dem Boxerkrieg (1901) aus. 1896 schickte Cixi ihn auf eine Weltreise, bei der er mit den Monarchen und Staatsmännern Europas zusammentraf und sich internationale Anerkennung erwarb. In China musste Cixi Li häufig vor seinen Feinden schützen, da er zwischen den rivalisierenden Fraktionen von Nord- und Südchinesen stand und wiederholt von beiden Seiten angegriffen wurde. So zog er sich bei Cixis Schlag gegen die Reformbewegung auf eine Inspektionsreise in den Süden zurück; während der Boxerkrise von 1900 hielt er sich als Generalgouverneur in Kanton auf. Mit der Unterzeichnung des Boxerprotokolls im September 1901 erwies Li der Kaiserinwitwe seinen letzten Dienst. Nur zwei Monate danach starb er.

Von ihren Zeitgenossen wurde Cixi auch achtungsvoll «The Old Buddha» (lao foye) genannt. In diesem Namen spiegelt sich ihre Rolle treffend wider: Die Kaiserinwitwe strahlte zwar Autorität aus, war aber formal zum Regieren nicht legitimiert. Sie lenkte Jahrzehnte lang die Entscheidungen der Qing-Regierung durch ein Netz von Vertrauensleuten, denen sie zu Karrierestellungen am Kaiserhof verhalf.

1910 setzten der Journalist John Otway Percy Bland und der Gelehrte Sir Edmund Backhouse mit ihrem Werk «China under the Empress Dowager» den Mythos der machtbesessenen Despotin in die Welt. Das Buch basierte auf Archivquellen und Tagebuch-Dokumenten, war aber für ein breites, weltweites Publikum geschrieben. Obwohl Backhouse später nachgewiesen wurde, dass er seine Quellen teilweise erfunden hatte, prägte diese Darstellung Cixis und ihrer Zeit Jahrzehnte lang das westliche Bild der Kaiserinwitwe. Chinesische Autoren gehen bis heute in ihrer negativen Einschätzung noch einen Schritt weiter und machen

Cixi für den dramatischen Untergang des Qing-Staates verantwortlich.[20] Auf der Suche nach den Ursachen für Chinas Unfähigkeit, sich zur einer zeitgemäßen konstitutionellen Monarchie zu entwickeln, und für das völlige Scheitern der interkulturellen Kommunikation zwischen Ost und West in der damaligen Periode bot sich Cixi mit ihrer formal zwielichtigen Stellung am Kaiserhof geradezu an.

Der «moderne Alexander» im Maschinenkrieg
Erich Ludendorff (1865–1937)

Markus Pöhlmann

Im Januar 1909 entwickelte der ehemalige Chef des Generalstabs der preußischen Armee, Graf Alfred von Schlieffen, sein Bild vom Feldherrn der Zukunft:

> «Kein Napoleon, umgeben von einem glänzenden Gefolge, hält auf einer Anhöhe. Auch mit dem besten Fernglas würde er nicht viel zu sehen bekommen. Sein Schimmel würde das leicht zu treffende Ziel unzähliger Batterien sein. Der Feldherr befindet sich weiter zurück in einem Hause mit geräumigen Schreibstuben, wo Draht- und Funkentelegraph, Fernsprech- und Signalapparate zur Hand sind, Scharen von Kraftwagen und Motorrädern, für die weitesten Fahrten gerüstet, der Befehle harren. Dort, auf einem bequemen Stuhle vor einem breiten Tisch, hat der moderne Alexander auf einer Karte das gesamte Schlachtfeld vor sich, von dort telephoniert er zündende Worte und dort empfängt er die Meldungen der Armee- und Korpsführer, der Fesselballone und der lenkbaren Luftschiffe, welche die ganze Linie entlang die Bewegungen des Feindes beobachten, dessen Stellungen überwachen.»[1]

War Erich Ludendorff, der keine zehn Jahre später Deutschlands militärische und zum guten Teil auch politische Geschicke im Ersten Weltkrieg lenken sollte, dieser «moderne Alexander»? Bis heute vermittelt die Beschäftigung mit seiner Persönlichkeit vor allem eines: Unbehagen. Seine militärischen Führungsqualitäten im Weltkrieg gelten für seine Dienstzeit als Generalstabschef des Oberbefehlshabers Ost (1914–16) als brillant. Für die Zeit als faktischer Oberbefehlshaber der deutschen Armee fallen diese im Blick auf die operative Ebene nicht minder positiv aus. Auch seine Leistungen als ein die Politik dominierender Militär sind unumstritten und werden im allgemeinen verworfen. Seine Mitte der 1920er Jahre offenbar werdende psychische Erkrankung bot schließlich wohlfeile Möglichkeiten der militärischen wie ideologischen Distanzierung.

Am 9. April 1865 wurde Erich Ludendorff als Sohn eines Gutsbesitzers in Kruszewnia bei Posen geboren. Die Familie lebte in ländlichen

Verhältnissen, die wenig mit dem sprichwörtlichen Wohlstand und Habitus ostelbischer Grundbesitzer gemein hatten. Das Leben der Eltern spielte sich in Bahnen ab, die bescheiden genug waren, um sie in den späteren Rezessionsjahren in die Pacht und schließlich zum Broterwerb in die Großstadt Berlin zu treiben. Für Kinder aus Ludendorffs sozialen Verhältnissen führte der Weg in das preußische Offizierkorps nicht über das Gymnasium, sondern über die Kadettenanstalt. Mit zwölf Jahren rückte er in die Kadetten-Voranstalt in Plön ein. Und wenn der in seinen literarischen Schilderungen eher trockene Ludendorff diese Zeit als den Verlust seiner Jugend charakterisierte, so lässt das die Freudlosigkeit und Kälte dieser Institution erahnen. 1882 wurde er als Leutnant in das 8. (westfälische) Infanterieregiment Nr. 57 in Wesel aufgenommen. Dem Wunsch nach einem Posten bei der Feldartillerie war nicht entsprochen worden.

Seine militärische Karriere fand in einem Offizierkorps statt, das im ausgehenden 19. Jahrhundert einen grundlegenden Wandel durchlief. Während nach außen an adeligen Traditionen und Privilegien festgehalten wurde, erzwangen technische Professionalisierung und das Anwachsen der Heeresstärken immer mehr die Öffnung der Offizierlaufbahn für bürgerliche Kreise. Was Ludendorff an Adel und familiären Verbindungen fehlte, hatte er durch Fleiß wettzumachen. Fleiß wurde geschätzt; Ludendorffs Hang, sich von männerbündischen und üblicherweise alkoholzentrierten Veranstaltungen in den Garnisonen fernzuhalten, dagegen weniger. Fehlende finanzielle Mittel mochten eine Rolle gespielt haben, doch bildeten sich hier bereits Charakterzüge aus, die ihn noch auf dem Gipfel seiner Karriere kennzeichnen sollten: kalte Unnahbarkeit und die Unfähigkeit, sich wirkliche Freunde zu machen. Als «unelastisch» im persönlichen Umgang sollte ihn später seine erste Ehefrau charakterisieren, was ganz sicher eine höfliche Untertreibung war.[2]

Im Oktober 1890 erfolgte Ludendorffs Kommandierung an die Kriegsakademie. Drei Jahre rigorose Auswahl für das Stabsoffizierkorps, drei Jahre, in denen man auf sich aufmerksam machen konnte. Das gelang Ludendorff offensichtlich, denn 1894 wurde er zunächst in den Großen Generalstab kommandiert, wo er die militärische Entwicklung in Russland, den nordischen Reichen, auf dem Balkan und in Asien zu beobachten hatte. Schon im März 1895 wurde er mit der Beförderung zum Hauptmann in den Generalstab versetzt. Mit gerade mal 29 Jahren betrat Ludendorff das Arkanum der preußisch-deutschen Militärmacht. Der sich anschließende Wechsel an die Spitze einer Kompanie in Thorn stellte keine Zurückstufung dar, vielmehr wurde in der Offiziersausbildung gerade dieser Wechsel zwischen Stab und Truppe angestrebt. Es folgte ein Kommando als Generalstabsoffizier der 9. Division in Glogau, die Ernennung zum Major (1901) und der Dienst als Erster Generalstabsoffizier beim V. Armeekorps in Posen. Im März 1904 führte ihn der Weg zurück in den Generalstab nach Berlin. Abgesehen von einer zweijährigen Unterbrechung als Lehrer an der Kriegsakademie sollte Ludendorff dort bis kurz vor Ausbruch des Weltkrieges in der Aufmarschabteilung tätig sein. In einer Institution, deren tägliche Arbeit die Planung und Vorbereitung eines europäischen Großkrieges war, stellte die Aufmarschabteilung das Herzstück dar. Hier wurde die Matrix des Millionenheeres konstruiert.

Unter der Führung des schon zu Lebzeiten legendären Generalstabschefs Alfred von Schlieffen diente Ludendorff zunächst als Sektionschef, um dann 1908 unter Schlieffens Nachfolger Helmuth von Moltke an die Spitze der Abteilung aufzurücken. Diese Zeitschiene ist für die weitere Entwicklung entscheidend: Die Prägung durch Schlieffen, dessen zentrale strategische Idee für den erwarteten Zweifrontenkrieg der große Westaufmarsch gegen Frankreich mit hinhaltenden Kräften gegen Russland werden sollte, erwies sich bei Ludendorff als nicht sonderlich nachhaltig. Seine Dienstzeit fiel in die Phase der Verfestigung der europäischen Bündnissysteme und die Hochrüstung der Heere. Bei genauerer Betrachtung war die Tätigkeit eminent politisch, nach außen wie nach innen, ohne dass Ludendorff aber politische Verantwortung tragen musste und sich einer solchen auch bewusst gewesen wäre. Vor dem Hintergrund der Marokkokrise von 1911, den Balkankriegen und vor allem der Einführung der dreijährigen Wehrdienstzeit in Frankreich 1913 drängte der Generalstab in einer Denkschrift darauf, die Heeresstärke um drei Armeekorps aufzustocken. Widerstand dagegen kam vor allem aus dem preußischen Kriegsministerium. Dort glaubte man, eine derartige Vorlage beim Reichstag nicht durchsetzen zu können, zudem sah man in der geforderten Ausschöpfung der allgemeinen Wehrpflicht eine Gefährdung für das innere Gefüge der Streitkräfte. Vermehrung der Mannschaftsstärke hieß, die Möglichkeit der sozialen Auswahl der Rekruten einzuschränken und damit einem verstärkten Eindringen politisch unzuverlässiger, sozialdemokratischer Rekruten in das Bollwerk der kaiserlichen Macht Vorschub zu leisten. Militärische und innenpolitische Zielsetzungen prallten hier aufeinander und wiesen auf die Grenzen der Macht des Generalstabs hin. Je mehr Moltke in den zähen interministeriellen Auseinandersetzungen nachgab, desto mehr verbiss sich Ludendorff, der eigentliche Kopf hinter der Denkschrift, in das Projekt.

Am Ende des Konflikts stand im Januar 1913 seine Versetzung als Kommandeur des Füsilier-Regiments Nr. 39 nach Düsseldorf und eine Wehrvorlage, die abgespeckt, aber mit großer parlamentarischer Mehrheit, im Juni desselben Jahres bewilligt wurde. Der Kampf um die Heeresvermehrung, die Selbststilisierung als unbequemer Mahner und politisches Bauernopfer sollte der erste Baustein in der späteren Biographie Ludendorffs werden.

Als Chef der Aufmarschabteilung war er erstmals über seinen eigentlichen Aufgabenbereich hinaus wahrgenommen worden. Die Bewilligung konnte er sich als sein Verdienst anrechnen, was auch von militärischen Insidern anerkannt wurde. Dass Ludendorff nach 1918 keine Gelegenheit ausließ, darauf hinzuweisen, lag wohl auch daran, dass es half, von möglichen Versäumnissen während seiner Tätigkeit in der Aufmarschabteilung abzulenken. Dazu gehörte zunächst seine Mitwirkung an der Modifikation des Kriegsplans, der nach 1918 zum Gegenstand heftiger Kontroversen in der Militärpublizistik werden sollte. Dazu gehörte aber auch die Frage, warum der Generalstab 1913 alle Planungen für einen Ostaufmarsch aufgegeben und sich damit einer strategischen Alternative begeben hatte. Zu den Fragen an den Chef der Aufmarschabteilung hätte schließlich auch die gehört, warum die militärischen Absprachen mit dem wichtigsten Verbündeten, Österreich-Ungarn, weitestgehend unverbindlich geblieben waren.

Tatsächlich war das Regimentskommando keine Strafversetzung. Die Rückkehr in die Truppe war längst überfällig und auch Voraussetzung für Ludendorffs weitere Karriere. Gleichwohl war der Zeitpunkt nicht ohne Grund so gewählt: Ludendorff hatte sich für den Geschmack der Militärbürokratie ein wenig zu sehr mit seinem Auftrag identifiziert. In der großen Maschine, genannt Armee, war keiner unersetzbar, das war die Nachricht. Dass dem Regiment schon im April 1914 das Kommando über die 85. Infanterie-Brigade in Straßburg folgte, zeigte, dass man ihn nicht fallengelassen hatte. Ludendorff selbst aber sollte das Gefühl, von Politikern (in Zivil oder Uniform) beiseite geschoben worden zu sein, nie vergessen. Was ihn, der durch den Türspalt in den engsten Kreis geblickt hatte und auf seinen Platz zurückgewiesen worden war, vor dem Ende einer erfolgreichen, aber voraussehbaren Karriere bewahrte, war der Ausbruch des Weltkrieges im August 1914.

Mit der Mobilmachung trat er als Oberquartiermeister zur 2. Armee, ein Etappenposten, der ihn wenig forderte und ihm noch Zeit ließ, sich während des Vorstoßes der Armee nach Belgien als «Schlachtenbummler», wie er später schrieb, an der Front umzusehen. In den ersten Tagen wurde die Festung Lüttich zu einem verkehrstechnischen Nadelöhr, von dessen Eroberung der Erfolg der deutschen Offensive abhing. Sechs Brigaden des X. Armeekorps wurden für einen Handstreich bestimmt, Ludendorff wurde dem Kommandierenden General wegen seiner Ortskenntnis zur Seite gestellt. Im befestigten und zudem stark besiedelten Gelände drohte die Operation in einem Fiasko zu enden: Nächtliche Feuergefechte mit gegnerischen wie eigenen Truppen, Häuserkämpfe, Panik, hohe Verluste unter den Offizieren; mehrere Kolonnen kamen vom Weg ab. Am Morgen des 6. August fiel der Kommandeur der 14. Infanterie-Brigade, Ludendorff übernahm das Kommando. Mit den Truppen, die er sammeln konnte, stieß er in die Stadt und sogleich auf die Zitadelle vor; ein riskantes Unternehmen, denn keines der Werke im Lütticher Fortgürtel war bis zu diesem Zeitpunkt gefallen. Im Glauben, die Zitadelle befinde sich bereits in deutscher Hand, klopfte er an das Tor, belgische Soldaten öffneten – Ludendorff erklärte die verdutzte Besatzung für gefangen, der Widerstand wurde eingestellt. Die Anekdote sollte den zweiten Baustein der Ludendorff-Legende bilden: Neben den «Kämpfer um die deutsche Wehrkraft» war damit die individuelle Bewährung im Feuer getreten: «Den hörbaren Einschlag der Geschosse in menschliche Körper werde ich nie vergessen», gestand er später ein. Für Ludendorff geriet Lüttich zum Adrenalinerlebnis und zum Schlüsselereignis seiner Biographie. Wie Friedrich II. im Quartier von Lissa oder Napoleon auf der Brücke von Arcole hatte sich hier der militärische Führer selbst der Lebensgefahr ausgesetzt, um den Tag zu retten.

Doch schon Ende des Monats nahmen die Dinge eine dramatische Wendung. In Ostpreußen war die deutsche 8. Armee durch den Angriff zweier russischer Armeen in eine kritische Lage geraten, die Führung schien die Nerven zu verlieren. Generalstabschef von Moltke reagierte sofort: Der Oberbefehlshaber und sein Stabschef wurden ihrer Posten enthoben. Paul von Hindenburg, ein bereits vor dem Krieg verabschiedeter General, wurde zum Oberbefehlshaber der 8. Armee ernannt. Als Chef des Stabes holte Moltke Ludendorff. Keine Personalentscheidung im Verlauf des Weltkriegs zeigte deutlicher, wie die deutsche Armee funktionierte. In einem eilig zusammengestellten Sonderzug nach Marienburg trafen sich Hindenburg und Ludendorff zum ersten Mal. Das Duo, das von nun an bis zum Ende des Krieges zusammenarbeiten sollte, fuhr geradewegs der Schlacht entgegen, die ihren Ruhm begründen sollte: Tannenberg. Viel Zeit blieb nicht. Nach einer Woche war die russische 2. Armee vernichtet, die 1. Armee ging schwer angeschlagen zurück. Tannenberg war der Sieg der besser ausgebildeten und besser geführten Armee; der Sieg der zahlenmäßig unterlegenen Partei, der es gelungen war, eine vorübergehende Überlegenheit am entscheidenden Ort herzustellen und diese zu getrennten Schlägen gegen zwei Gegner auszunutzen; der Sieg eines militärischen Führungssystems, das so professionell eingespielt war, dass sich die Entscheidungsträger ohne größere Friktionen noch im Verlauf einer Operation austauschen ließen. Tannenberg war schließlich der Sieg, ohne den der weitere Aufstieg Ludendorffs nicht zu denken wäre. Neben die persönliche Bewährung in Lüttich war nun die professionelle getreten. Ab jetzt stand er als «Retter Ostpreußens» auch im Rampenlicht der Kriegspropaganda.

Nach dem Sieg bei Tannenberg wandte sich die 8. Armee wieder nach Norden, nun gegen die russische 1. Armee. In der Schlacht an den Masurischen Seen wurden die Russen Anfang September zwar aus Ostpreußen vertrieben, ein zweites Tannenberg gelang hier allerdings nicht. Auf deutscher Seite wagte man die für eine Umfassung erforderliche Ausdünnung des eigenen Zentrums nicht, sondern ließ frontal angreifen; wenn die Angriffe festgefahren waren, wurden sie an anderer Stelle wiederaufgenommen. Aus der Rückschau deutete sich hier für die Kritiker Ludendorffs schon eine rein situationsbezogene Taktik an. Das sollte sich im weiteren Verlauf seiner Karriere wiederholen und in der Durchführung der Frühjahrsoffensive von 1918 Höhepunkt und Scheitern erleben.

Inzwischen hatte sich die Situation für den österreichisch-ungarischen Bundesgenossen an der Front in Galizien dramatisch zugespitzt. Um ein russisches Eindringen in die ungarische Tiefebene zu verhindern, fassten die verbündeten Heeresleitungen erstmals eine gemeinsame Operation ins Auge. Hierzu wurde die Masse der 8. Armee von Ostpreußen nach Schlesien verlegt und dort als 9. Armee neu aufgestellt. Am linken Flügel der Österreicher war eine Offensive nach Südpolen, gegen die untere Weichsel und den San, geplant. Die Angriffe gingen gut voran, kamen aber Anfang Oktober vor Warschau zum Erliegen. Überdies wurden die deutschen Verbände von einer mittlerweile einsetzenden russischen Offensive in der Flanke bedroht. Was folgte, war ein geordneter Rückzug.

Mit der Ausweitung des Kampfgebiets zwischen Ostpreußen und Schlesien war die Führung der deutschen Verbände schwieriger geworden. Am 1. November trat deshalb eine Veränderung der Befehlsverhältnisse ein, deren Konsequenzen für die deutsche Kriegführung weit über das Organisatorische hinausgehen sollten: Hindenburg wurde zum Oberbefehlshaber Ost (Oberost) ernannt, Ludendorff folgte ihm als sein Stabschef. Damit oblag ihm die Führung der deutschen Truppen auf dem Nebenkriegschauplatz Ostfront. Doch zunächst musste sich die neue Führungsstruktur unter schwierigen Verhältnissen beweisen. Nach dem Scheitern des Angriffs in Südpolen rochierten Hindenburgs Truppen wieder entlang des charakteristischen Frontbogens. Diesmal ging es nach Westpreußen, um von Norden aus einen Stoß in den Rücken der weiter auf Schlesien vordringenden russischen Armeen zu führen. Die zur Verfügung stehenden Verbände waren durch die voran gegangenen Kämpfe geschwächt, der Winter kündigte sich an. Verstärkung aus dem Westen, wo die Kämpfe im Ypern-Bogen tobten – denen das Hauptaugenmerk des deutschen Generalstabschefs Erich von Falkenhayn galt – waren nicht zu erwarten. Wieder gewannen die Angreifer ab 11. November Raum, drängten die Russen auf Łódz zurück. Wieder stießen russische Verbände in die Flanke, warfen die Deutschen zurück und verhinderten so die angestrebte Einschließung der russischen Armeen. Mit dem Jahresende erstarrten die Kämpfe auch an der Ostfront im Stellungskrieg. Einzig in der Winterschlacht in Masuren und in den Karpaten griffen die Mittelmächte noch einmal an. Für Ludendorff war die erste Phase des Krieges im Osten zu Ende gegangen. Sie war zunächst gekennzeichnet gewesen vom Bemühen, den russischen Angriff auf das Reich abzuwehren, was vollauf gelungen war. Hier war der Krieg zunächst in Bewegung geblieben, der Schwerfälligkeit des russischen Gegners im Angriff setzte Ludendorff wechselnde Angriffspunkte und das Überraschungselement entgegen: von Ostpreußen nach Südpolen, von dort zurück nach Westpreußen. Sein operatives Ziel war die Einschließung der Russen im polnischen Bogen gewesen. Was er erreichte, war ihre Zurückdrängung aus demselben. Was sich auf der Landkarte zunächst als großer Erfolg präsentierte, verlor bei näherer Betrachtung an Bedeutung. Territorium konnte der Gegner ohne große Not aufgeben, entscheidend im nun einsetzenden Abnutzungskrieg war der Umstand, dass er seine Armeen hatte retten können und sich zu reorganisieren begann.

Was mit diesem relativen Erfolg anzustellen war, darüber gingen die strategischen Einschätzungen bald auseinander. Für Generalstabschef Falkenhayn bot er endlich die erforderliche Rückendeckung zur Verfolgung des primären Kriegsziels: der Vernichtung der alliierten Armeen an der Westfront. Für Hindenburg und Ludendorff dagegen verhieß die Lage an der Ostfront eine Möglichkeit, den russischen Gegner als ersten und vollständig zu schlagen. – Ost oder West? Die strategische Alternative war von jetzt an die Ursache für erbitterte Verteilungskämpfe um die knappen militärischen Ressourcen.

Dass sich die Herren von Oberost dabei nicht länger mit der Rolle von Bittstellern zufrieden gaben, zeigte eine um die Jahreswende 1914/15 initiierte Kampagne gegen Falkenhayn, bei der sich mit Oberost, Reichskanzler Bethmann Hollweg und Falkenhayns gescheitertem Vorgänger Moltke eine eigentümliche Allianz zusammenfand. Allen gemeinsam war der Zweifel an Falkenhayns Führungsqualitäten und dessen Festhalten an der Entscheidung im Westen. Wer an seine Stelle gestellt werden sollte, war so klar nicht. Bethmann selbst favorisierte zwar Ludendorff, doch schien das aus personalpolitischen Gründen unvertretbar. Falkenhayn indes blieb nicht untätig und reagierte im Januar 1915 mit der Abschiebung Ludendorffs auf eine Stabsstelle an der Karpatenfront. Diese in ihrer Wirkung bislang wenig beachtete Entscheidung stellte für die Generale von Oberost eine gefährliche Bedrohung dar: Hindenburg, seines vertrauten Stabschefs beraubt, verlor seinen Rückhalt. Für Ludendorff trat wieder die verhasste Situation von 1913 ein: Kurz vor dem Erreichen des Ziels wird ihm von oben in die Parade gefahren, und er findet sich auf eine unbedeutende Position gestellt wieder. Ein beängstigendes Déjà-vu-Erlebnis, das ihn und Hindenburg erfolgreich gegen die Versetzung Sturm laufen ließ – innerhalb von drei Wochen war er wieder zurück. Dass Ludendorff sich seitdem (ob mit oder ohne Hindenburg) als potenzieller Nachfolger Falkenhayns sah, ist eher unwahrscheinlich. Ziel der Kampagne war nicht so sehr die Inthronisierung eines alternativen Kandidaten als vielmehr die bloße Demontage des amtierenden Amtsinhabers, ein Charakteristikum aller noch folgenden personalpolitischen Einflussnahmen Ludendorffs. Wie sehr dabei die monarchische Autorität zu erodieren begann, zeigte sich auch an Hindenburgs Drohung gegenüber Kaiser Wilhelm, im Falle eines Festhaltens an Falkenhayn selbst zu demissionieren. Falkenhayn blieb schließlich Generalstabschef; das garantierte freilich die weitere Gegnerschaft der beiden Hauptquartiere. So begann sich im Januar 1915 mit Oberost ein neuer Faktor in der kriegs- und innenpolitischen Machtkonstellation des Deutschen Reichs bemerkbar zu machen.

Nach Abschluss der Winterkämpfe standen die Truppen von Oberost Anfang 1915 von der Ostsee bis östlich von Łódz, eine rund 750 km lange Front auf russischem Territorium. Jetzt schien auch Falkenhayns Plan für das Frühjahr endlich den gewünschten Schwerpunktwechsel von West nach Ost zu vollziehen: Für Anfang Mai wurde eine Offensive aus den Karpaten heraus geplant. Der polnische Frontbogen sollte durch einen überraschenden Angriff im Raum Gorlice-Tarnów von Süden her abgeschnürt, die Russen zum Rückzug aus Ungarn gezwungen werden. Dadurch sollte der permanente Druck auf den k. u. k. Bundesgenossen reduziert werden, dessen Armee in den Winterkämpfen furchtbar gelitten hatte und offenbar vor dem Zusammenbruch stand. Für Oberost bedeutete die viel versprechende Entscheidung wenig Aussicht auf prestigebildende Beteiligung. Hindenburg und Ludendorff hatten den Gegner in Litauen und Kurland durch Ablenkungsangriffe zu täuschen und den Abzug russischer Verbände an die Front in Südpolen zu verhindern. Was sich bei Gorlice-Tarnów im Mai 1915 zur erfolgreichsten Offensive der Mittelmächte entwickelte, war weitgehend ohne Beteiligung der beiden Ost-Generale geplant und erreicht worden. Die russischen Armeen wichen zurück, die Rückeroberung der Festung Przemyśl und der Stadt Lemberg im Juni waren wichtige moralische Siege für die österreichischen Verbündeten. Jetzt bot sich die Ausweitung der Offensive auf den Norden an, um so eine Zangenbewegung gegen Polen einzuleiten. Ludendorffs Plan zielte auf eine Offensive am Njemen auf Kowno und Wilna ab, ein sehr weit ausholendes Manöver, bei dem die Masse des russischen Heeres eingeschlossen werden sollte – eine gigantische Kesselschlacht in Polen. Falkenhayn dagegen warnte vor der «Ausweitung der Operationen ins Uferlose». Für den von Oberost favorisierten Plan standen ihm zuwenig Truppen und Artillerie zur Verfügung, er fürchtete ein Verzetteln in den Weiten des russischen Raums. Stattdessen wollte er über Narew und Bug östlich an Warschau vorbei stoßen. Ein bescheideneres Ziel, das im Erfolgsfall wenigstens den Besitz Polens mitsamt seiner wichtigen Festungen in Aussicht stellte. Am 2. Juli entschied sich der Kaiser für den Plan Falkenhayns. Aber die Tatsache, dass überhaupt eine solche Entscheidung nicht mehr allein bei der Obersten Heeresleitung lag, zeigt, welchen Einfluss Oberost inzwischen gewonnen hatte.

Der Angriff über den Narew entwickelte sich als ein zunehmend die Kräfte zehrendes Unternehmen gegen einen Gegner, der sich wie bisher kämpfend der Umfassung entzog. Am 5. August nahm die 9. Armee Warschau ein, ein Prestigeerfolg ohne weiter gehende operative Konsequenzen. Der militärische Sieg resultierte für Oberost allerdings umgehend in einem Rückschlag im internen Machtkampf, da die Heeresleitung die gerade noch siegreiche 9. Armee Oberost entzog und sie der neu gebildeten Heeresgruppe Prinz Leopold zuschlug. Auch verblieben die eroberten polnischen Gebiete nicht unter der Besatzungsherrschaft von Oberost, sondern wurden in einem Generalgouvernement zusammengefasst; Falkenhayn folgte jetzt der Devise *divide et impera*. In ihrem Hauptquartier in Lötzen schäumten Hindenburg und Ludendorff.

Ihrem Drängen auf den großen Wilnaer Umfassungsplan tat dies aber keinen Abbruch, und im August gab die Heeresleitung schließlich nach. Mit abgekämpften Truppen, knapper Munition und einem Gegner, der keine Anstalten machte, die ihm zugedachte Rolle der Manövertruppe in Ludendorffs großer Schlacht anzunehmen, blieb der Angriff hinter den Erwartungen zurück. Kowno und Wilna fielen, Mitte September war der Kulminationspunkt erreicht. Zudem lenkte die französische Herbstoffensive Falkenhayns Aufmerksamkeit – und damit alle verfügbaren Reserven – wieder an die Westfront. Vom Baltikum bis in die Bukowina schien der Krieg aufgrund allgemeiner Entkräftung einfach zu Ende gegangen zu sein. Die deutschen Geländegewinne waren beeindruckend: Vom Rigaer Meerbusen über Dünaburg und den Narocz-See bis an den Njemen standen die Armeen der Heeresgruppe Hindenburg. Die Rückseite dieser Medaille waren eine weit überdehnte Frontlinie, lange Nachschubverbindungen und ein Besatzungsgebiet, das zwei Fünftel der Größe des Deutschen Reiches maß. Dieses Gebiet zu verwalten, sollte in den kommenden Monaten zur eigentlichen Aufgabe für Ludendorffs Stab werden. Im Oktober verlegte das Oberost-Hauptquartier von Lötzen nach dem litauischen Kowno.

Das «Land Oberost» war ein administratives Kunstgebilde des Krieges und wurde zu einem soziokulturellen Laboratorium (Vejas Liulevicius). Kurland, Litauen, Suwalki, Wilna, Bialystok und Grodno bildeten zunächst die Militärverwaltungsbezirke, in denen die deutsche Armee die unumschränkte Herrschaft über etwa 3 Millionen Menschen ausübte. Das Gebiet war für die Masse der Besatzer unbekanntes Land: weit, in ihrem Verständnis schmutzig und von Menschen bewohnt, deren Sprachen und Kulturen ihnen fremd waren. Litauer, Polen, Letten, Weißrussen, Juden und Deutschbalten lebten hier seit Jahrhunderten mit- oder nebeneinander. Die erste Aufgabe in Ludendorffs Militärstaat war zunächst einmal die Aufrechterhaltung der äußeren und inneren Sicherheit. Sobald diese Anfang 1916 hergestellt schien, begannen die Deutschen mit der verwaltungsmäßigen Erschließung und der wirtschaftlichen Ausbeutung des Gebiets. Ludendorffs Ehrgeiz zielte auf die wirtschaftliche Autarkie von Oberost, denn Autarkie bedeutete politische Stärke gegenüber Berlin. Forst- und Landwirtschaft bildeten die ökonomischen Grundlagen von Oberost, und an beidem wurde entsprechend Raubbau betrieben. Mangels eigener Arbeitskräfte wurde die Zivilbevölkerung verstärkt dienstverpflichtet.

Doch die Pläne der Zentralverwaltung in Kowno gingen über die Nutzbarmachung des Landes hinaus. Die Deutschen verstanden ihren

Dienst auch als einen kolonisatorischen. Die Herstellung von administrativer, verkehrstechnischer, hygienischer, kultureller und ethnischer Ordnung wurde fortan die Leitlinie der deutschen Besatzungsherrschaft. Doch die Theorie unterschied sich auch hier von der Praxis deutlich: Ein Land, das vorher keines gewesen war, ließ sich eben nicht wie eine Armee führen. Das Leben unter der Okkupation war eine Melange aus Verordnungswut, Kulturimperialismus und Gewalt. Damit unterschied sich die deutsche Besatzungspraxis nicht unbedingt substantiell von der anderer Nationen, nur nirgends entwickelte der *spiritus rector* dieser Besatzung aus eben dieser Erfahrung sein politisches Verständnis und seine Herrschaftstechniken so, wie Ludendorff dies tat.

Ohnehin stand und fiel das Projekt Oberost mit der militärischen Lage, und diese verschlechterte sich im Sommer 1916 wieder. Denn Anfang Juli trat die Armee des Zaren zu ihrer letzten Großoffensive an. Ursprünglich war Oberost das eigentliche Ziel des russischen Angriffs gewesen, doch war der Schwerpunkt nach dem Süden, gegen die Österreicher, verlegt worden. Die Brussilow-Offensive traf die Mittelmächte schwer. Wieder einmal standen die Generale von Oberost, abgesehen von einem Angriff der Russen auf Baranowitschi im Juli, fernab als Zaungäste der entscheidenden militärischen Ereignisse. Wie schon 1915 bestand ihre Aufgabe bald vor allem in der Abgabe von Truppen. In dieser Situation der Allfrontenabwehr verschärften sich die bekannten Auseinandersetzungen um die strategischen Schwerpunkte und die Ressourcen mit Falkenhayn. Letzterer stand ohnehin seit der Verdun-Offensive in der Kritik. Reichskanzler Bethmann Hollweg schlug sich auf die Seite von Oberost und forderte die Übertragung des Oberbefehls an der gesamten Ostfront auf Hindenburg und Ludendorff. Je aussichtsloser die Krise im Sommer wurde, desto stärker wurden die Stimmen aus Politik und Militär, die vom Kaiser eine Ablösung Falkenhayns und die Einsetzung der beiden charismatischen Ost-Generale forderten. Rumäniens Kriegseintritt auf Seiten der Gegner am 27. August bildete schließlich den Auslöser für die Entlassung Falkenhayns. Kaum jemand mag zu diesem Zeitpunkt daran gezweifelt haben, dass Hindenburg und Ludendorff die berufenen Nachfolger für den Posten waren – am wenigsten die beiden selbst. Zwar erforderte der Umstand, dass weder der Kaiser noch Hindenburg sondern Ludendorff faktisch den Oberbefehl ausübte, ein wenig Verfassungsakrobatik (für Ludendorff musste extra die Funktion eines «Ersten Generalquartiermeisters» geschaffen werden). Doch angesichts der kritischen Lage wurde die Berufung in der Politik, der Generalität und in der Öffentlichkeit positiv und mit enormer Erwartung aufgenommen. Die Bewältigung der militärischen Krisis bildete das dringendste Ziel der neuen Heeresleitung. An der Somme musste die seit Juli tobende Offensive der Briten und Franzosen abgewehrt, in Wolhynien mussten die österreichischen Alliierten gegen die Russen gestützt werden. Sich in den Winter hinein retten, mehr blieb der Heeresleitung nicht übrig.

Verdun, die Somme- und die Brussilow-Offensive hatten gezeigt, wie sehr der Krieg inzwischen zu einem Krieg der industrialisierten Volkswirtschaften geraten war. Die Ressourcen für das nächste Jahr zu mobilisieren, wurde somit zur alles entscheidenden wirtschaftlichen und politischen Aufgabe für Ludendorff. Diese ging er ohne Verzug an. Schon am 31. August präsentierte die neue Heeresleitung dem Kriegsministerium einen umfangreichen Forderungskatalog, der die Nutzbarmachung aller Kriegsmittel und eine Steigerung der Rüstungsproduktion vorsah. Dieses so genannte Hindenburg-Programm offenbarte bald zweierlei: Erstens, dass der Krieg in eine neue, gesamtgesellschaftliche Phase einzutreten begann. Und zweitens, dass die neue Heeresleitung weniger von Konsultationen als von Befehlen hielt.

Nun mag dieses Verfahren in der militärischen Sphäre zielführend sein, in einer modernen Volks- und Kriegswirtschaft, aber auch in der Innenpolitik, barg es hingegen gewisse Risiken. Eng verflochten mit dem Rüstungsprogramm folgte am 5. Dezember das Hilfsdienstgesetz, das den Arbeitszwang in kriegswichtigen Betrieben für alle männlichen Deutschen zwischen dem 17. und dem 60. Lebensjahr vorschrieb. Als arbeitsmarktpolitisches Steuerungsinstrument unter Kriegsbedingungen konzipiert, resultierte es rasch in einer Aufwertung der Gewerkschaften als Partner im rüstungsindustriellen Burgfrieden. Dies wiederum weckte Unbehagen in der Schwerindustrie, die durch die planwirtschaftlichen Tendenzen ihre unternehmerische Freiheit gefährdet sah. Dennoch genoss die Heeresleitung Ende 1916 in allen gesellschaftlichen Kreisen weiter hohes Ansehen.

Nach den militärischen Anstrengungen des Jahres 1916 war klar, dass das kommende Jahr nur in der strategischen Defensive zu überstehen war. Es galt die Kräfte zu sammeln, die Erträge der forcierten Rüstung abzuwarten und die Angriffe der Feinde abzuwehren. Wenn schon zu Lande kaum etwas zu erreichen war, so bot sich wenigstens zur See eine Möglichkeit, hatte doch die Admiralität erklärt, dass sich durch die Wiedereröffnung des uneingeschränkten U-Boot-Krieges Großbritannien innerhalb von fünf Monaten in die Knie zwingen ließe – vorausgesetzt, es gelänge die Versenkung von wenigstens 600 000 Bruttoregistertonnen pro Monat. Das Denken in so abstrakten Kategorien wie Tonnage fiel Ludendorff schwer, die militärpolitische Beobachtung Großbritanniens hatte vor dem Krieg weitestgehend beim Admiralstab gelegen. Und zwischen Admiralität und Generalstab hatte es kaum Konsultationen gegeben. Beide dachten und führten seit 1914 parallele Kriege. Jetzt schien die Aussicht aber zu verlockend. Allerdings barg der Vorschlag ein Risiko, denn die bislang neutralen USA hatten klargemacht, dass sie eine Wiederaufnahme des uneingeschränkten U-Boot-Krieges wegen der damit verbundenen Gefahren für die neutrale Schifffahrt nicht dulden würden. Und ein neuer Kriegsgegner war nun das letzte, was sich die Heeresleitung einhandeln wollte. Anfang 1917 kam es zum Schwur: Konnte die Admiralität die Gültigkeit ihrer Berechnungen garantieren? Und ließ sich der Krieg in Europa siegreich beenden, bevor die USA ihr militärisches Gewicht in die Waagschale werfen konnten? Die Admiralität garantierte, und die Heeresleitung willigte ein. Am 1. Februar 1917 wurde der U-Boot-Krieg wieder aufgenommen, und am 6. April erklärten die USA dem Deutschen Reich den Krieg. Nie hatte Ludendorff mehr riskiert, ohne die Gefahren aus eigener Kenntnis wirklich einschätzen zu können. Und nie hatte er mehr verloren.

Zunächst entwickelte sich die militärische Situation vorteilhaft. In Russland brach die Revolution aus. Das Zarenreich schied damit zunächst als Angreifer aus, auch wenn die neue Regierung einen Separatfrieden ablehnte. Die Offensiven der Franzosen am Chemin des Dames (April) und der Briten im Artois (April/Mai) erbrachten die fast schon zu erwartenden Katastrophen für die Angreifer. Im französischen Heer entlud sich die Wut der Soldaten über das sinnlose Anrennen und Sterben in Meutereien. Die britischen Angriffe in Flandern (Juli-November) sollten geradezu zum Symbol des industrialisierten Massentodes werden, was Ludendorffs britisches Gegenüber Douglas Haig nicht davon abhielt, wieder und wieder Angriffe anzusetzen. Bis alles im Schlamm versank und der Einbruch des Winters die Deutschen rettete. Ein überraschender lokaler Durchbruchserfolg der Briten im November 1917 bei Cambrai hatte die Bedeutung einer neuen Waffe aufgezeigt: Panzer waren zwar schon seit Sommer 1916 bekannt gewesen, nun hatten sie aber erstmals einen beunruhigenden Erfolg errungen. Der Krieg erfuhr nicht nur eine militärische und gesamtgesellschaftliche Totalisierung, sondern er erlebte auch einen wichtigen Technisierungsschub. Seit dem Vorjahr machte sich die immer bedrohlicher werdende Luftüberlegenheit der Entente bemerkbar, nun also auch noch Panzer. Der in technischen und taktischen Fragen durchaus lernwillige Generalquartiermeister erwies sich hier als überraschend konservativ. Mag es die Überzeugung gewesen sein, dass er sich von einer Offensivwaffe wie dem Panzer in der defensiven Situation von 1917 wenig erwartete, oder lag es daran, dass bisher vor allem die Ostfront Ludendorffs Kriegsbild geprägt hatte? Ohnehin ließen die Kapazitäten der Rüstungsindustrie unter dem Druck des U-Boot-Baus inzwischen kaum Spielraum für neue Projekte. Die Ressourcen gingen zur Neige, doch ließ sich diese bedenkliche Entwicklung durch den Ausbruch der Oktober-Revolution in Russland schnell verdrängen. Endlich bot sich die Möglichkeit, im großen Stil mit Truppenverlegungen von der Ost- nach der Westfront zu beginnen.

Dazu kam noch ein weiterer militärischer Einzelerfolg. An der österreichisch-italienischen Front in den Julischen Alpen hatten die Verbündeten um deutsche Waffenhilfe gebeten, um den Zusammenbruch ihrer Front zu verhindern. Hier am Isonzo wollte sich die OHL aber nicht mit Abwehr zufrieden geben, sondern sie schritt zur Planung eines groß angelegten Angriffs gegen die Italiener. Am 24. Oktober brach die Offensive los: Innerhalb von Tagen kollabierte die gesamte italienische Front in Julisch-Venetien. Die beiden überrannten Armeen befanden sich in Auflösung, das italienische Hauptquartier musste Hals über Kopf aus Udine fliehen. Erst am Piave gelang es, die Front zu stabilisieren. Caporetto – so die italienische Benennung der Schlacht – wurde ein wichtiger Sieg für die Mittelmächte, gerade auch vor dem Hintergrund ihrer gespannten Bündnisbeziehung. Aber der erhoffte Zusammenbruch Italiens war ausgeblieben.

Dass es um die «Nibelungentreue» nicht gut bestellt war, hatte sich schon im komplizierten Verhältnis zwischen den beiden Mittelmächten immer wieder gezeigt. Doch bis zum Antritt der 3. OHL hatten sich Militärs mit Militärs und Diplomaten mit Diplomaten in den Haaren gelegen. Das sollte sich jetzt ändern, denn die Oberste Heeresleitung machte nicht nur kein Hehl aus ihrer Geringschätzung der militärischen Qualitäten des Partners, sie griff nun auch massiv in die Bündnispolitik ein, so etwa in der Frage der Zukunft Polens nach dem erhofften Siegfrieden. Den von deutschen und österreichischen Diplomaten gemeinsam favorisierten Plan, ganz Polen an Österreich-Ungarn abzutreten und hierfür territoriale Kompensationen in Schlesien und wirtschaftliche in Rumänien zu erhalten, verwarf die OHL. Nicht nur weil sie generell ungern Territorium abgab, das sie einmal erobert hatte (siehe Belgien, die Kanalküste oder das Baltikum), sondern weil sie – und das Argument zeigt den maroden Zustand des Bündnisses – eine territoriale Erweiterung der Donaumonarchie nach dem Krieg als gefährlich für Deutschland erachtete. Der Allianzpartner, mit dem man heute noch den Sieg in einem existenziellen Kampf zu erringen trachtete, galt bei Ludendorff schon als der Gegner von morgen. Die wachsenden außenpolitischen Ambitionen der OHL wurden auch in den Friedensverhandlungen mit den Bolschewiki in Brest-Litowsk deutlich. Fanden sie hier noch ihre Grenzen in dem unbedingten Wunsch, wegen der prekären Lage an der Westfront so rasch wie möglich einen Friedensschluss im Osten zustande zu bringen, so sollte sich der immer unmäßigere Expansionismus in der Politik der OHL 1918 vollends Bahn brechen.

Unmäßigkeit, sofern sie als politische Größe gelten kann, kennzeichnete auch die Innenpolitik der Heeresleitung. Die Kriegszielfrage und die eng damit verschränkte Friedensfrage entwickelten sich zu Dauerkontroversen zwischen Bethmann und der OHL. Auch in der Frage, wie der Kriegswille der von Not und Hunger geplagten Bevölkerung weiter aufrecht erhalten werden könne, gingen die Meinungen auseinander. Mitte April brachen Massenstreiks aus; in der Heimatfront taten sich erste Risse auf. Im Reichskanzler sah Ludendorff einen schwächlichen Verständigungspolitiker nach außen wie nach innen. Mit einer Mischung aus Protesten und Rücktrittsdrohungen beim Kaiser, einer Blockadepolitik in politischen Verhandlungen mit dem Kanzler sowie lancierten Kampagnen in der Presse und bei den Rechtsparteien leitete die OHL die Demontage Bethmann Hollwegs ein. Mit der Friedensresolution des Reichstages im Juli und der Einsicht in das Scheitern des U-Boot-Krieges wurde Bethmanns Position unhaltbar. Am 13. Juli wurde er entlassen. Der Triumph der OHL währte indes nicht lange. Zwar hatte sie seither mit den Nachfolgern leichtes Spiel; so kursierte im Hauptquartier bald die Sottise: «Der Reichskanzler muss weg, und sein Nachfolger auch.» Doch gewann, begünstigt durch die Schwächung dieses Verfassungsorgans, ein anderes an Gewicht: der Reichstag, dessen Mehrheit auf Verständigungsfrieden und Parlamentarisierung drängte. Die Vorstellung, gesellschaftliche Mobilisierung für den Krieg durch politischen Konsens zu erreichen, blieb Ludendorff fremd: «Regieren heißt Herrschen, und wer herrschen will, muß sich auf die Kraft und die Treuen stützen, nicht aber auf diejenigen, die ihm seine Macht entreißen wollen», belehrte er Anfang 1918 den Reichskanzler.[3]

Die ebenso informelle wie bedeutende politische Macht Ludendorffs lag nun aber einzig in dem Versprechen an die Politik begründet, den Krieg siegreich zu Ende zu bringen. Und dies sollte im Frühjahr 1918 gelingen. Die «Große Schlacht in Frankreich» wurde während des Winters 1917/18 fieberhaft geplant. Begleitet wurden die Vorbereitungen von einer beispiellosen Propagandakampagne: Noch einmal alles wagen, und dann Sieg und Frieden, lautete die Devise.

Am 21. März traten schließlich zwischen Arras und La Fère drei Armeen mit fast 1,4 Millionen Mann an. Ihr Ziel war es, an der Schnittstelle zwischen Franzosen und Briten durchzubrechen, die rückwärtigen Verbindungen des Britischen Expeditionskorps abzuschneiden und es so zum Rückzug auf die Kanalhäfen zu zwingen. Mit ausgeruhten Truppen, einer neuen Stoßtrupptaktik und einem neuen Schießverfahren für die Artillerie verlief der Angriff zunächst sehr erfolgreich. Die gegenüber liegende britische 5. Armee befand sich bald in Auflösung. Doch nach Tagen blanker Panik gelang es den Ententemächten, ihre Reserven und den Widerstand zu organisieren. Da der Stoß nach Norden nicht zu gelingen schien, entschied sich die OHL noch im Verlauf des Angriffs für einen Schwerpunktwechsel. Im Süden, wo die Offensive am besten vorankam, sollte der Angriff verstärkt werden. Statt einer gemeinsamen Schwenkbewegung operierten die drei Armeen jetzt exzentrisch. Ihr Tempo wurde ihnen zum Verhängnis: Nachschub und Artillerieunterstützung blieben hinter den Spitzen zurück; die Angriffskraft erschöpfte sich. Am 5. April wurde Operation «Michael» eingestellt. Der Angriff war bis zu 60 Kilometer weit vorgedrungen, eine Distanz, von der die Befehlshaber der Schlachten von 1916/17 nur hatten träumen können.

Doch für Ludendorff war die Schlacht damit noch nicht geschlagen. Nun wurde der Angriff weiter nördlich, in Flandern, wieder aufgenommen. Nach dessen Versanden folgte eine Offensive am Chemin des Dames, dann eine in der Champagne. Diese Strategie Ludendorffs, immer wieder neue Löcher in die gegnerische Front brechen zu wollen, und abzuwarten, wo sich die Gelegenheit zu einem Durchbruch bot, wurde von den eigenen Kommandeuren angesichts der steigenden eigenen Verluste zunehmend kritisch gesehen. Schwerer noch wog der psychologische Effekt auf die Soldaten. Denn allmählich fragten sie sich: Warum war noch ein Angriff und dann noch einer nötig, wo man doch den Frieden nach einem großen, letzten Schlag im März versprochen hatte? Mit ihrem strategischen Latein war die OHL am Ende, die deutsche Armee war es auch. Mitte Juli war die Initiative an die Briten und Franzosen verloren gegangen. Zudem griffen inzwischen auch US-amerikanische Truppen in die Kämpfe ein, die Waagschale der militärischen Potenziale begann sich unaufhaltsam zu neigen.

Die Einsicht in die Unvermeidbarkeit der Niederlage begann sich im Heer von unten nach oben durchzusetzen. Im Hauptquartier wurden Warnungen und Kritik abgetan. Gleichzeitig verfiel Ludendorff in eine merkwürdige Apathie, die politische Führung wurde aber weiter mit Durchhalteparolen abgespeist. Erst am 29. September gestand der Generalquartiermeister ein, dass die Fortsetzung des Kampfes sinnlos sei, bezeichnenderweise mit der Formulierung, auf die Truppe sei «kein Verlass mehr». Ab diesem Moment zog sich die OHL mit erstaunlicher Geschwindigkeit aus dem weiteren Entscheidungsprozess zurück und überließ der Politik die Verantwortung für die wenig ruhmreiche Liquidation des Krieges. Ende Oktober forderte der neue Reichskanzler Max von Baden beim Kaiser ultimativ die Entlassung Ludendorffs. Im Verlauf einer Aussprache mit dem Kaiser am 26. Oktober kam es schließlich zum Eklat. Von Hindenburg im Stich gelassen, demissionierte Ludendorff. Um seine persönliche Sicherheit fürchtend, flüchtete er nach dem Ausbruch der Revolution zunächst nach Schweden.

Dort begann er umgehend mit der Arbeit an seinen Kriegserinnerungen; in Anbetracht der Kürze der Zeit, der zur Verfügung stehenden Quellen und des Umfangs von über 600 Seiten ein schriftstellerischer Kraftakt. Doch schon 1919 war Ludendorff zurück in Deutschland. In München, damals Sammelbecken von rechten Republikgegnern aller Couleur, trat er als Publizist und Putschist bald wieder öffentlich in Erscheinung. Aber sowohl 1920 während des Kapp-Lüttwitz-Putsches als auch 1923 während des Hitler-Putsches wurde klar, dass Ludendorff innerhalb der Verschwörerkreise keine entscheidende Rolle spielen konnte. Mit der Aura des Kriegsherrn war es vorbei. Auch durch seine Persönlichkeitsentwicklung entfremdete sich Ludendorff selbst seine treuesten Bewunderer. Ob Kaiser Wilhelm, Kronprinz Rupprecht von Bayern, Hindenburg oder Hitler – immer mehr Persönlichkeiten traf der publizistische Bannstrahl Ludendorffs. Die Ursachen für die Niederlage des Reiches und seinen eigenen Fall glaubte er nur noch in einer Verschwörung überstaatlicher Mächte (Juden, Freimaurer und Ultramontane) ausmachen zu können. Seine Kandidatur für das Reichspräsidentenamt 1925 endete in einer peinlichen Niederlage. Durch seine 1935 veröffentlichte Schrift «Der Totale Krieg» wurde er noch einmal von einer breiteren Öffentlichkeit wahrgenommen. Ludendorffs zentrale Forderung, im «totalen» Krieg der Zukunft müsse der Feldherr das uneingeschränkte Kommando über alle militärischen, politischen und wirtschaftlichen Sphären haben, machte deutlich, dass er die fragile Konstruktion seiner eigenen Stellung als Ursache für sein persönliches Scheitern und die Niederlage Deutschlands im Weltkrieg betrachtete: Hätte er gekonnt, wie er gewollt hätte …! Politisch wie persönlich isoliert trat Erich Ludendorff seinen letzten Feldzug an: den zur Wahrung seiner Ehre. Der «Feldherr der

Deutschen», so die in seinen späten Schriften übliche Selbsteinschätzung, sollte ihn mit Büchern und Pamphleten bis zu seinem Tod am 20. Dezember 1937 führen. Die Demarchen und Enthüllungsmeldungen, die aus seinem letzten publizistischen Gefechtsstand im oberbayerischen Tutzing drangen, nahmen bald nur noch wenige zur Kenntnis. Man hatte Ludendorff, den Mann, der Deutschlands Schicksal im Weltkrieg maßgeblich bestimmt hatte, verloren.

War nun Ludendorff der «moderne Alexander», den Alfred von Schlieffen imaginiert hatte? Was zeichnete seine Kriegsherrschaft aus? Zunächst einmal kam die Vision von 1909 der technischen Realität militärischer Führung im Weltkrieg recht nahe: Nicht mehr vom Pferd sondern vom Telefon und vom Fernschreiber aus führte Ludendorff seinen Krieg.

Und er führte ihn auch nicht allein. Zum einen hatte er sich die Aufgabe und sein Bild in der Öffentlichkeit stets mit Hindenburg zu teilen und stand dabei, was das Prestige anging, stets im Schatten des großväterlichen Feldmarschalls. Aber Hindenburg und Ludendorff gab es eben nur im Doppelpack, eine symbiotische Beziehung, die in der Militärgeschichte ihresgleichen sucht. Zum anderen führte Ludendorff den Krieg auch deshalb nicht allein, weil er als faktischer Chef des Generalstabes, der mächtigsten militärischen Führungsinstitution seiner Zeit, fungierte. Führung im industrialisierten Massenkrieg war zum guten Teil bürokratische, technische «Teamarbeit», und darin war Ludendorff zweifelsohne besser als seine Vorgänger. Dies hängt auch mit seiner sozialen wie militärischen Herkunft zusammen. Der Weg des bürgerlichen Generalstäblers Ludendorff an die Spitze konnte sich eigentlich nur in einer gesellschaftlichen Ausnahmesituation wie dem Weltkrieg vollziehen. Er war ein militärischer Führer, den erst der Krieg nach oben bringen konnte. Mehr noch: Auch die politische Herrschaft, die er seit 1915 in Oberost und seit 1916 im Reich ausübte, konnte er nur in Kriegszeiten erlangen. Denn Ludendorff agierte praktisch außerhalb der Verfassung. Seine Macht und sein Einfluss gingen weit über die tatsächliche Aufgabenstellung hinaus. Deshalb aber von einer «Militärdiktatur» zu sprechen, führt dennoch in die Irre. Vielmehr hatte sich die politische Klasse des Kaiserreichs ihrer eigenen Macht begeben und sich stillschweigend darauf geeinigt, die Geschäfte durch die Militärs besorgen zu lassen. Ludendorffs Machtanspruch lässt sich also vornehmlich instrumentell mit der Führung des industriellen Massenkrieges begründen. Dass er auf eine dauerhafte und über den Krieg hinausgehenden Verankerung seiner persönlichen Herrschaft hingearbeitet hätte, wird sich schwerlich nachweisen lassen.[4] Und so erklären sich denn auch seine politischen Herrschaftstechniken: An die Stelle der Konsultation trat der Befehl, an die Stelle eigener politischer Leitvorstellungen trat Obstruktion von oben. Oder mit den Worten des Historikers Hans Delbrück von 1922: Ludendorff «hatte kein Ziel, sondern nichts als unbestimmte auf- und abschwankende Absichten; selber eine Politik zu machen, war er außer Stande, wollte er auch garnicht; seine Energie erschöpfte sich darin, andere zu verhindern, daß sie ihrerseits ihre Politik machten.»[5] Und so wurde die Fragilität der Ludendorffschen Kriegsherrschaft auch in dem Moment deutlich, wo die Heeresleitung im Herbst 1918 gegenüber der Politik die Unvermeidbarkeit der Niederlage einräumen musste. Erich Ludendorff war also vor allem auch ein Kriegsherr, der seinen Krieg verlor und in Ungnade fiel. Und mit dem Makedonier eint ihn dann wenigstens doch noch eine Eigenschaft: den Weg aus dem Krieg zurück in den Frieden nicht gefunden zu haben.

Staatsstreich im Busch
Paul von Lettow-Vorbeck
(1870–1964)

Tanja Bührer

Ostafrika entwickelte sich während des Ersten Weltkriegs zu einem außergewöhnlichen Nebenkriegsschauplatz, auf dem fast 180 000 Soldaten und mehrere 100 000 afrikanische Träger zum Einsatz kamen. Deutsch-Ostafrika entsprach dem heutigen Tansania ausschließlich der Insel Sansibar und einschließlich Ruanda und Burundi. Auf der Ostseite erstreckte sich eine 700 km lange Küste, sonst grenzte es nach allen Richtungen an Territorien der Kriegsgegner Großbritannien, Belgien und Portugal. Alle Beteiligten rekrutierten aus ihren Kolonialgebieten afrikanische Soldaten. Die Briten nutzten zudem ihr Empire, indem sie 52 000 Inder sowie 43 000 weiße Südafrikaner auf den ostafrikanischen Kriegsschauplatz warfen. Entgegen aller Erwartung konnte der Kommandeur der Kaiserlichen Schutztruppe für Deutsch-Ostafrika, Oberstleutnant Paul von Lettow-Vorbeck, eine Invasion der übermächtigen Entente bis Anfang 1916 verhindern – zu diesem Zeitpunkt hatten alle anderen deutschen Kolonien bereits kapituliert. In die Defensive gedrängt, zog die Schutztruppe dann nicht nur durch ganz Deutsch-Ostafrika, sondern auch durch Portugiesisch-Ostafrika und überschritt im Oktober 1918 sogar die Grenze zu Rhodesien, wo sie schließlich am 13. November die Nachricht vom Waffenstillstand erreichte. Lettow-Vorbeck wurde bei seiner Rückkehr nach Deutschland als unbesiegter Feldherr gefeiert. Die Durchführung des einzigartigen Feldzuges wurde seinem unbedingten Siegeswillen zugeschrieben. Dem darnieder liegenden und krisengebeutelten Nachkriegsdeutschland sollte sein Beispiel zeigen, was deutsche Festigkeit in widrigster Lage vermochte, und ihm den Glauben an sich und seine Zukunft zurückgeben.

Dabei war Lettow-Vorbecks Ernennung zum Kommandeur der Schutztruppe für Deutsch-Ostafrika anfänglich umstritten gewesen. Sie erfolgte Ende 1913 außergewöhnlicherweise auf Allerhöchste Order Seiner Majestät des Kaisers und gegen den Willen des Reichskolonialamts, das noch kurz zuvor Lettow-Vorbecks Bewerbung für eine Kommandeursstelle in einem der Schutzgebiete mit der Begründung abgewiesen hatte, er sei für diese Aufgabe ungeeignet. Dieses Urteil scheint vollkommen haltlos, konnte Lettow-Vorbeck doch im Vergleich zu den üblichen militärischen Laufbahnen des Kaiserreichs auf eine reiche Übersee-Erfahrung zurückblicken. Nach Abschluss der Kriegsakademie wurde er 1899 im Großen Generalstab der Abteilung zugewiesen, in der unter anderem Großbritannien und die überseeischen Gebiete bearbeitet wurden. Als 1900 in China die Boxerunruhen ausbrachen, wurde er zum Ersten Adjutanten der 1. Ostasiatischen Infanteriebrigade ernannt, was ihm nicht nur Erfahrungen mit einem nichteuropäischen Gegner, sondern auch wertvolle Einblicke in die Führung und Kampfweise der verbündeten europäischen Truppen einbrachte. 1904 meldete er sich freiwillig zu den Verstärkungen der Schutztruppe zur Niederschlagung des Herero-Aufstandes in Deutsch-Südwestafrika. In der Funktion als Adjutant der Schutztruppe lernte er einen typischen Kleinkrieg kennen, auf den die heimische Militärausbildung die Soldaten nicht vorbereitete und auf den er selbst später in Ostafrika zurückgreifen sollte.

Die ablehnende Haltung des Reichskolonialamts gegenüber Lettow-Vorbeck muss ihren tieferen Grund darin gehabt haben, dass die Form seines Überseedienstes im rein militärischen Denken und Handeln verhaftet geblieben war und er dabei kein Verantwortungsbewusstsein gegenüber den politischen und wirtschaftlichen Interessen des Schutzgebietes selbst entwickelt hatte. Außerdem machte er kein Hehl aus seiner Verachtung für zivile Regierungsinstanzen, vor allem, wenn sie sich in militärische Belange einzumischen wagten. Diese Einstellung vertrug sich aber überhaupt nicht mit der Position eines Kommandeurs der Schutztruppe. Die Schutztruppen wurden aus freiwilligen Offizieren und Unteroffizieren des Reichsheeres und, aufgrund ökonomischer sowie klimatischer Gründe, aus angeworbenen Askaris und farbigen Söldnern gebildet. Sie stellten eine vom Reichsheer und der Kaiserlichen Marine getrennte Formation dar, deren Oberkommando in Berlin direkt dem Staatssekretär des Reichskolonialamts und somit einer zivilen Institution unterstellt war. In den Schutzgebieten selbst hatte der Gouverneur die oberste militärische Gewalt. Er konnte die Truppen nach eigenem Ermessen zu militärischen Unternehmungen verwenden. Dem Kommandeur blieb somit nur die engere militärische Verantwortung für die Schlagfertigkeit der Truppe.

Als Lettow-Vorbeck im Januar 1914 in Daressalam landete, um sein Kommando anzutreten, hatte er sich bereits auf eine Strategie für den Fall eines Konflikts mit einem äußeren Gegner festgelegt. Er war keineswegs der erste, der sich mit einem solchen Kriegsszenario auseinandergesetzt hatte. Es trifft also auch nicht zu, dass die Kolonialbehörden die aus der internationalen Berliner Afrikakonferenz hervorgegangene Kongoakte vom Februar 1885 missinterpretiert und sich blauäugig auf die Neutralisierung Deutsch-Ostafrikas im Kriegsfall verlassen hätten. Stand das erste Jahrzehnt seit den Flaggenhissungen an der ostafrikanischen Küste im Jahre 1885 noch ganz im Zeichen der inneren Sicherheit – galt es doch zunächst einmal, das auf der Karte abgesteckte riesige Gebiet tatsächlich zu erobern –, so begannen sich die Kolonialbehörden nach der Etablierung der Fremdherrschaft auch mit der Verteidigung der Kolonie gegen einen äußeren Feind zu beschäftigen. Mehr als einmal gelangte das Reichskolonialamt mit diesbezüglichen Vorschlägen an die oberen Marine- und Armeebehörden, denn die Unterstützung dieser Instanzen wäre für ihre Umsetzung erforderlich gewesen. Die Marine und die Armee verfolgten jedoch Strategien, in denen die Sicherheit der Kolonien keine Berücksichtigung fand und versagten dem Reichskolonialamt jegliche Hilfe.

Dass Deutsch-Ostafrika im Kriegsfall auf sich allein gestellt sein würde, führte in den Vorkriegsjahren bei den kolonialen Zivil- und Militärbehörden zum Konsens, dass eine Verteidigung der Küstenplätze aussichtslos sei, und sich die Truppen, um die Kolonie bis zum Kriegsende zu halten, ins Landesinnere zurückziehen mussten, nicht zuletzt, um die koloniale Infrastruktur und die wirtschaftlichen Werte unbeschädigt durch den Krieg zu bringen. Außerdem wurde angenommen, dass Teile der afrikanischen Bevölkerung eine solche Krisensituation für Aufstände ausnutzen würden, und daher für die Wahrung der inneren Sicherheit sowie den Schutz der weißen Bevölkerung die lokale militärische Präsenz aufrechterhalten werden musste. Ganz in diesem Sinne war auch die Denkschrift des damaligen Kommandeurs Kurt Freiherr von Schleinitz über Mobilmachungsvorarbeiten für den Kriegsfall aus dem Jahre 1912 abgefasst. Für Lettow-Vorbeck hingegen sollte unter Hintanstellung der Interessen des Schutzgebietes das einzige Ziel der gesamten kolonialen Kriegsanstrengungen die Entlastung des Deutschen Reiches auf dem europäischen Kriegsschauplatz sein, indem an der Peripherie möglichst viele feindliche Streitkräfte gebunden und somit ihr womöglich kriegsentscheidender Einsatz in Europa verhindert würde. Dies konnte Lettow-Vorbeck zufolge am besten durch Zusammenziehung der über die Kolonie verstreuten Feldkompanien erreicht werden, um so den Feind offensiv und mit geballter Kraft an empfindlichen Punkten anzugreifen, so dass dieser sich gezwungen sah, seine Kräfte zu seinem eigenen Schutz zu verwenden. Des Weiteren durften Lettow-Vorbeck zufolge die Küstenplätze keinesfalls kampflos preisgegeben werden, denn eine okkupierte Küstenstadt, womöglich noch mit Eisenbahnanschluss wie im Falle Daressalams oder Tangas, wäre die ideale Operationsbasis für ein feindliches Vordringen ins Landesinnere.

Lettow-Vorbeck sah sich nicht nur der Schwierigkeit gegenüber, die ihm vorgesetzten zivilen Kolonialbehörden, den Gouverneur und den Staatssekretär des Reichskolonialamts, für seine neue Kriegsstrategie gewinnen zu müssen. Er konnte sich auch der vorbehaltlosen Unterstützung aus den eigenen Reihen nicht sicher sein. Manch altgedienter Schutztruppenoffizier blickte auf eine Tätigkeit als Beamter auf einer der Militärstationen im Landesinnern zurück, in deren Funktion er militärische und zivile Gewalt vereinigt hatte und somit nicht nur an kriegerischen Auseinandersetzungen beteiligt, sondern auch Wegbereiter für die wirtschaftliche Erschließung des Landes gewesen war. Solche Erfahrungen schufen eine gewisse Verbundenheit mit dem Land und eine Wertschätzung der geschaffenen Infrastruktur. Noch schlechter stand es um die Aussicht auf Rückhalt bei den weißen Ansiedlern, auf den der Kommandeur im Kriegsfall angewiesen sein würde, mussten doch sämtliche personellen wie materiellen Ressourcen aus dem Schutzgebiet selbst gezogen werden. Für die Kaufleute und Gewerbetreibenden bedeuteten eine Bombardierung der Küstenstädte sowie ein möglicher Häuserkampf eine existentielle Bedrohung. Auch die Farm- und Plantagenwirtschaft treibenden Siedler im Landesinnern würden im Kriegsfall in erster Linie an der Weiterführung ihrer Betriebe und der Verteidigung von Haus und Hof, nicht aber an einem offensiven Einsatz außerhalb des Schutzgebietes interessiert sein.

Lettow-Vorbeck unternahm daher auf seiner ersten Dienstreise im Frühjahr 1914 nicht nur Geländeerkundungen und Truppenbesichtigungen. Er rührte unter den Ansiedlern auch tüchtig die Werbetrommel für seine Kriegspläne. Im Hinterland der Küstenstadt Tanga erstreckten sich in nordwestlicher Richtung die bewaldeten Usambara- und Pareberge, die sich für Plantagenwirtschaft eigneten. Daran schlossen sich die Hochlande der erloschenen Vulkane Kilimanjaro und Meru an, wo Farmer Viehzucht und etwas Ackerbau betrieben. Diese an Britisch-Ostafrika grenzenden Nordbezirke waren die zur Besiedlung geeignetsten Zonen der Tropenkolonie. Aufgrund der Höhe war das Klima erträglich und das Gebiet frei von Moskitos und Malaria. Die Küstennähe ermöglichte den erschwinglichen Abtransport landwirtschaftlicher Erzeugnisse. Unter den etwa 900 in der Landwirtschaft tätigen Ansiedlern befanden sich einige ehemalige Schutztruppenoffiziere. Den «Alten Afrikanern» war die Kolonie zu einem Ort geworden, wo man Verbindungen und Freunde hatte, wo die erbrachten Leistungen anerkannt waren und wo man das Jagdfieber ausleben konnte – zu ihrer neuen Heimat.

Genau diese Schutztruppler außer Dienst suchte Lettow-Vorbeck gezielt auf. Er nahm an, dass sie Schlüsselfiguren sein könnten, wenn es darum ging, die Siedler im Krisenfall auf seinen Kriegskurs zu bringen. Sie genossen ein hohes gesellschaftliches Ansehen, war es doch ihren Pionierleistungen zu verdanken, dass die Gründung einer wirtschaftlichen Existenz im Schutzgebiet überhaupt möglich geworden war. Hinzu kam, dass einige von ihnen freiwilligen Schützenvereinen vorstanden. Die Vereinstätigkeit erschöpfte sich zwar hauptsächlich im Preisschießen nach der Scheibe und nach Tontauben und war somit eher Freizeitvergnügen als paramilitärische Ausbildung. Da aber bei weitem nicht alle Mitglieder dem Beurlaubtenstande angehörten, waren diese Vorsteher der Schützenvereine eine wertvolle potentielle Rekrutierungsschaltstelle von Freiwilligen. Lettow-Vorbeck ließ bei seinen Besuchen zur Einstimmung erst einmal gesellige Kameradschaft aufleben: «Auf seiner [...] Pflanzung bot uns Korvettenkapitän a. D. Schoenfeld gastlich ein ausgezeichnetes Glas Moselwein in einem militärischen Kommandoton, der schon damals auf den energischen Führer hindeutete, welcher später die Rufijimündung so zähe gegen feindliche Überlegenheit verteidigte.»[1] Bei einigen seiner Gastgeber handelte es sich sogar um alte Bekanntschaften aus der Kadettenzeit, so beispielsweise bei Hauptmann a. D. Freiherr von Ledebur und Hauptmann a. D. Tom von Prince, dem berühmt-berüchtigsten Kriegshelden Deutsch-Ostafrikas. Nach der Aufwärmphase ging es dann zur Sache und der Kommandeur eröffnete seine Pläne für den Kriegsfall, wobei er genau wusste, wie er den Einzelnen an seinem militärischen Ehr- und Pflichtgefühl anpacken musste.

Nach der Rückkehr von seiner Erkundungsreise verfasste Lettow-Vorbeck eine Denkschrift und legte sie dem Gouverneur Heinrich Schnee vor. Erwartungsgemäß beharrte Schnee auf dem defensiven Verteidigungsplan seines Vorgängers. Dem Kommandeur blieb somit nur übrig, sich unter Vermittlung des Gouverneurs an den Staatssekretär des Reichskolonialamtes zu wenden. Dort unterlag das Schreiben der üblichen zeitraubenden Bearbeitung durch die Referenten der verschiedenen Ressorts. Mehr noch als über die schleppende Bürokratie ärgerte sich Lettow-Vorbeck über sich selbst: Warum hatte er nur während seiner Tätigkeit beim Großen Generalstab nicht darauf hingearbeitet, dass der Generalstab das koloniale Militärwesen selbst in die Hand nahm, statt es dem zivilen Kolonialamt zu überlassen?

Als der Erste Weltkrieg ausbrach, war eine Stellungnahme Wilhelm Solfs, des Staatssekretärs des Reichkolonialamtes, immer noch nicht eingetroffen. Durch die kriegsbedingte Isolation des Schutzgebietes war seine diesbezügliche Haltung jedoch ohnehin belanglos geworden. Da die Briten die unbestrittene Seeherrschaft innehatten und die telegrafische Verbindung über britisches Seekabel führte, war Deutsch-Ostafrika mit Ausbruch der Feindseligkeiten nicht nur auf dem Seewege, sondern auch in kommunikativer Hinsicht vom Mutterland abgeschnitten. Am 2. August unterband die britische Regierung die Übermittlung chiffrierter Telegramme, am 3. jeglichen Telegrammverkehr. Die erst im März 1913 fertig gestellte funkentelegrafische Station in Daressalam konnte über die Großfunkstellen in Deutsch-Südwestafrika und Togo sowie über die Funkspruchstationen der Kriegs- und Handelsschiffe Nachrichten empfangen. Die Zerstörung der ungeschützt an den Küsten der Schutzgebiete errichteten Funktürme war jedoch das erste und ein leichtes Ziel der britischen Operationen. So erfuhr die periphere Kolonialverwaltung in den ersten Augusttagen gerade noch von der britischen Kriegserklärung. Es gelang dem Reichskolonialamt zwar nach einigen Wochen unter Vermittlung des deutschen Konsulats im damals noch neutralen Portugal über Ableger von deutschen Handelsfirmen im Norden Portugiesisch-Ostafrikas eine Verbindung nach Deutsch-Ostafrika herzustellen. Der Weg war jedoch äußerst unsicher und die Nachrichten erreichten den Empfänger nur mit großer zeitlicher Verzögerung. Als Portugal anfangs 1916 auf Seiten der Entente in den Krieg eintrat, war auch dieser Weg völlig unterbunden.

Es war von vornherein klar, dass die Briten in erster Linie auf ihre Seehoheit setzen und alles auf ihre Bewahrung ausrichten würden. Da die im Kreuzerkrieg eingesetzten deutschen Kriegsschiffe auf regelmäßige Versorgung mit Kohle angewiesen waren, mussten die ostafrikanischen Küstenstädte als überseeische Stützpunkte der Marine als erstes in das Visier der britischen Kriegsanstrengungen geraten. Der Gouverneur beabsichtigte daher, sich in Verhandlungen mit den Briten auf die Haager Konvention zu stützen, derzufolge unbefestigte und ungeschützte Städte nicht bombardiert werden durften. Widerstand sollte erst im Landesinnern geleistet werden, falls die Briten sich mit der Besetzung der Küstenstädte nicht zufrieden geben sollten. Dementsprechend ordnete Schnee am 3. August die Einberufung des deutschen Beurlaubtenstandes an. Überdies wies er am 4. August den Kommandeur der Schutztruppe und die Bezirksamtmänner der Küstenstädte telegrafisch an, keinen Widerstand zu leisten, wenn fremde Kriegsschiffe den Hafen anliefen. Ein Bombardement müsse unter allen Umständen vermieden werden. Der Vorsteher der zivilen Dienststelle solle mit dem feindlichen Parlamentär die Belassung bewaffneter Polizei unter seinem Befehl zum Schutz der weißen Zivilbevölkerung aushandeln. Schnee ließ daraufhin wichtige Unterlagen und Geldreserven ins sichere Landesinnere nach Morogoro abtransportieren und auch er selbst zog sich auf diesen neuen Sitz der zentralen Kolonialverwaltung zurück.

In den folgenden Wochen brach ein Machtkampf um die vollziehende Gewalt in den Küstenstädten aus. Lettow-Vorbeck war nämlich keinesfalls gewillt, Schnees Anweisungen zu befolgen. Am 8. August forderte der Kommandant eines Schiffes des britischen Kap-Geschwaders in einem Ultimatum die Zerstörung des Funkturms von Daressalam, die Entfernung von Kriegsmaterial sowie den Verzicht auf feindliche Akte im Hafen und der Stadt – sonst würde Daressalam bombardiert. Der vom Gouverneur bevollmächtigte Geheimrat Wilhelm Methner willigte unter der Bedingung ein, die Verwaltung zwecks Aufrechterhaltung von Sicherheit und Ordnung weiterführen zu können. Als Lettow-Vorbeck, der im nahe gelegenen Pugu einen Teil der Truppen versammelt hatte, davon Wind bekam, schickte er umgehend Hauptmann Tafel mit einem schriftlichen Befehl nach Daressalam, in dem er erklärte, dass die vollziehende Gewalt in der Stadt an den Kommandeur übergehe und Verhandlungen mit dem rangältesten Offizier der britischen Streitkräfte ausschließlich von ihm zu führen seien. Methner setzte umgehend den Gouverneur telefonisch davon in Kenntnis, worauf dieser Tafel an den Apparat zitierte und die militärische Machtübernahme für ungültig erklärte. Zudem wies er den Kommandeur telegrafisch zurecht. Da inzwischen die britischen Kriegsschiffe wieder Kurs auf Sansibar genommen hatten, war auch Lettow-Vorbeck nicht an einer weiteren unnötigen Zuspitzung des Konflikts interessiert. Er hielt jedoch seine Truppen im Hintergrund jederzeit bereit, bei einem Landungsversuch militärisch einzugreifen.

Ähnliche Szenen widerrechtlicher militärischer Intervention wiederholten sich in anderen Küstenstädten. Als am 23. August der britische Kreuzer «Pegasus» vor Bagamojo erschien, erteilte der Kommandeur Oberleutnant von Chappuis den Befehl, die laufenden Verhandlungen zu unterbinden, worauf dieser die Insassen einer Pinasse am Betreten des Landes hinderte und dem erstaunten britischen Offizier erklärte, dass die mit dem Bezirksleiter getroffenen Abmachungen ungültig seien.

Nach einer kurzen Beschießung der Stadt dampfte der Kreuzer wieder ab. Die Küstenbevölkerung war darüber sehr aufgebracht. Das Siedlerorgan «Usambara-Post» verurteilte in seiner Nummer vom 29. August den militärischen Aktionismus als Widerstand gegen unabwendbare Dinge und verlangte, alle Bestrebungen auf den Schutz der wirtschaftlichen Werte der Kolonie auszurichten. Auf die Nachricht, dass am 8. September auch in Tanga Abkommen geschlossen worden waren, entsandte Lettow-Vorbeck den ortskundigen Korvettenkapitän a. D. Schoenfeld, der ihn damals auf seiner Pflanzung so gastlich mit Moselwein bewirtet hatte. Schoenfeld eröffnete dem Bezirksamt, dass sich die Truppen nicht an die getroffenen Abmachungen halten würden. Er inspizierte die Landungsmöglichkeiten an der Küste, zog kurzerhand diensttaugliche Europäer ein und nahm für ihre Bewaffnung Requisitionen vor. Die Proteste der Zivilbeamten vermochten nichts zu bewirken.

Der Kommandeur handelte auch bei seinen Offensivschlägen gegen die entlang der Grenze Deutsch-Ostafrikas verlaufende britische Ugandabahn, die Lebensader Britisch-Ostafrikas und Ugandas, den Anweisungen des Gouverneurs zuwider. Dem allseits bekannten Hauptmann a. D. von Prince, der sich ebenfalls bereits vor Kriegsausbruch von Lettow-Vorbeck auf seine Kriegspläne hatte einschwören lassen, gelang es im Bezirk Wilhelmstal, mit dort ansässigen Europäern ein Freiwilligenkorps zu bilden. Unter seinem Kommando nahm es Mitte August das auf feindlichem Gebiet liegende Taveta ein. Von hier und anderen vorgeschobenen Posten aus wurden Fernpatrouillen zur Sprengung der Uganda-Bahn ausgesandt. Nicht nur Bezirksbeamte, auch Siedler und Vorsteher von Handels- und Plantagengesellschaften beschwerten sich beim Gouverneur über die Entblößung der Nordbezirke von Waffen und wehrfähigen Europäern. Allein der Mangel an Waffen, Munition, Ausrüstung und Ärzten verbiete die Verwendung der Schutztruppe als Angriffstruppe außerhalb der Kolonie. In Kürze würden Menschen- und Rüstungsmaterial verbraucht sein und man wäre wehrlos gegen einen Aufstand.

Der abseits vom Kriegsgeschehen residierende Gouverneur wurde also immer wieder vor vollendete Tatsachen gestellt und reagierte darauf mit hilflosen Wiederholungen seiner Weisungen. Es kam zwischen ihm und dem Kommandeur zu einem regelrechten Paragraphenkrieg, in dem beide sich gegenseitig Zitate aus dem Militärstrafgesetzbuch sowie der Schutztruppenordnung um die Ohren schlugen. War das Argumentationsarsenal erschöpft und beharrten beide nur noch einfach auf ihrem Standpunkt, drohten sie sich gelegentlich gegenseitig für später mit einem kriegsgerichtlichem Verfahren.

Wie unreflektiert Lettow-Vorbecks unautorisiertes präventives Drauflosschlagen zuweilen war, wird anhand seiner Reaktion auf das Ende August 1914 im Schutzgebiet kursierende Gerücht der Kriegsteilnahme Portugals deutlich. Während Schnee zur Abklärung einen Beamten nach der portugiesischen Kolonie entsandte, zeigte sich der Kommandeur unwillig, irgendeine Verzögerung zu riskieren, und ließ kurzum ein portugiesisches Fort jenseits des Grenzflusses Rovuma stürmen. Als sich herausstellte, dass die Portugiesen nach wie vor neutral waren, bedurfte es seitens des Gouverneurs zahlreicher formeller Entschuldigungen, bis sich die Beziehungen wieder normalisierten. Dieser Zwischenfall war umso ärgerlicher, als die Kolonialbehörden gerade im Begriff waren, mit den Portugiesen einen Verbindungsweg für Informationen sowie Materialnachschub auszuhandeln.

Ende Oktober 1914 konnte erbeuteten britischen Zeitungen entnommen werden, dass demnächst die Ankunft eines britisch-indischen Expeditionskorps in der Stärke von 10 000 Mann bevorstehe. Lettow-Vorbeck vermutete, dass die Landung bei Tanga erfolgen würde und reiste sofort dorthin ab. Dabei ging es ihm wieder einmal nicht nur um Geländeerkundungen, sondern auch darum, den dort stationierten Hauptmann a. D. Adler der 17. Kompanie sowie vor allem den Bezirksamtmann Bernhard Auracher als Vertreter des Gouverneurs in seinem Sinne zu bearbeiten. Die Weisungen des Gouverneurs, Hafen und Stadt nicht zu verteidigen, stellte er als Hochverrat dar. Der Kommandeur hatte das Glück, in Auracher einen Oberleutnant der Reserve vor sich zu haben, der für seine eindringlichen Vorträge über militärische Pflicht und Ehre in Zeiten der Bedrohung empfänglich war. Als Lettow-Vorbeck dann auch noch beteuerte, er würde selbstverständlich für alle Folgen die alleinige Verantwortung übernehmen, ließ sich schließlich auch Auracher umstimmen. Daraufhin kehrte der Kommandeur in sein Hauptquartier nach Neu-Moschi am Fuße des Kilimanjaro zurück.

Wenige Tage später, am 2. November 1914, erschienen vor Tanga tatsächlich 14 feindliche Transportschiffe und zwei Kreuzer, worauf die Truppen der Umgebung in der Stadt Stellung bezogen. Auracher begab sich als Parlamentär auf den britischen Kreuzer «Fox». Auf die Forderung nach bedingungsloser Übergabe Tangas hin bat Auracher um Bedenkzeit, da er noch Weisungen des Gouverneurs einzuholen habe – im Prinzip ging es nur darum, die Briten möglichst lange hinzuhalten, damit die im Norden konzentrierte Hauptmacht, vierzehn von zwanzig Kompanien, eingreifen konnte. Wieder an Land, eilte Auracher nach Hause, um seinen Zivilrock mit der Uniform zu tauschen. Nach Ablauf der vereinbarten Frist hisste er die Reichskriegsflagge zum Zeichen, dass es zu keiner Übergabe der Stadt kommen sollte. Darauf versuchte er, in Tanga Kräfte anzuwerben und meldete sich an der Spitze von fünfzehn Freiwilligen bei Hauptmann a. D. Adler.

Die Briten waren über die unerwartete Situation verwirrt und es dauerte Stunden, bis sie sich auf ein Vorgehen einigen konnten. Weitere Verzögerungen entstanden durch Auskundschaften von Landungsmöglichkeiten und die Suche nach Minen. Erst in der Nacht vom 2. auf den 3. November wurden erste Truppen abgesetzt – in einen Mangrovensumpf. Durch den dichten Busch stießen sie mühsam Richtung Tanga vor, wo sie alsbald in ein schweres Gefecht gerieten. Mittlerweile waren auch die ersten deutschen Verstärkungen aus Neu-Moschi angekommen, auf deren Gegenstoß die britischen Truppen ungeordnet zurückfielen. Die restlichen britischen Truppen konnten bis zum 4. November gelandet werden und sollten, trotz brüllender Tropenhitze, am Mittag gegen Tanga vorgehen. Inzwischen waren auch die deutschen Kräfte vollzählig, wobei sich die etwa tausend Soldaten der Schutztruppe einer achtfachen Übermacht gegenüber sahen.

Lettow-Vorbeck selbst war am frühen Morgen eingetroffen. Die folgenden Stunden des Gefechts verfolgte er ketterauchend. Sie bedeuteten für ihn einen Nervenkrieg sondergleichen, denn es war seine persönliche Entscheidungsschlacht. Er war sich sehr wohl bewusst, dass er widerrechtlich handelte. Die Debatten mit dem Gouverneur, dessen Telegramme noch während des Gefechts die vordersten Fronten erreichten, hatte er bloß zur Aufrechterhaltung einer Scheinlegalität geführt. Er riskierte seine militärische Karriere und Ehre und somit alles, was ihm in seinem Leben wichtig war. Handelte er aus dem rein persönlichen Ehrgeiz, in die Ahnengalerie der Familie Lettow, aus der zahlreiche preußische Offiziere hervorgegangen waren, als erster Feldherr von historischer Bedeutung einzugehen? Oder agierte er gar in inoffiziellem Auftrag militärischer Kreise im Mutterland, die mit seiner Placierung informellen Einfluss auf die kolonialen Kriegsanstrengungen nehmen wollten? Sicher ist, dass er bei einem Desaster bei Tanga nicht auf den Rückhalt allfälliger Hintermänner hätte zählen können. Das Unerwartete wurde jedoch wahr. Die britischen Landungstruppen erlitten eine vernichtende Niederlage, ließen auf ihrer überhasteten Flucht große Mengen an Munition und Waffen zurück und wurden in der Nacht vom 4. auf den 5. November wieder eingeschifft. Die große Ratlosigkeit über die Gründe für das Versagen fand auch darin Ausdruck, dass britische Offiziere einen vom Gefechtslärm aufgescheuchten wilden Bienenschwarm, der sich vor allem auf britische Truppen gestürzt hatte, für eine deutsche Geheimwaffe hielten.

So erbärmlich der Katzenjammer auf der einen, so groß war der Triumph auf der anderen Seite. Der Kommandeur konnte sich nun des uneingeschränkten Vertrauens seiner Truppen sicher sein. Beim Rücktransport mit der Bahn nach dem Norden wurden die Truppen von großem Jubel der weißen Ansiedler begleitet. Alsbald strömten zahlreiche Freiwillige zu den Waffen. Auch die lokalen Zeitungen mutierten nun zu Sprachrohren des großen Kriegsherrn. Von nicht zu unterschätzender Bedeutung war zudem, dass die allseits gefürchtete Gefahr eines Aufstandes seitens der afrikanischen Bevölkerung durch die militärische Machtdemonstration bei Tanga vorerst gebannt war, und stattdessen die Bereitschaft der Afrikaner, als Askari in der Schutztruppe zu dienen, massiv zunahm. Der Gouverneur war durch den Erfolg von Tanga nicht nur seiner Argumente beraubt, er sah sich auch einem vollkommenen Stimmungswandel gegenüber und bewilligte schließlich die militärische Besetzung der Küstenstädte. Sein Entschluss, die Verwaltung nun fast völlig in den Dienst des Militärs zu stellen, war wohl auch von dem Vernunftentschluss mitgetragen, die Verteidigungsanstrengungen nicht durch interne Streitigkeiten zu schwächen.

Die gesamten kolonialen Anstrengungen wurden nun auf den Kriegsbedarf ausgerichtet. Dies bedeutete in erster Linie, die Selbstversorgung aus dem Lande zu organisieren. Noch nicht rekrutierte Pflanzer stellten ihre Betriebe auf Truppenverpflegung um, einige Plantagen wurden auch von Frauen weitergeführt. Statt Kautschuk und Sisal wurde nun Weizen, Obst und Gemüse angebaut. Der größere Teil der Lebensmittelversorgung musste jedoch durch die Afrikaner gewährleistet werden, ebenso der Transport der Nahrung zu den Truppen. Abgesehen von der Nord- und der Zentralbahn war das Schutzgebiet verkehrstechnisch kaum erschlossen, und abertausende von Trägern wälzten sich mit ihren Lasten auf dem Kopf die eingerichteten Etappenstraßen hinauf und hinunter. Für den Anbau und Kauf von Nahrungsmitteln sowie die Trägergestellung waren die Bezirksämter zuständig. Wenn sie dabei nicht auf ihre bereits vor Kriegsausbruch hergestellten Beziehungen zu kollaborationswilligen afrikanischen Eliten hätten zurückgreifen können, wäre die Truppenversorgung und somit die Kriegführung gar nicht möglich gewesen.

Bei den laufenden Ausgaben und gleichzeitig fehlenden Einnahmen herrschte bald arge Geldnot. Die von der Ostafrikanischen Bank auf Veranlassung des Gouvernements herausgegebenen Noten wurden von den Afrikanern ungern genommen. Daher wurde aus dem Messing verschossener Patronenhülsen und aus Eisen Hartgeld geprägt. Aus den vorhandenen Goldreserven wurden Zwanzig-Rupienstücke mit dem Abbild eines Elefanten hergestellt, auf die im Verlauf des Krieges seitens der Soldaten der Entente eine regelrechte Souvenirjagd entstand. Das neugeprägte Geld reichte der Gouvernementskasse auf Dauer jedoch nicht aus und die Askari mussten sich hinsichtlich der Entlohnung bald mit Einträgen in das Soldbuch vertrösten lassen.

Groß war die Herausforderung hinsichtlich industriell und gewerblich angefertigter Produkte, da diese Sektoren in der Kolonie kaum entwickelt waren. Gerbstoff für Leder wurde aus Mangroven an der Küste gewonnen. Baumwolle und Zuckerrohr waren schon in Vorkriegszeiten angebaut worden. Weiße und schwarze Frauen spannen nun die Baumwolle mit der Hand und auf den Missionen wurden Spinnräder und Webstühle konstruiert. Das Biologische Forschungsinstitut in Amani setzte eine Zentrifuge zur Reinigung des braunen Zuckers ein, von privater Seite wurde ein ähnlicher Betrieb mit der zu einer Zuckerschleuder umgebauten Waschmaschine des Hotels Kaiserhof zu Daressalam eingerichtet. Pflanzern gelang es, Gummi für die Bereifung der wenigen Automobile herzustellen, und aus Kokos gewannen sie ein dem Benzol ähnliches Antriebsmittel. Von eminenter Wichtigkeit für die Kampfkraft der Truppe war Chinin, damals das einzige Mittel gegen die weit verbreitete Malaria. Sowohl dem Chemiker des Amani-Instituts Dr. March als auch dem Stabsapotheker Dr. Schulz gelang es, aus der Chinarinde Chinintabletten zu gewinnen, worauf ein erbitterter Patentstreit entstand. Der Kommandeur zeigte sich stolz darauf, den erfinderischen Talenten der Kolonie durch seinen Krieg die Möglichkeit zur Entfaltung gegeben zu haben. Nicht alles konnte jedoch selbst hergestellt werden. Munition, Waffen und Draht für die Telegrafenleitungen mussten vom Feind erbeutet werden. Mancher Schutztruppler zweifelte, ob seine Tätigkeit überhaupt derjenigen eines Soldaten und nicht vielmehr derjenigen eines Freibeuters entsprach.

Während der eineinhalb Jahre bis zur großangelegten Invasion der Entente Anfang 1916 war das Kriegsgeschehen vor allem durch kleinere Scharmützel, Überfälle auf Forts und Patrouillenzusammenstöße in den Grenzregionen geprägt, wobei die Deutschen tendenziell die Initiative innehatten. Vor allem die Anschläge der Sprengpatrouillen gegen die Uganda-Bahn wurden, sehr zum Leidwesen der Briten, immer professioneller und erfolgreicher. Abgesehen von einer kleinen, dem Rufiji-Delta vorgelagerten Insel war das ganze Schutzgebiet vom Feinde frei.

Gleichzeitig liefen die Vorbereitungen für den absehbaren Rückzugsfeldzug, indem Magazinbestände nach dem Süden abtransportiert wurden. Im April traf überraschend ein Hilfsschiff aus Deutschland ein, das aber bei seiner Einfahrt in die Muansabucht nördlich von Tanga von einem britischen Kreuzer beschossen und daraufhin auf Grund gesetzt wurde. Bis Ende Juni konnten so immerhin dringend benötigte Materialien aus dem Wasser geborgen werden, wobei die Patronen in mühseliger Arbeit auseinander genommen werden mussten, um das Pulver zu trocknen.

Die britische Regierung hatte mittlerweile den Plan der Eroberung der Kolonie von der Küste aus aufgegeben zugunsten des umständlichen, aber sicheren Landweges. Die Vorbereitungen zogen sich jedoch in die Länge. Ostafrika war ein Nebenkriegsschauplatz und man wartete ab, bis durch die Kapitulation der Schutztruppe in Deutsch-Südwestafrika südafrikanische Truppen frei wurden. Das geschah im Juli 1915. Des Weiteren hatte die britische Führung von ihrem Bestreben, Deutsch-Ostafrika im Alleingang zu erobern, Abstand genommen. Die Verhandlungen mit den Belgiern hinsichtlich eines gemeinsamen Vorgehens gingen jedoch schleppend voran, da sie von gegenseitigem Misstrauen über die Expansionsabsichten des anderen überschattet waren. Als Deutschland Anfang 1916 Portugal den Krieg erklärte, hatte Deutsch-Ostafrika einen weiteren Kriegsgegner zu verzeichnen. Im März 1916 startete die Entente unter dem Kommando des ehemaligen Burengenerals Jan Smuts ihren konzentrischen Angriff auf das Schutzgebiet. Auf Seiten der Deutschen standen zu diesem Zeitpunkt etwa 12 000 Askari und 3000 Europäer im Felde, was fast der gesamten männlichen weißen Bevölkerung entsprach und auch einen Teil der Regierungsbeamten umfasste. Die Hauptmacht war um den Kilimanjaro versammelt und sah sich einer Übermacht von drei Divisionen gegenüber. Aufgrund dieser Zahlenverhältnisse vermied Lettow-Vorbeck tunlichst eine Entscheidungsschlacht, leistete jeweils nur solange Widerstand, bis er sich den gegnerischen Umfassungsversuchen im letzten Augenblick entziehen konnte und ließ seine Einheiten zunehmend mit einer Guerillataktik operieren. Je länger dieser Rückzugskrieg dauerte, desto unbarmherziger und gewalttätiger wurde er für alle Beteiligten und Betroffenen und desto stärker flackerten auch die Konflikte Lettow-Vorbecks mit dem Gouverneur wieder auf, so dass Schnee zuweilen mit dem Gedanken spielte, Lettow-Vorbeck verhaften zu lassen.

Einer dieser Reibungsbereiche betraf die Behandlung der sich im Schutzgebiet aufhaltenden Zivilisten. Im Juli 1916 überreichte ein britischer Parlamentär dem Gouverneur das zwischen Deutschland und Großbritannien ausgehandelte Abkommen über die Freilassung von internierten Zivilpersonen, wonach auch dienstuntaugliche männliche Zivilisten die Heimreise antreten durften. Schnee erteilte Lettow-Vorbeck die Anordnung, die unter seiner Kontrolle befindlichen Fälle zu entlassen und falls dem gewichtige Gründe entgegenstünden, seine Erlaubnis einzuholen. Lettow-Vorbeck, der um jeden Preis die Auslieferung potentieller Informanten verhindern wollte, missachtete diese Befehle und schreckte nicht davor zurück, an Tropenfieber erkrankten Zivilkriegsgefangenen die beschwerlichen Krankentransporte seines Rückzugskrieges zuzumuten. Als der Gouverneur davon erfuhr und das Mitschleppen von Schwerkranken als ein sinnloses Hinopfern von Menschenleben anprangerte, berief sich der Kommandeur auf militärische Interessen, für die dem Gouverneur einfach das notwendige Verständnis fehle: Folglich sei er für solche Bereiche auch nicht zuständig.

Der Gouverneur war überdies in Anbetracht der heranrückenden feindlichen Truppen darum bemüht, durch die verbliebenen Verwaltungsbeamten mit der Besatzungsmacht Übergabeverhandlungen zum Schutz und zur Versorgung der mittlerweile großteils mittellos gewordenen Frauen und Kinder auszuhandeln. Ab Ende 1916 verblieb der Schutztruppe und der Kolonialverwaltung nur noch das südwestliche Gebiet jenseits der Mittellandbahn, das wirtschaftlich wie verkehrstechnisch kaum erschlossen war. Die Verpflegungslage war prekär geworden. Lettow-Vorbeck warf daher die sich in seiner Nähe befindenden deutschen Frauen und Kinder kurzerhand aus dem von deutscher Seite kontrollierten Gebiet. Auch verletzte und erkrankte Askari sowie Schutztruppenangehörige wurden als unnütze Esser einfach abgeschoben. Die vom Gouverneur geforderte Verhandlung mit einem Parlamentär sowie Versorgung mit Verpflegung, Waffen, Trägern, Zelten wurde von der militärischen Führung oft nicht eingehalten.

In Anbetracht der sich abzeichnenden Niederlage war auch die Kooperationsbereitschaft der afrikanischen Bevölkerung massiv gesunken. Die lokalen Verwaltungsbeamten konnten die Afrikaner nicht einmal mehr mit den sonst so geschätzten Kleidungsstücken dazu bewegen, beim Lastentransport mitzuhelfen oder Nahrungsmittel zu liefern. Dies führte dazu, dass die Lebensmittelversorgung und die Trägerrekrutierung immer mehr in die Hände des Militärs geriet und folglich auch gewalttätigere Methoden angewendet wurden. Den Plünderungen ihrer Vorräte und den Zwangsrekrutierungen konnte eine Dorfbevölkerung meist nur passiven Widerstand entgegenhalten, indem sie sich in der

Umgebung versteckte. Teile der Schutztruppe waren in dieser Phase auch mit dem Anbau und Abernten von Feldern beschäftigt. Trotzdem musste sich die Truppe über Wochen hinweg ausschließlich von Fleisch ernähren. Elefanten und Flusspferde waren zugleich wertvolle Fettlieferanten. Manch passioniertem Waidmann verging dabei die Jagdlust.

Um sich den Kontrollversuchen des Gouverneurs zu entziehen, der mittlerweile durch die kriegsbedingte Lage räumlich etwas näher zum Kommando gerückt war, hatte Lettow-Vorbeck eine ganze Palette an ausgefeilten Methoden entwickelt: Er setzte Schnee über seine Pläne nicht in Kenntnis, behauptete, Befehle nicht rechtzeitig erhalten zu haben, da er sich nicht in der Nähe einer Telegrafenleitung befunden habe, eingeforderte Berichte nicht liefern zu können, da die Arbeitskraft der Truppen erschöpft sei und außerdem die Gefahr bestehe, dass die Sendung in die Hände des Feindes falle. In einem persönlichen Gespräch wegen seiner Informationspolitik zur Rede gestellt, herrschte er den Gouverneur an, er ließe sich nicht wie einen dummen Jungen behandeln, er wisse schon, was er zu melden hätte. Lettow-Vorbeck wurde in seinem Handeln bestärkt, als ihm im Dezember 1916 durch einen Parlamentär die Nachricht überbracht wurde, dass ihm der Orden Pour le Mérite – die höchste deutsche Tapferkeitsauszeichnung – verliehen worden war.

Als die deutschen Truppen Ende 1917 in das in der äußersten südöstlichen Ecke des Schutzgebietes liegende Makondehochland zurückgedrängt worden waren, machte Schnee einen letzten Versuch, das Kriegsgeschehen zu bestimmen. Er machte sich für den Plan stark, dass sich die Truppen im Gebirge verschanzen sollten, damit bei Friedensschluss wenigstens ein kleiner Teil der Kolonie in deutscher Hand und somit eine bessere Ausgangslage für die Verhandlungen gegeben wäre. Lettow-Vorbeck weigerte sich. Nach wie vor wollte er so viele Gegner wie möglich auf sich ziehen, was er nur konnte, wenn die Schutztruppe marschierte und so auch die Entente zu umfangreichen Marschbewegungen zwang. Er ließ aufgrund der Lebensmittelknappheit mehrere hundert Europäer und 600 Askaris in Deutsch-Ostafrika zurück und überquerte am 25. November 1917 mit 300 ausgewählten Deutschen und einer Gesamtstärke von 2000 Mann die Grenze zu Portugiesisch-Ostafrika.

Zu seinem Leidwesen war der Gouverneur fest entschlossen, mitzuziehen. Lettow-Vorbeck nahm daher die Grenzüberschreitung zum Anlass, erneut einen grundsätzlichen Kompetenzstreit vom Zaun zu brechen. Er ließ Schnee durch einen Kriegsgerichtsrat mitteilen, dass bei Verlassen des Schutzgebietes die militärischen Befugnisse des Gouverneurs beendet seien und derselbe nunmehr lediglich eine der Truppe folgende Zivilperson sei. Schnee antwortete, aus der Schutztruppen-Ordnung gehe ganz klar hervor, dass die Unterstellung der Truppen unter den Gouverneur von ihrer Verwendung innerhalb oder außerhalb des Schutzgebietes unabhängig sei. Schnee, während des folgenden knapp einjährigen Gewaltmarsches quer durch Portugiesisch-Ostafrika tatsächlich zu einem bloßen Anhängsel der Truppe degradiert, wollte sich wenigstens die formelle Vorherrschaft bewahren. Darauf, dass ihm mittlerweile selbst die Gerichtsbarkeit über die Afrikaner entglitten war, deuten seine wiederholt gegenüber dem Kommandeur geäußerten Proteste über Todesurteile gegen Indigene ohne seine (Schnees) Bestätigung.

Der ostafrikanische Feldzug war in der letzten Phase eine Art «Safarikrieg», wobei die Poesie des Safarilebens dahin war, waren doch die Ruhetage die Gefechtstage. Die Schutztruppe war zu einem auf fremden Gebiet marodierenden Beutezug verkommen, der eine Spur der Verwüstung hinterließ. Was die Verpflegungspatrouillen verschmähten oder übersahen, darauf stürzten sich die Askarifrauen und Trossbuben. Auf ihrem Marsch nach Süden in drei Kolonnen überfielen die Truppen eine portugiesische Militärstation nach der anderen, um sich mit Nahrung, Kleidung, Medizin, Waffen und Munition einzudecken. Wenn ein Kleidungsstück abgenutzt war, kursierte der Spruch: «Ich muss mal wieder einen Engländer abschießen.»[2]

Lettow-Vorbeck ließ es sich selbst unter diesen Umständen nicht nehmen, Schnee bei sich bietenden Gelegenheiten zu demütigen. Im Mai 1918 wurde die Abteilung Koehl, in der auch der Gouverneur mitmarschierte, von einem feindlichen Überfall überrascht. Er selbst konnte zwar unversehrt entkommen, verlor aber seine gesamten Habseligkeiten. Lettow-Vorbeck zeigte sich großzügig und steuerte auch dazu bei, dem Gouverneur aus seiner Verlegenheit zu helfen. Er überreichte ihm ein paar blaue Strümpfe, die ihm die Gouverneursgattin am Anfang des Krieges gestrickt hatte, die ihm zufolge aber leider abfärbten.

Am härtesten traf Lettow-Vorbecks Kriegführung die zwangsrekrutierten Träger. Oft wurden sie, damit sie nicht davonlaufen konnten, in Ketten gelegt. Wenn sie, erschöpft von Anstrengungen und Unterernährung, weit von ihrer Heimat entfernt zurückgelassen wurden, war ihnen die Lynchjustiz der zurückkehrenden Dorfbewohner so gut wie sicher. Dieser Umstand hinderte wohl auch so manchen Askari daran, zu desertieren. Auch die deutschen Soldaten waren großen Strapazen und Entbehrungen ausgesetzt. Trotz der Bewunderung für den Kommandeur machten sich immer mehr Zweifel über den Sinn des anhaltenden

Dahinopferns von Menschenleben breit. Die Schutztruppenärzte mussten hilflos mit ansehen, wie verwundete Kameraden, die unter anderen Umständen leicht hätten gerettet werden können, unter ihren Händen starben oder den Anstrengungen der Krankentransporte erlagen. Im September 1918 griff auch noch eine Influenzaepidemie um sich, so dass Soldaten teilweise mit Lungenentzündung weitermarschieren mussten. Den leitenden Stabsarzt Taute, vor dem Krieg in der Tropenforschung am Tanganjikasee tätig, plagte derart das Gewissen, dass er eine Unterredung mit Lettow-Vorbeck verlangte. Als er den Kommandeur fragte, wie er all dies einmal vor Gott verantworten solle, las der ihm über den Rückzug Napoleons aus Russland vor und bemerkte lakonisch, dies seien einfach Opfer des Krieges. Man konnte sich ausrechnen, wie lange der Krieg noch dauern würde, wenn von der geringen Zahl an Deutschen monatlich im Durchschnitt zehn Tote zu verzeichnen waren.

Nicht allen vermochte Lettow-Vorbeck seinen Willen aufzuzwingen. Wohl oder übel musste er den Askari zugestehen, ihre Frauen und Kinder zu den Kompanien heranzuziehen. Während der stationären Kriegführung war dies sogar nützlich, da die Frauen hinter der Front Gärten und Felder anlegten. Auf dem Rückzugskrieg war dem Kommandeur der Tross jedoch lästig und in Portugiesisch-Ostafrika wurde er ihm unerträglich, zumal es immer mehr männerlose Frauen gab, die sich nicht einmal bei der Verpflegung der Askari nützlich machten. Er war daher fest entschlossen, die «Bibi» loszuwerden. Die Gelegenheit dafür sah er gekommen, als die Schutztruppe anfangs Juli 1918 in der Nähe der Sambesi-Mündung ein englisch-portugiesisches Magazin überfallen konnte, das für eine mehrmonatige Expedition angelegt war. Unter der Bedingung, zurück nach dem Norden in ihre Heimat zu marschieren, deckte er die Damen reichlich mit bunten Kleidern, Tabak, Schnaps und Perlen ein. Bunt wie ein Kölner Karnevalszug und fröhlich trällernd zogen sie davon und winkten dem Kommandeur zum Abschied zu. Der hatte sich jedoch verrechnet. Am nächsten Tag waren die Frauen alle wieder da. Sie meinten, sie wären ja gern nach Hause marschiert, aber ihr Weg führe durch wilde Volksstämme, wo sie umgebracht würden. Lettow-Vorbeck musste sie notgedrungen wieder bei der Truppe aufnehmen.

Ab April 1918 hatte sich die Entente logistisch auf den neuen Kriegsschauplatz eingerichtet und konnte erneut zu einem konzentrischen Angriff gegen die Deutschen vorgehen. Lettow-Vorbeck zog mit seiner Schutztruppe, die bis fast zum Sambesi vorgedrungen war, wieder zurück, überquerte Ende September die Grenze zu Deutsch-Ostafrika, um bald darauf in Rhodesien einzufallen, wo er am 13. November vom Waffenstillstand erfuhr. Als er Anfang 1919 nach Deutschland zurückkehrte, hatte er unbestrittenen Heldenstatus. Generalfeldmarschall Paul von Hindenburg gratulierte ihm zu seinen Leistungen.

Der am 28. Juni 1919 unterzeichnete Versailler Friedensvertrag beinhaltete unter anderem die Abtretung der deutschen Schutzgebiete, was vorwiegend moralisch mit deutschem Versagen im Bereich der kolonialen Zivilisationsarbeit begründet wurde. Diese «koloniale Schuldlüge» wurde von allen Interessengruppen und Parteien geschlossen bekämpft. Der Kolonialrevisionismus entwickelte sich zu einer Art kleiner Schwester der anderen Versailler Revisionsforderungen. Bei dieser Stimmungslage sah Schnee tunlichst davon ab, rechtliche Schritte gegen Lettow-Vorbeck in die Wege zu leiten. Er wand sich selbst in seinen Memoiren um die Konflikte mit dem Kommandeur herum und versuchte stattdessen, seine eigenen Verdienste um den Kriegserfolg hervorzuheben. Lettow-Vorbeck hingegen äußerte sich in seinen 1920 erschienenen Memoiren an mehreren Stellen abschätzig über die Versuche des Gouverneurs, in das Kriegsgeschehen einzugreifen. Der Reichskolonialminister – inzwischen war als Nachfolgeinstitution des Reichskolonialamtes eine Kolonial-Zentralverwaltung im Reichsministerium für Wiederaufbau gegründet worden – setzte sich darauf schriftlich mit Lettow-Vorbeck in Verbindung. Aus seinem Schreiben geht hervor, dass ihn die eigentlichen Vorgänge gar nicht interessierten. Vielmehr lag ihm im vaterländischen Interesse daran, dass Differenzen unter dem Deckel gehalten würden. Lettow-Vorbecks Staatsstreich in Ostafrika wurde also stillschweigend abgesegnet. Seine steile militärische Laufbahn nahm 1923 dennoch ein abruptes Ende – durch seine Beteiligung am missglückten Kapp-Putsch.

Architekt des alliierten Sieges im Zweiten Weltkrieg? **Winston Churchill** (1874–1965)

Alaric Searle

Nach einer der stürmischsten und umstrittensten politischen Karrieren in der modernen britischen Geschichte wurde Winston Churchill schließlich am 10. Mai 1940 Premierminister. Nach dem Zweiten Weltkrieg beschrieb er die Gefühle, die er empfand, als er in dieser extremen Krisensituation das Amt übernahm: «Nun hatte ich endlich die Autorität, auf allen Gebieten Weisungen zu erteilen. Ich hatte das Gefühl, den Weg des Schicksals zu gehen, und dass mein ganzes bisheriges Leben nur eine Vorbereitung auf diese Stunde und diese Prüfung gewesen sei.»[1] Rückblickend denkt man, es hätte anders nicht kommen können. Churchill, der Kriegsherr, auf vielen Fotografien der Kriegszeit porträtiert, wie er mit seiner Fliege, der unvermeidlichen Zigarre und die rechte Hand zum berühmten «Victory»-Zeichen erhoben zum Symbol für ein Land geworden ist, das sich allein gegen die Macht der Nazi-Kriegsmaschinerie gestellt und gesiegt hatte. Doch tatsächlich war er damals nicht unbedingt der Mann gewesen, auf den es hinauslaufen musste.

Im Mai 1940 standen viele Menschen im Land, und vor allem Politiker aller Parteien, Winston Churchill zutiefst misstrauisch gegenüber. Er war alles andere als ein typischer Brite und wurde gern als Halbamerikaner bezeichnet (sein Vater hatte eine Dame aus der oberen amerikanischen Gesellschaft geheiratet). Nicht einmal die Mitglieder seiner eigenen Konservativen Partei trauten ihm, seit er sie im Mai 1904 zugunsten der Liberalen verlassen hatte. Von den Liberalen wurde er umso mehr abgelehnt, weil er ihnen wiederum im Oktober 1924 den Rücken gekehrt hatte, um als Konstitutionalist mit konservativer Unterstützung ins Unterhaus zurückzukehren (ein Jahr später trat er wieder den Tories bei). Den Linken und Labour galt er als ein Mann, der in der Vergangenheit deutlich autokratische Züge gezeigt hatte und der rücksichtslos entschlossen schien, die Arbeiterklasse zur Verteidigung eines Empires zu opfern, das sich auf die Herrschaft von Kapitalisten und Aristokraten gründete. Sein politisches Handeln während der Zwischenkriegszeit schien genug Belege für Impulsivität, Rücksichtslosigkeit und fehlendes Urteilsvermögen zu liefern. Diese negative Beurteilung wurde dann noch durch sein Agieren im Ersten Weltkrieg verstärkt. Der damalige *First Lord of the Admiralty* Churchill war in den ersten Wochen des Krieges nicht nur durch seine Ausflüge an die Front aufgefallen, was für ein führendes Kabinettsmitglied völlig unangebracht wirkte. Er war zudem verantwortlich für eines der größten Desaster des Krieges, nämlich die missglückte Landung auf der türkischen Halbinsel Gallipoli. So war Churchills Wahl zum Kriegspremier 1940 alles andere als eine populäre Entscheidung, einige sahen ihn letztlich nur als eine Übergangslösung.

Zudem gibt es heute unter britischen Historikern einen Trend, Winston Churchill als Führer Großbritanniens im Zweiten Weltkrieg in Frage zu stellen und seine Leistung als Kriegsherr zu relativieren. So wurde ihm das Scheitern des Feldzugs in Norwegen von 1940 angelastet – zu Recht, muss man sagen. Man hat ihm militärisches Missmanagement vorgeworfen, weil er impraktikable Pläne entwickelt habe, so zum Beispiel die verlustreiche Landung bei Dieppe im August 1942. Es ist behauptet worden, dass er persönlich die Verantwortung für den Verlust des britischen Weltmachtstatus und schließlich des Empire trug. Und schließlich sein rücksichtsloses Festhalten am strategischen Bombenkrieg gegen Deutschland: Hier wurde ihm der Tod Hunderttausender deutscher Zivilisten und die Zerstörung vieler kulturell bedeutender Städte zum Vorwurf gemacht.[2] Diese Angriffe auf Churchill sind teilweise berechtigt, jedoch in vielerlei Hinsicht oberflächlich. So brachte Churchill zunächst einmal für die Aufgabe als Premier in Kriegszeiten eine Reihe von Qualifikationen mit, die kein anderer vorweisen konnte. Ein näherer Blick auf seine Biographie scheint seine eigene Auffassung zu stützen, dass sein Leben bis zum 10. Mai 1940 in der Tat eine einzige lange Vorbereitung auf diesen Moment gewesen war, in dem Großbritannien allein stand; auf einen Weltkrieg, in dem es galt, schwierige Verbündete zu beschwichtigen, zu motivieren und zu überzeugen; und auf einen Krieg, in dem die totale gesamtgesellschaftliche Mobilisierung der einzige Weg war, auf dem Großbritannien hoffen konnte, zu überleben.

Winston Leonard Spencer Churchill wurde am 30. November 1874 als Sohn von Lord Randolph Churchill, dem siebten Herzog von Marlborough, in eine privilegierte Familie geboren. In seiner Kindheit zeigte er keine besonderen Talente. Sein Vater schickte ihn auf die königliche Militärakademie nach Sandhurst, weil er seinen Sohn für eine Juristenlaufbahn für nicht intelligent genug hielt. Doch kaum hatte der junge Winston seine Ausbildung als Offizier beendet, da entwickelte er sehr schnell ungeahnten Ehrgeiz, und seine spektakuläre Karriere begann. Sein Ziel war einfach: Durch Journalismus und heldenhafte Taten auf dem Schlachtfeld erhoffte er ausreichend Bekanntheit zu erlangen, um sich einen Sitz im Unterhaus zu sichern. Im Oktober 1900 gelang ihm der Schritt in die Politik, als er für die Konservativen zum Abgeordneten für Oldham gewählt wurde. Der Umstand, dass Churchill unmittelbare Kriegserfahrung erworben hatte, ist für die weitere Frage nach seiner Qualifikation als Oberbefehlshaber im Auge zu behalten.

Seine erste Begegnung mit dem Krieg hatte er im November 1895, als er als von den Spaniern akkreditierter Beobachter nach Kuba reiste und dort Zeuge der Kämpfe zwischen Rebellen und den spanischen Besatzern wurde. Dort entdeckte er nicht nur seine Liebe zu kubanischen Zigarren, er begann hier auch seine Karriere als Journalist, indem er Berichte für den Londoner *Daily Graphic* schrieb. Es folgten weitere Kriegserfahrungen im August/September 1897 an der Nordwestgrenze Indiens; am 2. September 1898 die Schlacht von Omdurman, als er das 21. *Lancer*-Regiment auf dem Feldzug im Sudan begleitete; und am spektakulärsten in sciner Rolle als Kriegsberichterstatter für die *Morning Post* während des Burenkrieges, die in seiner Gefangennahme und der Flucht aus einem burischen Kriegsgefangenenlager gipfelte – ein Ereignis, das ihn zuhause berühmt machte. Einige Jahre später, als er im November 1915 aus der Regierung zurückgetreten war, übernahm er im Januar 1916 das Kommando über ein Bataillon an der Westfront, die *6th Royal Scots Fusiliers*, kehrte jedoch im Mai desselben Jahres wieder nach England zurück, nachdem diese Einheit mit einer anderen zusammengelegt worden war. Allen Berichten zufolge war Churchill ein guter Offizier, von seinen Leuten respektiert und furchtlos im Gefecht. Doch konnte er auch Mitgefühl gegenüber einem geschlagenen Feind zcigen und ließ nie blinde Zerstörungen oder Massaker zu.

Einer der Schlüssel zum Verständnis von Churchills Leistungen als Kriegsherr ist nicht nur seine intime Kenntnis des parlamentarischen Systems, sondern auch seine Erfahrung als Minister in Kriegszeiten. Von Oktober 1911 bis Mai 1915 war er Marineminister (*First Lord of the Admiralty*), im Juli 1917 wurde er Munitionsminister in der Koalitionsregierung von Lloyd George. Dann war er von Januar 1919 bis Februar 1921 als Luftfahrt- und Kriegsminister eng in die Demobilmachung der

Armee, in die Intervention in Russland und in die Krise in Irland eingebunden. Zwar hatte er zwischen Januar 1931 und dem Ausbruch des Zweiten Weltkriegs keine wichtigen Regierungsposten mehr inne, doch blieb Churchill dadurch, dass er sich für Fragen des Nachrichtendienstes und die Aktivitäten der britischen Geheimdienste interessierte, weiterhin äußerst gut über die militärischen Entwicklungen informiert. Er erhielt, auch als er nicht mehr im Amt war, nach wie vor offizielle Geheimdienstdokumente, und dies erstaunlicherweise mit offizieller Billigung von drei Premierministern (Ramsay MacDonald, Stanley Baldwin und Neville Chamberlain), und er baute zudem in den 1930er Jahren sein eigenes privates Netzwerk aus Geheimdienstquellen auf. So blieb er auch über die nach 1933 in Deutschland einsetzende Aufrüstung informiert, insbesondere über die Luftrüstung.

Darüber hinaus gab es zwei weitere Punkte, die Churchill von Nutzen waren, als er Premierminister wurde: die Beschäftigung mit der Geschichte und sein naturwissenschaftliches Interesse. Für jemanden, der niemals eine Universität besucht hatte, bewies er eine beachtliche Fähigkeit, sich auf diesen beiden Gebieten weiterzubilden. Er war ein begabter Autor, dessen wichtigste Arbeit im Hinblick auf die eigene militärische Fortbildung wohl seine vierbändige Studie über Marlborough war. Hier interessierten ihn vor allem die Erfahrungen seines Ahnen mit der Führung einer Kriegskoalition. Als er dann später selbst in einer Koalition Krieg führen musste, hatte er sich bereits als Historiker gründlich mit diesem Thema beschäftigt. Was seine ebenso intensive Beschäftigung mit den Naturwissenschaften anging, besaß Churchill die typisch viktorianische Begeisterung für technische Neuerungen. Obwohl er selbst niemals ein tieferes Verständnis für die Prinzipien der Naturwissenschaft entwickelt hatte, begriff er doch, wie wichtig es war, sich die Bedeutung naturwissenschaftlicher Prozesse bewusst zu machen. Und so pflegte er eine enge Beziehung zu Professor Frederick Lindemann, den er 1921 kennen lernte und der ihn vor und während des Krieges ständig über Themen aus Wissenschaft und Technik informiert hielt.

Somit hatten die Briten, als am 3. September 1939 der Krieg mit Deutschland ausbrach, einen Politiker in den Kulissen stehen, der hervorragend darauf vorbereitet war, ihr Kriegspremier zu werden. Dazu passt es, dass Churchills Rückkehr aus der politischen Einöde genau an jenem ersten Kriegstag stattfand, als er zum zweiten Mal in seiner Laufbahn zum Marineminister ernannt wurde. Obwohl er in die Operationen zur See und in die Kabinettssitzungen augenblicklich neuen Offensivgeist brachte, war seine Position doch unsicher. Neville Chamberlain war immer noch Premierminister und zu dieser Zeit auch in einer starken Position. Eine frühe Auseinandersetzung über den am 24. Oktober 1939 von Churchill vorgetragenen Vorschlag, dass die Neutralität Irlands dem Zugang der *Royal Navy* zu kriegswichtigen Häfen nicht im Weg stehen dürfe, endete zugunsten von Chamberlain. Es war allerdings nur Zufall, dass sich, als Hitler am 9. April 1940 Dänemark und Norwegen besetzen ließ, die stümperhafte Reaktion der britischen Marine und die missglückte Operation für Chamberlain und nicht für Churchill politisch ungünstig auswirkten, nicht zuletzt weil Churchill eine wesentliche Mitschuld an dem gescheiterten Feldzug traf. Am 7. Mai 1940 stand der Verlust von Narvik im Parlament zur Debatte und Churchill lieferte eine großartige Vorstellung zur Verteidigung der Regierung. Doch Chamberlains bisherige Mehrheit brach in der folgenden Abstimmung drastisch ein, und er trat zurück.

Drei Tage später, am 10. Mai 1940 – dem Tag, als Hitler seine Offensive im Westen begann –, wurde Churchill in den Buckinghampalast gerufen, um ihn als Premierminister wieder zu verlassen. Sein erster Schritt war, sich mit Billigung des Königs, aber ohne Mandat des Parlaments, den Titel des Verteidigungsministers zu verleihen. Bis dahin hatte es kein derartiges Ministerium gegeben, und man ließ bewusst offen, welche Aufgaben dieses Amt denn umfassen sollte. Churchill wollte deutlich machen, dass er entschlossen war, eine allumfassende Kontrolle über alle Entscheidungen zu erlangen, um die Reibungen zwischen Politik und Strategie, zwischen militärischen Führern, Politikern und Beamten zu verringern. Das von ihm angeschlagene Tempo überraschte einige Minister: Es gab Ressortleiter, die aus dem Radio oder der Zeitung erfuhren, dass sie der Regierung nicht länger angehörten. In dem rasanten Aufbau eines Regierungsapparates, der fähig sein musste, einen Krieg zu führen, von dem das Überleben der Nation abhing, erkannte man augenblicklich Churchills Handschrift. Er strahlte Enthusiasmus, Entschlossenheit und Energie aus, und das veränderte die Atmosphäre in Whitehall innerhalb von zwei Wochen vollkommen. Dennoch versuchte er nicht zu verschleiern, dass die Lage äußerst kritisch war. Als er am 13. Mai dem Parlament sein neues Kriegskabinett vorstellte, drückte er sich in einer Rede, die zu einer seiner berühmtesten werden sollte, folgendermaßen aus:

«Ich möchte in diesem Hause sagen, was ich bereits zu jenen gesagt habe, die in diese Regierung eingetreten sind: Ich habe nichts zu bieten als Blut, Mühsal, Tränen und Schweiß. Vor uns liegt eine Aufgabe, wie sie schlimmer nicht sein kann.

Vor uns liegen viele, viele lange Monate des Kämpfens und des Leidens. Sie fragen: Welche Politik verfolgen wir? Ich sage Ihnen: Krieg zu führen zur See, zu Lande und in der Luft mit all unserer Macht und aller Kraft, die Gott uns geben kann; Krieg zu führen gegen eine monströse Gewaltherrschaft, wie man sie in der finsteren, beklagenswerten Geschichte menschlicher Verbrechen noch nie gesehen hat. Diese Politik verfolgen wir. Sie fragen: Was ist unser Ziel? Ich kann in einem Wort antworten: Es ist siegen, siegen um jeden Preis, siegen trotz allen Schreckens, siegen, wie lang und beschwerlich der Weg auch sein mag, denn ohne Sieg gibt es kein Überleben […] Und hierfür muss und werde ich die Hilfe aller einfordern, und ich sage: Kommen Sie, lassen Sie uns zusammen mit vereinten Kräften vorwärts schreiten.»[3]

Die extrem schnelle Einstellung des Regierungsapparates auf die Kriegsnotwendigkeiten wurde von Churchill angestoßen und war ganz offenkundig von seiner – in vieler Hinsicht negativen – Erfahrung als Minister im Ersten Weltkrieg beeinflusst. Indem er unter der Amtsgewalt des Kriegskabinetts einen Ausschuss, das *Defence Committee (Operations)*, schuf, der aus ihm selbst, dem stellvertretenden Premier, den Ministern der drei Teilstreitkräfte und später auch dem Außenminister bestand und an dem auch die Stabschefs teilnehmen konnten, optimierte er die Entscheidungsfindung. Ein Verteidigungsausschuss für Versorgung, dem ebenfalls Churchill vorsaß, befasste sich mit Fragen der Logistik. Dem Verteidigungsausschuss für Operationen direkt nachgeordnet war das *Chiefs of Staffs Committee*, das auch vom Premierminister geleitet werden konnte und im Endeffekt ein gemeinsames Hauptquartier aller Teilstreitkräfte war. Dieses wurde wiederum von zwei anderen Organisationen unterstützt, dem Gemeinsamen Planungsausschuss und dem Gemeinsamen Unterausschuss für die Nachrichtendienste. So wurde von einem recht frühen Stadium des Krieges an die Rivalität zwischen Heer, Marine und Luftwaffe reduziert, und die Planungen verliefen reibungsloser als dies im Ersten Weltkrieg der Fall gewesen war.

Das Tempo, mit dem Churchill die britischen Streitkräfte, die Gesellschaft und die Wirtschaft in Bewegung setzte, war von größter Bedeutung. Schon Anfang Juni 1940 war deutlich geworden, dass Frankreich am Rande des Zusammenbruchs stand. Das war, was die britische Armee betraf, nicht die Folge von Fehlern, die Churchill als Premier begangen hatte – wenn er auch zuvor die Qualität der französischen Armee überbewertet und das Potential mechanisierter Truppenverbände unterschätzt hatte –, sondern es war eher die Folge jahrelanger Versäumnisse in der vorangegangenen Friedenszeit. Und in den Spitzen der Gesellschaft gab es durchaus Gerede, es sei für das Land an der Zeit,

Schluss zu machen und einen Kompromissfrieden mit Deutschland zu schließen. Einige seiner Kritiker haben sogar behauptet, dass Churchill mit dem Entschluss weiterzukämpfen einen großen Fehler gemacht habe, der Großbritannien seinen Status als Weltmacht gekostet habe. Nach Ansicht dieser Kritiker hätte er mit Hitler und Mussolini Frieden schließen sollen. Es ist allerdings nicht erstaunlich, dass manch einer im Juni 1940 zu diesem Schluss kam. Obgleich das «Wunder von Dünkirchen» – eine dramatische Operation zur Rettung der *British Expeditionary Force* von der französischen Küste – mit einem anfänglich nicht für möglich gehaltenem Erfolg gekrönt wurde (335 000 Mann wurden gerettet), hatte man doch fast das ganze schwere Material auf dem Kontinent zurücklassen müssen. Die *Royal Air Force* (RAF) schien zahlenmäßig viel zu schwach, um es mit der deutschen Luftwaffe aufnehmen zu können. Doch Churchill war unnachgiebig. Großbritannien würde weiterkämpfen.

Bei den Bemühungen, diese scheinbar unmöglichen Aufgaben zu bewältigen, kam dem Premierminister seine reiche Erfahrung zugute. Beim Ausbruch des Krieges 1914 war Churchill die Luftverteidigung Englands übertragen worden. So wusste er im Sommer 1940 auch, wo die militärischen Prioritäten lagen. Noch während der Schlacht um Frankreich hatte er begonnen, die Vorbereitungen für den Kampf um die Lufthoheit über Großbritannien zu treffen, der dann als «Battle of Britain» (ein von Churchill selbst geprägter Begriff) in die Geschichte einging. Als die französische Armee im Todeskampf lag, bat die französische Führung Churchill, den Rest der RAF in die Schlacht zu werfen. Schweren Herzens verweigerte er dies. Da er erkannte, dass die nächste Bedrohung für England aus der Luft kommen würde, ließ er der Flugzeugproduktion oberste Priorität einräumen und schuf für Lord Beaverbrook, dessen Organisationstalent er schon im Ersten Weltkrieg erkannt hatte, ein Ministerium für Luftrüstung.

Der erste schwere Angriff der deutschen Luftwaffe auf Südengland ereignete sich am 10. Juli, knapp einen Monat nach der französischen Kapitulation. Zu diesem Zeitpunkt hatten die britischen Verteidigungsmaßnahmen gerade erst begonnen. Im August und im September tobten schwere Luftschlachten über Südengland, und die RAF wurde bis zum Äußersten strapaziert. Und doch kam, während die Schlagkraft der britischen Jäger dahin schmolz, wie ein Wunder am 15. September der Wendepunkt. Die RAF schoss 56 deutsche Flugzeuge ab. Hitler verlor angesichts der wachsenden Verluste an Flugzeugen und Piloten die Geduld. Er leitete die Angriffe von den Flugfeldern Südenglands weg und auf die

Großstadt London, was der RAF eine Pause verschaffte. Mit dieser Entscheidung wendete sich das Blatt zugunsten der Briten.

In der frühen Kriegsphase gab es noch ein anderes Gebiet, auf dem sich Churchills Voraussicht zeigte, obschon dieses Geheimnis erst Jahrzehnte nach dem Krieg gelüftet wurde: ULTRA. Die Briten begannen deutsche Funksprüche zu entschlüsseln, die mit der Enigma-Chiffriermaschine verschlüsselt worden waren; ULTRA war der Codename, den man diesen Entschlüsselungsoperationen gab. Am 22. Mai 1940 knackten sie den Hauptschlüssel der deutschen Luftwaffe. Zwar erlitt das Entziffern deutscher Meldungen in den ersten zwei bis drei Jahren des Krieges viele Rückschläge, doch wirkte sich dieser geheimdienstliche Erfolg entscheidend auf den Seekrieg und den Luftkrieg aus. Churchills Beitrag lag darin, sofort die Bedeutung des Funknachrichtendienstes erkannt und die Organisationen unterstützt zu haben, die dafür zuständig waren. Gleichzeitig stellte er sicher, dass die Verwendung des nachrichtendienstlichen Materials unter höchsten Sicherheitsvorkehrungen geschah. Nur ein kleiner Kreis von Auserwählten erhielt Zugang zu den durch ULTRA entschlüsselten Meldungen, die Churchill als seine «goldenen Eier» bezeichnete. Im Sommer und Herbst 1940, als Großbritannien sich augenscheinlich in einer hoffnungslosen Lage befand, erhielt dieses Nachrichtenmaterial eine beträchtliche Bedeutung.

Es hat zwar kaum ein Historiker Churchills Führung in der Luftschlacht um England in Frage gestellt, doch gibt es Diskussionen über seine Führungsqualitäten während des Krieges im Mittelmeerraum. Seine Kritiker behaupten, Churchill habe, basierend auf ULTRA-Informationen, voreilig beschlossen, Griechenland zu verteidigen und im März 1941 Truppen dorthin entsandt, die dann in Nordafrika fehlten. Es ist ihm vorgeworfen worden, dass er seine Generale im Nahen Osten zu stark unter Druck gesetzt habe, indem er ständig Forderungen stellte, ohne die logistischen und klimatischen Schwierigkeiten zu berücksichtigen. Er scheint auch gelegentlich nicht den Unterschied begriffen zu haben zwischen der Anzahl von Panzern, die auf einem Kriegsschauplatz vorhanden waren und den zu einem bestimmten Zeitpunkt tatsächlich einsatzbereiten. Oft interpretierte er aufgefangene Feindnachrichten falsch: So unterschätzte er die Kampfkraft der Wehrmacht in Nordafrika, weil er sich zu sehr auf die (entschlüsselten) Funksprüche Rommels an das Oberkommando der Wehrmacht verließ, in denen dieser noch mehr Soldaten und Material forderte. Zur Grundlage von Churchills Entscheidungen wurde hier das subjektive Unterlegenheitsgefühl des gegnerischen Befehlshabers vor Ort und nicht das tatsächliche Stärkeverhältnis. Schließlich unterschätzte er die technische Herausforderung, moderne mechanisierte Verbände auszurüsten und im Operationsgebiet zu unterhalten, und er war immer ungeduldig, wenn es um die logistischen Zwänge seiner Kommandeure ging. Auch diese Kritik an Churchill ist letztendlich berechtigt.

Dennoch war Nordafrika der einzige Kriegsschauplatz, auf dem die britische Armee der Wehrmacht 1941/42 entgegentreten konnte. Und es war notwendig, den Hauptalliierten, der Sowjetunion und den Vereinigten Staaten, zu zeigen, dass man bereit war, den Gegner anzugreifen. Der Krieg in der Wüste wurde 1942 noch wichtiger, als die britischen Streitkräfte in Singapur am 15. Februar 1942 kapitulierten – die größte britische Katastrophe des ganzen Krieges. Hier ist Churchill vorgeworfen worden, die Schwächen des britischen Verteidigungsplans nicht erkannt, ja die Lage im Fernen Osten an sich nicht überschaut zu haben. Von allen Vorwürfen, die Churchill gemacht worden sind, ist dieser haften geblieben. In seiner Geschichte des Krieges gab Churchill selbst zu, dass er mehr über den Zustand der Verteidigung hätte wissen müssen und dass er mehr Fragen hätte stellen sollen. Und so wurde nach der Kapitulation von Singapur und dem Fall von Tobruk an Rommel am 20. Juni 1942 zum ersten Mal Churchills Führung in Frage gestellt.

Am 2. Juli gipfelte diese Kritik in einem Misstrauensvotum im Unterhaus. Der Misstrauensantrag scheiterte, weil die beiden Hauptbetreiber des Votums, Sir John Wardlaw-Milne und Großadmiral Sir Roger Keyes, gegenläufige Argumente vorbrachten. Letzterer verlangte, Churchill solle mehr Macht gegeben werden, Ersterer, Churchill solle seiner Verantwortung als Verteidigungsminister enthoben werden. Am Ende stimmten nur 25 Abgeordnete für den Antrag, was zeigte, dass Churchills Führungsposition selbst in dieser Krisensituation mehr oder weniger ungefährdet blieb. Diese Position festigte er nun, indem er den Vorsitzenden der Labour Party, Clement Attlee, zum stellvertretenden Premierminister machte. Darüber hinaus neutralisierte er jegliche Gefahr aus den Reihen seiner eigenen Partei, indem er Außenminister Anthony Eden versprach, dass dieser im Falle seines Todes sein Nachfolger würde. Der sozialistische Politiker Sir Stafford Cripps, der die einzig mögliche ernsthafte Gefahr für Churchills Führungsposition darzustellen schien, wurde am 22. November 1942 aus dem Kriegskabinett entlassen. Dies erlaubte es Churchill, sich auf die militärischen Operationen und die Strategie eines totalen Sieges gegen die Achsenmächte zu konzentrieren. Zu diesem Zeitpunkt hatte sich, nach dem Beginn der erfolgreichen Gegenoffensive von Bernard Montgomery bei El Alamein am

23. Oktober 1942, das Blatt im nordafrikanischen Feldzug gewendet. Mitte Mai des folgenden Jahres kapitulierten die deutschen und die italienischen Streitkräfte in Tunesien.

Nun, da seine Führungsposition sicher und der Krieg in Nordafrika gewonnen war, entschied sich Churchill dafür, den Feldzug in Italien zu beginnen. Sein strategisches Kalkül Mitte 1943 ist aber von seinen Kritikern attackiert worden. Es ist vermutet worden, er habe versucht, das alte Gespenst von Gallipoli auszutreiben, in dem er wieder die vermeintlich schwächste Flanke der gegnerischen Allianz, diesmal Italien, angriff. Zugegeben, eine groß angelegte Landung der Alliierten in Frankreich stand 1943 nicht ernstlich zur Debatte, was zum einen daran lag, dass es an ausreichend Transportkapazitäten mangelte, zum anderen sich eine Unmenge an Defiziten in den Bereichen Nachschub, Ausrüstung und Ausbildung zeigte. Trotz eines gut geführten Abwehrkampfes der Deutschen gelang die Eroberung Siziliens, und zwar dank eines Täuschungsmanövers (Codename MINCEMEAT), welches das Oberkommando der Wehrmacht davon überzeugte, dass die Alliierten eigentlich die Invasion Korsikas planten. Gleichwohl verzögerte die Bindung alliierter Kräfte in Italien die Landung in Frankreich. Auch ignorierte Churchill die Warnungen seiner militärischen Berater vor der Topographie des Landes, die sich gut für die Verteidigung eignete. Er war überzeugt, dass die Italiener schnell aufgeben und dabei den Alliierten das Land überlassen würden. Die deutsche Gegenwehr hat er nicht einkalkuliert – und das Argument, er wollte deutsche Divisionen in Italien binden, fern von Frankreich, ist ihm wohl auch erst nach dem Krieg eingefallen.

Man kann auch überzeugend argumentieren, dass Churchill kein Verständnis für moderne Taktik hatte, namentlich für die des mechanisierten Schlachtfeldes. Er war aber kein Divisionskommandeur. Er war vielmehr der Oberbefehlshaber Großbritanniens und des Commonwealth, und man muss seine Entscheidungen mit Blick auf diese Rolle beurteilen. Die erfolgreiche Landung in der Normandie am 6. Juni 1944, die den Auftakt zum Angriff der Alliierten auf Deutschland bildete, wurde zum Schluss- und Höhepunkt von Churchills Kriegsstrategie, trotz heftiger Auseinandersetzungen mit den Amerikanern 1943 über strategische Prioritäten. Großbritannien hatte die Niederlage in Frankreich 1940 überlebt, hatte alle Stürme während der «Battle of Britain» und die Luftangriffe auf London durchgestanden. Es hatte mit den Vereinigten Staaten erfolgreich die deutschen U-Boot-Angriffe auf lebenswichtige Nachschublinien überstanden und mit der Sowjetunion und den USA zwei entscheidende Verbündete gewonnen. Es darf auch nicht vergessen werden, dass die zahllosen Neuerungen und Erfindungen, die Operation Overlord erst möglich machten – die riesigen schwimmenden Häfen, die Unterwasserpipelines, die täglich hunderttausende Liter Treibstoff von England zu den alliierten Streitkräften nach Frankreich pumpten, die Spezialpanzer –, dass all dies realisiert wurde, weil Churchill bereit war, Wissenschaftler und Militärs neue Ideen erdenken und erproben zu lassen und Projekte auch nach Rückschlägen zu unterstützen, bis sie Früchte trugen.

Betrachtet man Churchills Führungsstil, dann stellt man fest, dass in der kollektiven Erinnerung in Großbritannien eine extrem positive – fast romantische – Sichtweise dominiert, die aus der Erinnerung an seinen persönlichen Stil (und seine Marotten) als Premier erwuchs. So hatte Winston Churchill ohne Zweifel einen langen und anstrengenden Arbeitstag. Seine Gewohnheit, am Nachmittag ein Nickerchen zu machen, ermöglichte es ihm, oft bis spät in die Nacht zu arbeiten. Auch seine Furchtlosigkeit angesichts von Gefahr war sprichwörtlich. Das betraf nicht nur seine abenteuerlichen Flugreisen, die er unternahm, um andere alliierte Führer und seine Kommandeure im Felde zu treffen. Er entwickelte auch die Gewohnheit, während deutscher Luftangriffe «mal raus zu gehen und sich umzuschauen». Mit derselben Einstellung kämpfte er auch erfolgreich dagegen, dass das Parlament von London nach Stratford-upon-Avon verlegt wurde. Seine Mitarbeiter wussten, dass er im Gegensatz zu Hitler nachts geweckt werden wollte, wenn etwas Wichtiges geschah. Ein Augenzeuge erinnert sich nach dem Krieg: «Oftmals waren die Beamten und Marineoffiziere erstaunt, einer Figur in Morgenmantel und Puschen ansichtig zu werden, der die gestreiften Pyjamahosen um die Beine flatterten, als sie zielstrebig, die Zigarre im Mund, in das Konferenzzimmer schritt.»[4]

Churchill genoss darüber hinaus eine gewisse Popularität bei den Soldaten. Im August 1942 besuchte er die Front in Ägypten und wurde dort begeistert von «seinen» Truppen begrüßt. Am 3. Februar 1943 inspizierte er die Soldaten vor Tripolis und fuhr am nächsten Tag in einem gepanzerten Wagen in die Stadt selbst hinein. Sein Auftreten und seine Tapferkeit müssen jedoch anderen, eher negativen Eigenschaften gegenüber gestellt werden. So hielt er während der Kabinettssitzungen lange Monologe und verhinderte so Diskussionen über kriegswichtige Entscheidungen. Er entwickelte strategische Obsessionen und ließ sich ungern von völlig unrealistischen und nicht umsetzbaren Projekten abbringen. Ab 1943 baute er allmählich körperlich und geistig ab, was teilweise ein Ergebnis seines nicht unbeträchtlichen Alkoholkonsums war.

Trotz dieser Diskrepanzen muss man eine Reihe Schlüsselfaktoren im Hinterkopf behalten, wenn man Churchills Leistungen als Kriegspremier beurteilen will: seine Rolle beim Schmieden und Erhalten der Allianz, seine Bedeutung für die Koordination der britischen militärischen Operationen und seine Mobilisierung der Heimatfront. Diese Faktoren müssen allerdings der Kritik gegenüber gestellt werden, die von Kriegsteilnehmern in ihren Erinnerungen geltend gemacht worden ist. Hier lauten die schwerwiegendsten Vorwürfe: sein mangelndes Verständnis für Taktik, seine negativen Eingriffe in militärische Operationen und seine Neigung, wilde Pläne zu entwerfen, die letztlich undurchführbar waren und Ressourcen verschwendeten.

Churchills größter Beitrag zum Verlauf des Zweiten Weltkriegs war wohl seine Rolle als Architekt der Allianz. Er hatte nicht nur eine emotionale Bindung an die Vereinigten Staaten, sondern wusste auch, dass Großbritannien den Krieg ohne amerikanische Unterstützung nicht überleben würde. Sein Ziel war es daher, Amerika unter allen Umständen in den Krieg zu ziehen. Zwar dauerte es bis zu dem japanischen Angriff auf Pearl Harbor, ehe die USA offiziell in den Krieg eintraten, doch Churchill hatte schon wenige Tage nach seiner Ernennung zum Premierminister begonnen, an seinem Ziel zu arbeiten, sich amerikanische Unterstützung zu sichern. Indem er am 15. Mai 1940 den ersten seiner Briefe an Roosevelt in Kriegszeiten mit «*a former naval person*» unterzeichnete, spielte er auf dessen Liebe zur See an.[5] Mit seinem bewegenden Gottesdienst an Deck der *Prince of Wales* im August 1941 vor Neufundland beispielsweise suchte er die amerikanischen Emotionen zu wecken. Doch er stellte auch nachrichtendienstliche Verbindungen mit dem Land her, indem er die ULTRA-Nachrichten als Trumpfkarte einsetzte. Es ist natürlich richtig, dass Großbritannien 1940 finanziell bankrott war, und Churchill die Zukunft des Landes an Amerika «verkaufte». Es gab dazu aber auch keine wirkliche Alternative, außer der Kapitulation vor dem Dritten Reich.

Seine Haltung gegenüber der Sowjetunion war von dem selben Pragmatismus geprägt. Obwohl er den Kommunismus verabscheute, erklärte er noch am 22. Juni 1941, als die deutsche Wehrmacht Operation BARBAROSSA einleitete, seine Unterstützung für Russland. Seine Entscheidung, eine Allianz mit Stalin zu bilden, zeigte, dass er erkannt hatte, wie wichtig es war, die Sowjetunion im Krieg zu halten. Ein schneller deutscher Sieg wäre eine Katastrophe für die immer noch unsichere Position Großbritanniens gewesen. Also versuchte Churchill, alles zu unternehmen, um Russland auf dem Seeweg mit dem lebensnotwendigen militärischen Nachschub zu versorgen. Das war keineswegs eine leichte Entscheidung, denn alle seine militärischen Berater sagten einen raschen Zusammenbruch der Roten Armee voraus, als die deutschen Panzerspitzen tief auf russisches Gebiet vorstießen. Stalin war alles andere als ein einfacher Gesprächspartner, doch Churchill hielt an dem Bündnis fest, auch als Großbritanniens Schwäche im Verlauf der Konferenz von Teheran im November 1943 gänzlich offenbar wurde, nachdem Roosevelt sich in einigen entscheidenden Fragen auf die Seite des sowjetischen Diktators gestellt hatte.

Wie soll man nun Churchills Beitrag zur Planung und Durchführung der militärischen Operationen bewerten? Bei der militärischen Entscheidungsfindung setzte der Oberbefehlshaber seine Generale und Stabsoffiziere oft unter Druck, damit sie seine Meinung akzeptierten. Sie empfanden die tägliche Arbeit mit ihm als anstrengend, wogegen er aber durchaus den Rückzug antreten konnte, wenn er auf Offiziere traf, die seinem Druck standhielten. Es war Churchills Ziel, so weit wie möglich die Verschwendung von Menschenleben zu vermeiden, die er im Ersten Weltkrieg hatte mit ansehen müssen. Ein weiterer positiver Aspekt seiner Befehlsführung war, dass er knappe Befehle erteilte, die den Kommandeuren beträchtliche Freiheit darin beließen, auf welchem Weg sie die gewünschten Ziele erreichen wollten, auch wenn sie gleichzeitig keinerlei Zweifel über die Ziele selbst aufkommen ließen. Vielleicht verstand Churchill tatsächlich so gut wie nichts von moderner Taktik, doch er machte seinen Stabschefs klar, dass sie Ergebnisse erringen mussten und zwar zu akzeptablen Kosten. Allerdings war er auch enttäuscht und wütend, wenn die Truppen einmal zu schnell aufgaben. Nach Tobruk im Jahre 1942 grollte er, weil sich mehr als 30 000 Männer ergeben hatten. Auf diese Weise schaffte er eine Balance zwischen der Fürsorge für die Soldaten und seinem Drängen auf den notwendigen Kampfgeist. Churchills System der militärischen Entscheidungsfindung führte mit wenigen Ausnahmen nur dann zu einem Misserfolg, wenn der Rat, den er erhalten hatte, selbst fehlerhaft gewesen war.

Als ein weiterer wichtiger Aspekt seiner Kriegsherrnrolle muss die Erkenntnis gesehen werden, auch alle Kräfte in der Heimat zu mobilisieren. Hier ist nicht nur das Tempo, in dem dies alles geschah, bemerkenswert, sondern auch Churchills Aufmerksamkeit gegenüber Details. Er verstand wie kein anderer die Bedeutung der Psychologie bei der Kriegführung. Am 14. Mai 1940 appellierte der damalige Außenminister, Anthony Eden, im Radio an alle Männer, den neu gegründeten *Local Defence Volunteers* beizutreten. Kurz darauf mischte sich Churchill ein und benannte die Verbände in *Home Guard* um, weil dieser Name viel besser die Aufgabe dieser Heimatschutzverbände vermittele. Während der deutschen Luftangriffe auf London 1940 ordnete Churchill an, dass alle tauglichen Männer turnusmäßig als Feuerwachen dienen sollten. Sein Ziel war es dabei, den Gegensatz zwischen den kämpfenden Soldaten und «den anderen» zu überwinden. Besonders bezeichnend war auch seine politische Entscheidung, jedes Bekenntnis zu Kriegszielen zu vermeiden, die irgendwie die Nation spalten könnten. Zu Beginn des Krieges entschied er sich ganz einfach für einen innenpolitischen Waffenstillstand, bis der Krieg gewonnen sein würde. Auch wenn diese Entscheidung sicher zu seiner Niederlage in der Wahl vom Juli 1945 beitrug, war sie doch ein Faktor, der sicherstellte, dass die ganze britische Gesellschaft darauf ausgerichtet blieb, den Krieg zu gewinnen.

Zu den wichtigsten Aspekten von Churchills Führungsstil gehört seine maßgebliche Rolle beim Abbau von bürokratischen Kanälen und Ämtern aus Friedenszeiten – eine Politik, die sowohl wissenschaftliche Entdeckungen als auch militärische Neuerungen beförderte. Resultate mussten erbracht werden, und der Premierminister war durchaus bereit, die üblichen Hierarchien zu umgehen, um dies zu erreichen. So ist ein wichtiges Treffen mit einem 28 Jahre alten Wissenschaftler, R. V. Jones, zu einem Symbol für Churchills Vorgehensweise geworden. Jones war am 21. Juni 1940 zu einem Treffen in 10 Downing Street gebeten worden, wo er von seinem Verdacht berichtete, dass die Deutschen eine neuartige Funkleitstrahlanlage benutzten, um Bomber zu ihren Zielen zu führen. Obwohl nichts als Indizien und der Codename KNICKEBEIN vorlagen, wollte Churchill doch zuhören. Er gab Anweisung, dass von der Existenz des Funkleitstrahls ausgegangen und dass der Entwicklung von Abwehrmethoden absolute Priorität erteilt werden sollte. Jegliche Hindernisse sollten sofort an ihn berichtet werden. Der Leitstrahl wurde lokalisiert und neutralisiert. Im September/Oktober 1940 konnten die deutschen Bomber, die sich nun nicht mehr auf den Leitstrahl verlassen konnten, ihre Ziele nicht mehr finden. Der Premier hatte hier durch sein persönliches Eingreifen zu einem wichtigen Erfolg beigetragen.

Churchill, der Führer einer machtvollen Allianz, Stratege und Koordinator aller großen militärischen Operationen, das Symbol des Widerstands und der Meister der Durchhaltemoral, der neuen Ideen und jungen Talenten eine Chance gab, etwas zu verändern: Das sind einige seiner vielen Gesichter. Dennoch haben in der letzten Zeit, wie eingangs erwähnt, einige britische Historiker dieses positive Bild in Frage gestellt. Nicht nur seine egoistische Persönlichkeit, seine Monologe in den Kabinettssitzungen, sondern auch zentrale Aspekte seiner Kriegsstrategie sind in Frage gestellt worden. Wie berechtigt sind die Vorwürfe und bedeuten sie, dass unser Bild von Churchill einer Revision unterworfen werden muss?

Zunächst einmal müssen wir seine Strategie des Bombenkrieges gegen Deutschland betrachten. In seiner eigenen Geschichte des Zweiten Weltkriegs hatte er recht wenig zu diesem Thema zu sagen. Seine Haltung spiegelt jedoch in vieler Hinsicht die der britischen Gesellschaft selbst, sowohl während des Krieges als auch danach, wider. Nachdem London 1940 erst einmal die volle Wucht der deutschen Luftangriffe zu spüren begonnen hatte, in deren weiterem Verlauf auch das Unterhaus im Mai 1941 stark beschädigt wurde, schien Churchill von einem Gefühl der Rache gepackt worden zu sein. Er betrachtete die *Houses of Parliament* als das Zentrum eines großen Empires, einer großen Zivilisation, die jetzt in Begriff war, zerstört zu werden. Der totale Krieg war ausgebrochen, und für Churchill bedeutete totaler Krieg, zurückzuschlagen und den Feind in so großer Zahl wie möglich zu töten. Es konnte für ihn keine Einschränkungen in der Bombenoffensive geben. Nachdem Großbritannien ein Verbündeter der Sowjetunion geworden war, gab es noch einen weiteren Grund, dafür zu sorgen, die Durchhaltemoral zu Hause zu stärken. Da die Invasion Europas erst einmal nicht zu erwarten war, musste Großbritannien dafür sorgen, die Waffenproduktion und die Moral des Feindes zu zerstören. Darüber hinaus betrachtete Churchill die Moral des Feindes, zumindest in den ersten Jahren des Krieges, als ein legitimes militärisches Ziel. Auch war er an der Auswahl solcher Ziele wie Lübeck beteiligt, die den zweifelhaften Vorteil aufwiesen, zum guten Teil aus Holzhäusern zu bestehen, was die Entfachung von großen Flächenbränden erleichterte.

Es gab jedoch einen ganz klaren Unterschied im Denken zwischen Arthur Harris, dem Befehlshaber der Bomberstreitkräfte, und dem Premierminister. «Bomber-Harris» war überzeugt davon, dass man den Krieg aus der Luft gewinnen konnte. Churchill stand dieser Einschätzung der Möglichkeiten der Luftstreitkräfte skeptisch gegenüber, dennoch stimmte er den zerstörerischen Luftangriffen zu. Obwohl der Feuersturm in Dresden am 13./14. Februar 1945 zu einem Symbol für die sinnlose Zerstörung aus der Luft geworden ist, hatte es doch zuvor schon schlimmere Angriffe gegeben, so zwei massive Bombenangriffe auf Hamburg im Juli und August 1943. Der Grund dafür, dass Dresden als ein alliiertes Kriegsverbrechen angesehen wird, liegt in der immensen kulturellen Bedeutung der Stadt und an der Tatsache, dass sie von Flüchtlingen überquoll, als die Bomber zuschlugen. Hier, so wird heute argumentiert, hatten die Alliierten ihre moralische Überlegenheit preisgegeben. Britische und amerikanische Verteidiger der Angriffe haben eine Reihe von Gründen angeführt, warum Dresden ein legitimes militärisches Ziel gewesen sein soll. Es gibt aber natürlich auch noch andere Beispiele aus dem Jahre 1945 für sinnlose Zerstörung von deutschem und europäischem Kulturerbe, von denen etwa Würzburg eines der offenkundigsten ist. War Churchill von niedrigen Rachegefühlen geleitet? Oder betrachtete er im kalten Licht der Vernunft den totalen Krieg als etwas Unvermeidliches?

Im Hinblick auf die Bomberoffensive scheint Churchill weniger moralische Zweifel gehegt, als vielmehr Sorge um sein Bild in der Geschichte entwickelt zu haben. In dieser Hinsicht spiegelt seine Haltung die der britischen Gesellschaft nach 1945 wider. Die Rolle der Bombergeschwader wurde sehr schnell aus der offiziellen Erinnerung verdrängt, und Churchill unternahm nur sehr wenig, um dieser Entwicklung entgegen zu treten. Dies war an sich schon ein stillschweigendes Eingeständnis, mit der vollständigen Zerstörung der deutschen Städte falsch gehandelt zu haben. In der Anfangsphase des Krieges war er zweifelsohne von Rachegefühlen geleitet, und als er Zweifel zu hegen begann, war die Maschinerie des Krieges nicht mehr zu stoppen. Die Bomber wurden in großen Stückzahlen produziert, neue Ziele wurden festgestellt und täglich erhielt man neue Berichte über die Schäden, die man der deutschen Industrie zugefügt hatte. Der Krieg hatte eine Eigendynamik entwickelt. Bald sorgten auch die deutschen V-Waffen-Angriffe dafür, dass wiederum die britischen Luftangriffe nicht eingeschränkt wurden. Die Historiker werden sich noch lange über Churchills Rolle in der Bombenoffensive streiten, und ihr Urteil und das ihrer Leser wird zwiespältig bleiben.

Wenn wir uns nun mit Churchills allgemeineren Schwächen als militärischer Führer befassen, dann stellt der Historiker fest, dass ein Großteil der Kritik von seinen früheren Untergebenen stammt. Es besteht kein Zweifel, dass er den Mitgliedern seines militärischen Stabes gegenüber hart war. Und es ist auch klar, dass er sich bis in die taktische Ebene in militärische Operationen einmischte, dies oft auf der Basis von ULTRA-Material. Die Tatsache, dass Churchill den Krieg schon als junger Kavallerieoffizier und als Journalist gesehen hatte, schien ihm selbst Beweis genug, dass er die Mechanik des Krieges verstand (was jedoch offensichtlich für Taktik und Operationen nicht zutraf). Seine Faszination für unkonventionelle Kriegführung ist auch so ein Gebiet, auf dem er gern bis ins Detail mitmischte. Dabei bleibt fraglich, ob die im Guerilla-Stil geführten Operationen der *Special Operations Executive* irgendeine signifikante Auswirkung auf die alliierten Kriegsanstrengungen hatten. Auch in diesem Zusammenhang ist von vielen impraktikablen Plänen zu berichten, die Churchill hegte. Doch diese müssen gegen den psychologischen Nutzen jener Operationen aufgewogen werden, wenn sie erfolgreich verliefen.

Die Behauptung, dass Churchills Einmischung in rein militärische Angelegenheiten den Krieg verlängert oder zu höheren Verlusten geführt habe, überzeugt nicht. Churchills grenzenlose Energie hatte zwei extrem wichtige Auswirkungen: Zunächst einmal zwang er die Generale, ihre Pläne ihm gegenüber zu rechtfertigen, was dazu führte, dass sie präziser planten, als sie es sonst getan hätten. Zum anderen muss Churchills ständige Forderung nach Offensiven im größeren globalen Zusammenhang gesehen werden, zu dem auch die Beziehungen zu den Alliierten gehörten. Solange bis sich im Osten das Blatt wendete, brauchte er ständig offensive Handlungen, selbst wenn eine defensivere Strategie seinen Befehlshabern sicher ansprechender erschienen wäre. Und er mischte sich zwar ein, aber viele seiner organisatorischen Ideen gingen auch weit über die seiner Militärs hinaus. Als Ergebnis eines Memorandums von General Archibald Wavell aus dem Jahre 1940, in dem es um die Notwendigkeit ging, alle Irreführungsmaßnahmen der Befehlshaber an den unterschiedlichen Fronten zu koordinieren, war es Churchill, der im April 1941 zu diesem Zweck die *London Coordinating Section* einrichtete.

Schließlich gilt es, Churchills Ruf als Stratege in einem globalen Krieg zu betrachten. Hier haben wir einen Mann, der Fehler machte, wie etwa seine Fehleinschätzung der Situation in Griechenland, wohin er 1941 Truppen schickte. Auf der anderen Seite wog seine Bereitschaft, kalkulierte Risiken einzugehen, andere Fehler wieder auf. Seine Entscheidung, auf dem Höhepunkt der deutschen Bombardierung von London 154 Panzer, Panzerabwehrkanonen und Feldgeschütze nach Ägypten zu schicken und im folgenden Jahr dringend benötigte Panzer über See durchs Mittelmeer nach Ägypten zu entsenden, sind zwei berühmte Beispiele dafür, wie Churchill trotz der Zurückhaltung seiner Stabschefs erfolgreich Risiken in Kauf nahm. Dagegen kann aber argumentiert werden, dass er mit dem Feldzug in Italien die alliierten Planer zwang, die Invasion in der Normandie hinauszuzögern, was wiederum den

Deutschen Zeit zum Ausbau ihres Verteidigungssystems ließ. Trotzdem half der Feldzug in Italien deutsche Kräfte außerhalb Frankreichs zu binden. Der Erfolg der Landung in der Normandie ergab sich auch ein Stück weit aus Churchills Bereitschaft, mit den Amerikanern ein für Großbritannien ungleiches Bündnis einzugehen. Die ausgefeilten Irreführungsmaßnahmen und viele militärische Erfindungen sind letztendlich auf die Initiative Churchills zurückzuführen. Wo die Kritik an seiner Kriegführung aber richtig liegt, ist die Tatsache, dass seine Auseinandersetzungen mit den Amerikanern über die erforderliche Strategie und seine eigenen Fehleinschätzungen Großbritanniens Machtverlust erheblich beschleunigten.

Churchill war zunächst einmal und vor allem ein Politiker. Aber er war ein besonderer Politiker. Er hatte kein wirkliches ideologisches oder parteipolitisches Zuhause. Seine eigene Karriere zeigte, dass er imstande war, als Konservativer zu beginnen, dann zu einer Liberalen Partei, die sich Reformen verpflichtet hatte, überzugehen, um dann wieder zu den Konservativen zurückzukehren. Im politischen Alltag einer Friedenszeit war eine derart bewegte Karriere ein großer Nachteil. In den ersten Kriegsjahren war sie ein ungeheurer Vorteil. Durch seine Regierungserfahrung aus der Zeit des Ersten Weltkrieges besaß Winston Churchill eine gewisse Autorität. Er konnte das Land im Überlebenskampf hinter sich vereinen. Er wusste um die Notwendigkeit, Strategie in einem globalen Krieg zu koordinieren, und formte so die einzige Allianz, die einen Sieg garantieren konnte. Er war Premierminister, Stratege, Geheimdienstkoordinator und Symbol für die Widerstandskraft der Demokratien. Er war der Mann, der sein Land mit seinen Reden, seinem persönlichen Mut sowie seiner Entschlossenheit zum Sieg inspirierte. Hierin lag die ultimative Bedeutung von Churchills facettenreicher Führung während des Zweiten Weltkrieges.

Churchills politische Laufbahn währte nach dem Ende des Krieges noch fast ein Jahrzehnt, zunächst als Vorsitzender der konservativen Opposition, dann wieder bis zu seinem Rücktritt am 5. April 1955 als Premierminister. Am 24. Januar 1965 starb er in London. Sechs Tage danach, an einem grauen und düsteren Tag, wurde sein Sarg, in die Unionsflagge gehüllt, auf einer Lafette durch die Straßen Londons gefahren. Es war eine Beerdigung von gewaltiger Dimension, mit Tausenden von Menschen, die die Straßen säumten – das letzte große Staatsbegräbnis des Britischen Empires. Und zusammen mit Churchill wurde auch dieses Weltreich selbst zu Grabe getragen. Hatte seine Entscheidung, weiterzukämpfen, letztendlich das Ende des Empires heraufbeschworen, so war es doch die letzte große Tat dieses Empires gewesen, der Unterjochung durch den Faschismus zu widerstehen.

War Churchill nun der Architekt des alliierten Sieges im Zweiten Weltkrieg? Den Grundstein dafür hatte er zweifelsohne in den ersten Kriegsjahren gelegt. Als Architekt des Sieges mag man ihn jedoch nicht mehr sehen. Auf der Bühne der Militärgeschichte erscheint er heute viel bescheidener und schwächer als unmittelbar nach dem Krieg. Aber trotz all seiner menschlichen Unzulänglichkeiten wird Churchills Platz in der Geschichte als eine der Schlüsselfiguren des alliierten Sieges von 1945 unangefochten bleiben.

Sieger werden nicht gerichtet
Josef Stalin
(1879–1953)

Evan Mawdsley

Für das russische Wort *polkovodets* gibt es keine einfache Übersetzung. *Polk* bedeutet wörtlich genommen «Regiment», doch kann das Wort auch eine «Gruppe bewaffneter Soldaten» bezeichnen; *vodets* kommt vom Verb «führen». *Polkovodets* kann somit als «militärischer Befehlshaber» übersetzt werden, es impliziert jedoch dabei, dass es sich um einen fähigen Befehlshaber handelt. In dem absurden Propagandakult der späten 1940er Jahre war Josef Stalin nicht nur «der weise Führer und Lehrer der Arbeiter und der progressiven Menschheit», «der größte Mensch auf Erden», sondern eben auch *genial'nyi polkovodets*, ein «genialer militärischer Führer» oder ein «militärisches Genie».[1]

Stalins kriegerisches Handeln erstreckte sich über 35 Jahre. 1918 organisierte er primitive revolutionäre Armeen aus berittenen Soldaten. 1953, am Ende seines Lebens, befahl er über Atomwaffen und konnte über Krieg oder Frieden im entfernten Korea entscheiden. Dennoch muss man mit dem Begriff «Kriegsherr» in Stalins Fall vorsichtig umgehen. Die meisten seiner Aktivitäten, mit einer möglichen Unterbrechung in den Jahren 1921–26, zielten darauf, das «sozialistische Vaterland» für unvermeidliche Kriege mit der Außenwelt zu rüsten oder solche Kriege auszufechten. Der Schwerpunkt allerdings wird hier auf der wichtigsten Episode seiner Karriere liegen. Und das war der Konflikt, den Stalin den «Zweiten Imperialistischen Krieg» nannte, woraus im Juni 1941 der «Große Vaterländische Krieg» wurde.

Wenngleich der revolutionäre Dschugaschwili – «Stalin» sollte bald sein *nom de guerre* werden – ein Mann der Tat war, interessierte er sich als junger Mann kaum für militärische Dinge. Doch schon gleich nach der Revolution wurde Stalin in ernsthafte Kämpfe verwickelt. Im Russischen Bürgerkrieg von 1917–20 hatte er hohe Positionen als Volkskommissar inne. Ende Mai 1918 wurde Stalin nach Zarizyn (dem späteren Stalingrad bzw. Wolgograd) geschickt, um die Versorgung von Zentralrussland mit Lebensmitteln zu sichern und um die noch junge

Rote Armee im Kaukasus auf Vordermann zu bringen. Nach Oktober 1918 wurde Stalin als Kommissar zu verschiedenen wichtigen Heeresgruppen entsandt. Im Herbst 1919 ging er in den Süden, um den Kampf gegen den Weißen General Denikin zu unterstützen. Hier traf Stalin erstmals auf die Rote Kavallerie von Semjon Budjonny. Diese wurde zur 1. Reiterarmee umgebildet und führte kriegsentscheidende Fernoperationen durch. Im Russisch-Polnischen Krieg von 1920 war Stalin der Kommissar einer der beiden Heeresgruppen, die die Polen zurück nach Westen warfen; eine Operation, deren Speerspitze Budjonnys 1. Reiterarmee bildete. Obwohl Stalins Handeln einen schwelenden Kompetenzkonflikt mit Trotzki, dem eigentlichen Befehlshaber der Roten Armee, heraufbeschwor, ist doch offensichtlich, dass Lenin, und wahrscheinlich auch Trotzki selbst, Stalin als einem kraftvollen, rücksichtslosen und selbstbewussten Genossen vertrauten. Wäre Stalin 1921 gestorben, dann wäre er einer in dem Dutzend herausragender sowjetischer Befehlshaber im Bürgerkrieg gewesen.

Der Bürgerkrieg brachte Stalin mit dem Militärwesen in Berührung, und er bewies eine besondere Begabung dafür. In einem offenen Brief, den er fast 30 Jahre später an einen Professor für Militärwissenschaft schrieb, setzte Stalin sein eigenes Wissen vorteilhaft in Verhältnis zu dem des großen Lenin. Dieser – so Stalin – habe den Eindruck gehabt, zu alt zu sein, um das Militärhandwerk zu erlernen: «Im Bürgerkrieg ermahnte Lenin uns, die wir damals die jungen Genossen im Zentralkomitee waren, ‹gründlich die militärischen Belange zu studieren›.»[2] Auch knüpfte Stalin damals Verbindungen zu einer Gruppe von Befehlshabern der Roten Armee, in Zarizyn und bei der 1. Reiterarmee, die bis über den Zweiten Weltkrieg bestehen sollten. In seiner anregenden Untersuchung über den sowjetischen Kriegsstaat argumentiert der Historiker James Schneider, dass der Bürgerkrieg Stalins Verständnis von Krieg grundlegend verändert habe, und Zarizyn eine prägende Erfahrung gewesen sei, die Stalin die Bedeutung der Etappe und der Versorgung deutlich gemacht habe.[3] Doch könnte man auch genau andersherum argumentieren: Der Bürgerkrieg hatte nur wenig mit Logistik zu tun. Was Stalins Erfahrungen, seine Verbindungen und der revolutionäre Elan bewirkten, war, ihn für eine mobile, offensive Kriegführung geneigt zu machen – und vielleicht auch sich selbst zu überschätzen.

Auf jeden Fall wird die positive Wirkung von Stalins Erfahrungen oft übertrieben, wie das Mitglied des Politbüros Anastas Mikojan in seinen Erinnerungen feststellte:

«Seine Erfahrung aus der Bürgerkriegszeit war nicht ausreichend, um alles über das Militärwesen zu wissen. Methoden, Waffen oder die Organisation der Verteidigung hatten damals einen völlig anderen Charakter, und die Situation, die vor dem Zweiten Weltkrieg herrschte, war total anders. [...] Genau genommen half diese Erfahrung aus dem Bürgerkrieg nicht nur nicht bei der Vorbereitung und der Durchführung des Großen Vaterländischen Krieges (1941–45), sondern erschwerte sie noch [...].»[4]

Marschall Georgi Schukow, ein Kavallerist und Protegé von Budjonny, wusste wahrscheinlich mehr als irgend jemand sonst über Stalins spätere Fähigkeiten und formulierte es in einem Vortrag von 1966 ähnlich. Schukow teilte die Zeit des Diktators als Oberbefehlshaber im Weltkrieg in drei Perioden ein und konstatierte, dass Stalin in der ersten Periode (bis zur Schlacht von Stalingrad) nur schlecht den Anforderungen der modernen Kriegführung gerecht wurde und in der Vergangenheit verhaftet blieb: «Uns, den militärischen Befehlshabern», so Schukow, «warf er immer wieder vor, dass wir noch in den Traditionen des Bürgerkrieges gefangen seien. Doch ich muss sagen, dass er selbst ganz stark durch eben diese Traditionen belastet war.»[5]

Nach dem Bürgerkrieg zog sich Stalin aus den militärischen Belangen zurück. In den frühen 1920er Jahren konzentrierte er sich darauf, die administrative Struktur der Kommunistischen Partei aufzubauen und sich seinen eigenen Platz darin zu sichern. Im Laufe der späten 1920er, nach dem Tod Lenins und der politischen Niederlage von Trotzki und anderen Gegnern, war Stalin zum führenden Veteranen der vorrevolutionären Partei aufgestiegen. Er setzte Kliment Woroschilow, einen Mitstreiter aus den Bürgerkriegstagen von Zarizyn und engsten politischen Verbündeten, als Volkskommissar für die Rote Armee ein. Trotz Woroschilows begrenzter Fähigkeiten und seines mangelnden militärischen Wissens besaß dieser doch die entscheidende Tugend – nämlich Loyalität –, und so übertrug ihm Stalin von 1926 bis 1940 die Organisation und Ausbildung der Armee. Schneiders Annahme, dass der «militärische Genius» von Stalin in diesen Jahren durch den Militärtheoretiker Boris Schaposchnikow geformt worden war, scheint unbegründet.[6] Schaposchnikow, der Absolvent der zarischen Militärakademie gewesen war, verfasste wichtige Artikel, vor allem über den Generalstab. Während des Krieges wurde er von Stalin mit ungewöhnlichem Respekt behandelt. Doch in der Zeit, in der Schaposchnikow Chef des Generalstabes war, wurde er, wie aus Stalins Terminkalender ersichtlich wird, im Zeitraum von 1930 bis Juni 1939 lediglich achtmal einbestellt. Nicht nur, dass es hier wenig Gelegenheit für Schaposchnikow gab, als «Tutor» für Stalin zu fungieren, sondern Stalins Einlassungen zu militärischen Themen aus den Jahren 1940 und 1941 zeigen auch deutlich, dass seine diesbezüglichen Kenntnisse in organisatorischer und technischer Hinsicht immer noch sehr rudimentär waren.

Ein zweiter Schwerpunkt der Arbeit Stalins seit den späten 1920er Jahren war die Industrialisierung. Mit seiner Wendung zur «Linken» 1927 wurde er zum Verfechter einer Politik der raschen Industrialisierung. Dabei ging es nun nicht nur darum, die Grundlagen für den «Aufbau des Sozialismus in einem Land» zu legen, sondern hier ging es auch um die Verteidigung der UdSSR. Stalin bediente sich der «Krieg-in-Sicht-Krise» von 1927, um seine politischen Gegner abzuservieren und eine rasche Modernisierung zu rechtfertigen. In einer Rede von 1931 argumentierte er bei seiner Rechtfertigung des schnellen Tempos der wirtschaftlichen Entwicklung mit militärischen Erfordernissen:

> «Das Tempo zu reduzieren, bedeutet zurückzufallen. Und wer zurückfällt, wird geschlagen […]. Ein Merkmal der russischen Geschichte ist, dass Russland ständig deshalb geschlagen wurde, weil es zurückgeblieben war […]. Weil das Militär zurückgeblieben war, weil seine Kultur zurückgeblieben war, weil sein Staat zurückgeblieben war, weil seine Industrie zurückgeblieben war, weil seine Landwirtschaft zurückgeblieben war […]. In der Vergangenheit hatten wir kein Vaterland, und wir konnten es nicht haben. Doch jetzt, da wir den Kapitalismus abgeworfen haben und die Arbeiter an der Macht sind, jetzt haben wir ein Vaterland, und wir werden seine Unabhängigkeit bewahren […]. Wir liegen 50 bis 100 Jahre hinter den entwickelten Ländern zurück. Diesen Abstand müssen wir in zehn Jahren gutmachen. Entweder wir leisten das, oder wir gehen unter.»[7]

Von 1927 bis 1953 führte Stalin einen ungeheuren Aufbau der sowjetischen Streitkräfte durch. Spätere Anschuldigungen, so vor allem in Chruschtschows «Geheimer Rede» von 1956, der kritisierte, dass die Sowjetunion «nicht vorbereitet» gewesen sei, sind völlig haltlos, denn die UdSSR war die erste Großmacht, die wieder aufrüstete. Unter Stalins Regierung wurde nicht nur die Zahl der Soldaten und der Divisionen aufgestockt, es wurde auch eine umfassende Modernisierung im Hinblick auf Doktrin und Technik betrieben. Dies war ein Nebeneffekt der Investitionen, der Modernisierung und Motorisierung, welche die ganze sowjetische Wirtschaft im zivilen wie im militärischen Bereich betraf. Für die Entwicklung und Beschaffung von Panzern, Flugzeugen, Fahrzeugen und Artillerie – sämtlich auf dem neuesten Stand der Technik – wurden enorme Ressourcen frei gemacht. Für Stalin war dies ein persönliches Interesse, er war der «Sponsor» der Roten Luftwaffe und der Flugzeugindustrie. Die sowjetischen Fabriken produzierten zwischen 1937 und 1940 9600 Panzer, 50 000 Geschütze und 31 000 Militärflugzeuge. Die Stärke der Streitkräfte stieg von 1,6 Millionen Mann im Januar 1938 auf über 5 Millionen Mitte 1941.

In den 1930er Jahren begann Moskau, die Idee eines sowjetischen «Vaterlandes» zu propagieren. Dies kann nun als der zynische Versuch einer revolutionären Minderheit angesehen werden, die Unterstützung der Massen zu gewinnen. Stalin jedoch scheint ernsthaft das Konzept eines Großsowjetischen Staates verfolgt zu haben, der gleichzeitig auf einer russischen Tradition gegründet sein sollte. Die Tatsache, dass er selbst aus Georgien stammte, lässt das «russozentrische» Element noch auffälliger zutage treten. Die engste Parallele zu Stalin findet sich in einer anderen Nicht-Russin, der in Deutschland geborenen Zarin Katharina der Großen, die sich auch mit der Expansion des russischen Territoriums identifizierte. In einer geheimen Festrede am Tag der Revolution 1937 ließ Stalin eine kleine Gemeinschaft von kommunistischen Führern an seinem Credo teilhaben: «Die russischen Zaren haben vieles getan, was schlecht war […]. Aber ein Gutes haben sie getan: Sie fügten einen riesigen Staat zusammen, bis zur Kamtschatka. Wir haben diesen Staat geerbt.»[8]

Doch im selben Augenblick, als Stalin den «riesigen Staat» bis zur Kamtschatka pries, leitete er die «Säuberungen» der Spitze der Roten Armee ein. Wie konnte er, als potentieller Kriegsherr und Schöpfer eines Imperiums, dies geschehen lassen? Die Erklärung, die sich bietet, ist komplex. Zunächst einmal waren die Säuberungen innerhalb der Armee nur Teil eines viel größeren Phänomens. Neben der Inhaftierung und Hinrichtung zahlreicher einfacher Bürger raffte der «Große Terror» einen bedeutenden Teil der politischen und wirtschaftlichen Führung dahin. Gerade die Rote Armee war da als ein organisierter und gut gerüsteter Machtfaktor, der sich auch gegen Stalin wenden könnte, von besonderer Bedeutung. Die Erfahrungen der Verschwörung der Armee in Spanien 1936 mögen hier gewirkt haben.

Die offizielle Linie lautete, dass die Säuberungen die UdSSR und auch die Armee tatsächlich *stärken* würden. Befreit von vermeintlichen Spionen und Verrätern, so Stalins Argument, wäre das neue Offizierkorps mit seiner inneren Geschlossenheit dem Gegner überlegen, wofür der Grenzkonflikt mit Japan von 1938 als erster Beleg herangezogen wurde. Die Säuberungen wurden gewiss nicht mit chirurgischer Präzision betrieben, doch das Messer schnitt am schärfsten in die obersten Kommandoebenen. Die Säuberungen bewirkten zudem in der Armee und andernorts eine Verjüngung der Kader. So überlebten mehr Offiziere der mittleren Ebene die Säuberungen als solche auf oberster Ebene. Zwar fielen zwischen 1937 und 1941 276 Obersten den Verfolgungen zum Opfer, doch muss man diese Zahl der Gesamtzahl von immerhin 1713 Offizieren diesen Ranges im Jahr 1936 gegenüber stellen. Im Februar 1941 erhob Stalin das Glas auf die «jungen Kader» in der Roten Armee und verglich die Situation mit der in England und Frankreich, wo «die jungen Kader zwanzig oder fünfunddreißig Jahre lang [zurück]gehalten werden […] Das war einer der Gründe für den Untergang Frankreichs». «Es ist sehr wichtig, zur richtigen Zeit die alten Männer durch junge zu ersetzen. Das Land, das dies vergisst, ist dem Untergang geweiht.»[9]

Alles in allem hatten Stalins Säuberungen jedoch eine verheerende Wirkung auf die Armee gezeitigt. Zwar wurde einiges «tote Holz» entfernt, aber zugleich auch die am besten ausgebildeten und erfahrensten Befehlshaber, die die Rote Armee besaß. Darüber hinaus zerstörten die Säuberungen den inneren Zusammenhalt des Oberkommandos, einen Zusammenhalt, der in politischer (und konspirativer) Hinsicht vielleicht eine Bedrohung für Stalin darstellte, aber für die Effektivität der Streitkräfte unerlässlich war. Für die Briten und Franzosen verringerten die Säuberungen zudem die Glaubwürdigkeit und den Wert der UdSSR als einem möglichen Alliierten, während die geschwächte Rote Armee für Deutschland und Japan an Bedrohungspotential verlor.

Mit der Aggression Japans und Deutschlands sah sich der Kriegsherr Stalin einem anderen Typ von Krise gegenüber. Er verfolgte, was ein Historiker (Silvio Pons) ein «isolationistisches Sicherheitskonzept» genannt hat, und er rechnete nicht damit, dauerhafte Verbündete zu finden. Sein ursprüngliches Ziel war es, die Sowjetunion aus dem Krieg zwischen den «imperialistischen» Blöcken herauszuhalten oder zumindest den Kriegseintritt seines Landes bis zu einem vorteilhaften Moment hinauszuzögern. Stalins Bemerkungen gegenüber engen Vertrauten Ende September 1939 zeigten, dass er immer noch Lenins Sicht der internationalen Verbindungen beherzigte, und dass er glaubte, der Konflikt würde der Sowjetunion Vorteile bringen:

> «Es herrscht Krieg zwischen zwei Gruppen kapitalistischer Länder […] um die Neuaufteilung der Welt, um die Weltherrschaft! Wir finden nichts falsch daran, dass sie gut und hart kämpfen und sich gegenseitig schwächen. Es wäre gut, wenn durch Deutschland die Positionen der reichsten kapitalistischen Länder (vor allem Englands) erschüttert würden.»[10]

Die These des unter dem Pseudonym «Suvorov» schreibenden Publizisten Wladimir Resun, Stalin habe Hitler in den Krieg mit Großbritannien und Frankreich manövriert, um das nationalsozialistische Deutschland als «Eisbrecher» gegen den westlichen Kapitalismus zu benutzen, ist nicht gut fundiert.[11] Gleichwohl hat sich Stalin hier in fataler Weise verschätzt, nicht nur, was das Ausmaß von Hitlers Hass auf die UdSSR betraf, sondern auch, was die Fähigkeit Englands und Frankreichs anging, «hart zu kämpfen».

Die Historiker streiten nun darüber, ob Stalin im Frühjahr 1941 das Gefühl hatte, Hitler in einer überlegenen Position gegenüber zu stehen. Die maßgebliche Quelle, Gabriel Gorodetskys *Die große Täuschung*, ist der Ansicht, Stalin sei sich darüber im Klaren gewesen, dass die Rote Armee schwächer als die Wehrmacht war, und habe deshalb Appeasement-Politik betrieben. Einiges weist jedoch darauf hin, dass Stalin mehr Selbstvertrauen besaß. Gerade in der Zeit der bewaffneten Neutralität wurde die Rote Armee oft als ein politisches Instrument benutzt. Mitte September 1939 setzte Stalin die Rote Armee nach Polen in Marsch, um die Ernte des Hitler-Stalin-Paktes einzubringen. Er benutzte sie überdies, um den Einfluss auf die Baltischen Staaten auszuweiten, indem er sich das Recht auf Truppenstationierungen verschaffte, die schließlich eine Annexion erlauben würden. Der Finnische Krieg von 1939/40 offenbarte eine weitere Misskalkulation, diesmal was die Schwierigkeiten der Kriegführung im Winter betraf. Dieser Krieg war extrem teuer; zwar wurden die Ziele erreicht, doch überzeugte der Ausgang Stalin auch von der Notwendigkeit, mit harter Hand die Kriegstauglichkeit der Streitkräfte zu forcieren.

Nicht einmal in dieser undurchsichtigen Periode zu Beginn des «Zweiten Imperialistischen Krieges» übernahm Stalin formell den Oberbefehl. Hitler hingegen hatte sich schon 1938 zum Oberbefehlshaber der Wehrmacht ernannt. Weder der schwelende Konflikt mit Japan noch die Invasion Polens, der Krieg mit Finnland oder die Annexion von Bessarabien (1940) führten zu einer offiziellen Veränderung von Stalins Position. Nach dem Finnischen Winterkrieg wurde Woroschilow auf einen Posten im Verteidigungsrat wegbefördert. An seine Stelle als Volkskommissar der Verteidigung setzte Stalin wieder jemanden, mit dem er noch aus den Tagen des Bürgerkrieges verbunden war: Diesmal fiel seine Wahl auf einen Veteranen der Kavallerie und einen ausgesprochenen Nur-Soldaten, Semjon Timoschenko. Stalin brachte weiter Unruhe in die Situation, als er hastig personelle Veränderungen im Generalstab vornahm. Schaposchnikow wurde als Generalstabschef durch Merezkow ersetzt, der wiederum im Januar 1941 durch Schukow. Selbst als im Juni 1941 der «wirkliche» Krieg begann, war Stalin noch bereit, Marshall

Timoschenko weitere Wochen als Volkskommissar der Verteidigung und gleichzeitig als Vorsitzenden des Oberkommandos (Stawka) arbeiten zu lassen.

Die am häufigsten vorgebrachte Kritik an Stalin als Kriegsherr lautet, dass er alle Warnungen über einen bevorstehenden deutschen Angriff ignoriert habe. Die Säuberungen hatten die sowjetischen Nachrichtendienste geschwächt. Ihre Überzentralisierung führte zu einem Aufklärungsapparat, bei dem die gesamtstrategische Analyse auf Stalins Ahnungen beschränkt blieb. Stalin hatte keinerlei Illusionen über die Feindseligkeit Deutschlands (jedenfalls keine größeren als bei jedem anderen kapitalistischen Land), doch war er fest davon überzeugt, dass Hitler von sich aus keinen Zweifrontenkrieg führen werde, dass er also nicht die Sowjetunion angreifen werde, solange sich das britische Empire immer noch im Krieg befand. Diese Überzeugung gründete Stalin zum Teil auf die Erfahrungen des Ersten Weltkrieges, wo Deutschland an zwei Fronten gekämpft hatte und geschlagen worden war. Hitler konnte zufällig oder durch weniger «weitsichtige» Generale in den Krieg getrieben werden, und deshalb war es für Russland entscheidend, jede mögliche «Provokation» zu vermeiden, wie sie zum Beispiel eine offene Mobilmachung oder vorbereitende Maßnahmen entlang der Grenzen darstellen würden. Stalins strategische Logik war nicht völlig von der Hand zu weisen; Hitlers Entscheidung, einen Zweifrontenkrieg zu führen, führte letztendlich 1945 zum Untergang des nationalsozialistischen Deutschland. Der sowjetische Nachrichtendienst hatte erstaunlich genaue Kenntnisse über den deutschen Ostaufmarsch, doch er wies auch darauf hin, dass der größte Teil der deutschen Truppen immer noch im Westen eingesetzt war. Die deutschen Truppenbewegungen im Osten wurden als Bluff oder diplomatisches Druckmittel angesehen. Es war auch nicht unvernünftig, den britischen Warnungen gegenüber misstrauisch zu sein, denn das Überleben Englands hing schließlich davon ab, dass der Kreis der Feinde Deutschlands erweitert wurde.

Einige Autoren haben Stalin weit mehr als Blindheit vorgeworfen. Suvorov und andere haben behauptet, er habe tatsächlich vorgehabt, Deutschland anzugreifen, nur sei Hitlers Einmarsch diesem Angriff am 22. Juni zuvor gekommen. Tatsächlich ist es vielmehr so, dass alle verfügbaren Quellen den Eindruck nahe legen, dass Stalin eine frühere Mobilisierung erwog, sich dann aber dafür entschied, nicht zu provozieren.

Es spielte auch eine große Rolle, dass die Rote Armee auf offensives Operieren orientiert war, und dies schon seit der Zeit des Bürgerkrieges. Das war nicht notwendigerweise dasselbe, wie einen Angriffskrieg zu planen, und man ging davon aus, dass es durchaus möglich sei, dass der Krieg von einem anderen Staat ausgelöst würde. Doch wenn ein Krieg kam, dann musste er offensiv und auf dem Territorium des Gegners geführt werden. Das war die Logik, die hinter dem Konzept der «tiefen Schlacht» stand, das schon Ende 1920 vom künftigen Marschall Michail Tuchatschewski und anderen entwickelt worden war. Auf dieser Annahme basierte auch der seit den 1930er Jahren betriebene Aufbau massiver Panzer- und Luftstreitkräfte. Man hatte nicht vor, sich auf passive Verteidigung zu verlassen, und die letzten Zweifel an dieser Strategie wurden spätestens 1940 durch die Niederlage Frankreichs mit seiner Maginot-Linie zerstreut. Stalin selbst erklärte im Mai 1941 öffentlich: «Die Rote Armee ist eine moderne Armee, und eine moderne Armee ist eine offensive Armee.»[12]

Im Oktober 1940 hatte Stalin für den Fall eines Krieges mit Deutschland den Entwurf eines Kriegsplans akzeptiert, der eine entschiedene Offensive vorsah – entweder als Präventivangriff oder als eine sofort nach Kriegsbeginn eingeleitete Gegenoffensive. Dieser Plan wurde im März 1941 bestätigt, als Schukow zum Generalstabschef ernannt wurde. Um eine derartige Operation durchführen zu können, wurden sowjetische Truppen so nah wie möglich hinter der Grenze in Stellung gebracht, doch gerade dies machte sie wiederum verwundbar für feindliche Angriffe. In Ergänzung hierzu sah der von Stalin gutgeheißene Plan einen tiefen Stoß der Roten Armee nach Südpolen vor. Dies führte zu einer Konzentration der Kräfte im Kiewer Militärdistrikt, und man nahm dafür eine relative Schwächung des weißrussischen Distrikts weiter nördlich in Kauf. Unglücklicherweise sollten die Deutschen am 22. Juni 1941 ihren Hauptstoß gerade gegen Weißrussland führen.

Stalin schien zunächst die Tatsache, dass seine Einschätzung der Lage falsch gewesen war, mit einem gewissen Gleichmut hingenommen zu haben. Dass er einen Nervenzusammenbruch erlitten habe, als er von der Invasion hörte, ist ein Mythos. Sein Terminkalender zeigt, dass er in den ersten Kriegstagen besonders viel zu tun hatte. Doch war er eine Woche später sehr erschüttert, als er hörte, dass der größte Teil seiner westlichen Heeresgruppe in Weißrussland eingeschlossen und vernichtet worden war. Dennoch kehrte er schon einen Tag später nach Moskau zurück, gründete das staatliche Verteidigungskomitee (GKO) und übernahm die Kontrolle über sämtliche Kriegsanstrengungen. Dies bedeutete, verglichen mit der Zeit vor Juni 1941, keine große Veränderung in seinen Aufgaben, hatte er doch den Militärisch-Industriellen Komplex schon vorher kontrolliert. Obwohl Stalin sich auf begabte Untergebene wie N. A. Wosnessenski und A. V. Krilew verlassen konnte, muss man anerkennen, dass er trotz der großen Gebietsverluste im Westen die Kriegswirtschaft und die Versorgung der Roten Armee effektiv koordinierte. Verglichen mit den anderen großen Kriegsmächten stellte die UdSSR zwar eine eher beschränkte Palette von Rüstungsgütern her, doch zahlenmäßig produzierten nur die USA mehr. Die Schwerpunkte der sowjetischen Rüstung waren Panzer, Artillerie, Infanteriewaffen und Kampfflugzeuge. Das stark zentralisierte System war zwar von wenig Bürokratie behindert, doch realistischerweise gab es Grenzen für Stalins Fähigkeiten. In seinen posthum erschienenen Erinnerungen beschreibt Mikojan offen seinen Dienst an der Seite Stalins:

«Die Leute fragen mich: Wie kompetent war er, das Land für die Verteidigung und den Krieg zu rüsten? War ihm klar, was das alles bedeutete? Ich möchte meinen, dass er nicht weniger als irgendein anderer Politiker in seiner Position verstand, worum es hier ging. Vielleicht wusste er auch mehr als die meisten, er hatte die bessere Auffassungsgabe und ein gutes Gedächtnis. Er konnte sich an alles erinnern, was er gehört hatte. Er dachte logisch und konnte schon aus wenigen Fakten seine Schlüsse ziehen. Es stimmt, dass diese nicht immer korrekt waren, aber er zog seine eigenen Schlüsse. Schließlich war er nur eine Persönlichkeit der Partei und des Staates und man konnte nicht erwarten, dass er noch mehr Kenntnis hatte. Ein Politiker kann kein umfassendes Wissen von so komplexen Dingen wie Militärindustrie, Strategie und Rüstung haben.»[13]

Stalins Griff nach dem Vorsitz des Verteidigungskomitees am 30. Juni 1941 war also nur logisch. Überraschend war nur seine Entscheidung, als Oberbefehlshaber tatsächlich auch die direkte Befehlsgewalt auszuüben und so in jeder Hinsicht ein Kriegsherr zu werden. Dies geschah erst am 10. Juli, fast drei Wochen nach Beginn des Krieges. In diesem Sommer, nachdem Stalin die Führung von Stawka übernommen hatte, wurden zwei weitreichende Entscheidungen getroffen. Die eine war, Kiew unter allen Umständen zu halten, die andere, an der Westfront im Raum Smolensk eine Reihe von Gegenangriffen zu starten. In militärischer Hinsicht waren beide völlig erfolglos, vielleicht sogar desaströs. Die erste Entscheidung geschah entgegen dem Rat wenigstens einiger von Stalins militärischen Beratern, darunter vor allem Schukow. Zu Stalins Verteidigung kann gesagt werden, dass Kiew von besonderer politischer Bedeutung war. Die bei Smolensk erlittenen Verluste machten sich für die Rote Armee zwar bei den späteren Kämpfen vor Moskau bemerkbar, doch sie halfen auch, die Wehrmacht aufzuhalten. Auch überzeugten die sich hinziehenden Kämpfe die Japaner davon, dass die UdSSR nicht so schnell zusammenbrechen würde. Tokio entschloss sich daraufhin, seine Angriffe nicht nach Norden gegen die Russen zu führen, sondern nach Süden gegen Briten, Amerikaner und Holländer. Die Mitte Oktober getroffene Entscheidung, Moskau zu halten, war im Licht der schweren sowjetischen Niederlage, die man soeben bei Wiasma-Briansk erlitten hatte, gewagt. Stalin hegte durchaus Zweifel. Der Generalstab verlegte nach Osten nach Arsamas, und Stalin selbst war bereit, kurzfristig die bedrohte Hauptstadt zu verlassen. Wie schon im Fall Kiew war er entschlossen, die Stadt zu halten, doch dieses Mal handelte er im Einverständnis mit seinen Generalen. Auch im Dezember 1941 folgte Stalin seinen Ratgebern, als er vor Moskau einen Gegenangriff befahl, bei dem, im Falle eines Scheiterns, die Kräfte verloren gewesen wären, die man gebraucht hätte, um die nächste Verteidigungslinie hinter der Hauptstadt zu besetzen.

Die Schlacht um Moskau veränderte den Charakter des Krieges, doch Stalins beschränkte Führungsqualitäten waren immer noch evident. Zu Beginn des Jahres 1942 wurden zwei größere Gegenangriffe gestartet, einer Januar/Februar und der andere im Mai. Beide Entscheidungen wurden offensichtlich gegen den Rat des Generalstabes (inzwischen unter Schaposchnikow) getroffen. Es gab allerdings gute Gründe für Stalins Entscheidung, vor allem den, die belagerten Städte Leningrad und Sewastopol zu entlasten, damit sie nicht in Feindeshand fielen. Doch diese Entscheidung rührte auch von seiner Fixierung auf offensive Operationsführung her, von seinem Wunschdenken über den Zustand der Wehrmacht und von einem übertriebenen Bild von Hitlers Problemen im eigenen Land. Im Sommer 1942 gelang es Stalin dann nicht, vorauszusehen, wohin Hitlers zweite Offensive zielte. Er nahm an, dass die Deutschen eher gegen das Zentrum in Richtung auf Moskau angreifen würden, anstatt nach Süden in Richtung auf den Kaukasus, und dann auf Stalingrad.

Den Wendepunkt für Stalin als Oberbefehlshaber bildete Stalingrad. Er stimmte dem Plan eines weiten Umfassungsangriffs um die Flanken der deutschen 6. Armee zu, anstatt wiederholte Frontalangriffe aus der belagerten Wolgastadt heraus zu unternehmen. Man kann nun argumentieren, dass die Offensive von Stalingrad dieselben Züge trug wie Stalins frühere ehrgeizige Offensiven. Der Unterschied war jedoch, dass die Front von Hitlers Truppen diesmal überdehnter und dass die Rote Armee stärker und erfahrener war. Schukow meinte rückblickend für diese Zeit eine Verbesserung in Stalins Fähigkeiten als Oberbefehlshaber und eine stärkere Einsicht in das Machbare festzustellen zu können. Auch Marschall Wassilewski, der vor allem im mittleren Drittel des

Krieges sehr eng mit Stalin zusammen gearbeitet hatte, konnte ebenfalls eine tiefe Veränderung feststellen. Der Sowjetführer wurde ruhiger und begriff, dass auch er Fehler machen konnte. Zudem hatte Stalin jetzt neue und bessere Ratgeber: Schukow ersetzte Timoschenko als Stalins Stellvertreter, und Wassilewski trat für Schaposchnikow in den Generalstab ein.

Mitte 1943 nahm Stalin wieder einen guten Rat an. Trotz einiger verständlicher Zweifel überließ er es den Deutschen, bei Kursk den ersten Schlag zu führen. Die Defensivschlacht von Kursk und die folgenden erfolgreichen sowjetischen Gegenangriffe bei Orel und Belgorod-Charkow verwandelten den Krieg in eine stete Verfolgung der Wehrmacht.

Die Folge von Offensiven, die die Rote Armee 1944 startete, wurde die «Zehn zerstörerischen Schläge Stalins» genannt. Ein Schlag nach dem anderen hielt die Wehrmacht im Ungleichgewicht: «Die Offensive der Sowjetarmee», urteilte der Woroschilow zugeschriebene Artikel von 1949[14],

> «wurde mit bemerkenswerter Klarheit in der Zielsetzung und der koordinierten Operation vieler Heeresgruppen durchgeführt, die auf einem sich über 1000 Kilometer hinziehenden Kriegsschauplatz durch einen einzigen strategischen Plan und den einzelnen Führungswillen des Oberbefehlshabers, durch den Willen des großen Stalin miteinander verknüpft waren.»[15]

Die Verfolgung der Wehrmacht durch die Ukraine von August 1943 bis März 1944 war in der Tat beeindruckend, so wie es auch die riesige Sommeroffensive in Weißrussland im Juni 1944 war, die ein erhebliches Element an strategischer Irreführung aufwies.

Historiker übersehen oft Stalins Entscheidung vom August 1944, einen neuen Kriegsschauplatz auf dem Balkan zu eröffnen. Dies war wahrscheinlich zum guten Teil ein Griff nach der Gelegenheit, die sich aus dem plötzlichen Abfall Rumäniens von den Achsenmächten ergab. Es konnte aber auch von Stalins Einsicht in die strategische Bedeutung des Balkans herrühren. Auf jeden Fall gelang der Roten Armee so ein tiefer Vorstoß südlich der Karpaten, was sie nicht nur nach Rumänien und Bulgarien führte, sondern auch durch Belgrad und in Richtung auf Budapest zu.

Im November 1944 übernahm Stalin die Leitung der Operationen gegen Ostdeutschland. Schukow, der das Vorgehen von Rokossowskis 1. Weißrussischer und Konjews 1. Ukrainischer Front koordinierte, wurde um eine Kommandoebene herunter versetzt, und ersetzte Rokossowski. Dies ist als eine Degradierung und als ein Versuch Stalins angesehen worden, sich ins Rampenlicht zu rücken und die Popularität Schukows zu schmälern. Man kann dagegen halten, dass die Übernahme des Kommandos durchaus sinnvoll war, nachdem sich die Rote Armee nun im nördlichen Zentraleuropa, zwischen Pommern und den Karpaten, konzentriert fand. Wenn Stalin sich wegen Schukows Beliebtheit übermäßig Sorgen gemacht hätte, dann hätte er ihm nicht das Kommando über die Heeresgruppe übertragen, die geradewegs auf Berlin marschierte.

1945 erbrachte schließlich den Triumph, eingeleitet durch die Offensive gegen Weichsel und Oder im Januar. Hier verlief nicht alles nach Plan. Vor allem musste die Rote Armee mit möglichen Angriffen gegen ihre nördliche und südliche Flanke rechnen, und in Ostpreußen erwiesen sich die Kämpfe als extrem verlustreich. Nach Schukows überraschendem Vorstoß an die Oder wurde im Februar 1945 ein Angriff über den Fluss hinweg in Richtung auf Berlin befohlen, dann aber wieder verworfen. Stalin überschätzte die Widerstandskraft der Wehrmacht und er unterschätzte die Möglichkeiten der westlichen Alliierten. Die Überschreitung des Rheins durch Amerikaner und Briten ließ diese schneller als erwartet vorankommen. Stawka musste Mitte April den Angriff auf Berlin improvisieren. Die Rote Armee erreichte nicht einmal annähernd die vereinbarten Zonengrenzen in Deutschland. Doch am Ende waren die Bemühungen der Sowjets von Erfolg gekrönt: Sie konnten Hitlers Hauptstadt einnehmen.

In einer Rede von 1966 würdigte Schukow Stalin wie folgt: «‹Und was den dritten Abschnitt des Krieges betrifft […] muß ich Ihnen sagen›, und hier nahm Shukows Stimme einen besonderen Ton an, ‹da war ein echter militärischer Führer [*polkovodets*] eines modernen Weltkrieges in großem Stil am Werk.› Und zusammenfassend sagte Schukow: ‹in diesem Krieg hatten wir einen würdigen Obersten Befehlshaber.›»[16]

Während aller drei Abschnitte des Krieges hatte Stalin den direkten Oberbefehl inne gehabt. Ein bekannter Historiker, Earl Ziemke, urteilte später, Stalin habe «ein in großen Teilen falsches Bild von den militärischen Vorgängen» gehabt – dies war sicher nicht der Fall. Tatsächlich war Stalins militärische Führung, um mit den Worten von John Erickson zu sprechen, «peinlich genau, strikt und allumfassend».[17] Die Masse der zwischenzeitlich veröffentlichten russischen Quellen zeigen seine stete persönliche Kontrolle. Er wählte sich fähige Untergebene, traf aber durchaus seine eigenen Entscheidungen. Er gab sich selbst einen militärischen Rang, und zwar zunächst den des Marschalls der Sowjetunion. Gemeinsam mit Schukow und Wassilewski war Stalin der einzige sowjetische Befehlshaber, der zwei «Siegesmedaillen» (*Pobeda*) verliehen bekam. Bei mehreren Gelegenheiten beschied Stalin Churchill beziehungsweise Roosevelt, dass er Moskau wegen seiner militärischen Pflichten nicht verlassen könne (was die Wahrheit war). Doch die Anstrengungen des Krieges forderten ihren Tribut von einem Mann in seinem sechsten Lebensjahrzehnt. Schukow zufolge begann Stalin nach dem Kriegsende «augenblicklich zu altern», er schien «weniger beweglich, wurde stiller und nachdenklicher». Der Krieg habe eine «große und nachhaltige Wirkung» auf ihn gehabt.[18]

Stalins Oberbefehl über die Rote Armee trug nur wenig zur Entwicklung der sowjetischen Militärtheorie bei, wenngleich ihn die Propaganda als «strategisches Genie» und «genialen Befehlshaber» pries. Seine Kriegsschriften sind zwar nicht unvernünftig, hatten aber vornehmlich moralbildende Absicht und einen ausgesprochenen Rechtfertigungscharakter. Seine im Februar 1942 entwickelte «Theorie» der sechs «permanent operierenden Faktoren» wandte den marxistischen Materialismus auf den Krieg an. Stalin argumentierte, dass die wirtschaftlichen und demographischen Grundlagen sowie der politische Zusammenhalt der Gesellschaft die kurzfristigeren Faktoren – etwa Überraschung, wie sie die Wehrmacht im Juni 1941 erzielt hatte – überdauern würden. Der erwähnte Woroschilow-Artikel von 1949 betonte Stalins Könnerschaft in offensiver Strategie, namentlich der Einkesselung und Vernichtung großer feindlicher Truppenverbände. Unter Stalins Anleitung habe die sowjetische Armee im Großen Vaterländischen Krieg bewiesen, dass die deutschen Militärs auf diese Strategie kein Monopol hatten. Doch kann die Vernichtungsschlacht kaum als stalinsche Idee bezeichnet werden, und die Schlacht von Stalingrad war zudem ein recht untypisches Beispiel dafür, dass die Rote Armee eine solche Operation auch tatsächlich bis zum Ende durchführen konnte. In den meisten anderen Fällen, vor Moskau, am Don, bei Kursk und in der Ukraine war es der deutschen Armee immer wieder gelungen, aus der Falle zu entkommen.

Sein ganzes Leben lang verwies Stalin auf die Bedeutung der Gegenoffensive (*kontrnastuplenie*), die er auch kurz in seinem Brief von 1947 erwähnt. Dort zitiert er das Beispiel der alten Parther: «Sie lockten den römischen Befehlshaber Crassus und seine Truppen in die Tiefen ihres Landes, wo sie sie mit einer Gegenoffensive überraschten und vernichteten.» Stalin berief sich auch auf Kutusow, der mit Hilfe einer gut vorbereiteten Gegenoffensive Napoleon geschlagen habe.[19] Die Parallele zur UdSSR von 1941–43 und einem anderen «genialen Befehlshaber» lag natürlich auf der Hand. Das Problem ist, dass die «tiefe» Gegenoffensive im Juni 1941 nicht die Strategie Stalins und der Roten Armee gewesen war. Vielmehr wurde sie den Russen durch den unerwarteten Triumph der Wehrmacht aufgezwungen. Schukow tat dies alles in einem Redemanuskript von 1956 ab:

«Der Kult der Gegenoffensive wurde gepflegt, doch in Wirklichkeit diente das nur dazu, Fehler zu rechtfertigen, die in der Anfangszeit des Großen Vaterländischen Krieges gemacht worden waren. Heute führt es unsere militärischen Kader in der Beurteilung, wie unsere Truppen in Zukunft einen Krieg führen können, in die falsche Richtung.»[20]

Mit anderen Worten: 1941 war die sowjetische Doktrin offensiv ausgerichtet gewesen, und so musste sie es dann auch 1956 sein! Von größerem Interesse ist dagegen Stalins recht geschickte marxistische Unterscheidung zwischen der «handwerklichen [*manufakturnyi*] Zeit des Krieges», wie er die Ära von Clausewitz nennt, und der «maschinellen [*mashinyi*] Zeit des Krieges» der Moderne. Marschall Wassilewski schlug in seinen nach dem Krieg veröffentlichen Memoiren dieselbe Richtung ein. Demnach zeigte die sowjetische Doktrin «in den Jahren des Krieges Stärke und eine Kreativität», die die «deutsch-faschistische Schule», die im Westen so gepriesen werde, weit überragt habe.[21] Diese Dualität wird von dem amerikanischen Autor James Schneider weiterentwickelt. Dieser sieht zwei unterschiedliche strategische Paradigmen am Werk, ein «eurozentrisches» (d. h. deutsch-französisches) und ein «amerikanisch-slawisches».[22] Schneiders Paradigmen stellen vielleicht tatsächlich einen Weg dar, den Verlauf des Krieges aus der Rückschau zu interpretieren: Die Wehrmacht gewann beeindruckende «Entscheidungsschlachten», während Stalins Rote Armee (und die US-Armee) einen «Hinhaltekrieg» führten.

Nun ist es aber so, dass all dies nicht mit den eigentlichen *Absichten* Stalins und seiner Strategen übereinstimmt. Alle Faktoren, die Schneider der «eurozentrischen Schule» zuschreibt – offensives Operieren, Suche nach der Entscheidungsschlacht, Vorbereitung auf einen kurzen Krieg und die Idee vom «Volk in Waffen» – all das passte zur sowjetischen, «slawischen», zur stalinistischen Strategie am Vorabend des 22. Juni 1941 und Anfang 1942. Stalin operierte so auch noch 1942/43, obwohl er bis dahin erkannt hatte, dass sich der Krieg in die Länge ziehen würde. Stalin und das sowjetische Oberkommando betrieben eine umfassende Kriegsvorbereitung (in der Breite wie auch in der Tiefe), wollten aber den Krieg schnell mit Vernichtungsschlachten à la Schlieffen gewinnen.

Was können wir heute aus all dem lernen? Zunächst einmal dürfen die sowjetischen Kriegsanstrengungen nicht voll und ganz mit Stalin identifiziert werden, ebenso wenig wie die amerikanische Kriegführung nur mit Roosevelt oder die deutsche nur mit Hitler gleichgesetzt werden kann. Ob Stalin nun ein kompetenter oder inkompetenter Befehlshaber war, ist dabei nur ein Faktor unter anderen. Bündnisse waren ein weiterer. Nach Woroschilow hatte «die hitlersche Armee im Zweikampf mit der von dem kommunistischen Militärgenie Stalin geführten Sowjetarmee eine katastrophale Niederlage» erlitten.[23] Tatsächlich war es wohl kaum ein «Zweikampf» gewesen. Die relative Größe der beiden Bündnisse und die Moral und die Ausrüstung ihrer Truppen waren von entscheidender Bedeutung.

Auch muss gesagt werden, dass Stalin in der Tat ein «großer Kriegsherr», und noch dazu ein siegreicher war. Er war zumindest von Ende 1942 an ein *polkovodets*, wenn nicht sogar ein genialer *polkovodets*. Er war aktiv und direkt auf oberster Ebene in die Operationsplanung eingebunden, und seit Anfang 1943 waren diese Operationen auch äußerst erfolgreich. Ebenso war Stalin letztverantwortlich für die sowjetische Kriegsindustrie, die effektiver und zielgerichteter als die deutsche war. Seine Sicht einer Welt voller Bedrohungen, in der rasche Industrialisierung für die Verteidigung des sozialistischen Staates entscheidend war, führte zu einer Konzentration der Ressourcen auf den Militärisch-Industriellen Komplex. Er unterstützte militärische Innovationen und Technologien, die auf den Schlachtfeldern des kommenden Krieges bestimmend sein sollten. Stalin gefiel sich darin, mit Katharina der Großen zu sagen: «Sieger werden nicht gerichtet.» Für ihn spielte es keine Rolle, welche Fehler auf dem Weg gemacht worden waren; der Sieg rechtfertigte alles. In einer Rede vom Februar 1946 klang das so:

> «Man sagt, dass Sieger nicht gerichtet werden, und dass sie nicht kritisiert und nicht kontrolliert werden sollten. Das ist falsch. Sieger sollen und müssen gerichtet werden, sie sollen und müssen kritisiert und kontrolliert werden. Das ist nicht nur für die Arbeit sinnvoll, sondern auch für die Sieger selbst, denn dann wird es weniger Anmaßungen geben und mehr Bescheidenheit.»[24]

Dabei legte er einen ironischen Ton in seine Rede, was vom Publikum mit Applaus und Gelächter bedacht wurde. Genau wie er auch nicht allein für die Siege verantwortlich war, so kann man ihn nicht allein für die Niederlagen verantwortlich machen. Doch trug Stalin einen großen Teil der Verantwortung. Es war seine Schuld, dass 1937/38 der größte Teil der Führungsebene der Roten Armee vernichtet wurde. Im «Zweiten

Imperialistischen Krieg» im August 1939 unterstützte er die falsche Seite, und schuf selbst eine Situation, in der, nach der Niederlage Polens und Frankreichs, die UdSSR 1941/42 allein gegen Deutschland stand. Er interpretierte in diesem Zeitraum auch Hitlers Pläne und Zeitvorstellungen falsch. Nach dem 22. Juni 1941 unterliefen ihm massive operative Fehleinschätzungen. Stalin selbst gestand seine Fehler in einer bemerkenswerten Rede am Ende des Krieges ein:

«Unsere Regierung machte nicht wenige Fehler, und 1941/42, als unsere Armee sich zurückziehen und unsere eigenen Städte und Dörfer aufgeben musste [...], waren wir in einer verzweifelten Lage. Jedes andere Volk hätte zu seiner Regierung gesagt: Ihr habt unsere Erwartungen nicht erfüllt, verschwindet. Wir werden eine andere Regierung einsetzen, die Frieden mit den Deutschen schließen und uns Ruhe verschaffen wird.»[25]

In jedem anderen System hätte er aufgrund seiner Fehler gehen müssen. Als Kriegsherr musste Stalin aber auch für die Länge und die Verluste der Kämpfe gerade stehen. «Nur selten», so schrieb der Historiker John Armstrong, «hat sich eine angreifende Macht so lange auf feindlichem Gebiet halten können, obwohl sie so enorm unterlegen war, was Truppenstärke und Ausstattung anging.»[26] Sowohl in der Rückzugsphase als auch in der Phase der «Gegenoffensive» erlitt die Rote Armee extreme Verluste, am Ende waren sie dreißig Mal so hoch wie die der Amerikaner oder Briten und mehr als doppelt so hoch wie die der Wehrmacht (die zeitweise noch an zwei weiteren Landfronten kämpfte). Schließlich waren die sowjetischen Verluste unter der Zivilbevölkerung mehr als anderthalb mal so hoch wie die militärischen.

Stalin war eitel. Er identifizierte sich selbstherrlich mit dem Schicksal der Revolution und wahrscheinlich auch mit dem Schicksal des sowjetischen «Vaterlandes». Er war ein Tyrann, der Russland über 25 Jahre lang ungeheures Leid zufügte. Er war auch ein außergewöhnlicher Kriegsherr – so wie es der Tyrann Hitler auf seine Weise auch war. Er war weder ein militärisches Genie noch ein stümperhafter Dilettant. Es ist sehr unbequem für den Historiker, sich gleichzeitig mit Verbrechen und eiserner Zielgerichtetheit, mit Scheitern und Siegen auseinandersetzen zu müssen. Als Kriegsherr blieb Stalin letztendlich ein Sieger, zum Teil *trotz* eigener Anstrengungen. Er war also sowohl ein großer als auch ein katastrophaler Kriegsherr, und jede Betrachtung, die ihn nur zum einen oder zum anderen stilisieren möchte, liegt falsch.

«Ich bin der erste Soldat des Reiches»
Adolf Hitler
(1889–1945)*

Jürgen Förster

Zu Hitler ist vielen gebildeten Zeitgenossen doch etwas eingefallen. Der Reichswehrminister Wilhelm Groener beurteilte ihn als «Schwarmgeist, erfüllt von Begeisterung und vulkanischer Kraft». Für Kurt Tucholsky war er nichts mehr als der «Lärm, den er verursacht». Was aber war Hitler? Mensch oder Dämon, populärer Politiker oder überdimensionaler Verbrecher, militärischer Dilettant oder «größter Feldherr aller Zeiten»? Was überwog bei ihm? Der Politiker oder der Kriegsherr? Oder verkörperte Hitler gar die «Einheit von Staatsmann und Feldherr» wie sein Idol Friedrich der Große?

Trotz der frühen Äußerung von Heinrich Mann, dass er «allein im Hinblick auf den Krieg verstanden werden» könne, blieb Hitlers eigentliche, «soldatische Natur» (Max Amann) bis heute unterbelichtet. Dabei war Krieg für Hitler kein abstraktes Naturgesetz oder letztes Mittel der Politik. Nein, der «Kampf in allen seinen Formen» war sein Leben, im Krieg fühlte er sich zuhause.

Adolf Hitler (1889–1945) lernte das Kriegshandwerk im Ersten Weltkrieg. Seine militärische Sozialisation erfolgte aber nicht in der k. u. k. Armee, sondern im 16. bayerischen Reserve-Infanterie-Regiment. Der eigentlich untauglich gemusterte österreichische Kriegsfreiwillige von 1914 war an der Westfront pflichtbewusst und tapfer gewesen, dreimal verwundet und fünfmal ausgezeichnet worden. Hitler fühlte sich also zu Recht als «guter Soldat». In seinem Regiment hatte der Gefreite keine Führereigenschaften gezeigt. Erst als politischer Agitator des Reichswehr-Gruppenkommandos 4 und Propagandist der nationalistisch gesinnten Rechten im nachrevolutionären Bayern entdeckte Hitler, dass er reden, seine Zuhörer überzeugen und mitreißen konnte. Entgegen seinen späteren eigenen Bekundungen ging Hitler nicht *in* die Politik, son-

* Manfred Messerschmidt, dem langjährigen Leitenden Historiker des Militärgeschichtlichen Forschungsamtes, zum 80. Geburtstag zugeeignet.

dern diese kam *zu* ihm, und zwar in eine Münchner Kaserne! Seine zweite, direkte Erfahrung mit dem Militär, als Oberbefehlshaber der Wehrmacht, dauerte allerdings länger als die im bayerischen Kriegs- und Übergangsheer sowie in der Vorläufigen Reichswehr zusammen.

Am 30. Januar 1933 wurde der wortgewaltige, vorbestrafte, naturalisierte, rechtsextreme Parteiführer zum Reichskanzler ernannt. Als tatkräftiger Regierungschef einer Koalitionsregierung überraschte Hitler Freund und Feind. Er fühlte sich zwar als Soldat, saß aber nicht selbst an den Schalthebeln der militärischen Macht. Diese übte faktisch und formal bis 1938 der Reichswehr- bzw. Kriegsminister, der Oberbefehlshaber der Wehrmacht und Vorsitzende des Reichsverteidigungsrates Werner von Blomberg aus. Während sich Hitler auf den obersten Soldaten und ersten «Feldmarschall des Dritten Reiches» voll verließ, hatte dieser den Primat der Politik ganz verinnerlicht. Der Aufbau der «stärksten Wehrmacht der Welt» sollte durch eine umfassende kriegerische Ausrichtung des deutschen Volkes untermauert werden. Aktive und ehemalige Offiziere waren von Hitlers «ganz ungewöhnlicher Persönlichkeit» tief beeindruckt, hielten ihn für «vorläufig für Deutschland unersetzlich» und sahen in dem politischen Umschwung den «ersten großen Lichtblick seit 1918», um aus der «marxistisch-jüdischen Schweinerei» herauszukommen. Sie waren beglückt, als der Führer der nationalsozialistischen Bewegung sie 1935 in den «idealsten Soldaten-Zustand [versetzte]: eine geeinte *deutsche* Wehrmacht *ohne* [innere] Landesgrenzen mit einheitlichem Heer, einheitlicher Luftwaffe und einheitlicher Marine.»[1] Schon hinter dem ersten Vierjahresplan (1933–36), einschließlich der ersten Aufrüstungsphase einer finanzpolitisch souverän gestellten Reichswehr, hatte Hitlers Wille gestanden, «alles für die Wehrmacht» zu tun. Auch das endgültige Abstreifen der «Fesseln von Versailles», der Einmarsch in das entmilitarisierte Rheinland, die Entsendung von Truppen nach Spanien sowie die Dynamik der Aufrüstung durch den zweiten Vierjahresplan (1937–40) gehen auf sein Konto.

Mehr aus momentaner Verlegenheit heraus denn auf langfristiger Planung basierend hatte Hitler zusätzlich zu seinen Funktionen als Parteiführer, Regierungs- und Staatschef im Februar 1938 auch die Befehls- und Kommandogewalt über die Wehrmacht übernommen. Aus Blombergs eingespieltem militärischen Stab, dem Wehrmachtamt, wurde das Oberkommando der Wehrmacht (OKW), aus dessen Chef, Wilhelm Keitel, «der Sekretär» des Führers für das Militär. Die Generale und Admirale wurden ihrer strategischen Beratungsfunktion enthoben und auf die Ebene der Operateure hinuntergedrückt. Hitlers Griff nach der

Wehrmacht brachte zwar die alte Militärelite auf, aber weniger gegen Hitler als gegen das OKW.

Der erfolgreiche Führer, Reichskanzler und Oberste Befehlshaber schien die nach dem verlorenen Weltkrieg in Deutschland und Österreich verbreitete Sehnsucht nach dem starken Mann zu erfüllen. Hitler selbst war überzeugt, für Deutschland unersetzlich zu sein. Er fühlte sich auch der Rolle des Kriegsherrn gewachsen. Ansichten wie die von Clausewitz und Schlieffen, dass man zum Feldherrn nicht ernannt werden könne, sondern geboren und auserwählt sein müsse, dass Kriegführung Handwerk und Kunst sei, spielten dem «Künstlerpolitiker Hitler» (Hans-Jürgen Eitner) in die Hände. Ähnlich einem Clemenceau oder Lloyd George hielt Hitler den Krieg für zu wichtig, um ihn den Generalen zu überlassen. Denn auch Hitler hatte aus dem Weltkrieg gelernt. Er war nicht gewillt, sich in der Kriegführung von Generalen so zur Seite schieben zu lassen, wie dies Kaiser Wilhelm II. passiert war. Kriegführung war für ihn eben keine Geheimwissenschaft, die nur neunmalkluge Generalstabsoffiziere beherrschten, sondern auch eine schöpferische Tätigkeit, für die er das notwendige Talent zu besitzen glaubte. Auch an Verstand, Zähigkeit und Nerven meinte Hitler, der politische Soldat und soldatische Politiker, mindestens ebenso viel zu besitzen wie seine Generale und Admirale. Mit dieser Meinung stand Hitler nicht allein. Noch im Herbst 1942 äußerte der Befehlshaber des Ersatzheeres, Friedrich Fromm, dass Hitler mehr strategisches Können in seinem kleinen Finger habe als alle Generale zusammen.

Die Wehrmacht begann 1938, sich als Schwert eines Führers zu sehen, der allein über Krieg oder Frieden entschied. Auch Hitler sah sich in der Sudetenkrise zum ersten Mal als Kriegsherr. Er drohte den Westmächten öffentlich, seinem Volke «als erster Soldat» voran marschieren zu wollen. Der Oberste Befehlshaber selbst führte ab Januar 1939 einen regelrechten geistigen Feldzug um das Offizierkorps und machte klar, dass er sich in dem bevorstehenden «Weltanschauungs-, Rassen- und Volkskrieg» nicht mit bloßem Gehorsam zufrieden geben werde. Schließlich gehe es darum, die «ewige Substanz» des deutschen Volkes mit kriegerischen Mitteln auf lange Sicht zu sichern. Und dieser sozialdarwinistische Daseinskampf, in dem Politik und Kriegführung, Zweck und Mittel, Strategie und Mord zusammenfielen, erforderte den absoluten, den totalen Krieg, die fanatische Hingabe. Deshalb verlangte Hitler von jedem einzelnen Offizier, in ihm auch seinen «obersten weltanschaulichen Führer» zu sehen, dem er ebenfalls «auf Verderb oder Gedeih verpflichtet» sei. Die Forderung, seine «allerletzte Garde» bei der

Verwirklichung ideologischer Ziele zu bilden, gewinnt ihre besondere Bedeutung dadurch, dass Hitler kurz zuvor im Januar im Reichstag gedroht hatte, dass ein neuerlicher Krieg in Europa auch zur Vernichtung der jüdischen Rasse führen würde.

Im Bewusstsein der politischen Risiken und der Gewissheit, danach vor der Welt als Wortbrecher dazustehen, ließ Hitler die Wehrmacht im März 1939 in Prag, Pilsen und Brünn einmarschieren. Dies war sein erster, gravierender strategischer Fehler seit 1933. Denn Großbritannien begrub das Konzept des Appeasement und bereitete sich intensiv auf einen Krieg vor. Dennoch glaubte Hitler am 1. September 1939, als er den großen Krieg um Lebensraum einer friedlichen Revision des Versailler Vertrages auf Kosten Polens vorzog und sich im Reichstag wieder als «erster Soldat des Reiches» vorstellte, die Westmächte würden die gewaltsame Niederwerfung Polens hinnehmen. Diese Einschätzung war sein zweiter, entscheidender strategischer Fehler. Deutschland hatte den Frieden verloren. Daran konnte weder das spektakuläre deutsch-sowjetische Rapprochement vom August 1939 noch die schnelle Zerschlagung des polnischen Staates etwas ändern.

Mit einem schnellen Sieg in der Tasche und der sowjetischen Hilfe im Rücken wollte Hitler wieder ein hohes Risiko eingehen und sofort im Westen angreifen. Dieses Mal opponierten die Generale. Ihre Erinnerung an den Stellungskrieg des Ersten Weltkrieges war stärker als ihre Pflicht, einem vorschnellen Entschluss ihres Obersten Befehlshabers militärische Gestalt zu geben. Doch Hitlers offene Verbitterung über die mangelnde Loyalität war unbegründet. Nicht seine direkte Drohung, jeden «Miesmacher» rücksichtslos zu vernichten, brachte den Umschwung, sondern die strategische Aussicht, Frankreich mit Hilfe eines anderen, kühneren Operationsplanes niederzuwerfen.

Während des Westfeldzuges kam es wieder zu einer Vertrauenskrise zwischen Hitler und der Heeresführung, aber auch zu operativen Meinungsverschiedenheiten zwischen Truppenführern sowie zwischen diesen und dem Oberkommando des Heeres (OKH). Der so genannte verhängnisvolle Halte-Befehl vom 24. Mai 1940 für die deutschen Panzerverbände im Raum von Dünkirchen ging aber *nicht* auf einen angeblich unruhigen oder nervösen Hitler zurück, sondern auf die Heeresgruppe A. Hitler intervenierte nämlich erst auf dem Höhepunkt eines Richtungskampfes innerhalb der Generalität, der schon Mitte Mai 1940 begonnen hatte. Damals war der deutsche Angriff schon einmal abgebremst worden. Doch auch bei diesem Eingriff in die operativen Vorgänge traf Hitler nicht die alleinige Schuld. Denn das erste Anhalten der Panzerverbände am 16. Mai hatte wiederum der Oberbefehlshaber der Heeresgruppe A, Gerd von Rundstedt, befohlen, um die nachhängenden Infanteriedivisionen aufschließen zu lassen. Dahinter verbarg sich die Absicht, die von den beiden deutschen Heeresgruppen an der Kanalküste zusammengedrängten alliierten Verbände in einer großen Umfassungsschlacht zu zerschlagen.

Obwohl dem großen Sieg über Frankreich der volle Friede in Europa nicht gefolgt war, schwebte Hitler im siebten Himmel. Sein glückhaftes Wagen hatte sich ausgezahlt. Durch die französische Kapitulation in Compiègne hatte er die Schmach vom 11. November 1918 an gleicher Stelle ausgelöscht. Hitler genoss die Anbetung des Volkes und seiner Soldaten in vollen Zügen. Selbst spätere Mitglieder des Widerstandes konnten ihre Genugtuung über Hitlers militärischen Erfolg nicht verhehlen. Diesem war allerdings bewusst, dass der Triumph im Westen mehr als einen Vater hatte. Deshalb beglückte Hitler gleich 31 Generale, zwölf mit dem Feldmarschallstab und 19 mit der Beförderung zum Generaloberst. Diese Zeremonie während einer Reichstagssitzung lässt sich nur mit Napoleons Ernennung von 14 Marschällen und vier Ehrenmarschällen 1804 vergleichen. Der Kommandierende General des XIII. Armeekorps gehörte zwar nicht zu den Ausgezeichneten. Aber Heinrich von Vietinghoff sprach dem «militärisch überragenden Führergenie des Führers» ein Hauptverdienst an der «Erledigung» Frankreichs zu, allerdings *nach* der «ausgezeichneten Truppe». Der General lobte Hitlers «revolutionäre Umgestaltung» der Kriegskunst, nämlich die Übertragung des Stoßtrupp-Gedankens aus dem Stellungskrieg des Ersten Weltkrieges auf die Führung eines modernen Bewegungskrieges mit Panzerdivisionen und Sturzkampfbombern.[2]

Obwohl ihnen die unbeugsame Haltung Großbritanniens strategische Kopfschmerzen verursachte, wollten weder der «größte Feldherr aller Zeiten» noch seine militärischen Berater das Gesetz des Handelns aus der Hand geben. Weil der Wehrmacht die Mittel für eine erfolgreiche Landung in England fehlten, optierte Hitlers Stab für eine periphere Kriegführung. Doch Hitler ging darauf nicht ein, sondern verkündete am 31. Juli 1940 seinen «bestimmten» Entschluss, 1941 die Sowjetunion «erledigen» zu wollen. Dem Blitzsieg im Westen sollte ein Blitzkrieg im Osten folgen. Keiner der Militärs wagte Widerspruch oder formulierte einen anderen Plan, um die deutsche Herrschaft über Europa langfristig abzusichern. Auch der nachträglich informierte Chef des Generalstabes des Heeres, Franz Halder, vollzog den Übergang von dem anvisierten operativen Schlag gegen die Rote

Armee zu einem großen Krieg um Lebensraum im Osten. Erst nach 1945 glaubte er, über Hitlers plötzlichen Entschluss «erschüttert» gewesen zu sein. Hitler gab auch der Außenpolitik eine neue Aufgabe: Nun galt es, die Interessen in Randstaaten zu sichern, die er ein Jahr zuvor noch Moskaus Einfluss überlassen hatte. Während er auf seine Verbündeten Italien und Japan verzichten zu können glaubte, sah er Rumänien und Finnland als Mitstreiter bei seinem Vernichtungskrieg gegen die Sowjetunion an.

Adolf Hitler dominierte zwar 1940/41 die Kriegspolitik, die operative Umsetzung überließ er aber den militärischen Planern. Allerdings hatte er auf dem Obersalzberg nicht nur den Gesamtumfang des Heeres (180 Divisionen), sondern auch die operativen Stoßrichtungen der Wehrmacht angedeutet – eine auf Kiew und eine durch das Baltikum auf Leningrad. Danach sollten beide Stöße zusammengeführt werden. Auch eine spätere Teiloperation in Richtung auf das kaukasische Ölgebiet hatte er erwähnt. Erst Anfang Dezember 1940 ließ sich Hitler die Operationsabsichten der Heeresführung vortragen und billigte sie pauschal, obwohl sie in wesentlichen Punkten nicht mit seinem Ansatz übereinstimmten. In seiner strategischen Analyse wiederholte er die Argumente vom Sommer. Für Hitler stand – neben der Vernichtung der «Lebenskraft Russlands» und dessen «jüdisch-bolschewistischer Intelligenz» – die Gewinnung der kriegswirtschaftlichen Basen im Norden und Süden der europäischen Sowjetunion im Vordergrund. Damit wollte Hitler sowohl die Versorgung sichern als auch dem Gegner die materiellen Grundlagen für einen Neuaufbau seiner militärischen Kräfte entziehen. Die Heeresführung wollte dagegen den Blitzkrieg im Osten durch einen konzentrierten Stoß auf Moskau erzwingen. Charakteristisch für den Entscheidungsprozess auf deutscher Seite war, dass die deutlichen Auffassungsunterschiede zwischen Generalität und Hitler über den Ansatz der zweiten Operationsphase nicht wirklich diskutiert und geklärt wurden. Die späteren Auseinandersetzungen über die Vorrangigkeit von Moskau bzw. Leningrad und Kiew waren vorprogrammiert. Hitler nahm auch wiederholt Einfluss auf die «Weisung Nr. 21: Fall Barbarossa», die sein Stab ausarbeitete; die endgültige Fassung unterschrieb er am 18. Dezember 1940. Das der Wehrmacht darin gesetzte strategische Ziel, die Sowjetunion in einem Blitzkrieg zu zertrümmern, begründete Hitler ein weiteres Mal am 9. Januar 1941. Auch an jenem Tag waren die Spitzen von OKW, Heer, Marine und Luftwaffe in seinem Domizil auf dem Obersalzberg versammelt. Niemand hatte Zweifel, dass es gelingen werde, die Masse des russischen Heeres westlich der Ströme Dnepr und

Dvina zu vernichten und die Sowjetunion bis zum Herbst zu zerschlagen. Da Stalin keine Angriffs-, sondern Defensivabsichten unterstellt wurden, waren Hitler und die militärische Führung auch nicht durch die Kriegsfähigkeit der Roten Armee beunruhigt. Deren Massierung in den vorgeschobenen Räumen um Lemberg und Bialystok kam ihnen operativ sogar gelegen. Hitlers größere Sorge war, dass Stalin ihm durch eine politische Geste des Entgegenkommens das Konzept verderben könnte. Anders als sie selbst, hielt Stalin die Wehrmacht nicht für unbesiegbar, sondern nur für «prahlerisch, selbstzufrieden und eingebildet» und «von ihren Erfolgen berauscht».[3]

Der Krieg gegen die Sowjetunion ab dem 22. Juni 1941 trug von Anfang an ein «doppeltes Gesicht» (E. v. Manstein). Militärischer und weltanschaulicher Kampf waren für Hitler nur verschiedene Dimensionen eines einzigen großen Krieges, in dem Ostexpansion, Vernichtung des Bolschewismus und Ausrottung des Judentums untrennbar miteinander verbunden waren. Jedes dieser Ziele war die inhaltliche Voraussetzung für das andere. Hitlers mörderische Lebensraumprogrammatik konnte nur deshalb Bestandteil der Kriegführung werden, weil die militärische Führung bereit war, die Truppe den geforderten «weltanschaulichen Kampf mit durchfechten» zu lassen.[4] Nicht nur SS und Polizei, auch die Wehrmacht sollte mit äußerster Rücksichtslosigkeit und größtem Vernichtungseffekt vorgehen. Dem Hitlerschen Vernichtungskonzept kam Stalin insofern entgegen, als er den Angriff auch als einen tödlichen Anschlag des Faschismus auf den Sozialismus ansah und zu einem erbarmungslosen Volkskrieg hinter den deutschen Linien aufrief. Nun konnte Hitler die verbrecherischen Befehle in der Propaganda als militärische Maßnahmen für die Sicherheit der Soldaten gegen «die Partisanen» in ihrem Rücken verkauft werden.

Die operativen Erfolge steigerten das Selbstwertgefühl der Wehrmacht auf allen Ebenen. Hitler und die Generale sahen den Feldzug im Osten bereits nach zwei Wochen als gewonnen an. Doch schon bald merkten sie, dass die Masse des russischen Heeres nicht westlich der Dnepr-Dvina-Linie hatte vernichtet werden können und sie den Gegner unterschätzt hatten. Auch die Elite des deutschen Generalstabs hatte sich bei ihren Planungen nicht nur von nüchterner Professionalität leiten lassen; auch in ihre Lagebeurteilungen waren ideologische Elemente eingeflossen. Die tatsächliche Lage erzwang im Juli/August 1941 ein Umdenken. Innerhalb der Führung verfochten der Generalstab und Hitler allerdings unterschiedliche Vorstellungen über Ziel und Durchführung der zweiten Operationsphase. Im Grunde ging es darum, entweder die zwei Panzergruppen der Heeresgruppe Mitte in Richtung auf einen der beiden Flügel – Leningrad oder Asowsches Meer – einschwenken oder die beiden anderen Heeresgruppen – Nord und Süd – die ihnen gestellten Aufgaben allein erfüllen zu lassen und alle mobilen Kräfte im Zentrum für einen Frontalangriff auf Moskau zusammenzufassen. Die Härte dieser Auseinandersetzung spiegelt bereits die wachsende Erkenntnis wider, dass die Planungsgrundlagen fehlerhaft, der Blitzkrieg 1941 nicht mehr zu gewinnen war und die Wehrmacht 1942 zu einem weiteren Feldzug gezwungen sein würde. Dennoch hofften alle, die Operationen noch vor Einbruch des Winters zu einem befriedigenden Abschluss bringen zu können. Neu erschlossene private Quellen aus der Operationsabteilung des Generalstabes des Heeres verdeutlichen, dass nicht nur Hitler wegen der unerwarteten Lage an der Ostfront tatsächlich sehr nervös war, wiederholt in taktische Bewegungen eingriff und den Schwerpunkt der Gesamtoperation veränderte. Diese Quellen belegen auch, dass «niemand aus des Führers Umgebung» Hitler wirklich Widerstand entgegensetzte, die Heeresführung entschlusslos war, bürokratisch agierte und paktierte sowie Hitler die «schnellen und harten» Entscheidungen überließ.[5]

Die Krise wurde durch eine persönliche Aussprache zwischen Hitler und Feldmarschall Werner von Brauchitsch am 30. August überwunden. Hitler schwenkte zwar auf die operative Grundidee des Generalstabes ein, die Entscheidung vor Moskau zu suchen, aber ein Cannae erwog er nie. Auch im November 1941 folgte Hitler dem Rat seiner Berater. Allerdings hatten nur Halder und das Oberkommando der Heeresgruppe Mitte einen erneuten, frontalen Angriff auf Moskau befürwortet. Zu dieser so genannten letzten Kraftanstrengung waren «Behelfe aller Art» notwendig, auch auf «die Gefahr, dass die Truppe ausbrenne», obwohl niemand mehr «eine Entscheidung des Krieges» erwartete.[6] Zu jener Zeit klafften die Beurteilungen des Kampfwertes der eigenen wie der gegnerischen Kräfte zwischen den Heeresgruppen und Armeen einerseits und dem OKH andererseits weit auseinander. Um ihre zwischen Euphorie und Niedergeschlagenheit wechselnde Gefühlslage im Herbst 1941 analysieren zu können, griff die Generalität auf die Militärgeschichte zurück. Als Anfang Oktober 1941 die Stimmung noch bestens gewesen war, hatte General Alfred Jodl die gewonnene Schlacht von Wjasma als ein zweites Königgrätz 1866 angesehen. Das Steckenbleiben des Vormarsches vor Moskau Mitte November 1941 verglich der Oberbefehlshaber der Heeresgruppe Mitte bereits mit der Situation an der Marne 1914. Wenige Tage später, d. h. noch vor dem sowjetischen Gegenschlag, befürchtete Feldmarschall von Bock sogar ein zweites Verdun. Doch die sowjetische Seite dachte nicht an ein langsames Ausbluten des Gegners. Die Rote Armee sollte mit frisch aus Sibirien herangeführten Verbänden die Heeresgruppe Mitte vor Moskau einkesseln und vernichten.

Diese Gegenoffensive traf auf eine überraschte deutsche Führung, die über die Ursachen der operativen Krise und über die Maßnahmen zu ihrer baldigen Überwindung uneins war. Darüber hinaus zeigten sich die führenden Männer, also Brauchitsch und Halder, abgespannt und führungsschwach. In dieser Situation befahl Hitler am 16. Dezember das unbedingte Halten der Ostfront. Fanatischer Widerstand, kein napoleonischer Rückzug der abgekämpften Truppe, sollte die drohende Zertrümmerung der Heeresgruppe Mitte abwenden. Dabei nahm er die Opferung von Mensch und Material bewusst in Kauf. Innerhalb der Operationsabteilung wurde Hitlers Halte-Befehl mit dem Entschluss Friedrichs des Großen bei Leuthen (1757) verglichen: «Es geht um Sieg oder Niederlage. Sein sechster Sinn sage ihm die Richtigkeit dieser Gedanken entgegen allen [anderen] Überlegungen.»[7]

Die operative Krise weitete sich zu einer Führungskrise aus, als Hitler nicht nur den Oberbefehlshaber des Heeres, sondern auch mehrere Truppenführer ablöste. Aber weder Rundstedt noch Bock, Leeb oder Guderian verloren das Vertrauen ihres Obersten Befehlshabers oder wurden so schlecht behandelt wie Hoepner und später Heim und Zeitzler. Die Übernahme des Oberbefehls über das Heer durch Hitler am 19. Dezember 1941 wurde nach dem Krieg von interessierter Seite scharf kritisiert. 1941/42 erschien sie nicht wenigen Generalen und Offizieren in verantwortungsvollen Positionen als eine begrüßenswerte, klare Lösung. Es waren eben nicht nur die wenig geschätzten Herren des OKW, namentlich Keitel und Jodl, die das Führerprinzip verinnerlicht hatten. Auch anderen hohen Offizieren schien die Stellung eines Oberbefehlshabers des Heeres entbehrlich. Sie waren froh darüber, dass sie direkten Zugang zu Hitler hatten, oder glaubten wie Stauffenberg, dass der Generalstab des Heeres «die ganze Kraft der Nation» jetzt besser für den «Entscheidungskampf des Heeres» einspannen könne.[8] Der Hauptmann im Generalstab Karl-Wilhelm Thilo notierte: «Seit Führer unmittelbar befiehlt, wird viel geschaffen […] Halder trägt vor und Führer befiehlt alle Dinge zugleich als Staatsoberhaupt (Ersatzlage, Wirtschaft etc.). Stellung und Einfluss des Heeres nun stärker als je, – wenn Halder das zu nutzen versteht.»[9] Da war sie, die unmittelbare Verbindung des Kriegs- und Feldherrn Hitler mit seiner Rolle als Führer des deutschen Volkes. Die an der Front mussten sich allerdings erst daran gewöhnen, den Willen ihres Oberbefehlshabers auch dann umzusetzen, wenn er ihre Regalien schmälerte, taktische Einzelheiten befahl und keine Empfindlichkeiten oder «Kritikaster, Besserwisser und Sich-nicht-trennen-Könner von [alten] Anschauungen» duldete.[10] Aus Feldpostbriefen und Frontreisen wusste die Heeresführung, dass der Wechsel im Oberkommando bei den Soldaten mit der Hoffnung auf eine Wendung zum Besseren verbunden war. Dies wurde ebenso als ein Gewinn betrachtet wie die Erfahrung, dass die Soldaten zwar auf die «unfähigen Generale» schimpften, den Führer aber von jeder Kritik ausnahmen. Der fachlichen Kritik an seinem Halte-Befehl kam Hitler Mitte Januar 1942 insofern entgegen, als er die starre Verteidigung an der Ostfront lockerte. Dass dem Ostheer das Schicksal der napoleonischen Armee erspart geblieben war, diesen Erfolg heftete Hitler sich an seine Fahne. Er lobte aber auch die Truppe, die seinen Willen umgesetzt und allen Widrigkeiten zum Trotz durchgehalten hatte.

Obwohl sich der europäische Krieg im Dezember 1941 global ausgeweitet hatte, war Hitler überzeugt, mit Japan als Bundesgenossen nicht verlieren zu können. Während dieses seinen Siegeszug gegen Briten und Amerikaner fortsetzte, wollte er «mit vollem Schwung» den Krieg gegen die Sowjetunion fortführen, um im Osten endlich «reinen Tisch zu machen».[11] Die andere Option, den vom Zaun gebrochenen Konflikt politisch zu beenden, kam Hitler nicht in den Sinn. Diese kompromisslose Haltung rechtfertigte er im Januar 1942 sowohl weltanschaulich als auch strategisch: Der globale Krieg gegen die «jüdisch-kapitalistisch-bolschewistische Welt» war für ihn eben ein Kampf um Sein oder Nichtsein. Dieser könne nur durchgehalten werden, wenn die wehrwirtschaftliche Widerstandskraft des deutschen Lebensraumes um das Donez-Becken und die kaukasischen Erdölfelder abgerundet werde. Deshalb spielte Hitler 1942 noch einmal Vabanque und setzte alles auf eine Karte. Die Lage der Wehrmacht erlaubte allerdings nur die Offensive *einer* Heeresgruppe in *einem* Abschnitt der Ostfront. Der selbst auferlegte Zwang, siegen zu müssen, produzierte seine eigene Logik, nicht nur in Bezug auf die Beurteilung der Kräfte. Bedenken wurden verworfen: Es gebe eben «Probleme, die unbedingt gelöst werden müssen. Wo richtige Führer vorhanden sind, sind sie immer gelöst worden und werden auch immer gelöst werden.»[12] Eigene militärische Erfolge, wie die Rückeroberung der Cyrenaika und der Halbinsel Kertsch, der Durchbruch schwerer Überwassereinheiten der Marine durch den englischen Kanal sowie der blutige Vernichtungssieg bei Charkow Ende Mai 1942 stärkten das Selbstvertrauen Hitlers und der militärischen Führung. Diese wurde durch die spektakulären Eroberungen von Sewastopol und Tobruk noch einmal bestätigt, die jeweiligen Truppenführer wurden mit dem Marschallstab belohnt. Natürlich gab es weiterhin kritische Offiziere, die zwischen militärischen Schlachten und politischen Erfolgen unterscheiden konnten. Sie hielten den Wunsch für einen schlechten Vater des Gedankens an ein siegreiches Ende des Krieges.

Die zweite deutsche Sommeroffensive gegen die Rote Armee begann am 28. Juni 1942. Die territorialen Erfolge der ersten Tage konnten aber nicht verdecken, dass das eigentliche Operationsziel, die «lebendige Streitkraft des Gegners» zu vernichten, in keiner Weise erreicht werden konnte. Hitler begann zunehmend nervöser zu agieren, die operative Leitung noch stärker als bisher selbst zu übernehmen. Eine Schwerpunktänderung der Gesamtoperation schien ihm der einzige Ausweg aus dem Dilemma zu sein, dass der Wehrmacht die Zeit bis zur Erreichung des strategischen Zieles, des Gewinns des kaukasischen Erdöls, weglief. Am 23. Juli befahl er, den Vorstoß in Richtung auf die Wolga bei Stalingrad gleichzeitig mit dem auf den Kaukasus zu unternehmen. Diese Entscheidung traf Hitler gegen den Rat des Heeresgeneralstabes. Sie beruhte allerdings auf der gemeinsamen, falschen Feindlagebeurteilung, dass die Rote Armee in Auflösung begriffen sei und keine zusammenhängende Front mehr aufbauen könne. Schon wenige Tage später wurde allen klar, dass die Zeit nicht mehr ausreichen würde, die Operationsziele noch vor Einsetzen des Winters zu erreichen. Doch war Hitler nicht bereit, die Überspannung der eigenen Kräfte angesichts der großen Ausdehnung der Südfront anzuerkennen, bei gleichzeitigem Fehlen von ausgebildetem Ersatz für die ausgebluteten Divisionen. Vielmehr zog er, unter ausdrücklichem Hinweis auf die Lage 1916 im Ersten Weltkrieg, die Zügel der direkten Führung weiter an. Seinen Truppenführern sprach er das Recht ab, von sich aus taktische Ausweichbewegungen vorzunehmen. Die Summe der operativen Fehlschläge im Sommer 1942 führte zu einer weiteren Führungskrise. Deren prominenteste Opfer waren diesmal der Chef des Generalstabes des Heeres, der Oberbefehlshaber der Heeresgruppe A sowie der Chef des Wehrmachtführungsstabes. Letzterer wurde zwar nicht abgelöst, aber von Hitler mit «Liebesentzug» bestraft.

Das spätere Urteil der Generale, dass der «Führer» nicht operativ führen konnte, trifft sicher zu. Dies hatten subalterne Offiziere schon lange vorher bemerkt. Sie hatten privat aber auch festgehalten, dass sich die militärische Führung trotz besserer Erkenntnis Hitlers Willen gefügt habe, Feldmarschälle sich eine unwürdige Behandlung gefallen ließen, Halder keine starke Persönlichkeit sei, ihm und seinem Operationschef Heusinger die Fronterfahrung fehle, und beide sich zudem kein eigenes Bild von der Lage an der Front verschafften. Der neue Generalstabschef Kurt Zeitzler, der aus der Truppe kam, wurde dagegen als bullenenergisch beschrieben. Anders als Halder und Heusinger wage er es, dem «Führer» zu widersprechen. Diese kritischen, aber loyalen Offiziere sahen auch, dass Hitler aus Prestige- und politischen Gründen nicht zurückstecken wollte, dass seine «Sturheit im ‹Nichtkapitulieren›» die «völlige Vernichtung des deutschen Volkes» nach sich ziehen könne.[13] Viele hielten es für einen schweren Führungsfehler, dass Hitler nicht bereit war, der 6. Armee nach ihrer Einkesselung bei Stalingrad am 22. November 1942 den Ausbruch zu befehlen. Hitlers Führungsstil bewirkte, dass sich keiner der Generale mehr bis zum letzten verantwortlich fühlte. Diese Haltung kommt besonders in Feldmarschall von Mansteins Begründung zum Ausdruck, mit der er Paulus' Bitte um Handlungsfreiheit abwies: «Was wird, wenn die Armee in Erfüllung des Befehls des Führers die letzte Patrone verschossen haben sollte, dafür sind Sie nicht verantwortlich» – und ich auch nicht, müsste man ergänzen.[14]

Stalingrad war nicht nur ein operatives Debakel, sondern die erste wirkliche Krise des nationalsozialistischen Systems. Es symbolisiert auch den psychologischen Wendepunkt des Krieges. Bei vielen Deutschen stellte sich erstmals das Gefühl ein, dass der «Untergang» der 6. Armee der Anfang vom Ende sein könnte. Und dieses «kritische Raunen» schloss Hitler persönlich ein, sein Führer-Mythos bröckelte. Schließlich hatte es vorher geheißen: «Drum haltet aus, der Führer haut uns raus!» oder «Wir werden siegen, weil uns Adolf Hitler führt». Weder war Hitler bereit, die Verantwortung für Stalingrad zu tragen, noch hatten die Generale ein Interesse daran, dass dadurch das Vertrauen zum Führer untergraben wurde. Sie drängten allerdings darauf, dass Hitler den Oberbefehl über die Operationen im Osten einem von ihnen übertrug, die kontraproduktive Trennung von OKW- und OKH-Kriegsschauplätzen beseitigte und sich auf die «politische Führung» des Krieges konzentrierte.

Die militärischen Erfolge seiner Gegner im Osten wie in Afrika zwangen Hitler zum strategischen «Durchwursteln». Dennoch meinte der Oberbefehlshaber der Marine, dass Hitlers vorausschauende Beurteilung der Lage in Italien es sehr deutlich gemacht habe, «dass wir alle miteinander sehr arme Würstchen sind im Vergleich zum Führer, dass unser Wissen, unser Sehen der Dinge aus unserem beschränkten Sektor heraus Stückwerk ist».[15] Was Front, Heimat und Verbündete nötig hatten, so Hitler und Dönitz übereinstimmend am 8. Juli 1943, war ein «Fanal», d. h. ein paar deutsche Siege, die gleichzeitig die «stille Hoffnung bei den Unterworfenen beseitigen» sollten. Mit der lange vorbereiteten Frontaloperation bei Kursk wollte Hitler zwar der Roten Armee einen schweren Schlag versetzen, aber an einen KO-Sieg dachte er dabei nicht. Bei diesem Angriff mag mancher ältere Offizier an Ludendorffs Offensive im Frühjahr 1918 gedacht haben. Auch damit war keine Strategie verbunden gewesen, sondern der Erste Generalquartiermeister hatte einfach eine Bresche in die gegnerischen Stellungen hauen wollen. Das Abbrechen der Schlacht bei Kursk, das erfolgreiche sowjetische Nachdrängen sowie die alliierten Erfolge in Italien bedeuteten, dass die Periode der deutschen Angriffe zu Ende, die operative Initiative auf die Anti-Hitler-Koalition übergegangen, die deutsche Kampfkraft erlahmt war. Die Legende von der Unbesiegbarkeit der Wehrmacht war zerstört. Wenngleich die Führung mit Hilfe schönfärberischer Berichte versuchte, das ganze Ausmaß der Rückzüge in Russland und Italien zu verschleiern, so war doch informierten Offizieren klar, dass der Krieg auf eine Niederlage hinauslaufen musste.

Im Herbst 1943 zeigte Hitler wieder einmal, dass hinter der politischen und militärischen Kriegführung des Dritten Reiches seine «ungeheure Kraft [und] unbeirrbare Zuversicht» stand (K. Dönitz). «Wenn hier nicht der Führer an der Spitze stünde», so Alfred Jodl, «der souverän entscheiden kann und entscheidet, gäbe es Mord und Totschlag.» In Bezug auf die Rolle der Mitarbeiter dieses Feldherrn berief sich der Chef des Wehrmachtführungsstabes auf ein, wie er meinte, wenig bekanntes Wort von Clausewitz: «Der vollkommenste Generalstab mit den richtigsten Absichten und Grundsätzen bedingt noch nicht die ausgezeichnete Führung einer Armee, wenn die große Seele des Feldherrn fehlt.» Am 3. November erging Hitlers Weisung Nr. 51 für die Kriegführung an die Wehrmachtteile und die SS. Es sollte seine letzte sein. Entschlossen, die deutsche Hegemonie über weite Teile Europas nicht kampflos aufzugeben, verlagerte er den Schwerpunkt der Kriegführung, der seit 1941 im Osten gelegen hatte, in den Westen. Dahinter stand die Annahme, dass die Folgen einer gelungenen angelsächsischen Landung im Westen größer seien als die Gefahr im Osten. Dort, so argumentierte Hitler, ließe die Weite des Raumes äußersten Falles auch einen Bodenverlust zu, ohne den deutschen Lebensnerv tödlich zu treffen. Es galt also, Zeit für eine Abwehr der Landung im Westen zu gewinnen, wodurch wiederum Verbände für eine Gegenoffensive im Osten freiwürden. Bis dahin sollte die hart bedrängte Ostfront mit den Kräften auskommen, die sie hatte. Seine Risikostrategie flankierte Hitler durch Entscheidungen auf zwei anderen Problemfeldern der Wehrmacht, nämlich Kampfkraft und Motivation. Zum einen befahl er am 27. November, durch rücksichtsloses Auskämmen der nicht kämpfenden Teile der Wehrmacht und Waffen-SS «mindestens eine Million Männer» der Front zuzuführen. Zum anderen schuf er am 22. Dezember einen Führungsstab im OKW, der die «politisch-weltanschauliche Führung und Erziehung der Truppe» vereinheitlichen und verstärken sollte.

Die Schwerpunktverlagerung nach Westen stieß allerdings auf den Widerstand derjenigen Generale, die gegen die Rote Armee kämpften. Die absinkenden Kräfte und der wenige, ungenügend ausgebildete Ersatz machten das Halten einer durchgehenden Widerstandslinie zunehmend schwieriger, beschleunigten das Tempo des «Rückwärtskämpfens». Hitler wäre nicht Hitler gewesen, hätte er in dieser Situation nicht eine zentral gesteuerte Fanatisierung der Wehrmacht befohlen. Er dachte nie daran, mit dem Kämpfen aufzuhören. Im Juni 1944 war die Landung im Westen geglückt, die Heeresgruppe Mitte im Osten zerschlagen und die Alliierten ließen sich nicht mehr aufhalten, es sei denn, die Politik trat wieder in den Vordergrund und zog aus den großen Gegensätzen der Gegner diplomatischen Gewinn. Dazu aber war Hitler nicht bereit und auch nicht in der Lage, da niemand mit ihm ernsthaft verhandeln wollte. Er setzte weiter auf die militärische Karte, wollte durchhalten, nicht wie im Ersten Weltkrieg «eine Viertelstunde zu früh aufgeben». Doch die Wehrmacht war schon lange nicht mehr das militärische Instrument, das sie 1939–41 gewesen war. Ihre Kampfkraft und ihr inneres Gefüge wurden zudem durch den ständig steigenden Mangel an erfahrenen Offizieren und Unterführern beeinträchtigt. Auch der Soldat von 1943–45 war ein anderer. Wille, Energie und Tapferkeit allein ließen ihn die taktischen Lagen, die er meistern sollte, nicht bewältigen. Sehr oft fehlte einfach das taktische Können. So konsequent die Schwerpunktverlagerung im Herbst 1943 auch gewesen war, so inkonsequent war die damit verbundene Operationsführung im Osten. Hitler konnte sich nicht zur Räumung von unhaltbar gewordenen Stellungen, Brückenköpfen sowie der Krim oder der baltischen Staaten entschließen. Stattdessen versteifte er sich auf sein altes Rezept, keinen Fußbreit Boden preiszugeben, und verschliss dabei nach Guderians Meinung auch kostbare Panzerverbände zur Unterstützung der Infanterie. Hitler war allerdings nicht der einzige, der sein Heil im taktischen Konzept des unbedingten Haltens sah. Auch der Chef der Operationsabteilung des Generalstabes des Heeres meinte im Frühjahr 1944, «dass die Periode der Kontroversen [zwischen Heer und Hitler] über die operative Führung nun endgültig vorbei sei. Von jetzt ab gäbe es ganz klar nur das Eine: nämlich dass wir uns es nicht leisten können, auch nur einen Meter weiter Boden in Russland freiwillig preiszugeben.»[16]

Im Herbst 1944 vertraute Hitler noch einmal auf seine Intuition und Risikobereitschaft, als er zum Mittel einer Entscheidungsschlacht griff. Dies zu einem Zeitpunkt, als die Wehrmacht im Osten bereits an die Weichsel und im Westen an die Reichsgrenze zurückgedrängt war. Hinter der am 16. Dezember 1944 begonnenen Ardennen-Operation in Richtung auf Antwerpen verbarg sich keine wirkliche Strategie mehr, auch wenn sich Hitler von einem Durchbruch durch die amerikanischen Stellungen die Sprengung der Kriegskoalition gegen Deutschland erhoffte. Ebenso untauglich war der Versuch des Regimes, mit Hilfe eines letzten Aufgebots aus Knaben und Greisen die gegnerischen Millionenheere so lange vom Reich fernhalten zu wollen, «bis ein die Zukunft Deutschlands [...] sichernder Friede gewährleistet» sei, wie es im Aufruf zur Bildung des Volkssturms vom 18. Oktober 1944 hieß. Immer wieder musste die katastrophale Lage Preußens im letzten Jahr des Siebenjährigen Krieges als Beispiel dafür herhalten, wie schnell ein labiles Bündnis auseinander brechen könne. Schiefer konnte eine historische Parallele aber kaum sein. Tatsache ist, dass es gegen Ende des Krieges noch genügend Kommandeure gab, die ernsthaft glaubten, dass Hitler noch einen Trumpf bereit halte und deshalb Befehle ausführten, deren Sinn sie bezweifelten. Andere meinten erst kriegsverkürzend handeln zu können, wenn der Zusammenbruch des «Großdeutschen Reiches» auch der Masse des deutschen Volkes klar vor Augen stand. Anderenfalls, so argumentierte etwa Generaloberst von Vietinghoff noch am 11. April 1945, fiele es Hitler und Goebbels leicht, eine neue Dolchstoßlegende zu konstruieren und sie dem verräterischen Handeln von Soldaten anzulasten.

Das eigentliche Problem von Hitlers Kriegführung liegt unter einer dichten Schicht von Memoiren und Mythenbildungen verborgen. Nicht nur nahm Hitlers Ämterfülle im Laufe seiner Herrschaft zu, der «Führer und Oberste Befehlshaber» veränderte sich zwischen 1933 und 1945 auch in seiner Persönlichkeit. Aus dem linkischen Regierungschef (1933) und nominellen Oberbefehlshaber der Wehrmacht (1934) wurde der selbstsichere Politiker als Stratege (1937), bevor er im Februar 1938 auch zum Kriegsherrn aufstieg. Mit jedem außenpolitischen Erfolg, besonders denen des Jahres 1938 und 1940, wuchs sein Prestige im Volke und bei den Soldaten. Hitler konnte seine «charismatische Monokratie» (Hans-Ulrich Wehler) festigen und genießen. Während des Krieges prägten ihn die Führungskrisen 1941–43 sowie der zweite Anschlag auf sein Leben, für den Offiziere verantwortlich zeichneten. In dieser Zeit wandelte sich Hitlers viel gerühmte Zähigkeit in Krisenzeiten zu militärisch kontraproduktivem Starrsinn, der nie nachlassende Glaube an seine historische Mission für Deutschland zu Fanatismus und Beratungsresistenz, seine Überzeugung, Übermenschliches zu leisten, zur Überforderung seiner Soldaten. Wenn militärische Lagen sich nicht wunschgerecht entwickelten, konnte sich seine Wut in unkontrollierten Ausbrüchen entladen. Im gleichen Maße verstärkten Monokratie und persönliche Gewohnheiten seine Einsamkeit, psychische Kälte und physischen Niedergang.

Es ist auch falsch anzunehmen, Hitler habe gegen Ende des Krieges in einer Scheinwelt gelebt und sei sich über die tatsächliche militärische Lage nicht im Klaren gewesen. Hitler hatte früh keine Illusionen mehr über den Ausgang des Krieges. Dies lag daran, dass es neben dem Politiker, Strategen und Operateur noch den Ideologen Hitler gab. Und dessen einfache sozialdarwinistische Alternative lautete: Sieg oder Vernichtung. Er war es auch gewesen, der durch seine rassistische Kriegspolitik von Anfang an alle Brücken hinter sich abgebrochen hatte. Gerade weil es auf dem seit 1939 eingeschlagenen Weg kein Zurück mehr gab, musste sich Hitler trotz der Kette verheerender Niederlagen überhaupt nicht zwingen, 1944 den vielbeschworenen «fanatischen Willen zum Durchhalten des harten Lebenskampfes» zu zeigen. Wer allerdings Hitlers Kurs nicht bis zum bitteren Ende mitsteuern wollte, wurde unbarmherzig verfolgt. Die Schießbefehle gegen das eigene Volk waren aber stärker vom Trauma von 1918 beeinflusst als durch die Realität von 1945. Denn weder die Wehrmacht noch die Zivilbevölkerung zeigten generelle Auflösungserscheinungen wie gegen Ende des Ersten Weltkrieges. Der charismatische Kriegsherr Adolf Hitler hatte die große Mehrheit der Deutschen und Österreicher auch noch 1945 hinter sich. Dieser Erfolg auf dem Felde der geistigen Kriegführung reichte aber nicht aus, um den Krieg auch militärisch zu gewinnen.

Nationalist und Despot
Mao Zedong
(1893–1976)

Marc Frey

Mao Zedong schwamm für sein Leben gern, und das Element, das er am meisten liebte, war das Wasser. Er konnte viele Stunden in seinem großen Pool verbringen oder im stürmischen Ozean an der Küste Nordchinas schwimmen, wo die Spitzen von Staat und Partei ihren Sommerurlaub verbrachten. Mao versetzte Leibwächter, Untergebene und Ärzte in helle Aufregung, weil er weder die Stromschnellen des Yangtze scheute noch sich um den Dreck kümmerte, der die Flüsse Chinas in Kloaken verwandelte. Während er sich im Wasser treiben ließ, schmiedete er Pläne, entwarf Reden und ersann die Aphorismen, die ihn so berühmt machten. Beim Schwimmen gab der Große Vorsitzende, wie er genannt wurde, die Geheimnisse seines Erfolges preis: «Es scheint mir, dass man auch die schwierigste und gefährlichste Sache nicht fürchten muss, solange man darauf vorbereitet ist.» Zeit seines Lebens bereitete sich Mao sorgfältig auf seine Aufgaben und Ziele vor. Seinen Aufstieg vom Bauernsohn zum ungekrönten Kaiser des Reichs der Mitte hatte er jedoch nicht nur seinem strategischen Geschick zu verdanken. Getragen vom Element, das er so liebte, zählte er Instinkt und Selbstvertrauen zu den Eigenschaften, die ihm in Krisen stets geholfen hatten: «Vielleicht hast du Angst vor dem Schwimmen», erklärte er einmal seinem Leibarzt, der im strudelnden Wasser in Panik geraten war. «Denke nicht darüber nach. Wenn du nicht darüber nachdenkst, wirst du nicht untergehen. Doch wenn du anfängst zu denken, wirst du sinken.»[1]

Mao verstand es meisterhaft, sich über Wasser zu halten. Denn an Gegnern mangelte es ihm während langer Jahre wahrhaftig nicht: Militärmachthaber, denen der junge kritische Journalist missfiel; Parteirivalen, die ihm Abweichlertum und Anbiederung an nichtkommunistische, nationalistische Kräfte vorwarfen; sein großer Gegenspieler Chiang Kai-shek, der ihn zwei Jahrzehnte quer durch China jagte; die japanische Armee, die seine agrarkommunistische Basis zerstören wollte; die Vereinigten Staaten seit dem Koreakrieg; die post-stalinistische Sowjetunion, die ihm Abweichen vom «wahren» Kommunismus vorwarf; und immer wieder innerparteiliche Konkurrenten. Er widerstand allen und triumphierte über viele. Als er in den letzten Lebensjahren kaum noch sprechen konnte, reichten ihm kryptische Kritzeleien, um das bevölkerungsreichste Land der Welt nach seinem Gutdünken zu regieren. Wie nur wenige vor ihm bewegte er China. Mao und seine kommunistische Partei einten ein zerrissenes Land, befreiten es von Fremdherrschaft und machten es schließlich zu einer erwachenden Weltmacht. Er begeisterte seine Landsleute und riss sie mit in abenteuerliche gesellschaftliche Experimente, mit denen er neue Menschen und ein gänzlich neues China schaffen wollte. Doch hinter seinem charismatischen und gewinnenden Lächeln verbarg sich ein kalt berechnender Egomane, dessen Politik zwischen 1949 und 1976 nach Schätzungen des amerikanischen Politologen Rudolph Rummel etwa dreißig Millionen Chinesen das Leben kostete.[2] Mao war ein Despot. Wer sich seinem Willen widersetzte, galt als Gegner der Wahrheit und der Revolution. Im China der Gegenwart sind seine Verdienste im Kampf um die Einigung des Landes und den Sieg über die ausländischen Okkupationsmächte unbestritten. Aber über seine langen Jahre als «großer Vorsitzender» von Staat und Partei gehen die Meinungen weit auseinander, reichen von blinder Verharmlosung zu Entsetzen und Abscheu.[3]

Mao wurde 1893 als ältester von drei überlebenden Söhnen in dem Dorf Shaoshan in der Nähe der Millionenstadt Changsha geboren, der Hauptstadt der Provinz Hunan. Er kam nicht, wie die kommunistische Parteipropaganda später verbreitete, aus ärmlichen Verhältnissen. Seine Eltern besaßen einen Bauernhof mit 1,5 Hektar Land, was für die damaligen Verhältnisse in China bescheidenen Wohlstand bedeutete. Sie konnten es sich auch leisten, Mao bis zum dreizehnten Lebensjahr auf die Dorfschule zu schicken. In einer nahe gelegenen Kleinstadt und dann in Changsha, wohin er mit siebzehn Jahren zog, lernte Mao erstmals eine Welt kennen, die nicht von der Zeitlosigkeit und Abgeschiedenheit des chinesischen Dorfes geprägt war. In Changsha hörte er vom Tod des Kaisers und vom Kollaps der Qing-Dynastie (1911), las über die europäischen Mächte, die die Küstenstädte Chinas an sich gerissen hatten, erfuhr von der Expansion Japans, das 1910 Korea unterworfen hatte, und beobachtete den Zerfall des Riesenreiches in Regionen, die von Militärmachthabern beherrscht wurden. Jahrzehnte später meinte Mao, hier sein politisches Bewusstsein entwickelt zu haben.

Fünf Jahre, bis 1918, studierte Mao am Lehrerseminar in Changsha. Er interessierte sich vor allem für Geschichte und Philosophie und verfasste für eine führende Pekinger Intellektuellenzeitschrift einen Aufsatz über den Zusammenhang von gesundem Körper und wachem Geist – ein Thema, das ihn in Kriegszeiten weiter beschäftigte. Für Mao war körperliche Ertüchtigung die Voraussetzung für jeden, der bereit war, sich für das Vaterland einzusetzen. Mao engagierte sich politisch, trat für die Emanzipation der Frau ein, kritisierte den lokalen Militärmachthaber und lehnte sich auf gegen althergebrachte Traditionen. In Peking, wo er einige Monate als Bibliothekar und Verleger verbrachte, kam er in Kontakt mit radikalen Studenten und führenden Intellektuellen. Bald trieb es ihn jedoch wieder zurück nach Changsha, wo er Leiter einer Volksschule wurde. Außerdem zog er eine Bücherei auf, organisierte Streiks und gründete eine kommunistische Gruppe. Angezogen von den Entwicklungen, die sich seit 1917 in Russland vollzogen, verband Mao kommunistisches Gedankengut mit einem leidenschaftlichen Patriotismus. Der Zersplitterung Chinas und den chaotischen politischen Zuständen setzte er die unbedingte Forderung nach dem *einen* großen China entgegen: «Die große Einheit des chinesischen Volkes muss zustande kommen. Unser goldenes Zeitalter steht bevor!»[4]

Maos Aktivitäten blieben im fernen Shanghai nicht unbemerkt. Dort hatte sich im August 1920 eine erste kommunistische Gruppe gegründet, die mit Hilfe von Agenten der Kommunistischen Internationale (Komintern) Zellen in fünf weiteren Städten aufbaute. Ein Jahr später, im Juli 1921, wurde der nun 28-jährige Mao zum Gründungskongress der Kommunistischen Partei Chinas geladen. Die 15 Delegierten repräsentierten eine winzige Gruppe von 53 Mitgliedern. Zwar expandierte die Partei, deren Organisationsbüro Mao seit 1923 leitete, in den kommenden Jahren. 1927 verfügte sie bereits über 57 000 Mitglieder. Sie konnte es jedoch lange nicht mit der anderen politischen Partei aufnehmen, die in den zwanziger und dreißiger Jahren die bestimmende Kraft Chinas war: der Nationalen Volkspartei (Guomindang). Als Partei, die sich aus der Revolution von 1911 entwickelt hatte, erfuhr auch sie die Unterstützung der Sowjetunion.

Auf Weisung Moskaus gingen Guomindang und Kommunisten 1923 eine enge Kooperation ein, um gemeinsam gegen ausländische Mächte («Imperialisten»), die ländliche Elite («Feudalisten») und die Militärmachthaber («Militaristen») vorzugehen. Mao war zunächst kein Befürworter dieser Zusammenarbeit, meinte er doch, dass der rechte Flügel der Guomindang eben diejenigen repräsentierte, gegen die sich die gemeinsame Arbeit richtete. Dennoch ließ sich Mao in den Zentralen Exekutivausschuss der Guomindang wählen, die sein Organisationstalent schätzte. Mao arbeitete loyal für beide Organisationen, davon überzeugt, damit der Einheit und Freiheit Chinas zu dienen.

An den Ereignissen vom 30. Mai 1925 in Shanghai war Mao, der nach wie vor in Changsha lebte, nicht beteiligt. Aber auch für ihn, wie für viele Tausend Chinesen, veränderte dieser Tag das politische Leben in China grundlegend. Denn an diesem sonnigen Maitag schossen britische Soldaten auf demonstrierende Studenten, die gegen die Vorherrschaft ausländischer Mächte in den Küstenstädten Chinas protestierten. Dieser Zwischenfall, bei dem 13 Studenten den Tod fanden, löste Massenproteste aus und war der Beginn einer organisierten, zunehmend von Kommunisten geprägten städtischen Revolutionsbewegung gegen die ausländischen Mächte und deren Kollaborateure. Mit Hilfe der Komintern rüsteten Guomindang und Kommunisten eigene Streitkräfte aus. Den Ausländern gegenüber sollte dies neu gewonnene Stärke, Einheit und chinesisches Selbstbewusstsein demonstrieren. Wichtiger aber war, dass die gemeinsame nationalistisch-kommunistische Armee unter dem Kommando des nationalistischen Generals Chiang Kai-shek im Frühjahr 1926 von Kanton aufbrach, um die Macht regionaler Militärmachthaber zu brechen und China zu einen. Wenige Monate später erreichten die Streitkräfte Changsha, und Mao nutzte die Gelegenheit, um die Region zu einem Zentrum der Revolution zu machen. Die Militärmachthaber wurden verjagt, vereinzelt Grundbesitzer enteignet, Land neu verteilt, westliche Missionare vertrieben. Unermüdlich reiste Mao durch Hunan, mobilisierte Bauern und organisierte den Aufstand. Nebenbei schrieb er für die Kommunistische Partei einen Bericht über die Bauernbewegung; es ist seine wohl leidenschaftlichste Schrift, in der er Not und Elend der Bauern, aber auch ihren revolutionären Elan darstellte. Sein Bericht gipfelte in dem Satz: «Eine Revolution ist ein Gewaltakt, wobei eine Klasse die Autorität einer anderen vernichtet. Bei einer Bauernrevolution vernichtet die Bauernschaft die Autorität der Feudalklasse der Grundherren.»[5]

Die politische und soziale Revolution, die Maos Kommunisten anzettelten, ging der Guomindang jedoch viel zu weit. Denn in der Tat waren viele ihrer Sympathisanten Grundbesitzer, Angehörige der städtischen Mittel- und Oberschicht oder Militärs. Sie fürchteten die wachsende Macht der Kommunisten. Im Frühjahr 1927 ordnete Chiang daher ihre Verfolgung an. In Shanghai wurden mehrere Tausend Parteiangehörige umgebracht, und auch in anderen Städten wurden Arbeiter, Studenten und kommunistische Intellektuelle ermordet. Von diesem Schlag konnten sich die städtischen Gruppen der kommunistischen Partei nie wieder erholen. Im Unterschied etwa zu den sowjetischen Kommunisten blieb die chinesische Partei ganz überwiegend eine bäuerliche Partei. In dieser schwierigen Lage wurde Mao von der kommunistischen Führung aufgefordert, einen bewaffneten Aufstand gegen die Guomindang in Hunan zu organisieren. Angesichts begrenzter Ressourcen endete dieser im Oktober 1927 mit einer Niederlage. Mao musste sich mit wenigen Tausend schlecht bewaffneten Männern nach Jinggang-Shan zurückziehen, einer Bergregion an der Grenze zwischen Hunan und Jiangxi. Nach seiner Niederlage wurde Mao vorübergehend von all seinen Ämtern in der kommunistischen Partei entbunden. Hinter diesem Schritt verbarg sich jedoch mehr, nämlich ein Streit um die richtige Strategie: Während die Parteiführung auf die Aufwiegelung der Bauern und auf die «permanente» Revolution setzte, hielt Mao es für klüger, inmitten schwer zugänglicher ländlicher Regionen zunächst militärische Stützpunkte und kommunistische Enklaven aufzubauen. Diese Strategie erwies sich tatsächlich als erfolgreicher, denn seine kleine Truppe von 2000 bis 3000 Mann konnte sich die Guomindang und die Truppen der Militärmachthaber vom Leibe halten. Zwar boten die Berge Mao Schutz. Als Basis zur Förderung der kommunistischen Revolution aber war die unwirtliche und dünn besiedelte Region ungeeignet. Mao entschloss sich daher, südöstlich ins Grenzgebiet von Jiangxi und Fujian zu ziehen. Bekannt wurde diese Region als Räterepublik Jiangxi, in deren Zentrum die Stadt Ruijin lag. Maos revolutionärer Elan wurde auch durch eine private Tragödie angefeuert: Seine Frau Yang Kaihui, mit der er drei Kinder hatte, wurde im Haus der Familie in Changsha von Guomindang-Schergen ermordet, die Kinder wurden nach Shanghai gebracht.

Mao verbrachte die nächsten fünf Jahre in Jiangxi, das er die meiste Zeit als «Vorsitzender» regierte, wo er eine Landreform durchführte und die kommunistische Armee vergrößerte. Angesichts wiederholter Angriffe Chiangs auf die Räterepublik war Mao gezwungen, klare Vorstellungen über Strategie und Kriegführung zu entwickeln und die Soldaten nach einheitlichen Kriterien ausbilden zu lassen. Mao verschmolz militärische und politische Aspekte der Kriegführung zu seiner spezifischen Form der Guerillakriegführung. In ihr mischte sich Altes und Neues, Überkommenes und von Mao Entwickeltes. Politisch von einem nationalen chinesischen Kommunismus überzeugt, dessen Stärke sich nicht in den Städten, sondern auf dem Land entfaltete und dessen Träger nicht die Arbeiter, sondern die Bauern waren, folgte er militärisch den Vorstellungen eines Buches mit dem Titel *Ping-fa* (Die Kunst des Krieges), das dem Militärtheoretiker Sun Tzu aus dem fünften Jahrhundert vor Christus zugeschrieben wird. Sun Tzus zentraler Gedanke war, dass ein Sieg nur dann errungen werden könne, wenn die eigenen Truppen Angriffe immer nur gegen unterlegene Gegner wagten. Mao übertrug diese Maxime auf seine Zeit und auf seine Gegner: «Wir verwenden die wenigen, um die vielen zu schlagen – das sagen wir zu den Herrschern von China als Ganzem. Wir verwenden die vielen, um die wenigen zu schlagen – das sagen wir zu jedem einzelnen Gegner auf dem Schlachtfeld.»[6] Prägnant fasste Mao seine Strategie in einen Vierzeiler, den Millionen von Soldaten über Jahrzehnte verinnerlichen sollten:

«Der Feind rückt vor, wir ziehen uns zurück.
Der Feind lagert, wir stören.
Der Feind ermüdet, wir greifen an.
Der Feind zieht sich zurück, wir verfolgen ihn.»[7]

Mao verband diese militärische Strategie mit gesellschaftspolitischen Instrumenten der Machterweiterung. Im Unterschied zu den Armeen Chiangs und der Militärmachthaber, deren Truppen in der Regel plünderten und wie Parasiten von dem Land lebten, das sie durchzogen, baute Mao eine Armee auf, die für ihren eigenen Unterhalt aufkommen musste. Die zumeist bäuerlichen Soldaten produzierten ihre eigenen Lebensmittel und verhielten sich freundlich gegenüber der Bevölkerung. Mao machte aus der Armee eine politische und gesellschaftliche Schmiede, eine Institution kommunistischer Bildung und Erziehung. Wie Fische im Wasser mussten die Soldaten in Symbiose mit der Landbevölkerung leben. Dazu gehörte auch, einen Ausgleich zwischen den Schichten zu finden. Dabei setzte sich Mao zunächst über den radikalen Flügel der kommunistischen Partei hinweg, als er in Jiangxi eine Landreform durchführte, die wohlhabende Bauern relativ großzügig behandelte und privates Landeigentum begünstigte.

Soziale Integration und Maos Defensivstrategie ließen sich jedoch nur verfolgen, wenn der Gegner nicht übermächtig wurde. Doch genau dieser Fall trat Anfang der dreißiger Jahre ein. In vier «Einkreisungs- und Vernichtungsfeldzügen» versuchten Chiangs Truppen vergeblich, die Räterepublik Jiangxi zu zerstören. Bei seinem fünften Feldzug setzte Chiang 1,5 Millionen Soldaten ein, deren Bewegungen von deutschen Militärberatern – Offizieren der Reichswehr – koordiniert wurden. Um die Räterepublik herum ließ Chiang Stacheldraht ziehen und Blockhäuser errichten. Die Folge dieser Blockade war eine Hungersnot in der Räterepublik und ein gewaltiger Vertrauensverlust der Bevölkerung in die Rote Armee. Guerillataktiken waren angesichts der Strangulation Chiangs aussichtslos. Die Spannung, der sich die Räterepublik ausgesetzt sah, entlud sich auch innerhalb der kommunistischen Führung. Mao wurde militärisches Versagen vorgeworfen, die Rote Armee zeitweilig auf ein offensives Vorgehen verpflichtet. Doch auch dies half nicht, den Belagerungsring zu durchbrechen. Die Parteiführung beschloss daher im Oktober 1934 die Evakuierung der Räterepublik. Damit waren große taktische und moralische Probleme verbunden. Denn wer sollte mitkommen, wer sich den Siegern ergeben, wer musste ihre Rache fürchten, wer konnte auf Milde hoffen? Mao Zedong war an diesem Entscheidungsprozess, bei dem es um das Überleben von Partei und Armee ging, nicht beteiligt. Es waren zunächst Politkommissar Zhou Enlai und General Chu Teh, die den Ausbruch leiteten.

Am 16. Oktober 1934 durchbrachen 86 000 Männer und 35 Frauen die Blockade der Guomindang-Truppen. Sie begaben sich auf eine Flucht, die unter dem Namen «Der lange Marsch» in die Geschichte einging.[8] Die Verklärung des Marsches zu einem heroischen Kampf, an dessen Ende der Triumph über Chiang Kai-shek und die Guomindang stand, trübt den Blick für das gewaltige Risiko und das unermessliche menschliche Leiden, das mit dem Marsch verbunden war. Denn die zurückgebliebenen Kommunisten erwartete ein grausames Schicksal, und auch den etwa zwei Millionen Bauern, die in dem Gebiet lebten, wurde übel mitgespielt. Erst 370 Tage nach dem Ausbruch erreichten 4000 vollkommen erschöpfte Überlebende den Norden der Provinz Shaanxi. Sie hatten mehr als 10 000 Kilometer zurückgelegt, ständig auf der Flucht vor Chiangs Armee und seiner Luftwaffe, sie hatten 19 schneebedeckte Bergketten und weite, morastige Grasländer bezwungen. Aus den Opfern und der Tapferkeit der Überlebenden des Marsches wurde die Legende gestrickt, die die Kommunistische Revolution anfeuerte.

Im Verlauf des Langen Marsches stieg Mao zum unbestrittenen Führer der Kommunisten auf. Seiner Taktik, dem Feind durch ständige Bewegung und überraschende Manöver zu entkommen, war es maßgeblich zu verdanken, dass die Rote Armee nicht vollkommen ausgelöscht wurde. Doch auch in ihrer neuen Basis in Shaanxi, in der Stadt Yan'an, rund 150 Kilometer südlich der Großen Mauer, wurden die Kommunisten weiter bedrängt. Ende 1936 verfügte die Rote Armee über rund 20 000 Soldaten; ihre Gegner, regionale Militärmachthaber und Guomindang, drängten mit einer zehnfachen Streitmacht auf sie zu. In dieser ausweglosen Lage kam den Kommunisten der Beginn des chinesischen Verteidigungskrieges gegen Japan zugute. Nach jahrelangen Provokationen, der Besetzung der Mandschurei (1931/32) und der Ausdehnung des japanischen Einflussbereichs im Norden Chinas entschloss sich Chiang Kai-shek im Juli 1937, endlich den japanischen Aggressoren entgegen zu treten. Dies rettete den Kommunismus in China.

Zunächst schlossen sich Kommunisten und Nationalisten, wie schon Mitte der zwanziger Jahre, zu einer Einheitsfront zusammen. Tatsächlich handelte es sich dabei eher um ein brüchiges Stillhalteabkommen. Nachdem die Japaner in einer gewaltigen Offensive die Armeen Chiangs und auch die Rote Armee schwer geschwächt hatten, konzentrierten sich die Kommunisten unter Maos Führung seit 1940 vor allem auf die Konsolidierung und Erweiterung ihrer Einflussbereiche; der Krieg gegen Japan geriet dabei zur Nebensache. Auch Chiangs Armeen beschränkten sich nach der Vertreibung der Guomindang aus Nanjing und der Errichtung einer national-chinesischen Regierung im fernen Chongqing auf defensive Aufgaben. Für offensive Operationen fehlten beiden chinesischen Armeen die Voraussetzungen. Die kaiserlich japanische Armee war materiell, technologisch und logistisch weit überlegen.

Bereits seit der zweiten Dekade des 20. Jahrhunderts hatte China unter der zunehmenden Militarisierung der Politik, der staatlichen Fragmentierung, den ausländischen Mächten und dem Gegensatz von Nationalisten und Kommunisten gelitten. Ausgelöst durch die grausame Brutalität der japanischen Kriegführung, eskalierte die Spirale von Gewalt, Terror und menschlichem Leid. Über drei Millionen chinesische Soldaten und 18 Millionen Zivilisten kamen im Krieg ums Leben, weitere 95 Millionen wurden vertrieben. In den am schwersten in Mitleidenschaft gezogenen Provinzen Nord- und Mittelchinas verlor fast die Hälfte der Bevölkerung Haus und Hof.[9]

Während des Krieges konnten die Kommunisten ihre Einflussbereiche erheblich ausweiten, und zwar sowohl in den Gebieten, die unter japanischer Kontrolle standen, als auch im Herrschaftsbereich der Nationalisten. Zurecht hatte Mao erkannt, dass «die politische Macht aus dem Lauf eines Gewehrs erwächst».[10] Hinter dieser später von nationalen Befreiungsbewegungen in aller Welt aufgenommenen Formel verbarg sich jedoch mehr als die simple Erkenntnis, mittels Waffengewalt die Macht an sich reißen zu können. Mao entwickelte daraus vier Prinzipien, deren Verknüpfung sein Verdienst war und die letztlich den Sieg des Kommunismus in China sicherten: die Kombination von Guerillakrieg und Schutz der Landbevölkerung, Agrarreformen und Rücksichtnahme auf die Vorstellungen und Wünsche der Massen («Massenlinie»). Dies erforderte nicht nur ein populistisches Gespür, sondern die aufopferungsvolle, nicht korrumpierbare Arbeit kommunistischer Funktionäre im Dienst der Gemeinschaft und einen Lebensstil, der bäuerlichen Erwartungshorizonten entsprach.

Der kommunistischen Machtausdehnung während des Krieges entsprach der zunehmende Einfluss Maos innerhalb der Partei. In Yan'an liegen die Ursprünge eines Personenkultes, der später groteske Züge annahm. Parteiinterne Kritiker wurden auf Maos Linie gebracht, und nachdem ihm im Mai 1943 zwei Titel verliehen wurden – Vorsitzender des Zentralkomitees und Vorsitzender des Politbüros der Partei –, erschien Kritik an seinem Führungsstil zunehmend als gefährliches Unterfangen. Die Kanonisierung von Maos Gedanken als der bindenden Norm des chinesischen Kommunismus erfolgte schließlich auf dem 7. Parteitag der KPC im Frühsommer 1945 in Yan'an. Dort verabschiedeten die Delegierten ein Programm, in dem sie «Maos Gedanken – die Gedanken, die die marxistisch-leninistische Theorie und die Praktiken der chinesischen Revolution vereinen – zur Richtschnur all ihrer Arbeit» erklärten.[11]

Das Ende des Zweiten Weltkrieges im August 1945 bedeutete für China nicht mehr als eine kurze Atempause in einem Bürgerkrieg, der erst mit dem Sieg der Kommunisten im Jahre 1949 zu Ende ging. Auch wenn Maos Armeen durch die sowjetische Besetzung der Mandschurei in den letzten Tagen des Zweiten Weltkrieges große Mengen an Waffen erhielten und ihr Einflussgebiet im nördlichen China gewaltig ausdehnen konnten, war es alles andere als ausgemacht, dass die Kommunisten in China siegen würden. Denn bei Kriegsende war die Guomindang den Kommunisten numerisch deutlich überlegen. Chiang Kai-shek befehligte 3,5 Millionen Mann und verfügte über große Bestände an amerikanischen und erbeuteten japanischen Waffen. Die Nationalisten kontrollierten die wohlhabendsten und fruchtbarsten Regionen Chinas, verwalteten alle großen Städte und herrschten über mehr als 350 Millionen Chinesen. International genoss Chiang großes Prestige, und der amerikanische Präsident Franklin D. Roosevelt hatte seinem China gar die künftige Rolle eines der vier Weltpolizisten zugewiesen. Doch hinter dieser Fassade von Macht und Ansehen verbargen sich zahlreiche Probleme. Nach wie vor traten Chiangs Armeen eher als Besatzer denn als Befreier von Japanern und Militärmachthabern auf. Guomindang-Politiker galten als korrupt. Chiangs Wirtschaftspolitik hatte die städtische Mittelschicht schwer belastet und die Bauern ausgepresst. Sein Regime erwies sich als ein Koloss auf tönernen Füßen.

Maos Erfolg beruhte zweifellos auf seinem Charisma. Zu seinen Führungsqualitäten gehörten jedoch auch ein sicheres Gespür für den richtigen Zeitpunkt zum Handeln und die Gabe, das Handeln seiner Gegner und Kontrahenten vorauszusehen. Ohne diese Fähigkeiten wäre Maos Gesamtstrategie im chinesischen Bürgerkrieg zwischen 1946 und 1949 womöglich wirkungslos geblieben. Denn im Grunde hielt er an den in den dreißiger Jahren formulierten Ideen zum Guerillakrieg fest, und eine von strukturellen und personellen Mängeln weniger geschwächte Guomindang hätte Maos Strategie zweifellos effektiv entgegen treten können. So aber trug die Volksbefreiungsarmee, wie die kommunistische Armee seit 1946 hieß, nach nur drei Jahren bewaffneter Auseinandersetzungen einen triumphalen Sieg davon, der im Machtantritt der Kommunisten mündete und China nach vier Jahrzehnten Chaos und Anarchie einte und befriedete.

Diesen Sieg errangen die Kommunisten auf dem Schlachtfeld, und erst in zweiter Linie durch ihre Politik. Zweifellos waren die Landreformen, die die Kommunisten in den von ihnen eroberten Gebieten durchführten, bei Millionen und Abermillionen Kleinbauern beliebt. Denn sie erhielten nun erstmals das Land als Besitz, das sie und ihre Vorfahren als Tagelöhner oder Pächter bearbeitet hatten. Zahlreiche große Landbesitzer und Notabeln, die in der Vergangenheit die Bauern drangsaliert und ausgepresst hatten, flohen oder wurden umgebracht. Die Städte aber mussten militärisch genommen werden. Dabei kamen den Kommunisten drei Faktoren zugute: immer mehr Bauernsöhne schlossen sich der Volksbefreiungsarmee an (deren Stärke von 500 000 Mann im Jahr 1945 auf vier Millionen 1948 zunahm); immer mehr Soldaten der Nationalarmee desertierten oder liefen über; und immer größere Teile der städtischen Bevölkerung wandten sich schließlich von den Nationalisten ab.

Seit Jahresbeginn 1948 ging die nun von General Lin Biao, einem engen Vertrauten Maos, befehligte Volksbefreiungsarmee in die Offensive. Bereits am Ende des Jahres waren die Mandschurei und der Norden Chinas komplett in Händen der Kommunisten. Peking wurde im Januar 1949 erobert, Shanghai im Mai, und als letzte große Stadt fiel Chengdu in der Provinz Sichuan im Dezember an die Kommunisten. Kurz zuvor waren Chiang Kai-shek und die Reste der Guomindang nach Taiwan geflüchtet. Als Mao Zedong am 1. Oktober 1949 vom Tor des Himmlischen Friedens in Peking die Volksrepublik China proklamierte, stand er auf dem Höhepunkt seines Ansehens. Mao hatte wesentlich dazu beigetragen, das Chaos des alten China zu beseitigen, und er schickte sich nun an, ein neues aufzubauen.

Mao Zedong regierte die Volksrepublik China von 1949 bis zu seinem Tod im September 1976, zunächst als Staats- und Parteichef, nach seinem

Rücktritt vom Amt des Staatspräsidenten im Jahre 1958 nur noch als autoritärer Großer Vorsitzender. Diese fast 27 Jahre sind von zwei politischen Vorstellungen geprägt, die Mao bereits als junger Mann entwickelt hatte und denen er im Lauf der Jahrzehnte treu blieb: sein Nationalismus und die Vorstellung von der «Massenlinie». Auch nach der Einigung Chinas spielte der Nationalismus weiter eine zentrale Rolle im Denken Maos. Er wollte Chinas Position in der Welt stärken und das alte Reich der Mitte zu einem neuen Faktor der Weltpolitik machen, der unabhängig von auswärtigen Einflüssen war. Die «Massenlinie» bedeutete, dass Mao gezielt den Enthusiasmus und den Eifer der Massen schürte, um Begeisterung für seine Ziele zu wecken. Ebenso beständig ließ er aber auch Spontaneität und Meinungsvielfalt brutal unterdrücken.

Von grundsätzlicher ideologischer und innen- wie außenpolitischer Bedeutung war für Mao zunächst die Klärung der Beziehungen zur Sowjetunion. Denn diese waren alles andere als konfliktarm. Zwar bewunderte Mao den sowjetischen Diktator Josef Stalin als ideologische und machtpolitische Leitfigur. Doch mit der sowjetischen Chinapolitik hatte Mao schlechte Erfahrungen gemacht. Zu lange hatte Stalin 1927 am Bündnis von Nationalisten und Kommunisten festgehalten, zu oft hatten Komintern-Agenten Mao falsche militärische Ratschläge erteilt. Schließlich hatte Stalin noch im August 1945 mit Chiang Kai-shek ein Abkommen getroffen, in dem sich die Sowjetunion die Kontrolle über die mandschurische Eisenbahn und die Häfen Talien (Dairen) und Lüshun (Port Arthur) gesichert hatte. Als Nationalist konnte Mao dies nicht gleichgültig bleiben. Aber Mao reiste im Dezember 1949 nicht nur als chinesischer Nationalist nach Moskau, dem alle ungleichen Verträge mit ausländischen Mächten ein Dorn im Auge waren. Er machte sich auch auf den Weg in dem Bewusstsein, aus eigener Kraft die Kommunisten zum Sieg in China geführt zu haben. Mao hoffte daher, von Stalin als ein kommunistischer Partner, und nicht als Satellit behandelt zu werden.

In Moskau musste er allerdings die schmerzliche Erfahrung machen, dass der sowjetische Diktator die Klaviatur der Macht um einiges virtuoser beherrschte. Von kommunistischer Brüderlichkeit, so Mao rückblickend, konnte keine Rede sein. Vielmehr erschienen ihm die sowjetisch-chinesischen Beziehungen eher wie das Verhältnis «zwischen Vater und Sohn oder wie von Katze und Maus».[12] Zwar kehrte Mao nicht mit leeren Händen nach Peking zurück: Der chinesisch-sowjetische Freundschaftsvertrag sicherte China die Unterstützung Moskaus im Fall eines Angriffs Japans oder einer mit Japan verbündeten Macht zu, der Kreml gewährte Wirtschaftshilfen über 300 Millionen Dollar und versprach die Annullierung des Vertrages von 1945. Doch wirklich zufrieden konnten Mao und die chinesische Führung nicht sein. Denn erst nach dem Tod Stalins im Jahre 1953 gab die Sowjetunion all ihre Privilegien in China auf. Außerdem musste Mao endgültig die Unabhängigkeit der Mongolei anerkennen. Schließlich fiel die Wirtschaftshilfe angesichts der großen Herausforderungen, vor die sich China gestellt sah, eher bescheiden aus. Dass das chinesisch-sowjetische Verhältnis eine brüchige Allianz war, die von persönlichen Eitelkeiten, Missverständnissen und schweren Kommunikationsproblemen belastet war, kam schon wenige Monate später im Zusammenhang mit dem Korea-Krieg zum Ausdruck.

Als der nordkoreanische Diktator Kim Il-sung im Frühjahr 1950 in Moskau und Peking über einen Überfall auf Südkorea sprach, war Mao optimistisch. Vage sagte er Kim sogar militärische Unterstützung zu. Denn Mao war von drei Dingen überzeugt: die chinesischen Truppen waren anderen überlegen; die Amerikaner würden ohnehin nicht kämpfen; und die Atombombe war ein «Papiertiger», der Chinas Menschenmassen nicht schrecken könne. Als der Koreakrieg mit dem Überfall kommunistischer Truppen auf Südkorea und dem Kriegseintritt der Vereinigten Staaten am 25. Juni 1950 ausbrach, war Mao jedoch überrascht. Denn weder Kim noch Stalin hatten ihn darüber informiert, ob und wann ein Angriff erfolgen würde. Zunächst wollte Mao die Gelegenheit nutzen, um im Schatten des Koreakrieges Chiang Kai-shek auf Taiwan anzugreifen. Auf Druck von Stalin und gegen den Rat seiner engsten Berater entschloss er sich dann aber dazu, das von den Amerikanern seit Herbst schwer bedrängte kommunistische Regime in Nordkorea mit «Freiwilligen» zu unterstützen. Damit führten China und die Vereinigten Staaten von November 1950 bis Mitte 1953 faktisch Krieg gegeneinander. Für Mao bedeutete die Anwesenheit amerikanischer Truppen an Chinas Grenzen eine Provokation und eine tödliche Herausforderung. Dies galt umso mehr, als sich die 7. US-Flotte zwischen Taiwan und China schob, um eine kommunistische Aggression zu verhindern (und auch um Chiang von einem Angriff auf das Festland abzuhalten).

Für Mao war der Ausgang des Krieges – die Wiederherstellung des *status quo ante* – daher durchaus ein Erfolg. Seine Truppen hatten die Vereinigten Staaten zu einem Waffenstillstand gezwungen, und Mao hatte sich gegenüber seinen Beratern, aber auch gegenüber der ganzen Welt, als entschlossener, zum Kampf gegen den westlichen «Imperialismus» bereiter Revolutionär präsentiert. Das Image des weitsichtigen Strategen, dessen Bauernarmeen den hochgerüsteten Vereinigten Staaten unerschrocken Paroli boten, festigte Mao im Verlauf der fünfziger Jahre in zwei Krisen um die Inseln Jinmen und Mazu, die von der Guomindang kontrolliert wurden. 1954 und 1958 ließ er die Inseln beschießen, um den Anspruch Chinas auf die nach seiner Lesart abtrünnige Provinz Taiwan zu untermauern und um innenpolitisch die nationalistische Stimmung für die Kollektivierung und später für den «Großen Sprung» zu schüren.

Als Führer über 600 Millionen Chinesen setzte Mao Anfang der fünfziger Jahre umfassende Landreformen durch, die im Juli 1955 in der Kollektivierung der Landwirtschaft und der kompletten Verstaatlichung der Wirtschaft mündeten. Parallel dazu entfesselte die Partei eine Kampagne gegen so genannte Konterrevolutionäre – Angehörige der Mittel- und Oberschichten sowie Sympathisanten der Guomindang –, von denen zwischen einer und drei Millionen hingerichtet wurden. Persönlich wandte sich Mao gegen ihm unliebsame Parteimitglieder. 1957 rief er schließlich die Intellektuellen des Landes auf, offen Kritik an Funktionären, Institutionen und selbst an der Partei zu üben. Diese so genannte Hundert-Blumen-Bewegung ging Mao jedoch rasch zu weit. Kritik an seiner Person und an der Führungsrolle der Partei duldete er nicht. Unter der Führung des neuen Generalsekretärs der Partei, Deng Xiaoping, wurden Hunderttausende mundtot gemacht, aufs Land verbannt und viele über zwei Jahrzehnte diskriminiert. Wissenschaftler, Journalisten und Intellektuelle zogen sich in die innere Emigration zurück.

In der Hundert-Blumen-Bewegung hatte Mao dazu aufgefordert, Planung in Frage zu stellen und Eingefahrenes zu überprüfen. Dem «Großen Sprung nach Vorn» lag jedoch die Unterordnung des Faktischen unter die Kraft des Willens zugrunde. Dabei ging es Mao darum, die Energien der Massen und ihren Enthusiasmus zu entfesseln. In einer gewaltigen kollektiven Willensanstrengung, so meinte er, ließe sich Chinas Stahl- und Industrieproduktion in kurzer Zeit vervielfachen. Der «Große Sprung» hatte im Grunde nichts mehr mit sozialistischer Planwirtschaft zu tun. Entsprechend kritisch kommentierte der sowjetische Staatschef Nikita Chruschtschow die Entwicklungen in China: «Mao dachte, er sei Gott. Karl Marx und Lenin lagen beide in ihren Gräbern, und Mao war davon überzeugt, keinen Gleichwertigen neben sich auf der Welt zu haben.»[13] Das Ergebnis war die größte Hungersnot der neueren Geschichte – Schätzungen über die Zahl der Opfer schwanken zwischen 16 und 27 Millionen Menschen. Angefeuert von den Parolen des Großen Vorsitzenden, vernachlässigten im «Großen Sprung nach Vorn» Millionen Bauern die Landwirtschaft, schmolzen Abermillionen

Menschen in Hinterhöfen Eisenwaren zu untauglichem Stahl. Mao war sich der damit einhergehenden Spirale der Gewalt, des menschlichen Leidens bewusst, und er erfuhr von gefälschten Statistiken oder phantastischen Produktionszielen. Als es jedoch sein alter Weggefährte, Marschall Peng Dehuai wagte, Kritik am «Großen Sprung nach Vorn» zu üben, entzog er ihm alle Ämter. In der engen Führungsspitze der Partei wagte niemand, Mao zu widersprechen.

Als Despot war Mao seitdem weitgehend isoliert von der komplexen Realität Chinas. Nachdem er sich 1958 aus dem Amt des Staatschefs zurückgezogen hatte, brauchte er sich nicht mehr mit tagespolitischen Fragen und den vielen kleinen Entscheidungen des Regierens herumzuschlagen. Seine Isolation kam auch in einer zunehmend verengten Sicht auf die Welt zum Ausdruck. Außer dem Besuch bei Stalin und einem zweiten Moskau-Aufenthalt anlässlich des vierzigsten Jahrestages der bolschewistischen Revolution im Jahre 1957 war Mao nie im Ausland gewesen. Und im Grunde interessierte es ihn auch nicht. Schon in Jugendtagen hatte er gemeint, China selbst sei so groß und verschiedenartig wie ein eigener Kosmos. Selbst des großen Bruders, der Sowjetunion, wurde er überdrüssig. Verärgert über das russische Zögern, China atomar aufzurüsten, und enttäuscht von Chruschtschows Entstalinisierung, warf er Moskau Verrat an den kommunistischen Idealen vor. Als die Sowjetunion im September 1959 im chinesisch-indischen Konflikt um die Vorherrschaft im Himalaja offen eine gütliche Beilegung der «Missverständnisse» forderte, zieh er Moskau der Kollaboration mit der Bourgeoisie. Während Maos anti-sowjetische Politik innerhalb der Partei auf Zustimmung stieß, sorgten sich viele im Verborgenen um die katastrophalen Auswirkungen des Großen Sprungs. Vorsichtig bemühte sich etwa Staatspräsident Liu Shaoqi, dem Personenkult um Mao Grenzen zu setzen und die Allgegenwart seiner Schriften einzudämmen. Schließlich brach auch Mao zu Beginn des Jahres 1961 dieses apokalyptische Experiment ab, das Millionen Menschen den Hungertod gebracht und Chinas wirtschaftliche Entwicklung um Jahre zurückgeworfen hatte.

Die schwelenden Konflikte zwischen Mao und anderen Spitzenfunktionären der kommunistischen Partei entzündeten sich auch am Lebensstil des fast siebzigjährigen Mannes. Mittlerweile lebte er mehr oder weniger getrennt von seiner dritten Frau, Jiang Qing. Ein kleiner Stab von engen Mitarbeitern sorgte dafür, dass Mao zuhause, in seinem Privatzug oder in den zahlreichen Gästehäusern der Regierung stets von jungen Frauen begleitet wurde. Zunehmend wurden Maos Ausschweifungen als moralische Verfehlungen betrachtet.

So wie das Wasser für Mao das Element seiner Inspiration und seines Wohlgefühls war, sah er im Krieg die Ursache und treibende Kraft persönlicher und gesellschaftlicher Entwicklung. Kriege lösten Bewegung aus. Und genau dies war für Mao das Rezept zur Bekämpfung seiner innerparteilichen Gegner, denen er Konservatismus vorwarf. Ihm schwebte nichts Geringeres vor als eine neue Revolution, die Staat und Gesellschaft umfassend verändern würde. Mao hat die so genannte Kulturrevolution, ein totalitäres Projekt von gewaltigen Ausmaßen, das China von 1966 bis zu seinem Tod erschütterte, nicht minutiös vorbereitet. Aber er ermutigte seine engsten Verbündeten, Verteidigungsminister Lin Biao, seine Frau Jiang Qing und Ministerpräsident Zhou Enlai, innerparteiliche Kritiker ihrer Ämter zu entheben und eine Propagandakampagne zu entfesseln, in deren Verlauf tradierte Werte und jegliche Autorität – mit Ausnahme der von Mao selbst – in Frage gestellt wurden. Mit der Parole «Die Rebellion ist gerechtfertigt» ließ sich Mao von Hunderttausenden junger Frauen und Männer wie ein Gott feiern. Selbst die Studentenbewegungen in der westlichen Welt ließen sich von seinen Forderungen, die Zentralen der Macht zu stürmen, begeistern, und sein Konterfei zierte unzählige T-Shirts. Doch die Kulturrevolution war keine Revolte von Blumenkindern. Kinder wurden auf ihre Eltern gehetzt oder für vermeintliches Fehlverhalten ihrer Eltern bestraft, Lehrer von ihren Schülern geschlagen, Vorgesetzte von Angestellten gedemütigt. Jahrelang wüteten Soldaten und die Roten Garden, paramilitärische Jugendverbände, und zerstörten Bücher, Tempel und Kunstgegenstände aller Art. Millionen kamen in diesem entfesselten Wüten fanatisierter Jugendlicher ums Leben, Hunderttausende begingen Selbstmord, zahllose Stadtbewohner mussten Zwangsarbeit auf dem Land verrichten. Auch viele altgediente Kommunisten und Weggefährten Maos, unter ihnen Deng Xiaoping, wurden zumindest zeitweilig ihrer Posten enthoben. Exzesse der Gewalt erschütterten China vor allem bis ins Jahr 1967. Auch wenn danach das Morden des Mobs abflaute, so traumatisierte die Kulturrevolution doch bis zum Tode des «großen Steuermanns, des großen Lehrers, des großen Führers und der roten, roten Sonne der Herzen» – so eine Hymne der Roten Garden – die chinesische Gesellschaft.

Stärker als zuvor verstand sich China während der Kulturrevolution als revolutionäres Vorbild für Befreiungsbewegungen und Regierungen neuer unabhängiger Staaten in aller Welt. Da Peking angesichts begrenzter wirtschaftlicher Ressourcen aber nicht in der Lage war, entwicklungspolitische Versprechungen zu machen, unterhielten gerade viele afrikanische Staaten lieber Beziehungen zu Taiwan. Sehr viel enttäuschender war für Mao und die chinesische Führung die Hinwendung Nordvietnams zur Sowjetunion. China hatte seit 1950 die vietnamesischen Kommunisten unterstützt. Mao betrachtete den Krieg in Vietnam als Teil eines regionalen und globalen anti-imperialistischen Kampfes gegen die Vereinigten Staaten, die in Japan, Südkorea, Taiwan und Anfang der sechziger Jahre auch in Südvietnam Strukturen geschaffen hatten, die für ihn strukturell mit Formen kolonialer Herrschaft vergleichbar waren. Dass Hanoi Ende der sechziger Jahre seine Beziehungen zum selbst ernannten Zentrum der Weltrevolution lockerte, bedeutete nicht nur einen erheblichen Prestigeverlust. In gewisser Weise verlor der Krieg in Vietnam für Mao seine ursprüngliche Bedeutung. Mehr noch: Durch die enge Kooperation zwischen Hanoi und Moskau schien China nun auch von Süden her durch die Sowjetunion bedroht. In dieser Situation vollzog Mao eine spektakuläre außenpolitische Wende. Er ging auf das Werben des amerikanischen Präsidenten Richard Nixon ein und lud 1972 den vormaligen Erzfeind zu freundschaftlichen Gesprächen nach Peking ein. Damit führte Mao China aus seiner relativen außenpolitischen Isolation heraus. Dieser Schritt kostete China zwar Ansehen bei revolutionären Bewegungen in der Dritten Welt. Er leitete jedoch die chinesisch-amerikanische Annäherung ein und verschaffte China 1979 den begehrten Sitz als ständiges Mitglied des Sicherheitsrats der Vereinten Nationen (den zuvor Taiwan innegehabt hatte). Insgesamt aber waren die Jahre der «Kulturrevolution» eine für China verlorene Zeit.

Umgeben von Mitgliedern des Politbüros der kommunistischen Partei, starb Mao am 9. September 1976. Während die Propaganda fortfuhr, Maos Gedanken zur alleinigen Richtlinie gesellschaftlichen Handelns zu erklären, gaben seine Nachfolger mit Deng Xiaoping an der Spitze dem Land Ordnung und den Menschen mehr Sicherheit und die Hoffnung auf ein besseres Leben. Mao geriet nicht in Vergessenheit. Nach wie vor gilt er als Symbol für die Einigung Chinas und als Nationalist, der dem Land neue Stärke gab. Viele sehen in ihm immer noch den charismatischen Führer, der es verstand, die Menschen zu bewegen. Zunehmend aber wird sein Name mit den Verbrechen des Großen Sprungs und der Kulturrevolution in Verbindung gebracht. Nicht länger schweigt die chinesische Öffentlichkeit über die Willkürherrschaft und die Unterdrückung, die China zu Zeiten Maos gelähmt hat.

Vietnam und die Falle des Nicht-Aufhören-Könnens
Richard Nixon
(1913–1994)

Bernd Greiner

Eigentlich hätte der Krieg Anfang 1969 ein Ende finden müssen. «Nach der Wahl 1968 standen mir alle Möglichkeiten offen, Knall auf Fall aus Vietnam raus zu gehen», sagte Richard Nixon Jahre später während eines Treffens mit der militärischen Führungsspitze.[1] In seinem damaligen Wahlkampf hatte er die Konkurrenten von der Demokratischen Partei wegen ihrer Unfähigkeit zum Frieden als Versager gegeißelt und sich selbst als Kandidaten gepriesen, der binnen kürzester Frist die «Jungs» nach Hause holen würde. Und dieses Versprechen ebnete ihm den Weg ins Weiße Haus. 30 000 Soldaten hatten bis zu diesem Zeitpunkt ihr Leben im Dschungel und in den Reisfeldern gelassen, fast die Hälfte von ihnen allein im Jahr 1968. Die Bevölkerung war kriegsmüde, die Jugend rebellierte auf den Straßen, die politische Elite war zerstritten wie selten, Intellektuelle und Akademiker kündigten ihre Loyalität auf: Die amerikanische Gesellschaft haderte mit sich wie seit den Tagen des Bürgerkrieges nicht mehr. Und allen Erwartungen zum Trotz zeigte der Feind keine Ermüdungserscheinungen. Ob man die US-Kampftruppen zurückziehen sollte, war längst nicht mehr die Frage. Diskutiert wurde nur noch, wann und wie schnell ein neuer Präsident das Unvermeidliche in die Wege leiten würde.

Richard Nixon wäre beim Urnengang gescheitert, hätten die Wähler von den Intrigen hinter ihrem Rücken gewusst. Während er öffentlich von einem «Geheimplan» für den Frieden sprach, nahm er mitten im Wahlkampf insgeheim Kontakt zum südvietnamesischen Präsidenten auf. Nguyen Van Thieu war in den Wochen und Monaten zuvor vom amtierenden Präsidenten Lyndon B. Johnson aufgefordert worden, sich mit einer eigenen Delegation an den Pariser Friedensverhandlungen zu beteiligen – und damit in seinem Verdacht bestätigt worden, von den USA alsbald fallen gelassen zu werden. Von Nixon hingegen kamen beruhigende Signale. Nicht nur ermutigte er Thieu zum Boykott der Pariser Gespräche, er stellte obendrein in Aussicht, dass die USA sich noch stärker am Krieg beteiligen und auf einen schnellen Sieg hinarbeiten würden. «Wir mussten die Sache durchstehen», gab Nixon im Rückblick zu verstehen. «Aber nicht notwendigerweise auf die gleiche Art und Weise, wie sie bis dato ausgefochten worden war.»[2]

«Wir mussten die Sache durchstehen»: So hatten auch alle Amtsinhaber vor Nixon argumentiert. Wie er waren sich Harry Truman, Dwight D. Eisenhower, John F. Kennedy und Lyndon B. Johnson darüber im Klaren, dass die Risiken eines Scheiterns in Vietnam deutlich größer waren als die Aussicht auf einen Erfolg. Trotzdem hielten sie unbeirrt an dem Ziel fest, eine Regierungsübernahme durch die Kommunisten oder eine Koalitionsregierung mit kommunistischer Beteiligung im Süden des Landes zu verhindern. Wie seinen Vorgängern war Nixon regelmäßig zur Kenntnis gebracht worden, dass ein so definiertes Engagement unrealistisch war und die Kosten, nicht aber den Ertrag steigern würde. Trotzdem arbeitete kein Präsident ernsthaft an einer *exit option* – an einem Plan für einen zeitigen Rückzug. Im Gegenteil. Truman und Eisenhower wussten, dass die französischen Truppen in ihrem Bemühen, eine abtrünnige Kolonie zurück zu gewinnen, auf verlorenem Posten standen – und finanzierten am Ende den Franzosen 80 Prozent ihres Krieges. Kennedy und Johnson erlebten Jahr um Jahr, wie wenig mit militärischen Mitteln gegen die Wucht eines in vormaligen Kolonialgebieten erwachenden Nationalismus auszurichten war – und schickten erst Militärberater, dann Bodentruppen und schließlich eine Streitmacht von 550 000 Mann ins Feld. Keiner dieser Präsidenten ist blindlings in den Krieg hineingeschlittert, keiner traf seine Entscheidungen im Unwissen um die wahrscheinlichen Konsequenzen.

Die Geschichte amerikanischer Kriegsherren in Vietnam ist mithin die Geschichte von Männern, die sich selbst und ihrer Umwelt wider alle Evidenz einredeten, eine Lösung parat zu haben. Die Rede ist von Politikern, denen es nicht an der Einsicht in das Offenkundige fehlte, wohl aber am Willen, die nahe liegenden Schlüsse zu ziehen. Den Vietnamkrieg aus amerikanischer Sicht zu begreifen, heißt also zu verstehen, weshalb fünf Präsidenten 25 Jahre lang ein und denselben Satz zum Programm erhoben: «Wir mussten die Sache durchstehen.» Oder wieso sie, einer wie der andere, es als «lebenswichtig» definierten, Vietnam nicht zu «verlieren» und warum sie von dem «unverzichtbaren Ort» Vietnam sprachen. Wie es scheint, liegt die Antwort im Zusammenspiel mehrerer, sich ergänzender und wechselseitig verstärkender Faktoren.

Erstens schlüpften alle amerikanischen Präsidenten seit dem Zweiten Weltkrieg in die Rolle imperialer oder hegemonialer Machtverweser. Wie diese definierten sie «Glaubwürdigkeit» als die wichtigste psychologische Ressource der Macht – Wort zu halten, das Gesicht nicht zu verlieren und vor allen Dingen gegenüber Freund wie Feind gleichermaßen unmissverständlich aufzutreten. Weltmacht konnte demnach auf Dauer nur sein, wer nicht im Verdacht stand, beim Einsatz seiner Instrumente, vorweg der militärischen, zu zögern. *Credibility* fußt also auf einer ebenso einfachen wie weit reichenden Prämisse: Machtmittel werden erst zu Insignien der Macht, wenn sie mit einem kontinuierlich demonstrierten Willen zu ihrer Wahrung und Mehrung einhergehen. Der geographische Ort Vietnam war demgegenüber völlig unbedeutend, ein Stück Land ohne nennenswerte Rohstoffe, irrelevant als Markt und unbedeutend als geostrategisches Pfund. Nixon formulierte das so: «Vietnam als solches war nicht bedeutend. Was am Beispiel Vietnam zählte, war, dass Freunden und Verbündeten demonstrativ amerikanische Unterstützung und unseren Feinden amerikanische Willensstärke vor Augen geführt wurde.» Es ging also um die Symbolik der Tat – in Schlüsselregionen wie Asien und Europa mit einer Entschiedenheit aufzutreten, die potentiellen wie realen Konkurrenten ihre Grenzen aufzeigte und sie in denselben hielt. Und die demonstrativ vor Augen führte, dass die USA zu ihren Verpflichtungen standen, es mithin nicht an Washington lag, wenn ein Klient in Turbulenzen geriet. Noch einmal Nixon:

> «Wir werden diesen Krieg nicht verlieren – ‹wir›, die Vereinigten Staaten. […] Ich kann unter keinen Umständen umhin, […] die ganze Macht dieses Amtes […] dafür einzusetzen, eine Niederlage der Vereinigten Staaten zu verhindern. Ich sag' es ganz offen und auf den Punkt genau. Südvietnam wird vielleicht verlieren, aber die Vereinigten Staaten können nicht verlieren.»[3]

Zweitens kam einer so definierten Glaubwürdigkeit unter den Bedingungen des Kalten Krieges eine über die Maßen proportionierte Bedeutung zu. Im Kalten Krieg im Allgemeinen wie in Vietnam im Besonderen ging es nämlich, wie der amerikanische Journalist und Politikberater Leslie Gelb zu Recht anmerkt, nicht um einen militärischen Sieg im klassischen Sinn der Eroberung, Behauptung und Beherrschung neuen Terrains. Vielmehr handelte es sich um einen psychologischen Abnutzungskrieg mit dem Ziel, Wille und Kraft zur Expansion im besten Falle aufzuzehren, im mindesten Fall durch dauernden Verschleiß zu bändigen. Folglich ging es nie um einen Angriff auf Nordvietnam, stets aber darum, keinen Zweifel daran zu lassen, dass der Norden mit dem Versuch, im Süden des Landes einen Guerillakrieg anzuheizen und zu gewinnen, zum Scheitern verurteilt war. Diesen Status als Garantiemacht wider Subversion und Aufstand wollten sich die USA verbriefen lassen – in Gestalt eines Abkommens für Vietnam, in dem die Gegenseite einen politischen Machtverzicht unterschrieb. Glaubwürdig war in dieser Sicht der Dinge, wer mit einem längeren Atem und einem größeren Stehvermögen ausgestattet den *breaking point* des Feindes knackte. Genauer gesagt, jenen Punkt erreichte, an dem der Feind die Unzulänglichkeit seiner militärischen Mittel erkannte und auch politisch die Waffen streckte. Gegenüber einem Land wie Vietnam dabei den Kürzeren zu ziehen, hätte in amerikanischer Perspektive alle Koordinaten ihrer Weltmachtpolitik, erst recht des Kalten Krieges auf den Kopf gestellt. Es konnte nicht sein, was nicht sein durfte. «Ich weigere mich einfach anzuerkennen», so Henry Kissinger im Sommer 1969, «dass eine kleine, viertklassige Macht wie Nordvietnam keinen *breaking point* hat.»[4]

Man mag diese Starrköpfigkeit für Ignoranz halten. Mehr noch aber spiegelt sich darin ein drittes Charakteristikum amerikanischer Vietnampolitik: Wie eine auf Glaubwürdigkeit fixierte Politik sich sukzessive ihrer Optionen beraubt und am Ende in einer selbst gestellten «Glaubwürdigkeitsfalle» landet. Seit Truman erhöhte jeder Präsident den Einsatz in Vietnam und damit auch den Druck, den gesetzten Zielen gerecht zu werden. Die Grenzlinie von Selbstverpflichtung zur Selbstfesselung wurde an dem Tag überschritten, als zum ersten Mal das Wort *vital* – «lebenswichtig» – fiel. Mit diesem Wort veränderten sich die Maßstäbe, an denen Politik gemessen wird, grundlegend. Wer symbolisches Kapital in diesem Umfang investiert, muss um den Preis politischer Bonität willen sein Versprechen einlösen. Er ist zum Erfolg verdammt und hat fortan «die Sache durchzustehen». In diesem Sinne trifft der viel belächelte Satz, Berlin werde in Saigon verteidigt, den Kern der Sache. Wie Leslie Gelb schreibt: «Worte machten aus Vietnam ein Vorzeigeobjekt – ein asiatisches Berlin.»[5]

Die damit einhergehende Verengung des intellektuellen und politischen Horizonts setzte in den 1950er Jahren ein. Johnson und Nixon erlagen ihr vollends: Rückzug steht für Niederlage, Niederlage für Demütigung, Demütigung für nationale Katastrophe und mithin für das Ende der amerikanischen Weltmacht. Das Reden in der «Glaubwürdigkeitsfalle» kennt nur den Fundus einer planierten Semantik und klingt wie eine verhakte Schallplatte: «In Vietnam geht es zu 70 Prozent darum, nicht gedemütigt zu werden» – der stellvertretende Verteidigungsminister John McNaughton im März 1965. «Amerika gewinnt die Kriege, die es anfängt. Behalten Sie das immer im Auge» – Lyndon B. Johnson im Jahr 1967. «Es geht [...] um das Überleben der USA als Weltmacht [...]. Im Falle einer Niederlage in Vietnam wird das amerikanische Volk sich nie wieder an anderen Orten behaupten.» Und: «Die Art, wie wir diesen Krieg beenden, ist entscheidend für Amerikas Position in der Welt und für den Zusammenhalt unserer Gesellschaft» – Richard Nixon und Henry Kissinger im Herbst 1969 sowie bei unzähligen anderen Gelegenheiten.[6]

«Undenkbar» schien ein Misserfolg nicht zuletzt, weil die «Glaubwürdigkeitsfalle» auch in der Innenpolitik aufgestellt war. Welchen Furor die extreme Rechte entfachen konnte, wenn sie sich die Rhetorik der «lebenswichtigen Regionen» zu Eigen machte, war seit den späten 1940er Jahren bekannt. Die damalige Debatte über den «Verlust Chinas» hatte nicht allein Senator McCarthy groß gemacht, sondern allen Präsidenten eine deutliche Warnung mit auf den Weg gegeben. Wer sich dem Vorwurf aussetzte, «weich» gegen die Kommunisten zu sein, lief Gefahr, die Unterstützung der konservativen Führung des Kongresses und damit die für Gesetzgebungsverfahren erforderlichen Mehrheiten zu verlieren. Gerade liberale Präsidenten wie Kennedy oder Johnson hätten damit ihre Wiederwahl aufs Spiel gesetzt. Aber auch ein Konservativer wie Nixon wurde von den populistischen Geistern, die er in den 1950er Jahren selbst gehätschelt hatte, eingeholt. Im Wahlkampf des Jahres 1972 begegnete ihm mit George Wallace ein Wiedergänger Joseph McCarthys, der dessen Parole vom «Siegfrieden» in Korea auf Vietnam münzte und eine Vorwahl nach der anderen gewann, ehe ihn die Kugeln eines Attentäters an den Rollstuhl fesselten. Aber auch ohne den Demagogen Wallace sah sich Nixon in einer Falle. Zehntausende GIs in Vietnam zu opfern und am Ende einen Kompromissfrieden mit den Kommunisten zu schließen, «würde uns innenpolitisch erledigen. Wenn Saigon fallen sollte und in der Folge das Morden beginnt, dann [...] würden alle sagen: ‹Wofür habt Ihr 50 000 Amerikaner verloren?›»[7]

Selbstverständlich ließe sich das Argument auch umdrehen und sagen: Eben weil bereits so viele Opfer gebracht wurden, kann und soll der Krieg nicht weitergehen. Vielleicht hätten Nixons Konkurrenten vom Schlage eines Robert Kennedy oder Hubert Humphrey diesen Schluss gezogen. Aber die Wahl hatte Richard Nixon gewonnen. Und mit ihr werden wir viertens daran erinnert, das Handeln von Kriegsherren nicht allein aus dem Kontext politischer Traditionen oder institutioneller Zusammenhänge zu erklären. Denn gerade am Beispiel Nixon zeigt sich, dass persönliche Idiosynkrasien – das Ensemble von Erfahrungen, Neigungen, Eigenheiten und biografischen Prägungen – ebenso bedeutsam, wenn nicht sogar wichtiger sein können.

Für Nixon stand in Vietnam mehr als das von den Vorgängern investierte politische Kapital auf dem Spiel. Der Krieg war ihm Chiffre und Prüfstein seines individuellen Wirkens und Lebens. Bei Nixon ist das Politische nicht nur mit Persönlichem durchwirkt, sondern das Politische ist das Persönliche und umgekehrt. Jenseits des Buhlens um Mehrheiten nutzte er die öffentliche Bühne stets als Forum, um die vermeintliche Scharte einer Herkunft aus kleinen Verhältnissen auszuwetzen. Daher die Janusköpfigkeit seines seit den späten 1940er Jahren gepflegten politischen Stils. Die Tiraden gegen die Ostküstenelite, die reichen Sprösslinge mit ihren Harvard- oder Yale-Diplomen, alle Arrivierten in der Kultur-, Medien- und Geisteswelt bedienten einerseits die Erwartungen jenes Kleinbürgertums, das Nixon im Zeichen einer «populistischen Wende» für die Republikanische Partei zu erschließen begann. Andererseits meinte Nixon, was er sagte. Er wähnte sich zeit seines politischen Lebens von einem feindlichen Establishment umstellt und gekränkt. Sein Ehrgeiz geriet folglich zur Obsession: die Sulzbergers, Rockefellers und Vanderbilts bloßstellen und zugleich auf ihre Höhe kommen – und insbesondere aus dem langen Schatten der Brüder Kennedy treten. Kennedy und Johnson waren an Vietnam gescheitert; er, der Außenseiter aus dem ländlichen Kalifornien, würde dem Land Stolz und Würde zurückgeben und sich im wahren Leben verdienen, worüber JFK nur in Büchern räsoniert hatte: Ein *profile in courage* und das unsterbliche Renommee eines Präsidenten «voller Charakter und mit einem Kern aus Stahl».[8] In anderen Worten: Richard Nixon führte in und wegen Vietnam auch einen persönlichen «Kalten Krieg».

Diese Investition «persönlichen Kapitals» prägt die Tonlage, die Wortwahl und die Atmosphäre von Dutzenden Diskussionen und Telefonaten, die der Nachwelt in Gestalt von Tonbandmitschnitten erhalten geblieben sind. «Ich werde nicht der erste Präsident der Vereinigten Staaten sein, der einen Krieg verliert.» Ähnliches ist auch von seinen Vorgängern überliefert. Aber im Unterschied zu ihnen steigert sich Nixon regelmäßig in eine kaum gezügelte Erregung, brüllt, schlägt auf den Tisch, flucht, dass selbst Kesselflicker erröten würden, imaginiert Landkarten mit Bombenzielen. «Also, also, also fickt die Wichser. […] Macht

Euch keine Sorgen. Wir werden nicht mit einem Wimmern da rausgehen. Wir werden ihnen verdammt noch mal alles um die Ohren pusten.» Zweifel und Unsicherheit belegt er mit einem Bann ritueller Selbstbeschwörung: «Zur Hölle damit! Wir werden gewinnen. Wir müssen es. *Ich* muss es. Wir haben einige Karten in der Hinterhand [...] und wir werden sie verdammt hart ausspielen.» So hart, wie es keiner vor ihm wagte und getragen von dem Wissen, der «schweigenden Mehrheit» ihre Sehnsucht nach Stärke, ihren Wunsch nach Siegen erfüllen zu können. «Ich bin der einzige Mann in diesem Land», sagte er zu dem Berater «Bob» Haldeman, «der dies zu Wege bringen kann.»[9]

Wer so redet, glaubt auch an die Quadratur des Kreises und phantasiert sich in die Rolle eines politischen Hexenmeisters, der Unvereinbares zusammenfügt und am Ende die Welt nach Wille und Vorstellung formt. Dem innenpolitischen Druck konnte Nixon nur standhalten, wenn er einen Rückzug der Bodentruppen sofort in die Wege leitete und einen Fahrplan für ihren vollständigen Abschied aus Vietnam vorlegte. Allerdings mahnte er zur Vorsicht: Eine überhastete Abberufung würde in Hanoi als Zeichen der Schwäche gedeutet und könnte im Süden die Regierung Thieu akut gefährden. Die aber musste unbedingt im Amt bleiben. Andere Eliten hatte Nixon im Verdacht, für Koalitionen mit der Nationalen Befreiungsfront und letztlich mit Kommunisten offen zu sein. Thieus Position war auf Dauer nur zu sichern, wenn man Nordvietnam dazu bringen konnte, zeitgleich zu den Amerikanern auch ihre regulären Truppen nach Hause zu rufen. Mit den dann noch aktiven Insurgenten würde eine von den USA besser ausgerüstete und gezielter ausgebildete südvietnamesische Armee aus eigener Kraft fertig – dafür stand Nixons Konzept der «Vietnamisierung». Der späte Lyndon B. Johnson hatte sich bereits Ähnliches zurecht gelegt. Nixon nun glaubte, die fehlenden Ingredienzien für den Erfolg und mit ihnen ein *Grand Design* gefunden zu haben.

Konventionelle Wege beschreiten, sich aber unkonventioneller Mittel bedienen und damit den Druck auf die Gegenseite unwiderstehlich machen – auf diese Formel lässt sich Nixons Vorhaben bringen. Die von seinem Vorgänger initiierten und seit Mai 1968 geführten Verhandlungen mit Nordvietnam wurden wie gehabt mit dem Ziel fortgesetzt, Hanoi zur Akzeptanz der Administration Thieu zu bewegen. Nixons Clou: Er wollte die UdSSR und die VR China mittels einer neuen Entspannungspolitik gegen Nordvietnam in Stellung bringen. Wenn Moskau tatsächlich an einer Kontrolle der beiderseitigen Rüstung interessiert war, dann sollten die Russen die Nordvietnamesen dazu bringen, einen Friedensvertrag auf Grundlage des von den USA gewünschten beiderseitigen Truppenrückzugs zu unterschreiben. Und wenn Peking erneuerte Garantien gegen Japans Aufstieg wünschte, erwartete man auch von Mao ein Überdenken seiner Vietnampolitik – einen Schritt, der wegen Chinas Furcht vor einer amerikanisch-sowjetischen Annäherung vielleicht ohnehin anstand. Henry Kissinger war von dieser «Dreieckspolitik» fasziniert, gab sie ihm doch Gelegenheit, seinen Vorbildern Metternich und Bismarck nachzueifern und mehrere Bälle gleichzeitig in der Luft zu halten. Richard Nixon zeigte sich aus einem anderen Grund angetan. Auf Angst, Furcht und Unberechenbarkeit zu setzen, war für ihn der Schlüssel zum Durchbruch in Vietnam.[10]

Erst recht wollte Nixon davon in seiner Kriegsstrategie Gebrauch machen. «Ich nenne es die Madman-Theorie», erklärte er seinem Berater Haldeman und begründete ausführlich, wie man mit der Suggestion von Wahnsinn politische Gewinne einfahren kann. «Die Nordvietnamesen sollen glauben, dass ich für eine Beendigung des Krieges schlicht alles tun würde. Wir spielen ihnen einfach die Information zu, dass dieser Nixon vom Kommunismus besessen ist, dass man ihn nicht bändigen kann, wenn er wütend wird, und dass er obendrein auch noch den Finger auf dem Atomknopf hat. Ho Tschi Minh höchstpersönlich wird innerhalb von zwei Tagen in Paris sein und um Frieden betteln.» Immer wieder erläuterte Nixon den Sinn eines politischen Spiels mit der Irrationalität. In seinen Augen wies es einen Ausweg aus dem politischen Dilemma des Atomzeitalters: Ein Staat, der aus Angst vor atomarer Selbstvernichtung darauf verzichtet, bei der Verfolgung seiner Interessen Drohkulissen aufzubauen, verdammt sich langfristig zur politischen Ohnmacht. Handlungsfähig bleibt er nur, wenn Dritte sich zu keiner Zeit seiner Zurückhaltung und Rationalität sicher sein können. Wer im Ruf steht, im Zweifel jedes Augenmaß zu verlieren und exzessive Risiken einzugehen, wird ernst genommen. In anderen Worten: Er schreckt nicht länger sich selbst ab, sondern findet zum Kern des Politischen zurück – andere abzuschrecken. Dass Unkalkulierbarkeit und die Angst vor irrationalen Entschlüssen tatsächlich Gewinn abwerfen, illustrierte Nixon mit Anekdoten aus dem Korea-Krieg. Eisenhower habe nur mit der Drohung, andernfalls den Norden mit Atomwaffen anzugreifen, einen Waffenstillstand erzwingen können. Ob diese Behauptung zutrifft oder – wie es eher scheint – aus der Luft gegriffen ist, spielt in diesem Zusammenhang keine Rolle. Entscheidend ist das Selbstbild eines Präsidenten, der aus dem Kult des Irrsinns politischen Mehrwert schlagen will und sich für berufen hält, einer machtvergessenen Gesellschaft den Nutzen dieser Strategie wieder in Erinnerung zu rufen.[11]

Überzeugt, binnen Jahresfrist Hanoi zum Nachgeben zwingen zu können, bereitete Nixon eine Demonstration der «Madman-Theorie» in der Praxis vor. «Ich werde, falls nötig, den Norden mit einer größeren Zerstörung überziehen als je zuvor. Und ich werde das unter Beweis stellen, indem ich den Krieg in einer Weise eskaliere, die sich Lyndon Johnson nie getraut hätte.» Diese Drohung ließ er – wie Morton Halperin, ein Mitarbeiter des Nationalen Sicherheitsrats, behauptet – via Moskau an Hanoi weiterleiten. Unterdessen wurde der Luftkrieg bereits ausgeweitet. Seit März 1969 und für die Dauer von 14 Monaten steuerten B-52-Bomber in der geheimen Operation Menu Ziele in Kambodscha und Laos an. Der «wilde, entscheidende Schlag» sollte im November 1969 folgen – gegen Nordvietnam selbst und in Gestalt einer viertägigen Angriffswelle gegen Hanoi, Haiphong und die gesamte Infrastruktur des Landes einschließlich der Deiche des Roten Flusses. Angesichts der für Oktober anberaumten Massendemonstrationen gegen den Krieg und in Sorge um den Zusammenhalt des Landes nahm Nixon davon Abstand. Stattdessen aber ließ er eine der größten Geheimoperationen durchführen, die es je in der amerikanischen Militärgeschichte gegeben hat – Nuclear Alert. Abseits zugespitzter Konfrontationen wie der Kuba-Krise hatte sich noch kein Präsident dergleichen einfallen lassen.[12]

Zwischen dem 13. und 30. Oktober 1969 wurden Luftwaffenbasen in den USA, Europa und Ostasien in erhöhte Alarmbereitschaft versetzt und die Zahl der Gefechtsbedingungen simulierenden Trainingsflüge drastisch erhöht. Die Marine ließ ungewöhnlich viele mit Atomwaffen bestückte U-Boote in den Atlantik, den Golf von Aden und vor Japan auslaufen. Und das Strategische Luftkommando dirigierte in einer mehrtägigen *show of force* mit Wasserstoffbomben beladene B-52 unmittelbar in die Nähe des sowjetischen Luftraums über Alaska. Hochrangige Militärs und Politiker wie Verteidigungsminister Melvin Laird oder General Alexander Haig, damals Stabschef im Weißen Haus, sehen in dieser Übung das erste Exempel der Nixonschen «Madman-Theorie». Verärgert über die unverändert massive Unterstützung Hanois, wollte er den Sowjets zweierlei zu verstehen geben: Dass eine Ausweitung des Krieges auf Nordvietnam bevorstand und dass Moskau im Interesse seiner eigenen Sicherheit gut beraten wäre, in diesem Fall still zu halten. Ob Nixon sich darüber im Klaren war, dass seine Drohgeste in die Zeit eskalierender Grenzstreitigkeiten zwischen der UdSSR und der VR China am Ussuri fiel, ist aus den Akten nicht zu erschließen. Auch hier Vorsatz zu unterstellen, würde ins Konzept der «Madman-Theorie» passen – wie auch das Kalkül, dass der Adressat unkalkulierbarer Machtspiele seinerseits kalkulierbar und rational reagiert. Was die Sowjets auch tatsächlich taten.[13]

Dass ein amerikanischer Präsident direkt in die Militärstrategie eingreift, ist wenig überraschend. Als Oberkommandierendem der Streitkräfte steht ihm bei allen Entscheidungen im Frieden wie im Krieg das letzte Wort zu. Alle Amtsinhaber haben dieses Privileg genutzt und nach dem Zweiten Weltkrieg gar eine «imperiale Präsidentschaft» damit legitimiert. Und dass es dabei wiederholt zu Spannungen mit den Militärs kam, war zu erwarten. Erinnert sei nur an den Streit Harry Trumans mit Douglas MacArthur, dessen Insubordination mit Entlassung bestraft wurde. Oder an die ständigen Reibereien zwischen John F. Kennedy und den Atom-Haudegen der Luftwaffe um Curtis LeMay. Nicht zu vergessen Lyndon B. Johnson, der im Verein mit Robert McNamara der Meinung war, einen Luftkrieg aus dem *Situation Room* des Weißen Hauses heraus mit chirurgischer Präzision steuern zu können.

Richard Nixon tanzte auch aus dieser Reihe. Keiner seiner Vorgänger wie Nachfolger hat die Beziehungen zwischen Weißem Haus und Pentagon derart strapaziert wie er. Und zwar aus Gründen, die in der Regel nicht mit Differenzen in der Sache, sondern vornehmlich mit Nixons tiefem Misstrauen zu erklären sind. Dass die Spitzen der Teilstreitkräfte und die Truppenführung in Vietnam ebenfalls eine Eskalationsstrategie befürworteten, wusste Nixon. Aber über diese selbst- und machtbewussten Generale und ihre Apparate hatte er keine Kontrolle – ein Umstand, den Nixon nur schwer akzeptieren konnte. Die Spannung entlud sich in regelmäßig wiederkehrenden Tiraden gegen die Befehlshaber im Feld. Oder in bizarren Vorschlägen, mit Propellermaschinen aus dem Arsenal des Zweiten Weltkriegs die Nordvietnamesen das Fürchten zu lehren. Männer wie Alexander Haig oder Creighton Abrams nahmen es mit Amüsement oder überhaupt nicht zur Kenntnis. Dabei wäre es wahrscheinlich geblieben, hätte Nixons chronisches Misstrauen nicht eine Kehrseite gehabt: seine an Geheimhaltungswahn grenzende Politik der Abschottung. Im Pentagon hatte man zu Recht den Eindruck, von allem etwas, aber von nichts das Wesentliche zu wissen. Egal, ob es um Lufteinsätze oder die Pariser Friedensverhandlungen ging – Nixon und Kissinger verstanden sich darauf, den Kreis der Informierten klein zu halten und obendrein jeden gegen jeden auszuspielen. Selbst Verteidigungsminister Laird wurde über Operationen wie Menu oder den Nuclear Alert nicht ins Bild gesetzt. Ein Treibhausklima für Intrigen und Verrat und letztlich für einen Skandal, der im Verhältnis von Politik und Militär in den USA bis heute beispiellos ist.

Die Rede ist von der «Moorer-Radford-Affäre», benannt nach Admiral Thomas H. Moorer, dem Vorsitzenden der Vereinten Stabschefs, und Yeoman Charles E. Radford, einem Marinesoldaten, der als Stenograph in Kissingers Stab arbeitete. Im Dezember 1971 gab Radford zu, dass er über ein Jahr lang Tausende von Unterlagen des Weißen Hauses an seine Vorgesetzten im Pentagon weitergeleitet hatte – aus Aktentaschen entwendetes und kopiertes Material oder Dokumente, die er zerstückelt in Papierkörben vorgefunden und wieder zusammengesetzt hatte. Von Vietnam über die Bündnispolitik bis zu den Rüstungskontrollverhandlungen mit Moskau deckten sie das gesamte Spektrum nationaler Sicherheitspolitik ab. Die Empfänger: Moorer und bisweilen auch Admiral Elmo Zumwalt, der Stabschef der Marine, der in seinen 1976 veröffentlichten Memoiren diese Spionage als legitime Reaktion der von Nixon und Kissinger vorsätzlich hinters Licht geführten Militärs guthieß.[14]

Doch Nixons Problem waren weder Zumwalt noch Moorer. Beide beließ er im Amt, in der letzten Endes bestätigten Hoffnung, dass sie ihm fortan nicht mehr in die Quere kommen würden. Sorge bereiteten die «kleinen Fische» vom Schlage Radfords, die viel wussten und wenig zu verlieren hatten. Zum zweiten Mal binnen weniger Monate sah sich der Präsident von ihnen düpiert. Im Juni 1971 hatte ein Mitarbeiter der RAND-Corporation, Daniel Ellsberg, mit den «Pentagon-Papieren» Archivalien aus der Frühzeit des Vietnamkrieges der Presse zugespielt. Wie bei ihm, so fürchtete Nixon auch im Fall Radford, dass der Informant weiteres Material in der Hinterhand hielt und womöglich die streng geheimen Planungen für eine Eskalation des Luftkrieges in Vietnam verraten könnte – ein Szenario, das in Nixons Sicht den Ruin seiner Präsidentschaft bedeutete. Wie gewohnt, verlangte der Präsident deshalb nicht nur die Bestrafung des Täters, sondern eine rigorose Repression aller potentiellen «Verräter», nicht ahnend, dass er sich auf diese Weise binnen Jahresfrist selbst eine Falle stellen und seine Politik eigenhändig zu Fall bringen würde.

Nixon hatte bereits vor der «Moorer-Radford-Affäre» die Grenzen seines politischen Raums zur Kenntnis nehmen müssen. Unter dem Druck der Antikriegs-Bewegung und oppositioneller Demokraten im

Kongress war er gezwungen, die Bodentruppen schneller als ursprünglich geplant zurückzuziehen. Von den 543 000 im April 1969 in Vietnam stationierten Soldaten verließen binnen Jahresfrist knapp 140 000 das Land. Weitere 180 000 kehrten bis Juli 1971 nach Hause zurück. Ein Jahr später hielten nur noch 46 000 Mann die Stellung, eine mit logistischer Unterstützung und Ausbildung der südvietnamesischen Armee beschäftigte Truppe ohne Kampfauftrag. Von einer erfolgreichen «Vietnamisierung» des Krieges konnte indes keine Rede sein. Im Gegenteil. Der auch als Testlauf gedachte Einsatz der Südvietnamesen in Laos zwischen Dezember 1970 und März 1971 endete im Desaster. Von 16 000 Kämpfern, die zur Elite ihrer Armee gerechnet wurden, kehrte noch nicht einmal die Hälfte zurück. Hanoi zog daraus auch politische Schlüsse, ablesbar an den Lektionen, die der Verhandlungsführer Le Duc Tho seinem Gegenüber Henry Kissinger in Paris erteilte: Was man auf dem Schlachtfeld nicht erreichen kann, ist auch mit diplomatischen Mitteln nicht durchsetzbar. Im Klartext: Ein Rückzug nordvietnamesischer Truppen aus dem Süden kommt nicht und ein Waffenstillstand nur dann in Frage, wenn die «Marionette Thieu» sein Amt aufgibt. Nixons Hoffnung, auf dem Umweg über Moskau und Peking Druck auf Nordvietnam ausüben zu können, hatte sich damit ebenfalls als Illusion erwiesen. Heute wissen wir, dass Sowjets wie Chinesen den amerikanischen Standpunkt in Hanoi vortrugen. Allerdings setzten sie ihren Partner nie unter Druck, umso weniger, als Ho Tschi Minh sie vor einem «Glaubwürdigkeitsverlust» in der sozialistischen Welt warnte. Wie es scheint, hatte er sich erfolgreich in Nixons Gedankenwelt hineinversetzt und spielte dessen Spiel besser als Nixon selbst.

Im Grunde stand Nixon nach knapp zwei Jahren Amtszeit vor den Trümmern seines *Grand Design*. Die «Madman-Strategie» hatte ebenso wenig erreicht wie das Spiel über Bande mit der «Dreiecksdiplomatie». Der Versuch, Kambodscha mit Bomben und kurzfristig mit amerikanischen Bodentruppen zu befrieden, bewirkte nichts außer einem verstärkten Zulauf für die Gegner an der Heimatfront. Derweil hatte Nguyen Van Thieu nicht nur bei der Reform seiner Streitkräfte versagt. Noch mehr ließ er die Kompetenz und den Willen vermissen, einen korrupten Staatsapparat zu sanieren und um Legitimität für seine Regierung zu werben. Und ohne amerikanische Bodentruppen war es nur noch eine Frage der Zeit, bis der Vietcong und die nordvietnamesische Armee zum Sturm auf Saigon ansetzten. Nixon und Kissinger machten sich darüber keine Illusionen. Sie waren in der Überzeugung angetreten, eine bessere Strategie als Kennedy und Johnson zu haben. Und hatten dennoch erkennen müssen, dass das primäre Ziel aller Präsidenten seit Truman auch mit ihren Mitteln nicht erreichbar war – eine antikommunistische Regierung in Saigon zu konsolidieren und auf Dauer an der Macht zu halten. Im Herbst 1970 stand Nixon also erneut vor der Alternative: Entweder die Konsequenz aus einer *no-win-situation* zu ziehen und Frieden zu schließen oder den Krieg wider besseres Wissen fortzusetzen. Nixon entschied sich für Letzteres.

Die neue Losung hieß *decent interval* oder *healthy interval*. Man war bereit, den Verbleib nordvietnamesischer Truppen im Süden zu akzeptieren und auf dieser Basis eine Verhandlungslösung anzustreben – so Henry Kissinger im September 1970 während der Pariser Verhandlungen, so Richard Nixon bei einer Fernsehansprache am 7. Oktober 1970. Das jahrelang als unverhandelbar bezeichnete Prinzip des beiderseitigen Truppenrückzugs war außer Kraft gesetzt. Aber dieses Zugeständnis war an einen Entschluss gekoppelt, von dem niemand außerhalb des Weißen Hauses wusste: Dafür zu sorgen, dass der Saigoner Regierung noch eine Übergangszeit blieb, ein *decent interval*. Wenn ihr Sturz auch unvermeidlich war, so sollte er doch nicht unmittelbar nach dem Abzug aller US-Truppen erfolgen. Der Eindruck, dass die USA einen Verbündeten im Stich gelassen hatten und die Hauptverantwortlichen für dessen Niedergang waren, musste unter allen Umständen und mit allen noch zu Gebote stehenden Mitteln vermieden werden.

Niemand glaubte, dass Thieu eine Übergangszeit für sich und zum Nachteil der kommunistischen Opposition würde nutzen können – aber der Anschein, dass er seine Chance hatte und verspielte, blieb gewahrt. In anderen Worten: Für Nixon ging es nur noch um Zeitgewinn. Sein großer Plan war zu dem Vorsatz geschrumpft, die Machtübernahme der Kommunisten so lange wie möglich hinauszuzögern – mindestens bis nach der Wahl im November 1972, im besten Fall bis zum Ende seiner zweiten Amtszeit im Januar 1977. Damit war im Kampf um die «Glaubwürdigkeit» ein neuer Akzent gesetzt. Es ging nicht mehr allein um den Nimbus der USA als «glaubwürdiger Weltmacht». Die Glaubwürdigkeit von Richard Nixon war fortan gleichermaßen bedeutend. Will heißen, sein persönliches Renommee als geschickter Diplomat und großer Kriegsherr.

Ohne Bodentruppen gab es nur noch ein Mittel zur Wahrung eines *decent interval*: die Luftwaffe. Und Nixon zeigte sich entschlossen, von ihr exzessiven Gebrauch zu machen. Die auf Tonband protokollierten Diskussionen im Weißen Haus des Jahres 1971 zeugen davon. Je weniger er an sich und seine Politik glaubte, desto aggressiver und verbohrter insistierte Nixon darauf, dem nicht besiegbaren Feind noch für einige Jahre schmerzhafte Wunden zu schlagen und ihm den höchsten Preis für seinen verzögerten Triumph abzuverlangen. «Wir werden die Deiche zerstören und die Kraftwerke, wir werden Haiphong ausradieren», so ein mit den Fäusten auf den Tisch trommelnder Nixon am 2. Juni 1971. «Wir werden dieses gottverdammte Land dem Erdboden gleichmachen! [...] Das ist keine leere Drohung. [...] Jetzt haben wir verdammt noch mal nichts mehr zu verlieren. Nichts mehr zu verlieren. [...] Wir werden sie mit Schlägen eindecken, wir werden ihnen alle Kraft aus dem Leib bomben.» Henry Kissinger hörte es gerne. «Mr. President, ich werde Sie aus ganzem Herzen unterstützen, und ich glaube, dass Sie das Richtige tun.»[15]

Auch die Führung in Hanoi hatte 1970/71 noch kein Interesse an einem Waffenstillstand oder Frieden. Bevor es soweit war, sollten weitere militärische Erfolge als Unterpfand der Verhandlungen erzielt und vor allem weitere Truppen in den Süden eingeschleust werden, um die Zeitspanne zwischen einem Vertrag mit den USA und dem endgültigen Sieg über Thieu möglichst kurz zu halten. Wenn man so will, huldigten die Kommunisten einem dem amerikanischen Modell zum Verwechseln ähnlichen Credo. Glaubwürdigkeit hieß für sie, die Ohnmacht des Gegners zu demonstrieren und den Krieg auf eine Weise zu beenden, die von den Unterdrückten allerorts als Fanal zum Aufbruch gedeutet werden konnte. Im März 1972 startete der Norden deshalb seine größte Angriffsoperation des gesamten Krieges, die «Osteroffensive». Im Unterschied zur *hit-and-run*-Taktik der Vergangenheit ging es jetzt darum, große bevölkerte Gebiete einzunehmen und zu halten.

Dass die Nordvietnamesen während der Osteroffensive eine empfindliche Niederlage erlitten und von 200 000 ihrer eingesetzten Soldaten mehr als die Hälfte fielen, spielte aus Sicht des Weißen Hauses keine Rolle. Für Nixon war der Zeitpunkt zur Eskalation des Luftkrieges gekommen. «Wir haben den Rubikon überschritten.» Operation LINEBACKER hieß der Großangriff, den der Präsident am 8. Mai 1972 anordnete – übrigens gegen den Rat von Verteidigungsminister Melvin Laird und von Creighton Abrams, dem Befehlshaber der US-Truppen in Vietnam. Ob beabsichtigt oder nicht: Der Codename hätte für die mit dem *decent interval* anvisierten Ziele nicht besser gewählt sein können. Ein *Linebacker* ist im *American Football* ein an der Seitenlinie eingesetzter «Rammbock», dessen einzige Aufgabe darin besteht, einen in der Vorwärtsbewegung befindlichen Gegner zu bremsen. Der *Linebacker* kann das Spiel verzögern, ihm aber keine Wendung geben. Mit eben diesem Ziel wurden die B-52 auf den Weg geschickt. Sie sollten die Infrastruktur im Norden so weit schädigen, dass die feindliche Armee in ihren Planungen für eine Übernahme des Südens um Monate zurückgeworfen wurde – Terrorangriffe gegen Städte wie Haiphong inklusive. Welche Zerstörungen die Operation tatsächlich anrichtete, ist schwer zu beurteilen. Mit einer Dauer von sechs Monaten und einer Bombenlast von 155 000 Tonnen war es in jedem Fall einer der massivsten Angriffe in der Geschichte des Luftkrieges. Nixon war entschlossen, weitere folgen zu lassen. «Ich will dort alles in Klump hauen. [...] Legt los, legt endlich los.» Und zwei Tage später, am 4. Mai 1972: «Jetzt ist die Zeit, um die maximale Kraft unseres Landes gegen so ein verschissenes Land einzusetzen. [...] Richtig wild werde ich aber erst nach der Wahl. [...] Diese Bastarde werden bezahlen müssen.»[16]

Die Tonbandaufnahmen vom späten April und frühen Mai 1972 geben die Stimme eines Präsidenten wider, der sich regelmäßig in Rage redet und in seiner Wut auch auf den Einsatz von Atomwaffen zu sprechen kommt. Konfrontiert mit dem Hinweis, dass eine Zerstörung der Deiche 200 000 Menschen töten würde, sagte Nixon nach einem fünffach wiederholten «Nein» zu Henry Kissinger: «Dann wäre mir eine Atombombe lieber. Haben Sie entsprechende Vorkehrungen getroffen? [...] Eine Atombombe, stört Sie das etwa? [...] Um Himmels willen, Henry, ich möchte einfach, dass Sie großformatig denken!» Nixon selbst räumte 1985 in einem Interview mit dem Time Magazine ein, dass er die Nuklearoption im Blick hatte. Wie ernst diese Überlegungen gemeint waren oder ob gar vorbereitende Schritte in die Wege geleitet wurden, ist den Tonbändern aus dem Weißen Haus nicht zu entnehmen. Festhalten lässt sich allerdings: Man würde es sich zu leicht machen, derlei Gedankenspiele nur mit dem gestörten psychischen Gleichgewicht Nixons in Verbindung zu bringen. Zweifellos hatte er periodisch mit dem Verlust seiner Contenance zu kämpfen. In diesem Fall aber scheint seine kühl kalkulierende Seite den Ausschlag gegeben zu haben. Nixon testete wiederholt die Reaktionen seines Umfeldes und wollte ein Gespür dafür bekommen, wie weit er gehen konnte. Ermutigt wurde er offensichtlich nicht. Und wie es scheint, sahen sich gerade führende Militärs in ihrem Misstrauen bestätigt.[17]

Im Vorfeld der Präsidentschaftswahlen vom November 1972 war eine Eskalation des Krieges ohnehin ausgeschlossen. Um gegen seinen Widersacher George McGovern zu punkten, musste Nixon zumindest ein ernsthaftes Bemühen um einen Erfolg bei den Pariser Verhandlungen unter Beweis stellen. Dieses Interesse blieb auch den Unterhändlern Hanois nicht verborgen. Motiviert vom innenpolitischen Kalender in den USA, ermutigt von der militärischen Schwäche Saigons und beflügelt vom fast vollständigen Rückzug der US-Bodentruppen, gaben auch sie ihre jahrelange Obstruktionspolitik auf. Ein diplomatischer Zwischenschritt versprach eine Abkürzung des Weges zur Machtübernahme im Süden, zumindest aber eine Verschnaufpause.

Im Oktober 1972 gelang tatsächlich der Durchbruch: Erstmals lag ein beiderseits akzeptierter Entwurf für einen Waffenstillstand vor. Nordvietnam ließ seine Forderung nach einem sofortigen Rücktritt Thieus fallen und verpflichtete sich zur Freilassung aller amerikanischen Gefangenen. Die USA waren bereit, innerhalb von 60 Tagen nach Unterzeichnung ihre noch verbliebenen Truppen vollständig abzuziehen, stimmten aber zu, dass 150 000 nordvietnamesische Soldaten im Süden stationiert blieben. Überdies akzeptierten sie die «Provisorische Revolutionsregierung», den politischen Arm der Nationalen Befreiungsfront, als legitime Vertretung in den von den Kommunisten militärisch kontrollierten Gebieten. Wie die künftige Regierung in Saigon zusammengesetzt sein sollte, blieb offen. Ein «Nationaler Rat der Versöhnung und Einheit» wurde mit der Ausarbeitung diesbezüglicher Vorschläge beauftragt.

Mit diesem Abkommen wurde das letzte Kapitel in der schier unendlichen Geschichte des «Nicht-Aufhören-Könnens» aufgeschlagen. Nixon befand sich in einer Zwickmühle: Er hatte dem Waffenstillstand zugestimmt und damit seine Wiederwahl mit einem Erdrutschsieg sichergestellt. Andererseits hielt er eine Weiterführung des Luftkrieges für unabdingbar. Denn die Aussichten auf eine mittelfristige Sicherung der Regierung Thieu hatten sich mit dem Vertragsentwurf vom Oktober nicht verbessert. «Thieu muss verstehen», schrieb Kissinger an den US-Botschafter in Saigon, «dass in unseren Überlegungen die Wahrscheinlichkeit einer Vertragsverletzung durch die Nordvietnamesen von überragender Bedeutung ist. [...] Verstöße des Nordens werden uns für eine Reaktion die unerlässliche innenpolitische Rückendeckung geben.» Gestützt auf eine Fülle weiterer Diskussionen und Memoranden lässt sich also sagen: Nixon erwartete nicht nur, dass Hanoi seine Zusagen brechen würde. Er hoffte inständig darauf. In seinen eigenen Worten: «Was wirklich zählt, ist nicht das Abkommen, sondern meine Entschlossenheit zur massiven Reaktion gegen Nordvietnam, wenn sie es nicht einhalten.» Die Ratifizierung eines Waffenstillstands galt mithin als optimale Voraussetzung zur Fortsetzung des Krieges aus der Luft. Was fehlte, war ein vom Feind zu verantwortender Vorwand zur Beruhigung der Heimatfront. Und selbstverständlich Thieus Unterschrift unter dem Vertrag. Nixon: «Ich brauche [Thieus] Unterstützung für die Hilfe – für massive Vergeltung.»[18]

Nugyen Van Thieu aber wollte Beweise sehen. Er wusste, dass Nixon sich in der «Glaubwürdigkeitsfalle» verfangen hatte und demonstrierte auf seine Weise, dass der Schwanz mit dem Hund wedeln kann. In 64 Punkten verlangte er eine Korrektur des Abkommens – Vorschläge, die Kissinger als völlig abwegig bezeichnete. Thieus Rechnung ging dennoch auf. Nixon sah sich gezwungen, die Ernsthaftigkeit seiner im Geheimen gegebenen Versprechen vor Aller Augen zu demonstrieren. Als, wie nicht anders zu erwarten, die nordvietnamesische Delegation die Änderungswünsche zurückwies, schlug ab dem 14. Dezember 1972 wieder die Stunde des *Madman*. «Ich will nichts mehr von dieser Scheiße hören, dass wir dieses oder jenes Ziel nicht treffen können», herrschte Nixon Admiral Moorer an. «Das ist Ihre Chance, militärische Macht effektiv und mit dem Ziel einzusetzen, diesen Krieg zu gewinnen. Tun Sie es nicht, mache ich Sie persönlich verantwortlich.» Im Zuge von Operation LINEBACKER II, besser bekannt als das «Weihnachtsbombardement», wurden knapp 3500 Einsätze mit der expliziten Absicht geflogen, die Zivilbevölkerung in Hanoi und Haiphong zu demoralisieren. Nur zwölf Prozent der Angriffe galten militärischen Zielen. Dass in Hanoi nicht mehr als 2200 Menschen starben und knapp 1600 verwundet wurden, war den umfangreichen Evakuierungen nach LINEBACKER I im Frühjahr 1972 zu verdanken.[19]

Nachdem die Pariser Gespräche Anfang Januar 1973 wieder aufgenommen worden waren und Thieu seine Einwände zurückgezogen hatte, unterzeichneten alle Parteien am 27. Januar das Abkommen zur Beendigung des Krieges. Es war mit dem Entwurf vom Oktober 1972 in allen wesentlichen Teilen identisch. Von einem Friedensvertrag konnte freilich keine Rede sein. Die Durchführungsbestimmungen blieben derart vage, dass es nur eine Frage der Zeit war, wann der Streit über ihre Auslegung wieder mit Waffengewalt ausgetragen würde. Henry Kissinger stimmte den neuen Verteidigungsminister Elliot Richardson auf eine Eskalation binnen weniger Wochen ein. «Die Strategie des Präsidenten mag irrational erscheinen. […] Aber sobald wir dazu gezwungen sind, müssen wir etwas jenseits aller Verhältnismäßigkeit tun, um sie zu bestrafen. Es ist vielleicht falsch, aber die Bilanz zeigt, dass es in unserem besten Interesse ist.»[20]

Doch der Präsident, der stets neue Anlässe zum Weitermachen gefunden hatte, wurde abrupt zum Innehalten gezwungen. Faktisch war er seit dem Frühjahr 1973 nicht mehr handlungsfähig, und zwar wegen eines Skandals, der den Namen eines Hotels trägt, in der Sache aber dem Krieg in Vietnam geschuldet ist: Watergate. Bis heute ist unklar, welchen Auftrag die Einbrecher im Wahlkampfquartier der Demokratischen Partei hatten. Fest steht allerdings, dass es dieselben Männer waren, die Nixon seit Sommer 1971 engagiert hatte, um «Verräter» wie Daniel Ellsberg oder Charles E. Radford mittels übler Nachrede, Diebstahls persönlicher Unterlagen und Psychoterrors von weiteren Kontakten mit der Presse abzuhalten. Mit Erfolg, wie es schien, denn die wesentlichen Interna seiner Kriegspolitik, allem voran die Pläne für eine Eskalation des Luftkrieges, wurden nicht bekannt. Nachdem freilich sein Team fürs Grobe im Watergate-Hotel auf frischer Tat ertappt worden war, musste Nixon fürchten, dass auch die anderen kriminellen Aktionen samt den dahinter stehenden Motiven aufgedeckt werden könnten. Der Gedanke an eine neue Kampflinie an der Heimatfront versetzte ihn in Panik. Nur aus diesem Grund wurde Watergate ab dem Sommer 1972 zur Chefsache, nur deswegen beteiligte sich Nixon persönlich an der Vernichtung von Beweismitteln, der Irreführung von Ermittlern und der Anstiftung zum Meineid. Seit der Vertuschung seiner Geheimkontakte zu Thieu im Sommer 1968 war er mit dergleichen Taktiken gut gefahren. Doch in diesem Fall hatte Nixon seine Karten überreizt. Statt Thieu zu schützen, war er in der Folge vornehmlich mit der Rettung der eigenen Präsidentschaft beschäftigt. Und stand gegen eine Presse, die sich für die jahrelangen Lügen und Irreführungen aus dem Weißen Haus rächte, auf verlorenem Posten. Mit seinem Rücktritt im August 1974 war auch die Idee eines «glaubwürdigen Rückzugs» in Vietnam Geschichte. Neun Monate später fiel Saigon.

Die Frage, ob der Krieg ohne Watergate weiter gegangen wäre, ist kaum zu beantworten. Für Spekulationen in die eine oder andere Richtung gibt es eine Vielzahl triftiger Argumente. Sie zu wägen, sei den an kontrafaktischer Geschichte Interessierten überlassen. Wichtiger ist, weshalb Richard Nixon seine Kriegspolitik überhaupt so lange durchhalten konnte. Gewiss gab es zahlreiche Gründe für das «Nicht-Aufhören-Können» – die Furcht vor einem «Dominoeffekt», falls weitere Teile Südostasiens in die Hände der Kommunisten fielen, das Interesse, die Sowjetunion einzudämmen oder der VR China eine Lektion zu erteilen. Was immer man an weiteren Faktoren zitieren mag, für alle gilt das Gesagte: Dass sie erst handlungsmächtig wurden vor dem Hintergrund eines Selbstbildes, demzufolge Glaubwürdigkeit bei Strafe des Untergangs bedingungslos zu wahren ist.

Die Angst vor einem Glaubwürdigkeitsverlust teilen die USA mit allen Imperien seit der Antike. Die zu unterschiedlichen Zeiten unterschiedlich beantwortete Frage ist aber, ob und wann man Gefahr läuft, sich der Glaubwürdigkeit wegen politisch selbst zu fesseln. Im Fall der USA im Vietnamkrieg hat man es mit Eliten zu tun, die ein um das andere Mal ihr Wort fahrlässig verpfändeten und am Ende dem eigenständig verordneten Zwang erlegen sind, dieses Pfand auch einzulösen. Sobald in dieser Konstellation ein Mann wie Richard Nixon auf den Plan tritt, wird ein ohnehin schwer zu korrigierender Prozess zusätzlich dynamisiert – weil Nixon das Talent hatte, die populistische Kehrseite des vermeintlichen Gesichtsverlusts nach oben zu wenden und die «schweigende Mehrheit» samt deren Repräsentanz im Kongress auf Jahre mit dem Satz hinter sich zu bringen, ein Sieg über Amerika wäre nicht das Werk des Vietcong, sondern allein der Amerikaner selbst. Und weil Nixon vor allem eines wollte: Sich persönlich als erfolgreichen Kriegsherrn zu inszenieren und zu behaupten. In einer solchen Gemengelage aus verwurzelter Tradition und individueller Eigenheit gibt es keine *exit options*, ist man bereit, auf Jahre hinaus weiterzumachen – in diesem Fall um den Preis von 25 000 weiteren Toten auf der eigenen und zehntausenden Kriegsopfern auf der anderen Seite. Damit aber ist das eigentlich relevante Problem angesprochen: Wie es um eine Gesellschaft und ihr politisches System bestellt ist, wenn die Mechanismen zur Selbstkorrektur erst unter der Voraussetzung aktiviert werden, dass ihr Kriegsherr des kriminellen Vergehens, der Rechtsbeugung und des Verfassungsbruchs überführt ist.

Literatur und Anmerkungen

Vorwort der Herausgeber

Anmerkungen

1 Die gibt es nämlich schon in großer Zahl, angefangen von vergleichenden Untersuchungen der Führungsstile, Stabsorganisationen und Operationsprinzipien großer Schlachtenlenker quer durch die Geschichte (wie etwa Basil H. Liddell Hart, Great Captains Unveiled, Edinburgh 1928; John R. Elting, The Super-strategists. Great Captains, Theorists and Fighting Men Who Have Shaped the History of Warfare, New York 1985; Peter Paret (Hg.), Makers of Modern Strategy from Machiavelli to the Nuclear Age, Princeton, NJ, 1986; John Keegan, The Mask of Command, London 1987) über mehr oder weniger national, epochal oder thematisch eingegrenzte Generalsprosopographien (allen voran die zahlreichen Bände über Napoleons Marschälle, etwa Joel Tylor Headley, Napoleon and His Marshals, 2 Bde., New York 1847; Richard P. Dunn-Pattison, Napoleon's Marshals, London 1909; Archibald G. Macdonell, Napoleon and His Marshals, New York 1934; Laurence Currie, The Bâton in the Knapsack. New Light on Napoleon and His Marshals, New York 1934; David G. Chandler (Hg.), Napoleon's Marshals, New York 1987; aber z. B. auch Franz Carl Endres, Große Feldherrn, 2 Bde., Leipzig 1919; Friedrich von Cochenhausen (Hg.), Von Scharnhorst zu Schlieffen 1806–1906. Hundert Jahre preußisch-deutscher Generalstab, Berlin 1935; Michael Carver, The War Lords. Military Commanders of the Twentieth Century, Boston, MA, 1976; für das Altertum vgl. Richard A. Gabriel, Great Captains of Antiquity, Westport, CT, 2000; auch der Amerikanische Bürgerkrieg ist gut vertreten, so etwa gleich nach dem Krieg William Parker Snow, Southern Generals. Their Lives and Campaigns, New York 1866; und dann bis zur Gegenwart anhaltend – Charles B. Richardson, Southern Generals. Who They Are, and What They Have Done, New York 1865, wurde 2001 neu aufgelegt; auch R. Steven Jones, The Right Hand of Command. Use and Disuse of Personal Staffs in the Civil War, Mechanicsburg, CA, 2000) bis hin zu doch recht speziellen Zusammenstellungen (Albert F. Harris, Fated Stars. Virginia Brigadier Generals Killed in the Civil War, 1861–1865, Gettysburg, PA, 2000).

2 Siehe Karl Christ, Die Römische Kaiserzeit. Von Augustus bis Diokletian, München 2001, S. 12.

3 Norbert Ohler, Krieg und Frieden im Mittelalter, München 1997, S. 265.

4 Siehe weiterführend Thomas Menzel, Der Fürst als Feldherr. Militärisches Handeln und Selbstdarstellung zwischen 1470 und 1550. Dargestellt an ausgewählten Beispielen, Berlin 2003.

5 Niccolo Machiavelli, Der Fürst, Stuttgart 1961, S. 92.
6 Otto Hintze, Staatsverfassung und Heeresverfassung (Vortrag, gehalten in der Gehe-Stiftung zu Dresden am 17. Februar 1906), in: ders., Staat und Verfassung, hg. v. Gerhard Oestreich, 3. Aufl., Göttingen 1970, S. 52–83, hier S. 53.
7 Reinhard Höhn, Verfassungskampf und Heereseid. Der Kampf des Bürgertums um das Heer (1815–1850), Leipzig 1938.
8 Zu prominenten Vertretern dieser Gattung demokratischer Kriegsherren siehe Eliot Cohen, Supreme Command. Soldiers, Statesman, and Leadership in Wartime, New York 2002.
9 Am Beispiel des NATO-Oberbefehlshabers im Kosovo-Krieg 1999, Wesley K. Clark, veranschaulicht dies Michael Ignatieff, Virtual War. Kosovo and Beyond, London 2001, S. 91–112.
10 München 1935.
11 Stig Förster/Markus Pöhlmann/Dierk Walter (Hg.), Schlachten der Weltgeschichte. Von Salamis bis Sinai, 3. Aufl., München 2003.

Xerxes I. (ca. 519–465 v. Chr.)

Literatur

Bichler, Reinhold, Herodots Welt. Der Aufbau der Historie am Bild der fremden Länder und Völker, ihrer Zivilisation und ihrer Geschichte, Berlin 2000
Ders., Ktesias ‹korrigiert› Herodot. Zur literarischen Einschätzung der *Persika*, in: Herbert Heftner/Kurt Tomaschitz (Hg.), Ad fontes! Festschrift für G. Dobesch zum fünfundsechzigsten Geburtstag am 15. September 2004 dargebracht von Kollegen, Schülern und Freunden, Wien 2004, S. 105–116
Ders./Robert Rollinger, Herodot, Hildesheim 2000
Briant, Pierre, From Cyrus to Alexander. A History of the Persian Empire, Winona Lake, IN, 2002
Hinz, Walter, Darius und die Perser. Eine Kulturgeschichte der Achämeniden, 2 Bde., Baden-Baden 1976/1979
Kuhrt, Amélie/Sherwin-White, Susan M., Xerxes' Destruction of Babylonian Temples, in: Heleen Sancisi-Weerdenburg/Amélie Kuhrt (Hg.), Achaemenid History II. The Greek Sources, Leiden 1987, S. 69–78
Rollinger, Robert, König der Könige, in: DAMALS 8/2001, S. 14–23
Sancisi-Weerdenburg, Heleen, The Personality of Xerxes, King of Kings, in: Léon de Meyer/Ernie Haerinck (Hg.), Archaeologia Iranica et Orientalis. Miscellanea in honorem L. Vanden Berghe, Bd. 1, Gent 1989, S. 549–561
Souza, Philip de, The Greek and Persian Wars 499–386 B. C., Oxford 2003
Wiesehöfer, Josef, Kontinuität oder Zäsur? Babylonien unter den Achaimeniden, in: Reinhard Gregor Kratz (Hg.), Religion und Religionskontakte im Zeitalter der Achaimeniden, Gütersloh 2002, S. 29–48
Ders., Das antike Persien, 4. Aufl., Düsseldorf 2005

Anmerkungen

1 Herodot 8,90. Die ausführlichsten Informationen über Xerxes verdanken wir griechischen Autoren, nicht zuletzt Herodot. Neben ihm sind noch Aischylos (5. Jh. v. Chr.), Thukydides (5. Jh. v. Chr.), Ktesias (4. Jh. v. Chr.), Diodor (1. Jh. v. Chr.) und Plutarch (1./2. Jh. n. Chr.) zu nennen. Die Werke der meisten dieser Autoren sind sehr leicht, u. a. in deutschen Übersetzungen, zugänglich. Eine Sammlung der Fragmente (heute verlorener Werke) griechischer Historiker (FGrH) hat Felix Jacoby herausgegeben (1923 ff.). – Die Inschriften der Perserkönige werden folgendermaßen zitiert: Name des Königs, Ort der Inschrift, Nummer der Inschrift; z. B. DPg (Inschrift g Dareios' I. aus Persepolis) oder XPh (Inschrift h Xerxes' I. aus Persepolis). Eine vorzügliche Edition der altpersischen Fassungen der Persepolis-Inschriften der Perserkönige mit englischen Übersetzungen bietet Rüdiger Schmitt, The Old Persian Inscriptions of Naqsh-i Rustam and Persepolis, London 2000.

2 XPl 36–38.

3 XPl 14–17.

4 Herodot 7,2 f.

5 XPf 27–43.

6 Herodot 7,3.

7 XPa 11–17.

8 Herodot 7,20–25.

9 Herodot 7,131 f.

10 Herodot 8,73.

11 Thukydides 1,74,1.

12 Aischylos, Perser 249–531; Herodot 8,56–96; Diodor 11,17–19.

13 Herodot 8,143.

14 Herodot 9,99–106.

15 Reinhold Bichler/Robert Rollinger, Herodot, Hildesheim 2000, S. 94.

16 Herodot 9,108–113.

17 Reinhold Bichler, Ktesias ‹korrigiert› Herodot. Zur literarischen Einschätzung der *Persika*, in: Herbert Heftner/Kurt Tomaschitz (Hg.), Ad fontes! Festschrift für G. Dobesch zum fünfundsechzigsten Geburtstag am 15. September 2004 dargebracht von Kollegen, Schülern und Freunden, Wien 2004, S. 105–116, hier S. 108.

18 Herodot 7,8 a–c.

19 Herodot 9,110 f.

20 Plutarch, Moralia 173 B–C.

21 Walter Hinz, Darius und die Perser. Eine Kulturgeschichte der Achämeniden, 2 Bde., Baden-Baden 1976/1979, Bd. 2, S. 17.

22 Herodot 1,183.

23 Herodot 1,95.130.

24 FGrH 688 F 1, 5.

25 DPg §§ 1–2.

26 XPh 13–28.

27 XPh.
28 Herodot 8,54.

Alexander der Große (356–323 v. Chr.)

Literatur

Berve, Helmut, Das Alexanderreich auf prosopographischer Grundlage, 2 Bde., München 1926
Bosworth, Albert B., A Historical Commentary on Arrian's History of Alexander, 2 Bde., Oxford 1980/1995
Engels, Donald W., Alexander the Great and the Logistics of the Macedonian Army, Berkeley, CA, 1978
Gehrke, Hans-Joachim, Alexander der Große, 4. Aufl., München 2005
Hammond, Nicholas G. L., Alexander the Great. King, Commander and Statesman, London 1981
Lane Fox, Robin, Alexander der Große. Eroberer der Welt, 2. Aufl., Stuttgart 2004
Schachermeyr, Fritz, Alexander der Große. Das Problem seiner Persönlichkeit und seines Wirkens, Wien 1973
Wiemer, Hans-Ulrich, Alexander der Große, München 2005

Anmerkungen

1 Arrian, Alexandrou anabasis 7, 11, 9.
2 Plutarch, Alexandros 76, 7 f.

Hannibal (247–182 v. Chr.)

Literatur

Barceló, Pedro, Hannibal, 2. Aufl., München 2002
Ders., Hannibal. Stratege und Staatsmann, Stuttgart 2004
Brizzi, Giovanni, Annibale. Strategia e Immagine, Perugia 1984
Christ, Karl, Hannibal, Darmstadt 2003
Goldsworthy, Adrian K., The Punic Wars, London 2000
Lazenby, John F., Hannibal's War. A Military History of the Second Punic War, Warminster 1978
Le Bohec, Yann, Histoire militaire des guerres puniques, Monaco 1996
Seibert, Jakob, Hannibal, Darmstadt 1993

Anmerkungen

1 Polybios, Historien IX 22.
2 «Nichts galt ihm Wahrheit, nichts war ihm heilig. Gottesfurcht kannte er nicht, ein Eid war ihm bedeutungslos, und er empfand keinerlei religiöse Bindung». Livius, Römische Geschichte 21,4,9.

3 Ebd. 21,4,5–8.
4 Polybios, Historien XI 19.

Caesar (100–44 v. Chr.)

Literatur

Canfora, Luciano, Caesar, der demokratische Diktator. Eine Biographie, München 2003
Christ, Karl, Krise und Untergang der römischen Republik, 3. Aufl., Darmstadt 1993
Dahlheim, Werner, Julius Caesar. Die Ehre des Kriegers und der Untergang der römischen Republik, München 1987
Gelzer, Matthias, Caesar, der Politiker und Staatsmann, 6. Aufl., Wiesbaden 1960
Jehne, Martin, Der Staat des Dictators Caesar (Passauer historische Forschungen, Bd. 3), Köln 1987
Ders., Caesar, München 1997
Meier, Christian, *Res publica* amissa. Eine Studie zur Verfassung und Geschichte der späten römischen Republik, 2. Aufl., Frankfurt/Main 1980
Ders., Die Ohnmacht des allmächtigen Dictators Caesar. Drei biographische Skizzen, Frankfurt/Main 1980
Ders., Caesar, Berlin 1982
Strasburger, Hermann, Caesar im Urteil seiner Zeitgenossen, 2. Aufl., Darmstadt 1968

Marcus Aurelius (121–180)

Literatur

Birley, Anthony R., Marcus Aurelius. A Biography, London 1987
Kienast, Dietmar, Römische Kaisertabelle. Grundzüge einer römischen Kaiserchronologie, 2. Aufl., Darmstadt 1996
Klein, Richard (Hg.), Marc Aurel, Darmstadt 1979
Nickel, Rainer (Hg.), Marc Aurel. Wege zu sich selbst, München 1990
Rosen, Klaus, Marc Aurel und Lucius Verus, in: Clauss, Manfred (Hg.), Die römischen Kaiser, München 1997, S. 145–158

Anmerkungen

1 Historia Augusta, Vita Marci Antonini Philosophi 17 und 21.
2 Cassius Dio 71, 36,4.
3 Marcus Aurelius, Selbstbetrachtungen 6,30.
4 Ebd.
5 Ebd., 5,1; 6,22; 7,51; 6,19.
6 Ebd., 7,7.
7 Cassius Dio 71,6,1–2.

8 Marcus Aurelius, Selbstbetrachtungen 4,2.
9 Historia Augusta, Marcus Antoninus Philosophus 22,3.
10 Ebd., 22,4.
11 Marcus Aurelius, Selbstbetrachtungen 12,36.
12 Ammianus Marcellinus 31,5,14.
13 Cassius Dio 71,36,3.

Attila (ca. 400–453)

Literatur

Altheim, Franz, Attila und die Hunnen, Baden-Baden 1951
Bäuml, Franz H. (Hg.), Attila. The Man and his Image, Budapest 1993
Blason Scarel, Silvia (Hg.), Attila. *Flagellum Dei?* (Convegno internazionale di studi storici sulla figura di Attila e sulla discesa degli Unni in Italia nel 452 d. C.), Rom 1994
Maenchen-Helfen, Otto, Die Welt der Hunnen. Eine Analyse ihrer historischen Dimension, Köln 1977
Rosen, Klaus, Die Völkerwanderung, München 2002
Thompson, Edward A., A History of Attila and the Huns, Oxford 1948
Wirth, Gerhard, Attila. Das Hunnenreich und Europa, Stuttgart 1999
Wolfram, Herwig, Die Goten. Von den Anfängen bis zur Mitte des 6. Jahrhunderts. Entwurf einer historischen Ethnographie, 4. Aufl., München 2001

Tschingis Khan (ca. 1162–1227)

Literatur

Die Geheime Geschichte der Mongolen. Aus einer mongolischen Niederschrift des Jahres 1240 von der Insel Kode'e im Keluren-Fluß, erstmalig übersetzt und erläutert von Erich Haenisch, 2. Aufl., Leipzig 1948
Grousset, René, The Empires of the Steppes. A History of Central Asia, 3. Aufl., New Brunswick, NJ, 1991
Hartog, Leo de, Genghis Khan. Conqueror of the World, New York 1989
Hesse, Klaus, Abstammung, Weiderecht und Abgabe. Zum Problem der konsanguinal-politischen Organisation der Mongolen des 13. bis zum 17. Jahrhundert, Berlin 1982
Mair, Victor H. (Hg.), The Bronze Age and Early Iron Age Peoples of Eastern Central Asia, 2 Bde., Philadelphia 1998
Morgan, David, The Mongols, Oxford 1986
Ratchnevsky, Paul, Cinggis-Khan. Sein Leben und Wirken, Wiesbaden 1983

Anmerkungen

1 Die Geheime Geschichte der Mongolen. Aus einer mongolischen Niederschrift des Jahres 1240 von der Insel Kode'e im Keluren-Fluß, erstma-

lig übersetzt und erläutert von Erich Haenisch, 2. Aufl., Leipzig 1948, S. 1.

2 Ebd., S. 7.

3 Zit. nach Paul Ratchnevsky, Cinggis-Khan. Sein Leben und Wirken, Wiesbaden 1983, S. 136.

Karl XII. (1682–1718)

Literatur

Englund, Peter, The Battle that shook Europe. Poltava and the Birth of the Russian Empire, London 1992

Findeisen, Jörg-Peter, Karl XII. von Schweden. Ein König, der zum Mythos wurde, Berlin 1992

Friedrich der Große, Betrachtungen über die militärischen Talente und den Charakter Karls XII., Königs von Schweden (1759), in: Johannes Kunisch (Hg.), Aufklärung und Kriegserfahrung. Klassische Zeitzeugen zum Siebenjährigen Krieg, Frankfurt am Main 1996, S. 547–587, 951–970

Haintz, Otto, König Karl XII. von Schweden, 3 Bde., Berlin 1958

Hatton, Ragnhild Marie, Charles XII of Sweden, London 1968

Nordberg, Georg, Leben Carl des Zwölften Königs in Schweden, 3 Bde., Hamburg 1745–1751

Voltaire, François-Marie Arouet, Geschichte Karls XII., Frankfurt am Main 1963

Friedrich II. (1712–1786)

Literatur

Blanning, T. C. W., Frederick the Great and Enlightened Absolutism, in: H. M. Scott (Hg.), Enlightened Absolutism. Reform and Reformers in Later Eighteenth Century Europe, Basingstoke 1990, S. 265–288

Clark, Christopher, Piety, Politics and Enlightenment in the Eighteenth Century Prussia, in: Philip G. Dwyer (Hg.), The Rise of Prussia 1700–1830, Harlow 2000, S. 68–87

Duffy, Christopher, Friedrich der Große. Ein Soldatenleben, Zürich 1986

Harnisch, Hartmut, Preußisches Kantonsystem und ländliche Gesellschaft. Das Beispiel der mittleren Kammerdepartements, in: Bernhard R. Kroener/Ralf Pröve (Hg.), Krieg und Frieden. Militär und Gesellschaft in der frühen Neuzeit, Paderborn 1996, S. 137–165

Schieder, Theodor, Friedrich der Große. Ein Königtum der Widersprüche, Frankfurt/Main 1983

Ders., Friedrich der Große und Machiavelli – das Dilemma von Machtpolitik und Aufklärung, in: Historische Zeitschrift 234 (1982), S. 265–294

Anmerkungen

1 Johann Wilhelm von Archenholtz, Geschichte des siebenjährigen Krieges in Deutschland, 5. Aufl., Berlin 1840, Teil 1, S. 108.

2 Zit. in: O. Herrmann, Prinz Ferdinand von Preußen über den Feldzug im Jahre 1757, in: Forschungen zur brandenburgisch-preußischen Geschichte 31 (1918), S. 101 f. Unter vielen Versionen der Worte des Königs ist diese von Prinz Ferdinand von Braunschweig überlieferte diejenige, die am wenigsten ausgeschmückt und wahrscheinlich am korrektesten ist.

Maria Theresia (1717–1780)

Literatur

Arneth, Alfred von, Geschichte Maria Theresias, 10 Bde., Wien 1863–1879

Berglar, Peter, Maria Theresia, 6. Aufl., Reinbek bei Hamburg 2004

Broucek, Peter, Der Geburtstag der Monarchie. Die Schlacht bei Kolin 1757, Wien 1982

Duffy, Christopher, Sieben Jahre Krieg 1756–1763. Die Armee Maria Theresias, Wien 2003

Hochedlinger, Michael, Austria's Wars of Emergence, 1683–1797, London 2003

Ingrao, Charles, The Habsburg Monarchy, 1618–1815, Cambridge 1994

K. u. k. Kriegs-Archiv, Oesterreichischer Erbfolgekrieg 1740–1748, 9 Bde., Wien 1896–1914

Pesendorfer, Franz, Feldmarschall Laudon. Der Sieg und sein Preis, Wien 1989

Tapié, Victor Lucien, Maria Theresia. Die Kaiserin und ihr Reich, Graz 1980

Thadden, Franz-Lorenz von, Feldmarschall Daun. Maria Theresias größter Feldherr, Wien 1967

Anmerkungen

1 Maria Theresia, Denkschrift von 1755/56, in: Maria Theresia. Briefe und Aktenstücke in Auswahl, hg. von Friedrich Walter, Darmstadt 1968, S. 108.

2 Jürgen Luh, Kriegskunst in Europa 1650–1800, Köln 2004, S. 120–123.

3 Maria Theresia, Denkschrift von 1750/51, in: Maria Theresia. Briefe und Aktenstücke, S. 66.

4 Johannes Kunisch, Friedrich der Große. Der König und seine Zeit, München 2004, S. 344–346.

5 Maria Theresia an Graf Tarouca, 1766, zitiert in: Alfred von Arneth, Geschichte Maria Theresias, 10 Bde., Wien 1863–1879, Bd. 7: Maria Theresia's letzte Regierungszeit 1763–1780, Teil 1, Wien 1876, S. 213.

6 Maria Theresia an Joseph II., 31. 7. 1778, in: Maria Theresia. Briefe und Aktenstücke, S. 462.

Napoleon I. (1769–1821)

Literatur

Chandler, David G., The Campaigns of Napoleon, New York 1966
Lefebvre, Georges, Napoleon, Stuttgart 2003
Presser, Jacques, Napoleon. Das Leben und die Legende, Zürich 1990
Schroeder, Paul W., The Transformation of European Politics 1763–1848, Oxford 1994
Ullrich, Volker, Napoleon, Reinbek 2004
Willms, Johannes, Napoleon. Eine Biographie, München 2005

Anmerkungen

1 Hans Delbrück, Geschichte der Kriegskunst im Rahmen der politischen Geschichte, 4 Bde., Berlin 2000, Bd. 4: Neuzeit, S. 558.
2 Vgl. dazu insgesamt die detaillierte Erörterung von Basil H. Liddell Hart, The Ghost of Napoleon, London 1933, S. 27–100.
3 [Edmund Burke], Betrachtungen über die französische Revolution, hg. v. Friedrich Gentz, 2 Bde., Berlin 1793–1794, Bd. 2, S. 65 f.
4 Correspondance de Napoléon Ier, Paris 1863, Bd. 12, No. 9944
5 Carl von Clausewitz, Vom Kriege. Hinterlassenes Werk des Generals Carl von Clausewitz, hg. v. Werner Hahlweg, 19. Aufl., Bonn 1980, S. 856 (6. Buch, Kap. 30).
6 [André François Miot de Melito], Mémoires du Comte Miot de Melito, 3 Bde., Paris 1858, Bd. 2, S. 258 f.
7 Wortlaut dieses wichtigen Memorandums in: Pierre Bertrand (Hg.), Lettres inédites de Talleyrand à Napoléon 1800–1809, Paris 1889, doc. CXI, S. 156–174.

Tecumseh (1768–1813)

Literatur

Dillon, Richard H., North American Indian Wars, New York 1983
Durschmied, Erik, The Weather Factor. How Nature has Changed History, London 2000
Eckert, Allan W., That Dark and Bloody River. Chronicles of the Ohio River Valley, New York 1996
Edmunds, David, Tecumseh and the Quest for Indian Leadership, New York 1997
Immell, Myra, The Importance of Tecumseh, San Diego, CA, 1997
Keely, Lawrence, War Before Civilisation. The Myth of the Peaceful Savage, Chicago, IL, 1996
Keenan, Jerry, Encyclopedia of American Indian Wars, Santa Barbara, CA, 1997
Mancall, Peter, C./Merrell, James H. (Hg.), American Encounters. Natives and Newcomers from European Contact to Indian Removal, New York 2000

Osborn, William, The Wild Frontier. Atrocities During the American-Indian War from Jamestown to Wounded Knee, New York 2000
Sudgen, John, Tecumseh. A Life, New York 2000

Anmerkungen

1 Erik Durschmied, The Weather Factor. How Nature has Changed History, London 2000, S. 100–103.
2 Richard Balkin/Thomas Purvis, Colonial America to 1763, Boston, MA, 1999, S. 296–297.
3 Lawrence Keely, War Before Civilisation. The Myth of the Peaceful Savage, Chicago, IL, 1996, S. 71–82.
4 Allan W. Eckert, The Frontiersmen, New York 1967, S. 167.
5 Jerry Keenan, Encyclopedia of American Indian Wars, Santa Barbara, CA, 1997, S. 258.
6 Eckert, Frontiersmen, S. 319–320.
7 Allan W. Eckert, That Dark and Bloody River. Chronicles of the Ohio River Valley, New York 1996, S. 5.
8 William Osborn, The Wild Frontier. Atrocities During the American-Indian War from Jamestown to Wounded Knee, New York 2000, S. 151.
9 Ebd. S. 208.
10 Eckert, Dark and Bloody River, S. 541.
11 Myra H. Immell/H. William, The Importance of Tecumseh, San Diego, CA, 1997, S. 37.
12 Ebd., S. 46–47.
13 Osborn, Wild Frontier, S. 208.
14 Gregory E. Dowd, Thinking and Believing. Nativism and Unity in the Ages of Pontiac and Tecumseh, in: Peter C. Mancall/James H. Merrell (Hg.) American Encounters. Natives and Newcomers from European Contact to Indian Removal, New York 2000, S. 388–392.
15 Eckert, Frontiersmen, S. 583.
16 Ebd., S. 607–610.
17 David Edmunds, Tecumseh and the Quest for Indian Leadership, New York 1984, S. 151–152.
18 Richard H. Dillon, North American Indian Wars, New York 1983, S. 64
19 Edmunds, Tecumseh, S. 186–189.
20 T. J. Hafley, Fort Meigs. Unsung Sentinel in the War of 1812, in: Military History Magazine, April 2003, S. 32.

Wilhelm I. (1797–1888)

Literatur

Becker, Frank, Bilder von Krieg und Nation. Die Einigungskriege in der bürgerlichen Öffentlichkeit Deutschlands 1864–1913, München 2001

Blume, W. v., Kaiser Wilhelm der Große und sein Kriegsminister Roon. Als Bildner des Preußisch-Deutschen Heeres, Berlin 1906

Börner, Karl Heinz, Wilhelm I. Deutscher Kaiser und König von Preußen. Eine Biographie 1797–1888, Köln 1984

Busch, Eckart, Der Oberbefehl. Seine rechtliche Struktur in Preußen und Deutschland seit 1848, Boppard/Rhein 1967

Hossbach, Friedrich, Die Entwicklung des Oberbefehls über das Heer in Brandenburg, Preußen und im Deutschen Reich von 1655–1945. Ein kurzer Überblick, Würzburg 1957

Marcks, Erich, Kaiser Wilhelm I., hg. v. Karl Pagel, 9. Aufl. Berlin 1943

Militärische Schriften weiland Kaiser Wilhelms des Großen Majestät. Auf Befehl Seiner Majestät des Kaisers und Königs hg. v. Königlich Preußischen Kriegsministerium, 2 Bde., Berlin 1897

Schmidt-Bückeburg, Rudolf, Das Militärkabinett der preußischen Könige und deutschen Kaiser. Seine geschichtliche Entwicklung und staatsrechtliche Stellung 1787–1918, Berlin 1933

Walter, Dierk, Preußische Heeresreformen 1807–1870. Militärische Innovation und der Mythos der «Roonschen Reform», Paderborn 2003

Abraham Lincoln (1809–1865)

Literatur

Boritt, Gabor S./Sears, Stephen, Lincoln's Generals, New York 1994

Bruce, Robert V., Lincoln and the Tools of War, Urbana, IL, 1989

Cohen, Eliot A., Supreme Command. Soldiers, Statesmen, and Leadership in Wartime, New York 2002

Gienapp, William E., Abraham Lincoln and Civil War America. A Biography, New York 2002

Hagerman, Edward, Union Generalship, Political Leadership, and Total War Strategy, in: Stig Förster/Jörg Nagler (Hg.), On the Road to Total War. The American Civil War and the German Wars of Unification, 1861–1871, New York 1997, S. 141–169

McPherson, James, Abraham Lincoln and the Second American Revolution, New York 1990

Nagler, Jörg, Abraham Lincoln. Bewahrung der Republik und Wiedergeburt der amerikanischen Nation, in: Jürgen Heideking (Hg.), Die amerikanischen Präsidenten, München 1995, S. 176–193, 429–431

Perret, Geoffrey, Lincoln's War. The Untold Story of America's Greatest President as Commander in Chief, New York 2004

Simon, John Y./Holzer, Harold/Ruark, Dawn, The Lincoln Forum. Rediscovering Abraham Lincoln, New York 2002

Tap, Bruce, Over Lincoln's Shoulder. The Committee on the Conduct of the War, Lawrence, KS, 1998

Anmerkung

1 Zit. in Roy Basler (Hg.), The Collected Works of Abraham Lincoln, 9 Bde. (New Brunswick, NJ, 1953), Bd. 5, S. 98; Hervorhebungen im Original.

Cixi (1835–1908)

Literatur

Bland, J. O. P./Backhouse, E., China unter der Kaiserin Witwe. Die Lebens- und Zeit-Geschichte der Kaiserin Tzu Hsi. Zusammengestellt aus Staats-Dokumenten und dem persönlichen Tagebuch ihres Oberhofmarschalls, Berlin 1912

Buck, Pearl S., Imperial Woman, New York 1956

Cohen, Paul A., History in Three Keys. The Boxers as Event, Experience and Myth, New York 1997

Fairbank, John K., Geschichte des modernen China, 1800–1985, München 1989

Meienberger, Norbert, The Emergence of Constitutional Government in China (1905–1908): The Concept Sanctioned by the Empress Dowager Tz'u-hsi, Bern 1980

Osterhammel, Jürgen, China und die Weltgesellschaft. Vom 18. Jahrhundert bis in unsere Zeit, München 1989

Paine, S. C. M., The Sino-Japanese War of 1894–1895: Perceptions, Power, and Primacy, Cambridge 2003

Rawski, Evelyn S., The Last Emperors: A Social History of Qing Imperial Institutions, Berkeley, CA, 1998

Spence, Jonathan, Das Tor des Himmlischen Friedens. Die Chinesen und ihre Revolution, 1895–1980, München 1985

Xiang, Lanxin, The Origins of the Boxer War. A Multinational Study, London 2003

Anmerkungen

1 Zuo Shu'e, Cixi taihou (Die Kaiserinwitwe Cixi), Changchun 1993, S. 3–44.

2 Evelyn S. Rawski, The Last Emperors: A Social History of Qing Imperial Institutions, Berkeley, CA, 1998, S. 127.

3 Ebd., S. 133.

4 Luke S. K. Kwong, A Mosaic of the Hundred Days. Personalities, Politics, and Ideas of 1898, Cambridge, MA, 1984, S. 18 f.

5 Ding Richu, Dowager Empress Cixi and Toshimichi. A Comparative Study of Modernization in China and Japan, in: Frederic Wakeman/Wang Xi (Hg.), China's Quest for Modernization. A Historical Perspective, Berkeley, CA, 1997, S. 180; S. C. M. Paine, The Sino-Japanese War of 1894–1895. Perspectives, Power and Primacy, Cambridge 2003, S. 29.

6 Zuo Shu'e, Cixi, S. 260.

7 Edikt aus dem Staatsrat, Guangxu-Regierung, zitiert nach Richard S. Horowitz, Breaking the Bonds of Precedent. The 1905–6 Government Reform

Commission and the Remaking of the Qing Central State, in: Modern Asian Studies 37 (2003), S. 775.

8 Zuo Shu'e, Cixi, S. 260. Zum Konzept der konstitutionellen Monarchie siehe auch Norbert Meienberger, The Emergence of Constitutional Government in China (1905–1908). The Concept Sanctioned by the Empress Dowager Tz'u-hsi, Bern 1980.

9 Julia C. Strauss, Creating ‹Virtuous and Talented› Officials for the Twentieth Century. Discourse and Practice in Xinzheng China, in: Modern Asian Studies 37 (2003), S. 840.

10 Paine, Sino-Japanese War, S. 124.

11 Ebd., S. 228; über den Fall der beiden Orte siehe auch Dai Yi/Yang Dongliang/Hua Li, Jiawu zhanzheng yu Dongya zhengzhi (Der Chinesisch-Japanische Krieg und die Ostasienpolitik), Beijing 1994, S. 141–144.

12 Kwong, Mosaic, S. 57.

13 Dai Yi/Yang Dongliang/Hua Li, Jiawu zhanzheng yu Dongya zhengzhi, S. 178–224.

14 Lanxin, Xiang The Origins of the Boxer War. A Multinational Study, London 2003, S. 28–30.

15 Ebd., S. 139 f.

16 Ebd., S. 207 f., 292 f.

17 Pearl S. Buck, Imperial Woman, New York 1956, S. 171 f.

18 Fang Chao-ying, Hsiao-ch'in Hsien Huang hou, in: Arthur W. Hummel (Hg.), Eminent Chinese of the Ch'ing Period (1644–1912), Washington, DC, 1943, S. 406.

19 Paine, Sino-Japanese War, S. 49.

20 J. O. P. Bland/E. Backhouse, China unter der Kaiserin Witwe. Die Lebens- und Zeit-Geschichte der Kaiserin Tzu Hsi. Zusammengestellt aus Staats-Dokumenten und dem persönlichen Tagebuch ihres Oberhofmarschalls, Berlin 1912.

Erich Ludendorff (1865–1937)

Literatur

Kitchen, Martin, The Silent Dictatorship. The Politics of the German High Command under Hindenburg and Ludendorff, 1916–1918, New York 1976

Liulevicius, Vejas Gabriel, Kriegsland im Osten. Eroberung, Kolonisierung und Militärherrschaft im Ersten Weltkrieg, Hamburg 2002

Ludendorff, Erich, Meine Kriegserinnerungen 1914–1918, Berlin 1919

Ritter, Gerhard, Staatskunst und Kriegshandwerk. Das Problem des «Militarismus» in Deutschland, 4 Bde., München 1954–68, hier Bde. 3 (1964) und 4 (1968)

Venohr, Wolfgang, Ludendorff. Legende und Wirklichkeit, München 1993

Anmerkungen

1 Alfred Graf von Schlieffen, Der Krieg in der Gegenwart, in: Deutsche Revue, Januar 1909.
2 Margarethe Ludendorff, Als ich Ludendorff's Frau war, München 1929, S. 236.
3 Zit. nach Gerhard Ritter, Staatskunst und Kriegshandwerk. Das Problem des «Militarismus» in Deutschland, Bd. 4, München 1968, S. 161.
4 So Hans Speier, Ludendorff: The German Concept of Total War, in: Edward Meade Earle (Hg.), Makers of Modern Strategy. Military Thought from Machiavelli to Hitler, Princeton, NJ, 1943, S. 306–321, hier S. 308 f.
5 Hans Delbrück, Ludendorffs Selbstporträts, 4. Aufl., Berlin 1922, S. 36.

Paul von Lettow-Vorbeck (1870–1964)

Literatur

Anderson, Ross, The Forgotten Front. The East African Campaign 1914–1918, Stroud 2004
Boell, Ludwig, Die Operationen in Ost-Afrika, Hamburg 1951
Deppe, Ludwig, Mit Lettow-Vorbeck durch Afrika, Berlin 1919
Krech, Hans, Die Kampfhandlungen in den ehemaligen deutschen Kolonien in Afrika während des 1. Weltkrieges (1914–1918), Berlin 1999
Lettow-Vorbeck, Paul von, Meine Erinnerungen aus Ostafrika, Leipzig 1920
Ders., Mein Leben, Biberach/Riss 1957
Petter, Wolfgang, Der Kampf um die deutschen Kolonien, in: Wolfgang Michalka (Hg.), Der Erste Weltkrieg. Wirkung, Wahrnehmung, Analyse, München 1994, S. 392–411
Schnee, Heinrich, Deutsch-Ostafrika im Weltkriege. Wie wir lebten und kämpften, Leipzig 1920

Anmerkungen

1 Paul von Lettow-Vorbeck, Meine Erinnerungen aus Ostafrika, Leipzig 1920, S. 6.
2 Zit. nach: Ludwig Deppe, Mit Lettow-Vorbeck durch Afrika, Berlin 1919, S. 358.

Winston Churchill (1874–1965)

Literatur

Addison, Paul, The Political Beliefs of Winston Churchill, in: Transactions of the Royal Historical Society, Fifth Series, 30 (1980), S. 23–47
Gilbert, Martin, Churchill. A Life, London 1991
Haffner, Sebastian, Churchill, Hamburg 1967
Liddell Hart, Basil Henry, Churchill as Strategist, in: A. J. P. Taylor u. a., Churchill Revised. A Critical Assessment, New York 1969, S. 173–225

Jablonsky, David, Churchill, the Great Game and Total War, London 1991
Lamb, Richard, Churchill as War Leader – Right or Wrong? London 1991
Reynolds, David, In Command of History. Churchill Fighting and Writing the Second World War, London 2004
Stafford, David, Churchill and Secret Service, London 1997
Wood, Ian S., Churchill, London 2000

Anmerkungen

1 Winston S. Churchill, The Second World War, 6 Bde., London 1948–1954, Bd. 1: The Gathering Storm, London 1948, S. 526 f.
2 Unter den bekannten revisionistischen Kritiken siehe John Charmley, Churchill. The End of Glory, London 1993; Clive Ponting, Churchill, London 1994; und Andrew Roberts, Eminent Churchillians, London 1994.
3 Zit. nach Martin Gilbert, Winston S. Churchill, 8 Bde. (Bde. 1–2 von Randolph Churchill), London 1966–1988, Bd. 6: Finest Hour 1939–1941, London 1983, S. 333.
4 Guy Eden, Portrait of Churchill, London o. J., S. 18.
5 Die Korrespondenz hatte bereits ein Jahr zuvor begonnen und wurde später veröffentlicht. Siehe Francis L. Loewenheim/Harold D. Langley/Manfred Jonas (Hg.), Roosevelt and Churchill. Their Secret Wartime Correspondence, London 1975.

Josef Stalin (1879–1953)

Literatur

Förster, Jürgen/Mawdsley, Evan, Hitler and Stalin in Perspective. Secret Speeches on the Eve of Barbarossa, in: War in History 11 (2004), S. 88–102
Gorodetsky, Gabriel, Die große Täuschung. Hitler, Stalin und das Unternehmen «Barbarossa», Berlin 2003
Kellmann, Klaus, Stalin. Eine Biographie, Darmstadt 2005
Mawdsley, Evan, Crossing the Rubicon. Soviet Offensive War Plans in 1940–1941, in: The International History Review 25 (2003), S. 757–1008
Ders., Thunder in the East. The Nazi-Soviet War, 1941–1945, London 2005
Pons, Silvio, Stalin and the Inevitable War, 1936–1941, London 2002
Schneider, James J., The Structure of Strategic Revolution. Total War and the Roots of the Soviet Warfare State, Novato 1994
Seaton, Albert, Stalin as Warlord, London 1976

Anmerkungen

1 K. E. Woroschilow, Stalin I vooruzhennye sily SSSR, Moskau 1951, S. 89. Dieses Buch ist eine Edition von drei Artikeln, die unter Woroschilows Namen erschien: «Stalin i Krasnaia Armiia» (1929), «Stalin i stroitel'stvo Krasnoi Armii» (1939) und «Genial'nyi polkovodets Velikoi Otechestvennoi voiny» (1949). Die Artikel erschienen zu Stalins Geburtstagen und huldigten

seinen Errungenschaften als militärischer Befehlshaber. Es ist eher unwahrscheinlich, dass Woroschilow diese Artikel wirklich selbst geschrieben hat.

2 J. I. Stalin, Otvet tov. Stalina na pis'mo tov. Razina, in: Voprosy istorii 2 (1947), S. 3–7, hier S. 5.

3 James J. Schneider, The Structure of Strategic Revolution. Total War and the Roots of of the Soviet Warfare State, Novato 1994, S. 234–241.

4 A. I. Mikojan, Tak bylo. Rasmyshlenia o minuvshem, Moskau 1999, S. 382.

5 A. D. Pedosow, Vospominaniia A. D. Pedosova o vystuplenii Marshala G. K. Zhukova v Akademii obshchestvennykh nauk (1966), in: Arkheograficheskii ezhegodnik (1995), S. 286.

6 Schneider, Structure, S. 241.

7 J. I. Stalin, Sochineniia, Bd. 13, Moskau 1947, S. 38 f.

8 Georgi Dimitrow, The Diary of Georgi Dimitrov, 1933–1949, New Haven, CT, 2003, S. 65.

9 Ebd., S. 146.

10 Ebd., S. 115.

11 Viktor Suworow [d. i. Wladimir Resun], Der Eisbrecher. Hitler in Stalins Kalkül, Stuttgart 1996.

12 A. A. Pechenkin, «Sovremennaia armiia – armiia nastupatel'naia». Vystupleniia I. V. Stalina na prieme v Kremle pered vypusknikama voennykh akademii. Mai 1941 g.', Istoricheskii arkhiv 1995/2, S. 26–31.

13 Mikojan, Tak bylo, S. 382.

14 Vgl. Anm. 1.

15 Woroschilow, Stalin, S. 102, 120, 122.

16 Pedosow, Vospominaniia, S. 287 f.

17 Earl Ziemke, Stalingrad to Berlin. The German Defeat in the East, Washington, DC, 1987 (1. Aufl. 1966), S. 502, sowie John Erickson, The Road to Berlin, London 1983, S. 123.

18 G. H. Schukow, Vospominaniia I razmyshleniia, Bd. 2, Moskau 1990, S. 101.

19 Stalin, Otvet, S. 7. Erstaunlicherweise wird der strategischen Gegenoffensive in dem Woroschilow-Artikel von 1949 nur ein kleiner Absatz eingeräumt (Stalin, S. 128).

20 G. K. Schukow, Chego stoiat polkovodcheskie kachestva Stalina. Neproiznesennaia rech' marshala G. K. Zhukova, in: Istochnik 2 (1995), S. 143–159, hier S. 154.

21 Stalin, Otvet, S. 6; A. M. Wassilewski, Delo vsei zhizni, Bd. 2, Moskau, 1989, S. 229.

22 Schneider, Structure, S. 6.

23 Woroschilow, Stalin, S. 99.

24 J. I. Stalin, Sochineniia, Bd. 3 (16), Stanford, CT, 1967, S. 20.

25 Ders., O Velikoi Otechestvennoi voine Sovetskogo Soiuza, Moskau 1951, S. 196 f.

26 John A. Armstrong (Hg.), Soviet Partisans in World War II, Madison 1964, S. 138.

Adolf Hitler (1889–1945)

Literatur

Carr, William, Hitler. A Study in Politics and Personality, London 1978
Das Deutsche Reich und der Zweite Weltkrieg, hg. vom Militärgeschichtlichen Forschungsamt, 9 Bde., Stuttgart 1979–2005
Eitner, Hans-Jürgen, «Der Führer», München 1981
Keegan, John, Die Maske des Feldherrn, Weinheim 1997
Kershaw, Ian, Hitler, 3 Bde., Stuttgart 1998–2001
Megargee, Geoffrey, Inside Hitler's High Command, Lawrence, KS, 2000
Overy, Richard, Hitler as War Leader, in: The Oxford Companion to the Second World War, Oxford 1995, S. 534–540
Schreiber, Gerhard, Hitler-Interpretationen, Darmstadt 1984
Wiedemann, Fritz, Der Mann, der Feldherr werden wollte, Köln 1964
Wilt, Alan F., War From The Top, Bloomington, IN, 1990

Anmerkungen

1 Vgl. das Tagebuch von Heinrich-Gottfried von Vietinghoff, damals Reichenaus rechte Hand in Blombergs Ministeramt, in: Bundesarchiv-Militärarchiv (BA-MA), N 574/2; Brief von Generalmajor Ludwig Beck vom 17.03.1933, in: Klaus-Jürgen Müller, Armee und Drittes Reich 1933–1939. Darstellung und Dokumentation, Paderborn 1987, S. 151; Brief von Oberstleutnant Gotthard Heinrici vom 17.02.1933, zit. nach Johannes Hürter, Ein deutscher General an der Ostfront, Erfurt 2001, S. 22 bzw. die Erinnerungen von Wilhelm Heye, Chef der Heeresleitung von 1926–1930, Bd. 2, in: BA-MA, N 18/4, sowie Blombergs Reden vom 01.06. und 15.09.1933, in: Müller, Armee und Drittes Reich, S. 161 f.

2 Tagebucheintrag vom 31.07.1940, in: BA-MA, N 574/2. Bereits am 22.05.1940 hatte Vietinghoff den militärischen Genius von Hitler hervorgehoben: «Er allein hat diese neuartigen und überkühnen Gedanken gehabt und mit unbeirrbarer Zähigkeit durchgesetzt; unsere militärischen Stellen – so hervorragend tüchtig im fachmännischen Sinne sie auch sind –, hätten das allein nie gewagt.»

3 Jürgen Förster/Evan Mawdsley, Hitler and Stalin in Perspective. Secret Speeches on the Eve of Barbarossa, in: War in History 11 (2004), S. 61–103, hier S. 97 f.

4 Geoffrey P. Megargee, War of Annihilation. Combat and Genocide on the Eastern Front 1941, Lanham, MD, 2006.

5 Tagebuch Karl-Wilhelm Thilo, Einträge vom 24.08., 06.09. und 24.09.1941, in: BA-MA, N 664/3. Der Hauptmann im Generalstab ging sogar soweit, sich nach einer starken Persönlichkeit wie Ludendorff zu sehnen, von «Waschlappen» und «Schleimscheißerei» bei OKH und Generalstab sowie von Hitlers «richtigem Blick» bei einer bestimmten operativen Entscheidung zu sprechen. «Jedenfalls ist er allein hier oben der Mann von Intuition» (01.12.1941).

6 Zusammenfassender Eintrag der Konferenz von Orscha vom 12.–15. 11. 1941, in: ebd.
7 Eintrag vom 21. 12. 1941, in: ebd.
8 Vgl. Peter Hoffmann, Claus Schenk Graf von Stauffenberg und seine Brüder, Stuttgart 1992, S. 237 (Brief vom 11. 01. 1942).
9 Tagebuch Thilo, Eintrag vom 24. 12. 1941, in: BA-MA, N 664/3.
10 Schreiben des Chefs des Generalstabes der 16. Armee an seine Korpschefs vom 05. 01. 1942, in: BA-MA, RH 20–16/80.
11 So Hitler am 23. 12. 1941. Stab OKH, Notiz vom 28. 12. 1941, in: BA-MA, RH 14/4.
12 Willi A. Boelcke (Hg.), Deutschlands Rüstung im Zweiten Weltkrieg. Hitlers Konferenzen mit Albert Speer 1942–1945, Frankfurt/Main 1969, S. 126 (23. 05. 1942).
13 Vgl. die Tagebücher von Münchhausen, in: BA-MA, NL 813, Az. Nr. 200/00 (08. 11. und 14. 12. 1942) und Thilo, in: BA-MA, N 664/3 (23. 11. 1942), sowie Jodls Aussage vom 29. 06. 1945, abgedruckt bei Richard Overy, Verhöre. Die NS-Elite in den Händen der Alliierten 1945, Berlin 2005, S. 272 f.
14 Vgl. Manfred Kehrig, Stalingrad. Analyse und Dokumentation, Stuttgart 1975, S. 271 (27. 11. 1942).
15 Gerhard Wagner (Hg.), Lagevorträge des Oberbefehlshabers der Kriegsmarine vor Hitler 1939–1945, München 1972, S. 538 (09.-11. 08. 1943).
16 Tagebuch Münchhausen, Eintrag vom 03. 04. 1944, in: BA-MA, NL 813, Az. Nr. 200/00. Dieses Einschwenken auf Hitlers Linie und viele andere Dinge hatte Heusinger vergessen, als er gegenüber den Verhöroffizieren Anfang Februar 1946 Hitlers «Direct Control over German Operations» kritisierte, in: National Archives, College Park, MD: RG 165, Box 639.

Mao Zedong (1893–1976)

Literatur

Chang, Jung, Wilde Schwäne. Die Geschichte einer Familie. Drei Frauen in China von der Kaiserzeit bis heute, München 1991
Grimm, Tilemann, Mao Tse-tung, überarb. Aufl., Reinbek bei Hamburg 2001
Heberer, Thomas (Hg.), Mao Zedong – Der unsterbliche Revolutionär? Versuch einer kritischen Neubewertung anlässlich des 100. Geburtstages, Hamburg 1995
Hsiung, James Chieh (Hg.), China's Bitter Victory: The War with Japan 1937–1945, Armonk, NY, 1992
Mao Tse-tung, Theorie des Guerillakrieges oder Strategie der Dritten Welt. Einleitender Essay von Sebastian Haffner, Reinbek bei Hamburg 1966
Osterhammel, Jürgen, Shanghai, 30. Mai 1925. Die chinesische Revolution, München 1997
Schram, Stuart, Mao Tse-tung, Frankfurt/Main 1969
Snow, Edgar, Red Star Over China, New York 1938

Spence, Jonathan D., Das Tor des Himmlischen Friedens. Die Chinesen und ihre Revolution 1895–1980, München 1985
Ders., Chinas Weg in die Moderne, München 1995
Ders., Mao, New York 1999

Anmerkungen

1 Zhisui Li, The Private Life of Chairman Mao. The memoirs of Mao's personal physician, London 1994, S. 163, 158.
2 Siehe http://www.hawaii.edu/powerkills/welcome.html [01. 02. 2005]
3 Thomas Scharping, Die Mao-Ära im Rückblick: Politik und Geschichte in Memoiren und Biographien, in: Thomas Heberer (Hg.), Mao Zedong – Der unsterbliche Revolutionär? Versuch einer kritischen Neubewertung anlässlich des 100. Geburtstages, Hamburg 1995, S. 59–88.
4 Zit. nach Tilemann Grimm, Mao Tse-tung, Reinbek bei Hamburg 2001, S. 55.
5 Meine Übersetzung aus Report on an Investigation of the Peasant Movement in Hunan, März 1927, in: http://www.marxists.org/reference/archive/mao/selected-works/volume-1/mswv1_2.htm [30. 01. 2005].
6 Meine Übersetzung aus Problems of Strategy in China's Revolutionary War, Dezember 1936, in: http://www.marxists.org/reference/archive/mao/selected-works/volume-1/mswv1_12.htm [30. 01. 2005].
7 Zit. in Stuart Schram, Mao Tse-tung, Frankfurt/Main 1969, S. 155.
8 Harrison E. Salisbury, Der Lange Marsch, Frankfurt/Main 1985.
9 Jürgen Osterhammel, Shanghai, 30. Mai 1925. Die chinesische Revolution, München 1997, S. 213.
10 Stuart R. Schram, The Political Thought of Mao Tse-tung, New York 1963, S. 209 f.
11 Zitiert in Jonathan Spence, Mao, New York 1999, S. 111.
12 Aufzeichnung eines Gespräches zwischen Mao und dem sowjetischen Botschafter in Peking, Pavel Yudin, 22. Juli 1958, in: Cold War International History Project, Bulletin No 6/7 (Winter 1995/96): The Cold War in Asia, Washington, D. C., 1996, S. 155.
13 Zitiert in John Lewis Gaddis, We Now Know. Rethinking Cold War History, Oxford 1997, S. 215.

Richard Nixon (1913–1994)

Literatur

Berman, Larry, No Peace, No Honor. Nixon, Kissinger, and Betrayal in Vietnam, New York 2001
Bundy, William, A Tangled Web. The Making of Foreign Policy in the Nixon Presidency, New York 1998
Clodfelter, Mark, The Limits of Air Power, New York 1989

Ellsberg, Daniel, Secrets. A Memoir of Vietnam and the Pentagon Papers, New York 2002

Hersh, Seymour M., The Prize of Power. Kissinger in the Nixon White House, New York 1983

Isaacson, Walter, Kissinger, New York 1992

Kimball, Jeffrey, The Vietnam War Files. Uncovering the Secret History of Nixon-Era Strategy, Lawrence, KS, 2004

Ders., Nixon's Vietnam War, Lawrence, KS, 1998

Kutler, Stanley (Hg.), Abuse of Power: The New Nixon Tapes, New York 1997

Prados, John, The Blood Road. The Ho Chi Minh Trail and the Vietnam War, New York 1999

Anmerkungen

1 Richard Nixon am 15.02.1973, zit. nach The White House, Memorandum of Conversation, Secret, 15.02.1973, S. 2, in: National Archives, Nixon Presidential Materials Project, National Security Council Files, Presidential/HAK (Henry A. Kissinger) MemCons, Box 1026, Folder: MemCons – Jan./March 1973, Presidential/HAK. Hier wie im Folgenden stammen alle Übersetzungen vom Autor.

2 Nixon, zit. nach ebd. Zu den Geheimkontakten mit Nguyen Van Thieu vgl. Larry Berman, No Peace, No Honor. Nixon, Kissinger, and Betrayal in Vietnam, New York 2001, S. 32 f.

3 Nixon am 15.02.1973, zit. wie Anm. 1; Nixon am 04.05.1972, zit. nach Jeffrey Kimball, The Vietnam War Files. Uncovering the Secret History of Nixon-Era Strategy, Lawrence, KS, 2004, S. 219 f.

4 Henry Kissinger, zit. nach Berman, No Peace, S. 55.

5 Leslie H. Gelb, Vietnam: Nobody Wrote the Last Act, in: The Washington Post, 20.06.1971.

6 John Mc Naughton, zit. nach Kimball, War Files, S. 43 f.; Lyndon B. Johnson, zit. nach dem Dokumentarfilm von Erroll Morris, In the Fog of War – Robert S. McNamara and Vietnam; Nixon am 17.10.1969 zit. nach Kimball, War Files, S. 45; Kissinger am 18.09.1971, zit. nach ebd., S. 45.

7 Nixon am 20.09.1971, zit. nach Berman, No Peace, S. 98. Vgl. Alexander Haig, The White House, Memorandum of Conversation, 03.12.1969, S. 5, und Henry Kissinger, The White House, Memorandum of Conversation, Limited Official Use, 06.11.1969, S. 1 f. in: National Archives, Nixon Presidential Materials Project, National Security Council Files, Presidential/HAK (Henry A. Kissinger) MemCons, Box 1026, Folder: MemCons – Jun/Dec. 1969. Vgl. Henry Kissinger am 18.09.1971, in: Kimball, War Files, S. 45.

8 Harry Robbins Haldeman, Tagebucheintrag vom 27.01.1973, und ders., «Vietnam White Paper», undatiert, zit. nach Berman, No Peace, S. 236, 238.

9 Nixon während eines Treffens mit Führern der republikanischen Partei am 30.09.1969, zit. nach Berman, No Peace, S. 56; am 19.03.1971 zu Henry Kissinger, zit. nach Kimball, War Files, S. 146; am 27.04.1971 zu Henry

Kissinger, zit. nach ebd., S. 159; am 23.06. 1971 zu Henry Kissinger, zit. nach ebd., S. 167 (Hervorhebung BG); Harry Robbins Haldeman, The Ends of Power, New York, 1978, S. 82.

10 Die diesbezüglichen Diskussionen mit Henry Kissinger sind dokumentiert bei Kimball, War Files, S. 63, 117, 183 f., und Berman, No Peace, S. 49.

11 Nixon, zit. nach Haldeman, Ends of Power, S. 96. Vgl. Scott D. Sagan, Jeremi Suri, The Madman Nuclear Alert: Secrecy, Signaling, and Safety in October 1969, in: International Security, Vol. 27, No. 4, Spring 2003, S. 150–183; Daniel Ellsberg, Secrets. A Memoir of Vietnam and the Pentagon Papers, New York, 2002, S. 344.

12 Nixon, undatiertes Zitat, zit. nach Ellsberg, Secrets, S. 259 f.

13 Vgl. William Burr und Jeffrey Kimball, Nixon's Nuclear Ploy, in: The Bulletin of the Atomic Scientists, January, February 2003, S. 28–37, 72 f.

14 Vgl. James Rosen, Nixon and the Chiefs, in: The Atlantic Monthly, April 2002, S. 23–29.

15 Nixon am 02.06. 1971, zit. nach Kimball, War Files, S. 163, 165; Kissinger am 23.06. 1971, zit. nach Berman, No Peace, S. 58.

16 Nixon am 08.05. 1972, zit. nach Berman, No Peace, S. 130; am 02.05. 1972, zit. nach Ellsberg, Secrets, S. 418; am 04.05. 1972, zit. nach Kimball, War Files, S. 221, 219.

17 Nixon am 25.04. 1972, zit. nach Kimball, War Files, S. 217.

18 Henry Kissinger, undatiertes Zitat nach Berman, No Peace, S. 174 f.; Nixon am 24. 11. 1972, zit. nach Kimball, War Files, S. 262; Nixon Ende November 1972, zit. nach Berman, No Peace, S. 198.

19 Nixon Mitte Dezember 1972, zit. nach Kimball, War Files, S. 274.

20 Henry Kissinger am 16.04. 1973, zit. nach ebd., S. 56.

Autorenverzeichnis

Pedro Barceló, Professor für Geschichte des Altertums an der Universität Potsdam.

Tanja Bührer, lic. phil., Doktorandin und Assistentin am Historischen Institut der Universität Bern.

Sabine Dabringhaus, Juniorprofessorin für Neuere und außereuropäische Geschichte an der Albert-Ludwigs-Universität, Freiburg im Breisgau.

Jürgen Förster, Dr. phil., Lehrbeauftragter am Historischen Seminar der Albert-Ludwigs-Universität, Freiburg im Breisgau.

Stig Förster, Professor für Neueste allgemeine Geschichte an der Universität Bern.

Marc Frey, Associate Professor an der International University Bremen.

Jörg Fündling, Dr. phil., Wissenschaftlicher Mitarbeiter am Lehrstuhl für Alte Geschichte der Rheinisch-Westfälischen Technischen Hochschule Aachen.

Hans-Joachim Gehrke, Professor Dr. phil., Präsident des Deutschen Archäologischen Instituts, Berlin, und Honorarprofessor an der Freien Universität Berlin.

Bernd Greiner, Professor und Leiter des Arbeitsbereichs «Theorie und Geschichte der Gewalt» des Hamburger Instituts für Sozialforschung.

Heinz E. Herzig, emeritierter Professor für Alte Geschichte an der Universität Bern.

Daniel Hohrath, M. A., Sammlungsleiter Fachbereich Uniformen, Orden, Fahnen am Deutschen Historischen Museum, Berlin.

Günther Kronenbitter, DAAD Professor an der Emory University, Atlanta, Georgia.

Stephan Maninger, Dr. phil., Lehrbeauftragter am Historischen Institut der Friedrich-Schiller-Universität, Jena.

Evan Mawdsley, Professor for International History, University of Glasgow.

Jörg Nagler, Professor für Neuere Geschichte mit Schwerpunkt Geschichte Nordamerikas an der Friedrich-Schiller-Universität, Jena.

Markus Pöhlmann, Wissenschaftlicher Mitarbeiter am Historischen Institut der Universität Bern.

Alaric Searle, Dr. phil., Dozent am Department of Politics and Contemporary History, University of Salford, und Habilitand am Historischen Seminar der Ludwig-Maximilians-Universität, München.

Dennis E. Showalter, Professor of History am Colorado College, Colorado Springs, Col.

Michael Alexander Speidel, Professor für Alte Geschichte an der Universität Bern und Direktor des Mavors-Instituts für antike Militärgeschichte, Basel.

Dierk Walter, Dr. phil., Wissenschaftlicher Mitarbeiter im Arbeitsbereich «Theorie und Geschichte der Gewalt» des Hamburger Instituts für Sozialforschung.

Josef Wiesehöfer, Professor für Alte Geschichte an der Christian-Albrechts-Universität zu Kiel.

Johannes Willms, Dr. phil., Publizist, München.